BERNHARD MAIER

Geschichte und Kultur der

KELTEN

BERNHARD MAIER

Geschichte und Kultur der

KELTEN

Verlag C.H.Beck

Mit 48 Abbildungen und 45 Karten

Dieses Werk ist inhaltlich vollständig identisch mit dem
Handbuch der Altertumswissenschaften, dritte Abteilung, zehnter Teil.

© Verlag C.H.Beck oHG, München 2012
Satz: Janß GmbH, Pfungstadt
Druck und Bindung: CPI-Ebner & Spiegel, Ulm
Umschlaggestaltung: Kunst oder Reklame, München
Umschlagmotiv: Keltischer Goldstater, 2. Jahrhundert v. Chr.,
© akg-images / Erich Lessing
Gedruckt auf alterungsbeständigem, säurefreiem Papier
(hergestellt aus chlorfrei gebleichtem Zellstoff)
Printed in Germany
ISBN: 978 3 406 64140 4

www.beck.de

INHALTSVERZEICHNIS

IV. DIE KELTEN AUF DER IBERISCHEN HALBINSEL

V. DIE KELTEN
IM VORRÖMISCHEN BRITANNEN

VI. DIE KELTEN IN IRLAND

VII. DIE KELTEN IN KLEINASIEN

VIII. DAS RÖMISCHE HISPANIEN, GALLIEN UND BRITANNIEN

IX. RÜCKBLICK UND AUSBLICK

X. ANHANG

VORWORT

Das vorliegende Werk behandelt die Geschichte und Kultur der antiken Kelten. Sein Gegenstand erstreckt sich damit – was im Folgenden noch zu begründen sein wird – räumlich von Irland und der Iberischen Halbinsel bis nach Kleinasien und zeitlich vom Beginn der Späthallstattkultur um die Mitte des 7. Jahrhunderts v. Chr. bis zu der Errichtung germanischer Königreiche in Gallien, dem Abzug der Römer aus Britannien und dem Beginn der Christianisierung Irlands im 5. Jahrhundert n. Chr. Die Darstellung fußt auf den Forschungsergebnissen der Vor- und Frühgeschichtlichen, Klassischen sowie Provinzialrömischen Archäologie, der Alten Geschichte und Klassischen Philologie sowie der Vergleichenden Sprachwissenschaft, Religionswissenschaft und Keltologie. Der weite geographische und chronologische Rahmen des Werks, die Vielzahl und Vielfalt der relevanten akademischen Disziplinen sowie die kaum mehr überschaubare Menge der in vielen verschiedenen Sprachen abgefassten Spezialliteratur wirft die berechtigte Frage auf, wie ein einzelner Autor auf knapp 400 Seiten einer solchen Aufgabe gerecht werden und inwiefern sein Buch eine sinnvolle Ergänzung zu der bereits vorhandenen Literatur bilden kann. Im Folgenden seien daher zunächst einige Hinweise auf die Zielsetzung und den Aufbau des Handbuchs gegeben.

Das erste Ziel des vorliegenden Bandes besteht darin, dem nach der Lektüre populärwissenschaftlicher Darstellungen und enzyklopädischer Nachschlagewerke naheliegenden Eindruck einer monolithischen und weitgehend statischen keltischen Kultur entgegenzutreten. An die Stelle dieses seit der Frühen Neuzeit immer wieder kolportierten, letztlich aus der antiken Ethnographie stammenden Zerrbilds soll im Folgenden eine differenzierte Darstellung treten, in der ich die historischen Voraussetzungen unseres Keltenbildes kritisch hinterfrage und den räumlich und zeitlich bedingten kulturellen Unterschieden innerhalb der keltischsprachigen Gebiete die gleiche Aufmerksamkeit schenke wie den raum- und epochenübergreifenden Übereinstimmungen. Zu diesem Zweck ist das Buch in sieben weitgehend selbständige Kapitel eingeteilt, die – nach einer begriffs- und forschungsgeschichtlichen Einleitung im ersten Kapitel – der Reihe nach die wichtigsten geographischen Siedlungsräume der Kelten jeweils für sich genommen behandeln, wobei die Iberische Halbinsel, Gallien und Britannien zunächst in vorrömischer und dann noch einmal (zusammen) in römischer Zeit dargestellt werden. Jedes Kapitel behandelt – nach einem einleitenden Abriss der Geschichte – in gleicher Weise der Reihe nach die Wirtschaftsformen und das Siedlungswesen, Handwerk und Kunst, Handel und Verkehr sowie die Sozialstrukturen, Religion und Sprache der Kelten des betreffenden Kulturraums, so dass der Leser sich selbst ein Urteil über Gemeinsamkeiten und Unterschiede, Kontinuitäten und Diskontinuitäten bilden kann.

Das zweite Ziel des Handbuchs besteht darin, wissenschafts- und rezeptionsgeschichtlich bedingte Distanzen zwischen einzelnen Fachdisziplinen, aber auch zwischen unterschiedlichen nationalen Sichtweisen zu überbrücken und Erkenntnis fördernde Querverbindungen herzustellen. Dabei soll die möglichst gleichmäßige Berücksichtigung archäologischer, philologisch-historischer und sprachwissenschaftlicher Quellen den Leser in die Lage versetzen, die Diskussionen und Forschungsergebnisse innerhalb der jeweiligen Einzeldisziplinen aufeinander zu beziehen und in größere Zusammenhänge einzuordnen. Im Hinblick darauf hat das einleitende Kapitel nicht zuletzt auch die Funktion, die sowohl in unterschiedlichen akademischen Disziplinen als auch von Epoche zu Epoche und von Land zu Land differierenden Konnotationen des Keltenbegriffs zu erläutern und aus ihren jeweils unterschiedlichen historischen Voraussetzungen heraus verständlich zu machen. Darüber hinaus soll das vorliegende Handbuch gerade auch Studierenden unterschiedlicher Fachdisziplinen eine Brücke bauen, die von den zahlreichen generalisierenden und popularisierenden Darstellungen der keltischen Geschichte und Kultur zu den oftmals eher spröden schriftlichen und archäologischen Quellen und den mitunter schwer zugänglichen und weit verstreuten wissenschaftlichen Spezialstudien führt.

Es liegt auf der Hand, dass der Autor eines Handbuchs wie des vorliegenden den Stoff nur zu einem sehr kleinen Teil anhand der Quellen selbständig durchgearbeitet haben kann und in den meisten Fällen darauf angewiesen bleibt, die Forschungen anderer Wissenschaftler nach bestem Wissen und Gewissen zu referieren bzw. auf sie zu verweisen. Breiten Raum nehmen daher ausführliche Angaben zu weiterführender wissenschaftlicher Literatur ein, die sich aus Platzgründen auf Arbeiten der letzten 25 Jahre konzentrieren, jedoch in großem Umfang neben deutschsprachigen auch englische, französische, italienische und spanische Darstellungen und Untersuchungen berücksichtigen. Um dem Benutzer die Übersicht zu erleichtern, werden einschlägige oder für den Einstieg besonders geeignet erscheinende Werke jeweils am Anfang eines jeden Abschnitts innerhalb der insgesamt neun Kapitel *en bloc* vorgestellt und kurz charakterisiert. Hinweise auf antike literarische und epigraphische Quellen sowie archäologische Spezialliteratur zu Einzel- und Detailfragen findet man demgegenüber in den Anmerkungen innerhalb dieser Abschnitte.

Aus der schier unüberschaubaren Menge an Spezialliteratur eine sinnvolle Auswahl zu treffen, erwies sich in vielen Fällen als schwierig, zumal bei den unterschiedlichen Benutzergruppen dieses Bandes auch mit sehr unterschiedlichen Vorkenntnissen, Interessen und Informationsbedürfnissen zu rechnen ist. Im Allgemeinen habe ich angestrebt, zu jedem Thema mehrere möglichst neue Titel mit unterschiedlich ausgeprägter Spezialisierung anzuführen, so dass für primär historisch, sprachwissenschaftlich und philologisch Interessierte neben sehr speziellen Studien zu einzelnen archäologischen Fundkomplexen auch eher populär gehaltene archäologische Überblicksdarstellungen aufgenommen wurden. Umgekehrt wurden im Interesse primär archäologisch interessierter Leser nicht nur philologische, sprachwissenschaftliche und althistorische Spezialliteratur, sondern auch allgemeiner gehaltene Zusammenfassungen zu den entsprechenden Themen berücksichtigt. In den thematisch ausgerichteten Auswahlbibliographien am Anfang der einzelnen Abschnitte und in den Anmerkungen sind die einzelnen Titel durchweg nur mit dem Zunamen des Verfassers (sowie, bei identischen Zunamen, mit dem abgekürzten Vornamen) und dem jeweiligen Erscheinungsjahr angeführt. Um dem Leser unnötiges Blättern in der umfangreichen Gesamtbibliographie am Ende des Bandes so weit wie möglich zu ersparen, ist bei der Anführung mehrerer Titel zu ein und demselben Thema in aller Regel jeweils vermerkt, ob es sich bei dem betreffenden Werk um eine kurz gefasste und eher allgemeine Übersicht zur ersten Orientierung, um eine ausführlichen Materialvorlage für Fachkollegen oder aber um eine eher populäre, für ein breiteres Publikum verfasste Gesamtdarstellung handelt. Dies erfolgte natürlich nicht im Sinne einer wertenden Abstufung, sondern in dem Bemühen, dem Benutzer angesichts einer kaum mehr überschaubaren Fülle von Titeln den Überblick sowie unmittelbar zielführende Recherchen nach Möglichkeit zu erleichtern. Grundsätzlich vermieden habe ich summarische Urteile über die Qualität der angeführten Werke sowie knappe und notgedrungen subjektive Hinweise auf Vorzüge und Schwächen einzelner Arbeiten: Zum einen, weil ich mir ein solches Urteil in vielen Fällen nicht anmaßen mochte, zum anderen, weil es in allzu vielen Fällen doch einer ausführlicheren Begründung und Erläuterung bedurft hätte, als ich sie angesichts der Fülle von Titeln hätte geben können.

Wie sich denken lässt, sind viele Teilbereiche und Einzelfragen, die in dem vorliegenden Band zur Sprache kommen, von kompetenten Spezialisten in eigenen Monographien nahezu erschöpfend behandelt worden, während manche bis heute strittige Forschungsprobleme in Spezialaufsätzen nach wie vor kontrovers diskutiert werden, ohne dass das Für und Wider unterschiedlicher Positionen in einem allgemeinen Handbuch wie dem vorliegenden angemessen gewürdigt werden könnte. In solchen Fällen sollte der Leser in erster Linie darauf hingewiesen werden, wo er sich im Detail sowohl mit gesicherten Erkenntnissen und Ergebnissen als auch mit kontrovers diskutierten Forschungsproblemen vertraut machen kann. Gleichwohl habe ich mich darum bemüht, das Buch nicht als eine räsonnierende Bibliographie mit kurzen verbindenden Zwischentexten zu schreiben, sondern auch all jenen Benutzern eine gut lesbare Darstellung an die Hand zu geben, die ohne weiteren Rückgriff auf die Quellen oder die Sekundärliteratur es mit diesem Überblick über die Geschichte und Kultur der antiken Kelten bewenden lassen wollen. Hervorgehoben sei schließlich auch, dass das Handbuch in erster Linie die Geschichte und Kultur der Kelten insgesamt ins Auge fasst und Regionalkulturen nur insofern ausführlicher zur Sprache kommen, als sie auf dieses übergreifende Thema Bezug haben.

Im Hinblick auf den Umfang und die Anordnung der einzelnen Kapitel ist anzumerken, dass die Darstellung der vorrömischen keltischen Kulturen Mittel- und Westeuropas (Kapitel II) sehr viel umfangreicher ausfallen musste als alle übrigen, was sich durch die Größe des behandelten geographischen Raumes, die Vielzahl der wissenschaftsgeschichtlich herausragenden Ausgrabungsstätten, den hohen Anteil der auf diese Regionen bezogenen antiken Schriftquellen sowie nicht zuletzt das mutmaßliche Hauptinteresse des vorwiegend deutschsprachigen Zielpublikums dieses Bandes erklärt. Deutlich kürzer ausgefallen ist demgegenüber die Darstellung der keltischen Kulturen Oberitaliens, der Iberischen Halbinsel, Britanniens, Irlands und Kleinasiens (Kapitel III–VII), wie denn auch die Beschreibung der Romanisierung ehemals keltischsprachiger Gebiete in Gallien, Britannien und auf der Iberischen Halbinsel in einem einzigen Kapitel (VIII) zusammengefasst wurde. Die Reihenfolge der Kapitel orientiert sich teils an geographischen, teils an chronologischen Gesichtspunkten, insofern als hier zunächst die an Mittel- und Westeuropa angrenzenden und bereits in der vorgeschichtlichen Zeit von Kelten besiedelten Regionen Europas und ganz zum Schluss die erst in der Epoche des Hellenismus von Kelten eroberten Gebiete Anatoliens sowie die Transformation der festlandkeltischen Kulturen im Gefolge der römischen Eroberung zur Sprache kommen.

Es liegt auf der Hand, dass man die Gesamtdarstellung der Kultur eines geographischen Raumes und einer Epoche in ganz unterschiedlicher Weise gliedern kann, da letztlich alle hier zu besprechenden Aspekte oder Teilbereiche in einer engen Wechselbeziehung mit mehreren anderen stehen. So etwa hätte man den Stoff des Abschnitts «Handwerk und Kunst» auf zwei verschiedene Unterkapitel verteilen können, wobei das «Handwerk» in einem engen Zusammenhang mit den Wirtschaftsformen, die «Kunst» dagegen in einem engen Bezug zur Religion zu sehen ist. Umgekehrt hätte man die Abschnitte über Wirtschaftsformen und Siedlungswesen zweifellos zu einem einzigen Unterkapitel zusammenfassen können, da beide in einer engen wechselseitigen Abhängigkeit voneinander stehen. Die hier konsequent verfolgte Aufteilung jedes Kapitels in acht Unterkapitel (Geschichte – Wirtschaftsformen – Siedlungswesen – Handwerk und Kunst – Handel und Verkehr – Gesellschaft – Religion – Sprache) erschien indessen nicht nur aus sachlichen Gründen vertretbar, sondern spiegelt nicht zuletzt auch die höchst unterschiedliche Quellen- und Forschungslage wider, da weitergehende Differenzierungen zwar an sich sinnvoll erscheinen mögen, manche der in diesem Zusammenhang denkbaren Unterabschnitte jedoch beim gegenwärtigen Stand unseres Wissens kaum zu füllen gewesen wären. Dass manche Unterkapitel mehr Aporien, offene Fragen und Desiderate der Forschung denn gesichertes Wissen präsentieren, ist teils dem unzureichenden Forschungsstand, teils der uneinheitlichen Quellenlage geschuldet und war folglich nicht zu ändern.

Wie jeder mit dem Gegenstand vertraute Leser weiß, sind Bilder in Büchern über die Kelten dem Verständnis nicht immer förderlich. In erster Linie betrifft dies die gerade in populärwissenschaftlichen Darstellungen verbreitete Unsitte, einzelne Aspekte der keltischen Kultur nicht mit Abbildungen von Originalfunden oder modernen Rekonstruktionen, sondern mit oft phantasievollen und häufig irreführenden, aufgrund ihrer ideologischen Perspektive fragwürdigen und in den Details oft anachronistischen Stichen und Gemälden aus dem 19. Jahrhundert zu illustrieren. Der vorliegende Band verzichtet daher gänzlich auf solche nur rezeptionsgeschichtlich interessanten historischen Darstellungen und beschränkt sich auf die Abbildung einer relativ kleinen Zahl genuin keltischer Objekte. In einigen Fällen wurde die zeichnerische Wiedergabe eines Objekts bevorzugt, da eine künstlerische Umsetzung mitunter eher zur verweilenden Betrachtung anregt als eine vordergründig objektivere, doch nicht immer ebenso detailreiche Fotografie. In anderen Fällen wiederum erschien eine Fotografie am sinnvollsten, wobei die abgebildeten Objekte in erster Linie der Veranschaulichung des Textes dienen sollten.

Sehr viel mehr Kopfzerbrechen verursachte das Bestreben, der Darstellung historischer Entwicklungen und kultureller Verhältnisse wirklich hilfreiche und zugleich möglichst zuverlässige Karten und Pläne beizugeben. Zunächst liegt dies daran, dass Karten und Pläne zwangsläufig immer nur Momentaufnahmen darstellen und infolge neuer Funde und Ausgrabungen zumindest in Einzelheiten rasch veralten.

Hinzu kommt, dass die zweidimensionale Karte eine komplexe historische Realität nur in sehr eingeschränktem Maße veranschaulichen kann und mitunter deren Verständnis sogar eher behindert als fördert. Dies gilt insbesondere für jene häufig kritisierten, aber gleichwohl noch immer weit verbreiteten Übersichtskarten, in denen (als fragwürdige Erblast des nationalstaatlichen Denkens bzw. seines Einflusses auf die Archäologie und Geschichtsschreibung) mit Farbe oder Schraffur ein scharf umgrenztes «ursprüngliches» Siedlungsgebiet der Kelten postuliert wird und Pfeile in alle Richtungen deren «Ausbreitung» andeuten sollen – oftmals ohne klar anzugeben, ob dabei an Diffusion, Akkulturation oder Migration zu denken ist und ob die Kennzeichnung als «keltisch» in diesem Zusammenhang auf der mutmaßlich verwendeten Sprache, auf einer ethnischen Selbst- oder Fremdbeschreibung oder aber auf bestimmten Elementen der materiellen Kultur beruht. Um solche – gleich im ersten Kapitel des vorliegenden Bandes ausführlich dargelegten – Differenzierungen nicht gleichsam im Nachhinein wieder zu konterkarieren, wurde gar nicht erst der Versuch einer kartographischen Wiedergabe komplexer historischer Vorgänge gemacht. Die dem Band beigegebenen Karten dienen daher in erster Linie der Veranschaulichung charakteristischer Verbreitungsmuster etwa bestimmter Siedlungs- und Grabformen sowie historisch aussagekräftiger archäologischer Objekte, sofern diese für die Interpretation der Geschichte und Kultur der Kelten eine Rolle gespielt haben. In ähnlicher Weise dienen die schematischen Pläne und Aufrisszeichnungen archäologischer Fundstätten in erster Linie der visuellen Unterstützung des Textes, ohne jeden Anspruch auf die Vermittlung weiterführender zusätzlicher Informationen.

Es ist mir eine angenehme Pflicht, abschließend all jenen zu danken, die an dem Zustandekommen dieses Bandes beteiligt waren. Insbesondere gilt mein Dank dem Herausgeber des Handbuchs der Altertumswissenschaft, Herrn Prof. Dr. Hans-Joachim Gehrke, und dem zuständigen Lektor des Verlags C.H.Beck, Herrn Dr. Stefan von der Lahr, für ihre kritische Lektüre des Manuskripts und ihre Verbesserungs- und Ergänzungsvorschläge. Dank gebührt auch Herrn Peter Palm (Berlin) für die sorgfältige und ansprechende Gestaltung der Karten sowie Frau Andrea Morgan und Frau Bettina Seng vom Verlag C.H.Beck für die Betreuung und Überwachung des Satzes und der Produktion des Bandes. Einen besonderen Dank sage ich meiner Tochter Friederike, die trotz und neben ihrer starken schulischen Beanspruchung in mühevoller Handarbeit und ohne digitale Unterstützung die Zeichnungen für diesen Band angefertigt hat. Meine Frau Doris und meine jüngeren Kinder Adele, Lewin und Justus haben die Entstehung des Bandes mit ausdauerndem Verständnis, Nachsicht und dem unvermeidlichen Verzicht auf Zeit und Energie, die ihnen zustand, unterstützt. Ihnen sei das Buch daher gewidmet.

I.

DIE KELTEN ALS GEGENSTAND DER ALTERTUMSWISSENSCHAFT

Anders als bei den Bezeichnungen «Griechen» oder «Römer», doch ähnlich wie bei dem Namen der «Germanen», ist die Verwendung der Bezeichnung «Kelten» in den vergangenen Jahrzehnten zum Gegenstand einer ausgedehnten und nicht immer sachlich oder konstruktiv geführten wissenschaftlichen Diskussion geworden. Die Bestimmung der Kelten als eines Gegenstands der Altertumswissenschaft erfordert daher zunächst eine Erörterung des Keltenbegriffs in der gegenwärtigen Forschung. Das Verständnis dieses gegenwärtigen Keltenbegriffs wiederum setzt die Kenntnis verschiedener, historisch aufeinander aufbauender, doch heute oft miteinander konkurrierender Verwendungsweisen voraus, deren Geschichte sich über gut zweieinhalbtausend Jahre von den frühgriechischen Ethnographen und Historikern bis zur Gegenwart erstreckt.

1. «Kelten» und «keltisch» in der Literatur und Kunst der Griechen und Römer

Eine kurze Übersicht über die wichtigsten antiken Autoren, die sich zu den Kelten geäußert haben, gibt Dobesch 1991. Unterschiedliche Aspekte der Geschichte des antiken Keltenbilds und seiner Eigenheiten behandeln Hannestad 1993, Kremer 1994, Jantz 1995, Tristram 2005, Thollard 2006, Verger 2006 und Sheehan 2010. Zum größeren Kontext der Geschichte des Umgangs mit dem Fremden in der griechisch-römischen Kultur vgl. Nippel 1990, Dihle 1994, die Beiträge in Hölscher 2000 und Riemer u. Riemer 2005 sowie Woolf 2010. Neuere Beispiele für Sammlungen, die den Fokus auf antike Aussagen zu unterschiedlichen Aspekten der keltischen Kultur richten, bieten Timpe 1981 (Handwerk), Timpe 1985a und 1985b (Handel), Dobesch 2001 (Handel und Wirtschaft), Timpe 1997 (Hausbau) und Maier B. 2010 (Urbanisierung). Eine Auswahl literarischer Quellen in kommentierten zweisprachigen Ausgaben bieten Freeman 1996 (älteste griechische Quellen), Tomaschitz 2002 (Migrationsbewegungen) sowie Hofeneder 2005−2011 (Religion). Zur Darstellung der Kelten in der antiken Kunst vgl. die Zusammenfassung von Andreae 1991, die kurzgefasste Monographie von Polito 1998 sowie die ausführliche Studie von Kistler 2009. Einzelaspekte der künstlerischen Darstellung behandeln Cain 2002 (Kelten als Heiligtumsfrevler), Pirson 2002 (Kelten als Krieger) und Strootman 2005 (Kelten im Rahmen des hellenistischen Herrscherkults). Zu unterschiedlichen regionalen Traditionen vgl. Marszal 2000, Fless 2002 und Queyrel 2005 (Pergamon), Höckmann 1991, Holliday 1994, Zimmermann 1995 und Colonna 2002 (etruskische Kunst) sowie Müller H.-P. 2002 (graeco-ägyptische Kunst). Zum Vergleich zwischen Kelten und Germanen in der römischen Kunst s. Ferris 2011.

Die Bezeichnung «Kelten» entstammt der antiken Ethnographie und Geschichtsschreibung, deren besondere stilistische Konventionen und historische Eigenart alle späteren Verwendungsweisen dieser Bezeichnung maßgeblich geprägt haben.

Um den antiken Sprachgebrauch aus seinen besonderen historischen Voraussetzungen heraus zu verstehen und seine Bedeutung für spätere Entwicklungen zu würdigen, erscheint es zweckmäßig, zunächst die verschiedenen antiken Namen der Kelten, sodann die Verbreitung dieser antiken Bezeichnungen in Raum und Zeit und schließlich ihren Bedeutungsgehalt im Rahmen des antiken Weltbilds zu erörtern.

Antike Bezeichnungen der Kelten

Als antike Entsprechungen unserer modernen Bezeichnung «Kelten» begegnet in griechischen Quellen Κελτοί (spätere Form Κέλται) und Γαλάται, in lateinischen *Celtae*, *Galli* und *Galatae*. Dabei bezeichnet Γαλάται/*Galatae* im Unterschied zum modernen Sprachgebrauch keineswegs ausschließlich oder auch nur in erster Linie die Kelten Kleinasiens, sondern ist weitgehend bedeutungsgleich mit den Bezeichnungen Κελτοί/*Celtae* und *Galli*, bezeichnet also die Kelten im Allgemeinen. Mit Bezug auf die Iberische Halbinsel sprechen die antiken Autoren von Keltiberern (Κελτίβηρες/ *Celtiberi*), während man für die Galater im – modernen – Sinne der keltischen Bewohner Kleinasiens die Bezeichnungen «Hellenogalater» (Ἑλληνογαλάται; Diodor 5,32,5) und *Gallograeci* (Livius 37,40 und Pomponius Mela 1,2,5) findet. Ausschließlich mit Bezug auf das heutige Südfrankreich begegnet der Name «Keltoligurer» (Κελτολίγυες; Strabo 4,6,3) während man im Zusammenhang mit Spekulationen über die Herkunft der Kimbern die aus unbekannter Quelle geschöpfte Bezeichnung «Keltoskythen» (Κελτοσκύθαι; Strabo 11,6,2 und Plutarch, *Marius* 11,6–8) findet.[1] Hervorzuheben ist, dass die Bewohner der Britischen Inseln und Irlands – im Unterschied zum heutigen Sprachgebrauch – von den antiken Autoren niemals als Kelten bezeichnet werden, wohingegen sich die Bezeichnung «Kelten» vor allem bei griechisch schreibenden Autoren vielfach auch auf jene Völker beziehen kann, die man heute gemeinhin als Germanen bezeichnet.[2] Umgekehrt findet in der lateinischen Literatur seit Caesar die Bezeichnung «Germanen» auch auf solche Völkerschaften Anwendung, für die man heute unter Berücksichtigung sprachlicher und kultureller Gesichtspunkte auch die Bezeichnung «Kelten» in Erwägung zieht.[3]

Etymologische Ableitungen

Die aus der Antike überlieferten Etymologien des Keltennamens dienen alle dazu, die Kelten mit der griechischen Mythologie zu verknüpfen. Den Anfang macht dabei wohl Timaios von Tauromenion, der im 4. oder 3. Jahrhundert v. Chr. den Ländernamen *Galatia* aus dem Namen des Königs Galates, eines Sohnes des Kyklopen Poly-

---

[1] Zur antiken Kimberntradition vgl. Timpe 2006, 63–113.

[2] So z. B. in der fragmentarisch erhaltenen Weltchronik des Ioannes von Antiocheia, wo *para tois Galatais* als Synonym für das anderweitig überlieferte *en Germania* verwendet wird; s. Hofeneder 2011, 495–496.

[3] Zu unterschiedlichen Aspekten der oft problematischen Unterscheidung von Kelten und Germanen vgl. die Beiträge in Tejral 1995, die in Haffner u. von Schnurbein 2000, Hüssen 2001, Rübekeil 2002, Bockius u. Łuczkiewicz 2004, Schulze-Forster 2008/09, die Beiträge in Grasselt 2009 sowie Reinhard 2010. Einen neueren wissenschaftsgeschichtlichen Überblick dazu gibt Wöhrl 2009.

phemos und der Quellnymphe Galateia, erklärt.[4] In ähnlicher Weise leitet im 2. Jahrhundert n. Chr. Appian die Namen der Kelten, Illyrer und Galater von drei Söhnen des Polyphemos namens Keltos, Illyrios und Galates ab (*Illyrica* 2,3–4).[5] Wenn Diodor von Sizilien (5,24,1–3) demgegenüber erklärt, die Galater seien Nachkommen des Galates, eines Sohnes des Herakles und der Tochter eines einheimischen Königs, so ist diese Bemerkung zweifellos darauf berechnet, die zivilisierende Wirkung der Griechen auf ihre nördlichen Nachbarn zu veranschaulichen.[6] Eine ähnliche Genealogie finden wir bei Parthenios von Nikaia, der die Kelten aus der Verbindung zwischen Keltos, einem Sohn des Herakles, und der Tochter eines einheimischen Herrschers namens Keltinē hervorgehen ließ (*Erotica Pathemata* 30,1–2).[7]

Im Unterschied zu diesen antiken Etymologien kommen der modernen Vergleichenden Sprachwissenschaft zufolge zur Ableitung des Keltennamens verschiedene indogermanische Wurzeln in Betracht, insbesondere **kel-* «erheben» (wie in lateinisch *celsus* «hoch, erhaben»), **kel-* «schlagen, hauen» (wie in lateinisch *percello* «niederschlagen») sowie **kel-* «verbergen» (wie in lateinisch *celo* «verbergen»).[8] Sicherheit ist hier nicht zu gewinnen, und selbst im Falle der – letztlich willkürlichen – Entscheidung für eine dieser drei Möglichkeiten (oder eine andere) bleibt die genaue Bedeutung des Namens unklar. Dass es sich bei Κελτοί/*Celtae* um die Wiedergabe einer einheimischen Bezeichnung handelt, gilt jedoch – anders als im Falle des Germanen-Namens – als ausgemacht, da man die im keltischen Sprachraum inschriftlich und literarisch bezeugten Namen *Celtillus* und *Celtilla* als Ableitungen von einem dem Plural **Keltoi* zugrunde liegenden Singular **Keltos/*Keltā* ansehen kann.[9] Für die Etymologie der Bezeichnungen Γαλάται/*Galatae* und *Galli* erscheint eine Verbindung mit altirisch *gal* «Tapferkeit» und walisisch *gallu* «können, vermögen» denkbar. Tatsächlich könnten aber sowohl *Galli* und *Galatai* als auch *Keltoi/ Celtae* auf eine einzige Grundform zurückgehen, wobei man allerdings mit späteren lautlichen Umformungen des ursprünglichen Namens rechnen müsste.[10] Bei der seit dem Mittelalter bezeugten irischen und schottisch-gälischen Bezeichnung *Gall* «Fremder, Ausländer» handelt es sich jedenfalls um kein keltisches Erbwort, sondern um eine Entlehnung aus lateinisch *Gallus*.

Übersicht über die antiken Autoren

Als ältester antiker Beleg für den Namen der Kelten gilt einigen modernen Autoren die aus dem späten 6. Jahrhundert v. Chr. stammende Erdbeschreibung (*Perihēgēsis*) des Hekataios von Milet.[11] Allerdings kennt man die betreffenden Stellen, an denen der Name erscheint, lediglich aus dem geographischen Lexikon des Stephanos von Byzanz aus dem 6. Jahrhundert n. Chr., so dass nicht sicher auszumachen ist, ob der –

[4] Hofeneder 2005, 56–58.
[5] Hofeneder 2011, 47–48.
[6] Hofeneder 2008, 67–69.
[7] Hofeneder 2005, 161–162.
[8] Vgl. zusammenfassend Evans 1967, 332–333.
[9] Zu Celtillus s. Caesar, *De Bello Gallico* 7,4,1 und CIL XIII 5260, zu *Celtilla* CIL XII 646.

[10] Neuere Überlegungen zur Etymologie der antiken Ethnonyme und zur Möglichkeit eines gemeinsamen Ursprungs von *Galatai* und *Galli* sowie vielleicht auch *Keltoi/Celtae* bieten McCone 2006, Koch J. T. 2009b und Sims-Williams 2011.
[11] So z. B. Sims-Williams 2011. Das Folgende nach Tomaschitz 2002, 15–16.

Die Erde im frühgriechischen Weltbild des 6. Jahrhunderts v. Chr.

im Zusammenhang mit den Städten Narbo, Nyrax und Massalia – erwähnte Keltenname von Anfang an zur Beschreibung des Hekataios gehörte oder erst zu einem späteren Zeitpunkt als erklärender Zusatz in den Text geraten ist. Letzteres vermutet man im Hinblick auf den Eintrag *Narbo*, bei dem noch vor Hekataios der Geograph Strabo als erster Gewährsmann genannt wird. Als Argument für die Zuschreibung des Keltennamens an Hekataios hat man bei dem Eintrag *Nyrax* darauf verwiesen, dass Stephanos für diese sonst nirgendwo bezeugte Stadt nur Hekataios als Quelle angibt und also auch den Zusatz πόλις Κελτική von ihm bezogen haben dürfte. Zwingend ist dieser Schluss jedoch nicht, zumal die Lokalisierung der Stadt Nyrax unklar bleibt.

Neben Hekataios gilt mitunter auch der spätrömische Dichter Avienus als Quelle einiger der ältesten geographischen Informationen über die frühen Kelten, da er für seine in der zweiten Hälfte des 4. Jahrhunderts n. Chr. entstandene Dichtung *Ora maritima*, eine unvollständig erhaltene Beschreibung der Meeresküsten von der Bretagne bis zum Schwarzen Meer, auch frühe griechische Quellen aus dem 6. Jahrhundert v. Chr. verarbeitet habe.[12] Tatsächlich lässt sich jedoch die Benutzung derart früher Quellen nicht mit Sicherheit nachweisen, wie man überhaupt die Möglichkeit einer Quellenscheidung gerade in jüngerer Zeit immer wieder angezweifelt hat. Ob sich hinter dem von Avienus (*Ora maritima* 111–112) erwähnten «Volk der Hiernier» (*gens Hiernorum*) und der «Insel der Albionen» (*insula Albionum*) also tatsächlich die ältesten antiken Erwähnungen Irlands und Britanniens verbergen, muss letztlich offenbleiben.

Zweifelsfrei bezeugt ist der Name der Kelten jedenfalls bei Herodot, der in einer oft zitierten Stelle schreibt, der Istros (die Donau) entspringe bei den Kelten und der Stadt Pyrēnē und fließe mitten durch Europa. Die Kelten aber seien jenseits der Säulen des Herakles (der Straße von Gibraltar) ansässig und Nachbarn der Kynesier, die von allen Völkern Europas am weitesten im Westen wohnten (2,33,3–4).[13] Dass Herodot die Information über Kelten an den Quellen der Donau aus dem Umfeld griechischer Anwohner im Bereich der Mündung des Stromes bezog, darf als wahrscheinlich gelten.[14] Gleichwohl gehen die Meinungen über den Umfang seiner Kenntnisse von Mittel- und Westeuropa in der modernen Forschung weit auseinander. Die Erwähnung der Säulen des Herakles und der – nach Avienus (*Ora maritima* 205 und 223) im Südwesten der Iberischen Halbinsel ansässigen – Kynesier spricht dafür, dass er die Kelten sowohl im Bereich der Donaumündung als auch im Westen der Iberischen Halbinsel lokalisierte. Unklar ist jedoch, ob er sich der gewaltigen Entfernung dieser beiden Siedlungsräume bewusst war und ob er sich die «Stadt Pyrēnē» als eine stadtähnliche Siedlung am Oberlauf der Donau oder aber auf der Pyrenäenhalbinsel vorstellte. Als Quelle für seine Annahme von Kelten auf der Iberischen Halbinsel hat man wohl an griechische Händler des 6. Jahrhunderts v. Chr. zu denken, da die Straße von Gibraltar zur Zeit Herodots bereits seit einigen Jahrzehnten durch die Karthager für Griechen gesperrt worden war.

Im 4. Jahrhundert v. Chr. erwähnt Plato (*Leges* 1,637 d–e) die Kelten neben Skythen, Persern, Karthagern, Iberern und Thrakern als ein weiteres großes Barbarenvolk zur Veranschaulichung des Zusammenhangs zwischen Trunksucht und militärischer Tüchtigkeit. Darüber hinaus berichtet Xenophon (*Hellenica* 7,1,20.31) von der Präsenz keltischen Söldner unter den Truppen, mit denen Dionysios I. von Syrakus 369 v. Chr. die Spartaner unterstützte, während Aristoteles mit pittoresken Details zu der tollkühnen Furchtlosigkeit der Kelten, ihrem Willen zur Abhärtung durch leichte Bekleidung und ihren homosexuellen Neigungen aufwartet (*Ethica Eudemica* 3,1,25 p 1229b 25–30, *Ethica Nicomachea* 3,10,7 p 115b 26–29, *Politica* 7,17,2 p 1336a 15–18 sowie 2,9 p 1269b 23–27).[15]

---

[12] Eine neuere Ausgaben des Textes bietet Mangas Manjarrés 1994. Vgl. dazu den ausführlichen Kommentar von Antonelli 1998. Das Folgende nach Tomaschitz 2002, 20–24, und Hofeneder 2005, 16–24.

[13] Grundlegend dazu Fischer 1972. Das Folgende nach Tomaschitz 2002, 16–18, und Hofeneder 2005, 25–26.

[14] Die im Keltischen unübliche Konsonantenverbindung -*str*- in *Istros* lässt vermuten, dass die griechische Bezeichnung des Stroms aus dem Mündungsgebiet an der Schwarzmeerküste übernommen wurde. Dagegen geht die lateinische Bezeichnung des Flusses, *Danuvius*, auf altkeltisch **Dānowiyos* (= walisisch *Donwy*) zurück. Vgl. dazu Koch J. T. 2006, II, 568–569.

[15] Vgl. dazu Tomaschitz 2002, 18–19, sowie Hofeneder 2005, 35–44.

Ein älterer Zeitgenosse des Aristoteles war der im äolischen Kyme geborene Universalhistoriker Ephoros, der für seine wohl nach 350 v. Chr. entstandenen dreißig Bücher *Historiai* in großem Umfang und wenig kritischer Weise älteres Material verwertete.[16] In diesem heute verlorenen, doch durch Zitate bei späteren Autoren annäherungsweise rekonstruierbaren Werk gruppierte er rings um die (aus Griechenland und Italien, aber auch Persien bestehende) zivilisierte Welt die vier großen Barbarenvölker der Äthiopier im Süden, der Inder im Osten, der Skythen im Norden und der Kelten im Westen. Von der Ethnographie, die Ephoros den Kelten widmete, kennen wir zwei bei Strabo überlieferte Zitate, von denen das eine mit seiner Charakterisierung der Kelten als «Griechenfreunde» (Φιλέλληνες) noch die frühere Zeit einer weitgehend friedlichen Koexistenz und ausgedehnter Handelsbeziehungen zwischen den Griechen und ihren keltischen Nachbarn im Westen und Norden widerspiegeln dürfte. Noch in der zweiten Hälfte des 2. Jahrhunderts v. Chr. begegnet dieses positive Keltenbild, vielleicht unmittelbar aus Ephoros entlehnt, in den Versen eines anonymen Dichters, der in einem dem König Nikomedes von Bithynien gewidmeten Werk von den griechischen Sitten der Kelten und ihrer überaus freundlichen Gesinnung gegenüber Griechenland spricht.[17]

In diesem Zusammenhang ist schließlich auch noch das Werk *Peri Hyperboreōn* des Philosophen und Kulturhistorikers Hekataios von Abdera (oder Teos, der Mutterstadt von Abdera) zu erwähnen.[18] Dabei handelt es sich nach Ausweis der erhaltenen Fragmente um eine wohl zwischen 330 und 320 v. Chr. entstandene pseudo-ethnographische Utopie, die der äußeren Form nach – ähnlich wie etwas später die *Hiera Anagraphē* des Euhemeros – als authentischer Reisebericht gestaltet ist. In dem umfangreichsten, bei Diodor von Sizilien (2,47,1–7) erhaltenen Bruchstück erscheint die Insel der Hyperboreer als eine Insel gegenüber den Gegenden des Keltenlandes, die sich durch guten Boden und ein der Landwirtschaft günstiges Klima auszeichne. Ihre Bewohner schildert der Verfasser als Kithara spielende Verehrer des Gottes Apollo, dem auf der Insel ein kreisrundes Heiligtum geweiht sei und der die Insel alle 19 Jahre besuche. Obschon nun bereits Diodor gleich in der Einleitung seines paraphrasierenden Exzerptes den märchenhaften Charakter dieser Schilderung hervorhebt, hat es in neuerer Zeit doch nicht an Versuchen gefehlt, darin reale Kenntnisse der Griechen über die (nach ihrem Verständnis als südliche Nachbarn der Hyperboreer anzusehenden) Kelten zu finden. So etwa hat man bei der genannten Insel an Britannien, bei dem kreisrunden Tempel des Apollo an Stonehenge, bei Apollo an den aus späterer Zeit inschriftlich bezeugten Apollo Maponos und bei den Kithara spielenden Verehrern des Gottes an die keltischen Barden gedacht. Tatsächlich entbehren solche Spekulationen aber jeglicher Grundlage, da die Übereinstimmungen bei nüchterner Betrachtung allenfalls oberflächlich erscheinen und der bewusst fiktive Charakter des Hyperboreerbuches außer Frage steht.

---

[16] Das Folgende nach Dobesch 1995, 28–30, Tomaschitz 2002, 19, und Hofeneder 2005, 29–34.

[17] Zu diesen früher unter dem Namen «Pseudo-Skymnos» überlieferten Versen s. Hofeneder 2005, 103–104.

[18] Das Folgende nach Hofeneder 2005, 45–48. Zur wechselseitigen Beeinflussung der griechischen Vorstellungen von den Kelten und Hyperboreern vgl. ferner Verger 2006.

Was wir aus der Zeit der frühen griechisch-keltischen Auseinandersetzungen an Literatur über die Kelten kennen, ist größtenteils vollständig verloren oder nur noch in Fragmenten greifbar. Besonders bedauerlich erscheint dies im Falle des Historikers Timaios, der gegen Ende des 4. und zu Beginn des 3. Jahrhunderts v. Chr. eine umfangreiche Geschichte des griechischen Westens von den Anfängen bis zum Beginn des Ersten Punischen Krieges verfasste.[19] Dabei steht Timaios' oben erwähnte Verknüpfung des Namens der Galater mit der Sage von einer Liaison des Kyklopen Polyphemos mit der Quellnymphe Galateia augenscheinlich am Anfang einer langen literarischen Tradition, welche die Kelten nach dem Vorbild der unzivilisierten Kyklopen stilisierte.[20] Bemerkenswert ist ferner ein bei Diodor (4,56,4) erwähnter Hinweis des Timaios, demzufolge die am Ozean wohnenden Kelten unter den Göttern am meisten die Dioskuren verehrten. Da die Verehrung der Dioskuren bzw. Castores im römischen Gallien gut bezeugt ist, könnte diese (in der antiken Literatur über die Kelten ansonsten isoliert dastehende) Nachricht durchaus einen realen Hintergrund haben. Diese Vermutung wird nicht zuletzt dadurch gestützt, dass die Verehrung von Zwillingsgöttern wegen des Kults der Nāsatyas/Aśvins in Indien als indogermanisch und damit als auch bei den Kelten wahrscheinlich vorauszusetzen ist. Welche Kenntnisse Timaios von den Kelten hatte und in welchem Umfang diese von späteren Autoren genutzt wurden, ist uns jedoch leider völlig unbekannt. Aus diesem Grund ist auch letztlich nicht zu entscheiden, ob einzelne Elemente der bekannten und von späteren Autoren viel benutzten Keltenschilderung des Poseidonios tatsächlich auf Timaios zurückgehen, wie man dies gelegentlich vermutet hat.[21]

Einen mutmaßlichen Widerhall der keltischen Expansion auf dem Balkan findet man in der bei Strabo (7,3,8) überlieferten, letztlich aus dem Geschichtswerk des Ptolemaios I. Soter stammenden Nachricht, Alexander der Große habe während seiner Feldzüge auf dem Balkan (um oder nach 335 v. Chr.) auch eine Gesandtschaft der an der Adria lebenden Kelten empfangen und ihnen bei einem Umtrunk die Frage gestellt, wen sie am meisten fürchteten.[22] Da man die Siedlungsgebiete dieser Kelten nicht näher eingrenzen kann, hat diese Nachricht zwar nur einen sehr beschränkten historischen Wert, doch belegt die schlagfertige Antwort der Kelten – sie fürchteten nichts, außer dass der Himmel auf sie herabfallen könnte – eine vermutlich authentisch keltische Redeweise, die (vielleicht als Reflex dementsprechender mythologischer Vorstellungen) auch in sehr viel späteren inselkeltischen Texten belegt ist.

Dass kriegerische Auseinandersetzungen alsbald klischeehaft geprägte feste Vorstellungen von den Kelten hervorrufen sollten, belegen einige, vielleicht nach dem Einfall der Kelten in Griechenland um 279 v. Chr. entstandene und bei Athenaios von Naukratis (4,51) überlieferte Verse des frühhellenistischen Komödiendichters Sopatros aus Paphos.[23] In ihnen ist die Rede davon, dass die *Galatai* den Brauch pflegten, im Falle eines Sieges die Gefangenen den Göttern als Opfer darzubringen. Dies steht im Einklang damit, was später auch Diodor (31,13) von den Kelten be-

---

[19] Vgl. dazu Dobesch 1995, 35−40, und Hofeneder 2005, 56−60.

[20] Vgl. dazu Maier B. 1996.

[21] So z. B. Brunaux 2006a, 208.

[22] Das Folgende nach Hofeneder 2005, 49−52.

[23] Hofeneder 2005, 61−62.

richtet, obschon sich die vorliegende Stelle möglicherweise nicht auf die Kelten insgesamt, sondern speziell auf die kleinasiatischen Galater bezog. Eine vergleichbar keltenfeindliche Tendenz findet man ungefähr gleichzeitig in dem Hymnos auf Delos (4,171–175) des Kallimachos von Kyrene.[24] Darin parallelisiert der alexandrinische Hofdichter den Sieg des ägyptischen Königs Ptolemaios II. Philadelphos über rebellierende keltische Söldner mit der Vertreibung der Kelten vor Delphi durch den Gott Apollo, wobei die Kelten als «spätgeborene Titanen aus dem äußersten Westen» – ähnlich wie in der oben erwähnten Verbindung der Kelten mit den Kyklopen – als frevelhafte Gegner der göttlichen Ordnung charakterisiert werden.

Wohl aus dem letzten Viertel des 3. Jahrhunderts v. Chr. stammt eine Nachricht über die *Galatai*, die uns wiederum Athenaios von Naukratis (4,34) aus dem 28 Bücher umfassenden, die Jahre 272 bis 220 v. Chr. umspannenden Geschichtswerk des Historikers Phylarchos (aus Athen, Naukratis oder Sikyon) überliefert.[25] Darin ist die Rede von einem reichen Galater, der seine Landsleute ein Jahr lang bewirtete, indem er im ganzen Land entlang der Hauptstraßen Stationen festlegte und dort aus Pfählen, Schilf und Weidenruten große hallenähnliche Gebäude errichtete, in denen alle, die vorüber kamen, sich an Fleisch, Brot und Wein gütlich tun konnten. Leider ist wegen der Mehrdeutigkeit des Namens *Galatai* einmal mehr auch hier unklar, ob diese Nachricht sich auf die kleinasiatischen Galater bezieht oder ursprünglich aus Mitteleuropa stammt (und vielleicht erst nachträglich von Phylarchos auf die Kelten Kleinasiens übertragen wurde). An einem realen Hintergrund ist indessen kaum zu zweifeln, zumal die keltische Hochschätzung der Gastlichkeit auch in einem weiteren bei Athenaios (4,37) überlieferten Fragment der Keltenschilderung des Poseidonios bestätigt wird.[26] Darüber hinaus ist vielleicht auch an die im altirischen volkssprachlichen Recht greifbare Institution des *briugas* zu denken, bei der ein als *briugu* bezeichneter reicher Grundbesitzer dazu verpflichtet wurde, in einem für Reisende gut zugänglichen Haus alle, die vorüber kamen, mit Fleisch zu versorgen. Gleichwohl sollte nicht übersehen werden, dass der briugas in den irischen Texten als landesweit verbreitete und über mehrere Jahrhunderte bestehende Einrichtung dargestellt wird, während sich die beiden von Athenaios überlieferten Texte auf die einmalige, vielleicht sogar als außergewöhnlich erachtete Handlungsweise namentlich genannter Einzelpersonen beziehen.

Wohl aus hellenistischer Zeit, doch letztlich unklarer Herkunft, ist die bei Tertullian (*De anima* 57,10) dem Dichter Nikandros von Kolophon zugeschriebene Nachricht, dass die Kelten ebenso wie die nordafrikanischen Nasamonen zur Erlangung von Orakeln die Nacht bei den Gräbern ihrer Helden zu verbringen pflegten.[27] Da Nikandros für seine Werke auch sonst in großem Umfang auf ältere Autoren zurückgreift, dürfte auch diese Angabe einer solchen heute nicht mehr bestimmbaren Quelle entstammen. Setzt man die Authentizität dieser Mitteilung voraus, so handelt es sich dabei um einen frühen Beleg für einen (mit der Praxis der Traumdivination verbundenen) keltischen Ahnen- oder Heroenkult, wobei jedoch einige zum Vergleich herangezogene, nur scheinbar ähnliche Motive in der mittelalterlichen

---

[24] Hofeneder 2005, 63–64.
[25] Das Folgende nach Hofeneder 2005, 65–69.

[26] S. Hofeneder 2005, 120–124.
[27] S. Hofeneder 2005, 83–84.

irischen Literatur kaum in dieser Tradition stehen dürften, sondern wohl eher als Abwandlungen hagiographischer Motive zu verstehen sind.[28]

Einen Meilenstein innerhalb der antiken Literatur über die Kelten bildet das Geschichtswerk des Polybios von Megalopolis, das als einziges hellenistisches Werk dieser Art nicht nur in Fragmenten, sondern zu ungefähr einem Drittel erhalten geblieben ist.[29] Um 200 v. Chr. geboren, kam Polybios nach der Schlacht von Pydna 168 v. Chr. nach Rom, wo er sich bis zu seiner Freilassung 150 v. Chr. aufhielt. Nach der Teilnahme am Dritten Punischen Krieg lebte er, abgesehen von zwei diplomatischen Missionen in Rom und mehreren Forschungsreisen im Mittelmeerraum, in seiner griechischen Heimat, wo er um 120 v. Chr. starb. Wohl über einen längeren Zeitraum hinweg entstanden, beruhen die *Historiai* als sein Hauptwerk teils auf den Arbeiten früherer Historiker, teils auf persönlichen Erlebnissen sowie Gesprächen mit Zeitzeugen und eigenen topographischen Erkundungen. Eingeteilt in 40 Bücher, umfasste das im Anschluss an Timaios von Tauromenion konzipierte Geschichtswerk des Polybios ursprünglich den gesamten Zeitraum von 264 bis 144 v. Chr., wovon jedoch nur die Bücher 1 bis 5 (bis zur Schlacht von Cannae 216 v. Chr.) nahezu vollständig und der Rest in mehr oder weniger umfangreichen Auszügen unterschiedlichen Alters und unterschiedlicher Herkunft erhalten geblieben sind. Behandelt werden dementsprechend die Kriege der Römer mit den Kelten Oberitaliens, die Rolle der Kelten während des Zweiten Punischen Krieges, die Kelten auf dem Balkan und in Kleinasien, die Keltiberer sowie der Einsatz keltischer Söldner im Mittelmeerraum. Dabei ist von einer Passage zur anderen je nach Güte der verwendeten Quellen und Darstellungsabsicht des Autors mit gravierenden Unterschieden zu rechnen, die das gesamte Spektrum von der sachlichen Berichterstattung bis zur klischeehaften Verwendung von Wandermotiven abdecken.

Den Abschluss und Höhepunkt der hellenistischen Keltenschilderungen bildet die keltische Ethnographie des Poseidonios.[30] Um 135 v. Chr. im syrischen Apameia am Orontes geboren, studierte Poseidonios als junger Mann bei dem angesehenen stoischen Philosophen Panaitios und gründete später auf Rhodos, wo er das Bürgerrecht erwarb, eine eigene philosophische Schule, die unter anderem Cicero und Pompeius anzog. Er starb wohl vor der oder um die Mitte des 1. Jahrhunderts v. Chr. Sein umfangreiches schriftstellerisches Werk, das uns jedoch nur in Auszügen und Zitaten erhalten ist, umfasst neben zahlreichen philosophischen und naturwissenschaftlichen Schriften auch ein Geschichtswerk in 52 Bänden, das im Anschluss an Polybios den Zeitraum von 144 bis 85 v. Chr. behandelt. Darin enthielt das 23. Buch anlässlich der Darstellung des Krieges der Römer mit den Allobrogern und Arvernern in den Jahren 122 und 121 v. Chr. einen umfangreichen ethnographischen Exkurs über die Kelten, der von späteren Autoren häufig benutzt wurde. Vermutlich in den letzten Lebensjahren des Historikers und Philosophen entstanden, fußt

[28] Maier B. 2001, 129–130.
[29] Vgl. dazu ausführlich Urban R. 1991, Berger 1992, Foulon 2000/01 sowie Hofeneder 2005, 85–100.
[30] Grundlegend zur keltischen Ethnographie des Poseidonios sind Tierney 1959/60 (mit zweisprachiger Ausgabe der relevanten Textpassagen) und Malitz 1983 (mit ausführlich kommentierter deutscher Übersetzung). Vgl. ferner Voillat Sauer 1992, Dobesch 1995, Hofeneder 2005, 112–157, sowie die ausführliche Monographie von Martin 2011.

seine Schilderung zum einen auf den Darstellungen älterer Autoren, deren Werke
uns jedoch fast vollständig verloren sind und deren Benutzung sich daher nur sehr
schwer nachweisen lässt, zum anderen auf eigenen Forschungen, die den Autor zu
Beginn des 1. Jahrhunderts v. Chr. nach Italien, Südgallien und Hispanien geführt
hatten. Ob Poseidonios außerhalb der römischen Provinz auch nach Zentral- und
Nordgallien gelangte, ist fraglich und gilt in der neueren Forschung als eher
unwahrscheinlich. Erhalten haben sich größere Teile der keltischen Ethnographie
des Poseidonios bei Strabo, Diodor von Sizilien und Athenaios von Naukratis. Von
ihnen dürfte jedoch nur Athenaios, der seine Quelle stets gewissenhaft nennt, den
ursprünglichen Wortlaut mehr oder weniger getreu bewahrt haben. Dagegen sind
die von Diodor übernommenen Passagen allem Anschein nach stark verkürzt,
während Strabo in vielen Fällen den mannigfachen Änderungen der Verhältnisse
infolge der Romanisierung durch Einschübe und Ergänzungen Rechnung zu tragen
sucht. Da Poseidonios von Strabo nur gelegentlich und von Diodor überhaupt nicht
als Quelle genannt wird, lässt sich eine genaue Zuweisung der betreffenden Passagen nicht immer durchführen.

Wenig bekannt ist über den bereits mehrfach genannten Diodor von Sizilien.[31]
Wohl zu Beginn des 1. Jahrhunderts v. Chr. in Agyrion (heute Agira auf Sizilien)
geboren, hielt er sich zwischen 60 und 57 v. Chr. in Ägypten und später längere Zeit
in Rom auf, ohne dass weitere Lebensdaten bekannt wären. Wohl zwischen 60 und
30 v. Chr. verfasste er unter dem Titel *Bibliothēkē* eine Universalgeschichte in 40 Büchern, bei deren Abfassung er – meist ohne Namensnennung – auf zahlreiche ältere
griechische und römische Autoren zurückgriff. Das Werk behandelte zunächst die
mythische Urgeschichte der Barbaren (1–3) und der Griechen (4–6), danach den
Zeitraum von der Zerstörung Troias bis zum Tod Alexanders des Großen (7–17)
und schließlich die Zeit der Nachfolger Alexanders bis zum Beginn der Eroberung
Galliens durch Caesar (18–40). Vollständig erhalten sind davon die Bücher 1 bis 5
mit der mythischen Urgeschichte sowie 11 bis 20 mit einer Darstellung der Ereignisse vom Zug des Xerxes gegen Griechenland bis zu den Kämpfen der Diadochen.
Darüber hinaus kennt man Fragmente und Exzerpte, und zwar insbesondere aus
den Büchern 21 bis 26 die nach ihrem ersten Herausgeber, dem Humanisten David
Hoeschel (1556–1617) benannten Exzerpte eines anonymen byzantinischen Historikers (über die Kriege der Diadochen, den Krieg mit Pyrrhus, die Kriege der Römer
und Samniter sowie zwei Punische Kriege), aus den Büchern 31 bis 40 die Exzerpte
des Photios (über die Ereignisse der Jahre nach 168 v. Chr.) sowie weitere Zitate
unter anderem bei Georgios Synkellos und Konstantin Porphyrogennetos. Von
byzantinischen Kirchenhistorikern vielfach benutzt, wurde das Werk Diodors in
der Neuzeit vor allem wegen seiner teilweise gewaltsamen Synchronisierungen
griechischer und römischer Geschichte, aber auch wegen seines Mangels an historischer Kritik wenig geschätzt. Für unsere Kenntnis der keltischen Geschichte und
Kultur ist es namentlich wegen seiner auf Poseidonios fußenden Ethnographie der
Kelten in Gallien und Hispanien (in Buch 5), aber auch im Hinblick auf seine Nach-

---

[31] Vgl. dazu Kremer 1994, 266–278, Tomaschitz 2002, 117–121, und Hofeneder 2008, 63–85.
Zu Diodors Konzept der mythischen Urgeschichte vgl. ferner Sulimani 2011.

richten über die Kelten auf dem Balkan sowie in Griechenland und Kleinasien (in Buch 22) von besonderer Bedeutung.

Weitgehend unbekannt ist uns auch das Leben Strabos, dessen Biographie nur in Umrissen aus seinem literarischen Werk erschlossen werden kann.[32] Um 63 v. Chr. als Angehöriger der hellenistischen Oberschicht in Amaseia geboren, schrieb Strabo eine weitgehend verlorene Universalgeschichte in über 40 Büchern, die anknüpfend an das Geschichtswerk des Polybios die Ereignisse von der Zerstörung Karthagos bis zum Ende der römischen Bürgerkriege behandelte, sowie eine fast vollständig erhaltene Geographie in 17 Büchern. Sie beschreibt nach einer Einleitung (Buch 1–2) die gesamte damals bekannte Welt, wobei die Kelten (im modernen Sinn dieser Bezeichnung) namentlich in seiner Darstellung der Iberischen Halbinsel (Buch 3) sowie Galliens, der Britischen Inseln und Irlands (Buch 4) zur Sprache kommen. In seiner Darstellung bewahrt Strabo Fragmente mehrerer von ihm namentlich genannter Autoren, darunter Ephoros, Ptolemaios I. Soter, Artemidoros von Ephesos und Poseidonios, aber auch solche, deren Herkunft unbekannt ist. Konzentrierte sich die Forschung lange Zeit auf die Ermittlung der Quellen Strabos, so hat man in jüngerer Zeit verstärkt auch auf den eigenständigen Gestaltungswillen des Geographen hingewiesen, wie er namentlich in Kürzungen, Ergänzungen und Aktualisierungen seiner Vorlagen zum Ausdruck kommt.

Ein Zeitgenosse Strabos war der Rhetor und Historiker Dionysios von Halikarnassos.[33] Um 60 v. Chr. geboren, kam er um 30 v. Chr. nach Rom, wo er über zwanzig Jahre lang als Vertreter des Attizismus wirksam war und mehrere Schriften zur Rhetorik und Literatur verfasste. Sein als Ergänzung zu Polybios konzipiertes Geschichtswerk behandelte in 20 Büchern die Geschichte Roms von den Anfängen bis zum Beginn des Ersten Punischen Krieges. Erhalten sind davon die Bücher 1 bis 10 vollständig und Buch 11 mit einigen Lücken. Den Rest kennt man nur aus Exzerpten des Konstantin Porphyrogennetos und aus der so genannten Mailänder Epitome. Die Kelten erwähnt Dionysios vor allem in seiner Schilderung ihres Eindringens in Oberitalien, wobei seine Darstellung in hohem Maße von den Klischees der hellenistischen Geschichtsschreibung geprägt ist.

Wie die hellenistische, so ist auch die frühe römische Geschichtsschreibung größtenteils verloren gegangen, so dass wir uns etwa über die Präsenz der Kelten in Oberitalien erst aus vergleichsweise späten Werken mit weitgehend unsicherer Quellengrundlage unterrichten können. Neben Polybios ist hier vor allem Livius zu nennen, dessen Schilderungen vielleicht zumindest teilweise auf älteren annalistischen Aufzeichnungen fußen, aber auch den Einfluss der hellenistischen Geschichtsschreibung und noch späterer zeitgenössischer Autoren erkennen lassen.[34] Aus dem oberitalischen Patavium (heute Padova) gebürtig, ist Livius nach dem Zeugnis des Hieronymus 59 v. Chr. geboren und 17 n. Chr. gestorben, ohne dass sich diese An-

---

[32] Zu Strabo vgl. Dueck u. a. 2005 (darin insbesondere Almagor 2005 und Pothecary 2005). Neuere Studien zu seiner Darstellung der Kelten bieten Kremer 1994, 279–320, Gómez Fraile 1999, Ronconi 2003, Hofeneder 2008, 206–248, und Thollard 2009.

[33] Vgl. Kremer 1994, 321–329, Tomaschitz 2002, 60–63, und Hofeneder 2008, 136–141.
[34] S. Kremer 1994, 17–80, Tomaschitz 2002, 41–52 und 144–150, sowie Hofeneder 2008, 148–205.

gaben überprüfen ließen oder weitere Lebensdaten bekannt wären. Sein einziges erhaltenes Werk ist die schon in den Handschriften unter dem Titel *Ab urbe condita* überlieferte monumentale Geschichte Roms, die sich in 142 Büchern von der Stadtgründung bis zum Tod des Drusus 9 v. Chr. erstreckt, jedoch unvollendet blieb und nach dem Plan des Autors vielleicht noch die Ereignisse bis zum Tod des Augustus 14 n. Chr. behandeln sollte. Darin behandelte Livius zunächst die Anfänge Roms bis zur Eroberung durch die Gallier 389 v. Chr. (1–5), den Zeitraum von der anschließenden Neugründung der Stadt bis zum Vorabend des Ersten Punischen Krieges 264 v. Chr. (6–15), den Ersten und Zweiten Punischen Krieg (16–30), die Ereignisse vom Beginn des Dritten Punischen Krieges bis zum Tod Philipps V. von Makedonien (31–40), die Zeit nach dem Tod Philipps bis zum Ausbruch des Bundesgenossenkriegs (41–70), die Zeit des Marius und Sulla (71–90), das Geschehen vom Tod Sullas bis zum Ende der Gallischen Kriege Caesars (91–108), den darauf folgenden Bürgerkrieg bis zur Ermordung Caesars (109–116) und schließlich den Aufstieg Octavians zum Alleinherrscher (117–142). Erhalten geblieben sind davon die Bücher 1 bis 10 (von der Stadtgründung bis 293 v. Chr.) sowie, mit teilweise erheblichen Lücken in den Büchern 41 bis 45, die Bücher 21 bis 45 (219–167 v. Chr.). Den übrigen Inhalt und die stoffliche Gliederung des Gesamtwerks kennt man dagegen nur aus einigen wenigen zufällig erhaltenen Fragmenten sowie aus einer fast vollständig erhaltenen Serie von knapp zusammenfassenden Inhaltsangaben (*Periochae*). Angaben über die Kelten findet man vor allem im Zusammenhang mit seiner Darstellung des Angriffs der Gallier auf Rom bzw. seiner Vorgeschichte (5,31,1–6 und 34,1–9), der darauf folgenden Kriege zwischen Römern und Galliern in Oberitalien (7,26,1–5; 10,26,10–13; 10,27,8–9), der Teilnahme gallischer Söldner auf der Seite Karthagos im Zweiten Punischen Krieg (21,38,6–9; 22,46,6; 23,24,6–12) sowie des Feldzugs von Gnaeus Manlius Vulso gegen die Galater 189 v. Chr. (38,17,3–4; 38,21,9; 38,24,1–10; 38,25,1–4; 38,26,7; 38,46,3; 38,47,11–12; 38,48,2). Ist das Ausmaß der Abhängigkeit dieser Schilderungen von älteren Autoren im Einzelnen umstritten, so ähnelt das äußerst negative Keltenbild des livianischen Geschichtswerks doch stark dem der hellenistischen Geschichtsschreibung, wie man dies vielleicht auch für die frühe römische Annalistik voraussetzen kann.

Ein wertvoller Zeuge für die Zeit unmittelbar vor den Feldzügen Caesars ist schließlich Cicero, der in seinen Reden und Schriften auf die wirtschaftlichen Verhältnisse in Südgallien, aber auch auf verschiedene Aspekte der keltischen Religion eingeht.[35] 106 v. Chr. in dem Landstädtchen Arpinum ca. 100 km südöstlich von Rom geboren, wirkte Marcus Tullius Cicero seit 81 v. Chr. als Anwalt und Redner in der Hauptstadt. 63 v. Chr. als Konsul auf dem Höhepunkt seiner Macht, amtierte er 51/50 v. Chr. als Statthalter in Kilikien, ergriff im Bürgerkrieg Partei für Pompeius und wurde nach der Ermordung Caesars 44 v. Chr. wegen seiner Angriffe gegen Marcus Antonius bereits ein Jahr später ermordet. Angaben über die Kelten finden sich in seinen Schriften gleichsam nur beiläufig, und zwar insbesondere in seiner Verteidigungsrede für Marcus Fonteius, eines ehemaligen Statthalters der Provinz Gallia Transalpina sowie in seiner Schrift *Über die Weissagung* (*De divinatione*

---

[35] S. dazu Kremer 1994, 81–132, und Hofeneder 2008, 17–42.

1,15,25–27; 1,40,89–1,41,90; 2,37,78–79). Einmal mehr ist bei der Einschätzung des Quellenwerts auch hier die jeweils unterschiedliche Intention des Autors in Rechnung zu stellen, der namentlich in seiner Rede *Pro Fonteio* in großem Umfang auf die Negativklischees der hellenistischen Geschichtsschreibung zurückgreift.

Die Keltenschilderungen aller bisher genannten lateinischen Autoren überragt nach Umfang und Bedeutung das Werk Caesars.[36] 100 v. Chr. als Spross eines alten Patriziergeschlechts in Rom geboren, fungierte Gaius Iulius Caesar in den Jahren 68 bis 62 v. Chr. der Reihe nach als Quaestor, Aedil, Pontifex Maximus und Praetor, um schließlich 62/61 v. Chr. als Propraetor die Statthalterschaft über die Provinz Hispania ulterior auszuüben. 59 v. Chr. Konsul, amtierte Caesar von 58 bis 51 v. Chr. als Statthalter der Provinzen Gallia cisalpina, Illyricum und Gallia transalpina. Während dieser Zeit eroberte er ganz Gallien von den Pyrenäen bis zum Rhein. Eine umfassende, nach den Kriegsjahren geordnete Darstellung seiner Feldzüge in Gallien verfasste Caesar im Winter 52/51 v. Chr. mit seinen in sieben Bücher gegliederten *Commentarii de Bello Gallico* (im Folgenden *BG*), denen sein Adjutant Aulus Hirtius noch ein achtes Buch über die Ereignisse der Jahre 51/50 v. Chr. anfügte. Dass die Berichte über die Kriege Caesars in Gallien und im Süden Britanniens sowohl in der Schilderung des militärischen Geschehens als auch im viel zitierten ethnographischen Exkurs eine historische Quelle ersten Ranges darstellt, steht außer Frage. Über den Quellenwert all jener Angaben, die wegen des Fehlens vergleichbarer Aussagen anderer antiker Autoren oder einer unmittelbaren Bestätigung durch archäologische Funde und Befunde nicht ohne weiteres überprüft werden können, gehen die Meinungen indessen weit auseinander. Dies spiegelt sich nicht zuletzt in einer kaum mehr überschaubaren Spezialliteratur wider, deren Meinungsvielfalt auf weit auseinander liegenden Grundannahmen beruht. Dass Caesar Gallien weitaus besser kannte als alle Autoren vor ihm, ist unbedingt anzunehmen. Umstritten ist jedoch bei vielen seiner isoliert dastehenden Aussagen, ob sie auf einer solchen tieferen Sachkenntnis oder aber ohne näheren Bezug zur historischen Realität auf einer ganz bestimmten, bei anderen Autoren so nicht vorliegenden Darstellungsabsicht beruhen. Die Entscheidung darüber fällt umso schwerer, als auch die Meinungen darüber, was Caesars Darstellungsabsicht gewesen sei, keineswegs einheitlich sind. Hinzu kommt als eine weitere Unwägbarkeit, dass unsere Vorstellungen davon, wie Caesars Berichte in Rom rezipiert wurden, weitgehend auf Vermutungen und indirekten Schlussfolgerungen beruhen. So ist insbesondere nicht ohne weiteres ersichtlich, ob die Angaben des ethnographischen Exkurses im sechsten Buch des Werks mit dem gleichen Maßstab gemessen wurden wie die eigentlichen Feldzugsberichte, oder ob Caesar sich darin Freiheiten erlauben durfte, die man in seiner Schilderung des Kriegsgeschehens nicht toleriert hätte. Davon abgesehen liegen auch der Umfang sowie die Art und Weise, in der sich Caesar früherer Autoren wie etwa Poseidonios bedient hat, wegen des Fehlens expliziter Bezugnahmen weitgehend im Dunkeln, so dass die Meinungen auch hier weit auseinandergehen.

---

[36] Vgl. zum Folgenden Dobesch 1989b, Bell B. M. 1995, Lund 1996, die Beiträge in Welch u. Powell 1998, Fischer 2004, Busch 2005, Hofeneder 2005, 166–236, Krebs 2006 und Riggsby 2006.

Einige Angaben über die Kelten vor der Romanisierung findet man auch bei teils griechischen, teils lateinischen Schriftstellern der römischen Kaiserzeit, wobei man den Umfang und die Art ihrer Abhängigkeit von älteren Quellen und Vorlagen in der Regel nicht näher bestimmen kann. Ohne Anspruch auf Vollständigkeit seien davon im Folgenden namentlich jene Autoren in zeitlicher Reihenfolge angeführt, deren Angaben über die Informationen der oben genannten älteren Gewährsleute hinausgehen und zugleich rezeptionsgeschichtlich für unser Verständnis des modernen Keltenbilds besonders wichtig erscheinen.

An erster Stelle ist in diesem Zusammenhang der Historiker Pompeius Trogus zu nennen, der aus dem narbonensischen Gallien stammte und dessen Großvater, Vater und Onkel als Offiziere im römischen Heer gedient hatten.[37] Sein Hauptwerk, die *Historiae Philippicae*, ist eine Universalgeschichte in 44 Büchern, von denen die ersten 6 Bücher die Reiche der Assyrer, Meder und Perser, die Bücher 7 bis 40 das Reich Philipps und Alexanders behandeln, während die Bücher 41 bis 42 dem Reich der Parther im Osten und die Bücher 43 bis 44 dem äußersten Westen (Italien, Südfrankreich und Spanien) gewidmet sind. Bekannt ist das Werk vor allem durch den wohl im 3. Jahrhundert n. Chr. entstandenen Auszug des Marcus Iunianus Iustinus, der ungefähr ein Sechstel des Umfangs der Vorlage erreicht, sowie durch eine Zusammenstellung ausführlicher Inhaltsangaben der einzelnen Bücher.

Als erster Geograph der lateinischen Literatur ist des Weiteren Pomponius Mela zu nennen.[38] Zu Beginn des 1. Jahrhunderts in Südspanien geboren, schrieb er eine dreibändige Darstellung *De chorographia*, deren Abfassung man aufgrund einer darin enthaltenen Anspielung auf den Beginn der Eroberung Britanniens durch Claudius (3,49) in die Jahre 43/44 datiert. Das Werk bietet im ersten Buch eine Gesamtdarstellung der Welt mit den beiden Hemisphären, drei Kontinenten und vier Meeren und in den beiden folgenden Büchern Beschreibungen der Länder des Mittelmeerraums und angrenzender Regionen, die im Stil einer Küstenbeschreibung (*Periplus*) weniger das Landesinnere als vielmehr die Küstenregionen behandeln, aber auch Sitten und Bräuche der Bewohner sowie Angaben zur mythischen Urgeschichte bieten. Neben zahlreichen Informationen, die unmittelbar aus Poseidonios oder Caesar entlehnt sein könnten, findet man darin auch die in der Forschung viel diskutierte Schilderung eines vor der bretonischen Küste liegenden gallischen Orakels mit neun jungfräulichen Priesterinnen, dessen Historizität jedoch bis heute umstritten ist.[39]

Ein jüngerer Zeitgenosse Pomponius Melas war der Dichter Silius Italicus, der nach dem Zeugnis des jüngeren Plinius um 26 oder 27 n. Chr. geboren wurde und sich 101 oder 102 n. Chr. nach einer unheilbaren Erkrankung das Leben nahm.[40] Wohl in seinen beiden letzten Lebensjahrzehnten verfasste er als das längste uns erhaltene lateinische Versepos die 17 Bücher umfassenden *Punica* über den Zweiten

---

[37] S. van Wickevoort Crommelin 1993, Tomaschitz 2002, 65–67, 104–109 und öfter, ferner Yardley 2003. Die Frage nach der Bedeutung seiner gallischen Herkunft für das literarische Werk behandeln ausführlich Urban R. 1982, Rambaud 1983 und Alonso-Nuñez 2004.

[38] S. dazu Bedon 2007 sowie Hofeneder 2008, 264–275.

[39] S. Hofeneder 2008, 272–274.

[40] S. Hofeneder 2008, 438–456.

Punischen Krieg, für die er als historische Quelle vor allem Livius, daneben aber auch geographische und ethnographische Schriften heranzog. In seinen Schilderungen der auf Seiten Hannibals kämpfenden Völkerschaften erwähnt der Dichter unter anderem die Bestattungsbräuche der Keltiberer (3,340–343), ein keltisches Haaropfer (4,200–215) sowie den keltischen Brauch, menschliche Schädel in Gold zu fassen und beim Mahl als Becher zu benutzen (13,482–483).

In seiner Verwendung geographischer und ethnographischer Exkurse unmittelbar mit Silius Italicus zu vergleichen ist der Dichter Lucan (Marcus Annaeus Lucanus).[41] 39 n. Chr. im heutigen Córdoba geboren, erhielt der aus einer wohlhabenden Familie stammende Lucan in Rom eine umfassende rhetorische und philosophische Ausbildung, woraufhin er in den Freundeskreis um Nero aufgenommen wurde. Obschon ihm in der Antike 14 Werke zugeschrieben wurden, kennen wir ihn nur als Verfasser eines unvollendeten Epos über den Bürgerkrieg zwischen Caesar und Pompeius, das unter dem handschriftlich überlieferten Titel *Bellum civile* ursprünglich wohl (wie *Ilias*, *Odyssee* und *Aeneis*) auf zwölf Bücher berechnet war, jedoch im zehnten Buch unvermittelt abbricht. Der Grund dafür liegt möglicherweise in dem Zerwürfnis zwischen dem Dichter und seinem kaiserlichen Gönner, Nero, das nach der Teilnahme Lucans an der so genannten Pisonischen Verschwörung des Jahres 65 zu seinem erzwungenen Selbstmord führte. Häufig zitiert wurden seit der Frühen Neuzeit Lucans Hinweis auf gallische Menschenopfer für die Götter Teutates, Esus und Taranis nebst einer kurzen Beschreibung der Druiden und ihrer Lehren (1,441–462) sowie seine Schilderung eines gallischen Heiligen Hains bei Massilia (3,399–449). Beide Passagen bzw. deren Interpretation sollten infolge der Popularität des Dichters das moderne Bild der keltischen Religion nachhaltig prägen, obschon man ihre Aussagekraft als religionsgeschichtliche Quelle heute eher skeptisch beurteilt. Eine Problematik eigener Art ergibt sich aus den beiden zum *Bellum civile* überlieferten Scholien-Sammlungen (den so genannten *Commenta Bernensia* und *Adnotationes super Lucanum*), wobei namentlich die an Sacherklärungen besonders interessierten *Commenta Bernensia* die verschiedenen Arten des Opfers für Teutates, Esus und Taranis mit ansonsten nirgends überlieferten Einzelheiten ausmalen.[42]

Von vergleichbar hoher rezeptionsgeschichtlicher Bedeutung sind einige Nachrichten über die Kelten bei Plinius dem Älteren.[43] Um 24 n. Chr. im heutigen Como geboren, schlug Gaius Plinius Secundus zunächst die militärische Laufbahn ein, um dann nach einem vorübergehenden Rückzug aus der Öffentlichkeit während der Regierungszeit Kaiser Neros unter den flavischen Kaisern erst als Provinzstatthalter und später als Oberkommandierender der römischen Flotte in Misenum zu amtieren. 79 n. Chr. kam er beim Ausbruch des Vesuvs ums Leben. Neben zahlreichen heute vollständig verlorenen oder nur noch in Fragmenten greifbaren Schriften veröffentlichte Plinius 77 n. Chr. als sein umfangreichstes und zugleich letztes Werk eine Naturgeschichte (*Naturalis historia*) oder treffender Naturkunde in 37 Büchern, für die er über viele Jahre hinweg Auszüge aus den Werken mehrerer hundert griechischer und lateinischer Autoren zusammengetragen hatte. Im Mittelalter als

[41] S. Hofeneder 2008, 290–312.
[42] S. Hofeneder 2008, 312–336.

[43] S. Hofeneder 2008, 350–417.

Lehrbuch der Naturkunde hoch geschätzt, diente das Werk seit dem Humanismus namentlich als Quelle für einige Aspekte der keltischen Religion wie etwa die Menschenopfer (7,9), die rituelle Verwendung von Färberwaid bei den Britanniern (22,2), die Heiligkeit der Mistel (16,249–251) oder die Weihung einer Statue des Mercurius durch die (romanisierten) Arverner (34,45–47), aber auch für Einzelaspekte keltischen Heilwissens (24,103–104; 24,172; 25,84; 29,52–54) sowie für historische Informationen wie etwa die Ursachen der keltischen Einwanderung in Oberitalien (12,5) oder das römische Verbot der Druiden (30,12–13).

Wichtige Informationen zum Verhältnis zwischen Kelten und Germanen sowie zur Kultur und Geschichte der Kelten Britanniens bietet uns Tacitus.[44] Wohl zwischen 55 und 60 n. Chr. in Oberitalien oder Südfrankreich geboren, heiratete er nach einer rhetorischen Ausbildung 76 oder 77 n. Chr. die Tochter Gnaeus Iulius Agricolas, des späteren Statthalters von Britannien, und bekleidete nach seiner Erhebung in den Senatorenstand durch Vespasian mehrere öffentliche Ämter. Sein Todesjahr ist unbekannt. Als Historiker verfasste er nach dem Tod Domitians zunächst die dem Andenken seines Schwiegervaters gewidmete Schrift *Agricola*, die biographische, ethnographische und historiographische Elemente miteinander verbindet. Vermutlich nur wenig später entstand die heute als *Germania* bekannte ethnographische Darstellung der Germanen, deren ursprünglicher Titel wohl *De origine et situ Germanorum* war. Auf eine Darstellung der republikanischen und kaiserzeitlichen Beredsamkeit (*Dialogus de oratoribus*) folgten sodann die beiden großen, heute unter dem Titel *Historiae* und *Annales* bekannten historischen Werke, die den Zeitraum vom Vierkaiserjahr bis zum Tod Domitians (69–96) bzw. den Zeitraum vom Tod des Augustus bis zum Tod Neros (14–68) behandelten.

Ein weiterer wichtiger Autor ist Appian.[45] Um 100 n. Chr. in Alexandria geboren, kam er nach der Bekleidung öffentlicher Ämter in seiner Heimatstadt nach Rom, wo er das Bürgerrecht erhielt und – wahrscheinlich unter Marc Aurel – als *procurator Augusti* in Ägypten tätig war. Wohl in höherem Alter verfasste er eine römische Geschichte, die in 24 Büchern den Zeitraum von den Anfängen Roms bis ins 2. Jahrhundert n. Chr. behandelte. Gegliedert war sie nach ethnisch-geographischen Gesichtspunkten, indem Appian die Geschichte der Länder und Völker des Mittelmeerraums in der Reihenfolge darstellte, wie sie mit Rom in Berührung kamen und schließlich Bestandteil des Römischen Reichs wurden. Auf die Schilderung der frühen Geschichte Roms mit je einem Buch über die Königszeit, Italien und die Samniter (1–3) folgten drei Bücher über die Kelten, Sizilien und Spanien (4–6), danach Nordafrika und der östliche Mittelmeerraum (7–12), woran sich fünf Bücher über die Bürgerkriege (13–17) sowie die übrigen Bücher (18–21) mit einer Darstellung Ägyptens und der Kaiserzeit anschlossen. Obschon nur bruchstückhaft erhalten, ist Appians Keltenschilderung insofern von besonderer Bedeutung, als er nach Ausweis der erhaltenen Fragmente auch auf heute verlorene Autoren wie z. B. Asinius Pollio, aber auch auf die römische Annalistik vor Livius zurückgriff.

---

[44] S. Hofeneder 2008, 465–502. Zur Ethnographie des Tacitus vgl. Clarke 2001, zu militärgeschichtlichen Aspekten Wolfson 2008. Zum Gesamtwerk des Tacitus, seiner Rezeption und gegenwärtigen Tendenzen der Interpretation vgl. Sailor 2008 und Woodman 2009.

[45] Tomaschitz 2002, 72, 164 und öfter, sowie Hofeneder 2011, 32–50.

Zahlreiche weitere, griechisch und lateinisch schreibende Autoren der römischen Kaiserzeit, darunter Plutarch, Cassius Dio, Ammianus Marcellinus und Orosius bieten vereinzelte Nachrichten über die Kelten und ihre Kultur, deren Quelle sich jedoch oft ebenso wenig feststellen lassen wie das Ausmaß der Kürzung, Entstellung oder Überarbeitung.

Kennzeichen der antiken Keltenschilderungen

Charakteristisch für die gesamte antike Literatur über die Kelten ist die Eigenart der Griechen und Römer, kleinere Völker oder Stämme zu größeren Einheiten zusammenzufassen, so dass die betreffenden Autoren die Bezeichnung «Kelten» als Oberbegriff einer Vielzahl unterschiedlicher Völkerschaften verwenden, ohne sie nach Zeit und Raum zu differenzieren.[46] Charakteristisch ist ferner eine implizit ethnozentrische Sichtweise, die den Mittelmeerraum als Mittel- und Höhepunkt der kulturellen Entwicklung und die «Barbaren» als Bewohner einer rückständigen Peripherie begreift.[47]

Um den historischen Quellenwert der antiken Keltenschilderungen einzuschätzen, muss man sich zunächst die Unsicherheiten bei der Ermittlung der Herkunft einer Information vergegenwärtigen.[48] So etwa bemerkt Aristoteles in seiner Erörterung des Begriffs der Tapferkeit, man solle niemanden tapfer nennen, der einer Gefahr nur aus blinder Leidenschaft trotze, so wie die Kelten, die «mit den Waffen in der Hand gegen die Wogen angehen» (*Ethica Eudemica* 1229b 28). An anderer Stelle erklärte Aristoteles, «verrückt» oder «schmerzunempfindlich» sei die rechte Bezeichnung für jemanden, der gar nichts fürchte, «weder Erdbeben noch Wogen», wie man dies von den Kelten behaupte (*Ethica Nicomachea* 1115b 26). Wortlaut und Kontext lassen vermuten, dass der Philosoph hier aus einem heute verlorenen, doch seinen Zeitgenossen wohl bekannten Literaturwerk zitiert, ohne dass wir den genauen Sinn der angeführten Worte erfassen könnten. Rund 300 Jahre später finden wir diese Überlieferung jedoch bei dem Historiker und aristotelischen Philosophen Nikolaos von Damaskos, demzufolge die an der Küste des Ozeans lebenden Kelten beim Einsetzen der Flut todesmutig bis zum Ertrinken mit den Waffen in der Hand gegen die Wassermassen angingen (überliefert bei Ioannes Stobaios, *Anthologium* 3,7,39).[49] Wenige Jahrzehnte zuvor hatten griechische Autoren bereits vermutet, solche verheerenden Sturmfluten (*plēmyrides*) hätten die Wanderungen der Kimbern verursacht, die gegen Ende des 2. Jahrhunderts v. Chr. ihre Wohnsitze im heutigen Jütland verlassen hatten.[50] Gegen diese Theorie wandten sich zum einen Poseidonios, zum anderen aber auch Strabo (7,2,1), der explizit «jenem Autor» (gemeint ist Ephoros) widersprach, «der da sagt, die Kimbern [!] gingen mit den Waffen in der Hand gegen die Sturmfluten an».[51] Einen Nachhall dieser Diskussion findet man noch bei Philo von Alexandria, der im frühen 1. Jahrhundert n. Chr. in seiner Ab-

---

[46] Vgl. dazu Timpe 2006, 19–41 und 42–62.
[47] Zum Gegensatz von Zentrum und Peripherie in der antiken Ehnographie vgl. Dobesch 2004.

[48] Vgl. zum Folgenden, mit weiteren Beispielen, Maier B. 2000b.
[49] S. Hofeneder 2008, 143–144.
[50] S. dazu Timpe 2006, 63–113.
[51] S. Hofeneder 2005, 33–34.

Antike Autoren zu den Kelten und ihre Heimatregionen

handlung *Über die Träume* erklärte, die Germanen [!] verdienten sowohl Spott als auch Verachtung, da sie glaubten, Wasser könne gerade so wie ein Lebewesen Schmerz und Furcht empfinden oder verwundet und getötet werden. Wie dieses Beispiel zeigt, muss man bei den antiken Notizen über die Kelten also grundsätzlich auf der Hut sein: Nicht nur sind Zitate aus älteren Werken des Öfteren überhaupt nicht als solche ausgewiesen, sondern sie sind mitunter im Laufe der Überlieferung in kaum abschätzbarer Weise gekürzt, erweitert oder verändert worden.

Neben den Unsicherheiten bezüglich der Herkunft einer Information ist der Einfluss literarischer Vorbilder und stereotyper Wandermotive auf eine Darstellung in Rechnung zu stellen. Ein gutes Beispiel dafür ist die bekannte Schilderung keltischer Essgewohnheiten durch Poseidonios, die sich in einem späteren Zitat bei Athenaios von Naukratis (*Deipnosophistae* 4,36) erhalten hat:

Bei ihren Mahlzeiten sitzen die Kelten auf einer Unterlage aus Heu an niedrigen hölzernen Tischen. Ihre Nahrung besteht aus wenig Brot, aber viel Fleisch, das entweder gekocht oder aber auf Kohlenpfannen oder an Spießen gebraten wird. Davon nehmen sie reinlich, aber nach Löwenart, indem sie mit den Händen ganze Glieder hochheben und das Fleisch mit den Zähnen abbeißen. Wenn etwas schwer abzureißen ist, schneiden sie es mit einem kleinen Messer ab, das neben dem Schwert in einer eigenen Scheide steckt.

Wie man seit langem weiß, enthält der Hinweis auf das kleine Messer, das neben dem Schwert in einer eigenen Scheide steckt, eine Anspielung auf die *Ilias* (3,271– 272), deren Dichter dem griechischen Heerführer Agamemnon den Besitz eines solchen Messers zuschrieb. Dagegen ist der Hinweis auf das Essen großer Fleischstücke «nach Löwenart» offenkundig eine Anspielung auf die *Odyssee* (9,291–292), deren Dichter mit genau den gleichen Worten die unzivilisierten Essgewohnheiten des einäugigen Kyklopen Polyphemos schilderte. Nun sind Vergleiche der Kelten sowohl mit den Helden Homers als auch mit den unzivilisierten Kyklopen in der antiken Literatur auch sonst keineswegs selten. Bemerkenswert aber erscheint der Umstand, dass hier ein und derselbe Autor in ein und derselben Passage diese so unterschiedlichen literarischen Anspielungen miteinander kombiniert und dadurch ein befremdlich uneinheitliches Keltenbild schafft, in dem Verweise auf ganz unterschiedliche Kulturstufen unverbunden nebeneinander stehen. Dies lässt vermuten, dass innere Stimmigkeit und Präzision in den antiken Keltenschilderungen eine eher untergeordnete Rolle spielten und wir folglich stets damit rechnen müssen, dass die griechischen und römischen Beobachter in ihren Schilderungen Versatzstücke unterschiedlicher Herkunft nach Gutdünken miteinander kombinieren konnten. Eine wichtige Rolle spielte dabei die erstmals bei Thukydides bezeugte Eigenart der antiken Ethnographie, die eigene Kultur als Scheitelpunkt einer zivilisatorischen Entwicklung aufzufassen und die Kulturen der Nachbarvölker des Mittelmeerraums als Repräsentanten vergangener Entwicklungsstufen zu begreifen. Hervorzuheben ist schließlich auch, dass die Schilderungen der antiken Ethnographie nicht nur zur Steigerung des Unterhaltungswertes das Verblüffende und Ungewöhnliche in unangemessener Weise gegenüber dem Alltäglichen in den Vordergrund rücken, sondern mitunter auch offenkundig Widersinniges kolportieren. So etwa erwähnt der hellenistische Paradoxograph Apollonios unter Berufung auf den Historiker Eudoxos von Rhodos ein Volk im Land der Kelten, das tagsüber nichts sehe, wohl aber in der Nacht.[52] Die Frage, ob einige andere «schier unglaubliche» antike Nachrichten über die Kelten ebenfalls eher in die Kategorie dieser Mitteilung als in die des Faktischen gehören, ist mitunter schwer zu entscheiden.

Kelten in der antiken Kunst[53]

Neben den Keltenschilderungen der antiken Ethnographie stehen die Keltendarstellungen der griechischen, etruskischen und römischen Kunst. Zu den frühesten dieser Darstellungen gehört die Abbildung eines Kampfes zwischen italischen und keltischen Kriegern auf einer bauchigen, zweihenkligen Vase aus dem südlichen Etrurien, die man ins erste Viertel des 4. Jahrhunderts v. Chr. datiert.[54] Die unvollständig erhaltene Darstellung zeigt eine Gruppe von insgesamt vier Personen: Ganz rechts liegt auf der Erde ausgestreckt ein gefallener nackter Kelte, auf dem sich ein Geier niedergelassen hat. Über ihn hinweg reitet von links nach rechts ein zweiter Kelte, bekleidet mit einem kurzen Umhang, gefolgt von einem dritten nackten Kelten zu Fuß. Während der keltische Reiter in Laufrichtung seines Pferdes nach rechts blickt, wendet der nur mit Schild und Schwert bewaffnete keltische Fußkrieger hinter ihm mitten im Lauf den Kopf, da er sich von einem bärtigen, mit Schild und Schwert bewaffneten Krieger verfolgt sieht. Eine vergleichbare Kampfszene zeigt eine ungefähr zeitgenössische etruskische Grabstele aus Bologna.[55] Hier sprengt im untersten von drei Bildfeldern ein gepanzerter italischer Reiter mit erhobenem

---

[52] S. dazu Hofeneder 2005, 70–71.
[53] Zur überaus umfangreichen Literatur s. o. die Hinweise auf S. 1.
[54] Abb. in Andreae 1991, 62.
[55] Abb. in Andreae 1991, 60.

Keltendarstellung auf einer etruskischen Grabstele aus Bologna

Schwert von rechts nach links auf einen stehenden nackten Kelten zu, der mit dem Schwert in der Rechten hinter seinem Schild Deckung sucht.

Die bekanntesten Keltendarstellungen der Antike stammen aus Kleinasien, wo die Könige Attalos I. und Eumenes II. von Pergamon nach ihren Siegen über die Galater ihrem Triumph durch überlebensgroße Bronzeskulpturen der Unterlegenen ein Denkmal setzten. Ursprünglich auf der Akropolis von Pergamon aufgestellt, sind uns nur wenige Figuren dieser Gruppen in Marmorkopien aus der römischen Kaiserzeit erhalten geblieben. Zu ihnen zählt der berühmte «Sterbende Gallier» aus dem Kapitolinischen Museum in Rom. Dabei handelt es sich um die Darstellung eines tödlich verwundeten keltischen Kriegers, der über seinem Schild und seiner Kriegstrompete zu Boden gesunken ist, sich noch mit der Linken abstützt, ohne wieder aufstehen zu können, und so sein Ende erwartet. Eine weitere Figurengruppe, die jetzt im römischen Thermenmuseum zu besichtigende «Keltengruppe Ludovisi», zeigt einen keltischen Krieger mit seiner Frau, die nach dem Kampf auf der Flucht von ihren Verfolgern eingeholt werden und nun Selbstmord begehen, um nicht in Gefangenschaft zu geraten.[56] Dabei stützt der nur mit einem kurzen Umhang bekleidete Krieger mit der Linken seine zu Boden sinkende Frau, während er sich mit über die Schulter gewendetem Blick zurück auf die Verfolger mit der Rechten das Schwert in die Halsschlagader neben dem linken Schlüsselbein stößt.

Wohl unter dem Einfluss der pergamenischen Keltendarstellungen steht ein 1896 entdeckter Terracottafries, der nach den römischen Siegen über die Boier in Oberitalien und die Galater in Kleinasien einen um 160 v. Chr. in Civitalba bei Sassoferrato

[56] Abb. in Andreae 1991, 65.

erbauten Tempel zierte.[57] Er zeigt eine Gruppe keltischer Krieger, die bei der Plünderung eines mediterranen Heiligtums von den dort anwesenden Schutzgöttern in die Flucht geschlagen werden. Noch zu erkennen sind die mit einem Bogen bzw. Speer bewaffneten Göttinnen Artemis und Athena, wohingegen die Darstellung des Gottes Apollo verloren gegangen ist. Als charakteristische Kennzeichen der Kelten, deren Anführer aufrecht in einem von zwei Pferden gezogenen Streitwagen steht, erscheinen hier wie auch vielfach sonst in der antiken Kunst die länglichen Schilde, gedrehte Halsringe (Torques) und Schnurrbärte sowie das schon bei Diodor von Sizilien (5,28,1) beschriebene strähnige, mit Kalkwasser verstärkte und aus der Stirn zum Nacken hin zurückgekämmte Haar.[58]

Weniger bekannt, doch ebenfalls beachtenswert sind in diesem Zusammenhang auch Keltendarstellungen auf Münzen, die nach der Unterwerfung Galliens durch Caesar um die Mitte des 1. Jahrhunderts v. Chr. in Rom geprägt wurden.[59] Eine davon zeigt auf der Vorderseite den bärtigen Kopf eines Mannes, der durch seine Haartracht als Gallier gekennzeichnet ist, während man auf der Rückseite einen keltischen Streitwagen sieht, der – wiederum im Einklang mit literarischen Beschreibungen – den Wagenlenker sowie einen mit Schild und Speer bewaffneten keltischen Krieger trägt. Eine andere Münze zeigt auf der Vorderseite den Kopf einer trauernden Frau mit lang herabhängendem aufgelösten Haar, die durch das beigefügte Attribut eines Karnyx, also einer keltischen Kriegstrompete, als Gallierin gekennzeichnet ist, während auf der Rückseite eine uns unbekannte weibliche Gottheit mit den Attributen einer Lanze und eines Hirschs zu sehen ist. Wiederum andere Münzen zeigen auf der Rückseite gefesselte Gallier und erbeutete Waffen, darunter die charakteristischen keltischen Kriegstrompeten und länglichen Schilde.

In ihrer Gesamtheit betrachtet, zeigen die Keltendarstellungen der antiken Kunst – ähnlich wie die Schilderungen der antiken Ethnographie – weder den Blickwinkel eines unvoreingenommenen Beobachters noch die Absicht einer realistischen Wiedergabe. Vielmehr spiegelt sich in ihnen eine unverhohlen propagandistische Intention, die den Aspekt des Wilden und Kriegerischen stark betont und weder an individuellen Besonderheiten noch am Selbstverständnis der Dargestellten Interesse zeigt. Ihre auch für spätere Zeiten maßgebliche Ausprägung erfuhr diese künstlerische Tradition allem Anschein nach in der hellenistischen Kunst des Königreichs von Pergamon, deren Keltendarstellungen vielleicht auch die Beschreibungen keltischer Krieger durch spätere Ethnographen wie etwa Poseidonios beeinflusst haben. Gleichwohl sollte man sich davor hüten, die antiken Keltendarstellungen nur unter dem Gesichtspunkt zu betrachten, man habe darin in stets gleichbleibender Weise die Kelten den Griechen bzw. die Barbaren den Zivilisierten gegenübergestellt. Vielmehr zeigt eine differenzierte Betrachtung, dass die antiken Keltendarstellungen je nach Aussageabsicht jeweils unterschiedliche Aspekte des Keltentums bzw. der Barbarei in den Vordergrund rücken – nicht zuletzt, um daran die Normen und

---

[57] Abb. in Andreae 1991, 63.
[58] Zum Unterschied der Darstellung bei Strabo vgl. Kremer 1994, 312 Anm. 2.

[59] S. Overbeck 1993.

Werte bestimmter Schichten innerhalb der hellenistischen Gesellschaft zu veranschaulichen.[60]

An erster Stelle ist in diesem Kontext die Funktionalisierung der Kelten unter dem Aspekt der Verherrlichung militärischer Tüchtigkeit hellenistischer Könige zu erwähnen.[61] Dem Zielpublikum durch vielfältige kriegerische Aktivitäten – etwa als Söldner im Dienste hellenistischer Herrscher – bestens vertraut, galten die Kelten aufgrund ihrer Kampfstärke, ihrer auch gegenüber den griechischen Heiligtümern rücksichtslosen Kriegführung sowie ihrer fremdartigen Kriegsbräuche als besonders furchterregende Gegner. Dementsprechend eigneten sich militärische Erfolge über die Kelten in besonderer Weise dazu, den siegreichen Herrscher als überragenden Feldherrn und charismatischen Retter zu feiern. Entsprechende Darstellungen begegnen in der Großplastik und auf Weihreliefs, aber auch auf Alltagsgegenständen.

Charakteristisch für die künstlerische Dämonisierung der Kelten als ebenso bedrohliche wie fremdartige Kriegsgegner ist ihre Angleichung an Wesen der griechischen Mythologie. An erster Stelle stehen dabei die Satyrn, mit deren Aussehen auch Diodor (5,28,1–5) die Kelten aufgrund ihrer Haartracht unmittelbar zusammenstellte. Vergleicht man die von Diodor beschriebene Haartracht schon seit langem mit der des «Sterbenden Galliers», so zeigen andere antike Keltenbilder unverkennbar satyreske Züge wie etwa fleischige Lippen, eine Stups- oder Sattelnase, hohe Backenknochen und buschige Augenbrauen.[62] Sehr wahrscheinlich steht diese ikonographische Stilisierung im Zusammenhang mit der literarischen Charakterisierung der Kelten durch ihre Disziplinlosigkeit, ihren Übermut, der auch vor Sakrilegien nicht zurückscheut, sowie ihre mitunter bis zur Raserei gesteigerte Wildheit. Satyreske Züge tragen ferner die keltische Vorliebe für unvermischten Wein sowie ihre sexuelle Devianz, da die Kelten einerseits als homosexuell, andererseits aber auch als lüsterne Frauenräuber geschildert werden.

Neben der ikonographischen Stilisierung der Kelten als halb tierische Satyrn steht ihre Angleichung an die unzivilisierten Kyklopen, wie sie sich auch literarisch vom Hellenismus bis in die römische Kaiserzeit nachweisen lässt. Charakteristisch dafür sind zum einen das vollständige Schweigen der antiken Quellen über jegliches keltisches (Kunst-)Handwerk, aber auch die immer wiederkehrenden Hinweise auf das Fehlen gesellschaftlicher Organisationsformen sowie der Vorwurf der Gott- und Gesetzlosigkeit, der mitunter bis zu dem Vorwurf der Leichenschändung und des Kannibalismus gesteigert wird. Ikonographisch fassbar ist dieses Klischee vor allem in der Darstellung gigantengleicher Kelten als Tempelräuber, die von den (griechischen bzw. italischen) Göttern als Wahrer des Rechts und der Ordnung in die Flucht geschlagen werden.[63]

Neben den Belegen für eine solche dämonisierend-abwertende Ikonographie stehen indessen auch vereinzelte Beispiele für eine Darstellung der Kelten als «edle Wilde», wie sie literarisch vor allem in der Parallelisierung zwischen der keltischen und der heroischen Welt Homers fassbar wird. In der bildenden Kunst galten lange

---

[60] Vgl. zum Folgenden Kistler 2009, der die genannten Aspekte in den Mittelpunkt seiner Darstellung des antiken Keltenbilds stellt.

[61] Vgl. Strootman 2005 sowie Kistler 2009, 30–87.

[62] S. Kistler 2009, 88–191.

[63] S. dazu Cain 2002 sowie Kistler 2009, 192–297.

Zeit vor allem der bekannte «Sterbende Gallier» und die «Keltengruppe Ludovisi» als Belege dafür, dass man die Leistung des Siegers durch eine solche Heroisierung des unterlegenen Gegners besonders betont habe. In den vergangenen Jahrzehnten wurde diese Deutung unter Berufung auf die auch literarisch vorherrschende Abwertung der Kelten wiederholt in Zweifel gezogen, doch hat man sich in jüngerer Zeit – nicht zuletzt unter Hinweis auf die antike Sicht keltischer Fürsten als Nachkommen des Herakles – wieder dafür ausgesprochen.[64] Besonderes Interesse verdient diese Diskussion nicht zuletzt deswegen, weil sie nicht nur die Vielschichtigkeit des antiken Keltenbilds veranschaulicht, sondern auch die Problematik aller Versuche, einzelne – ikonographische wie auch literarische – Belege zutreffend zu interpretieren. Hervorgehoben sei schließlich auch, dass man von einer komplexen Wechselwirkung zwischen faktischer Wahrnehmung einerseits sowie literarischer und künstlerischer Stilisierung andererseits ausgehen muss, ohne dass man die Richtung und das Ausmaß der Beeinflussung im Einzelnen näher bestimmen könnte.

2. «Kelten» und «keltisch» in der Vergleichenden Sprachwissenschaft

Zur sprachwissenschaftlichen Sicht auf die Kelten vgl. die für ein breites Publikum bestimmte Einführung von Zimmer 2009b und die Beiträge in dem Handbuch von Ball u. Müller 2009. Eine umfassende Geschichte der Keltologie als philologisch-sprachwissenschaftlicher Disziplin fehlt, doch liegen einige neuere Darstellungen zur Entwicklung verschiedener nationaler Forschungstraditionen vor, darunter Tristram 1990, Ó Lúing 2001, Koch 2007, Poppe 2008 und Blom 2009. Zwei umfangreiche Anthologien mit klassischen Texten der Keltologie bieten Davis 2002 sowie Karl u. Stifter 2007.

Im Gefolge der Romanisierung und Latinisierung ehemals keltischsprachiger Regionen auf dem europäischen Festland ging die Kenntnis der keltischen Sprache dort überall spätestens bis zum Ausgang der Antike verloren. Nach wie vor gesprochen wurden keltische Sprachen dagegen in Irland, auf den Britischen Inseln sowie in der Bretagne, wo Einwanderer aus Südwestengland und Cornwall ihre keltische Sprache seit der Spätantike heimisch gemacht hatten. Der Umstand, dass die Vorfahren der Iren, Schotten, Waliser und Bretonen eine Sprache verwendet hatten, die eng mit der Sprache der antiken Kelten zusammenhing, spielte im Mittelalter jedoch zu keiner Zeit eine Rolle, zumal die von lateinischer und christlicher Kultur geprägte Gelehrsamkeit der Inselkelten den Ursprung der Volkssprachen unter Rückgriff auf die biblische und klassisch-antike Überlieferung zu deuten suchte.[65] Dies änderte sich erst seit dem 16. Jahrhundert, nachdem Humanisten auf die Verwandtschaft der heute als inselkeltisch bezeichneten Idiome mit der aus antiken Literaturwerken bekannten Sprache der alten Kelten hingewiesen hatten, was im Laufe des 18. und 19. Jahrhunderts zum empirischen Nachweis dieser Übereinstimmungen und dann

---

[64] So Kistler 2009, 298–350.

[65] Vgl. dazu Jaski 2003 und McLaughlin 2009.

– im Zusammenhang mit der Entstehung der Vergleichenden Sprachwissenschaft – zur Entstehung der Keltologie als einer akademischen Disziplin führte.

Vom Humanismus bis zum Beginn der Romantik

Bereits im späten 16. Jahrhundert entdeckte der schottische Humanist George Buchanan (1506–1582) die Zusammengehörigkeit der antiken festlandkeltischen Sprachen mit den noch lebenden inselkeltischen Idiomen, jedoch noch ohne sie alle mit dem Oberbegriff «Keltisch» zu bezeichnen.[66] Diesen Schritt vollzog man erst im Laufe des 18. Jahrhunderts, an dessen Ende sich diese Bezeichnung in allen europäischen Sprachen als Oberbegriff für die Kelten der antiken Ethnographie und Geschichtsschreibung, aber auch für die – in der Antike nie als «Kelten» bezeichneten – antiken Bewohner der Britischen Inseln und Irlands sowie für die zeitgenössischen Sprecher keltischer Sprachen in Irland, Schottland, Wales und der Bretagne durchgesetzt hatte. Ihre nächste Parallele hat diese Übertragung einer Bezeichnung der antiken Ethnographie auf das Gebiet der Vergleichenden Sprachwissenschaft wohl in der etwa gleichzeitig erfolgten Ausweitung des Begriffs «Semitisch», der in der heute so genannten Völkertafel im Buch Genesis (Kap. 10) einen – auf nicht völlig durchsichtigen Kriterien beruhenden und letztlich fiktiven – Völkerverband bezeichnet, dann aber nach dem Vorbild des Historikers August Ludwig von Schlözer (1735–1809) auch als Oberbegriff einer Reihe offenkundig eng verwandter Sprachen verwendet wurde – wobei «Kanaanäisch» heute als «(Nordwest-)Semitisch» gilt, obwohl die Kanaanäer in der Völkertafel nicht als «Semiten», sondern als «Hamiten» gelten.

Maßgeblichen Anteil an der Etablierung der Bezeichnung «Keltisch» in diesem neuen, sprachwissenschaftlichen Sinn hatte zum einen der walisische Natur- und Sprachforscher Edward Lhuyd (um 1660–1709), der nach Studien am Jesus College von 1684 bis zu seinem Tod für das Ashmolean Museum in Oxford tätig war. Von 1697 bis 1701 sammelte er auf ausgedehnten Forschungsreisen nach Wales, Schottland, Irland, Cornwall und in die Bretagne ein umfangreiches sprachwissenschaftliches Material, das er 1707 im ersten Band seines unvollendeten großen Werks *Archaeologia Britannica* veröffentlichte, wodurch er als Erster die enge Verwandtschaft der noch lebenden inselkeltischen Sprachen untereinander schlüssig nachwies und dokumentierte.[67] Eine wichtige Rolle spielte ferner der aus der Bretagne gebürtige Zisterzienser Dom Paul Yves Pezron (1639–1706), den seine Untersuchungen zur biblischen Chronologie zum Studium der Völker Alteuropas geführt hatten und der in seinem 1706 veröffentlichten Buch *Antiquité de la nation, et de la langue des Celtes, autrement appellez Gaulois*, mit großem Erfolg nicht nur für die Gleichsetzung der Kelten mit den Galliern, sondern auch für eine Ausweitung des Namens «Kelten» zur Bezeichnung namentlich der Waliser und Bretonen eintrat.[68]

Eine wichtige Rolle bei der Popularisierung des in dieser Weise neu gefassten Begriffs «Keltisch» spielte der Schotte James Macpherson (1736–1796), der 1760 unter dem Titel *Fragments of Ancient Poetry, Collected in the Highlands of Scotland* sech-

---

[66] Vgl. dazu ausführlich Collis 1999.
[67] Vgl. dazu ausführlich Evans u. Roberts 2009.

[68] Vgl. dazu ausführlich Morgan 1983.

zehn kurze Texte veröffentlichte, die er nach eigener Aussage selbst aus dem Schottisch-Gälischen ins Englische übersetzt hatte.[69] Veranlasst durch die begeisterte Aufnahme des Bandes in den literarischen Salons von Edinburgh, veröffentlichte Macpherson 1762 und 1763 nach Reisen im Schottischen Hochland noch zwei weitere Bände mit epischen Dichtungen, als deren Verfasser er nun erstmals einen Dichter namens Ossian bezeichnete, der nach den Angaben Macphersons vor der Christianisierung Schottlands noch im 3. Jahrhundert n. Chr. gelebt haben sollte. Alle drei Bücher erschienen 1765 zusammen mit einer «kritischen Abhandlung» des Edinburgher Professors für Poetik und Rhetorik Hugh Blair unter dem Titel *The Works of Ossian, the Son of Fingal* in einer zweibändigen Gesamtausgabe. Zu diesem Zeitpunkt hatte jedoch bereits ein erbitterter Streit um die Echtheit der Texte eingesetzt. Wie man heute weiß, hat Macpherson die «Werke Ossians» unter Rückgriff auf Namen, Episoden und Motive verschiedener in Irland und Schottland geläufiger mündlicher Überlieferungen weitgehend selbst verfasst. Bei der erstmals 1807 veröffentlichten schottisch-gälischen Fassung der Texte handelt es sich dementsprechend nicht um das von Macpherson reklamierte Original, sondern um eine nachträgliche Übersetzung aus dem Englischen. In der gefühlsbetonten Darbietung seines Stoffs war Macpherson zwar weitgehend dem Publikumsgeschmack seiner Zeit gefolgt, doch galten die «Werke Ossians» bei vielen Zeitgenossen gerade auch außerhalb der englischsprachigen Welt als – wenn auch unzulängliche – Übersetzungen authentischer «keltischer» Dichtung. In ganz Europa durch zahlreiche Übersetzungen, Bearbeitungen und Nachdichtungen weit verbreitet, waren die «Werke Ossians» für die Rezeption und Erforschung «keltischer» Kultur in doppelter Hinsicht bedeutsam: Zum einen förderten sie eben durch ihre enorme Popularität maßgeblich die wissenschaftliche Beschäftigung mit allen nunmehr als «keltisch» bezeichneten Sprachen und Literaturen, zum anderen bereicherten sie die Bezeichnungen «Kelten» und «keltisch» um Assoziationen, die dem antiken Sprachgebrauch völlig fremd waren, dafür aber in den neuzeitlichen Keltenideologien eine wichtige Rolle spielen sollten.

Von der Romantik bis zur Gegenwart

Starken Auftrieb erfuhr die Beschäftigung mit den keltischen Sprachen seit dem frühen 19. Jahrhundert infolge der Entdeckung der indogermanischen Spracheinheit durch William Jones (1746–1794).[70] Dabei wurde jedoch gerade die Zugehörigkeit des Keltischen zur indogermanischen Sprachfamilie wegen zahlreicher lautlicher und grammatischer Eigentümlichkeiten der mittelalterlichen und neuzeitlichen inselkeltischen Sprachen zunächst bezweifelt. Der schlüssige Nachweis der indogermanischen Herkunft des Keltischen gelang dann unabhängig voneinander dem englischen Arzt und Anthropologen James Cowles Prichard (1786–1848) mit seinem

---

[69] Vgl. zum Folgenden ausführlich die Beiträge in Gaskill 2004 sowie Curley 2009.
[70] Neuere Einführungen in die Indogermanistik bieten Meier-Brügger 2003, Clackson 2007 und Fortson 2010 (darin zum keltischen Sprachzweig 309–337). Vgl. ferner das im Erscheinen begriffene *Manual of Indo-European lingustics* (Bernabé 2010) sowie zur Wissenschaftsgeschichte Jankowsky 2009 und Mayrhofer 2009.

Buch *The Eastern Origin of the Celtic Nations* (1831), dem Schweizer Sprachwissenschaftler Adolphe Pictet (1799–1875) mit seinem Aufsatz «De l'affinité des langues celtiques avec le sanscrit» (1836) und dem eigentlichen Begründer der Vergleichenden Sprachwissenschaft, Franz Bopp (1791–1867), mit seiner Abhandlung «Über die celtischen Sprachen vom Gesichtspunkt der vergleichenden Sprachforschung» (1838). Da man die keltischen Sprachen des Altertums zu dieser Zeit noch fast ausschließlich aus Namen und einzelnen Wörtern in griechischen und lateinischen Literaturwerken kannte, gründete sich die Rekonstruktion der keltischen Grammatik (im Sinne der Formenlehre) zunächst vor allem auf die ältesten irischen Sprachdenkmäler aus dem Frühmittelalter, welche die ungefähr gleichzeitigen ältesten Zeugnisse des Walisischen an Zahl und Umfang erheblich übertrafen und überdies verschiedene altertümliche Züge bewahrt zu haben schienen.

Zum eigentlichen Begründer der Keltologie als sprachwissenschaftlicher und philologischer Disziplin wurde um die Mitte des 19. Jahrhunderts Johann Kaspar Zeuss (1806–1856), dessen *Grammatica Celtica* (1851) die Grundlage aller weiteren Forschung bildete und erst im frühen 20. Jahrhundert durch das *Handbuch des Altirischen* (1909) von Rudolf Thurneysen (1857–1940) und die *Vergleichende Grammatik der keltischen Sprachen* (1909–1913) von Holger Pedersen (1867–1953) ersetzt wurde.[71] Als erste Fachorgane der Keltologie entstanden in Frankreich die *Revue celtique* (1870–1934, seit 1936 *Études celtiques*) und in Deutschland die *Zeitschrift für celtische Philologie* (seit 1897), nachdem zuvor viele keltologische Beiträge in der 1862 von Adalbert Kuhn (1812–1881) begründeten Zeitschrift *Beiträge zur vergleichenden Sprachforschung auf dem Gebiet der arischen, keltischen und slawischen Sprachen* erschienen waren. Die ersten Lehrstühle für Keltologie hatten in Oxford (seit 1877) der walisische Philologe (Sir) John Rhŷs (1840–1915), in Paris (seit 1882) der Historiker Henri d'Arbois de Jubainville (1827–1910) und in Berlin (seit 1901) der Sprachwissenschaftler Heinrich Zimmer (1851–1910) inne. Bereits 1882 hatte man in Edinburgh einen Lehrstuhl für keltische Philologie gegründet, als dessen erster Professor der aus Islay gebürtige Muttersprachler Donald Mackinnon (1839–1914) gewonnen werden konnte. 1903 entstand dann auf eine Initiative des aus Deutschland stammenden, doch zu jener Zeit in Liverpool tätigen Sprachwissenschaftlers Kuno Meyer (1858–1919) als erste Forschungs- und Ausbildungsstätte für irische Keltologen in Dublin die *School of Irish Learning*, ein Vorläufer der 1940 gegründeten *School of Celtic Studies*. Ihr walisisches Pendant ist das 1919 gegründete *Board of Celtic Studies* mit den Unterabteilungen Sprache und Literatur, Geschichte und Recht, Archäologie und Kunst sowie (seit 1969) Sozialwissenschaften.

Charakteristisch für die Keltologie des europäischen Festlands war – und ist – ihre Nähe zur Vergleichenden Sprachwissenschaft, die das Studium der ältesten erhalten Sprachdenkmäler und den Sprachvergleich nach dem Vorbild der Indogermanistik in den Mittelpunkt der Forschung rückte. Dagegen stand in Großbritannien und Irland von jeher die irische, schottisch-gälische und walisische Philologie und ihre Bedeutung für das jeweilige nationale kulturelle Erbe im Zentrum des Interesses, was eine literaturwissenschaftliche Ausrichtung des Faches begünstigte und

---

[71] Vgl. dazu ausführlich Schaller 2006 sowie die Beiträge in Forssman 1989 und Hablitzel u. Stifter 2007.

sprachvergleichende Ansätze zum Zweck der Rekonstruktion verlorener Überliefe-
rungsstufen in den Hintergrund treten ließ. Methodische und theoretische Reflexi-
onen sowie Ansätze zu einer interdisziplinären Vernetzung etwa mit der Vor- und
Frühgeschichtlichen Archäologie, aber auch mit den Sozialwissenschaften, spielten
demgegenüber zumeist nur eine untergeordnete Rolle. Davon abgesehen brachte es
die herausgehobene Stellung der Nationalsprachen im Wissenschaftsbetrieb des 19.
und 20. Jahrhunderts mit sich, dass die Keltologie bzw. irische und walisische Philologie institutionell und personell zumeist nur schwach ausgestattet blieb, so dass
grundlegende Studien sowie Forschungs- und Unterrichtsmaterialien, wie sie etwa
in der Germanistik, Romanistik oder Anglistik seit langem selbstverständlich sind,
dort vielfach bis heute vollständig fehlen oder aber stark veraltet sind.

Tendenzen der gegenwärtigen Forschung

Da die keltologische Forschung – gerade auch der Britischen Inseln und Irlands –
ihr Hauptaugenmerk traditionell auf die Sprachzeugnisse des Mittelalters und der
Neuzeit richtet, ist nur ein relativ kleiner Teil ihrer neueren Ergebnisse für unser
Verständnis der keltischen Geschichte und Kultur des Altertums unmittelbar relevant. Besondere Beachtung verdienen dabei die neueren Ansätze zur Erfassung und
sprachgeschichtlichen Auswertung keltischer Orts- und Personennamen.[72] Darüber
hinaus hat sich die Vergleichende Sprachwissenschaft – abgesehen von Forschungen
zu Einzelproblemen aus den Bereichen der Phonologie, Morphologie und Syntax
sowie weiter unten zu besprechenden Fragen bezüglich der Geschichte einzelner
keltischer Sprachen – in der jüngeren Vergangenheit und Gegenwart mit einigen,
teilweise noch immer kontrovers diskutierten, grundsätzlichen Problemen beschäf-
tigt, die alle keltischen Sprachen betreffen.[73] So etwa hat im Hinblick auf die Frage
nach der Entstehung des keltischen Sprachzweigs aus der indogermanischen Grundsprache und nach dem Verhältnis der keltischen zu den benachbarten indogermanischen Sprachen keines der vorgeschlagenen Modelle allgemeine Anerkennung
gefunden: Zwar erscheint eine besondere Nähe des Keltischen zu den germanischen
und den so genannten italischen Sprachen sowohl aus sprachwissenschaftlichen als
auch aus historischen Gründen durchaus plausibel, doch sind das ursprüngliche Ent-
stehungsgebiet des Keltischen auf dem europäischen Festland sowie der Zeitraum
und die Umstände seiner Ausbreitung auf die Britischen Inseln und nach Irland
nach wie vor umstritten. Unklar ist auch, wie man sich die innere Gliederung des
keltischen Sprachraums und den Zusammenhang der keltischen Sprachen untereinander vorzustellen hat, da je nach der Berücksichtigung und Gewichtung unterschiedlicher Kriterien verschiedene Modelle denkbar sind. Während das heute so
genannte Keltiberische in Spanien möglicherweise tatsächlich Züge aufweist, die es
gegenüber den übrigen keltischen Sprachen als altertümlich erweisen, gelten die in
späterer Zeit augenfälligen Unterschiede zwischen den verschiedenen inselkeltischen

---

[72] Vgl. Parsons u. Sims-Williams 2000, de
Hoz u. a. 2005 sowie Sims-Williams 2006 bzw.
Raybould u. Sims-Williams 2007a, 2007b und
2009.

[73] Vgl. zum Einstieg in die neuere Diskussion
de Bernardo 2006, Kortlandt 2007, die Beiträge
in García Alonso 2008 sowie Eska 2010.

Sprachen mehrheitlicher Forschungsmeinung zufolge als relativ jung, so dass wahrscheinlich mit einer ursprünglichen Einheitlichkeit des Inselkeltischen zu rechnen ist. Hervorzuheben ist in jedem Fall, dass die sprachwissenschaftliche Theorie- und Modellbildung ausschließlich auf sprachwissenschaftlichen Kriterien aufbaut und man keinesfalls davon ausgehen sollte, dass sich ihre Ergebnisse zwangsläufig mit den archäologischen Gegebenheiten harmonisieren oder zu einer Synthese auf höherer Ebene zusammenführen lassen müssten.

3. «Kelten» und «keltisch» in der Archäologie und Geschichtswissenschaft

Eine umfassende Aufarbeitung der Geschichte des Keltenbegriffs in der neuzeitlichen Geschichtswissenschaft und Archäologie fehlt; vgl. jedoch die entsprechenden Abschnitte in Sklenář 1983, Trigger 1989, Eggert 2008, Renfrew u. Bahn 2008 sowie Trachsel 2008. Eine detaillierte regional begrenzte Studie bietet Vatan 2004. Zur nachantiken Keltenrezeption im Allgemeinen (mit ausführlicher Berücksichtigung der Populärkultur) vgl. Brown 1996, Winkler 2006 und Birkhan 2009. Die Wiederentdeckung der antiken Keltenschilderungen in der Renaissance behandelt Asher 1993, die Rezeption der Kelten in nationalistischen Ideologien des 19. Jahrhunderts erörtern Dietler 1994, Morse 2005, Curley 2009 und David-de Palacio 2010. Zur Problematik ethnischer Interpretationen in der gegenwärtigen Vor- und Frühgeschichtlichen Archäologie vgl. Brather 2004, die Beiträge in Rieckhoff u. Sommer 2007, Fernández-Götz 2009, Kreienbrink 2009 und Wöhrl 2009. Zur aktuellen Diskussion um die Berechtigung des Keltenbegriffs in der Archäologie und Geschichtswissenschaft vgl. Fitzpatrick 1996, Sims-Williams 1998a und 1998b, James 1999, Megaw u. Megaw 1999, Collis 2003, 2006, 2007a und 2007b, Karl 2005, Rieckhoff 2007 und McCone 2008.

Für das Geschichtsbild des Mittelalters spielten die antiken Kelten praktisch keine Rolle, da man ihre materielle Hinterlassenschaft − sofern überhaupt bekannt − chronologisch nicht einordnen konnte und die auf sie eingehenden antiken Texte entweder wegen ihrer fehlenden Relevanz für die biblische Heilsgeschichte kaum beachtet wurden bzw. − sofern in griechischer Sprache geschrieben − ebenfalls unbekannt waren. Die Anfänge der Beschäftigung mit den Kelten aus historischer oder archäologischer Perspektive liegen daher in der Zeit des Humanismus und sind eng verbunden mit der Wiederentdeckung der antiken Literatur und dem Studium des Griechischen.

Vom Humanismus bis zur Mitte des 19. Jahrhunderts

Da man der Literatur der klassischen Antike über Jahrhunderte hinweg eine nur selten kritisch hinterfragte normative Geltung zusprach und sich eine von den Texten unabhängige Vor- und Frühgeschichtliche Archäologie erst seit dem späten 19. Jahrhundert entwickelte, beruhten die neuzeitlichen Vorstellungen von den historischen Kelten der Antike zunächst fast ausschließlich auf den Keltenschilderungen der griechischen und römischen Autoren. Dass diese antiken Nachrichten insgesamt eher spärlich und nicht selten widersprüchlich sind, wurde zwar immer wieder festgestellt und oft beklagt, verhinderte aber kaum jemals die unreflektierte Übernahme spezifisch antiker Sichtweisen und Deutungsmuster wie etwa die Ten-

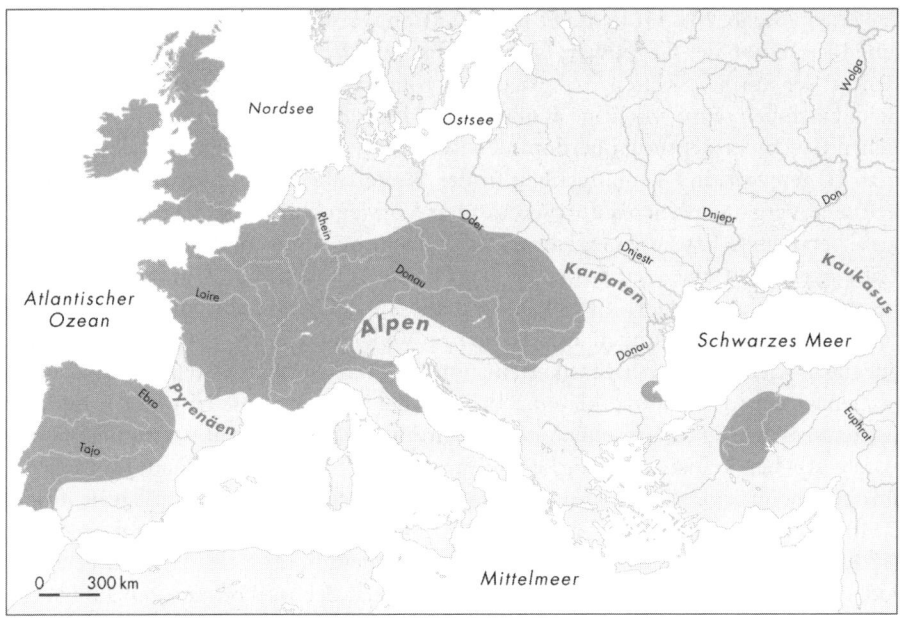

*Mutmaßliches Verbreitungsgebiet der keltischen Sprachen zur Zeit ihrer
größten Ausdehnung im 2./1. Jahrhundert v. Chr.*

denz zur pauschalen Charakterisierung ohne kleinräumige Differenzierungen, die
Verwendung von Wandermotiven, die Veranschaulichung kultureller Beziehungen
durch genealogische Abhängigkeiten oder auch die Erklärung kulturellen Wandels
durch vermeintliche Wanderbewegungen und Eroberungszüge. Im Übrigen eröffnete
gerade der Mangel an zuverlässigen Überlieferungen der Kombinationsgabe und
Einbildungskraft ein weites Betätigungsfeld, zumal die antiken Keltenschilderungen im Allgemeinen keineswegs den Gegenstand eines zweckfreien wissenschaftlichen Interesses bildeten, sondern vielfach dafür herhalten mussten, in einer Zeit
konfessioneller Spaltungen, innereuropäischer Machtkämpfe und einer gesamteuro-
päischen Bedrohung durch die Expansion des Osmanischen Reichs die Stellung der
Franzosen als der vermeintlichen Nachfahren der Kelten im Kreise der europäischen
Völker zu bestimmen.[74] Weite Spielräume für die Phantasie ergaben sich dabei daraus, dass die Kelten weder in der Bibel noch in den darauf fußenden universalhisto-
rischen Entwürfen des Mittelalters vorkamen und die Angaben der griechischen
und römischen Autoren zu ihrer Geschichte keine Anhaltspunkte für eine Verknüpfung der keltischen Geschichte mit der universalen Heilgeschichte boten.
Abhilfe schuf seit dem späten 15. Jahrhundert das erstmals 1497 erschienene Werk
Commentaria … super opera diuersorum auctorum de Antiquitatibus loquentium des Domi-
nikaners Annius von Viterbo (Giovanni Nanni, um 1432–1502), der unter Rückgriff auf gefälschte Fragmente der antiken Autoren Berosus und Manetho die
gemeinsame Herkunft der Gallier, Griechen und Römer von Noahs Sohn Japhet zu

---

[74] Vgl. dazu ausführlich Dubois 1972 und Asher 1993.

erweisen vorgab. Mit Hilfe dieser Konstruktion war man nun erstmals in der Lage, eine Brücke von der Gegenwart bis zur biblischen Urgeschichte zu schlagen und die Kultur der antiken Kelten der griechisch-römischen Antike gleichberechtigt zur Seite zu stellen. Eine wichtige Rolle spielte dabei das aus der Exegese und christlichen Geschichtsdeutung übernommene Verfahren der Typologie, mit dessen Hilfe man Gegenwart und Vergangenheit in der Weise aufeinander bezog, dass man die keltische Vergangenheit als unvollkommene Vorwegnahme gegenwärtiger Verhältnisse betrachtete bzw. die Gegenwart als Vollendung bereits in der schriftlosen Vorzeit angelegter Tendenzen ansah. So etwa bezogen italienische Humanisten bereits im späten 15. Jahrhundert die bekannte Bemerkung Caesars über die große Bedeutung religiöser Handlungen für das ganze Volk der Gallier (*BG* 6,16,1) auf die gegenwärtigen Bewohner Frankreichs, um dadurch die starke Stellung der katholischen Kirche im Land zu erklären.[75] In ähnlicher Weise betonten im 16. Jahrhundert nationalbewusste französische Autoren den hohen Stand und die Originalität der vorchristlichen keltischen Religion, gelegentlich unter ausdrücklichem Hinweis auf ihre vermeintliche Nähe zum Christentum. So etwa schrieb Guillaume Postel (1510–1581) in Anlehnung an die bekannte Erzählung der Apostelgeschichte (17,22 ff.) den Galliern einen Kult desselben namenlosen Gottes zu, den auch die Juden verehrten, wobei er die zahlreichen Hinweise der antiken Autoren auf blutige Opfer der Kelten mit dem Hinweis auf vergleichbare Riten der Römer und sogar der Hebräer zu relativieren suchte.[76]

In Übereinstimmung mit biblischen und antiken Denkmustern erklärte und veranschaulichte man kulturelle Kontinuitäten weithin durch die Annahme einer biologischen Kontinuität der Bevölkerung, indem man die Völker Europas bzw. deren fiktive eponyme Stammväter in lückenloser Folge auf die in Genesis 10 erwähnten Nachkommen Noahs zurückführte. Kulturelle Neuerungen sowie tatsächliche oder vermeintliche Umbrüche erklärte man demgegenüber gerne durch Diffusion, wobei man entweder mit Bevölkerungsverschiebungen infolge von Kriegs- und Eroberungszügen oder mit einer friedlichen Übernahme kultureller Errungenschaften infolge von Handelsaktivitäten rechnete. Schöpferische Qualitäten sprach man dabei allerdings zumeist nur den orientalischen Völkern zu, während man bei den Völkern Mittel- und Nordwesteuropas – im Einklang mit dem Weltbild der Bibel wie auch der antiken Ethnographie – eine überwiegend passive oder rezeptive Haltung voraussetzte. So etwa identifizierte man den aus antiken Quellen bekannten keltischen Gott Teutates aufgrund einer vermeintlichen Namens- und Wesensähnlichkeit mit dem ägyptischen Gott der Weisheit Thoth, den man seinerseits mit dem biblischen Gesetzgeber Mose gleichsetzte.[77] Eine wichtige Rolle spielten in diesem Zusammenhang auch die schon in der Antike als Händler und Seefahrer berühmten Phöniker, die man – ausgehend von Theorien der Altertumsforscher Samuel Bochart (1599–1667) und Aylett Sammes (um 1636–1679) – als prominente Vermittler ursprünglich orientalischen Kulturgutes an die Kelten ansah.

[75] S. dazu Maissen 1994, 322, 334 und 338.
[76] Vgl. dazu Dubois 1972, 14, sowie Asher 1993, 96.
[77] Vgl. Asher 1993, 97–101.

Erst gegen Ende des 17. und im Laufe des 18. Jahrhunderts kam man allmählich zu der Überzeugung, dass Bodendenkmäler sowie planmäßig oder zufällig gewonnene archäologische Funde nicht nur zur Veranschaulichung der antiken Schriftquellen dienen, sondern auch einen selbständigen Beitrag zur Erhellung der schriftlosen Vorgeschichte Mittel- und Nordeuropas leisten könnten. Als gravierender Nachteil erwies sich jedoch sogleich der Umstand, dass es noch keinerlei Möglichkeiten zur Etablierung einer relativen Chronologie dieser Zeugnisse gab. Da jedoch festzustehen schien, dass die Welt nur wenige tausend Jahre alt und Europa erst nach der Sintflut von den Nachkommen Japhets bevölkert worden sei, schrieb man – vor allem in Frankreich und Großbritannien – unterschiedslos Bodendenkmäler der Stein-, Bronze- und Eisenzeit den aus der antiken Literatur bekannten Kelten zu. Im Gefolge der Ausweitung des antiken Keltenbegriffs auf die vorgeschichtliche Bevölkerung der Britischen Inseln setzte sich im Laufe des 18. Jahrhunderts dadurch ganz allgemein die außerhalb der Fachwissenschaften noch heute populäre Auffassung durch, es handle sich bei den vorgeschichtlichen Steinsetzungen Nordwesteuropas um Tempel, Altäre oder Kultobjekte der Kelten.

Zunehmende Bedeutung für das neuzeitliche Bild der europäischen Vorgeschichte und ihrer Kulturen gewann seit dem Zeitalter der Entdeckungen der systematische Vergleich zwischen den Völkern Alteuropas und den neu entdeckten «Wilden» Amerikas.[78] Er beruhte zum einen auf beobachteten Übereinstimmungen der materiellen Kultur (wie etwa dem Gebrauch von Steinwerkzeugen oder Fellbooten), zum anderen auf der – namentlich im Zeitalter der Aufklärung weit verbreiteten – These von der Gleichheit aller Menschen, welche die Wahrnehmung historisch bedingter, kulturspezifischer Besonderheiten gegenüber der Erfassung raum- und zeitübergreifender Gemeinsamkeiten in den Hintergrund treten ließ. So etwa verglich 1724 der jesuitische Missionar und Ethnologe Joseph François Lafitau (1681–1746) in seinem Buch *Moeurs des sauvages Amériquains comparées aux moeurs des premiers temps* erstmals in einer umfassenden Monographie die Kultur der nordamerikanischen Irokesen mit jener der Griechen und Römer, wobei er jedoch Übereinstimmungen und Ähnlichkeiten grundsätzlich durch die Annahme vorgeschichtlicher Wanderbewegungen erklärte. Dem widersprach ausdrücklich sein Landsmann Bernard le Bovier de Fontenelle (1657–1757), der in seinem ebenfalls 1724 veröffentlichten Buch *De l'origine des fables* solche Gemeinsamkeiten auf gleichartige Reaktionen des menschlichen Geistes unter ähnlichen Voraussetzungen zurückführte. Diesen Standpunkt vertrat auch Giambattista Vico (1668–1744), der in seinem 1725 publizierten Werk *La Scienza Nuova* (1725) eine Theorie der Kulturentwicklung propagierte, die von einem Kreislauf dreier Zeitalter mit jeweils charakteristischen Eigenheiten der politischen, gesellschaftlichen und religiösen Entwicklung ausging. Ähnliche Vorstellungen von einem zyklischen Aufstieg und Niedergang der Kulturen findet man in den 1734 veröffentlichten *Considérations sur les causes de la grandeur des Romains et de leur decadence* von Charles-Louis de Secondat, Baron de Montesquieu (1689–1755), der in seinem erst 1748 publizierten, heute bekannteren Werk *De l'esprit des lois* besonders die Wechselwirkung zwischen politischen, gesellschaftlichen, wirtschaftlichen und religiösen Faktoren und den

---

[78] Vgl. dazu Pratt 2005.

jeweiligen Rechtsordnungen herauszuarbeiten suchte. Dabei verwendete man jedoch bis in die zweite Hälfte des 19. Jahrhunderts die Bezeichnungen «Kelten» und
«keltisch» in ebenso unreflektierter wie unbestimmter Weise für ganz verschiedene,
räumlich nicht klar abgegrenzte und zeitlich nicht näher bestimmte Epochen der
vorrömischen Geschichte Mittel- und Nordwesteuropas.

Von der Mitte des 19. Jahrhunderts bis zur Gegenwart

Die Anfänge einer differenzierten und kritisch reflektierten Verwendung der Bezeichnungen «Kelten» und «keltisch» stehen im Zusammenhang mit der Übernahme
des von Christian Jürgensen Thomsen (1788–1865) in den 1820er und 1830er Jahren
entwickelten Dreiperiodensystems, die auf lange Sicht dazu führte, dass man den
erst seit dem 6. oder 5. Jahrhundert v. Chr. bezeugten Namen der Kelten weitgehend auf die Eisenzeit und jedenfalls auf das 1. Jahrtausend v. Chr. beschränkte. Eine
wichtige Rolle für die Deutung entsprechender Funde spielten die von dem schwe-
dischen Archäologen Oscar Montelius (1843–1921) durchgeführten typologischen
Untersuchungen, mit deren Hilfe er weitere Unterteilungen der Bronze- und
Eisenzeit vornahm. Von weitreichender Bedeutung für die archäologische Begriffs-
bildung erwiesen sich in diesem Zusammenhang die Ausgrabungen, die Johann
Georg Ramsauer (1795–1874) seit 1846 in Hallstatt im österreichischen Salzkammergut und verschiedene andere Ausgräber seit 1857 an der unter dem Namen La
Tène bekannten Untiefe bei Marin-Epagnier an der Nordostspitze des Neuenburger Sees in der Schweiz durchführten. Ausgehend von den dort gemachten Funden
unterteilte der schwedische Kulturhistoriker und Archäologe Hans Hildebrand
(1842–1913) bereits 1874 die vorrömische Eisenzeit in eine ältere Hallstatt- und eine
jüngere Latèneperiode.[79] Davon ausgehend entwickelten Otto Tischler (1843–1891)
und Paul Reinecke (1872–1958) unter Berücksichtigung typologischer Beobachtungen vor allem an Fibeln und Schwertern eine weitergehende Periodisierung
(Hallstatt A–D bzw. La Tène A–D), während Georg Kossack (1923–2004) die be-
griffliche Unterscheidung zwischen einem Westhallstattkreis (Nordostfrankreich,
Mittelrheingebiet, Süddeutschland, Böhmen und Oberösterreich) und einem Osthallstattkreis (Mähren, Niederösterreich, Steiermark, Westungarn, Slowenien und
das nördliche Kroatien) etablierte.[80] Bereits 1871 hatte Gabriel de Mortillet (1821–
1898) auf dem Internationalen Kongress für Anthropologie und Prähistorische
Archäologie in Bologna Funde aus Marzabotto und Bologna mit dem Hinweis auf
genaue Entsprechungen in Regionen nördlich der Alpen mit den antiken Nachrichten über die Einwanderung keltischer Scharen in Oberitalien in Verbindung
gebracht und so eine Brücke von der frühen literarischen Überlieferung zur schriftlosen Vorgeschichte geschlagen. Als umfassende Synthese dieser Forschungen zur
Archäologie der Kelten in Mitteleuropa erschien 1908–1914 das *Manuel d'archéologie
préhistorique, celtique et gallo-romaine* von Joseph Déchelette (1862–1914).

Wie aus dem zeitlichen Abstand eines Jahrhunderts leicht zu erkennen ist, beruhten diese bis heute grundlegenden Forschungen zur Archäologie der Kelten in

---

[79] Vgl. dazu ausführlich Gräslund 1987.   [80] Vgl. dazu ausführlich Müller-Scheeßel
2000.

Mitteleuropa auf Denkmustern und Prämissen, die seither in zunehmendem Maße kritisch hinterfragt worden sind. Dies gilt etwa für den von der Geologie und Biologie inspirierten, viel gescholtenen Evolutionismus des 19. Jahrhunderts, der in der Vorgeschichtsforschung zu teilweise stark übertriebenen Vorstellungen von der Primitivität noch der Bronze- und Eisenzeit führte. Es gilt aber auch für die zentrale Rolle des Erklärungsmusters der Diffusion, infolge dessen man Ausmaß, Komplexität und Dynamik eigenständiger kultureller und gesellschaftlicher Entwicklungen im vorgeschichtlichen Mittel-, Nordwest- und Nordeuropa lange Zeit unterschätzte und zugunsten der bloßen Übernahme von Neuerungen aus dem Vorderen Orient («*ex oriente lux*») in den Hintergrund rückte. Von zentraler und folgenschwerer Bedeutung für die Interpretation der unmittelbar vorrömischen Eisenzeit mit ihren Möglichkeiten der Anknüpfung an die schriftliche Überlieferung erwies sich insbesondere der Nationalismus des 19. Jahrhunderts, der in Verbindung mit biblischen und antiken Denkmustern zu ebenso einseitigen wie fragwürdigen Deutungen führte.[81] So etwa förderte die in Weiterentwicklung von Gedanken des 18. Jahrhunderts propagierte romantische Vorstellung von einem einheitlichen «Volksgeist» die – von antiken Ethnographen unter ganz anderen Voraussetzungen initiierte – verallgemeinernde Rede von «den» Kelten, wobei man nun Funde der vorrömischen Eisenzeit mit dem (expliziten oder impliziten) Hinweis auf ihren «keltischen» Charakter, doch unter Missachtung chronologischer und geographischer Distanzen, mit Hilfe von Nachrichten antiker Autoren oder gar den phantasievollen Schilderungen der mittelalterlichen irischen Literatur interpretierte. Eine wichtige Rolle spielte in diesem Zusammenhang (wie übrigens schon im Humanismus) ein dem frühchristlichen und mittelalterlichen Schema von Verheißung und Erfüllung verpflichtetes typologisches Geschichtsdenken, das in der fernen Vergangenheit die Keime und Anlagen gegenwärtiger Verhältnisse zu erkennen glaubte und umgekehrt die Durchsetzung gegenwärtiger Interessen mit dem Hinweis auf diese Vergangenheit zu legitimieren suchte.

Die aus heutiger Sicht unhaltbare Zuschreibung allein aus archäologischen Funden und Befunden erhobener «Kulturprovinzen» an bestimmte Völker oder Volksstämme ist wissenschaftsgeschichtlich vor allem mit dem Namen von Gustaf Kossinna (1858–1931) verbunden und wird in dieser Zuspitzung oft in einen engen Zusammenhang mit der Ideologie des Nationalsozialismus gestellt.[82] Dies sollte jedoch nicht darüber hinwegtäuschen, dass vor- oder unwissenschaftliche Prämissen und Tendenzen, wie sie dem Ansatz Kossinnas in besonders hoher Konzentration zugrunde liegen, auch bei vielen anderen Autoren des 19. und 20. Jahrhunderts zu finden sind. Davon abgesehen ist natürlich auch zu berücksichtigen, dass das Keltenbild der Gegenwart keineswegs in erster Linie auf der unmittelbaren Wirkung fachwissenschaftlicher Vorträge und Publikationen, sondern vielmehr auf ihrer Vermittlung in populärwissenschaftlichen Kompendien, allgemeinen

[81] Zur Rolle des Nationalismus in der europäischen Archäologie vgl. die Beiträge in Díaz-Andreu u. Champion 1996, insbesondere Champion 1996 (Großbritannien), Cooney 1996 (Irland) und Schnapp 1996 (Frankreich). Vgl. ferner Díaz-Andreu 2007, 317–397.

[82] Zu Kossinna vgl. die ausführliche Monographie von Grünert 2002, zur deutschsprachigen prähistorischen Forschung seiner Zeit die Beiträge in Steuer 2001.

Nachschlagewerken, Sach- und Schulbüchern sowie fiktiver Literatur beruht. Nicht zu vergessen sind dabei auch die Medien einer rein oder überwiegend visuellen Vermittlung, wie sie in Buchillustrationen und musealen Rekonstruktionen, in der – gerade im 19. Jahrhundert hoch geschätzten – Historienmalerei sowie neuerdings in Comics, Filmen und Computerspielen greifbar sind.[83]

Tendenzen der gegenwärtigen Forschung

Als Teilbereich der Vor- und Frühgeschichtlichen sowie der Provinzialrömischen Archäologie partizipiert die mit den Kelten befasste archäologische Forschung an der allgemeinen Spezialisierung des Fachs, wie sie vor allem in der verstärkten Anwendung neuer naturwissenschaftlicher Untersuchungsmethoden zum Ausdruck kommt. Zu nennen sind hier etwa die Archäometallurgie zur Klärung der Produktions- und Handelsbedingungen von Metallgegenständen, die Petrographie zur Beantwortung analoger Fragen im Hinblick auf die Keramik, die Strontiumisotopenanalyse zum Nachweis vorgeschichtlicher Migrationen oder die DNA-Analyse zur Bestimmung von Verwandtschaftsbeziehungen, ferner Methoden der archäologischen Fernerkundung wie die Luftbildarchäologie und die geomagnetische Prospektion.[84] Dabei ist freilich nicht zu übersehen, dass die fachinterne Spezialisierung mit der Ausbildung besonderer Teilbereiche wie z. B. der Archäozoologie, Archäobotanik, Paläopathologie und Archäoastronomie zu einer für Außenstehende kaum mehr überschaubaren Komplexität der Forschung geführt hat, es gleichzeitig aber auch den Archäologen immer mehr erschwert, einen konstruktiven Dialog mit Althistorikern, keltischen und Klassischen Philologen sowie Sprachwissenschaftlern aufrechtzuerhalten.

Wie die in diesem Kapitel dargelegte Begriffs- und Forschungsgeschichte zeigt, hat die gegenwärtige Verwendung der Begriffe «Kelten» und «keltisch» eine rund zweieinhalbtausendjährige Geschichte, wobei sich der antike Sprachgebrauch mit dem der Vergleichenden Sprachwissenschaft sowie der modernen Vor- und Frühgeschichtlichen Archäologie nur teilweise deckt. Hat man jedoch die räumliche Ausdehnung des Begriffs vom europäischen Festland auf die Britischen Inseln und Irland vor allem aus sprachwissenschaftlichen Gründen bis heute größtenteils beibehalten, so wurde die – vor allem in der Frühen Neuzeit häufige – zeitliche Ausdehnung dieser Bezeichnungen über ihre ältesten Belege in der antiken Literatur hinaus bis zu der (später so genannten) Bronzezeit innerhalb der Fachwissenschaften vollständig aufgegeben.

Hervorgehoben sei in diesem Zusammenhang, dass das Auftreten charakteristischer Merkmale der Hallstatt- bzw. Latènekultur oftmals nicht mit Bevölkerungsverschiebungen zu korrelieren ist. Dies gilt z. B. für das Siedlungswesen und Grabbrauchtum der seit den 1920er Jahren so genannten Hunsrück-Eifel-Kultur im

---

[83] Zum Problem der Visualisierung und visuellen Vermittlung archäologischer Forschungsergebnisse vgl. die Beiträge in Molyneaux 1997, insbesondere Champion 1997. Die Entstehung und frühe Geschichte des modernen Keltenbilds in der Kunst des 19. Jahrhunderts behandeln ausführlich Piggott 1989 und Smiles 1994 sowie summarisch Champion 2006. Zur Visualisierung der Kelten in der gegenwärtigen Populärkultur vgl. Birkhan 2006, Dietler 2006, Winkler 2006, Birkhan 2009 und Schweighöfer 2011.

[84] Vgl. dazu Knipper 2004, Kiesslich u. a. 2007 sowie die Beiträge in Bofinger 2010.

Mittelrheingebiet.[85] Sie entwickelte sich ohne klar erkennbare Zu- oder Abwanderung von Bevölkerungsteilen im 6. Jahrhundert v. Chr. auf der Grundlage älterer bronzezeitlicher Traditionen in einer späthallstattzeitlichen älteren (HEK I) und frühlatènezeitlichen jüngeren (HEK II) Ausprägung, wobei einige Fundorte eine Kontinuität über die vorrömischen keltischen Treverer bis in die römische Kaiserzeit erkennen lassen.

Fazit

Angesichts gegenwärtiger Diskussionen um die Berechtigung oder fehlende Berechtigung der Bezeichnungen «Kelten» und «keltisch» – etwa für das vorrömische Britannien und Irland oder das hallstattzeitliche Mitteleuropa – folgt die vorliegende Darstellung dem Sprachgebrauch der Mehrheit, die diese Bezeichnungen – mit unterschiedlichen Argumenten – beibehält. Dies hat in erster Linie pragmatische Gründe, da die – methodisch wohl am leichtesten und zugleich konsequentesten durchzuführende – Beschränkung der Begriffe «Kelten» und «keltisch» auf den Sprachgebrauch der antiken Ethnographie oder aber den der modernen Sprachwissenschaft nicht nur die Verständigung und den wissenschaftlichen Austausch über die Fächergrenzen hinweg behindern, sondern auch die Vermittlung wissenschaftlicher Erkenntnisse an eine breite Öffentlichkeit erheblich erschweren würde. Ausdrücklich hervorgehoben sei jedoch, dass die bloße Beibehaltung der Bezeichnungen «Kelten» und «keltisch» aus diesen rein pragmatischen Gründen keineswegs als Plädoyer für die unreflektierte Übernahme obsoleter Prämissen und überholter Forschungsparadigmen, sondern ganz im Gegenteil als Ansporn und Verpflichtung zu deren differenzierter Aufarbeitung angesehen werden sollte.

Gegen eine Abschaffung oder radikale Verengung der Bezeichnungen «Kelten» und «keltisch» in der gegenwärtigen Wissenschaftssprache spricht nicht zuletzt auch die Einsicht, dass logischerweise in diesem Fall nicht anders verfahren werden kann oder sollte als bei der Verwendung vergleichbarer konventioneller Bezeichnungen: Niemand würde vorschlagen oder gar fordern, dass Wissenschaftler nicht mehr von antiken Religionen oder der athenischen Demokratie sprechen sollten, nur weil lateinisch *religio* nicht das bezeichnet, was wir mit Bezug auf die Gegenwart als «Religion» bezeichnen bzw. die antike griechische Demokratie in mancher Hinsicht das genaue Gegenteil von dem war, was man heute unter einer Demokratie versteht. Dass die entsprechenden Unterschiede zwischen dem antiken und dem modernen Sprachgebrauch außerhalb der Fachwissenschaften nicht allgemein bekannt sind, kann man je nach Weltsicht für schmerzhaft oder verschmerzbar halten, wird diese Tatsache aber durch einen bloßen Austausch von Begriffen nicht ändern. Aufschlussreich ist in diesem Zusammenhang ein Vergleich der jüngsten Debatten um die Bezeichnungen «Kelten» und «keltisch» mit der (ungefähr gleichzeitigen, doch weitgehend auf die Vor- und Frühgeschichtliche Archäologie beschränkten) Diskussion um die Berechtigung der Bezeichnungen «Fürstengrab» und «Fürstensitz». Dass letztere Diskussion weit weniger hitzig, emotional und persönlich verlaufen zu sein

---

[85] Grundlegend Joachim 1968, Haffner 1976, Haffner u. Miron 1991, Nakoinz 2005 und Hornung 2008.

scheint, beruht zum Teil wohl darauf, dass hier nicht unterschiedliche Wissen-schaftstraditionen unvermittelt aufeinanderprallten. Zum Teil dürfte die größere Sachlichkeit (und geringere Breitenwirkung) aber auch darauf beruhen, dass dort nicht – wie im Falle der Bezeichnungen «Kelten» und «keltisch» – elementare psy-chologische Bedürfnisse der Identifikation und Selbstvergewisserung und damit zu-mindest indirekt auch handfeste politische und wirtschaftliche Interessen berührt werden.

Das moderne Bild der keltischen Kultur ist aus den oben skizzierten historischen Gründen bis heute stark von den archäologischen Funden der mitteleuropäischen Hallstatt- und Latènekultur geprägt. Dies liegt zum einen an der extensiven Aus-grabungstätigkeit gerade in Frankreich, Deutschland, Österreich und der Schweiz, zum anderen an der Vereinnahmung der vor- und frühgeschichtlichen Bewohner dieser Regionen zur Fundamentierung moderner Identitäten. Dabei brachte es das weitgehende Fehlen umfänglicher eigenständiger Schriftzeugnisse in den Regionen nördlich der Alpen mit sich, dass – gerade in populärwissenschaftlichen Darstellun-gen – Schlussfolgerungen aus diesen Funden in unzulässiger Weise verallgemeinert oder aber in methodisch fragwürdiger Weise durch Nachrichten antiker Autoren, archäologische Funde aus dem römischen Gallien oder mittelalterliche Schilderun-gen der vorchristlichen irischen Kultur ausgeschmückt und ergänzt wurden. Weit-gehend ausgeblendet werden demgegenüber vielfach noch immer archäologische Funde und Befunde aus dem eisenzeitlichen Irland, aber auch die Verhältnisse in den – nur aus mitteleuropäischer Sicht – randständigen Siedlungsgebieten der Kelten auf der Iberischen Halbinsel, in Ost- und Südosteuropa, in Oberitalien und in Kleinasien. Nachteilig bemerkbar machen sich hier sowohl die großen Unterschiede in der Intensität der archäologischen Grabungstätigkeit als auch das geringe Ausmaß interdisziplinärer und internationaler Vernetzung, das umfassende Synthesen nach wie vor erschwert. Um unzulässige Verallgemeinerungen und anachronistische Verzerrungen zu vermeiden, widmet das vorliegende Buch den vorrömischen Kel-ten Mitteleuropas daher nur eines (von insgesamt acht) geographisch bestimmten Kapiteln und beschränkt sich in diesem Kapitel strikt auf eine Darstellung der mittel-europäischen Eisenzeit vom 6. bis zum 1. Jahrhundert v. Chr.

II.

DIE KELTEN IM VORRÖMISCHEN MITTEL-
UND WESTEUROPA

Im folgenden Kapitel werden all jene eisenzeitlichen Kulturen Mittel- und Westeuropas vorgestellt (mit Ausnahme der Britischen Inseln und Irlands), die man seit
dem Beginn der neueren archäologischen Forschung gegen Ende des 19. Jahrhunderts aus sachlichen, sprachlichen oder historischen Gründen den Kelten zugeschrieben hat bzw. noch heute zuschreibt. Geographisch erstrecken sich diese Kulturen über Frankreich, Belgien, die südliche Hälfte Deutschlands und die Schweiz
bis nach Österreich, Tschechien, die Slowakei, Ungarn und Slowenien, zeitlich vom
6. bis zum 1. Jahrhundert v. Chr. Die Entscheidung, diesen umfangreichen Stoff
nicht weiter zu untergliedern, sondern ohne weitere geographische oder chronologische Differenzierung in einem einzigen Kapitel abzuhandeln, sei im Folgenden
kurz erläutert.

Betrachtet man innerhalb des oben abgesteckten räumlichen und zeitlichen Rah-
mens der Reihe nach Geschichte, Wirtschaftsformen, Siedlungswesen, Handwerk
und Kunst, Handel und Verkehr, Gesellschaft, Religion und Sprache, so sind in der
Tat bei jedem der genannten Aspekte je nach Raum und Zeit gravierende Unterschiede zu verzeichnen. Hinzu kommen ein beträchtliches Ungleichgewicht der
Quellen und ein höchst uneinheitlicher Forschungsstand, so dass man zu einigen
dieser Aspekte für viele Regionen und weite Zeiträume nur wenige gesicherte Aussagen treffen kann. Gerade darum erschien es jedoch angebracht, in einer Zusammenfassung unserer derzeitigen Kenntnis *der* Kelten im Rahmen der Altertumswissenschaft die zumeist punktuell gewonnenen, zeitlich und räumlich breit
gestreuten Forschungsergebnisse zu bündeln, da man den Stoff des vorliegenden
Kapitels aus rein sachlichen Gründen nur schwer auf zwei oder gar noch mehr
Kapitel hätte verteilen können.

Eine Aufteilung des Stoffs nach chronologischen Gesichtspunkten unter Rückgriff auf die traditionelle Unterscheidung zwischen einer älteren Hallstatt- und
einer jüngeren Latènekultur erschien schon deshalb unzweckmäßig, als zwei daran
orientierte, aufeinander folgende Kapitel vielfältige Wiederholungen mit sich
gebracht und überdies aufgrund der uneinheitlichen Quellen- und Forschungslage
immer wieder gravierende Lücken hätten aufweisen müssen. Darüber hinaus hätte
die Unterscheidung zwischen Hallstatt- und Latènekultur dadurch ein Gewicht
bekommen, das im Hinblick auf die vielfältigen grundlegenden Gemeinsamkeiten
in den Kulturen dieser beiden Zeitstufen, aber auch angesichts der zahlreichen
Unterschiede innerhalb der Hallstatt- bzw. Latènekultur fragwürdig erscheint.
Andere denkbare Aufteilungen des Stoffs, etwa nach geographischen Gesichtspunkten unter Rückgriff auf die naturräumlichen Gegebenheiten, ließen sich letztlich
jedoch ebenso wenig rechtfertigen, da sie dieselben Schwierigkeiten mit sich ge-

bracht hätten. Eine Orientierung an modernen nationalstaatlichen Grenzziehun-
gen, wie sie im Wissenschaftsbetrieb aus organisatorischen Gründen kaum zu vermeiden ist und mitunter auch im Zuge der Popularisierung wissenschaftlicher
Forschungsergebnisse ihre Berechtigung hat, erschien vollends unangebracht, denn
eine solche Aufteilung des Stoffs wäre letztlich doch mehr den ethnischen Verschie-
bungen seit der Völkerwanderungszeit und nicht zuletzt den politischen Konflikten
des 19. und 20. Jahrhunderts als den Gegebenheiten der hier behandelten Epoche
verpflichtet gewesen.

1. Geschichte

Eine wichtige Rolle spielen die mittel- und westeuropäischen Kelten der vorrömischen Eisenzeit
in praktisch allen an ein breites Publikum gerichteten Gesamtdarstellungen, auch wenn diese
gelegentlich – in sehr unterschiedlicher Ausführlichkeit – die in den folgenden Kapiteln behandelten weiteren Siedlungsräume der Kelten berücksichtigen und zeitlich die Linien bis in die
Römerzeit, ins Mittelalter oder in die Gegenwart ausziehen. Vgl. zuletzt Cunliffe 1997, Birkhan
1997 und 1999, Maier B. 2000a, Fries-Knoblach 2002, Ade u. Willmy 2007, Alcock 2009,
Kuckenburg 2010 und Meid 2011. Ähnliches gilt für die umfangreichen Ausstellungskataloge
Moscati 1991, Dannheimer u. Gebhard 1993, Müller 2009 und Grewenig 2010 sowie für das derzeit ausführlichste, insgesamt jedoch eher mediävistisch und weniger archäologisch als vielmehr
sprach- und literaturgeschichtlich ausgerichtete Nachschlagewerk von Koch J. T. 2006. Auf
einem einheitlichen Plan, doch unter Berücksichtigung individueller Tendenzen seitens der Bei-
träger und Teilherausgeber beruht die detaillierte Bestandsaufnahme, die auf eine französische
Initiative hin am Anfang des dritten Jahrtausends die Forschungen der vergangenen zwanzig
Jahre in fünf internationalen Kolloquiumsbänden nebst einem zusammenfassenden Abschluss-
band zu bündeln suchte (Rieckhoff 2006, Vitali 2006, Szabó 2006, Haselgrove 2006, Paunier
2006 sowie Goudineau u. a. 2010).
    Neben diesen Gesamtdarstellungen der vorrömischen keltischen Kulturen Mittel- und West-
europas sind in der jüngeren Vergangenheit (z. T. als Kataloge oder Begleithefte archäologischer
Ausstellungen) etliche geographisch enger begrenzte monographische Gesamtdarstellungen eher
populärwissenachaftlichen Zuschnitts mit nationalem oder regionalem Fokus erschienen.
Genannt seien – in chronologischer Reihenfolge – Py 1993 (Südfrankreich), Rieckhoff u. Biel
2001 (Deutschland), Furger 2003 (Schweiz), Müller F. u. Lüscher 2004 (Schweiz), Garcia 2004
(Languedoc und Provence), Brun P. u. Ruby 2008 (Frankreich), Giraud 2009 (westliche Normandie), Marquart 2010 (Rhein-Main-Gebiet), Schönfelder 2010 (Italien) sowie Malrain u. Poux
2011 (Gallien).
    Eine wesentliche Grundlage dieser zumeist von Archäologen verfassten, doch für ein breiteres
Publikum ausgelegten regionalen und nationalen Synopsen bilden die eher fachwissenschaftlich
ausgerichteten monographischen Bestandsaufnahmen der archäologischen Funde und Befunde
einzelner Regionen innerhalb des keltisch besiedelten Raumes. Aus jüngerer Zeit zu nennen sind
hier – wiederum in zeitlicher Anordnung – Duval A. 1990 (Bretagne), Boudet 1992 (Aquitanien),
Kaenel 1992 (Jura), Cliquet 1993, 9–174 (Normandie), Wieland 1996 (Baden-Württemberg),
Villes 2000 (Champagne und Burgund), Maranski 2002 (Zentralfrankreich), Reinhard 2003
(südöstliches Saarland), Buchsenschutz 2005 (Ile-de-France), Garcia 2006a (Südgallien), Fries
2005 und Bick 2007 (Nördlinger Ries), Mennessier-Jouannet 2007 (Auvergne), Prammer u. a.
2007 (Bayern, Österreich, Tschechien), Vaginay 2007 (Südwestfrankreich), Barral 2008, 1–331
(Jura-Bogen), Hornung 2008 (Hunsrück-Eifel-Raum), Schussmann 2008 (südliches Mittelfranken), Buchsenschutz u. a. 2009 (Loire-Bogen), Hald 2009 (Oberes Gäu, Baden-Württemberg),
Roulière-Lambert 2009 (mittleres Rhônetal).

Ein Großteil der weiteren archäologischen Fachliteratur zu den vorrömischen keltischen Kulturen Mittel- und Westeuropas bezieht sich auf Teilbereiche und Einzelaspekte dieser Kulturen oder einzelne Fundkomplexe und ist daher in den einleitenden Bibliographien der folgenden Abschnitte (2–8) bzw. in den Fußnoten dieses Kapitels verzeichnet.

Da eine Ereignisgeschichte der vorrömischen Kelten Mitteleuropas wegen des weitgehenden Fehlens schriftlicher Quellen allenfalls für einige wenige Regionen im Süden und dann auch nur – mit großen Lücken – für die beiden letzten Jahrhunderte v. Chr. geschrieben werden kann, sind in dem hier folgenden Abschnitt zunächst der allgemeine zeitliche Rahmen sowie einige grundsätzliche Tendenzen der historischen Entwicklung von der Späten Hallstatt- bis zur Frühen Latènezeit zu erläutern. Im Anschluss daran folgen Angaben zur historischen Entwicklung der letzten drei Jahrhunderte v. Chr., wobei die Darstellung der Ereignisse in Oberitalien einem späteren Kapitel (S. 182–198) vorbehalten bleibt.

Die Späthallstattkultur

Während die römische Eroberung und die darauf folgende Romanisierung der keltischsprachigen Regionen Mittel- und Westeuropas eine unmittelbar einleuchtende Obergrenze des hier zu besprechenden Zeitraums bildet, ist die Untergrenze erörterungsbedürftig. Den Ausgangspunkt der heute vorherrschenden Sichtweise, frühestens in der Zeit zwischen 650 und 600 v. Chr. von Kelten zu sprechen, bildete – einmal abgesehen vom Einsetzen der antiken Schriftquellen um diese Zeit – die Beobachtung markanter Unterschiede am Übergang von der dritten zur vierten Periode der Hallstattkultur. Eine augenfällige Zäsur hatte bereits um 800 v. Chr. der Übergang von der bronzezeitlichen Kulturstufe Ha B zur eisenzeitlichen Kulturstufe Ha C gebildet. In den Zeitraum von 650 bis 600 v. Chr. werden von archäologischer Seite nun eine Reihe von Neuerungen datiert, die gleichzeitig mehrere Bereiche der Kultur erfassen und in verschiedener Hinsicht Entwicklungen einleiten, wie man sie noch für die historischen Kelten der unmittelbar vorrömischen Zeit für charakteristisch hält.[1]

Im Hinblick auf die Wirtschaftsweise gewinnt die Eisenverarbeitung immer mehr an Bedeutung. Dabei dürfte ein wesentlicher Unterschied zu den älteren bronzezeitlichen Kulturen darin bestanden haben, dass Eisen lokal gewonnen, verhüttet und weiterverarbeitet werden konnte, so dass die weiträumigen, auf den Handel mit Zinn und Kupfer gegründeten Verkehrsverbindungen der Bronzezeit mitsamt den Eliten, die diese Handelswege beherrschten und machtpolitisch nutzten, immer mehr an Bedeutung verloren. Als Anzeichen für die Ausbildung neuer Eliten in der Späthallstattzeit gilt die Anlage aufwändig gestalteter und befestigter Höhensiedlungen, wie sie vor allem in Ostfrankreich, Teilen der Schweiz und in der Südhälfte Deutschlands nachgewiesen und archäologisch erforscht werden konnten. Sie stehen in einem engen Zusammenhang mit der Anlage monumentaler Hügelgräber in unmittelbarer Nähe dieser befestigten Höhensiedlungen, die zum einen aufgrund ihres exzeptionellen Charakters die Annahme einer beträchtlichen sozialen Differenzierung nahe-

---

[1] Vgl. dazu die Ausführungen zur Geschichte des Keltenbegriffs in der Archäologie und Geschichtswissenschaft, S. 28–35.

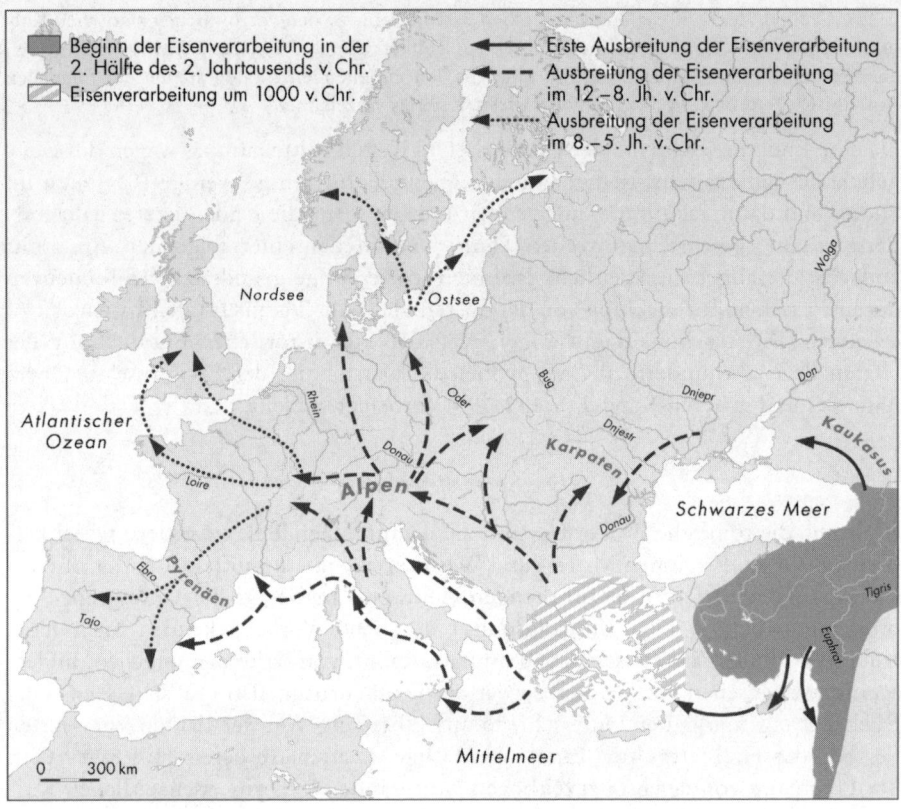

Die Anfänge der Eisenverarbeitung in Europa

legen, zum anderen durch die Beigabe prestigeträchtiger Luxusgüter aus dem Mittelmeerraum auf weit verzweigte Handelskontakte und/oder diplomatische Beziehungen
schließen lassen. Eine wichtige Rolle spielt in diesem Zusammenhang insbesondere
die um 600 v. Chr. gegründete phokäische Kolonie von Massalia (Marseille), deren
Einfluss sich über das Tal der Rhône bis weit nach Norden erstreckte. Schwer abzuschätzen sind die Auswirkungen, die der Konkurrenzkampf zwischen Griechen, Etruskern und Karthagern auf die keltischen Mittelmeeranrainer hatte. Möglicherweise
führte die Niederlage der Griechen gegen die miteinander verbündeten Karthager
und Etrusker in der Seeschlacht von Alalia, dem heutigen Aléria (zwischen 540 und
535 v. Chr.) dazu, dass die Griechen von diesem Zeitpunkt an Landverbindungen ins
innere Gallien intensiver nutzten, um trotz der karthagischen Seehoheit im westlichen Mittelmeerraum nach wie vor an das zur Bronzeherstellung notwendige Zinn
aus Britannien zu kommen.[2]

    Vergleichsweise gut unterrichtet sind wir aufgrund der archäologischen Funde, was
die Landwirtschaft, das (Kunst-)Handwerk sowie Handel und Verkehr der frühen
Kelten betrifft. Über die religiösen Vorstellungen und Einrichtungen der Späthall-

[2] Vgl. dazu Ellmers 2010.

stattzeit liegen indessen nur wenige interpretierbare Quellen vor, und die keltische Sprache jener Zeit ist nur annäherungsweise auf dem Wege der sprachgeschichlichen Rekonstruktion oder anhand spät überlieferter geographischer Bezeichnungen sowie Personen- und Völkernamen fassbar. Eine wichtige Rolle für die historische Interpretation spielt daher nach wie vor der Analogieschluss, wobei jedoch nicht nur die auf archäologischer Seite beständig wachsende und im Wandel begriffene Quellenmenge, sondern auch unterschiedliche Auffassungen im Hinblick auf die Ausgangsvoraussetzungen im Auge zu behalten sind. Einigkeit herrscht darin, dass die Verhältnisse des unmittelbar vorrömischen und römischen Galliens oder gar des frühmittelalterlichen Irlands nicht in die Kultur der späthallstattzeitlichen Kelten zurückgespiegelt werden dürfen. Strittig ist jedoch, ob man stattdessen eher auf antike Schilderungen von zeitlich und räumlich benachbarten Kulturen (wie etwa des homerischen Griechenland) oder aber auf Vergleiche aus dem Bereich der modernen Ethnologie im Zeitalter des Kolonialismus zurückgreifen sollte.

In den vergangenen beiden Jahrzehnten ist der Begriff der Späthallstattkultur unter verschiedenen Gesichtspunkten problematisiert und auf den Prüfstand gestellt worden, wobei insbesondere zwei Fragen im Mittelpunkt des Interesses standen. Die erste betrifft die Ursachen bzw. Entstehungsbedingungen der in den archäologischen Funden sichtbaren Einheitlichkeit. Hier sind neben der Möglichkeit von Migrationsbewegungen gerade in jüngster Zeit verstärkt Modelle der Diffusion und Akkulturation zur Erklärung herangezogen worden.[3] Dabei rechnet man insbesondere im Hinblick auf die Rolle der befestigten Höhensiedlungen mit lokal und regional gesteuerten Prozessen der Integration und Zentralisierung, die vermutlich im Austausch mit den mediterranen Kulturen von vergleichbaren Entwicklungen im Mittelmeerraum angestoßen wurden. Die zweite, eng damit verbundene Frage betrifft das Ausmaß bzw. die Intensität der durch Funde aus Gräbern und Zentralsiedlungen suggerierten Einheitlichkeit. Rechnet man mit einer Verbreitung entsprechender Merkmale durch Diffusion und Akkulturation infolge von «Netzwerken» lokaler Eliten, dann betraf diese Einheitlichkeit in der Tat vielleicht nur einen relativ kleinen Teil der Bevölkerung, so dass man auch gar nicht von einer «Kultur» im allgemein üblichen Sinn dieses Wortes sprechen sollte. Die Gesellschaftsordnung der Späthallstattzeit ist jedoch aus den archäologischen Funden ebenfalls nur ansatzweise und mit großen Unsicherheiten zu erschließen.

Im Hinblick auf die regionale Differenzierung ist es weithin üblich, einen von Ostfrankreich, Teilen der Schweiz, Südwestdeutschland und Teilen Bayerns reichenden Westhallstattkreis und einen sich über Teile Bayerns, Österreich und Slowenien bis nach Westungarn erstreckenden Osthallstattkreis zu unterscheiden.[4] Augenfällige Unterschiede betreffen vor allem das Bestattungsbrauchtum besonders

---

[3] Vgl. dazu die Zusammenfassungen neuerer Diskussionen durch Demoule 2006 und Bats 2006.

[4] Zur sachlichen und forschungsgeschichtlichen Grundlage dieser Unterscheidung vgl. Müller-Scheeßel 2000. Er moniert die «Inhaltsleere» des Begriffs der Osthallstattkultur und vermutet, das Beharrungsvermögen dieses Be-griffs resultiere nicht zuletzt daraus, dass der ebenfalls traditionelle, sachlich jedoch eher zu rechtfertigende Begriff der Westhallstattkultur eben nach einem entsprechenden Pendant oder Äquivalent verlange. Eine neuere kurze Bestandsaufnahme des Fundguts bietet Tarpini 2006.

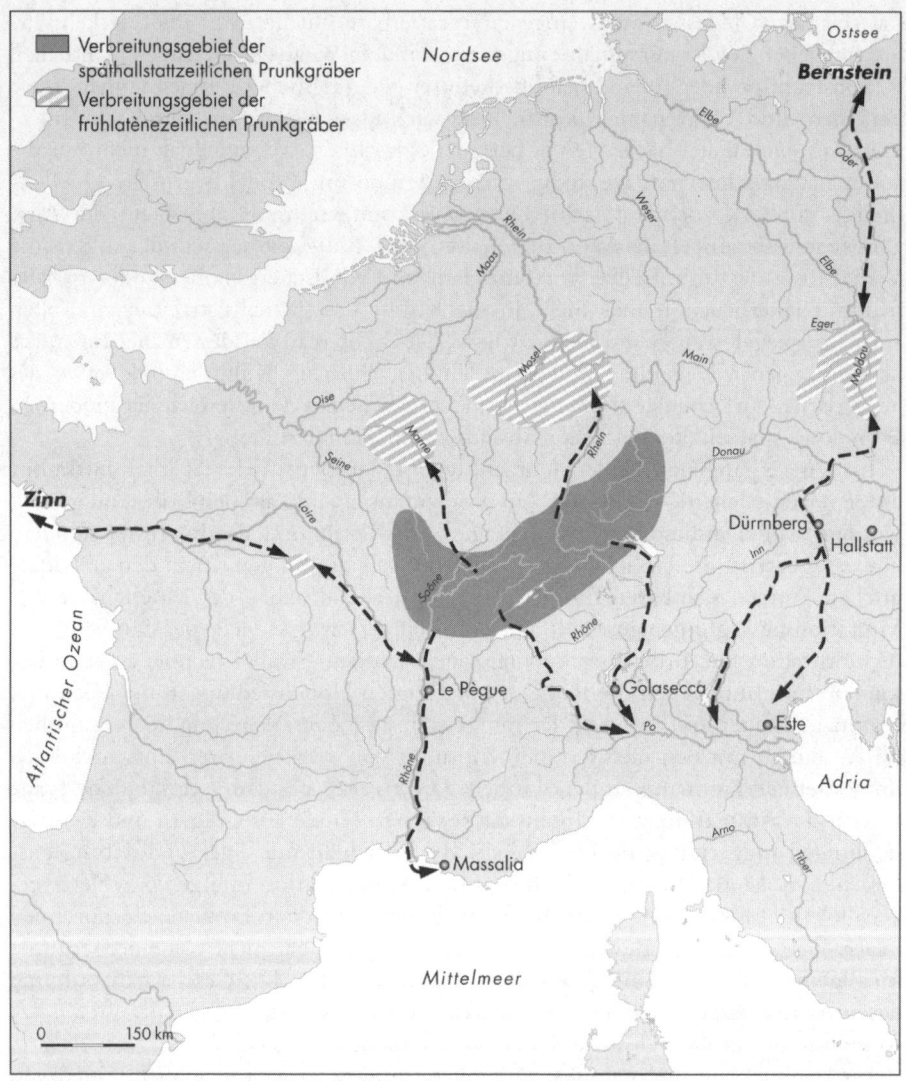

Mitteleuropa im 6./5. Jahrhundert v. Chr.

reich ausgestatteter Gräber, da typische Beigaben des Westhallstattkreises wie etwa
ein goldener Halsring, ein – häufig mit Antennenknauf versehener – kurzer Dolch
und ein vierrädriger Wagen im Osthallstattkreis fehlen, während man dort umgekehrt Angriffs- und Verteidigungswaffen wie Beile, Helme und Schilde, mitunter
auch einen Panzer aus Bronzeblech sowie aus Bronze getriebene und mit figürlichen Bildfriesen verzierte Situlen findet. In Anlehnung, aber keineswegs in genauer Übereinstimmung mit der antiken Terminologie war es lange Zeit üblich, die
Träger des Westhallstattkreises mit den Kelten, die des Osthallstattkreises dagegen
mit den Illyrern zu identifizieren. Ungeachtet der oben skizzierten Unterschiede im

Fundgut können die Träger der osthallstattzeitlichen Kulturen jedoch durchaus zumindest teilweise «keltisch» (im Sinne von «keltischsprachig») gewesen sein, da wir über das Verbreitungsgebiet des Keltischen in dieser frühen Zeit nicht sicher orientiert sind und die Sprache der Illyrer überhaupt nur schwer fassbar ist. Dagegen ist der Umstand, dass Herodot (wohl unter Verwendung von Quellen des 6. Jahrhunderts v. Chr.) die Kelten an den Quellen der Donau lokalisiert, für eine ethnische Interpretation des Westhallstattkreises wohl kaum relevant, da Herodots Vorstellungen von der Lokalisierung der Donauquellen möglicherweise ganz unscharf waren und jedenfalls nicht näher bestimmt werden können.[5]

Die Frühe Latènekultur

Die Ursachen und Bedingungen des Wandels, der im 5. Jahrhundert v. Chr. allenthalben zur Ablösung der Westlichen Späthallstattkultur durch die Latènekultur führte, sind nach wie vor weitgehend unklar. Festzustellen ist, dass die alten Zentralsiedlungen mit ihren reich ausgestatteten Gräbern innerhalb von wenigen Jahrzehnten aufgegeben wurden und an den Rändern des Westhallstattkreises neue Machtzentren entstanden. Regional sehr unterschiedlich verlief die Ausbreitung der Latènekultur demgenüber im Osthallstattkreis, wo sich entsprechende Veränderungen insgesamt über einen längeren Zeitraum vom 5. bis zum 3. Jahrhundert v. Chr. erstreckten.

Besonders augenfällig ist der kulturelle Wandel in der Entstehung eines eigenständigen neuen Kunststils, dessen Erzeugnisse von der Champagne über das Mittelrheingebiet bis nach Österreich und Böhmen zu finden sind. Dass Anregungen aus dem Mittelmeerraum und namentlich aus Etrurien dabei eine wichtige Rolle spielten, gilt seit langem als gesichert, doch gibt es für die Annahme erheblicher Migrationen oder Bevölkerungsverschiebungen zu Beginn der Frühlatènezeit keine ausreichenden Anhaltspunkte.[6] Auch sind keine durchgreifenden Änderungen der Wirtschaftsformen als unmittelbare Grundlage der kulturellen Neuerungen ersichtlich. Aus diesen Gründen ist – ähnlich wie im Falle der Späthallstattkutur – zu bezweifeln, dass die archäologisch nachweisbaren Neuerungen alle Bereiche der Gesellschaft in gleicher Weise erfassten, zumal viele Siedlungen außerhalb der Zentralorte über das Ende der Hallstattzeit hinaus bewohnt blieben und erst später aufgegeben wurden. Einmal mehr ist daher auch hier zu vermuten, dass der Niedergang der alten Machtzentren im Zusammenhang mit weiträumigen Änderungen im Netz der Fernhandelswege steht. Dass die Kunst der Latènezeit mit ihren Darstellungen von Menschen, Tieren und Fabelwesen sowie ihrer Abwendung von den geometrischen Formen der Späthallstattkultur auch Wandlungen im Weltbild und neue religiöse Vorstellungen widerspiegeln könnte, liegt auf der Hand. Es ist bisher jedoch noch nicht gelungen, die Bildersprache der Latènekunst zu entschlüsseln oder in überzeugender Weise mit inschriftlichen oder literarischen Quellen zu korrelieren. Keltische Sprachzeugnisse aus dieser frühen Zeit sind bis jetzt jedoch nur in

---

[5] Zur Frage der Keltizität des Osthallstattraums vgl. Jerem 1996 und Pescheck 1996.
[6] Zur Kontinuität von Hallstatt- und Latène-

kultur am Beispiel der Champagne vgl. Milcent 2006. Vgl. auch S. 34–35 zur Kontinuität in der Hunsrück-Eifel-Kultur.

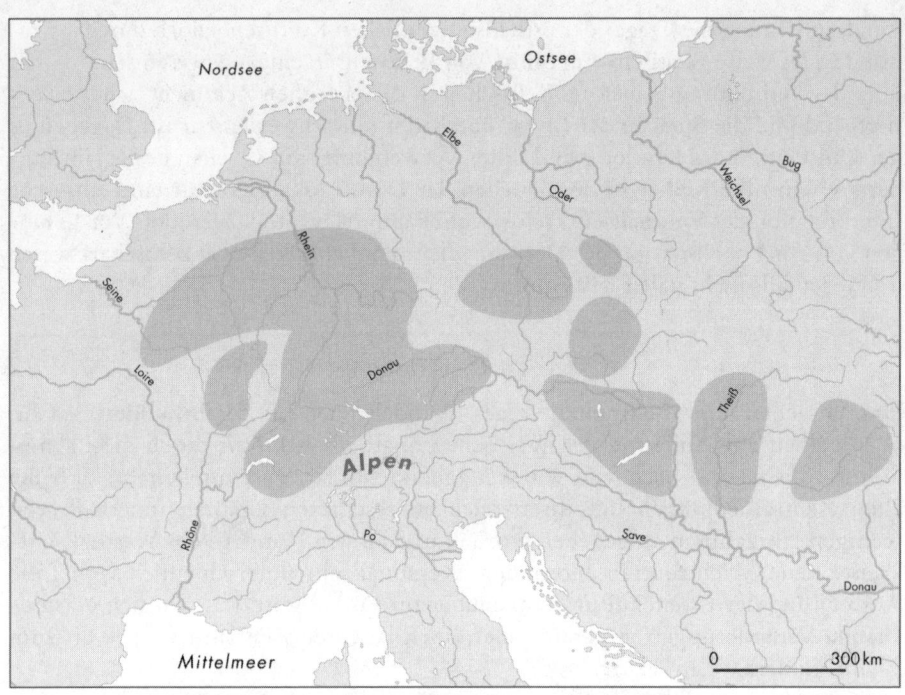

Verbreitungsgebiet der Bestattungen mit Latène-Objekten

Oberitalien zutage gekommen, während die inschriftliche Überlieferung in Mittel- und Westeuropa (wie auch auf der Iberischen Halbinsel) deutlich später einsetzt.

In der zweiten Hälfte der Frühen Latènezeit, vom 4. bis zum frühen 3. Jahrhundert v. Chr., ist demgegenüber auch von größeren Migrationen auszugehen. Fassbar werden sie archäologisch durch die Ausbreitung der Latènekultur etwa von Ostfrankreich nach Westen, historisch durch die Nachrichten griechischer Historiker wie etwa Polybios. Auch in diesem Fall sind jedoch das Ausmaß sowie die Ursachen und Bedingungen der keltischen Wanderungen nicht genau zu bestimmen, da Änderungen im Fundgut oft auch auf Diffusion bzw. Akkulturation seitens einer alteingesessenen Bevölkerung beruhen können, während die Darstellungen der antiken Historiker ausgesprochen schematisch wirken und überdies in der uns vorliegenden Form erst lange nach den geschilderten Ereignissen entstanden sind. Als unmittelbare Ursachen der keltischen Migrationen in Richtung des Mittelmeerraums vermutet man – letztlich im Einklang mit den Spekulationen der antiken Autoren – eine vorübergehende Verschlechterung des mitteleuropäischen Klimas, soziale und ethnische Spannungen aufgrund von Übervölkerung sowie die aus langen Kulturkontakten erwachsene Vertrautheit mit den materiellen Anreizen der südlichen Regionen.[7] Für die darauf folgende Zeit der Mittleren- und Späten Latènekultur sind infolgedessen erstmals

---

[7] Zur Klimaverschlechterung als einer Hauptursache der keltischen Migrationen vgl. ausführlich Maise 1998. Grundsätzlich zustimmend und zugleich modifizierend dazu Krausse 2006a, 303–306.

auch einzelne Ereignisse der keltischen Geschichte anhand inschriftlicher und literarischer Quellen zu belegen.

Die keltische Expansion des 4. / 3. Jahrhunderts v. Chr.

Wie in den vorangegangenen Zeiträumen gehen auch in der Mittleren und Späten Latènezeit wesentliche Impulse für die Entwicklung der keltischen Regionen Mittel- und Westeuropas vom Mittelmeerraum aus, wobei nach dem beherrschenden Einfluss der Griechen und Etrusker in der Späthallstatt- und Frühlatènezeit nun in zunehmendem Maße Rom eine wichtige Rolle spielt und mit der Ausdehnung seines Einflusses nördlich der Alpen die darauf folgende Epoche der Romanisierung anbahnt.

Als «Griechenfreunde» (*philhellēnes*) hatte im 4. Jahrhundert v. Chr. der Historiker Ephoros von Kyme (bei Strabo 4,4,6) die Kelten bezeichnet.[8] Ihm folgte noch um 100 v. Chr. der unbekannte Autor einer Beschreibung der Küsten Europas, der auf die Nachahmung griechischer Sitten durch die Kelten und ihre freundschaftlichen Beziehungen zu den Griechen hinwies.[9] Sehr wahrscheinlich beruhte diese positive Einschätzung des Verhältnisses zwischen Kelten und Griechen auf heute verlorenen Quellen des 6. / 5. Jahrhunderts v. Chr., die ein gutes Einvernehmen zwischen der phokäischen Kolonie Massalia und den in ihrem Umland lebenden Kelten voraussetzten. Spätestens im 3. Jahrhundert v. Chr. hatte sich das Keltenbild der Griechen jedoch grundlegend gewandelt, was teils auf die Angriffskriege der Kelten auf dem Balkan und in Griechenland, teils auf den Einsatz keltischer Söldner in den kriegerischen Auseinandersetzungen zwischen den Völkern des Mittelmeerraums zurückzuführen ist.[10]

Schon im 4. Jahrhundert v. Chr. waren keltische Völkerschaften in den Siedlungsraum venetischer und illyrischer Stämme an der oberen Adria und auf dem Balkan vorgestoßen. Ihrer Unterstützung bediente sich etwa der Tyrann Dionysios I. von Syrakus, als er während seines Krieges mit Karthago 386 v. Chr. zum Schlag gegen die reichen italischen Handelsstädte an der oberen Adria ausholte. Als Dionysios 369 v. Chr. den Spartanern im Krieg gegen Theben mit seinen Truppen zu Hilfe kam, befanden sich darunter auch keltische Söldner. Sie spielten auch in den folgenden Jahrzehnten in den Kriegen zwischen Karthago und Syrakus für beide Konfliktparteien eine wichtige Rolle und wurden von dem Tyrannen Agathokles von Syrakus bei seiner Invasion Nordafrikas in den Jahren von 310 bis 307 v. Chr. erstmals auch gegen die Stadt Karthago selbst eingesetzt.

Wie Strabo (7,3,8) unter Berufung auf den Zeitgenossen Ptolemaios Lagu berichtet, war bereits Alexander der Große während seines Balkanfeldzugs 335 v. Chr. darum bemüht gewesen, ein gutes Einvernehmen mit den Kelten jener Region herzustellen.[11] Nach dem Tod Alexanders 323 v. Chr. kam es jedoch verstärkt und immer häufiger zu Angriffen der Kelten auf einzelne Gebiete seines zerfallenden Riesenreichs. Nachdem die Kelten um 280 v. Chr. in Thrakien, Makedonien und

[8] S. Hofeneder 2005, 30.
[9] S. Hofeneder 2005, 103–104.
[10] Vgl. dazu zusammenfassend auf der Grund-

lage antiker Schriftquellen Dobesch 1996 sowie Tomaschitz 2002.
[11] S. Hofeneder 2005, 49–52.

Der Helm von Ciumeşti (frühes 3. Jahrhundert v. Chr.)

Illyrien eingefallen waren, griffen sie nur wenig später von Thrakien aus Thessalien und Griechenland selbst an.[12] Nur mit Mühe gelang es den Griechen, das Heiligtum des Apollon von Delphi vor der Plünderung zu bewahren, bis der Einbruch des Winters die Angreifer zum Rückzug zwang. Nach verlustreichen Gefechten zogen sich die Kelten daraufhin auf Dauer aus Griechenland und Makedonien zurück und ließen sich in verschiedenen Regionen des nördlichen Balkans nieder. So etwa gründete ein Teil von ihnen am Haimos-Gebirge in Thrakien das nach seiner Hauptstadt Tylis benannte Reich der Tylener, während der Stamm der Skordisker sich an der unteren Save ansiedelte. Eindrucksvoller Zeuge der keltischen Expansion auf dem Balkanraum ist der 1961 bei Ciumeşti im nordwestlichen Rumänien nahe der Grenze zu Ungarn entdeckte glockenförmige eiserne Helm, der als Helmzier einen Raubvogel mit ausgebreiteten Schwingen aus Bronzeblech trägt.[13]

Ungeachtet ihrer Vertreibung aus Griechenland wurden die Kelten auch weiterhin als Söldner im Mittelmeerraum eingesetzt.[14] So etwa benutzte sie der Makedonenkönig Antigonos Gonatas, der die Kelten 277 v. Chr. bei Lysimacheia

[12] Vgl. dazu ausführlich Nachtergael 1975 sowie Tomaschitz 2002, 92–141.
[13] S. dazu Rusu 1969.
[14] Zum keltischen Söldnerwesen vgl. zusam-menfassend Szabó 1991. Mögliche mediterrane Einflüsse auf die Bewaffnung der Kelten Mitteleuropas behandelt aus archäologischer Perspektive Schönfelder 2002.

entscheidend geschlagen hatte, im Kampf gegen seinen Rivalen Pyrrhos, der seinerseits ebenfalls keltische Krieger in Sold nahm und ihnen die Plünderung der makedonischen Königsgräber bei Aigai gestattete. Für den Krieg gegen seinen Bruder Magas lieh Antigonos Gonatas dem ägyptischen König Ptolemaios II. Philadelphos mehrere tausend keltische Söldner, die nach einem Aufstand auf einer Insel im Nil gefangen gesetzt wurden und schließlich dort umkamen. Immer wieder neu rekrutiert wurden keltische Krieger im Königreich der Tylener, zu dem die ptolemäischen Könige Ägyptens gute Beziehungen unterhielten. Weitere keltische Truppen kamen aus den keltisch besiedelten Gebieten Oberitaliens, wo auch Karthago während der Punischen Kriege Söldner für den Einsatz gegen Rom und seine italischen Verbündeten aushob. Nach der Niederwerfung Karthagos endete mit dem Aufstieg Roms zur beherrschenden Macht im Mittelmeerraum auch das keltische Söldnerwesen.

Die Späte Latènekultur und die römischen Expansion des 2./1. Jahrhunderts v. Chr.

Wie im nächsten Kapitel (III) zu zeigen sein wird, wurden die Kelten Oberitaliens im Laufe des 3. und 2. Jahrhunderts v. Chr. in mehreren Kriegen von den Römern unterworfen. Gegen Ende des 2. Jahrhunderts v. Chr. sahen sich die keltischen Völker Mittel- und Westeuropas daraufhin einer doppelten Bedrohung gegenüber. Im Osten hatten germanische Stämme weite Teile des ehemals keltischen Siedlungsraumes rechts des Rheins in ihren Besitz gebracht und sollten in der Folgezeit immer wieder auch in die linksrheinischen Gebiete vorstoßen. Im Süden gerieten die Kelten gleichzeitig in Konflikt mit der aufstrebenden Römischen Republik, die nach dem siegreichen Abschluss der Kriege mit Karthago, der Unterwerfung weiter Gebiete auf der Iberischen Halbinsel und dem Ausbau ihrer Vormachtstellung in Italien nun verstärkt ihren Einfluss im Raum nordwestlich der Alpen geltend machte.

Bereits 154 v. Chr. hatten die Römer erstmals zugunsten der griechischen Kolonie Massalia in Südgallien militärisch eingegriffen. Ab 125 v. Chr. führten sie erneut Kriege gegen die Nachbarn Massalias, wobei sie 122 v. Chr. dem Volk der Salluvier eine entscheidende Niederlage zufügten, seinen Hauptort Entremont zerstörten und die Stadt Aquae Sextiae, das heutige Aix-en-Provence, gründeten. Als einige Anführer der Salluvier daraufhin zu den benachbarten Allobrogern flohen, bot deren Weigerung, die Flüchtlinge auszuliefern, den Römern einen Anlass zur Fortführung und Ausweitung des Krieges. Im August 121 v. Chr. unterlagen die Allobroger den Römern, die nun ihren Einflussbereich auf ganz Südgallien von den Pyrenäen bis zum Genfer See ausdehnten und in Narbo, dem heutigen Narbonne, eine römische Kolonie gründeten.[15]

Im letzten Jahrzehnt des 2. Jahrhunderts v. Chr. bedrohten die germanischen Kimbern sowie die mit ihnen verbündeten Teutonen und Tiguriner Südgallien, doch konnte Gaius Marius durch entscheidende Siege bei Aquae Sextiae und Vercellae die römischen Besitzungen jenseits der Alpen erfolgreich verteidigen. Bald nach diesen

---

[15] S. dazu Gros 2008. Zur darauf folgenden römischen Eroberung Galliens s. Freyberger 1999.

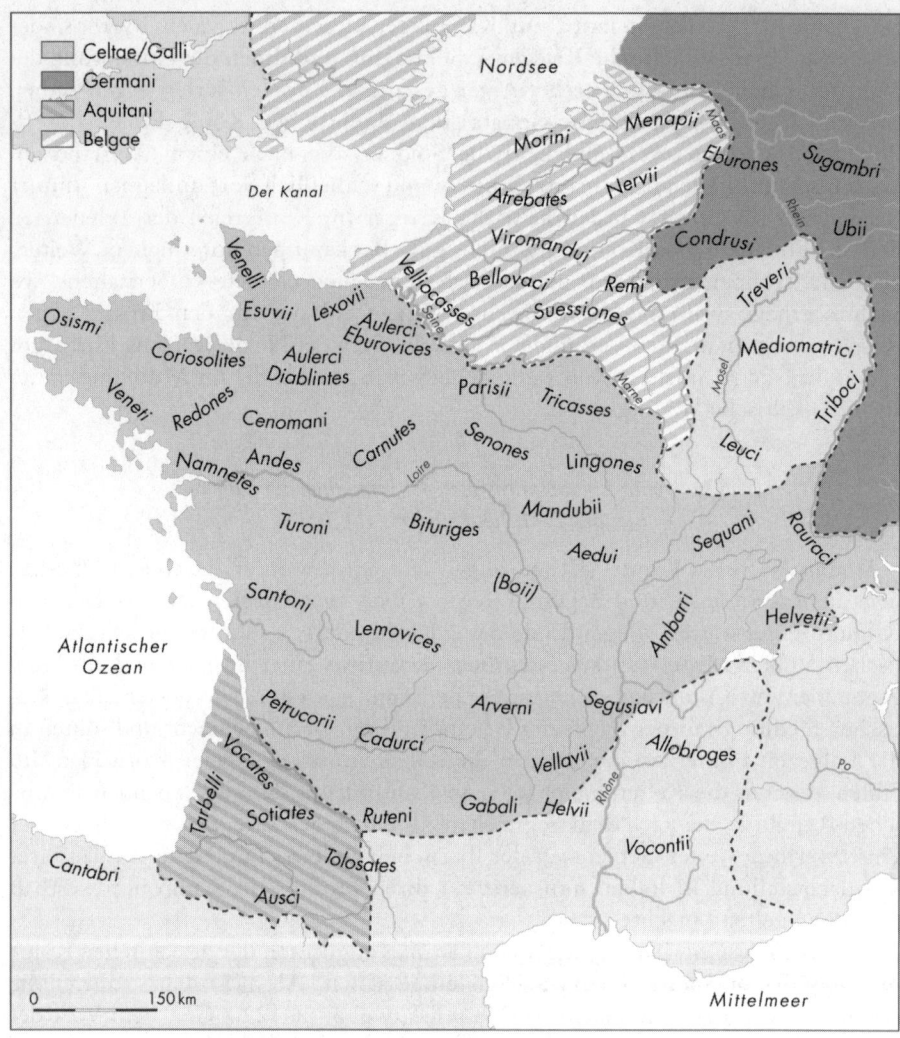

Celtae/Galli	
Germani	
Aquitani	
Belgae	

Nordsee

Der Kanal

Morini · Menapii · Eburones · Sugambri

Atrebates · Nervii

Viromandui · Condrusi · Ubii

Venelli · Velliocasses · Bellovaci · Remi · Treveri

Osismi · Esuvii · Lexovii · Aulerci Eburovices · Suessiones · Mediomatrici

Coriosolites · Aulerci Diablintes · Parisii · Tricasses · Triboci

Veneti · Redones · Cenomani · Senones · Lingones · Leuci

Namnetes · Andes · Carnutes · Rauraci

Turoni · Bituriges · Mandubii · Sequani · Helvetii

Santoni · (Boii) · Aedui · Ambarri

Lemovices · Arverni · Segusiavi · Allobroges

Petrucorii · Cadurci · Vellavii · Po

Atlantischer Ozean

Vocates · Tarbelli · Sotiates · Ruteni · Gabali · Helvii · Vocontii

Cantabri · Tolosates · Ausci

0   150 km

Mittelmeer

Die Bevölkerung Galliens nach Caesar

Ereignissen, wohl im ersten Jahrzehnt des 1. Jahrhunderts v. Chr., besuchte Poseidonios im Zuge der Recherchen für sein Geschichtswerk Südgallien und verfasste seine in späterer Zeit viel benutzte Darstellung der Kelten in den letzten Jahrzehnten ihrer Unabhängigkeit. Das Ende dieser Epoche zeichnete sich ab, als 58 v. Chr. Gaius Iulius Caesar zum Statthalter der keltischen Gebiete Oberitaliens und der südgallischen Provinz Gallia Narbonensis berufen wurde. Zu diesem Zeitpunkt hatte Caesar bereits eine steile politische Karriere durchlaufen und war nunmehr darauf bedacht, mit militärischen Mitteln seine schwierige finanzielle Situation zu verbessern und sich zugleich ein schlagkräftiges, ihm persönlich ergebenes Heer zu schaffen.[16]

---

[16] Zu Caesars gallischen Feldzügen vgl. Fischer 2004, Riggsby 2006 und Poux 2008.

Wohl um 70 v. Chr. hatten Germanen unter der Führung ihres Herrschers Ariovist den Rhein überschritten und sich mit den Sequanern gegen die mit Rom
befreundeten Haeduer verbündet.[17] 61 v. Chr. warb der Haeduer Diviciacus beim
römischen Senat um Unterstützung gegen die Sequaner und ihren Verbündeten
Ariovist, der jedoch seinerseits zwei Jahre später mit Rom einen Freundschaftspakt
schloss und dabei auf Antrag Caesars den Ehrentitel «Freund des römischen Volkes»
erhielt. Das Kräfteverhältnis änderte sich indessen, als die keltischen Helvetier
58 v. Chr. unter zunehmendem germanischen Druck aus ihren Siedlungsgebieten
auszuwandern und dabei die römische Provinz zu durchqueren versuchten.[18] Caesar
kam diese Gelegenheit wie gerufen: Unter Hinweis auf einen – vielleicht von ihm
selbst veranlassten – Hilferuf der ebenfalls mit ihm verbündeten Haeduer stellte er
sich den Auswanderern entgegen. In der Nähe des Oppidums Bibracte besiegte er
sie und zwang die Überlebenden zur Rückkehr in ihre Heimat. Ein erneutes Hilfe-
gesuch der Haeduer führte nunmehr auch zum Konflikt mit Ariovist, der von
Caesar noch im Herbst desselben Jahres in einer offenen Feldschlacht in der Nähe
von Mühlhausen geschlagen wurde und sich daraufhin auf rechtsrheinisches Gebiet
zurückziehen musste.

Bereits nach dem ersten Kriegsjahr in Gallien erhöhte Caesar die Zahl der
Legionen unter seinem Kommando von vier auf sechs und in den darauf folgenden
Jahren auf insgesamt zehn. Von seiner Machtbasis im südöstlichen Gallien aus
unternahm er in den Jahren 57 und 56 v. Chr. militärische Vorstöße gegen die
Belger im Nordosten Galliens, unterwarf die Küstenbewohner im Gebiet der heutigen Bretagne und führte erfolgreich Feldzüge gegen die aquitanischen Stämme im
Südwesten von Gallien. Zur Sicherung seiner militärischen Erfolge und zur De-
monstration römischer Stärke überquerte Caesar 55 v. Chr. im Gebiet der mit Rom
befreundeten Ubier erstmals den Rhein und unternahm kurz darauf eine erste Ex-
pedition nach Britannien. 54 v. Chr. segelte Caesar ein zweites Mal nach Britannien
und erreichte dort die formale Unterwerfung des Fürsten Cassivellaunus, doch kam
es nur wenig später in Nordgallien zu einem folgenschweren Aufstand. Unter der
Führung ihres Fürsten Ambiorix vernichteten die Eburonen anderthalb in ihrem
Gebiet stationierte Legionen, zu jenem Zeitpunkt wohl ein Fünftel der römischen
Armee. 53 v. Chr. schlug Caesar jedoch den Aufstand der Eburonen blutig nieder,
rottete ihre Führungsschicht nahezu aus und überquerte nach erfolgreichen Kämpfen gegen die Treverer im Gebiet des Neuwieder Beckens abermals den Rhein.[19]

52 v. Chr. kam es zum letzten allgemeinen Aufstand der Völker Galliens, der mit
der Ermordung römischer Bürger in Cenabum, dem heutigen Orléans, seinen
Anfang nahm. Die Führung der Gallier übernahm der Arverner Vercingetorix,
wobei er den römischen Truppen durch eine Taktik der verbrannten Erde die Exis-
tenzgrundlage zu entziehen versuchte. Nach der Eroberung des zäh verteidigten
Oppidums Avaricum durch die Römer zog sich Vercingetorix in seine Heimatstadt
Gergovia zurück, brachte den angreifenden Römern eine schwere Niederlage bei

[17] Vgl. dazu Fischer 1999.
[18] Vgl. dazu Fischer 1985b.
[19] Zu den Eburonen und ihrem Aufstand ge-

gen Caesar vgl. ausführlich Galsterer 1992,
Heinrichs 1999 und Joachim 2000.

und zwang Caesar dadurch zum Rückzug. Bald danach wurde Vercingetorix jedoch
mit seinem Heer im Oppidum Alesia (auf dem Mont Auxois bei der heutigen Stadt
Alise-Sainte-Reine) eingeschlossen und musste sich nach dem Scheitern mehrerer
Ausbruchsversuche und Entsatzangriffe den Truppen Caesars ergeben.[20] 51 v. Chr.
fiel mit der Eroberung des Ortes Uxellodunum durch die Römer die letzte Bastion
des gallischen Widerstands. Vercingetorix wurde sechs Jahre gefangen gehalten,
46 v. Chr. von Caesar im Triumph durch Rom geführt und vermutlich bald darauf
hingerichtet.

Nach der Niederwerfung des letzten überregionalen Aufstands der Gallier gründete Caesar mehrere Kolonien. Ein Jahr nach Caesars Tod gründete der Statthalter
der Gallia Transalpina noch im Auftrag Caesars am Zusammenfluss von Rhône und
Saône die Kolonie Lugudunum (heute Lyon), die sich rasch zum politischen und
wirtschaftlichen Mittelpunkt Galliens entwickelte. 40 v. Chr. gelangte Gallien in
den Herrschaftsbereich Octavians, des späteren Augustus, dessen Statthalter Marcus
Agrippa zur Sicherung der Rheingrenze germanische Völkerschaften wie etwa die
Ubier auf gallischem Gebiet ansiedelte. Nach wechselvollen Kämpfen gegen auf-
ständische Gallier und eindringende Germanen erfolgte 27 v. Chr. die territoriale
Neuordnung der von Caesar eroberten Gebiete, die nun in die drei kaiserlichen
Provinzen Aquitania, Lugdunensis und Belgica aufgeteilt wurden. Mit der darauf
folgenden verkehrstechnischen und wirtschaftlichen Erschließung Galliens beginnt
die Epoche der gallorömischen Kultur, die als letzter Ausläufer der festlandkeltischen Kulturen erst in der Spätantike mit der Landnahme germanischer Völkerschaften ihr Ende finden sollte.

2. Wirtschaftsformen

Eine Zusammenfassung aufgrund der antiken Schriftquellen bietet Dobesch 2001b. Vgl. ferner
die Beiträge in Buchsenschutz u. Méniel 1994 sowie Dobiat u. a. 2001, Augstein 2006, Gersbach
2009 und Fischer u. a. 2010. Zum keltischen Ackerbau vgl. zusammenfassend Küster 1993. Neuere regional begrenzte Studien bieten Malrain u. a. 2002 und 2006 (latènezeitliches Gallien),
Buchsenschutz u. Méniel 1994 sowie Marion u. Blancquaert 2000 (Île-de-France), Rösch u. a.
2008 (südliches Mitteleuropa) und Stika 2009 (mittleres Neckarland). Vgl. ferner Swidrak u.
Schmidl 2001 (Ramsautal am Dürrnberg bei Hallein) und Rösch 2006 (Heidengraben bei
Grabenstetten). Zur Vieh- und Haustierhaltung vgl. zusammenfassend Bökönyi 1991, von den
Driesch 1993 (Süddeutschland) und Méniel 2001 (Gallien). Neuere Studien zu einzelnen Fund-
stätten bieten Boessneck u. a. 1971 (Manching), Pucher 1999 und 2001 (Ramsautal am Dürrnberg
bei Hallein), Uerpmann 2006b (Heidengraben bei Grabenstetten) und Schatz 2009 (Eberdingen-
Hochdorf ‹Reps›). Vgl. ferner die Erwägungen zu den Unterschieden im Fundspektrum von
Gräbern und Siedlungen bei Müller-Scheeßel u. Trebsche 2007.

Als wichtigste Grundlage der vorrömischen keltischen Kulturen Mitteleuropas ist
die Landwirtschaft anzusehen, die durch den Anbau von Nutzpflanzen und die
Haltung von Nutztieren zum einen der Nahrungsmittelproduktion, zum anderen

---

[20] Zur Interpretation des militärischen Geschehens und seiner Rezeption vgl. die Beiträge in
Duval A. 1994, LeGall 1999, Lewuillon 1999, die Beiträge in Reddé u. v. Schnurbein 2008 sowie
Sanza 2009.

der Gewinnung von Rohstoffen etwa zur Herstellung von Bekleidung diente und zugleich durch die Erzeugung von Überschüssen das Funktionieren einer arbeitsteiligen Gesellschaft überhaupt erst ermöglichte. Wie pollenanalytische Studien zeigen, nahmen die landwirtschaftlich genutzten Flächen von der Späten Bronzezeit bis zur Latènezeit beständig zu, was immer wieder auch zu Erosionserscheinungen führte.[21] Dabei wurde das Verhältnis von Ackerbau und Viehhaltung sowohl von der Natur der zur Verfügung stehenden Nutzflächen als auch von der Entwicklung des Klimas bestimmt, denn ein kühleres Klima führte zu höheren Niederschlägen, schlechteren Böden und infolgedessen zu einer Abnahme des Ackerbaus. Generell konnten sowohl eine Verkürzung der Wachstumsperiode durch Kältewellen im Frühjahr oder Herbst als auch eine Minderung der Bodenqualität durch besonders nasse Winter den Ertrag der Ernte stark vermindern oder sogar vollständig vernichten. Betroffen war in solchen Fällen aber auch die Viehhaltung, da ein Mangel an Viehfutter im Winter nicht nur die Milchleistung der Kühe verringerte, sondern in drastischen Fällen auch Notschlachtungen erforderte, was wiederum den Bestand an Zuchtvieh reduzierte.[22] Betrachtet man die Entwicklung von der Bronzezeit bis zum Mittelalter, so ist jedoch eine deutliche Abnahme der Viehhaltung zugunsten des Ackerbaus erst im Hochmittelalter erfolgt, was teils auf den gestiegenen Nahrungsmittelbedarf infolge einer Zunahme der Bevölkerungsdichte, teils auf die Einführung der Dreifelderwirtschaft zurückzuführen ist.[23]

Ackerbau[24]

In der Landwirtschaft stehen die Kelten Mittel- und Westeuropas in einer Tradition, die man von der Jungsteinzeit über die Bronze- und Eisenzeit bis ins Mittelalter verfolgen kann. Der hölzerne Pflug war im alteuropäischen Ackerbau bereits im 3. Jahrtausend v. Chr. eingeführt worden. Die keltischen Pflüge waren zunächst hakenförmig mit schmalen, steil stehenden Pflugscharen, wobei eiserne Scharen in Norditalien bereits in der Späthallstattzeit, bei den Kelten nördlich der Alpen jedoch erst in der Frühlatènezeit begegnen.[25] Infolge dieser Verbesserung wurden nunmehr auch bislang wenig genutzte Ackerflächen wie etwa die steinigen Böden der höheren Mittelgebirge oder die schweren Ton- und Alluvialböden der Fluss- und Seemarschen für den Ackerbau genutzt.[26]

Einen bemerkenswerten, bislang jedoch singulären Hinweis auf die Anbautechnik liefert der Fund einer so genannten Ackerschleppe im zentralen Grab vom Magdalenenberg bei Villingen-Schwenningen.[27] Dabei handelt es sich um zwei aus Fichtenstämmen vierkantig zugehauene Hölzer von 2,2 m Länge, die durch fünf Querhölzer von durchschnittlich 1,55 m Länge miteinander verbunden waren. Aufgrund zeitnaher Felsbilder aus dem Alpenraum und neuerer volkskundlicher Parallelen ist davon auszugehen, dass das Gerät dazu diente, nach dem Einsäen die

---

[21] Fischer u. a. 2010, 231.
[22] Hornung 2008, 196.
[23] Fischer u. a. 2010, 223.
[24] Zusammenfassend Reynolds 1995 sowie Spindler 1996, 300–315.

[25] Zur Entwicklung des Pfluges ausführlich Fries 1995, 14–73.
[26] Fries 1995, 162.
[27] Das Folgende nach Spindler 1996, 302–304.

Furchen zu schließen und zugleich den Boden zu festigen. Wie die dendrochronologische Analyse ergab, wurde die Ackerschleppe im gleichen Spätjahr 622 v. Chr.
hergestellt, als man auch die Eichen für die zentrale Grabkammer fällte. Sie gelangte
augenscheinlich völlig ungebraucht in den Grabhügel, wo sie unter der Schütterde
des Hügels in Höhe der antiken Oberfläche gefunden wurde.

Zu den am häufigsten angebauten Getreidesorten gehörten die Mehrzeilige
Spelzgerste und der Dinkel. Angebaut wurden außerdem Emmer, Einkorn, Weizen
und Hirse, wohingegen Roggen und Hafer im Vorderen Orient zwar schon im
Frühen Neolithikum angebaut wurden, in Mitteleuropa jedoch erst im Laufe der
Eisenzeit als Kulturpflanzen vorkommen.[28] Schätzte man den robusten und relativ
ertragsstarken Dinkel vor allem als Brotgetreide und hochwertiges Nahrungsmittel,
so bevorzugte man die Gerste vor allem wegen ihrer kurzen Reifezeit, ihrer hohen
Widerstandskraft gegenüber ungünstigen Boden- und Klimaverhältnissen und ihrer
Toleranz bezüglich des Erntezeitpunkts, da hier auch bei verspäteter Ernte keine
allzu großen Verluste zu erwarten sind. Um Brot zu backen, ist die Gerste jedoch
wegen ihres geringen Eiweißgehalts weniger geeignet, so dass man Gerstenmehl zu
diesem Zweck mit anderen Mehlsorten mischen muss. Im Unterschied zu dem
heute sehr viel weiter verbreiteten Saatweizen, bei dem man schon beim Dreschen
die Körner von den Spelzen trennen kann, ist dies beim Dinkel wegen der festeren
Verbindung von Korn und Spelzen so nicht möglich. Heute als Nachteil empfun-
den, galt diese Eigenschaft des Dinkels in vorrömischer Zeit wohl als Vorteil, da
man die Dinkelkörner in den Spelzen lagern und so gegen Fäulnis, Schimmel und
Schädlingsbefall schützen konnte. Im Übrigen nutzte man die Vorteile des Frucht-
wechsels, indem man Dinkel als Winter- und Gerste als Sommergetreide anbaute.[29]
An Hülsenfrüchten kultivierte man Linse, Erbse, Linsenwicke und Ackerbohne, an
Öl- und Faserpflanzen Lein, Mohn, Leindotter und Rübsamen. Ob man Hülsenfrüchte in erster Linie für die menschliche Ernährung oder aber als Viehfutter
anbaute, ist nicht zu entscheiden. Die weit verbreitete Rispenhirse diente wohl vor
allem der Versorgung der Haustiere, die man vielleicht zur Düngung auf den Brach-
äckern weiden ließ.[30]

Umfassende Erkenntnisse über die Entwicklung des vorgeschichtlichen Ackerbaus ermöglichen in erster Linie pollenanalytische Untersuchungen, deren Aussagekraft jedoch von der Menge der vorhandenen Daten abhängt und überdies mit den
örtlichen Gegebenheiten variiert und folglich nicht großflächig verallgemeinert
werden darf.[31] Generell ist davon auszugehen, dass die Qualität der Böden nur in
sehr eingeschränktem Maße durch Düngung verbessert werden konnte und man
sich daher weitgehend den natürlichen Gegebenheiten anpassen musste. So etwa ist
im Bereich der Hunsrück-Eifel-Kultur davon auszugehen, dass das Oberrheintal
mit seinen fruchtbaren, trockenen Lößböden und das Neuwieder Becken mit seinen
mineralstoffreichen vulkanischen Böden von jeher als besonders begünstigte Zonen
bevorzugt wurden, während man die staunassen Böden auf den Hochflächen von

[28] Fischer u. a. 2010, 203.
[29] Küster 1993, 124; Hornung 2008, 228.
[30] Küster 1993, 124.

[31] Zu den Voraussetzungen und methodischen Problemen von Pollendiagrammen vgl.
Hornung 2008, 197–201.

Hunsrück, Eifel und Westerwald zunächst weitgehend mied.[32] In der Siedlung von Wierschem im Kreis Mayen-Koblenz fand man als wichtigste Getreidesorten Spelzgerste, Dinkel, Emmer und Einkorn, während Hafer und Saatweizen nur eine untergeordnete Rolle spielten und Rispenhirse offenbar selten angebaut wurde. Nachgewiesen wurde dagegen der Anbau von Hülsenfrüchten wie Linse, Erbse, Linsenwicke und Ackerbohne sowie verschiedener Gemüsesorten wie Fenchel, Wilder Möhre und verschiedener Laucharten. An Obst und Nüssen sammelte man unter anderem Attich, Hasel, Schwarzen Holunder, Walderdbeeren, Hagebutten und Eicheln, wobei das Spektrum der Kultur- und Nutzpflanzen im Wesentlichen den Funden gleichzeitig bestehender Siedlungen aus dieser Region entspricht.[33]

Neuere Erkenntnisse zum frühkeltischen Ackerbau, die teils auf der Untersuchung von Pollen, botanischen Großresten und Tierknochen, teils auf Modellberechnungen zum landwirtschaftlichen Ertragspotential beruhen, lieferten in der jüngsten Vergangenheit Studien zur Landnutzung im Umkreis der späthallstattzeitlichen Zentralorte Hohenasperg, Heuneburg und Ipf.[34] Dabei stellte sich unter anderem heraus, dass innerhalb des Zeitraums von der Späten Bronzezeit bis zum Ende der vorrömischen Eisenzeit das Spektrum der angebauten Nahrungspflanzen in den ländlichen Siedlungen der Späten Hallstattzeit am größten, in den gleichzeitigen Zentralsiedlungen dagegen am niedrigsten war. Offensichtlich führten die hohe Bevölkerungsdichte und das Ausmaß an arbeitsteiliger Spezialisierung in den Zentralorten dazu, dass ein großer Teil der pflanzlichen Nahrung, namentlich Spelzgerste und Dinkel, aus dem Umland eingeführt werden musste.[35]

Viehzucht und Haustierhaltung

Das am weitesten verbreitete Haustier der vorrömischen Eisenzeit war das Rind, das man als Zugtier bei der Feldarbeit und beim Transport schwerer Lasten einsetzen konnte. Das Fleisch wurde gegessen, die Häute zu Leder verarbeitet, und die Kühe lieferten außerdem Milch. Eines der altkeltischen Wörter für «Rind» war *bous (woraus irisch *bó*, sprachverwandt mit lateinisch *bos*, griechisch *bous* und deutsch *Kuh* aus indogermanisch *g^wous*). Man vermutet es in Personennamen wie *Bouus* («Leboeuf») und *Bouios* («Duboeuf»), ferner in einigen aus verschiedenen romanischen Dialekten bekannten Wörtern für «Stall», die ebenso wie französisch *bouge* vielleicht auf keltisch *boutego- «Kuh-Haus» (altbretonisch *boutig*) zurückgehen.[36] Ein weiteres Wort für Rind war *damo- (woraus altirisch *dam* «Rind» und «Hirsch»), das in Personennamen wie *Damus* und *Damonus*, im Namen der Göttin *Damona* sowie vielleicht im alten Namen der Stadt Moléans (mittellateinisch *Damolium*, vielleicht aus einer Zusammensetzung von altkeltisch *damo- und *ialo- «Lichtung») begegnet.[37] Ein Wort für «Stier» war *tarwo- (woraus irisch *tarbh* und walisisch *tarw*, sprachverwandt mit lateinisch *taurus* und griechisch *tauros*).[38] Besonders gut bezeugt

---

[32] Vgl. dazu im Einzelnen, mit Hinweisen zu den Auswirkungen des eisenzeitlichen Klimawandels, Hornung 2008, 201–206.

[33] Hornung 2008, S. 227.

[34] Das Folgende nach Fischer u. a. 2010.

[35] Fischer u. a. 2010, 222.

[36] Delamarre 2003, 79–80.

[37] Delamarre 2003, 134–135.

[38] Delamarre 2003, 290–291.

ist die große Bedeutung des Rindes als Wirtschaftstier durch den hohen Anteil der Rinderknochen in den Knochenfunden aus dem Oppidum von Manching.[39] Es deckte über die Hälfte des Fleischbedarfs der Bevölkerung und wurde vermutlich auch als Milchlieferant und Arbeitstier eingesetzt, obwohl ein schlüssiger Nachweis dafür nicht zu führen ist. Wie eine Untersuchung der Gebisse gezeigt hat, wurden Rinder bis zu einem Alter von einem Jahr nur ausnahmsweise und auch im zweiten Jahr nur selten geschlachtet. Im Allgemeinen waren die Rinder eher klein, wobei die Kühe eine Widerristhöhe von wenig über 1 m erreichten und die Stiere nur knapp darüber lagen.

Das zweitwichtigste Nutztier nach dem Rind war zumeist das Schwein. Eine der altkeltischen Bezeichnungen dafür war *sukko- (woraus walisisch hwch «Sau» sowie altirisch soc «Schweinerüssel» und «Pflugschar»), das vielen festlandkeltischen Personennamen wie z. B. Succus, Sucio und Succius zugrunde liegt.[40] Eine weitere Bezeichnung des Schweins war *orko- (woraus altirisch orc, sprachverwandt mit lateinisch porcus und deutsch Ferkel).[41] Da Schweine keine Arbeit leisten konnten und auch ihre Häute nicht verarbeitet wurden, dienten sie ausschließlich als Fleischlieferanten. Zu diesem Zweck wurden die Herden im Herbst zur Eichel- und Bucheckernmast in die Wälder getrieben. Aufschlussreich für die Rolle des Schweins in der Fleischversorgung sind neuere Untersuchungen anhand der Tierknochenfunde auf dem Burgplateau, in der Vorburg und in der Außensiedlung der Heuneburg (S. 72–75).[42] Hier war der Anteil der Schweine auf dem Burgplateau und in der Vorburg sehr hoch, während er in der Außensiedlung gemessen an den übrigen Haustieren ausgeglichener ausfiel. Wie aus dem Schlachtalter der Tiere hervorgeht, versorgte sich die Bevölkerung auf dem befestigten Plateau und in der zentrumsnahen Vorburg also nicht selbst, sondern wurde aus dem unmittelbaren Umland mit Fleisch beliefert, wohingegen die Bewohner der Außensiedlung eher landwirtschaftlich orientiert waren. Wie die große Menge der aufgefundenen Knochen vermuten lässt, wurden in Manching vielleicht sogar noch mehr Schweine als Rinder gehalten.[43] Da jedoch das Rind schon wegen seiner Größe der wichtigste Fleischlieferant war und obendrein wohl auch als Arbeitstier genutzt wurde, spielten Schweine insgesamt nur eine untergeordnete Rolle in der Viehhaltung. Die meisten Schweine wurden denn auch bereits als Jungtiere geschlachtet, wohingegen man nur wenige Zuchttiere zur Erhaltung des Bestands länger hielt. In ihrem Wuchs ähnelten die mit einer Widerristhöhe von 60 bis 80 cm relativ kleinen, eher hochbeinigen und schlanken Schweine von Manching augenscheinlich anderen Hausschweinen der vorgeschichtlichen Zeit, aber auch noch den Tieren, die man in mittelalterlichen und frühneuzeitlichen Abbildungen findet.

Eine wichtige Rolle als Reit- und Zugtier, Statussymbol der Oberschicht und Attribut verschiedener Gottheiten spielte das Pferd, was sich nicht zuletzt in der Vielzahl der erhaltenen Bezeichnungen niedergeschlagen hat.[44]

Aus dem Indogermanischen stammt die Bezeichnung *ekwo-/*epo- (woraus altirisch ech, sprachverwandt mit lateinisch equus und griechisch hippos). Man findet sie

---

[39] Boessneck u. a. 1971, 55–57.
[40] Delamarre 2003, 284.
[41] Delamarre 2003, 242.

[42] Fischer u. a. 2010, 235–236.
[43] Boessneck u. a. 1971, 74–75.
[44] Zusammenfassend Kelly 1997.

Bronzene Pferdestatuette aus Freisen im Saarland (4. Jahrhundert v. Chr.)

unter anderem in zusammengesetzten Personennamen wie *Epomeduos* und *Eposo-gnatus*, im Namen der Pferdegöttin *Epona* sowie in der Bezeichnung **epo-rēdo-* («Pferdegespann») in dem Personennamen *Eporedorix*.[45] Ein weiteres altkeltisches Wort für «Pferd» war **marko-* (woraus altirisch *marc* und walisisch *march*, sprachverwandt mit deutsch *Mähre*). Man vermutet es in den zusammengesetzten Ortsnamen *Marcodurum* (Düren) und *Marcomagus* (Marmagen), ferner in der Bezeichnung *trimarkisia* («Dreipferdschaft») als Bezeichnung einer taktischen Einheit keltischer Reiterkrieger.[46] Eine Beschreibung davon gibt Pausanias (10,19,10–12) im Zusammenhang mit seiner Darstellung des Einfalls der Kelten in Griechenland.[47] Ihm zufolge bestand eine *trimarkisía* aus je einem berittenen Kämpfer, der von zwei Dienern unterstützt wurde. Diese hielten sich außerhalb des Kampfgeschehens bereit, um dem Reiter bei einer Verwundung oder dem Verlust seines Pferdes ein frisches Reittier zuzuführen. Wurde der Reiter selbst verwundet, so brachte ihn einer der Diener in Sicherheit, während der andere an seiner Stelle zu Pferd weiterkämpfte. Ein weiteres Wort für «Pferd» sieht man in der altkeltischen Bezeichnung **mandu-*, auf die man lateinisch *mannus* «Pony» und baskisch *mando* «Maultier» zurückführt. Man findet sie unter anderem in dem zusammengesetzten Personennamen *Catumandus* sowie in dem Stammesnamen *Viromandui*.[48] Wichtige Anhaltspunkte für die Rolle von Pfer-

---

[45] Delamarre 2003, 162–163.
[46] Delamarre 2003, 216 und 301.
[47] Tomaschitz 2002, 110–114.
[48] Delamarre 2003, 214.

den als Zugtieren liefern die Pferdegeschirre und Teile davon, die man in späthall-statt- und frühlatènezeitlichen Gräbern findet. Ihre große Bedeutung veranschau-lichen auch die zahlreichen Pferdedarstellungen, welche die Hallstattzeit kennzeichnen und der spätbronzezeitlichen Kultur noch fremd sind.[49] Die meisten Pferde im Op-pidum von Manching waren schlank bis mittelschlank. Sie erreichten nach Ausweis der Knochenfunde nicht die Größe von Pferden der früheren sowie der späteren römischen und nachrömischen Zeit, waren augenscheinlich aber auch kleiner als die gleichzeitigen Pferde Osteuropas.[50] Nach Strabo (4,4,2) waren die Gallier wegen ihrer Geschicklichkeit als Reiter so geschätzt, dass sie nach ihrer Unterwerfung den besten Teil der römischen Kavallerie stellten.

Ein keltisches Wort für «Schaf» war *owi- (woraus altirisch oí; sprachverwandt mit lateinisch ovis, griechisch ois und altindisch avi-). Es begegnet in dem zusammenge-setzten Personennamen Oviorix und lebt möglicherweise fort im Namen des Flusses Ouvèze, den man auf *Owidia zurückführen kann.[51] Keltischen Ursprungs ist ver-mutlich auch französisch mouton «Schaf, Hammel», das altirisch molt und walisisch mollt entspricht und festlandkeltisch im Namen des Gottes Moltinus begegnet.[52] In Manching wurden Schafe allem Anschein nach vor allem zur Fleischerzeugung gehalten.[53] Viele männliche Tiere wurden wohl schon als Lämmer geschlachtet, da bei den annähernd oder voll erwachsenen Tieren weibliche Schafe doppelt so häufig vorkommen wie Böcke und Hammel. Die Größe der Schafe lag im Durchschnitt zwischen der heutiger Heidschnucken und süddeutscher Landschafe, wobei weib-liche Tiere eine durchschnittliche Widerristhöhe von ca. 60 cm erreichten und Böcke bis zu 75 cm hoch wurden. Sehr viel seltener als Schafe waren in Manching Ziegen, die mit ihren gedrehten oder säbelartig gebogenen Hörnern nur wenig kleiner waren als heutige Ziegen. Wurde bei den Schafen nur ein Drittel der Tiere schon als Jungtiere geschlachtet, so war es bei den Ziegen ungefähr die Hälfte, wobei – ähnlich wie bei den Schafen – erwachsene Geißen fast doppelt so häufig vorkommen wie Böcke. Dies lässt vermuten, dass Ziegen vor allem als Milchliefe-ranten eine Rolle spielten, aber auch der Fleischerzeugung dienten. Das keltische Wort für «Ziege» war *gabro- (woraus altirisch gabor und walisisch gafr). Davon abge-leitet sind unter anderem Gabreta, die antike Bezeichnung des Böhmerwalds, sowie der Ortsname Gabromagus als Bezeichnung der römischen Siedlung von Windisch-garsten in Oberösterreich.[54]

Das keltische Wort für «Hund» lautete im Nominativ *kū (woraus irisch cú, wa-lisisch ci; sprachverwandt mit griechisch kyōn und deutsch Hund). Altkeltisch begeg-net es vor allem als Vorderglied zusammengesetzter Personennamen in der Stamm-form *kuno-, wobei «Hund» vielleicht als metaphorische Bezeichnung des Kriegers oder Gefolgsmanns zu verstehen ist.[55] In Manching liegt der Anteil der Hundekno-chen an der Gesamtmenge der Knochen bei nur ca. 8 %.[56] Die meisten dieser Hunde hatten vermutlich – ähnlich wie die Mehrzahl der heutigen Hunde – eine Wider-risthöhe von 40 bis 60 cm, erreichten jedoch in keinem Fall die Widerristhöhe der

[49] S. dazu Koch J. K. 1998.
[50] S. Boessneck u. a. 1971, 30.
[51] Delamarre 2003, 244.
[52] Delamarre 2003, 227.

[53] S. Boessneck u. a. 1971, 69.
[54] Delamarre 2003, 172–173.
[55] Delamarre 2003, 131–132.
[56] S. Boessneck u. a. 1971, 78 und 91–92.

Fibel in Form eines Hahns aus Reinheim im Saarland
(Anfang 4. Jahrhundert v. Chr.)

größten heutigen Hunderassen. Daneben gab es jedoch auch kleinere Hunde mit einer Widerristhöhe von 30 bis 40 cm sowie noch kleinere Tiere, die vielleicht als Schoßhunde gehalten wurden. Da über ein Drittel der in Manching gefundenen Hundeknochen Schnittspuren aufweist, war der Verzehr von Hundefleisch zumindest bei einem Teil der Bevölkerung weit verbreitet, wobei allem Anschein nach Hunde unterschiedlicher Rassen und Größen verspeist wurden.

Die Hauskatze, die in Mesopotamien, Jordanien und Südost-Anatolien bereits im 7./6. Jahrtausend v. Chr. bezeugt ist, gelangte während der Römerzeit nach Mitteleuropa und könnte in Einzelfällen bereits zuvor auf dem Handelsweg aus dem Mittelmeerraum importiert worden sein. Umstritten ist der Fund eines einzelnen Katzenknochens im Oppidum von Manching, der für eine mittel- oder südosteuropäische Wildkatze ungewöhnlich klein wäre, dessen Datierung in die Latènezeit aber nicht gesichert ist.[57] Die durch irisch *catt* und walisisch *cath* vorauszusetzende altkeltische Bezeichnung der Katze war **kattos*.[58]

Das vom Roten Dschungelhuhn Indiens abstammende Haushuhn war erst zu Beginn der Eisenzeit aus dem Mittelmeerraum in die Gegenden nördlich der Alpen eingeführt worden und mag daher für die frühen Kelten noch ein exotisches Flair gehabt haben. Obwohl Hühner einfach zu halten sind, blieben sie lange ohne nennenswerte wirtschaftliche Bedeutung, was vielleicht auch daran lag, dass die Hennen noch nicht jeden Tag ein Ei legten. Der nach Ausweis der Knochenfunde hohe Anteil von Hähnen könnte vermuten lassen, dass die Tiere anfangs überhaupt in erster Linie wegen ihres bunten Gefieders als Ziergeflügel gehalten wurden.[59] Die altkeltische Bezeichnung des Hahns war **kaliākos* (woraus irisch *coileach* und walisisch *ceiliog*). Dabei handelt es sich um die Ableitung von einer Wurzel mit der Bedeutung «rufen» (lateinisch *calo* und griechisch *kaleō*), bezieht sich also (ebenso wie das mit lateinisch *canō* «singen» verwandte deutsche Wort *Hahn*) auf das charak-

[57] S. Boessneck u. a. 1971, 95.
[58] Delamarre 2003, 110.

[59] Vgl. Spindler 1996, 313, sowie Dörrer 2006.

teristische Schreien des Vogels.[60] In Manching lag der Anteil der Hühnerknochen an den aufgefundenen Haustierknochen bei 0,045 %, wobei jedoch der hohe Anteil der Jungtierknochen ins Auge fällt und man angesichts der Vergänglichkeit der zarten Hühnerknochen von einer deutlich höheren Zahl der tatsächlich gehaltenen Tiere ausgeht.[61] Wie die Rinder, Schweine und Pferde waren auch die Hühner von Manching kleiner als die heute üblichen Rassen. Aus dem Rahmen fallen vereinzelte Knochen besonders großer Tiere, die man als zufällige Ausnahmen von der gewöhnlichen Population, aber auch als Knochen von Tieren einer größeren Rasse interpretieren kann. In diesem Fall könnte es sich um Importe aus dem Mittelmeerraum handeln, da die Römer nach Ausweis der landwirtschaftlichen Schriften etwa von Varro und Columella über beträchtliche Kenntnisse der Hühnerzucht verfügten und die im römischen Machtbereich gehaltenen Tiere deutlich größer waren als etwa auch die späteren mittelalterlichen Hühner.

Ob die Kelten neben Hühnern auch Gänse hielten, lässt sich aufgrund der Knochenfunde nicht beantworten, da man die Knochen von Wild- und Hausgänsen nicht unterscheiden kann und die ohnehin nur sehr wenigen in Siedlungsabfällen nachgewiesenen Exemplare auch als Jagdbeute gedeutet werden können. Im Oppidum von Manching fand man insgesamt 33 Gänseknochen, die zu mindestens sechs Tieren gehörten. Sie waren stärker als die anderer Vogelarten zerschlagen oder zerbrochen, so dass die Tiere zweifellos verzehrt wurden.[62]

Wo osteologische Untersuchungen aufgrund der Bodenverhältnisse unmöglich sind, liefern gelegentlich die Ergebnisse archäobotanischer Untersuchungen im Zusammenhang mit der Besiedlungsdichte Hinweise auf Veränderungen in der Tierhaltung. So etwa vermutet man einen Zusammenhang zwischen der intensiven Besiedlung des Glaubergs im 5. Jahrhundert v. Chr. und der Aufforstung ehemaliger Weidegebiete im Nordosten der Wetterau mit für die Schweinemast geeigneten Buchenwäldern. Möglicherweise wurden dort die Zahl und der Umfang der Rinderherden wegen des Fehlens ausreichender Arbeitskräfte reduziert, während man gleichzeitig die weniger zeit- und arbeitsaufwändige Schweinehaltung zur Fleischversorgung einer größeren Bevölkerung intensivierte.[63]

Bemerkenswerte Aufschlüsse über die Ernährungsgewohnheiten der keltischen Bergleute vom Dürrnberg bei Hallein lieferten parasitologische Studien an menschlichen Exkrementen, die, wenn auch dehydriert und verformt, in den Bergwerksstollen durch die hohe Salzkonzentration der Umgebung erhalten geblieben waren.[64] Wie zu erwarten, fand man vielfältige Spuren pflanzlicher Nahrung, darunter verschiedene Getreidesorten wie Gerste, Hirse und Dinkel, Hülsenfrüchte wie Linsen, Erbsen und Bohnen sowie Äpfel, Birnen, Schlehen und Brombeeren. Auffällig ist dabei der hohe Anteil der Sammel- im Vergleich zu den Kulturpflanzen, wohingegen Blattgemüse allem Anschein nach kaum eine Rolle spielte. Ein regelmäßiger Bestandteil der Nahrung war Fleisch, das vermutlich zumeist gekocht und nur selten gebraten wurde. Wie sich nach der mikroskopischen Untersuchung von 104 Proben außerdem herausstellte, enthielten die weitaus meisten (99) Peitschen-

[60] Delamarre 2003, 98.
[61] S. Boessneck u. a. 1971, 92–94.
[62] S. Boessneck u. a. 1971, 95–96.

[63] S. Stobbe 2008, 113.
[64] Das Folgende nach Aspöck u. a. 2001 sowie Aspöck u. a. 2007.

würmer und immerhin knapp die Hälfte (47) Spulwürmer, die zwar in vielen Fällen keine gravierenden gesundheitlichen Beeinträchtigungen, aber doch Schmerzen und Beschwerden verursacht haben dürften. Verantwortlich für den Befall waren vermutlich niedrige Hygiene-Standards sowie der Verzehr von rohem oder nur unzureichend erhitztem Rind- und Schweinefleisch. Überraschenderweise fand man in immerhin fünf Proben auch Eier des vor allem bei Schafen, Ziegen und anderen Wiederkäuern verbreiteten, beim Menschen jedoch eher seltenen Lanzett- oder Kleinen Leberegels, die vielleicht auf den Verzehr roher bzw. ungenügend erhitzter Schafs- oder Ziegenleber zurückzuführen sind.

Jagd und Fischfang[65]

Für die Fleischversorgung der Bevölkerung spielte die Jagd nach Ausweis der spärlichen Knochenfunde in aller Regel nur eine sehr untergeordnete Rolle.[66] Charakteristisch ist hier der geringe Anteil der Wildtierknochen innerhalb des Fundmaterials der Siedlung von Wierschem im Kreis Mayen-Koblenz, der bei gerade einmal 2% liegt. Bei zeitlich vergleichbaren keltischen Siedlungen liegt der Wildtieranteil zumeist ebenfalls unter 5%, und nur aus der Schweiz kennt man höhere Anteile zwischen 10 und 15%.[67]

In der Vorburg der Heuneburg ist der Wildtieranteil an den Knochenfunden zur Zeit ihrer größten räumlichen Ausdehnung und mutmaßlich höchsten Bevölkerungsdichte in der Phase Ha D1 mit 0,3% besonders niedrig. Dies liegt vermutlich daran, dass der Wildbestand in der Umgebung durch die starke Ausdehnung der Siedlungs- und landwirtschaftlichen Nutzflächen bereits stark zurückgegangen war und man sich daher zur Fleischversorgung in zunehmendem Maße von der zeitraubenden und zufallsabhängigen Jagd auf die effizientere und besser berechenbare Zucht von Schweinen und Rindern verlegt hatte. Nach der Aufgabe der Heuneburg-Außensiedlung und der nurmehr lockeren Bebauung des Burgplateaus steigt der Anteil der Wildtierknochen in der Vorburg in der Phase Ha D3 jedoch auf immerhin 2,1%, was für eine Erholung des Wildbestands infolge des Rückgangs der Landwirtschaft spricht.[68]

Anhaltspunkte für das Spektrum der Tiere, die man jagte, liefern wiederum die Knochenfunde aus dem Oppidum von Manching, wobei – wie im Fall der oben erwähnten Gänseknochen – nicht immer sicher auszumachen ist, ob die Knochen von Haus- oder Wildtieren stammen.[69] So etwa kann man unvollständig erhaltene Knochen jüngerer Ure sowie Teile von Skeletten weiblicher Tiere nicht sicher von solchen domestizierter Rinder unterscheiden. In immerhin zwei Fällen ließ jedoch die außergewöhnliche Größe und Kompaktheit der Knochen darauf schließen, dass sie eher nicht zu einem großen Ochsen als vielmehr zu einem Ur gehörten, der unweit der Siedlung in den Auwäldern der Donau und ihrer Nebenflüsse erlegt worden sein

---

[65] Vgl. dazu Spindler 1991, 314–315, sowie von den Driesch 1993. Zur Ikonographie der Eberjagd in der latènezeitlichen Kunst und ihrer Interpretation vgl. Eibner 2001 und 2004.

[66] S. Spindler 1991, 314, sowie Rieckhoff u. Biel 2001, 143.

[67] S. Hornung 2008, 226.

[68] S. Fischer u. a. 2010, 235.

[69] S. Boessneck u. a. 1971, 97–107.

Ritzzeichnung eines Hirschs aus dem Oppidum Manching

könnte. Das mit der größten Menge von Funden vertretene Wildtier war der Rothirsch, von dem insgesamt 337 Stücke von mindestens 14 Individuen zutage kamen. Auffällig ist dabei der hohe Anteil – fast 15 % – der Geweihteile, die man in vielen Fällen zur Fertigung eines Geräts abgesägt oder abgeschliffen hatte. Nur einen einzigen, obendrein unsicheren Beleg kennt man demgegenüber für den Elch, der zwar im vorgeschichtlichen Mitteleuropa noch vorkam, sich jedoch immer mehr nach Norden und Osten zurückzog. Über die genannten Tierarten hinaus fand man in Manching unter anderem auch Knochen von Rehen, Wildschweinen, einem Braunbären, Rotfüchsen, Feldhasen und Bibern. Vergegenwärtigt man sich jedoch, dass unter den knapp 389 000 bestimmten Tierknochen aus Manching gerade einmal höchstens 800 von Wildtieren stammen, wird die verschwindend geringe Bedeutung der Jagd im Vergleich zur Viehzucht deutlich. Möglicherweise stellte die Jagd jedoch ähnlich wie in späteren Zeiten gerade wegen ihrer fehlenden wirtschaftlichen Bedeutung ein Privileg der Oberschicht da, deren Attribute auch als Statussymbole galten.[70]

Unzureichend unterrichtet sind wir über die Bedeutung von Pfeil und Bogen.[71] Dies liegt vor allem an ihrer schweren archäologischen Nachweisbarkeit, da die meisten Bestandteile der Ausrüstung eines Bogenschützen wie etwa Pfeilschäfte, Befiederung und Unterarmschutz, aber auch der hölzerne Bogen und der zumeist

[70] Vgl. dazu Krausse-Steinberger 1990 sowie Méniel 2002.

[71] Das Folgende nach Krausse-Steinberger 1990.

wohl aus Holz oder Leder gefertigte Köcher nur unter besonders günstigen Bedingungen erhalten geblieben sind. Abgesehen von möglichen Metallbeschlägen des
Köchers findet man daher wenn überhaupt nur die aus Eisen oder Bronze hergestellten Pfeilspitzen. Dabei ist jedoch in Rechnung zu stellen, dass man Pfeilspitzen
wohl auch oft aus Horn oder Knochen gefertigt haben mag und die insgesamt vielleicht selteneren metallenen Pfeilspitzen wegen ihrer Kleinheit gerade in stark kor-
rodiertem Zustand bei frühen Ausgrabungen unerkannt und damit undokumentiert
geblieben sind. Gleichwohl ist unter Berücksichtigung dieser Vorbehalte festzustellen, dass sich die Beigabe von Pfeil und Bogen in der Späthallstatt- und Frühlatènezeit auf überdurchschnittlich reich ausgestattete Gräber beschränkt zu haben scheint.
Wie das geringe Fassungsvermögen der Köcher (etwa im Vergleich zu den Köchern
früheisenzeitlicher osteuropäischer Reiternomaden), aber auch die geringe Anzahl
der Pfeilspitzen pro Grab vermuten lässt, dürfte es sich dabei in erster Linie um
Jagd- und nicht um Kriegswaffen gehandelt haben. Dafür spricht auch die konser-
vative Form der zumeist dünnen, aus Eisen- oder Bronzeblech geschmiedeten Pfeilspitzen, die sich stark von den ausschließlich zu Kriegszwecken gebrauchten, ursprünglich weiter östlich beheimateten dreiflügeligen Pfeilspitzen aus gegossener
Bronze unterscheiden.[72] Für einen Gebrauch von Pfeil und Bogen zu Jagdzwecken
sprechen auch die Funde aus dem späthallstattzeitlichen Fürstengrab von Hochdorf,
dessen Ausstattung ansonsten keinerlei kriegerische Züge aufweist. Dort ließ die
mikroskopische Untersuchung des Köchers und der Pfeile auf die Verwendung fünf
verschiedener Holzarten mit unterschiedlichen Eigenschaften schließen, was wohl
im Zusammenhang mit der Jagd auf unterschiedliche Tierarten steht.

Einen Hinweis auf das Angeln als Sport oder Zeitvertreib der Oberschicht vermutet man auch in den drei zwischen 4,2 und 5 cm langen und also für recht große
Fische bestimmten eisernen Angelhaken, die – wohl in einem Stofftäschchen auf
der Brust des Toten – im Grab von Eberdingen-Hochdorf gefunden wurden.[73]
Während Angelhaken in reich ausgestatteten frühkeltischen Gräbern ansonsten fehlen, fand man im Gräberfeld von Hallstatt sechs zumeist einfache und relativ bei-
gabenarme Gräber, in denen man den Toten ein bis drei Angelhaken, mitunter auch
kleine gefaltete Bronzebleche (vielleicht als Senker einer Angelschnur) mitgegeben
hatte.[74] Ob die so Beigesetzten berufsmäßige Fischer oder Sportangler waren, ist
mangels weiterer Indizien nicht zu entscheiden.

Die Überreste eines Fischfangplatzes entdeckte man zwischen 1994 und 2000 in
einer ehemaligen Bucht des heute vermoorten Federsees in Oberschwaben.[75] Dort
fand man im Mündungsbereich eines Bachlaufs die Überreste mehrerer Hütten, die
durch quer zum Bachlauf errichtete hölzerne Pfahl- und Bretterkonstruktionen
miteinander verbunden waren. Insgesamt über 2400 Fischreste lassen darauf schließen, dass diese Anlage dem Fang und wohl auch der Konservierung von Fischen
diente, die zu einem großen Teil nicht vor Ort verzehrt, sondern in luftgetrockne-
ter oder geräucherter Form weiterverhandelt wurden. Den Schlagdaten der ver-

[72] Zu möglichen Deutungen einiger dreiflü-
geliger Pfeilspitzen, die auf der Heuneburg gefunden wurden, vgl. Bofinger 2006.
[73] S. Biel 1985, 65–66.

[74] S. Stöllner 2007, 237.
[75] Das Folgende nach Rieckhoff u. Biel 2001,
140, ergänzt und modifiziert durch Uerpmann
2006a. Vgl. ferner Köninger 2002.

wendeten Hölzer zufolge war die Anlage von ca. 730 bis 620 v. Chr. in Betrieb, wobei sich ihr Stellenwert im Rahmen der früheisenzeitlichen Subsistenzwirtschaft mangels ausreichender Vergleichsdaten aus geographisch benachbarten Siedlungen kaum abschätzen lässt.

Abbau von Bodenschätzen

Von zentraler wirtschaftlicher Bedeutung war der Abbau von Eisenerzvorkommen, der nicht nur eine wesentliche Grundlage der handwerklichen Produktion darstellte, sondern auch weit reichende Auswirkungen auf das Siedlungswesen, den Handel und die Struktur der Gesellschaft hatte.[76] Wie Caesar hervorhebt, besaßen sowohl die Aquitaner als auch die Gallier aufgrund ihrer Eisenerzvorkommen große Erfahrung im Untertagebau (*BG* 3,21,3 und 7,22,2). Die altkeltische Bezeichnung des Eisens war **īsarnon* (woraus irisch *iarann*, walisisch *haearn*), was vermutlich im Zusammenhang mit der Weitergabe von Kenntnissen in der Eisenverarbeitung zu einem frühen Zeitpunkt ins Germanische (gotisch *eisarn*, englisch *iron*, deutsch *Eisen* usw.) entlehnt wurde. Das (etymologisch nicht sicher gedeutete) Wort begegnet in den gallischen Personennamen *Isarnus* und *Isarninus*, ferner in den Ortsnamen *Izernore* (aus *Isarnodurum*) und *Yzernay* (aus **Īsarnācum*).[77] Die Verhüttung des Eisens erfolgte in so genannten Rennöfen.[78] Dabei handelte es sich um aus Lehm gefertigte, mit Hilfe eines Blasebalgs oder des natürlichen Luftzugs belüftete Schachtöfen von 1 bis 1,5 m Höhe, die von oben mit Brennstoff und fein zerkleinertem Erz befüllt wurden. Als Brennstoff diente gewöhnlich Holzkohle, die in Meilern unweit der Verhüttungsplätze gewonnen wurde. Im Schmelzprozess bildete sich bei Temperaturen zwischen 1100 und 1400 Grad zum einen Eisenschlacke, die aus dem Ofen in eigens dafür angelegte Gruben lief oder «rann» (daher die Bezeichnung «Rennofen»), zum anderen eine schlackenhaltige Eisenmasse, die Luppe, die durch nochmaliges Erhitzen auf 800 Grad von Verunreinigungen befreit und dann zu pyramiden- oder stabförmigen Barren ausgeschmiedet werden konnte. Dem hohen Eisengehalt der anfallenden Schlacken entsprach eine relativ niedrige Ausbeute an schmiedbarem Eisen, so dass die Eisenproduktion in größerer Menge einen erheblichen Aufwand an Arbeit und Brennstoff erforderte.

Archäologisch nachweisbar ist die Gewinnung und Aufbereitung von Eisen vor allem durch Schürf- und Meilergruben, die Verhüttung durch Funde von Schlackenhalden, Luppen und Ofenresten. Dabei ist jedoch oftmals weder eine genaue Datierung noch eine Quantifizierung der vorliegenden Daten möglich. Hinzu kommen

---

[76] Die gesamte wirtschaftliche Bedeutung des Eisens (Gewinnung, Verhüttung, Verarbeitung, Handel) beleuchten die Beiträge in Milcent 2007b. Vgl. daraus insbesondere die regionalen Studien zur Eisengewinnung und -verhüttung im vorrömischen Gallien von Domergue 2007, Cabboi u. a. 2007, Vivet 2007, Fournier u. Milcent 2007, ferner die Zusammenfassung von Serneels 2007. Zur Gewinnung und Verhüttung von Eisen im vorrömischen Süddeutschaland vgl. Böhm 1995 und

Zeitler 1995 (Schwäbische Alb), Schäfer 2001 (Bayern) sowie Gassmann u. a. 2005 und 2006 (Nordschwarzwald). Die Gewinnung, Verhüttung und Verarbeitung von Eisen in Gallien bzw. Südgallien von der vorrömischen über die gallorömische Zeit bis ins Frühmittelalter behandeln Mangin 1994, Mangin u. a. 2004 sowie Pagès 2010.

[77] S. Delamarre 2003, 191–192.

[78] Knapp zusammenfassend Reim 1981, 205–206, sowie Rieckhoff u. Biel 2001, 62–64.

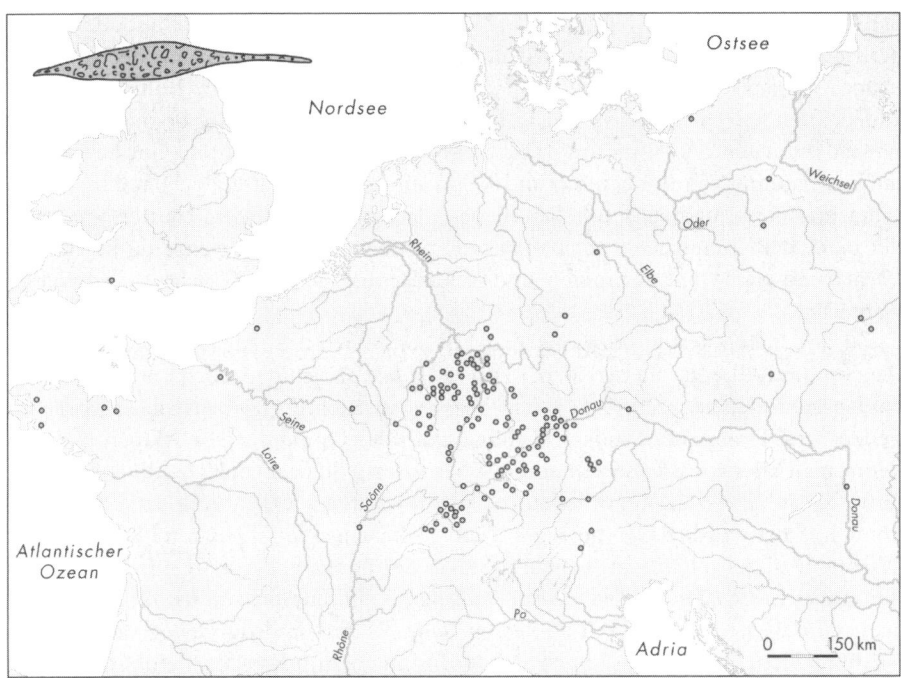

Die Verbreitung eiserner Doppelspitzbarren

überlieferungsbedingte Unwägbarkeiten, da entsprechende Eisenerzvorkommen auch in späterer Zeit intensiv genutzt wurden und z. B. vorgeschichtliche Schlackenhalden wegen ihrer hohen Eisenrestgehalte in neuerer Zeit zur erneuten Verhüttung in Hochöfen wiederverwertet oder als Schotterung beim Straßen-, Wege- und Gleisbau verwendet wurden.[79] Insgesamt sind wir daher über die Prozesse bei der Gewinnung und Verhüttung von Eisen sehr viel unzureichender unterrichtet als über die bei der späteren Verarbeitung des Eisens und das Spektrum der fertigen Produkte.

Zu den ältesten Hinweisen auf vorgeschichtliche Eisenproduktion nördlich der Alpen gehören die Funde und Befunde, darunter zwölf Rennöfen mit vorgelagerten Schlackenhalden aus der Späthallstatt-/Frühlatènezeit, die seit 1995 bei Rettungsgrabungen in der Umgebung von Neuenburg (Enzkreis) im Nordschwarzwald zutage kamen.[80] Eine regelrechte Bergbausiedlung mit Grubenhaus, Feuergrube, Verhüttungsschlacke, Ofenresten und Siedlungskeramik kam 1997 bei Grabungen bei St. Johann-Würtingen auf der Schwäbischen Alb zutage.[81] Bereits 1929 hatte man bei Hillesheim in der Eifel die Reste eines späthallstattzeitlichen Schmelzofens gefunden.[82] In vielen Fällen ist der Nachweis der Eisenverhüttung jedoch nicht direkt zu führen, sondern nur indirekt als möglich oder wahrscheinlich zu erweisen. So steht etwa zu vermuten, dass auch Macht und Wohlstand der Heuneburg nicht allein auf

---

[79] Schäfer 2001, 221–222.
[80] Zusammenfassend Gassmann u. a. 2006.
[81] Rieckhoff u. Biel 2001, 153.

[82] S. Haffner 1976, 182 ff., sowie Reim 1981, 205.

der landwirtschaftlichen Nutzung fruchtbarer Löss- und Moränenlehmböden, sondern auch auf der Ausbeutung bedeutender Eisenerzvorkommen auf der südwestlichen Schwäbischen Alb beruhten.[83] Dabei handelt es sich um Bohnerz, dessen Lagerstätten sich im Umkreis von 15 bis 20 km um die Heuneburg befinden und das ohne allzu großen Aufwand im Tagebau gewonnen werden konnte. Gut bezeugt ist die Verwendung von Bohnerzton und -lehm auf der Heuneburg, doch fand man auch achtzehn unterschiedlich große Schmiedeschlacken, die auf Schmiedewerkstätten in der Nähe der Toranlagen schließen lassen könnten, obschon gleichzeitig betriebene Verhüttungsplätze mit Rennöfen und Schlackenhalden bisher nicht nachzuweisen waren.

Zu den bekanntesten vorrömischen Eisenerzrevieren Süddeutschlands zählt die Region um Kelheim, wo bereits in den 1930er Jahren Schürfgruben und Schlackenhalden gefunden wurden (S. 85). Gut bezeugt ist auch der Abbau von Eisenerz im Feilen- und Donaumoos süd- und südwestlich des Oppidums von Manching.[84] So kennt man allein aus dem Feilenmoos über vierzig Schlackenplätze, die zumindest teilweise anhand von Keramikfunden in die Zeit des Oppidums datiert werden können. Dort wurde das in geringer Tiefe vorkommende so genannte Sumpf- oder Wiesenerz abgebaut und an Ort und Stelle verhüttet, wobei man – nach Ausweis der unterschiedlichen Schlackenreste – an den Rennfeuerplätzen sowohl Wind- als auch Gebläseöfen einsetzte. Von diesen Schmelzöfen sind durchweg nur geringe Reste erhalten, die teilweise noch Düsenöffnungen zum Einsetzen eines Blasebalgs erkennen lassen, ansonsten jedoch keine vollständige Rekonstruktion des ganzen Ofens zulassen. Die für den Schmelzprozess erforderliche Holzkohle wurde in nahegelegenen kleinen Kohlemeilern gewonnen. Funde von Raseneisenerzstücken und Eisenschlacken innerhalb des Oppidums lassen vermuten, dass das Erz zum Teil auch dort verhüttet wurde, doch dürfte dies sehr viel seltener vorgekommen sein, zumal auch die für Rennfeueröfen typischen Rückstände im Oppidum fehlen. Für das Oppidum Manching war vielleicht auch das Eisen bestimmt, das nach Ausweis von archäologischen Untersuchungen der 1980er und 1990er Jahre im bayerisch-schwäbischen Rothtal im nördlichen Alpenvorland gewonnen und verhüttet wurde.[85] Hinweise auf den Goldbergbau bietet Strabo (4,2,1 und 4,6,7), was durch die Ergebnisse archäologischer Forschungen, vor allem in der Region um Limoges, bestätigt wird.[86]

Von ähnlich hoher wirtschaftlicher Bedeutung wie die Eisengewinnung war der Salzabbau, da man Salz in großen Mengen zur Ernährung, zur Konservierung von Lebensmitteln sowie in der Metall- und Lederverarbeitung benötigte.[87] Hier stehen die Kelten Mittel- und Westeuropas in einer Tradition, die sich bis in die Jungsteinzeit zurückverfolgen lässt. Eine größere Rolle spielte die Salzgewinnung spätestens seit der starken Zunahme pflanzlicher Nahrungsmittel in den mittel- und endneolithischen Kulturen. Für die Fleischkonservierung nahm ihre Bedeutung an der

---

[83] Das Folgende nach Gersbach 2009.
[84] Das Folgende nach Jacobi 1974, 245–247. Vgl. ferner Schwab 2000.
[85] S. Wischenbarth u. a. 2001.
[86] Vgl. dazu Cauuet 1999 und 2004.

[87] Zusammenfassend Fries-Knoblach 2001 sowie Daire 2003. Untersuchungen zur Produktion von Stein- und Meersalz anhand ausgewählter Fundstätten im vorrömischen und römischen Gallien bietet Prilaux 2000.

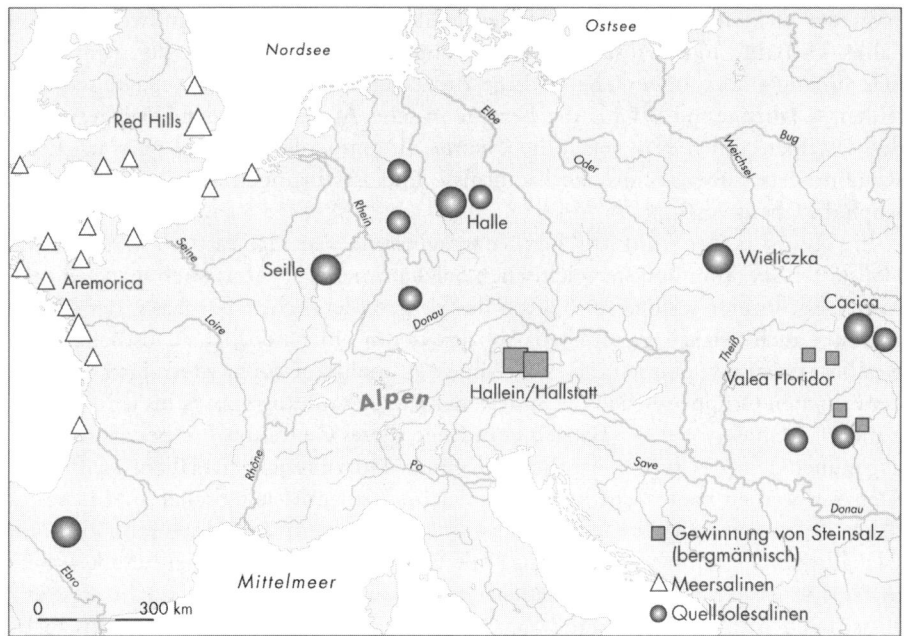

Zentren der Salzgewinnung in Europa

Wende vom 2. zum 1. Jahrtausend v. Chr. auch deswegen zu, weil der Wandel von einem eher trockenen zu einem feuchteren Klima die ältere Methode der Lufttrocknung gegenüber dem Pökeln und Selchen in den Hintergrund treten ließ. Da sich die Methoden der Salzgewinnung bis zur Römerzeit nur wenig änderten, operierte man über lange Zeit und weite Räume hinweg mit ähnlichen Gerätschaften und Verfahren. In der vorrömischen Eisenzeit gewann man Salz entweder aus Steinsalzlagen oder aus Meer- oder Quellsolesalinen. Dabei spielte der begehrte Rohstoff infolge gravierender Unterschiede zwischen salzproduzierenden und salzarmen Regionen auch als (Fern-)Handelsgut eine wichtige Rolle.[88] Das altkeltische Wort für «Salz» lebt möglicherweise fort in Ortsnamen wie *Hallein*, *Hallstatt* und *Schwäbisch Hall* (vgl. walisisch *halen* «Salz» gegenüber irisch *salann*).

Besonders gut bezeugt ist die Nutzung von Solequellen seit der Hallstattzeit im lothringischen Tal der Seille, wo nach ersten Ausgrabungen zu Beginn des 20. Jahrhunderts und danach zwischen 1969 und 1976 jetzt wieder seit 2000 Ausgrabungen stattfinden.[89] Reste einer spätlatènezeitlichen Salzsiedeanlage entdeckte man 1939 in Schwäbisch Hall.[90] Dort fand man bei Bauarbeiten sechs bis zu 5 m lange, teilweise mit Brettern abgedeckte Tröge aus Eichen- und Buchenholz, Holzrinnen und mit Ton ausgestrichene Wannen, die man als Siedewannen interpretiert. Eine weitere latènezeitliche Saline kennt man aus Bad Nauheim.[91] In anderen Fällen, wie

[88] Vgl. dazu Stöllner 2002b.
[89] S. Olivier 2003 und 2006.
[90] S. Bittel u. a. 1981, 227 und 465.
[91] S. die Beiträge in Kull 2003 sowie Schwitalla 2005.

etwa der späthallstattzeitlichen Höhensiedlung Camp-de-Château westlich von Salins-les-Bains im französischen Jura, ist eine Nutzung der Solequellen zwar möglich, bislang jedoch unbewiesen.[92] Eine zunehmend wichtige Rolle spielte seit dem frühen 1. Jahrtausend v. Chr. die bergmännische Ausbeutung der Salzlagerstätten des Ostalpenraums, was vermutlich damit zusammenhängt, dass man in dieser Region bereits über technische Kenntnisse und Erfahrungen auf dem Gebiet des Kupferbergbaus verfügte.[93]

Ein Zentrum der frühkeltischen Salzgewinnung war Hallstatt am Westufer des Hallstätter Sees im oberösterreichischen Salzkammergut.[94] Dort stieß man seit dem Mittelalter immer wieder auf Spuren des vorgeschichtlichen Bergbaus, der sich in den drei auch zeitlich gestaffelten Abbaurevieren einer nördlichen, östlichen und westlichen Gruppe über eine Gesamtlänge von mehreren Kilometern erstreckte. In der östlichen Gruppe reichen die Spuren der Salzgewinnung vom 8. bis zum 4. Jahrhundert v. Chr., wobei der Betrieb zum Ende dieses Zeitraums hin bereits deutlich gegenüber dem des weiter westlich gelegenen Dürrnbergs bei Hallein an Bedeutung verloren zu haben scheint. Im Unterschied zur mittelalterlichen und neuzeitlichen Salzgewinnung im Laugverfahren, bei dem man zunächst Hohlräume im salzhaltigen Gestein schuf, diese dann mit Wasser füllte und die so entstandene Sole in Sudhäusern zu Salz verarbeitete, baute man im 1. Jahrtausend v. Chr. das Salz ausschließlich in festem Zustand ab. Gefunden wurden Leuchtspanreste aus Fichten- oder Tannenholz, Knieholzschäftungen, Schaufeln, Schlägel und Lappenpickel sowie Tragsäcke aus Fell und Leder und Reste der Bergmannskleidung wie Schuhe, Mützen, Gürtel und Textilien. 1734 fand man sogar die vollständig erhaltene, vom Salz konservierte Leiche eines vorgeschichtlichen Bergmanns, die jedoch nicht erhalten blieb, sondern auf dem Friedhof von Hallstatt beigesetzt wurde. Da man in vorgeschichtlicher Zeit zunächst eine wenigstens 30 bis 40 m dicke Gesteinsschicht durchstoßen musste, bevor man zum salzhaltigen Gestein gelangte, und sich die dort tätigen Arbeiter kaum selbst versorgen konnten, beruhte der Salzabbau zweifellos auf der langfristigen Planung einer gut organisierten größeren Gemeinschaft.[95] Diese wird jedoch nicht in Siedlungsspuren, sondern in erster Linie in dem nahegelegenen Gräberfeld greifbar. 1846 von dem Bergwerksbeamten Johann Georg Ramsauer (1795–1874) entdeckt und bis 1862 von ihm erforscht und dokumentiert, lieferte es nahezu 20 000 Objekte aus fast 1000 Gräbern vor allem des 7. und 6. Jahrhunderts v. Chr.[96] Besonders hervorzuheben ist in diesem Zusammenhang das Grab Nr. 994, das sich durch ungewöhnlich reiche Beigaben (Trinkgeschirr, Helm und ein Schwert mit figürlich verzierter Bronzescheide) auszeichnet.[97]

Unmittelbar westlich der Stadt Hallein am Westufer der Salzach, ca. 15 km südlich von Salzburg, erhebt sich an der bayerisch-österreichischen Grenze als ein weiteres Zentrum des keltischen Steinsalzabbaus die von mehreren Gräben durch-

---

[92] S. Spindler 1996, 57, sowie Stöllner u. a. 1999, 11.

[93] S. Stöllner u. a. 1999, 11–12.

[94] Zur Salzgewinnung in Hallstatt vgl. zusammenfassend Barth 1991 sowie Ott u. Wamers 2008. Eine umfassende Bibliographie dazu in Stöllner u. a. 1999, 79–98.

[95] Vgl. dazu Kromer 1987.

[96] Vgl. dazu ausführlich Kromer 1959 sowie Hodson 1990.

[97] Vgl. dazu Egg u. a. 2006 sowie Barth 2009.

zogene Hochfläche des Dürrnbergs, wo vom späten Mittelalter bis 1989 Steinsalz abgebaut wurde.[98] Auch hier wurden bereits 1576 und dann noch einmal 1616 die Leichen zweier vorgeschichtlicher Bergleute gefunden, von denen jedoch ebenfalls nur knappe Beschreibungen erhalten geblieben sind. Im Unterschied zu Hallstatt begann der Salzabbau am Dürrnberg erst in der Zeit um 600 v. Chr., überflügelte aufgrund seiner günstigeren Verkehrslage schon bald den Standort Hallstatt, um dann um 100 v. Chr. sein Ende zu finden. Die teilweise noch heute von Abraumhalden markierten vorgeschichtlichen Grubeneingänge gruppieren sich rings um den Hahnrainkopf, der mit 1026 m höchsten Erhebung des Dürrnbergs. Dabei wurden vor allem tagnahe Salzlager abgebaut, weshalb die Mehrzahl der Fundstätten zwischen 70 und 90 m unter der Geländeoberfläche liegt. Ausschlaggebend für den Niedergang des Salzabbaus am Dürrnberg um 100 v. Chr. war vermutlich der Aufschwung der Salzgewinnung im nahegelegenen Reichenhall.

Wie in Hallstatt kennt man auch vom Dürrnberg zahlreiche Gräber.[99] Die ältesten von ihnen wurden im 6. Jahrhundert v. Chr. in unmittelbarer Nähe der Stolleneingänge im oberen Bereich des Dürrnbergs, an den Hängen des Eislfelds und Simonbauernfelds, angelegt. Wohl im Zusammenhang mit einem deutlichen Bevölkerungszuwachs dehnten sie sich im 5. Jahrhundert v. Chr. weiter aus, unter anderem auf den Moserstein und den Ostteil des Dürrnbergs. Insgesamt kennt man über 300 Brand- und vor allem Körpergräber, überwiegend aus der Zeit zwischen 550 und 300 v. Chr., deren reiche Beigaben einheimischer und mediterraner Herkunft den Wohlstand der Bevölkerung, aber auch den hohen Stand des örtlichen Kunsthandwerks bezeugen. Hervorzuheben sind hier das 1932 entdeckte, doch bereits in der Antike geplünderte Grab 112, in dem neben den Beschlägen eines zweirädrigen Wagens noch eine Bronzeschnabelkanne gefunden wurde, sowie das 1959 entdeckte, noch ungestörte Grab 44, das neben Waffen (Bronzehelm, eisernes Schwert, Pfeil und Bogen sowie drei Lanzen) noch die Bronzebeschlägen eines hölzernen Krugs, eine athenische Kylix aus der Zeit um 470 v. Chr. sowie ein goldenes Miniaturschiffchen mit zwei Rudern enthielt.[100] Anders als in Hallstatt ist uns das Leben der Bergleute am Dürrnberg jedoch auch aus Siedlungsfunden bekannt.[101] Bereits um 500 v. Chr. entstand eine befestigte Siedlung auf dem Ramsaukopf, einem lang gestreckten und steil abfallenden Höhenrücken, während im Ramsautal eine Gewerbesiedlung mit Schmieden, Töpfern, Drechslern, Gerbern und Glasmachern angelegt wurde.

---

[98] Zusammenfassend Moosleitner 1991, T. Stöllner in Koch J. T. 2006, II, 627–634, sowie Moser 2010. Zur Salzgewinnung am Dürrnberg vgl. ferner Stöllner u. a. 1999, Stöllner 2001, 2002a und 2005 sowie Aspöck u. a. 2007. Eine umfassende Bibliographie zum Salzabbau am Dürrnberg findet man in Stöllner u. a. 1999, 79–89 und 98–105.

[99] Vgl. dazu Penninger 1972, Moosleitner 1974, Pauli 1975 und 1978 sowie Egg u. Zeller 1995.

[100] Vgl. dazu Reitinger 1975.

[101] Vgl. dazu Brand 1995 und Irlinger 1995.

3. Siedlungswesen

Eine erste Übersicht über die neuere archäologische Forschung zum Siedlungswesen der Kelten im vorrömischen Mittel- und Westeuropa ermöglichen die Beiträge in Guichard u. a. 2000, Prammer u. a. 2007, Krausse u. Steffen 2008 sowie Krausse u. Beilharz 2010. Zu den Zentralsiedlungen der Späthallstatt- und Frühlatènezeit vgl. außerdem Brun P. u. Chaume 1997 und Chytráček u. Metlička 2004, zu den spätlatènezeitlichen Oppida die Gesamtdarstellung von Fichtl 2000, die Zusammenfassung von Kaenel 2006 und die Beiträge in Benková 2008. Neuere Untersuchungen und Überlegungen zur Rolle ländlicher Siedlungen bieten Buchsenschutz 2006 sowie die Beiträge in Bertrand u. a. 2009. Die Möglichkeiten des Nachweises einer territorialen Gliederung des Siedlungsraums erörtern die Beiträge in Garcia u. Verdin 2002, Fichtl 2004 und (knapp zusammenfassend) Fichtl 2006. Zum Befestigungswesen vgl. Jockenhövel 1999 und Fichtl 2010.

Unsere Kenntnis des Siedlungswesens der vorrömischen Kelten Mittel- und Westeuropas beruht fast ausschließlich auf den Ergebnissen der archäologischen Forschung, da die antiken Quellen dazu nur sehr allgemeine und teilweise geradezu irreführende Aussagen treffen.[102] Von archäologischer Seite wiederum ergibt sich eine gewisse Verzerrung des Bildes dadurch, dass einige topographisch oder historisch besonders prominente Orte sehr viel besser erforscht sind als der Durchschnitt und daher in der Vergangenheit zu Verallgemeinerungen Anlass gaben, die heute auf der Grundlage einer breiteren Materialbasis wieder in Frage gestellt werden. Darüber hinaus ist festzustellen, dass die Zentralorte insgesamt weitaus besser erforscht sind als die an sich sehr viel häufigeren kleineren Siedlungen, Dörfer und Gehöfte, deren große Bedeutung für das Siedlungswesen im Allgemeinen erst in der jüngsten Vergangenheit durch den Einsatz neuerer naturwissenschaftlicher Untersuchungsmethoden gewürdigt werden konnte. Da unsere Kenntnis des vorrömischen keltischen Siedlungswesens gleichwohl noch immer stark von den in Zentralorten gewonnenen Erkenntnissen geprägt ist, stehen diese Siedlungen auch im Mittelpunkt der vorliegenden Darstellung.

Zentralorte der Späthallstattzeit

Sehr wahrscheinlich wurde der Prozess der Zentralisierung und Urbanisierung bei den vorrömischen Kelten Mittel- und Westeuropas von ähnlichen Entwicklungen im Mittelmeerraum angestoßen, wobei die Entstehungsbedingungen und Geschichte der keltischen Siedlungen jedoch insgesamt und in vielen Einzelheiten nach wie vor kontrovers beurteilt werden. Um die Gründe dafür zu verstehen, liegt es nahe, die Zentralsiedlungen der Späthallstattzeit aus einer mediterranen Perspektive zu betrachten und sie der Reihe nach in west-östlicher Verbreitung Revue passieren zu lassen.

Als der am weitesten westlich gelegene keltische Zentralort der Späthallstattzeit erscheint aus neuerer Sicht die Siedlung von Bourges im Département Cher.[103] Ange-

---

[102] Vgl. dazu die Zusammenstellung einschlägiger Textpassagen bei Maier B. 2010.

[103] Das Folgende nach Büchsenschütz u. a. 2010 und Milcent 2010. Vgl. ferner die Zusammenfassung von Ralston 2007, die Monographien von Augier u. a. 2007 und Milcent 2007a sowie die Überlegungen zu einem möglichen Reflex der in Bourges feststellbaren Urbanisierung in der antiken Überlieferung (Livius 5,34) bei Peyre u. Büchsenschütz 2008.

legt auf einem von Sumpfland umgebenen Sporn im Herzen des Loirebeckens, verdankte der Ort seine herausgehobene Stellung allem Anschein nach einerseits seinem landwirtschaftlich ertragreichen Hinterland im Süden und Westen, andererseits den intensiv genutzten Eisenvorkommen der Region im Norden. Darüber hinaus lag er an einer Kreuzung von Landwegen und kleinen Wasserstraßen, die für den Handel zwischen dem Zentrum des Pariser Beckens und der Auvergne wichtig waren. Bei den zwischen 2001 und 2008 durchgeführten Grabungen an der nordöstlichen Peripherie der Stadt fand man auf 14 ha vor allem Überreste von Handwerksbetrieben aus dem 5. Jahrhundert v. Chr., die jedoch nur einige Jahrzehnte Bestand hatten. So etwa entdeckte man eine Produktionsstätte von Fibeln aus Kupferlegierungen, die augenscheinlich in großer Stückzahl serienmäßig hergestellt wurden.[104] Zahlreiche über das ganze Areal verteilte mediterrane Importgegenstände lassen vermuten, dass diese Güter nicht nur für eine kleine Oberschicht zu erwerben waren. Möglicherweise liegen hier also Ansätze zu einer Urbanisierung im äußersten Westen des Westhallstattkreises vor, die jedoch – ähnlich wie zuvor schon an anderen, weiter östlich gelegenen späthallstattzeitlichen Zentralorten – bereits in der Frühlatènezeit wieder abbrach und – bis zur Gründung des Oppidums Avaricum in der Spätlatènezeit – von ländlichen Besiedlungsstrukturen überlagert wurde.

Ca. 200 km (Luftlinie) südöstlich von Bourges und ca. 20 km nordöstlich von Chalon-sur-Saône liegt am Zusammenfluss der Saône und des Doubs der Ort Bragny-sur-Saône.[105] Dort erbrachten die zwischen 1968 und 1979 durchgeführten Ausgrabungen vielfältige Hinweise auf die Verarbeitung von Eisen und Bronze sowie umfangreiches mediterranes Importgut, darunter massaliotische Weinamphoren und attisch-schwarzfigurige Keramik. Mit einer Fläche von 4 ha erlebte die Siedlung nach Ausweis der Fibelfunde ihre erste Blütezeit im späten 6. und frühen 5. Jahrhundert v. Chr., spielte aber noch in der zweiten Hälfte des 5. Jahrhunderts v. Chr. eine wichtige Rolle.

130 km nordnordwestlich von Bragny-sur-Saône erhebt sich als Zeugenberg mit teilweise schwer zugänglichen Steilhängen im oberen Tal der Seine am linken Flussufer unweit des Ortes Châtillon-sur-Seine der durch das Grab von Vix berühmt gewordene Mont Lassois.[106] Seinen Gipfel bildet der Mont Saint-Marcel, ein ovales Plateau von 120 bis 150 m Breite und ca. 500 m Länge, an das sich nach Südwesten der Mont Roussillon, eine ca. 20 m tiefer gelegene Fläche von knapp 200 m Länge und knapp 70 m Breite anschließt. Spuren einer intensiven Nutzung des Bergs sind bereits für die ausgehende Bronzezeit bezeugt und setzen sich in der gallorömischen und der Merowingerzeit fort. In der Späthallstattzeit war der gesamte Fuß der Anhöhe und eine weitere Siedlungsfläche zum Fluss hin mit einem ca. 19 m breiten und über 5 m tiefen Graben mit einem dahinter liegenden bis zu 3 m hohen Wall befestigt. Wie die Reste massaliotischer Weinamphoren und zahlreicher

[104] Filippini u. Pescher 2009.
[105] Das Folgende nach Flouest 1991 sowie Spindler 1991, 53–54. Vgl. ferner Feugère u. Guillot 1986 sowie Collet u. Flouest 1997 und zur Metallverarbeitung Modarressi-Tehrani 2009, 107–120, 154–166, 201–202 und 205.
[106] Das Folgende nach Berthelier-Ajot 1991,

Spindler 1991, 54–56, und nach den Zusammenfassungen der 2002–2006 durchgeführten Ausgrabungen durch Mötsch u. a. 2008 sowie Mötsch u. Grübel 2010. Vgl. ferner die Monographie von Chaume 2001, die Überlegungen von Ellmers 2010, die Beiträge in Chaume u. Mordant 2011 sowie Mötsch 2011.

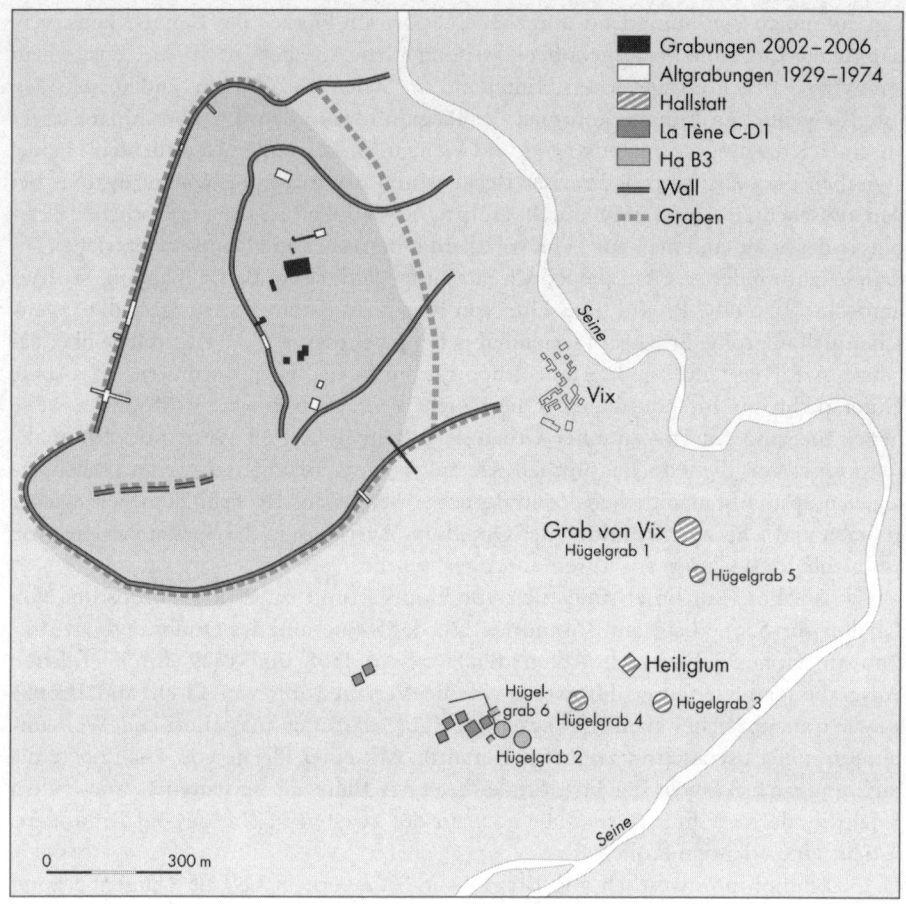

Der Mont Lassois und seine Gräber

attisch-schwarzfiguriger Gefäße aus dem letzten Viertel des 6. Jahrhunderts v. Chr. vermuten lassen, entstand dort nach der Niederlage der Griechen gegen die Karthager in der Seeschlacht bei Aléria (Alalia) um 535 v. Chr. ein Zentralort, dessen Bedeutung auf seiner Beherrschung jener wichtigen Landroute fußte, auf der man Zinn aus Britannien durch die Täler der Seine, der Saône und der Rhône an die Mittelmeerküste bei Massalia und weiter nach Griechenland transportierte.

Nachdem der Mont Lassois vor allem zwischen 1947 und 1974 von René Joffroy (1915–1986) erforscht worden war, hat man die Grabungen in den 1990er Jahren unter Einbeziehung der Luftbildarchäologie und geomagnetischer Prospektionen, zuletzt als gemeinschaftliches Projekt der Universitäten von Dijon, Wien und Kiel, wieder aufgenommen. Dabei fand man am Westrand des Plateaus Saint-Marcel eine späthallstattzeitliche Pfostenschlitzmauer, die man auf einer älteren, wahrscheinlich endbronzezeitlichen Befestigung errichtet hatte. Des Weiteren ergab die flächendeckende geomagnetische Vermessung des Gipfelplateaus klare Hinweise auf eine planmäßige Bebauung mit Wohnhäusern und Speichern, einer Aufteilung in Parzellen und einer Wasserversorgung durch Zisternen. Als bemerkenswerteste Struktur wurde ungefähr in der Mitte der Osthälfte ein bis zu 35 × 22 m großes, hallenähnliches Gebäude mit drei Querschiffen, umlaufenden Pfostenreihen und einem apsidenförmigen Abschluss im Westen freigelegt. Dabei ließen Farbspuren (ocker und beige-weiß) an den Resten des Wandverputzes auf eine aufwändige (Innen-) Dekoration der Wände schließen. Ob das Gebäude nur einheimische oder auch mediterrane Bautraditionen fortsetzt, bleibt noch zu klären. Bereits von der Seine aus weithin sichtbar, diente es zweifellos einem repräsentativen und vielleicht (auch) kultischen Zweck, wofür auch die Funde von Fragmenten massaliotischer Weinamphoren, attischer Importkeramik und weiterer, unter mediterranem Einfluss entstandener Keramikformen sprechen dürften.

Wendet man sich von Bragny-sur-Saône statt nach Nordwesten nach Osten, gelangt man in der Nähe des Ortes Salins-les-Bains zur befestigten Anhöhe Camp-de-Château.[107] Sie nimmt den Ostteil eines schwer zugänglichen Höhenrückens ein, der sich zum einen durch Salzquellen am Fuß des Bergs, zum anderen durch seine Lage an einem bedeutenden Fernhandelsweg von den Tälern der Rhône und Saône über den französischen Jura ins Schweizer Mittelland auszeichnet. Die engen Beziehungen zum Mittelmeerraum bezeugen zahlreiche Fragmente massaliotischer Weinamphoren und attischer Keramik aus der zweiten Hälfte des 6. und dem gesamten 5. Jahrhundert v. Chr., die bei Grabungen seit dem frühen 20. Jahrhundert zutage kamen.

Überquert man bei Salins-les-Bains den Jura, gelangt man zu den späthallstattzeitlichen Zentralorten des Schweizer Mittellands, die erst seit den 1970er Jahren archäologisch erforscht werden.[108] Ganz im Süden liegt auf einer steil abfallenden, durch Wall und Graben gegen das Hinterland befestigten Anhöhe an der Mündung der Glâne in die Saane der seit 1974 planmäßig untersuchte Ort Châtillon-sur-Glâne, wo neben massaliotischen Weinamphoren eine Vielzahl von Fragmenten attischer Keramik gefunden wurde.[109] An der Nordwestspitze des Zürich-Sees liegt der Üetliberg, dessen Gipfelplateau (Uto-Kulm) in den 1980er Jahren Gegenstand ausgedehnter Grabungen war, die ebenfalls griechische Importkeramik zu Tage förderten.[110] Neue Ergebnisse lieferten auch die zwischen 1994 und 1997 auf der 17 km südwestlich des Üetlibergs gelegenen Baarburg durchgeführten Ausgrabungen und Prospektionen, wo neben Fragmenten grauer Drehscheibenware aus derselben Produktionsstätte wie der des Üetlibergs auch eine attische Scherbe gefunden wurde, was die Annahme eines weiteren späthallstattzeitlichen Zentralortes nahelegt.[111]

Schlägt man von Salins-les-Bains aus statt der östlichen Route über das Gebirge den Weg nach Nordosten ein, gelangt man zur Burgundischen Pforte, die das Rheintal und die von Ognon und Doubs gebildeten Ausläufer des Saônetals verbin-

[107] Das Folgende nach Spindler 1991, 57–58. Vgl. ferner kurz zusammenfassend Piningre u. Ganard 1997 sowie ausführlich Piningre 2004.

[108] Das Folgende nach Spindler 1991, 58–61, und Kaenel 2005. Vgl. ferner Benkert u. a. 2010.

[109] Vgl. zusammenfassend Ramseyer 1997 sowie Lüscher 1996 (Amphoren) und Dietrich-Weibel u. a. 1998 (Keramik).

[110] Vgl. Bauer u. a. 1991 sowie die Zusammenfassung des Forschungsstands durch Siegfried 1997.

[111] Vgl. dazu Hep 1996, Carnes u. a. 1996 sowie Stöckli 2000.

det. Hier befindet sich auf einem steil abfallenden, durch Wall und Graben gegen das Hinterland gesicherten Bergvorsprung am Zusammenfluss von Ill und Largue bei Illfurth eine weitere späthallstattzeitliche Zentralsiedlung auf dem Britzgy-berg.[112] Nachdem die Anlage seit dem frühen 20. Jahrhundert immer wieder archäologisch untersucht wurde, förderten planmäßige Grabungen seit den 1970er Jahren Reste südgallische Amphoren und attisch-schwarzfiguriger Keramik zutage, während andere auf dem Britzgyberg gefundene Objekte ihre nächsten Parallelen in den Regionen östlich des Rheins finden.

Ca. 40 km (Luftlinie) nordnordöstlich des Britzgybergs befand sich eine weitere späthallstattzeitliche Zentralsiedlung auf dem Münsterberg bei Breisach.[113] In der Vorgeschichte zumindest zeitweise als Insel im Rhein gelegen, wies der 45 m hohe, steil aufragende Basaltkegel ursprünglich zwei durch eine tiefe Senke voneinander getrennte Hügelkuppen auf. Erst in der Späthallstattzeit wurde die Senke oder Mulde zwischen diesen beiden Kuppen aufgefüllt, wodurch eine 15 ha große ge-schlossene Siedlungsfläche entstand. Nachdem bereits bei Grabungen der 1970er Jahre erstmals Importgut aus Südfrankreich gefunden wurde, förderten die Unter-suchungen der Jahre 1980 bis 1986 auch attische schwarz- und rotfigurige Keramik zutage. Obschon die Intensität der vorgeschichtlichen Nutzung des Münsterbergs von Breisach beim gegenwärtigen Stand der Ausgrabungen unklar ist, sprechen die bisherigen Funde doch dafür, dass sie in der Späthallstatt- und Frühlatènezeit einen Höhepunkt erreichte.

Während weitere späthallstattzeitliche Zentralsiedlungen im nördlichen Teils des Oberrheingrabens nicht sicher nachgewiesen werden konnten, kennt man mehrere solcher Anlagen aus dem Raum östlich des Schwarzwalds. Noch am Ostrand des Schwarzwaldes liegt auf einem Geländesporn unweit des Zusammenflusses von Bri-gach und Breg die befestigte Siedlung auf dem Kapf bei Villingen, die nach Ausweis der – sämtlich aus der Phase Ha D1 stammenden – Fibel- und Keramikfunde nur wenige Jahrzehnte lang in der Zeit um 600 v. Chr. genutzt wurde.[114] Ein nach Aus-weis der umliegenden Grabhügel noch bedeutenderer und sehr viel länger genutzter Zentralort befand sich aller Wahrscheinlichkeit nach auf dem Hohenasperg bei Ludwigsburg, an dessen Hängen mehrfach Keramik aus der Späthallstatt- und Frühlatènezeit gefunden wurde und in dessen Umgebung – abgesehen von den wei-ter unten zu besprechenden Gräbern – in einem Radius von 15 km eine besonders hohe Siedlungsdichte festzustellen ist.[115]

Sind von der durch spätere Überbauung stark veränderten Gipfelfläche des Hohenaspergs keine hallstattzeitlichen Funde bekannt, so gehört die auf einem Geländesporn über dem linken Donauufer bei Hundersingen im Landkreis Sig-maringen gelegene Heuneburg zu den am längsten und besten erforschten spät-hallstattzeitlichen Zentralorten.[116] Bereits zwischen 1856 und 1897 hatte man nach

---

[112] Das Folgende nach Spindler 1991, 62–63, sowie Adam 2010. Vgl. ferner Schweitzer 1997.

[113] Das Folgende nach Spindler 1991, 63–64, Rieckhoff u. Biel 2001, 307–309, sowie Balzer 2010b. Vgl. ferner die Monographien von Ben-der u. a. 1993 und Balzer 2009 sowie (zum

Nachweis von Kulturkontakten anhand der Keramikfunde) Balzer 2010c.

[114] Das Folgende nach Spindler 1991, 65–66. Vgl. dazu Hübener 1972.

[115] Vgl. dazu Balzer 2008 und Balzer 2010a.

[116] Die Ergebnisse der zwischen 1950 und 1979 unter der Leitung von K. Bittel, W. Dehn,

der archäologischen Untersuchung verschiedener Grabhügel in ihrer näheren Umgebung vermutet, dass es sich bei den dort beigesetzten Personen um Bewohner der Heuneburg gehandelt haben könnte. Erste archäologische Sondierungen auf der Burg selbst erfolgten jedoch erst 1921, umfängliche planmäßige Grabungen zwischen 1950 und 1979. Bereits 1954 hatte man auf einem schmalen Höhenrücken im westlichen Vorland der Heuneburg eine Außensiedlung mit einer Ausdehnung von ca. 10 ha entdeckt, wovon zwischen 1954 und 2000 mehrere Ausschnitte archäologisch untersucht wurden. Reste einer weiteren, auf demselben Höhenrücken angelegten Siedlung kamen 1995 bei Grabungen ca. 600 bis 700 m südwestlich der Heuneburg zutage.[117] Zahlreiche weitere Siedlungsstellen wurden 1999 bis 2003 bei einer Prospektion in der Umgebung der Grabhügel im Umfeld der Heuneburg ermittelt. Auf die Entdeckung einer über 16 m langen Torkonstruktion zwischen Burgplateau und Außensiedlung im Jahr 2005 folgte schließlich 2010 die Entdeckung eines weiteren reich ausgestatteten Grabes in der Donauebene unterhalb der Burg, das infolge des Grundwassers und der Staunässe ungewöhnlich gut erhalten geblieben war, kurz vor dem Ende des Jahres 2010 en bloc geborgen wurde und derzeit im Landesmuseum Stuttgart untersucht wird.

Die ungefähr dreieckige, ca. 300 m lange und bis zu 150 m breite Fläche, auf der in der späten Hallstattzeit die Heuneburg errichtet wurde, erhebt sich in ca. 600 m Höhe und ca. 60 m über der Talebene an jener Stelle, wo die Donau von Westen aus Sigmaringen kommend nach Norden in Richtung Ulm abbiegt. Nach einer ersten Besiedlung in der Jungsteinzeit war der Hügel bereits im 17. Jahrhundert v. Chr., am Übergang von der Frühen zur Mittleren Bronzezeit, mit einer ca. 800 m langen und 2 m breiten Ringmauer befestigt worden.[118] Eine überregionale Bedeutung erlangte die Heuneburg dann in der Späthallstatt- und Frühlatènezeit, für die in einem Zeitraum von 150 bis 200 Jahren 14 Bauhorizonte nachgewiesen werden konnten. In der zweiten Hälfte des 7. Jahrhunderts v. Chr., zu Beginn der Späthallstattzeit (Bauperiode IVc), wurde das Burgplateau mit einer 5 m breiten Blockwerkmauer befestigt. Die Initiative dazu ging möglicherweise von den Bewohnern der ungefähr zeitgleichen offenen Siedlungen im westlichen und südwestlichen Vorland der Burg aus. Noch vor der Mitte des 6. Jahrhunderts v. Chr., in den Bauperioden IVb und IVa, errichtete man dann in einer nördlich der Alpen bislang unbekannten Bauweise auf einem Kalksteinsockel aus luftgetrockneten Lehmziegeln eine ca. 750 m lange und 5 bis 6 m hohe, auf der Außenseite leuchtend weiß getünchte repräsenta-

---

W. Kimmig und E. Gersbach durchgeführten Ausgrabungen sind in der elfbändigen Reihe «Heuneburgstudien» dokumentiert. Vgl. (1) Riek 1962 (Grabhügel Hohmichele), (2) Mansfeld 1973 (Fibeln), (3) Lang 1974, (4) Dämmer 1978 (Keramik), (5) Sievers 1984 (Kleinfunde), (6) Gersbach u. Hopert 1989 (Ausgrabungsmethodik und Stratigraphie), (7) van den Boom u. Fort-Linsfeiler 1989, (8) van den Boom u. a. 1991 (Keramik), (9) Gersbach 1995, (10) Gersbach 1996 (Baubefunde der Perioden IVc–IVa bw. IIIb–Ia), (11) Kimmig 2000 (Importe und mediterrane Einflüsse), dazu kritisch Brosseder

u. a. 2003. Kurze, für ein breites Publikum verfasste Einführungen in die Anlage und ihre Geschichte bieten Kimmig 1983a sowie H. Reim in Rieckhoff u. Biel 2001, 362–366.
[117] Vgl. dazu ausführlich Kurz S. 2000 sowie knapp zusammenfassend Kurz S. 2008a. Zum Verhältnis zwischen der Heuneburg, der nordwestlich davon gelegenen Außensiedlung, der so genannten Südsiedlung und den im Umkreis von 1–5 km verstreuten Grabhügeln vgl. ferner Kurz S. 2007, 2008b, 2009 und 2010.
[118] Vgl. dazu ausführlich Gersbach 2006.

tive Befestigungsmauer mit Wehrgang und über einem Dutzend vorspringender Wehrtürme. Zu diesem Zweck schaffte man aus einem 6 km entfernten Kalksteinbruch über 1300 Kubikmeter Quadergestein herbei und stellte nahezu 500 000 40 × 40 cm große Lehmziegel her. Ist man sich allgemein darüber einig, dass die Anregung zur Anlage dieser Befestigungsmauer aus dem Mittelmeerraum gekommen sein muss, so wird die Diskussion über die genaue Region und mögliche konkrete Vorbilder doch bis heute kontrovers geführt. Neben der phokäischen Kolonie Massalia sind dabei insbesondere der oberitalisch-etruskische Raum, aber auch griechische Befestigungswerke in Unteritalien und auf Sizilien sowie Anregungen von punischer Seite aus dem westlichen Mittelmeerraum in Erwägung gezogen worden.[119] Zeitgleich mit der Errichtung der Lehmziegelmauer wurde der Innenraum des Burgplateaus neu strukturiert. Anstelle der zuvor üblichen locker gestreuten und durch Zäune gegeneinander abgegrenzten Gehöfte mit Wohngebäuden, Werkstätten und Speichern findet man nun eine planmäßige Bebauung mit eng nebeneinanderstehenden, an Wegen und Gassen aufgereihten Häusern. Diese wurden ausschließlich aus Holz ohne Steinunterbau mit Wänden aus Bohlen oder verputztem Flechtwerk errichtet und vermutlich mit Schindel- oder Strohdächern gedeckt.[120]

In der zweiten Hälfte des 6. Jahrhunderts v. Chr. wurden die Lehmziegelmauer, die Häuser in der Burg sowie die ausgedehnte Außensiedlung durch ein Feuer zerstört. Danach kehrte man mit der Errichtung einer 4 bis 5 m breiten Pfostenmauer zur traditionellen einheimischen Befestigungsweise zurück und gab auch die planmäßige enge Bebauung im Inneren der Burg wieder auf, wo nunmehr – wie schon zur Zeit vor der Lehmziegelmauer in der Bauperiode IVb – nur locker gestreute Gehöfte, aber auch (in der Südostecke) ein repräsentativer Großbau mit über 400 m² Grundfläche errichtet wurden. Ihre zentralörtliche Funktion behielt die Heuneburg jedoch offenbar nach wie vor bei, wofür nicht nur das kaum für private Zwecke geeignete große Gebäude im Südosten des Burgareals, sondern auch die Anlage einer Vorburg mit Wall, Graben und einer repräsentativen Toranlage auf der dem Fluss abgewandten Seite im Südwesten der Burg sprechen dürfte.[121] Erst gegen Ende des 5. Jahrhunderts v. Chr. wurde die Heuneburg erneut durch Feuer zerstört und wie viele andere befestigte Plätze der Region aufgegeben.

Sehr wahrscheinlich verdankte die Heuneburg ihre zentralörtliche Funktion in erster Linie ihrer Lage an einem wichtigen Verkehrsknotenpunkt, an dem sich Handelswege in west-östlicher und nord-südlicher Richtung kreuzten. Den eindrucksvollsten Beleg für die ausgedehnten Verbindungen der Burgherren zum Mittelmeerraum bilden dabei – neben der heute in einem Teilabschnitt rekonstruierten Lehmziegelmauer – die Funde von Importgütern aus dem Mittelmeerraum, darunter mehrere Dutzend Fragmente griechischer Mischkrüge, Schalen und Becher, die Überreste mehrerer großer Transportamphoren aus dem Umkreis von Massalia sowie Fibeln und kleinere Metallgegenstände aus dem oberitalischen Raum. Die

[119] Vgl. dazu ausführlich Hailer 2010 und Burkhardt 2010.
[120] Vgl. dazu zusammenfassend van den Boom 2006.
[121] Vgl. dazu Kurz G. 2008 sowie Bofinger u. Goldner-Bofinger 2008.

wirtschaftliche Grundlage des Wohlstands, der in diesen Importgütern wie auch in der repräsentativen Burganlage zum Ausdruck kommt, bildete zweifellos die Landwirtschaft, doch ist darüber hinaus vielleicht auch damit zu rechnen, dass die Burgherren außerdem den Abbau und die Verhüttung von Eisenerz auf der Schwäbischen Alb im Norden und Westen der Heuneburg kontrollierten.[122] Dass die Metallverarbeitung im Rahmen eines spezialisierten Handwerks auch auf der Burg selbst eine wichtige Rolle spielte, bezeugen am eindrucksvollsten die Überreste von Bronzegießereien im Südosten der Anlage.[123]

Nordöstlich der Heuneburg liegt am Westrand des Nördlinger Rieses und an der Trennlinie zwischen Schwäbischer Alb und Frankenalb der Ipf bei Bopfingen.[124] Nach ersten archäologischen Untersuchungen zu Beginn des 20. Jahrhunderts wurden dort 2004 bis 2008 umfangreiche Ausgrabungen und geomagnetische Prospektionen durchgeführt, die zum Nachweis einer planmäßigen Besiedlung des Gipfelplateaus und zu Funden griechischer Importkeramik führten. Die Untersuchung der Befestigungsanlagen ließ darauf schließen, dass umfangreiche Befestigungen am Fuß des Berges zu Beginn der Frühlatènezeit errichtet wurden, wobei als wirtschaftliche Grundlagen der Siedlung neben Ackerbau und Viehzucht auch die Verhüttung und Verarbeitung von Eisen nachgewiesen werden konnte.

Als letzte späthallstattzeitliche Zentralsiedlung im Westhallstattkreis ist hier schließlich nordnordwestlich des Ipf in einer topographisch herausragenden Lage im Maintal der Marienberg von Würzburg zu nennen.[125] Obschon eine Rekonstruktion der vorgeschichtlichen Siedlungsausdehnung und Befestigung des Gipfels aufgrund späterer Überbauungen unmöglich ist, kamen doch bei Grabungen in den 1960er Jahren mehrere Scherben griechischer Keramik zutage. Sie belegen die weit gespannten Beziehungen der späthallstattzeitlichen Bewohner des Marienbergs, denen man auch die zahlreichen Großgrabhügel in der Nachbarschaft zuordnet.

Wendet man sich von Würzburg aus nach Osten, findet man jenseits des Westhallstattkreises in Böhmen drei weitere Zentralsiedlungen mit nachweisbaren Beziehungen zum Mittelmeerraum.[126] Die davon am weitesten westlich gelegene liegt auf dem Berg Vladař in Westböhmen, wo auf einem schon in der Bronzezeit besiedelten Platz im 6./5. Jahrhundert v. Chr. umfangreiche Befestigungen angelegt wurden. Ca. 100 km östlich von Vladař lag auf einem Bergsporn am Unterlauf der Moldau bei Kralupy nad Vltavou die mit Mauer und Graben befestigte Höhensiedlung von Minice mit einer Ausdehnung von ca. 1 ha. Die regionale Bedeutung dieser Siedlung und ihre Einbindung in wichtige Fernhandelsrouten bezeugen vier Zweige der Edelkoralle, die wohl aus dem westlichen Mittelmeerraum nach Böhmen gelangten. Ca. 40 km südlich von Minice lag oberhalb des Zusammenflusses von Berounka und Moldau der Burgwall Závist, wo sich im 6. und 5. Jahrhundert v. Chr. ein befestigter Platz mit einem Heiligtum befand.[127]

---

[122] So Gersbach 2009.

[123] Vgl. dazu S. Kurz in Krausse u. Beilharz 2010, 34–40.

[124] Das Folgende nach Krause in Rieckhoff u. Biel 1991, 304–306, Krause u. a. 2008 sowie 2010. Ausführlich Krause 2007.

[125] Das Folgende nach Spindler 1991, 75–76,

und P. Ettel in Rieckhoff u. Biel 2001, 494–496. Vgl. ferner van Endert 1997.

[126] Das Folgende nach Chytráček u. a. 2010, 158–168.

[127] Knapp zusammenfassend Motyková u. a. 1991, ausführlich Drda u. Rybová 2008.

Betrachtet man die hier vorgestellten Zentralsiedlungen in ihrer Gesamtheit, so ist an erster Stelle auf den höchst uneinheitlichen Forschungs- und Kenntnisstand hinzuweisen: Während manche Anlagen seit Jahrzehnten planmäßig untersucht werden, sind andere nur wenig erforscht bzw. wegen späterer Überbauungen auch gar nicht systematisch erforschbar. Klar ist auch, dass die von neuen naturwissenschaftlichen Methoden geprägten archäologischen Untersuchungen der beiden vergangen Jahrzehnte in mehreren Fällen (Mont Lassois, Heuneburg, Ipf) unseren Kenntnisstand so stark verändert und erweitert haben, dass die Vorläufigkeit jeder Beurteilung wenig erforschter Anlagen (wie z. B. Châtillon-sur-Glâne, wo derzeit erst 1 % der Gesamtfläche ausgegraben wurde) nachdrücklich hervorgehoben werden muss. Ungeklärt ist z. B. auch die Geschichte der als «Heidenmauer» bekannten späthallstattzeitlichen Höhensiedlung auf dem Kastanienberg am Nordwestrand von Bad Dürkheim.[128] Teilweise noch heute im Gelände zu erkennen, umspannte der ca. 2 km lange Ringwall in der Form eines Bogens mit gespannter Sehne ein Areal von 26 ha, mit einer maximalen Ausrichtung von 735 m in nordsüdlicher und ca. 600 m in ostwestlicher Richtung. Obschon die Innenfläche wegen der starken Bewaldung bisher nicht systematisch untersucht werden konnte, lässt das bei kleineren Begehungen und Sondagen zutage gekommene Fundmaterial doch auf eine flächige Besiedlung der Anlage schließen. Um 500 v. Chr. angelegt, wurde die Höhensiedlung bereits nach wenigen Jahrzehnten wieder aufgegeben und planmäßig geräumt, wie man aus dem Fehlen jeglicher Hinweise auf eine gewaltsame Zerstörung, aber auch aus dem Fehlen wiederverwertbarer Metallgegenstände im Fundgut schließen kann. Möglicherweise sollte hier im Zusammenhang mit Fernhandelsbeziehungen zum Mittelmeerraum eine Stadt gegründet werden, die dann jedoch aufgrund veränderter wirtschaftlicher Rahmenbedingungen die Erwartungen ihrer Erbauer nicht erfüllen konnte.

Ungeachtet solcher Unsicherheiten ist davon auszugehen, dass weitere Forschungen nicht alle der bereits jetzt sichtbaren individuellen Eigenheiten nivellieren oder wieder in Frage stellen können. Dies gilt insbesondere für Unterschiede in der Nutzungsdauer dieser Anlagen (oft bis zum Ende der Späthallstattzeit, mitunter aber auch bis in die Frühlatènezeit) oder für die Verbindung von Siedlungen und aufwändig ausgestatteten Gräbern, die in einigen Fällen klar ausgeprägt sind, in anderen aber völlig fehlen. Die bisherigen Untersuchungen zeigen jedenfalls, dass die genannten Anlagen in vielen Fällen auf einer älteren bronzezeitlichen Besiedlung aufbauen, diese an Intensität und Ausdehnung jedoch oft übertreffen. Ausschlaggebend für ihre zentralörtliche Funktion war augenscheinlich ihre Lage an Schnittpunkten bedeutender Fernhandelswege, welche die keltischen Regionen Mittel- und Westeuropas mit den Zentren der mediterranen Kulturen in Südfrankreich und Oberitalien verbanden. Neben einer verkehrs- und handelspolitisch beherrschenden Lage sind außerdem in mehreren Fällen die intensive Nutzung eines landwirtschaftlich ertragreichen Hinterlands und der Abbau von Bodenschätzen wie z. B. Salz oder Eisen nachgewiesen, die wiederum die Existenz eines spezialisierten Handwerks nach sich zogen.

---

[128] Das Folgende nach Kreckel 2008. Vgl. dazu Bernhard u. a. 2010.

Befestigte Siedlungen der Früh- und Mittellatènezeit

Aus der Frühlatènezeit sind nur wenige Siedlungen bekannt, die im Hinblick auf ihr Fundspektrum sowie ihre räumliche Ausdehnung und architektonische Gestaltung mit den späthallstattzeitlichen Zentralorten vergleichbar erscheinen. Sehr viel besser bekannt sind kleinere, burgähnliche Anlagen, von denen die Altburg bei Bundenbach im Hunsrück eines der jüngsten, zugleich aber auch am besten erforschten Beispiele darstellt.[129] Dabei handelt es sich um eine ca. 2 ha große befestigte Höhensiedlung, die nach Ausweis der 1971 bis 1975 durchgeführten archäologischen Untersuchungen von der zweiten Hälfte des 4. bis zur ersten Hälfte des 1. Jahrhunderts v. Chr. genutzt wurde.

Eine zentralörtliche Funktion hatte nach Ausweis neuerer archäologischer Untersuchungen die frühlatènezeitliche Siedlung auf dem Glauberg, 32 km nordöstlich von Frankfurt am Main und ca. 8 km westnordwestlich von Büdingen.[130] Als letzter Ausläufer des Vogelbergs bildet der Glauberg eine zur Besiedlung gut geeignete Hochebene von über 800 m Länge und 80 bis 200 m Breite. Schon in der Jungsteinzeit besiedelt, wurde der Glauberg erstmals in der Späthallstattzeit mit einer Holz-Stein-Erde-Mauer befestigt, wobei zusätzliche Wälle im Norden des Bergs ein Wasserreservoir umschlossen, um so die Versorgung der Bewohner zu sichern. Die zentralörtliche Funktion des Glaubergs in der Frühlatènezeit erschließt man vor allem aus den reich ausgestatteten Gräbern am Fuß des Bergs (S. 152) sowie aus einem großflächigen, doch weitgehend ungedeuteten System von Wällen und Gräben in seiner unmittelbaren Umgebung, das man als Überreste eines zentralen Heiligtums interpretiert.

Eine überregionale zentralörtliche Bedeutung vermutet man auch für die Ehrenbürg bei Forchheim, die sich als weithin sichtbarer, ca. 1500 m langer, bis zu 300 m breiter und steil abfallender Inselberg um 200 bis 250 m über das umgebende Wiesenttal erhebt.[131] Bereits in der Frühen Jungsteinzeit besiedelt, spielte der Ort vermutlich schon in der späten Bronzezeit aufgrund seiner verkehrsgünstigen Lage 7 km östlich des Zusammenflusses von Wiesent und Regnitz eine wichtige Rolle. Nach einer längeren Siedlungspause in der frühen Eisenzeit begann dann in der Späthallstattzeit die erneute Nutzung des Areals, das in der Frühlatènezeit mit Trockenmauern vollständig umwehrt wurde. Ausgrabungen in den Jahren 1989 bis 1995 erbrachten Hinweise auf eine dichte Besiedlung sowie auf weit reichende Handelskontakte. In der ersten Hälfte des 4. Jahrhunderts v. Chr. wurde die Anlage allem Anschein nach aufgegeben, was vermutlich im Zusammenhang mit der Abwanderung von Bevölkerungsteilen im Gefolge von Versorgungsengpässen nach einer Klimaverschlechterung steht.

---

[129] Knapp zusammenfassend H. Nortmann in Rieckhoff u. Biel 2001, 311–315, ausführlicher Nortmann 1991. Vgl. ferner Nortmann 2008/09.

[130] S. knapp zusammenfassend Baitinger 2008 sowie ausführlich Baitinger 2010.

[131] Knapp zusammenfassend B.-U. Abels in Rieckhoff u. Biel 2001, 399–402, sowie Abels 2010, ausführlich in einem größeren Kontext Abels u. a. 2010.

Die Oppida der Spätlatènezeit[132]

Als Oppida (Sg. Oppidum) bezeichnet die moderne Archäologie (im Unterschied zum antiken Sprachgebrauch etwa bei Caesar) die stadtähnlichen Anlagen mittel- und westeuropäischer Kelten des 2./1. Jahrhunderts v. Chr. Sie wurden wie schon die Mehrzahl der späthallstattzeitlichen Zentralorte zumeist auf Höhenzügen, in Flussbiegungen oder in anderweitig geschützter Lage angelegt, unterscheiden sich jedoch von Anlagen früherer und späterer Jahrhunderte durch ihre gewaltige Ausdehnung, die in einigen Fällen mehrere hundert Hektar beträgt. Teilweise auf bereits in früheren Zeiten befestigtem Gelände errichtet, dienten Oppida in Kriegszeiten als Fluchtburgen für die umliegende Bevölkerung und im Frieden als Zentren für Handwerk und Handel. Bei der Wahl des Standorts spielten daher neben einer zur Verteidigung günstigen Lage auch das Vorkommen von Bodenschätzen sowie die Beherrschung bedeutender Fernhandelswege eine wichtige Rolle.

Charakteristisch für die Befestigung der Oppida des linksrheinischen Gebiets ist der *murus Gallicus* (das «Gallische Mauerwerk»). Er besteht aus einem Kastenwerk von ausschließlich waagerecht gelegten, durch Nägel miteinander verbundenen Längs- und Querbalken, wobei man das Innere des Kastenwerks mit Erde und Steinschotter füllte und die Außenfront mit Steinblöcken verkleidete. Wie Caesar in seiner anschaulichen Beschreibung (*BG* 7,23) hervorhebt, war diese Konstruktion bei einer Belagerung gegen Feuer und Rammböcke gleichermaßen widerstandsfähig. In Süddeutschland findet man neben dem *murus Gallicus* auch die so genannte Pfostenschlitzmauer, die ansonsten die weiter östlich gelegenen Oppida Böhmens und Mährens kennzeichnet. Bei ihrer Anlage errichtete man in regelmäßigen Abständen senkrechte Pfosten, die durch waagerechte Balken mit einer dahinter liegenden Erd- und Steinaufschüttung verbunden wurden, wobei man die Zwischenräume zwischen den Pfosten an der Außenfront mit Steinblöcken verkleidete. Typisch für die Befestigungsweise der rechtsrheinischen Oppida ist ferner das so genannte Zangentor, bei dem die Befestigungsmauern zu beiden Seiten des Tores nahezu rechtwinklig nach innen umbiegen, so dass sich das Tor von außen gesehen am Ende einer langen Gasse befindet. Im Verteidigungsfall konnten so nur wenige Angreifer gleichzeitig zum Tor selbst gelangen und mussten sich dabei außerdem nach rechts und links gegen die Verteidiger auf den Mauern der Torgasse zur Wehr setzen. Da der Forschungsstand bei den einzelnen Oppida so unterschiedlich ist, dass viele Aussagen, die für einzelne dieser Anlagen gut belegt sind, nur unter Vorbehalt verallgemeinert werden können, werden die bedeutendsten und wissenschaftsgeschichtlich wichtigsten Oppida im Folgenden einzeln vorgestellt. Als Reihenfolge wurde (wiederum mit Blick auf die wichtige Rolle von Fernhandelsbeziehungen zum Mittelmeerraum) wie schon bei den späthallstattzeitlichen Fürstensitzen eine ungefähr westöstliche Anordnung gewählt.

[132] Kurze Übersichten bieten Collis 2000 und Kaenel 2006, ausführlichere Angaben geben Fichtl 2005, Rieckhoff 2010, Sievers 2010 sowie Rieckhoff u. Fichtl 2011. Über neuere Forschungen orientieren Colin 1998, Metzler u. a. 2006, Wells 2006, die Beiträge in Benková 2008 sowie (mit regionaler Beschränkung) Bar- ral u a. 1996 (Pannonien), Fichtl 2003 (Nordostgallien), Drda u. Rybová 1997 und Kysela 2010 (Böhmen). Zum antiken und modernen Gebrauch des Begriffs «Oppidum» und seiner jeweiligen Problematik vgl. Boos 1989 sowie Schreiber 2008.

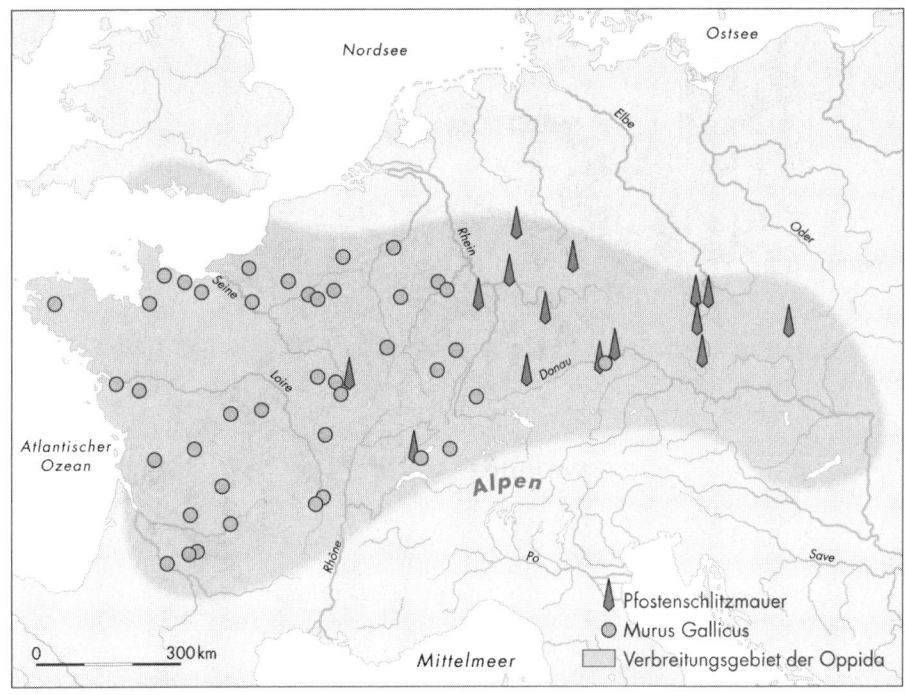

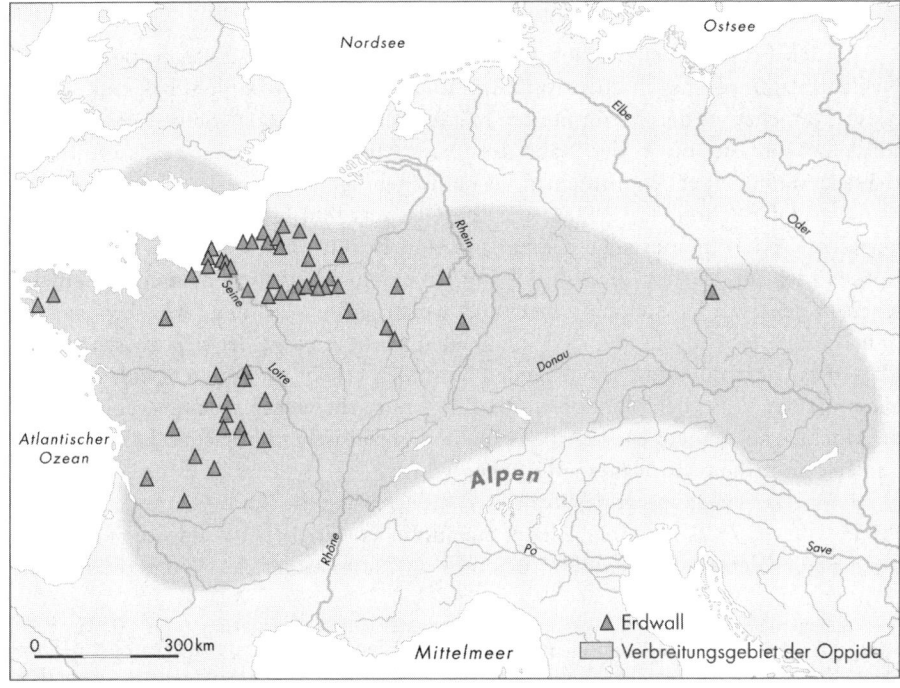

Oppida und ihre Befestigungen

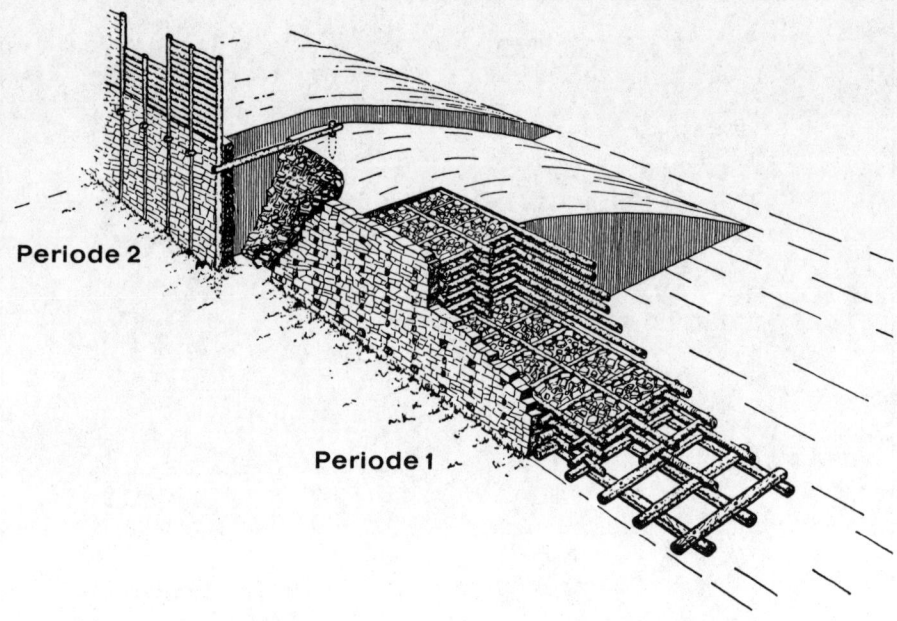

Periode 2

Periode 1

Schematische Darstellung des murus Gallicus und der Pfostenschlitzmauer
im Oppidum von Manching

Seit der Frühen Neuzeit aus Caesars Darstellung seiner Belagerung und der Niederschlagung des gallischen Aufstands unter Vercingetorix wohl bekannt, gehört Alesia von jeher zu den berühmtesten spätkeltischen Oppida.[133] Seine Lokalisierung auf dem Mont Auxois in der Nähe des Ortes Alise-Sainte-Reine bestätigte bereits 1839 der Fund einer Weihinschrift in gallischer Sprache mit der Erwähnung des Namens in der Schreibung ALISIIA (S. 290). Bereits 1861 bis 1865 fanden im Auftrag Napoleons III. umfangreiche Grabungen zur Ermittlung der römischen Belagerungseinrichtungen statt, die 1991 bis 1997 in einem französisch-deutschen Gemeinschaftsprojekt wieder aufgenommen und weitergeführt wurden. Angelegt auf der 97 ha großen Hochfläche des steil abfallenden Mont Auxois, der sich zwischen zwei Flüssen ca. 200 m über die umgebenden Talsohlen erhebt, ist von dem vorrömischen Hauptort des Volks der Mandubier allerdings nur sehr wenig erhalten geblieben, da die Hochfläche auf dem Mont Auxois auch unter römischer Herrschaft besiedelt blieb und erst im frühen Mittelalter aufgegeben wurde.

Als befestigter Hauptort des Volks der Arverner lag die Stadt Gergovia mit einer Fläche von ca. 75 ha auf einer schwer zugänglichen Hochebene südöstlich der heutigen Stadt Clermont-Ferrand.[134] Bekannt als Heimatstadt des Vercingetorix und

---

[133] Knapp zusammenfassend Rieckhoff u. Fichtl 2011, 32–33, ausführlicher Reddé 2003 (deutsch 2006). Zu den neueren deutsch-französischen Ausgrabungen ausführlich Reddé u. v. Schnurbein 2001. Vgl. ferner die Literatur-

angaben zur Belagerung von Alesia, S. 50, Anm. 20.

[134] Knapp zusammenfassend Rieckhoff u. Fichtl 2011, 33–35.

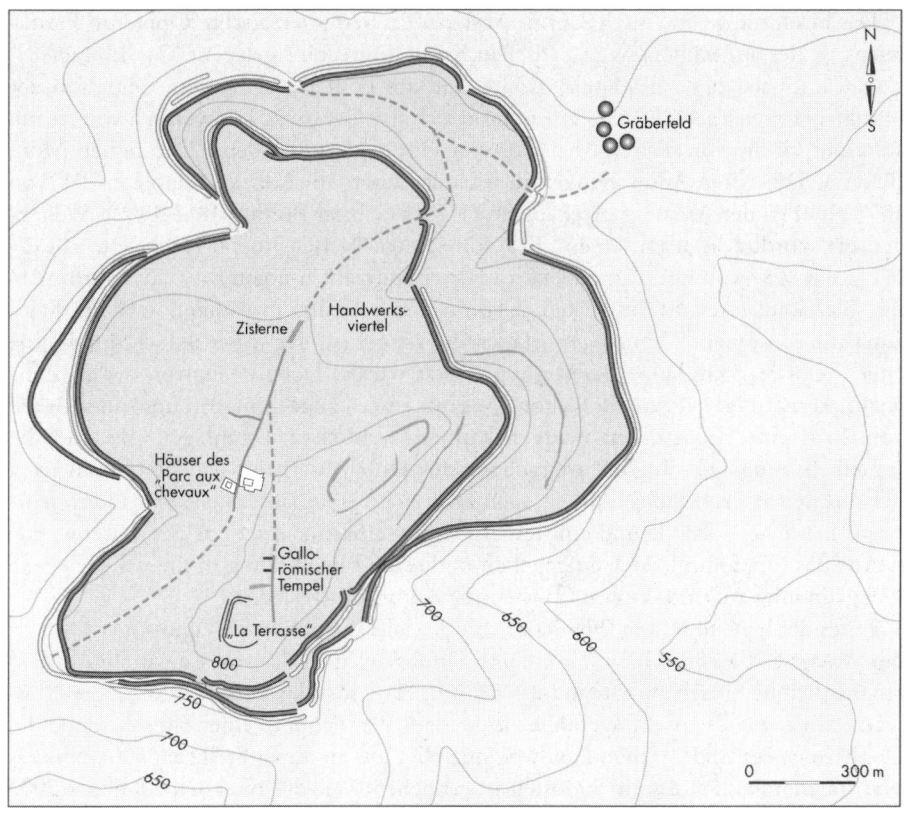

Das Oppidum von Bibracte auf dem Mont Beuvray

Schauplatz einer erfolglos abgebrochenen Belagerung durch die Römer, wurde auch dieses Oppidum erstmals in den 1860er Jahren auf Veranlassung Napoleons III. archäologisch untersucht. Aufzeichnungen über die dabei festgestellten, doch nur unzulänglich dokumentierten Spuren der römischen Belagerung konnten durch die 1995/96 durchgeführten Grabungen bestätigt werden. Zahlreiche Münz- und Amphorenfunde lassen auf die Bedeutung des Ortes als Handelsknotenpunkt schließen. Kurz vor der Zeitenwende wurde Gergovia jedoch zugunsten des neu gegründeten Ortes Augustonemetum (das heutige Clermont-Ferrand) aufgegeben.

15 km südöstlich von Gergovia lag mit einer geschätzten Fläche von mindestens 50 ha auf einer Hochebene ca. 200 m über dem Tal des Allier das Oppidum Corent.[135] Seit den frühen 1990er Jahren finden dort Ausgrabungen statt, bei denen ein bedeutendes Heiligtum, ein Handwerker- und Händlerviertel sowie Wohnhäuser zutage kamen. Im späten 2. Jahrhundert v. Chr. gegründet, wurde Corent im Laufe des 1. Jahrhunderts v. Chr. in seiner Bedeutung als wichtigster Ort der Arverner von dem nahegelegenen Gergovia übertroffen und zwischen 30 und 20 v. Chr. aufgegeben, wobei das Heiligtum jedoch noch bis ins späte 3. Jahrhundert n. Chr. Bestand hatte.

[135] Knapp zusammenfassend Rieckhoff u. Fichtl 2011, 73–74, ausführlich Poux 2011.

Das bekannteste und zugleich mit Abstand am besten erforschte Oppidum Frankreichs ist der auf halbem Weg zwischen Saône und Loire gelegene Ort Bibracte.[136] Von Caesar als «das bei weitem größte und am besten ausgestattete Oppidum der Haeduer» bezeichnet (*BG* 1,23,1), erstreckt sich der Ort ca. 20 km westlich von Autun auf einer Fläche von über 130 ha über vier Hügel, darunter den 822 m hohen Mont Beuvray. Die ersten Ausgrabungen in Bibracte leitete im Auftrag Napoleons III. von 1867 bis 1895 der Amateur-Archäologe Jacques Gabriel Bulliot (1817–1902). Weitergeführt wurden sie nach seinem Tod von seinem Neffen Joseph Déchelette (1862–1914), seit 1984 von internationalen, im Forschungszentrum von Bibracte koordinierten Archäologenteams. Im späten 2. Jahrhundert v. Chr. gegründet, war die Stadt zunächst von einem 7 km langen Mauerring umgeben, der später jedoch durch eine enger gefasste, 5 km lange Befestigung ersetzt wurde. Deren Haupttor, die als Zangentor konstruierte «Porte du Rebout», ist mit einer Länge von 40 m und einer Breite von 20 m eine der größten heute bekannten keltischen Toranlagen. Bestand die Innenbebauung ursprünglich weitgehend aus Holzhäusern, so errichtete man nach der römischen Eroberung Galliens auch zahlreiche Steinhäuser, darunter monumentale öffentliche Gebäude und ein steinernes Wasserbassin. Kurz vor der Zeitenwende wurde das Oppidum jedoch aufgegeben und seine Bevölkerung in die nahegelegene Neugründung Augustodunum (das heutige Autun) umgesiedelt.

Eines der bedeutendsten Oppida Ostfrankreichs war, in verkehrsgünstiger Lage an der Wasserstraße von Rhône, Saône und Doubs gelegen, das von Caesar (*BG* 1,38,4) anschaulich beschriebene Oppidum Vesontio, Hauptort des Volks der Sequaner.[137] Es war, ebenso wie die nachfolgende heutige Stadt Besançon, in einer Fluss-Schleife des Doubs angelegt und auf dem Landweg nur über ein an dieser Stelle ca. 500 m breites und 100 m hohes Plateau im Südosten zu erreichen. Wie die zwischen 2000 und 2002 durchgeführten Ausgrabungen ergaben, war das Oppidum zum Fluss hin ursprünglich mit einer Mauer aus Kalksteinblöcken befestigt, die um 80 v. Chr. durch einen *murus Gallicus* ersetzt wurde. Die Innenfläche war mit dicht nebeneinanderstehenden Holzhäusern bebaut, wurde um die Mitte des 1. Jahrhunderts v. Chr. neu gestaltet und machte schließlich einer gallorömischen Siedlung Platz.

Eine beherrschende Lage im Schweizer Mittelland zwischen dem Neuenburger See im Westen, dem Murtensee im Osten und dem Bieler See im Norden kennzeichnet das Oppidum auf dem in mehrere Terrassen gegliederten Wistenlacherberg oder Mont Vully.[138] Wie die von 1978 bis 2003 durchgeführten Ausgrabungen ergaben, wurden die ältesten Befestigungen des Oppidums auf dem Gipfelplateau bereits um 125 v. Chr. über einem spätbronzezeitlichen Wall aus dem 10. Jahrhundert v. Chr.

[136] Knapp zusammenfassend Rieckhoff u. Fichtl 2011, 38–40, ausführlicher Bertin u. Guillaumet 1987, Goudineau u. Peyre 1993 sowie Romero u. Maillier 2006. Zu den neueren Ausgrabungen vgl. Gruel u. Vitali 1998, Buchsenschutz u. a. 1999, Meylan 2003, Paunier u. Luginbühl 2004, Guillaumet u. Szabó 2005, Fleischer 2007, Szabó u. a. 2007, Dhennequin u. a. 2008, Barral 2009, Bessière u. Guichard 2010. Vgl. ferner Guillaumet u. Bertin 1994

(Fibeln), Barral u. Luginbühl 1995 (Keramik), Gruel u. Popovitch 2007 (Münzfunde) und Mölders 2010 (Werkzeuge).

[137] Knapp zusammenfassend Rieckhoff u. Fichtl 2011, 80–81, ausführlicher Barral u. a. 2005. Zu den neueren Ausgrabungen s. Vaxelaire 2003.

[138] Knapp zusammenfassend Rieckhoff u. Fichtl 2011, 52–53, ausführlich Kaenel u. a. 2004.

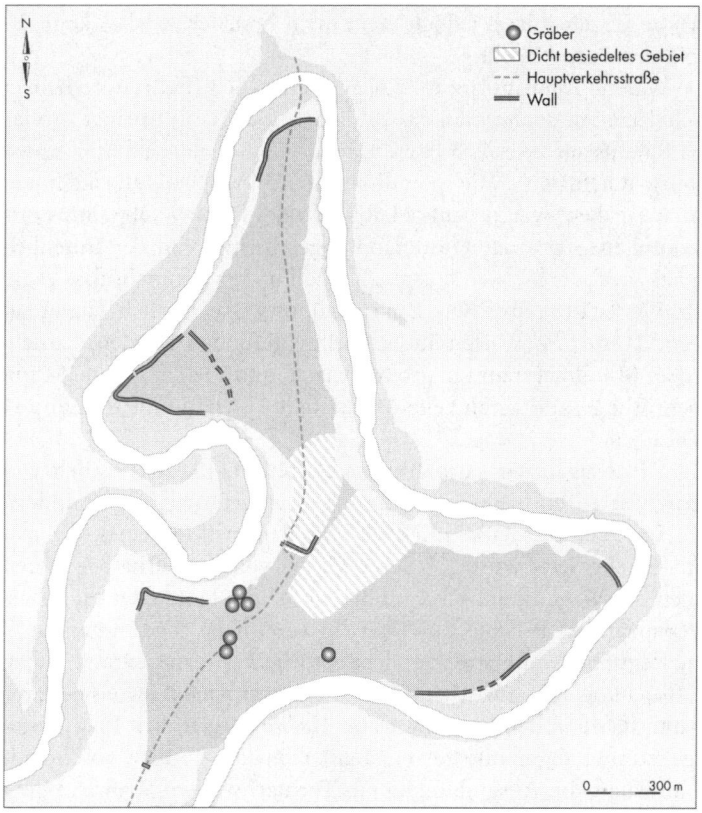

Das Oppidum auf der Engehalbinsel bei Bern

angelegt. Danach errichtete man in ungefähr nordsüdlicher Richtung zum Schutz einer ca. 50 ha großen Fläche im Osten des Berges eine 600 m lange Pfostenschlitzmauer mit vorgelagertem Graben, deren zwei Tore von Türmen flankiert waren. Im Inneren wohl stets nur locker besiedelt, diente das Oppidum vielleicht vorwiegend kultischen oder repräsentativen Zwecken, bevor es um die Mitte des 1. Jahrhunderts v. Chr. aufgegeben wurde.

In einer dreifachen Fluss-Schleife der Aare kaum 4 km nördlich der Altstadt von Bern lag ein weiteres Oppidum auf der 140 ha großen, ähnlich wie bei Vesontio nur über eine 500 m breite Landbrücke zugänglichen Engehalbinsel mit den Arealen «Tiefenau», «Engemeistergut» und «Reichenbachwald».[139] Den archäologischen Untersuchungen zufolge entwickelte sich hier zunächst im 3. Jahrhundert v. Chr. eine ca. 5 ha große unbefestigte Siedlung, auf die in der zweiten Hälfte des 2. Jahrhunderts v. Chr. ein bedeutend größeres Oppidum folgte. Aus dem «Engemeistergut» kennt man einen gallorömischen Tempelbezirk und aus dem «Reichenbachwald» einen römischen *vicus* mit Thermen und einem kleinen Theater. Nach dem 4. Jahrhundert

[139] Knapp zusammenfassend Rieckhoff u. Fichtl 2011, 50–51, ausführlicher Müller 1987. Zu neueren archäologischen Untersuchungen vgl. Ebnöther 2004.

n. Chr. war die Engehalbinsel jedoch nicht mehr besiedelt, so dass keine Kontinuität mit dem späteren Bern besteht.

Als einen Warenumschlagplatz am Kopf der Fluss-Schifffahrt unterhalb des Rheinfalls von Schaffhausen deutet man das bald nach 150 v. Chr. in einer großen Doppelschleife des Rheins auf zwei 233 bzw. 85 ha großen Halbinseln angelegte Oppidum von Altenburg-Rheinau.[140] Wie sporadische archäologische Untersuchungen seit den 1930er Jahren ergaben, waren beide Halbinseln des Doppel-Oppidums durch mächtige Befestigungen gegen das Hinterland abgeschirmt. Von der Innenbebauung ist nur wenig bekannt, doch lassen entsprechende Funde vermuten, dass es in der Siedlung sowohl Werkstätten für Eisen, Buntmetall und Glas als auch Töpfereien gegeben hat. Während Reste von Waffen äußerst selten gefunden wurden, kamen Handelswaren aus dem Mittelmeerraum in großer Anzahl und Vielfalt zutage. Schmelzformen für Münzschrötlinge und vereinzelte Münzfunde lassen auf die Prägung von Silbermünzen schließen.

Auf einem Plateau in der Osthälfte des Zartener Talkessels östlich von Freiburg liegt bei Kirchzarten ein Oppidum, das schon im frühen 19. Jahrhundert aufgrund seiner Lage und der Namensähnlichkeit mit dem bei Ptolemaios genannten Ort Tarodunum gleichgesetzt wurde.[141] Seine Fläche von ca. 190 ha begrenzen im Norden die Auen des Wagensteinbachs, im Süden die des Rot- oder Höllbachs, die sich bei der Westspitze des Plateaus zur Dreisam vereinigen. Die insgesamt 6 km lange Befestigung folgt über weite Strecken dem natürlichen Terrassenrand, nutzt die bis zu 15 m hohe Böschung als natürlichen Graben und war nach Ausweis der archäologisch nachweisbaren Reste in der Art eines *murus Gallicus* ausgeführt. Im Südosten, wo der 700 m lange, stumpf abgewinkelte «Heidengraben» die Terrasse abschneidet, konnte man 1901 im Zuge von Ausgrabungen ein Tor nachweisen. Während Siedlungsspuren im Inneren der Befestigung bislang fehlen, wurde 1987 ein ca. 16 ha großes Siedlungsareal knapp 1 km westlich der Anlage entdeckt, bei dessen Untersuchung neben Amphorenfragmenten auch zahlreiche Münzen zutage kamen. Möglicherweise dienten die weiter östlich gelegenen Befestigungen der kleineren Siedlung nahe der Westspitze des Plateaus als eine Art Fluchtburg, vielleicht war aber auch eine Verlegung dieser Siedlung in die besser geschützte Osthälfte des Talkessels geplant, die durch die Anlage von Befestigungen in Angriff genommen, dann jedoch aus uns unbekannten Gründen nicht mehr durchgeführt wurde.

Auf der Hochfläche der Schwäbischen Alb bei Urach liegt am Albtrauf ca. 30 km südöstlich von Stuttgart das nach seinem äußeren Befestigungsgürtel mit 1770 ha größte Oppidum, der Heidengraben bei Grabenstetten.[142] Dabei ist allerdings zu berücksichtigen, dass die durch Wall und Graben zusätzlich geschützte eigentliche Siedlung im Süden des befestigten Areals (die von dem Ausgräber Friedrich Hertlein erstmals so genannte Elsachstadt) lediglich 153 ha umfasste. Bei Ausgrabungen ent-

[140] S. F. Fischer in Rieckhoff u. Biel 2001, 280–282, sowie Schreyer 2005 und Rieckhoff u. Fichtl 2011, 65–67.

[141] Knapp zusammenfassend R. Dehn/ G. Fingerlin in Rieckhoff u. Biel 2001, 402–403. Vgl. ferner Wagner 2001 und 2009 sowie zu den

Münzfunden aus der nahegelegenen Siedlung Burckhardt u. a. 2003.

[142] Knapp zusammenfassend F. Fischer in Rieckhoff u. Biel 2001, 351–353, Stegmaier 2009, Stegmaier u. Wahr 2009 sowie Rieckhoff u. Fichtl 2011, 70–72. Ausführlich zur Besiedlungsgeschichte Knopf 2006.

deckte man neben Hinweisen auf Eisenverhüttung auch Objekte aus Böhmen und Italien, was für eine bedeutende Rolle des Oppidums im Fernhandelsnetz der Zeit zwischen 150 und 50 v. Chr. spricht. Ausschlaggebend für die Wahl des Platzes waren demnach neben der durch Steilhänge von mehreren Seiten geschützten Lage, den natürlichen Erzvorkommen und günstigen landwirtschaftlichen Voraussetzungen vor allem der Standort zwischen den bedeutenden Wasserwegen von Neckar/Rhein und Donau. Zahlreiche Münzfunde im Oppidum und seiner näheren Umgebung lassen vermuten, dass dort auch Münzen geprägt wurden.

Eine Funktion als Fluchtburg vermutet man auch bei dem nordnordöstlich vom Heidengraben bei Grabenstetten gelegenen Oppidum «Burgstall» bei Creglingen-Finsterlohr.[143] Angelegt auf einer trapezförmigen Hochfläche zwischen zwei tief eingeschnittenen Bachläufen ca. 130 m über der Tauber, umschloss eine 5 km lange Ringmauer mit mindestens zwei Toren eine 123,5 ha große Fläche, die sich jedoch bei den sporadisch zwischen 1903 und 1973 durchgeführten Grabungen als nahezu fundleer erwies. Dabei ist allerdings zu berücksichtigen, dass großflächige Grabungen oder eine systematische Prospektion dieses Bild noch verändern könnten.

Am Zusammenfluss von Altmühl und Donau erstreckte sich auf einer Fläche von ca. 600 ha auf dem 126 m hohen Michelsberg das Oppidum Kelheim.[144] Da die Siedlungsfläche zur Altmühl im Norden und zur Donau im Süden hin durch Steilhänge ausreichend geschützt war, konzentrierte sich die Befestigung auf die Westseite, die man durch mehrere in Pfostenschlitztechnik errichtete, hintereinander gestaffelte und quer über den Michelsberg geführte Mauern zu sichern suchte. Dabei erstreckte sich die äußere, über einen längeren Zeitraum hinweg errichtete westliche Befestigungsmauer mit 2 bis 3 Zangentoren über eine Länge von 3,28 km von der Absturzkante der Donau bis zum südlichen Altmühlufer. Eine weitere innere Mauer mit vorgelagertem Graben hatte eine Länge von 930 m und ermöglichte durch zwei Zangentore den Zugang zum Michelsberg. Ausgedehnte Schürfgrubenfelder mit Abraumhalden, die mehr als die Hälfte der Hochfläche einnehmen, belegen die große Bedeutung der Eisenverhüttung für das Oppidum, die durch Funde von Ofenresten und Holzkohle bestätigt wird. Bebaut war demgegenüber wohl nur ein geringer Teil der Innenfläche. Seit 1924 identifiziert man Kelheim mit dem bei Ptolemaios genannten Ort Alkimoennis.

Als das am besten erforschte keltische Oppidum rechts des Rheins liegt 8 km südöstlich von Ingolstadt auf einer hochwasserfreien Niederterrasse an der ehemaligen Mündung der Paar in die Donau das Oppidum Manching.[145] Zwar fließt die Donau heute 5 km nördlich von Manching, doch war sie in keltischer Zeit durch einen ihrer Altarme unmittelbar mit der Siedlung verbunden. Angelegt auf einer

[143] Knapp zusammenfassend C. Oeftiger in Rieckhoff u. Biel 2001, 318–319, sowie Rieckhoff u. Fichtl 2011, 61–63.

[144] Knapp zusammenfassend M. M. Rind in Rieckhoff u. Biel 2001, 390–395, sowie Rieckhoff u. Fichtl 2011, 67–70. Zu den Befestigungsmauern ausführlich Leicht 2000.

[145] Knapp zusammenfassend S. Sievers in Rieckhoff u. Biel 2001, 418–421, sowie Rieckhoff u. Fichtl 2011, 44–46, ausführlicher Sievers 2007. Über die Ergebnisse der Grabungen unterrichten umfassend die bislang 18 Bände der Reihe

«Die Ausgrabungen in Manching» (Kappel 1969, Krämer u. Schubert 1970, Maier F. 1970, Pingel 1971, Jacobi 1974, Boessneck u. a. 1971, Stöckli 1979, Lange 1983, Krämer 1985, van Endert 1987a, Gebhard 1989, Kellner 1990, van Endert 1991, Gebhard 1991, Maier F. u. a. 1992, Lorenz 2004, Sievers 2010a, Sievers u. a. 2010). Zu Perspektiven der neueren Forschung vgl. ferner Schubert 1994, Gebhard u. Wagner 2001, Hüssen 2001, Leicht 2001, Schäfer 2001, Sievers 2001, David W. 2008 sowie Schreiber 2008.

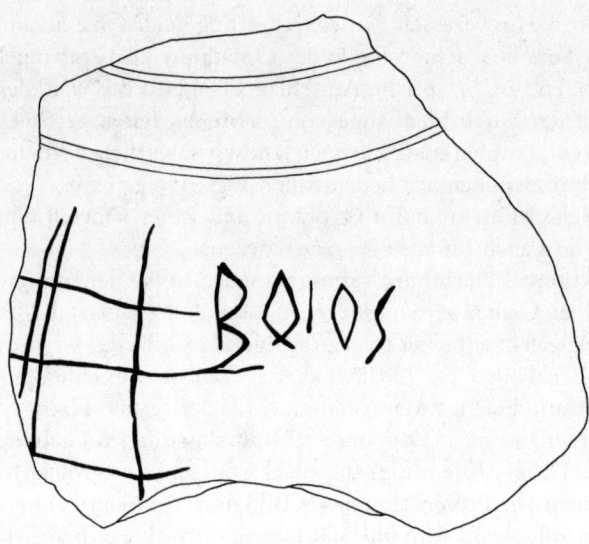

Scherbe aus Manching mit dem eingeritzten Namen «Boios»

Fläche von 380 ha, im Inneren planmäßig bebaut und mit einer nahezu kreisförmigen, 5 bis 6 m hohen Kalksteinmauer von ca. 2 km Durchmesser und 7,2 km Länge befestigt, lag das Oppidum an einem Verkehrsknotenpunkt, von dem aus man auf der Donau nach Westen und Osten, nordwärts von der Frankenalb und über den Thüringer Wald nach Mitteldeutschland sowie südwärts über die Zentralalpen oder über die Tauernpässe nach Oberitalien gelangte. Eine wichtige Rolle spielte außerdem die Eisenverhüttung, die auf Raseneisenerzvorkommen im Süden und Osten des Ortes zurückgreifen konnte. Erste Siedlungsspuren stammen bereits aus dem späten 4. Jahrhundert v. Chr., doch lag die Blütezeit des Oppidums augenscheinlich im späten 2. und frühen 1. Jahrhundert v. Chr. Neben vorwiegend landwirtschaftlich genutzten Arealen am Rand der besiedelten Fläche konnte man Handwerkerviertel, Heiligtümer und umzäunte Einzelgehöfte nachweisen. Gut bezeugt ist die Keramikproduktion, aber auch die Verarbeitung von Eisen, Bronze, Silber, Gold und Blei sowie von organischen Materialien wie Knochen, Leder und Textilien. Funde eines Ofens, etlicher Schrötlinge, Schrötlingsformen, Münzen und ganzer Münzschätze belegen, dass man in Manching auch Münzen prägte. Funde von Bleigewichten und Schreibutensilien bestätigen die Annahme eines geregelten Handels mit dem Mittelmeerraum, der auch durch Funde mediterraner Luxusartikel wie Feinkeramik, Glas- und Bronzegeschirr sowie Amphoren bestätigt wird. Bereits verlassen, als die Römer 15 v. Chr. das Alpenvorland eroberten, erregte die Anlage schon im frühen 19. Jahrhundert das Interesse der Altertumsforscher. Seit den 1930er Jahren finden im Zuge der industriellen Nutzung des Geländes umfangreiche (Not-)Grabungen statt, die seit 1956 von der Römisch-Germanischen Kommission geleitet werden.

Weiter nördlich als die bislang angeführten Oppida erstreckt sich vom Rhein-Mosel-Gebiet bis nach Mähren ein breiter Gürtel vergleichbarer, wenn auch vielfach weniger ausgedehnter Anlagen. Im Südwesten des Großherzogtums Luxemburg, 70 km westlich von Trier, lag inmitten einer fruchtbaren Landschaft auf einem ca. 100 m hohen, steil abfallenden Kalksteinplateau als mutmaßlicher Hauptort des Volks der Treverer das Oppidum Titelberg.[146] Seit 1968 mit modernen Prospektionsmethoden untersucht, gehört es inzwischen zu den am besten erforschten gallischen Oppida. Erstmals im 5. Jahrhundert v. Chr. befestigt, wurde das Plateau im späten 2. Jahrhundert v. Chr. von einer 2,7 km langen und bis zu 6 m hohen Ringmauer umgeben, die eine Fläche von 43 ha umschloss. Von einer Hauptstraße, welche die beiden Tore im Westen und Osten des Mauerrings miteinander verband, gingen im rechten Winkel Nebenstraßen ab, die den Zugang zu planmäßig angelegten Wohn- und Handwerksgebäuden sowie im Osten zu einem Heiligtum eröffneten. Nach der Eroberung Galliens durch Caesar bezeugen reiche Gräber im Westen und Osten der Siedlung sowie Funde von Wein- und Ölamphoren und anderem mediterranen Importgut die anhaltende wirtschaftliche Blüte der Stadt, die eine Zeitlang wohl auch römische Militäreinheiten beherbergte und erst mit der Gründung Triers zunehmend an Bedeutung verlor.

Ebenfalls im Stammesgebiet der Treverer lag im 1. Jahrhundert v. Chr. auf dem ungefähr dreieckigen «Dollberg» bei Nonnweiler im Kreis St. Wendel das auch als «Hunnenring» bekannte Oppidum von Otzenhausen.[147] Erstmals 1883 und dann wieder von 1936 bis 1939 erforscht, werden dort seit 1999 systematische archäologische Untersuchungen durchgeführt. Spuren einer intensiven Besiedlung lassen sich bereits für die Zeit um 400 v. Chr. nachweisen, als im Umfeld der Siedlung die Fürstengräber von Schwarzenbach und andere reiche Gräber angelegt wurden. Im 1. Jahrhundert v. Chr. wurde die Siedlung dann am Vorabend der römischen Eroberung Galliens mit enormem Arbeitsaufwand ausgebaut, wobei man das 10 ha große Gipfelplateau mit einem 2,5 km langen, an der Basis 40 m breiten und noch heute 10 m hohen Steinwall umschloss und den spitz zulaufenden Winkel des Dreiecks im Südwesten mit einem keilförmig vorgelagerten Wall zusätzlich befestigte. Ein mächtiges, in der Art eines *murus Gallicus* errichtetes zweiflügeliges Kammertor von 6 m Breite gewährte auf der Westseite Zugang zum Inneren der Anlage. Zahlreiche Pfostengruben von Speicher- und Wohngebäuden, Funde von Spinnwirteln und Keramik sowie Spuren von Eisenverarbeitung lassen darauf schließen, dass das Oppidum zu dieser Zeit nicht nur als Fliehburg diente, sondern über einen längeren Zeitraum dauerhaft besiedelt war. Gleichwohl wurde es augenscheinlich im Unterschied zum Oppidum auf dem Titelberg nach der römischen Eroberung Galliens nur noch als Standort eines gallorömischen Tempels aufgesucht.

Ein weiteres treverisches Oppidum lag nördlich der bisher genannten Anlagen ca. 180 m über dem linken Moselufer zwischen Pommern und Karden auf dem steil

---

[146] Knapp zusammenfassend Rieckhoff u. Fichtl 2011, 74–77, ausführlich Metzler 1995. Vgl. ferner Hamilton 1996 (Kupferverarbeitung), Metzler u. a. 1999 (Nekropole Lamadelaine), Metzler 2006b (kultische Bedeutung) und Gaspar 2007 (Fibelfunde).

[147] Knapp zusammenfassend W. Reinhard in Rieckhoff u. Biel 2001, 435–436, sowie Fritsch 2004, ausführlich Wiegert 2002. Vgl. ferner Hornung 2009, Junges 2010 sowie die Beiträge in Hornung 2010.

abfallenden Hochplateau des Martberg.[148] Seit der Jungsteinzeit immer wieder an
einzelnen Stellen besiedelt, wurde das flache, im Süden und Osten von der Mosel
umflossene Hochplateau des Martbergs und des nördlich anschließenden Hütten-
bergs in spätkeltischer Zeit mit einer Trockenmauer befestigt. Ein wichtiger Bestandteil der Anlage war nach Ausweis der seit 1992 durchgeführten Ausgrabungen
ein zentrales Heiligtum, das man in gallorömischer Zeit zu einem Tempelbezirk
umgestaltete, der bis in die zweite Hälfte des 3. Jahrhunderts n. Chr. Bestand hatte.
    Östlich der drei zuletzt genannten treverischen Oppida lag am Nordrand des
Pfälzer Waldes ein weiteres Oppidum auf dem 687 m hohen, schon von der Rhein-
ebene aus weithin sichtbaren Bergrücken Donnersberg.[149] Bereits in der Spätbronzezeit besiedelt, trug das höchste Bergmassiv der Pfalz zwischen ca. 150 und
50 v. Chr. das achtgrößte keltische Oppidum, dessen 8,5 km lange Außenbefesti-
gung eine Fläche von 240 ha umschloss. Eine in nordsüdlicher Richtung verlau-
fende Mauer trennte das etwas kleinere und weitgehend fundarme «Westwerk» von
dem etwas größeren, nach Ausweis der Oberflächenfunde stärker besiedelten «Ost-
werk». Dabei ist allerdings zu berücksichtigen, dass die Struktur der Innenbesied-
lung erosionsbedingt und aufgrund der dichten Bewaldung weitgehend ungeklärt
ist. Wie der Abbau von Eisenerz in römischer Zeit vermuten lässt, könnten die Erzvorkommen auch schon bei der Wahl des Platzes in vorrömischer Zeit eine Rolle
gespielt haben.
    Am Südrand des Taunus ca. 16 km nordwestlich vom Stadtzentrum Frankfurts
erstreckt sich über zwei einander gegenüberliegenden Bergkuppen das Heidetränk-
Oppidum.[150] Ursprünglich hatte man die beiden 492 bzw. 575 m hohen Bergkuppen «Goldgrube» und «Altenhöfe» wohl jeweils unabhängig voneinander befestigt,
bevor im späten 2. Jahrhundert v. Chr. beide Anlagen durch die Errichtung einer
Umfassungsmauer mit sechs Zangentoren miteinander vereinigt wurden. Die
Bebauung der 130 ha großen Innenfläche erfolgte vermutlich vor allem an der West-
und Südflanke der «Goldgrube», wo ca. 160 planierte Flächen (Podien) von durchschnittlich 10 m Länge und 6 bis 8 m Breite nachgewiesen werden konnten. Nach
Ausweis der Funde – Münzen, Trachtbestandteile, Werkzeuge, Waffen, Pferdegeschirr, Keramik und Mühlsteine – war der Ort in den letzten Jahrhunderten v. Chr.
kontinuierlich besiedelt, dürfte zum Zeitpunkt der Errichtung des Limes in nur
2,5 km Entfernung jedoch keine Rolle mehr gespielt haben.
    Kaum 50 km nordnordöstlich des Heidetränk-Oppidums erhebt sich mit einer
Höhe von knapp 500 m über dem oberen Lahntal 10 km nordwestlich von Gießen
als Ausläufer des Westerwaldes der Dünsberg.[151] Erstmals in der Spätbronzezeit be-

---

[148] Knapp zusammenfassend H.-H. Wegner
in Rieckhoff u. Biel 2001, 445–448, sowie
Rieckhoff u. Fichtl 2011, 77–78, ausführlicher
Wegner 1997. Zu den neueren Ausgrabungen
vgl. Nickel u. a. 2008. Vgl. ferner Thoma 2007a
und 2007b.

[149] Knapp zusammenfassend H. Bernhard in
Rieckhoff u. Biel 2001, 320–323, sowie Rieckhoff u. Fichtl 2011, 63–65, ausführlicher Zeeb-
Lanz 2008. Zu den Münzfunden vom Donnersberg vgl. Wigg-Wolf 2009.

[150] Knapp zusammenfassend F. Maier in
Rieckhoff u. Biel 2001, 438–441, ausführlich
Maier F. 1985.

[151] Knapp zusammenfassend F.-R. Herr-
mann in Rieckhoff u. Biel 2001, 301–304, sowie
Rieckhoff u. Fichtl 2011, 36–37. Vgl. ferner
Schlott 1999, Reeh 2001 und zu den neueren
Ausgrabungen Nickel 2008/09.

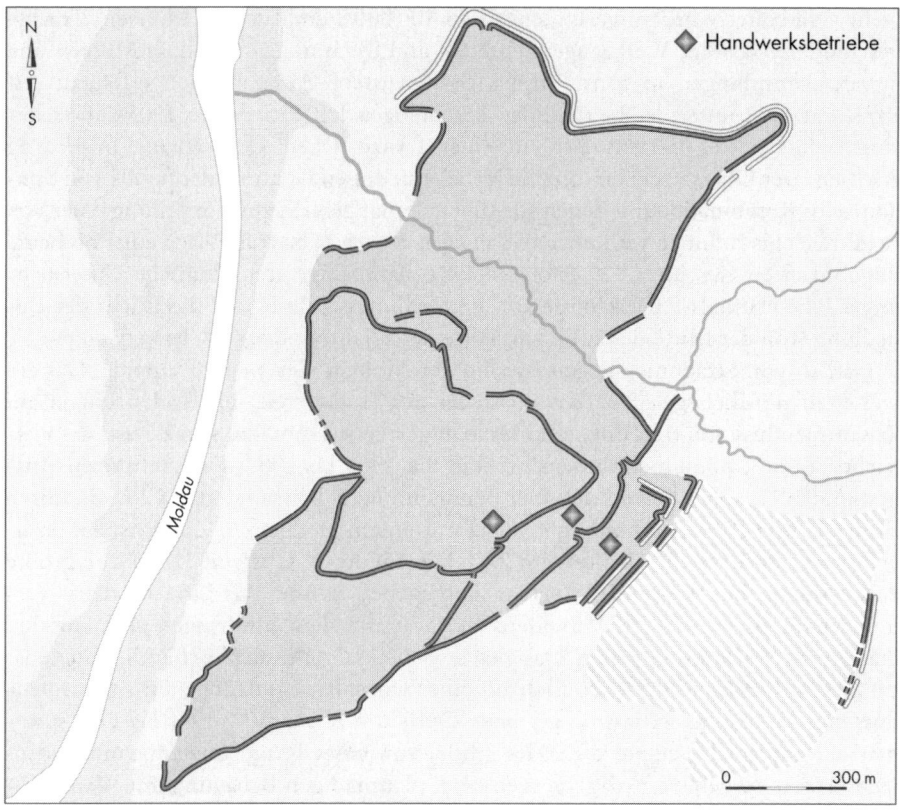

◆ Handwerksbetriebe

Moldau

0   300 m

Das Oppidum von Závist

festigt, befand sich dort im 2./1. Jahrhundert v. Chr. ein ca. 90 ha großes, mit einer 3,5 km langen Pfostenschlitzmauer befestigtes Oppidum, dessen Bewohner hier, am Nordrand des Verbreitungsgebiets der Oppida und unweit der Kontaktzone zwischen Kelten und Germanen, den Zugang zur Wetterau von Norden her kontrollieren konnten. Sieben Tore gewährten Zugang zur Innenfläche des Oppidums, dessen Wasserversorgung durch natürliche, in Holzbecken eingefasste Quellen erfolgte. Nach Ausweis der zahlreichen künstlichen Terrassierungen (Podien) waren die recht steilen Hänge des Dünsbergs in der Spätlatènezeit relativ dicht besiedelt, bis die Anlage, vielleicht bei dem Feldzug des Drusus 10/9 v. Chr., zerstört wurde.

Wendet man sich von den oben aufgezählten Anlagen ostwärts, sind als nächstes die Oppida Mittelböhmens zu erwähnen. Eine wissenschaftsgeschichtlich herausragende Rolle spielte hier das Oppidum Hradiště («Burgwall») bei Stradonice.[152] 1877 fand man dort ca. 200 Goldmünzen, worauf das 90 ha große Gelände des Oppidums am Südufer der Berounka zum Ziel ebenso umfangreicher wie planloser und undokumentierter Grabungen wurde. Neben 300 Tonnen Tierknochen, die zu Knochen-

---

[152] Knapp zusammenfassend Rieckhoff u. Fichtl 2011, 41–42, ausführlicher Rybová u. Drda 1994 sowie Drda u. Rybová 1997.

mehl verarbeitet wurden, gelangten bis zu 100 000 Fundstücke – Münzen, Trachtbestandteile, Waffen, Werkzeuge, Schmuck und Keramik – in zahllose Museen und
private Sammlungen in ganz Europa. Systematische Ausgrabungen erfolgten erst
1895 und 1902 unter der Leitung des Archäologen J. L. Píč, dessen 1903 auf Tsche-
chisch publizierter Bericht 1906 in einer französischen Übersetzung in Leipzig
erschien. Der Übersetzer war Joseph Déchelette, dessen Deutung der Funde von Stradonice in Kombination mit denen aus Bibracte maßgeblich zur Vorstellung einer von
Frankreich bis Böhmen verbreiteten *civilisation des oppida* beitrug. Nach einer bis heute
unpublizierten Grabung 1929 erfolgten 1981 planmäßige archäologische Untersuchungen, die erstmals Rückschlüsse auf die Siedlungsstruktur und die Dauer der Besiedlung (von der Mitte des 2. bis zur Mitte des 1. Jahrhunderts v. Chr.) erlaubten.

Östlich von Stradonice liegen entlang der Moldau vier weitere Oppida. Das am
weitesten nördlich gelegene davon ist das auf einem steil abfallenden Hügel am
Zusammenfluss von Berounka und Moldau gelegene Oppidum von Závist, das vielleicht älteste Oppidum Böhmens.[153] Wie die 1963 bis 1989 durchgeführten Ausgrabungen ergaben, befand sich hier bereits im 6./5. Jahrhundert v. Chr. ein durch
Erdwälle und Palisaden befestigter Platz mit einem Heiligtum. Zunächst auf 35 ha
erweitert, erreichte die Siedlung im 2./1. Jahrhundert v. Chr. mit 118 ha ihre größte
Ausdehnung, bevor sie um 60 v. Chr. aufgegeben wurde. Als Ursache dafür vermutet man wirtschaftliche Veränderungen, die mit dem Vordringen germanischer
Stämme in Verbindung stehen. Das gleiche Schicksal teilte augenscheinlich auch das
ca. 20 km (Luftlinie) weiter südlich auf einer schmalen Landzunge am Zusammenfluss von Moldau und Mastník gelegene Oppidum Hrazany.[154] 1951 bis 1963 systematisch untersucht, zeigte die 39 ha große, von einer Ringmauer mit mindestens
sechs Toren umgebene Anlage Spuren einer planmäßigen Bebauung mit Wohnhäusern, Handwerksbetrieben und einem öffentlichen Platz. Wie die geringe Anzahl
mediterraner Importe vermuten lässt, stimmt die relativ geringe Ausdehnung des
Oppidums zu seiner untergeordneten Bedeutung, die augenscheinlich hinter der
von Stradonice und Závist zurückstand.

Die nordöstliche Grenze des Verbreitungsgebiets der Oppida bildet Mähren. Das
am weitesten westlich gelegene Oppidum ist hier die auf einer Anhöhe in einer
Schleife des Flusses Chrudimka angelegte, mit 22 ha eher kleine Siedlung von České
Lhotice.[155] Bereits im 19. Jahrhundert bekannt, wurden systematische archäologische Untersuchungen erst 1971 bis 1987 durchgeführt. Dabei wurden Spuren
umfangreicher Befestigungen mit Wällen, Gräben und drei Toren festgestellt. Im
unterschiedlich dicht besiedelten Inneren fand man neben Trachtbestandteilen,
Schmuck, Waffen, Werkzeugen und Keramik auch Spuren von Bronze- und Eisenverarbeitung. Bernsteinperlen und ein versteinerter Seeigel lassen Handelsbeziehungen zur Ostsee vermuten, während Bruchstücke von Bronzegefäßen auf Kontakte zum Mittelmeerraum schließen lassen. Sehr viel früher als in České Lhotice,
nämlich von 1907 bis 1912 und dann wieder von 1934 bis 1937, erfolgten systema-

[153] Knapp zusammenfassend Rieckhoff u.
Fichtl 2011, 83–85, ausführlicher Drda 1994,
Drda u. Rybová 1997, Motyková 2007 sowie
Drda u. Rybová 2008. Vgl. ferner Drda 2001.

[154] Knapp zusammenfassend Rieckhoff u.
Fichtl 2011, ausführlich Jansová 1986–1992.
[155] Zusammenfassend Danielisová 2005 sowie Danielisová u. Mangel 2008.

tische archäologische Untersuchungen in dem weiter östlich, auf einem dreieckigen
Bergsporn am Westrand der Haná-Ebene gelegenen Oppidum von Staré Hradisko.[156] Sie wurden von 1964 bis 1973 sowie von 1983 bis 1993 fortgeführt, so dass
Staré Hradisko eines der am besten erforschten ostkeltischen Oppida ist. Um
150 v. Chr. gegründet, war die 37 ha große, durch eine Pfostenschlitzmauer mit drei
Toren befestigte Innenfläche in eingezäunte Parzellen aufgeteilt, die durch bis zu
5 m breite, rechtwinklig angelegte und gepflasterte Wege voneinander getrennt
waren. Neben Wohnhäusern, Vorrats- und Abfallgruben kamen auch Töpferöfen
sowie Reste von Bronze- und Eisenverarbeitung zutage. Wie in České Lhotice
sprechen auch in Staré Hradisko Bernsteinperlen bzw. Bronzegeschirr für Handelskontakte zur Ostseeküste und zum Mittelmeerraum. 80 km Luftlinie von Staré
Hradisko entfernt, erstreckte sich am Ostrand der Haná-Ebene über zwei Anhöhen
das am weitesten östlich gelegene Oppidum Mährens, die knapp 20 ha große Siedlung von Hostýn.[157] Wie mehrere Grabungen zwischen 1971 und 1999 ergaben, war
der an einer strategisch günstigen Stelle an der Mährischen Pforte gelegene Ort
bereits in der Bronze- und Späthallstattzeit befestigt, doch ist über die latènezeitliche Besiedlung nur wenig bekannt.

Südlich der mährischen Oppida liegen in der Hainburger Pforte zwischen dem
Leithagebirge und den Kleinen Karpaten drei weitere Oppida, die nicht zuletzt
durch ihre Nähe zueinander die hohe Bedeutung dieses Durchbruchstales im Rahmen vorgeschichtlicher Handelswege unterstreichen. Ein Oppidum lag bei Hains-
burg auf dem 346 m hohen Braunsberg.[158] Bereits in der Spätbronzezeit besiedelt,
wurde dort in der Spätlatènezeit eine 13 ha große Fläche mit einer Pfostenschlitzmauer befestigt. Ein weiteres Oppidum befand sich etwas weiter östlich auf dem
Gebiet der Altstadt von Bratislava.[159] Es erstreckte sich mit einer Ober- und einer
Unterstadt über eine Fläche von insgesamt 51 ha und beherbergte nach Ausweis der
Funde Handwerksbetriebe und eine Münzprägestätte. Gegen Ende des 2. Jahrhunderts v. Chr. angelegt, wurde es wohl um die Mitte des 1. Jahrhunderts v. Chr. im
Gefolge kriegerischer Auseinandersetzungen zwischen Kelten und Dakern aufge-
geben. An seine Stelle trat vielleicht das am Zusammenfluss von March und Donau
gelegene, mit einer Fläche von 9,5 ha deutlich kleinere Oppidum von Devín, das im
Unterschied zu Bratislava noch bis in die frühe Kaiserzeit besiedelt blieb.

Die südöstliche Grenze des Verbreitungsgebiets der Oppida markiert die Pan-
nonische Tiefebene. In der Kleinen Ungarischen Tiefebene, auf einem 568 m hohen, heute dicht bewaldeten Berg zwischen den Städten Szombathely und Kőszeg
unweit der österreichisch-ungarischen Grenze, liegt das Oppidum von Velem-
Szentvid.[160] Bereits im späten 19. Jahrhundert untersucht und von Joseph Déchelette zur Untermauerung seiner Sicht der spätlatènezeitlichen Oppida-Zivilisation

---

[156] Knapp zusammenfassend Meduna 1991b,
Čižmářová 2004, 229–233, sowie Rieckhoff u.
Fichtl 2011, 42–44. Ausführlich Čižmář 2005.
Vgl. ferner Čižmář 2001 sowie Danielisová
2005.
[157] Knapp zusammenfassend Čižmář 2004,
127–129, sowie Čižmářová 2004, 190–193.
[158] Ausführlich Urban O. H. 1994–1995,
Bd. II.

[159] Knapp zusammenfassend Zachar 1991
und Novotný 1996. Zur Akropolis vgl. ferner
Čambal 2004 und zur spätlatènezeitlichen Besiedlung der Slowakei insgesamt Pieta 2010.
[160] Knapp zusammenfassend Rieckhoff u.
Fichtl 2011, 59–60. Zu den neueren Ausgrabungen vgl. Barral u. a. 1996 sowie Guillaumet
u. a. 1999.

herangezogen, bildete Velem-Szentvid 1988–1994 den Gegenstand umfangreicher ungarisch-französischer Grabungen. Sie erbrachten vor allem Aufschluss über die Befestigungsmauern, die außer dem Gipfelplateau auch einen Teil des Westhangs und damit insgesamt eine Fläche von 40 ha einschlossen. Dagegen ließ sich über die Innenbebauung infolge von Erosion und späteren Eingriffen nur wenig in Erfahrung bringen. Östlich des Ungarischen Mittelgebirges lag am Westrand der Großen Ungarischen Tiefebene auf einer Halbinsel am Nordufer des Plattensees (Balaton) das Oppidum Tihany.[161] Nach Ausweis der Befestigungen erstreckte es sich im 2./1. Jahrhundert v. Chr. über eine Fläche von 25 ha, doch ist über seine Innenbebauung nur wenig bekannt. Eines der am weitesten östlich gelegenen Oppida überhaupt lag über dem rechten Donau-Ufer in Budapest auf dem Gellért-Berg oder Gellérthegy.[162] Wie bei vielen ähnlich gelegenen Siedlungen konnten zwar auch hier aufgrund von Erosion und späterer Überbauung nur eingeschränkt archäologische Untersuchungen durchgeführt werden, doch kennt man zumindest einen Teil der Befestigungen und der Innenbebauung des Oppidums, das augenscheinlich noch vor der römischen Eroberung im 1. Jahrhundert n. Chr. aufgegeben worden war.

Dörfliche Siedlungen im Umfeld der Zentralorte[163]

Im Vergleich mit den zumeist befestigten und nicht zuletzt auf Außenwirkung berechneten Zentralorten sind die offenen Dörfer und Gehöfte der vorrömischen Eisenzeit trotz ihrer Häufigkeit nur unzureichend erforscht. Charakteristisch für ihre Lage sind sanfte Hänge inmitten des Ackerlands, häufig oberhalb von Bächen und Flüssen, während markante und repräsentative Höhenlagen offenbar den befestigten Zentralorten vorbehalten blieben. Da Siedlungsspuren wie Pfostenlöcher in solchen Hanglagen vielfach durch Erosion oder spätere Überpflügung vernichtet sind und Funde aus organischem Material oft vollständig fehlen, sind der archäologischen Untersuchung zumeist enge Grenzen gesetzt, weshalb aufwändige Ausgrabungen früher kaum jemals stattfanden und auch heute eher selten (und dann vor allem im Zuge von Rettungsgrabungen) durchgeführt werden. Dementsprechend spiegelt die moderne Kenntnis der eisenzeitlichen Siedlungsdichte nicht zuletzt auch einen regional sehr unterschiedlichen Forschungsstand wider. Gleichwohl zeichnet sich ab, dass die sehr viel häufigeren offenen Dörfer und Gehöfte tendenziell eine größere Kontinuität und weniger scharfe Zäsuren in der Besiedlungsdauer aufweisen als die sehr viel selteneren Zentralorte.

Umfangreiche neuere Untersuchungen widmeten sich dem mittleren Neckarland im Umkreis von ca. 15 km um den Hohenasperg.[164] Dabei wurden anhand einer Sichtung des Fundmaterials und der Forschungsliteratur insgesamt 417 Siedlungsfundstellen erfasst. Wie sich herausstellte, war das mittlere Neckarland in der älteren Hallstattzeit nur sporadisch mit einzelnen, verstreut liegenden Gehöften besiedelt,

---

[161] Knapp zusammenfassend Rieckhoff u. Fichtl 2011, 57–59.

[162] Knapp zusammenfassend Rieckhoff u. Fichtl 2011, 82–83. Zu den neueren ungarisch-französischen Ausgrabungen vgl. Barral 2000.

[163] Vgl. dazu knapp zusammenfassend Spindler 1996, 86–91, sowie ausführlich die Beiträge in Bertrand u. a. 2009.

[164] Das Folgende nach Balzer 2010a.

doch nahm die Besiedlungsdichte im 6./5. Jahrhundert v. Chr. stark zu, um dann am Übergang von der Früh- zur Mittellatènezeit wieder zurückzugehen. Die Grundlage der Besiedlung bildete aufgrund der äußerst fruchtbaren Böden eine auf Ackerbau und Viehzucht gegründete Subsistenzwirtschaft, während handwerkliche Spezialisierungen wie etwa die Metallverarbeitung, Töpferei und Textilherstellung von lokaler Bedeutung waren. Eine wichtige Rolle spielte vermutlich auch der Handel mit Salz und Eisen, dem die Möglichkeit einer intensiven Nutzung schiffbarer Flüsse wie Neckar, Enz, Murr und Rems zugutekam.

Für Südbayern sind im Vergleich dazu sehr unterschiedliche naturräumliche Gegebenheiten, aber auch ein sehr unterschiedlicher Kenntnisstand zu verzeichnen.[165] Wie generell auch sonst bilden großflächige Siedlungsgrabungen eine Ausnahme, so dass die gegenwärtige Kenntnis der Besiedlung überwiegend auf Lesefunden beruht. Interpretationen zur Struktur der latènezeitlichen Besiedlung sind daher nur punktuell möglich. Neben kleinflächigen Siedlungen mit einem Schwerpunkt auf der handwerklichen Produktion für den lokalen Bereich sind auch größere dorfähnliche Siedlungen bekannt, die in verkehrsgünstiger Lage ein breiteres Fundspektrum aufweisen und überregionale Handelskontakte erkennen lassen.

Ähnlich wie in anderen Regionen ist auch die Struktur der offenen Siedlungen im Bereich der Hunsrück-Eifel-Kultur nur unzureichend bekannt.[166] Dies liegt vor allem daran, dass aus vielen Regionen nur Zufallsfunde vorliegen, oberflächennahe Kulturschichten durch spätere Nutzung zerstört sind und bislang keine großflächigen Siedlungsareale vollständig untersucht werden konnten. Über die Ausdehnung und die Nutzungsdauer der bislang bekannten offenen Siedlungen kann man daher nur spekulieren. Einen Eindruck von der Struktur einer eisenzeitlichen Siedlung vermitteln immerhin die Ergebnisse der zwischen 1992 und 1994 durchgeführten Ausgrabungen in der Siedlung von Wierschem im Kreis Mayen-Koblenz. Dort wurden insgesamt fünf Grubenhäuser mit einer Grundfläche von 5 bis 20 m^2 freigelegt, deren Wände wohl aus lehmbestrichenem Flechtwerk bestanden und die vermutlich als Werkhütten oder Wirtschaftsgebäude dienten. Weitere Pfostenlöcher werden als Hinweise auf Speicher- und vielleicht auch Wohngebäude gedeutet. Dabei kann es allerdings auch weitere Häuser mit Schwellbalkenkonstruktion gegeben haben, die wegen des Fehlens von Pfostenlöchern archäologisch nur schwer nachzuweisen sind. Des Weiteren fand man mehrere Gruben mit einem Durchmesser zwischen 0,42 und 2,5 m, die man als Erdsilos zur Lagerung von Vorräten deutet. Wie weitere Funde aus der Umgebung vermuten lassen, gehörte diese Siedlung zu einem dichten Netzwerk von Gehöften, deren Abstand voneinander kaum mehr als einen Kilometer betrug.

---

[165] Das Folgende nach Irlinger 2001.

[166] Das Folgende nach Hornung 2008, 213–217.

4. Handwerk und Kunst

Zum Handwerk im Allgemeinen kurz zusammenfassend Reim 1981, 204–227, Kimmig 1983, Fischer 1983a, Sievers u. a. 1991 sowie Guillaumet 1996. Eine Zusammenfassung der antiken literarischen Quellen gibt Timpe 1981, eine Übersicht über die altkeltische Terminologie des Handwerks bietet Schmidt K. H. 1983a. Neuere allgemeine Darstellungen der keltischen Kunst bieten Megaw u. Megaw 2001, Harding 2007, Duval P.-M. 2009, Müller F. 2009, Hajdu u. Bofinger 2011 sowie (kurz zusammenfassend) Müller F. 2012. Einen Überblick über die Forschung der letzten 50 Jahre gibt Frey 2006. Zu neueren Ansätzen in der Erforschung der latènezeitlichen Kunst vgl. ferner die Beiträge in Buchsenschutz u. a. 2003 sowie Echt 2004, Frey 2004b und 2007 sowie Jung 2009.

Über das Handwerk und die Kunst der vorrömischen Kelten gibt es von Seiten der antiken Beobachter nur wenige verwertbare Aussagen, die zudem viele Aspekte unberücksichtigt lassen. Unsere Kenntnis auf diesem Gebiet beruht daher vor allem auf den Ergebnissen der Archäologie (insbesondere der experimentellen Archäologie und der Archäometrie). Die folgende Übersicht über unseren derzeitigen Kenntnisstand orientiert sich an den verwendeten Werkstoffen. Den Materialgruppen folgend werden anhand ausgewählter Beispiele die wichtigsten Arbeitstechniken und Erzeugnisse und abschließend anhand ausgewählter Beispiele die Entwicklung der hallstatt- und latènezeitlichen Kunst vorgestellt.

Metallverarbeitung[167]

An erster Stelle ist die Eisenverarbeitung zu nennen.[168] Den Ausgangspunkt bildeten Roheisenbarren als Endprodukt der Eisenverhüttung und wichtiges Handelsgut. Insgesamt kennt man aus dem vorrömischen Mitteleuropa über 700 solcher Barren, von denen die meisten aus der Spätlatènezeit stammen und im Hunsrück und in der Pfalz, in Süddeutschland und im Schweizer Mittelland gefunden wurden.[169] Im Unterschied zur Bronze wurde Eisen nicht gegossen, sondern stets geschmiedet, was vor allem aus dem Fund entsprechender Werkzeuge zur Metallbearbeitung rekonstruiert werden kann. So etwa kennt man allein aus dem Oppidum von Manching 20 verschiedene Gerätetypen, darunter Schmiede-, Niet-, Treib- und Setzhämmer, Flach- und Spitzzangen, Flach-, Vierkant-, Halbrund- und Rundfeilen, Flach- und Kreuzmeißel, Punzen, Stichel und Ambosse.[170] Die altkeltische Bezeichnung des Schmieds vermutet man in den Personennamen *Gobannitio* (BG 7,4,2) und *Gobannicnus* (CIL V 7290), in der Form *gobedbi* in der Inschrift von Alise-Sainte-Reine (S. 290) sowie in der Schreibung *gobano* auf einer 1984 im Oppidum auf der Engehalbinsel bei Bern entdeckten Zinktafel.[171] Das Wort ist etymologisch nicht sicher zu deuten, doch hat

---

[167] Zusammenfassend dazu Reim 1981, 205–214, Driehaus 1983, Zeitler 1995, Fries-Knoblach 2002, 123–125, sowie Modarressi-Tehrani 2007 und (ausführlich) 2009.

[168] Vgl. dazu Benoit u. a. 1995, Orengo 2003, Mangin u. a. 2004, Senn Bischofberger 2005, die Beiträge in Milcent 2007b sowie (speziell zu Südgallien) Pagès 2010.

[169] Reim 1981, 207, Spindler 1996, 227. Vgl.

dazu die Verbreitungskarte auf S. 63

[170] S. Jacobi 1974, 5–27. Vgl. ergänzend dazu Willmy 2006.

[171] S. Delamarre 2003, 181–183, sowie Blažek 2008. Zur Zinktafel von der Engehalbinsel vgl. Rehren 1996, Fellmann 1999 und 2004, Stüber 2005 und Meid 2007, 288. Bedenken gegen die Echtheit der Inschrift äußerte P.-Y. Lambert in Lavagne u. Lambert 1999.

man im Hinblick auf die Tätigkeit des Schmieds den Anschluss an eine indogermanische Wurzel mit der Bedeutung «krümmen» oder «biegen» erwogen.[172] Im Hinblick auf die uns bekannten Erzeugnisse des Schmiedehandwerks ist von einer verbreiteten Spezialisierung in Fein- und Grobschmiede auszugehen. Immer wieder begegnen uns Schmiedewerkzeuge in Gräbern, was jedoch wohl nicht durchweg als Hinweis auf die hauptberufliche Tätigkeit der dort beigesetzten Personen zu deuten ist.[173] Den hohen Stand der späthallstattzeitlichen Schmiedetechnik veranschaulicht der aus dem Neuenburger See geborgene und aufgrund günstiger Umweltbedingungen besonders gut erhaltene Dolch von Estavayer-le-Lac.[174] Bei ihm bestanden Griff und Klinge aus 18 Einzelteilen, die man durch 11 Vernietungen zusammengefügt hatte. Die aus zwei flach gewölbten Blechen geschmiedete und mit Zierknöpfen verzierte eiserne Scheide bestand aus 25 Einzelteilen, die Spitze des Ortbandes aus zwei durch Hartlötung miteinander verbundenen gerieften und innen hohlen Halbkugeln.

Durch Waffenfunde aus Gräbern kennt man auch einen Großteil der Produkte des latènezeitlichen Schmiedehandwerks. An erster Stelle sind hier die verschiedentlich schon in der Späthallstattzeit als Grabbeigabe bezeugten Schwerter zu nennen.[175] Frühe Exemplare weisen eine spitze, für Hieb und Stich gleichermaßen geeignete Klinge von durchschnittlich ca. 60 cm Länge auf, während man in späterer Zeit überwiegend reine Hiebschwerter mit einer vorne abgerundeten Klinge von wenigstens 80 cm Länge findet. Zur Erhöhung der Elastizität wurden die Klingen mitunter aus mehreren Eisenstäben unterschiedlicher Härte hergestellt, wobei man das härteste Material für die Schneide verwendete. Für die hohe Wertschätzung (und möglicherweise auch rituelle Bedeutung) des Schwertes spricht nicht zuletzt, dass man auf den Klingen häufig Markierungen mit Darstellungen von stilisierten Tieren oder Symbolzeichen findet, die gelegentlich sogar mit Goldblech eingelegt wurden. Ob es sich bei diesen heute so genannten Schlagmarken um reine Fabrikations- oder Besitzerstempel handelt oder ob ihnen darüber hinaus (auch) eine religiöse Bedeutung zukam, ist ungewiss. Die Griffe der Schwerter hatten häufig die Form eines lang gestreckten X, wobei man die beiden Griffschalen zumeist aus Holz oder Bein schnitzte und gelegentlich mit Schmuckeinlagen verzierte. Auffällig häufig wurde der Knauf rundplastisch als Kopf gestaltet, was dem Griff ein menschenähnliches Aussehen verlieh. Die Scheiden der Schwerter bestanden zumeist aus Eisen- oder Bronzeblech und waren mitunter an der Öffnung oder an der Spitze, dem Ortband, in Treib-, Ziselier- oder Punztechnik verziert. Nach dem Zeugnis der bildlichen Darstellungen wie auch den Beschreibungen der antiken Autoren zufolge trug man das Schwert an einer Kette aus Eisen oder Bronze an der rechten Hüfte. Die hohe Wertschätzung keltischer Schwerter in der Alten Welt bezeugt nicht zuletzt der Umstand, dass eine der keltischen Bezeichnungen dafür als *gladius* (vgl. altirisch *claideb* und walisisch *cleddyf*) ins Lateinische entlehnt wurde und dort das alte Erbwort *ensis* weitgehend verdrängte.[176]

Ein Lehnwort aus dem Keltischen ist auch lateinisch *lancea* (daraus über altfranzösisch *lance* auch mittelhochdeutsch *lanze*), das ursprünglich den mit einem Wurf-

---

[172] S. de Bernardo Stempel 1998, 604.
[173] Vgl. zu dieser Problematik ausführlich Stöllner 2007.
[174] S. Reim 1981, 208, Spindler 1996, 229,

Müller F. 2009, 29, sowie generell zu den späthallstattzeitlichen Eisendolchen Sievers 1982.
[175] Vgl. dazu ausführlich Pleiner 1993.
[176] S. Delamarre 2003, 117.

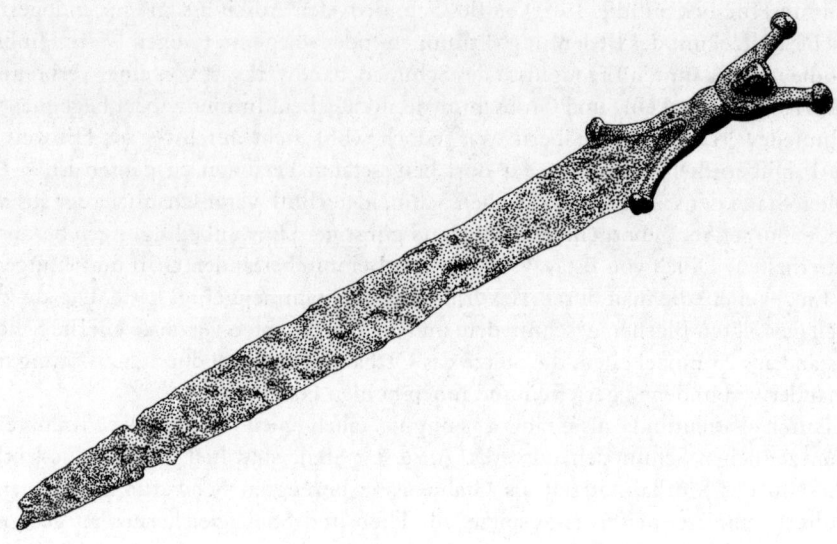

Latènezeitliches Schwert mit anthropomorphem Griff (3. Jahrhundert. v. Chr.)

riemen versehenen Wurfspeer bezeichnete.[177] Aus Wagengräbern des Marnegebiets kennt man bis zu 250 cm lange Speere, die sich durch ein 20 cm langes, schmales Blatt auszeichnen und vermutlich als Wurflanzen der Streitwagenkrieger Verwendung fanden. Daneben kennt man aber auch Stoßlanzen mit 30–60 cm langen Eisenspitzen. Ein weiteres keltisches Wort für den Speer war *gaisos* (daraus altirisch *gae* und walisisch *gwayw*), das in der Form *gaesum* ebenfalls ins Lateinische entlehnt wurde.[178] Man findet es in Personennamen wie *Gaesatus* «Speerträger» und *Gaisatorix* «Anführer der Speerleute» sowie in der Bezeichnung keltischer Krieger oder Söldner als «Gaesaten» (lateinisch *gaesati* oder *gaesates*).[179]

Als Schutzwaffen sind Helme, Panzer und Schilde nachgewiesen. Letztere waren in der Regel aus mit Leder bezogenem Holz, so dass in der Regel nur die Metallbeschläge erhalten geblieben sind. Die zumeist ovalen Schilde waren teils relativ klein (etwa 50 × 40 cm), in der Späten Latènezeit jedoch oft nahezu mannshoch und mit ihren eisernen Schildbuckeln mehrere Kilogramm schwer. Helme aus Eisen oder Bronze waren nach Ausweis der Grabfunde relativ selten, doch ist wohl mit einer weiteren Verbreitung uns nicht mehr erhaltener Helme aus Leder zu rechnen. Ausgeprägte Unterschiede findet man je nach Zeit und Raum in der Panzerung der keltischen Krieger, über die neben den archäologischen Überresten auch bildliche Darstellungen und Beschreibungen der antiken Autoren Auskunft geben.[180] Bereits im 7./6. Jahrhundert v. Chr. findet man in besonders reich ausgestatteten Gräbern des Osthallstattkreises die aus zwei Bronzeschalen bestehenden so genannten Glocken-

---

[177] S. Delamarre 2003, 195 (als keltisches Wort erwähnt bei Diodor 5,30,4).

[178] S. Delamarre 2003, 173–174.

[179] Zu den Gaesaten, die in der Vergangenheit in Anlehnung an irreführende Behauptun-

gen der antiken Ethnographie als ein eigener Volksstamm angesehen wurden, vgl. Tomaschitz 2002, 84–85.

[180] Vgl. dazu ausführlich Hansen 2003.

panzer, wie sie bereits für die Urnenfelderzeit und auch außerhalb der keltischen Welt, etwa in Thrakien und Griechenland, bezeugt sind. Aus der Frühen Latènezeit, als die Glockenpanzer allenthalben außer Gebrauch gekommen waren, kennt man den wohl aus Leder gefertigten so genannten Kompositpanzer, wie ihn insbesondere die figürlichen Darstellungen vom Glauberg zeigen. Während die Kompositpanzer in der Mittleren Latènezeit außer Gebrauch gekommen zu sein scheinen, findet man gegen Ende des 4. Jahrhunderts v. Chr. erstmals eiserne Kettenpanzer, die bis in die römische Kaiserzeit in Gebrauch blieben. Originale bzw. Teile davon findet man in der vorrömischen Zeit vor allem in besonders reich ausgestatteten Gräbern, da der Besitz eines solchen Panzers wegen der aufwendigen Herstellung vermutlich einem kleinen Kreis hochgestellter Personen vorbehalten blieb.

Sporen aus Bronze oder Eisen findet man vielleicht schon in der Mittleren, in größerer Zahl jedoch erst gegen Ende der Latènezeit.[181] Ihr Aufkommen steht vermutlich im Zusammenhang mit der wachsenden Bedeutung berittener Krieger, da gleichzeitig auch eine deutliche Zunahme von heute so genannten Reiterschwertern mit langer Klinge zu beobachten ist. Ungefähr gleichzeitig mit den Sporen findet man eiserne Fußangeln mit Widerhaken, wie sie im Mittelmeerraum schon sehr viel früher bekannt waren und zur Abwehr von Reitern, aber auch gegen Fußsoldaten eingesetzt wurden.[182]

Ein spezialisiertes eigenständiges Handwerk bildete die Bronzeverarbeitung.[183] Zu ihrer Herstellung benötigte man Kupfer, das unter anderem in Bergwerken des Ostalpenraums gewonnen, sogleich verhüttet und in Barren über weite Strecken verhandelt wurde. Vor Ort konnte man dann das Kupfer über einem offenen Herdfeuer mit Zinn zu Bronze legieren. Eine keltische Bezeichnung des Zinns und vielleicht (durch Übertragung) der Bronze als einer Zinnlegierung vermutet man in dem Wort *kassi- (vielleicht aus einem älteren *kad-ti- «Glänzendes»), das auch der griechischen Bezeichnung der Britischen Inseln als Kassiteriden zugrunde liegen könnte.[184]

Kleine Trachtbestandteile wie etwa Ringe konnten durch Guss mit Hilfe zweischaliger Steinformen hergestellt werden. Weiter verbreitet war der Bronzeguss «in verlorener Form», bei dem man den herzustellenden Gegenstand zunächst in Wachs modellierte und sodann mit Lehm ummantelte. Nach dem Brennen der Form, bei der das Wachs ausschmolz, konnte man den Hohlraum mit flüssiger Bronze füllen, wobei die Tonform nach dem Erkalten der Bronze zerschlagen werden musste. Hoch entwickelt war auch die Toreutik, wobei man aus gegossenen Bronzeplatten dünnes, 0,3 bis 1,0 mm starkes Bronzeblech anfertigte, das dann durch Gravieren und Punzieren verziert und zu Schwert- und Dolchscheiden, Gürtelblechen, Armbändern und Gefäßen aller Art verarbeitet wurde.[185] Situlen und Zisten, die aus mehreren Blechstücken zusammengesetzt sind, dürften in der Regel Einsätze aus organischem Material gehabt haben, so dass die erhaltene Form nur eine Ummantelung darstellt. Mehrfach belegt ist in der Bronzeverarbeitung eine Methode der

[181] Vgl. dazu Sievers 2010a, 38–39 mit Tafel 60.
[182] Vgl. Sievers 2010, 40 mit Tafel 61.
[183] Zusammenfassend Reim 1981, 210–213, sowie Spindler 1996, 211–231.
[184] S. de Bernardo Stempel 1998, 605–606, und Delamarre 2003, 109.
[185] Vgl. dazu Nortmann 1998.

Tauschierung, bei der man in eiserne Gegenstände Muster ritzte, das Eisen sodann mit flüssiger Bronze umgoss und nach dem Erkalten das Muster durch Abschleifen der aufgegossenen Metallhaut farblich zur Geltung brachte.[186]

Ein prominentes Beispiel für den hohen Stand des latènezeitlichen Bronzehandwerks bilden die Zierbeschläge einer Holzkanne aus der Zeit um 300 v. Chr., die 1941 in einem von zahlreichen Gräbern bei Brno-Maloměřice in Mähren gefunden wurden.[187] Dabei handelt es sich um insgesamt 16 zumeist durchbrochen gegossene Bronzen, 13 kleine Bronzebleche mit getriebenen Verzierungen sowie 38 Bronzenägel, mit denen die Beschläge an der aus Holz gedrechselten Kanne befestigt waren. Zu erkennen sind zoomorphe, anthropomorphe und vegetabile Motive, wobei der Deckel der Kanne von einem schlangenähnlichen Wesen mit Raubvogelkopf bekrönt wird.

Weit verbreitet waren verschiedene Techniken der Bronzebearbeitung auch bei der Herstellung von Fibeln, die nach dem Prinzip der modernen Sicherheitsnadeln konstruiert waren und erstmals in der Späthallstattzeit begegnen.[188] Man findet sowohl gegossene als auch getriebene Stücke, die häufig mit Ein- und Auflagen verziert wurden und neben ihrer praktischen Funktion als Gewandspangen auch als Schmuckstücke und vielleicht als Schaden abwehrende Amulette dienten. Generell aus Bronze oder Eisen gefertigt und nach Form, Größe und Gestaltung einem raschen Wandel unterworfen, bilden Fibeln häufig ein wichtiges Indiz zur Datierung archäologischer Funde.

Als Beispiel für den Nachweis einer spezialisierten Bronzegießerei mögen in diesem Kontext die Funde in der späthallstattzeitlichen Heuneburg dienen.[189] Dort entdeckte man in der Südostecke des ummauerten Areals Gebäude mit mehreren Öfen, die in dieser Häufung nicht als Ausstattung von Wohnhäusern zu erklären waren. Für eine nicht nur gelegentliche, sondern kontinuierlich und spezialisiert betriebene Metallverarbeitung sprechen dabei zum einen die Beständigkeit des Gebäudegrundrisses und der Anordnung der Öfen über zwei aufeinander folgende Bauperioden, zum anderen die Funde zahlreicher Bronzekügelchen, Tiegelfragmente und sonstiger Bronzegussreste sowie eine durch Korrosion kleiner und kleinster Bronzeabfälle verursachte Grünfärbung der dazugehörigen Hausböden. Im Hinblick darauf hat man die mitunter in Verbindung mit den D-förmigen Öfen beobachteten Pfostenstellungen als Bestandteile von Rauchabzügen und die in den Hausboden eingelassenen Holzwannen als Wasserbecken für eine Bronzegießerei gedeutet.

Eine eher geringe Rolle spielte die Bronzeverarbeitung im Oppidum Manching.[190] Augenscheinlich kam sie hauptsächlich zur Herstellung von Trachtbe-

---

[186] S. Spindler 1996, 231.

[187] Knapp zusammenfassend Meduna 1991a sowie J. Čižmářová in Müller F. 2009, 214–215, ausführlich Meduna u. Peškař 1992. Zum Gräberfeld von Brno-Maloměřice vgl. Čižmářová 2005 und zu einer spekulativen astronomischen Deutung der Bronzebeschläge Kruta u. Bertuzzi 2007.

[188] Vgl. dazu die Zusammenstellungen von Mansfeld 1973, Gebhard 1991, Guillaumet u.

Bertin 1994, Demetz 1999, Glunz 1997, Gaspar 2007, Leifeld 2007 sowie die Studien von Binding 1993 und Striewe 1996.

[189] Vgl. dazu S. Kurz in Krausse u. Beilharz 2010, 36–39. Zur Verarbeitung von Buntmetall auf der Heuneburg vgl. ferner Drescher 1995 und 2000.

[190] Jacobi 1974, 254–257. Vgl. dazu van Endert 1991.

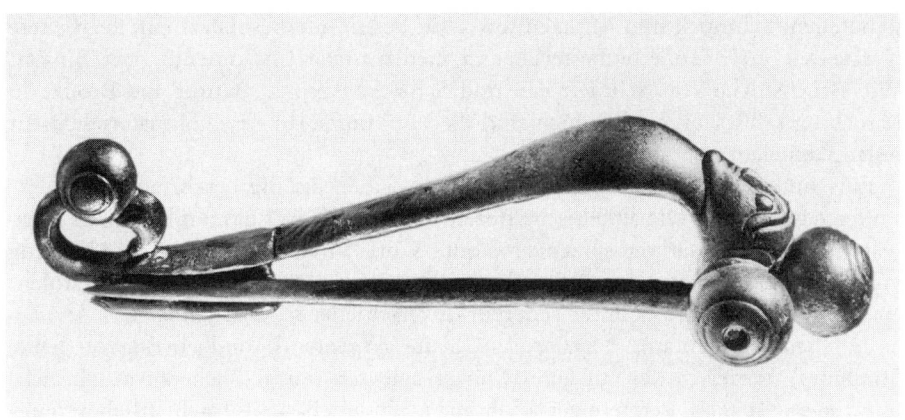

Fibel mit menschlichem Kopf aus Oberwittighausen in Baden-Württemberg (um 400 v. Chr.)

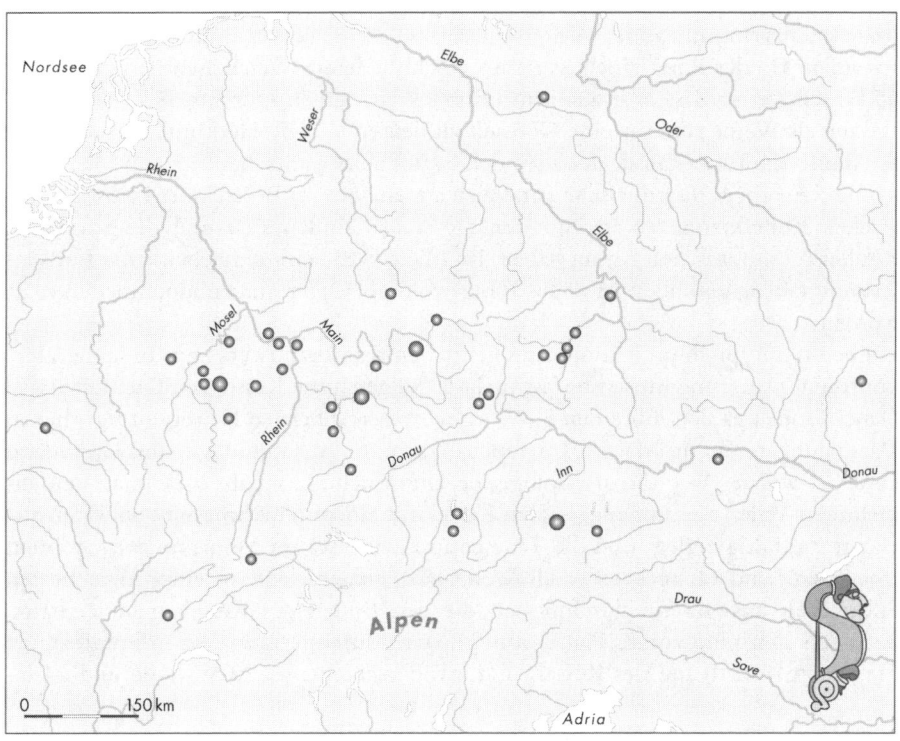

Verbreitung der Maskenfibeln

standteilen, Schmuck und Münzen sowie für bestimmte besonders fein gearbeitete Geräte wie etwa Toilettenbestecke und medizinische Instrumente zum Einsatz. Wie Bruchstücke von Schmelzöfen und Schlacken zeigen, wurde die Bronze in Manching selbst hergestellt, doch sind die Herkunftsorte des Rohmaterials dafür bislang unbekannt.

Eine untergeordnete Rolle spielte gegenüber den bislang beschriebenen Werkstoffen das Silber.[191] Die altkeltische Bezeichnung dafür war das mit lateinisch *argentum* und griechisch *argyros* sprachverwandte Wort **arganton*, das man als Ableitung von einer indogermanischen Wurzel mit der Bedeutung «leuchten» oder «strahlen» ansieht.[192] Man findet es unter anderem in verschiedenen Ortsnamen wie *Argantomagus* (heute Argentan), **Argantoialon* (heute Argenteuil) und *Argentorate* (heute Straßburg), ferner in der auf einer Münze belegten mutmaßlichen Amtsbezeichnung *argantodan(nos)*. Letztere vergleicht man mit der ebenfalls inschriftlich bezeugten Bezeichnung *cas(s)idano(s)*, deren erster Bestandteil das Zinn oder die Bronze bezeichnen könnte.[193] In der Späthallstattzeit noch überaus selten, tritt Silber erst seit der Frühlatènezeit häufiger auf und gewinnt dann in der Mittleren Latènezeit durch die Prägung von Silbermünzen zunehmend an Bedeutung.

Eine besondere Erwähnung verdient in diesem Zusammenhang der Silberring von Trichtingen (Kreis Rottweil).[194] Dabei handelt es sich um einen 4 cm starken, ovalen Silberring mit einer Weite von 25 bis 29 cm, dessen Enden in Stierköpfen auslaufen. Da der Ring einen Kern aus geschmiedetem Weicheisen hat, ist er über 6,7 kg schwer, so dass er − auch im Hinblick auf seinen Durchmesser − wohl am ehesten als Weihegabe für eine Gottheit zu deuten ist. Die Herkunft und das Alter des Rings sind unbekannt, doch handelt es sich sehr wahrscheinlich um keine einheimische Arbeit, da stilistische Parallelen am ehesten im Bereich der keltisch-thrakischen Kontaktzone an der unteren Donau zu finden sind und die Stierköpfe Parallelen im iranischen Raum haben. Im März 1928 beim Ausheben eines Entwässerungsgrabens gefunden, war der Ring wohl als Opfer am Fundort niedergelegt worden.

Ebenso untypisch im Rahmen des keltischen Kunsthandwerks wie in seiner Herkunft und Datierung umstritten ist auch der so genannte Kessel von Gundestrup.[195] Dabei handelt es sich um einen 8,885 kg schweren silbernen Kessel mit figürlichen Darstellungen, der im Mai 1891 in einem Torfmoor bei Gundestrup in Nordjütland entdeckt wurde. Wie die archäologische Untersuchung ergab, hatte man den aus mehreren Teilen zusammengesetzten Kessel mit einem Durchmesser von 69 cm zunächst sorgfältig zerlegt und die Teile dann nicht etwa im Moor, sondern auf dem trockenen Land versteckt oder als Weihegabe niedergelegt. In einer unverzierten Silberschale von 69 cm Durchmesser, die den Boden des Kessels gebildet hatte, befanden sich eine runde Platte von 25,6 cm Durchmesser, zwei röhrenförmige Fragmente vom Rand des Kessels und zwölf rechteckige, 20 cm hohe und 24 bis

[191] S. Reim 1981, 214, sowie Spindler 1996, 210–211.

[192] S. Delamarre 2003, 53.

[193] S. de Bernardo Stempel 1998 sowie Delamarre 2003, 54 und 108.

[194] S. Fischer u. a. 1987, Fischer 2006, 120–132, sowie Th. Hoppe in Müller F. 2009, 222.

[195] Vgl. dazu Falkenstein 2004, Nielsen u. a. 2005 sowie F. Kaul in Koch J. T. 2006, III 854–857, jeweils mit reichen Hinweisen auf die umfangreiche ältere Literatur.

43 cm breite, gewölbte Platten, aus denen die innere und äußere Wand des Kessels bestand. Herstellungsort und Alter des Kessels sind unbekannt, doch wurde er wohl im letzten Drittel des 1. Jahrtausends v. Chr. wenn nicht von Kelten, so doch unter keltischem Einfluss angefertigt. Dafür sprechen insbesondere die Darstellung einer Schar von Kriegern mit charakteristisch keltischen Schilden und Kriegstrompeten sowie die Abbildung einer mit untergeschlagenen Beinen sitzenden Gottheit mit Halsring und Hirschgeweih. Manche stilistischen Einzelheiten und die Darstellung einer Reihe von Tieren, darunter Löwen, Greifen und Elefanten, sind jedoch zweifellos orientalisch beeinflusst und erinnern am ehesten an hellenistisch geprägte thrakische Kunstwerke. Auf diesen Anknüpfungspunkten beruht die Vermutung, der Kessel sei auf dem Balkan hergestellt und als Kriegsbeute nach Dänemark verschleppt worden. Verschiedene Versuche, die Bildinhalte des Silberkessels mit Hilfe antiker Nachrichten über die keltischen Götter oder gar unter Rückgriff auf mittelalterliche inselkeltische Texte zu deuten, haben kaum Zustimmung gefunden.

Bedeutender und als kostbarer Werkstoff sehr viel weiter verbreitet war in Fortführung bronzezeitlicher Traditionen schon seit der Späthallstattzeit das Gold.[196] Die altkeltische Bezeichnung des Metalls ist unbekannt, denn bei irisch *ór* und walisisch *aur* handelt es sich um Entlehnungen aus dem lateinischen *aurum*. Mit altindisch *kánakam* «Gold» hat man gallisch *caneco-* in der inschriftlich (RIG 2.1 L-10) bezeugten zusammengesetzten Bezeichnung *canecosedlon* (vielleicht «goldener Sessel») verglichen, doch ist diese Deutung des Wortes nicht gesichert.[197] Weit verbreitet waren dünnwandige Schmuckgegenstände und dünne Goldauflagen, wobei zahlreiche Hort- und Gräberfunde eine Untersuchung der Bearbeitungstechniken anhand herausragender Einzelstücke ermöglichen.

Zu den ältesten und zugleich bedeutendsten Zeugnissen späthallstattzeitlicher Goldschmiedekunst zählen die Funde aus dem Grab von Eberdingen-Hochdorf.[198] Dabei handelt es sich um einen 7,4 cm breiten, in fünf Wülste gegliederten und mit Kreispunzen verzierten Armreif, zwei 6,5 cm lange, aus sieben Teilen zusammengesetzte und reich verzierte Schlangenfibeln, den aus 16 Einzelblechen gefertigten Überzug eines Bronzedolches, ein rechteckiges Gürtelblech von 33 cm Länge und 8,5 cm Breite, geometrisch verzierte Schuhbeschläge, neun Trinkhornbeschläge, einen Halsring und eine Schale. Wie Übereinstimmungen in der Punzierung dieser Gegenstände, Nachlässigkeiten in der Verzierung und Anbringung, der Fund eines goldenen Halbfabrikats am Rand des Grabhügels und nicht zuletzt die Funktionsuntüchtigkeit der beiden Fibeln beweisen, wurden wohl alle genannten Objekte mit Ausnahme der Schale und des Halsrings eigens für die Bestattung hergestellt.

Wenige Jahrzehnte jünger als die Goldobjekte aus Eberdingen-Hochdorf ist der goldene Halsring aus dem Grab von Vix.[199] Dabei handelt es sich um einen 480 g schweren, hohl gearbeiteten Ring mit einem Durchmesser von 27,4 cm, der ungefähr die Form eines Omega (Ω) hat und dessen Enden als Löwenpranken geformt sind, die auf 5 cm großen, birnenförmig gestreckten Hohlkugeln aufliegen. In den

[196] Knapp zusammenfassend Reim 1981, 213–214, sowie Spindler 1996, 202–210. Vgl. ferner Eluère 1987 sowie zu kunst- und technikgeschichtlichen Aspekten Echt u. Thiele 1994.

[197] S. Delamarre 2003, 102.

[198] Zusammenfassend Biel 1985, 77–91, ausführlich Hansen 2010.

[199] Knapp zusammenfassend S. Bolliger Schreyer in Müller F. 2009, 182, ausführlich Rolley 2003.

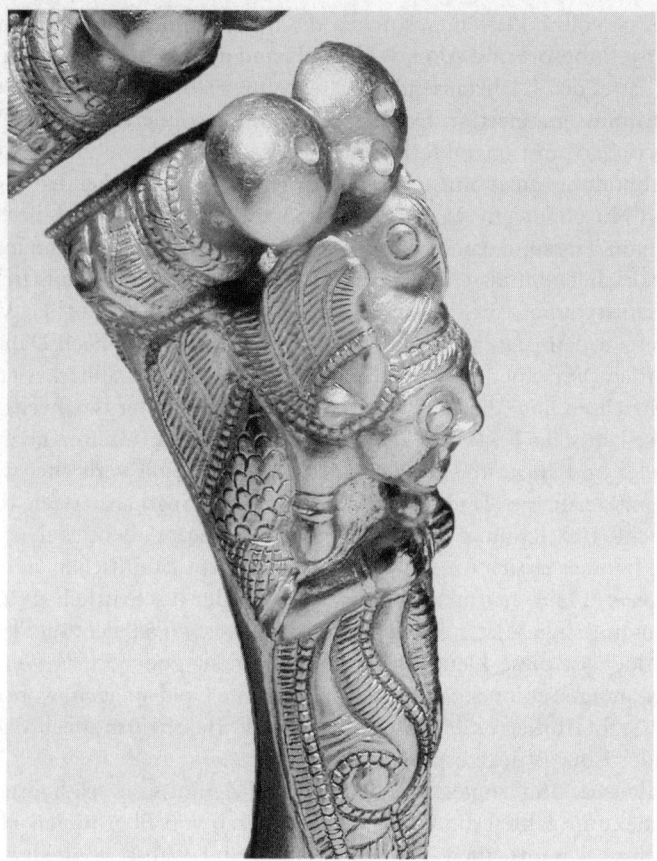

Detail eines Armrings aus Reinheim im Saarland (Anfang 4. Jahrhundert v. Chr.)

beiden Winkeln zwischen Kugeln und Ringkörper ist jeweils ein 2,2 cm großes, wie zum Sprung ansetzendes geflügeltes Pferdchen mit angewinkelten Beinen angebracht. Verweisen das geflügelte Pferd und das Motiv der Löwenpranke auf griechische bzw. orientalische Einflüsse, so gilt doch eine einheimische keltische Herkunft des Rings als gesichert.

Bei Gleisbauarbeiten im Gebiet des Rangierbahnhofs fand man 1906 die späthall-stattzeitliche Goldschale von Zürich-Altstetten.[200] Mit einer Höhe von 12 cm, einem Durchmesser von 25 cm und einer Wanddicke von 1,25 mm hat sie ein Gewicht von 910 g und ist damit nahezu ebenso schwer wie alle Goldobjekte aus den Gräbern von Vix und Eberdingen-Hochdorf zusammen. Unter einem schma-len, glatten Rand ist die Schale überall mit von innen herausgetriebenen Buckel-chen verziert, wobei lediglich drei Bildmotive (Sonnen, Halbmonde, Hirsche und Hirschkühe) ausgespart sind. Sehr wahrscheinlich stammt die Schale nicht aus einem Grab, sondern wurde als Weihegabe am Fundort niedergelegt, wobei stilis-

[200] S. Kimmig 1983c und Nagy 1992.

tische Parallelen in Form und Verzierung eine Entstehung auf der Iberischen Halbinsel vermuten lassen.

Reichen Goldschmuck aus dem frühen 4. Jahrhundert v. Chr. fand man 1954 bei
der Entdeckung eines der ersten unberaubten frühlatènezeitlichen Prunkgräber bei
Reinheim.[201] Neben zwei goldenen Armringen mit 8,4 und 6,8 cm Durchmesser
enthielt das Grab einen Halsring mit 17,2 cm Durchmesser. Dieser bestand aus
einem aus drei Lamellen zusammengefügten, achtfach um die eigene Achse tordierten Goldblech, dessen Enden (ebenso wie die des größeren der beiden Armreife) in
zwei spiegelbildlich angeordneten menschlichen Köpfen mit einer Kopfbedeckung
in der Gestalt eines Raubvogels und je zwei darüber gesetzten kolbenförmigen
Verdickungen in Verbindung mit der Darstellung zweier Tierköpfe auslaufen. Lässt
diese Ikonographie mediterrane und insbesondere griechische Einflüsse vermuten,
so bleibt ihre Deutung im Kontext der frühlatènezeitlichen Kultur mangels schriftlicher Quellen doch weitgehend spekulativ.

Aus der gleichen Zeit wie der Goldschmuck von Reinheim stammen die reich
verzierten Goldringe von Erstfeld.[202] Dabei handelt es sich um vier Hals- und drei
Armringe mit einem Durchmesser von 14 bis 15,5 bzw. ca. 8 cm und einem
Gesamtgewicht von 640 g. Sie waren wahrscheinlich als Weihegabe für eine Gottheit nördlich des Sankt-Gotthard-Passes im Schweizer Kanton Uri in 2000 m Höhe
unter einem Felsblock an einem unwegsamen Steilhang verborgen worden, wo man
sie im August 1962 bei Erdarbeiten für eine Lawinenverbauung entdeckte. Nach
Ausweis der Arbeitsspuren waren alle sieben Ringe in einer einzigen Werkstatt,
doch von mindestens drei verschiedenen Schmieden, aus dem gleichen hochkarä-
tigen Metall hergestellt worden. Da Gebrauchsspuren fehlen, hatte man sie vermutlich bald nach ihrer Herstellung am Fundort niedergelegt. Je zwei der Hals- und
Armringe bilden ein nahezu identisches Paar, deren symmetrisch angeordneter
Figurenschmuck (Fabelwesen und Vögel) mediterrane Einflüsse erkennen lässt,
jedoch kaum sicher zu deuten ist.

In die zweite Hälfte des 4. Jahrhunderts v. Chr. datiert man den aus einem Halsring, zwei reliefverzierten Armringen und einem tordierten Oberarmring bestehenden Goldschmuck aus dem Grab von Waldalgesheim.[203] Wie neuere Untersuchungen ergaben, stammen die beiden nahezu identischen Armringe aus ein und
derselben Werkstatt, während der Halsring nach Ausweis der Herstellungstechnik
und der Dekoration von einem zweiten und der tordierte Oberarmring von einem
dritten Meister angefertigt wurden. Metrologische Analysen lassen vermuten, dass
der gesamte Goldschmuck aus eingeschmolzenem Münz-Gold (von Dareios- und
Philipp-Stateren) hergestellt wurde.

Erwähnt seien an dieser Stelle schließlich noch einige mittel- und spätlatènezeitliche Goldringe, die seit der Frühen Neuzeit immer wieder als Hortfunde zusam-

---

[201] Knapp zusammenfassend M. A. Guggisberg in Müller F. 2009, 194–195, ausführlich
Echt 1999 und 2000.
[202] Knapp zusammenfassend M. A. Guggisberg in Müller F. 2009, 196–199, ausführlich
und mit teilweise spekulativer Ausdeutung des

Figurenschmucks Guggisberg 2000 und 2002.
Vgl. ferner Fischer 1992.
[203] Knapp zusammenfassend M. A. Guggisberg in Müller F. 2009, 210–213, ausführlich
R. Echt und W.-R. Thiele in Joachim 1995,
111–140. Vgl. außerdem Frey 1996b.

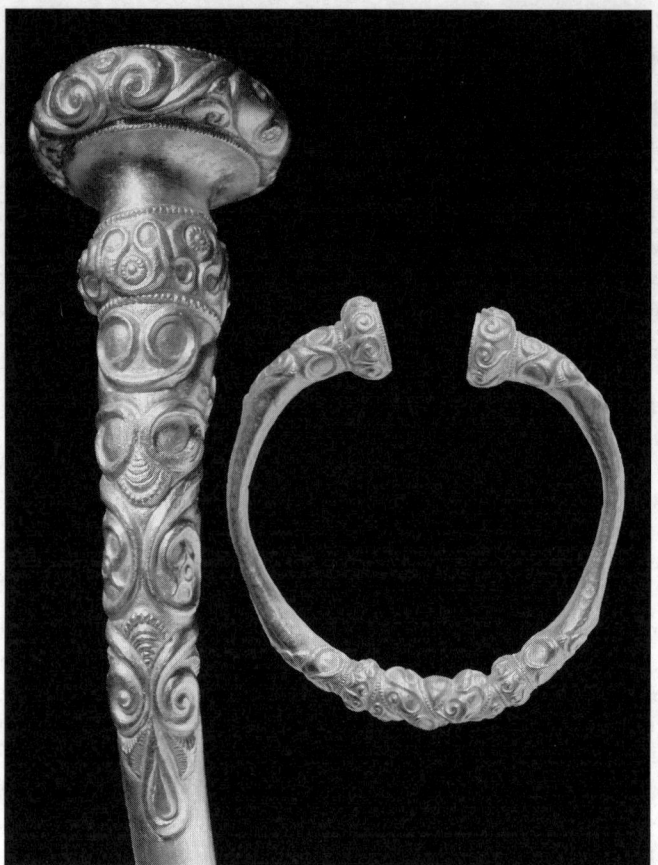

Armring und Detail des Halsrings aus Waldalgesheim in Rheinland-Pfalz
(Mitte 4. Jahrhundert v. Chr.)

men mit Münzen und anderen Goldobjekten entdeckt wurden.[204] Bereits 1841 stieß man bei Erdarbeiten in Fenouillet, 8 km nördlich von Toulouse, auf sechs oder sieben angeblich in einem Gefäß deponierte Goldhalsringe, von denen heute jedoch nur noch fünf erhalten sind.[205] Im Winter 1882/83 fand man in Saint-Louis bei Basel bei Bauarbeiten nach einem Rheinhochwasser neben knapp hundert, heute teilweise verschollenen Münzen die Bruchstücke zweier hohl gearbeiteter Halsringe.[206] Einen 4 kg schweren Goldschatz, verborgen in zwei Tongefäßen, entdeckte man 1893 in Tayac bei Libourne im Département Gironde.[207] Er enthielt mehrere hun-

---

[204] Vgl. dazu ausführlich, auch im Hinblick auf vergleichbare Funde von der Iberischen Halbinsel und den Britischen Inseln, Hautenauve 2005.
[205] Zusammenfassend Eluère 1987, 176 mit Abb. 124–128.

[206] Knapp zusammenfassend Eluère 1987, 171–172, ausführlich Furger-Gunti 1982. Vgl. ferner Guggisberg 1996.
[207] Knapp zusammenfassend Eluère 1987, 177, ausführlich Gorphe 2009.

dert heute zumeist verschollene, Münzen, ferner kleine Goldbarren und Gold-
draht sowie einen fast 800 g schweren Halsring, den man in drei Teile zerbrochen
hatte. Zu den bedeutendsten Funden der jüngeren Vergangenheit gehört der Goldschatz von Niederzier bei Düren.[208] Dort fand man während der archäologischen
Untersuchung einer spätlatènezeitlichen Siedlung in den Jahren 1977 bis 1982 in
unmittelbarer Nähe eines mutmaßlichen Kultpfostens oder hölzernen Götterbilds
zwei goldene Halsringe, einen goldenen Armring und 46 Goldmünzen, die man
wohl als Weihegabe für eine Gottheit dort niedergelegt hatte.[209]

Holzverarbeitung[210]

Im archäologischen Fundgut stark unterrepräsentiert, doch von zentraler wirtschaftlicher Bedeutung, sind Zeugnisse der keltischen Holzverarbeitung nur unter
besonders günstigen Bedingungen erhalten geblieben. Die wichtigste Baumart war
die Eiche, die vor allem als Bauholz und im Befestigungswesen zum Einsatz kam.
Für die Griffe, Schäfte und Holme von Werkzeugen und Waffen wählte man die
jeweils am besten geeigneten Holzarten, wobei sich Esche wegen ihrer Biegsamkeit
und Härte besonderer Beliebtheit erfreute. Das altkeltische Wort für «Holz» war
widu- (woraus altirisch *fid* und walisisch *gwydd*; sprachverwandt mit altnordisch *viðr*
«Holz» und «Baum»).[211] Man findet es unter anderem in dem Stammesnamen *Vidu-
casses* sowie in dem gallo-lateinischen Wort *vidubium* (Holz- oder Baumschneider),
das eine Art Hippe bezeichnete und außer in irisch *fidba* und walisisch *gwddif* auch in
französisch *vouge* weiterlebt. Darüber hinaus kennt man die Namen verschiedener
Holz- bzw. Baumarten wie z. B. der Buche (*bāgo-*; sprachverwandt mit lateinisch
fāgus), Eibe (*iwo-*, woraus französisch *if*, sowie *eburo-*, woraus irisch *ibar*), Erle
(*werno-*, woraus südfranzösisch *vergne*) und Ulme (*lemo-*, wie in dem Stammesnamen *Lemovices*).[212]

Mehrere keltische Wörter kennt man, vielleicht wegen ihrer hohen Bedeutung
als Nutzholz, für die Eiche. Eine Bezeichnung ist in den Formen *dru-* und *derwo-*
in festlandkeltischen Personennamen wie *Drutalus*, *Derva* und *Dervonia*, in Ortsnamen wie *Derventum* (heute Drevant) und *Darvetum* (heute Darvoy) sowie in der
Bezeichnung «Druide» belegt.[213] Als keltische Form des französischen Wortes *chêne*
(«Eiche»), das aus dem Lateinischen nicht erklärt werden kann und in den übrigen
romanischen Sprachen keine Entsprechung hat, erschließt man ferner eine, vielleicht spezifisch gallische, Bezeichnung der Eiche als *kassano-* oder *kassino-*. Man
vermutet sie unter anderem im ersten Bestandteil der Ortsnamen *Cassinomagus*
(heute Chassenon) und *Kassanoialo-* (heute Casseneuil).[214] Die bei antiken Autoren
überlieferte Gebirgsbezeichnung *Herkynios drymos* bzw. *Hercynia silva* betrachtet man
als Ableitung von einer ansonsten nicht bezeugten keltischen Entsprechung des

---

[208] S. Göbel u. a. 1991.
[209] Zur sozial- und kulturgeschichtlichen Interpretation keltischer Halsringe vgl. insbesondere Castro Pérez 1998, Adler 2003 und Guštin
2009.
[210] Zusammenfassend dazu Reim 1981, 222–
224, und Spindler 1996, 244–247.

[211] S. Delamarre 2003, 318.
[212] S. Delamarre 2003, 64, 159, 193, 198 und
314–315.
[213] S. Delamarre 2003, 140–141 und 148–149.
[214] S. Delamarre 2003, 108.

lateinischen Wortes *quercus* («Eiche»), die man auf indogermanisch **perk^wus* zurückführt (woraus sich dann mit typisch keltischem Schwund des anlautenden p- **erk^wus* ergibt).[215]

Für den Hausbau in der vorrömischen Eisenzeit Mitteleuropas verwendete man sowohl Laub- als auch Nadelbäume.[216] Kam Laubholz überwiegend bei der so genannten Skelett- oder Gerüstbauweise mit ihrer Verwendung senkrechter tragender Holzpfosten zum Einsatz, so nutzte man für die waagerechten Hölzer der Blockbauweise gerne auch die wegen ihrer langen, geraden Stämme hierfür besonders geeigneten Nadelhölzer. Der hohe Stand der Holzbearbeitung spiegelt sich nicht zuletzt in der Vielzahl dafür eingesetzter spezialisierter Eisenwerkzeuge, darunter Tüllenbeile und -äxte, Dechsel, Bohrer, Zugmesser sowie Hohl-, Stech- und Stemmeisen.[217] Sägen sind ebenfalls bezeugt, spielten aber in der Holzbearbeitung eine eher untergeordnete Rolle. Weit verbreitet waren seit der Späthallstattzeit selbsttragende Schwellbalkenhäuser, die jedoch nur in Ausnahmefällen auf einem Steinfundament errichtet waren und daher eine vergleichsweise geringe Lebensdauer hatten.

Detaillierte Einblicke in das Erfahrungswissen bei der Auswahl von Nutzhölzern in der Späthallstattzeit ermöglichte die Untersuchung des Grabes von Eberdingen-Hochdorf.[218] Wie aus Pollen- und Holzbestimmungen hervorgeht, herrschte in der Umgebung des Grabes ein lichter, holzartenreicher Laubwald vor, in dem die Eiche dominierte. Buchen-Tannen-Wälder waren vor allem südwestlich von Hochdorf im Schwarzwald und in der Baar verbreitet. Wie in anderen späthallstattzeitlichen Gräbern war auch in diesem Fall die Kammerverschalung in Eichenholz ausgeführt. Für das Holzgestell, auf dem der Bronzekessel des Grabes ruhte, hatte man überwiegend Eiche, aber auch Esche und Fichte verwendet, obwohl die Fichte in der Nähe des Grabes vermutlich nicht vorkam. Für den aus mehreren Streifen zusammengesetzten Köcher hatte man Wurzelholz einer Schwarzpappel verwendet, das extrem leicht und gleichzeitig überaus biege- und bruchfest ist. Für die Pfeile hatte man unter anderem auf Kornelkirsche, Schneeball und Pfaffenhütchen zurückgegriffen, deren Zweige besonders hart und bruchfest sind.

Vielfältige Einblicke in die Techniken der Holzverarbeitung ermöglichten die Funde, die 1988/89 bei den Ausgrabungen in der Siedlung im Ramsautal am Dürrnberg bei Hallein zutage kamen, da organische Materialien dort wegen der hohen Bodenfeuchtigkeit besonders gut erhalten waren.[219] Insbesondere ergaben sich daraus neuere Erkenntnisse zur Konstruktionsweise der Häuser, deren mit Axt und Querbeil zugerichtete Rundstämme, Hölzer und Bretter durch Nuten, Schlitze und Zapfen miteinander verbunden waren. Dabei fand man sowohl reine Pfosten-

[215] S. Delamarre 2003, 164–165. Zu den verschiedenen altkeltischen Bezeichnungen der Eiche und möglichen Unterschieden im Sprachgebrauch vgl. außerdem Wolf 1997.
[216] Das Folgende nach Fries-Knoblach 2009. Vgl. ferner Schubert 1994 (Manching), Laurelut u. a. 2005 (spätlatènezeitliche und gallorömische Holzbauten), van den Boom 2006 (Häuser der Heuneburg) sowie mehrere Beiträge in Trebsche u. a. 2009.
[217] Vgl. dazu Jacobi 1974, 28–50.
[218] Das Folgende nach Körber-Grohne 1985, 91–92 und 122–125.
[219] Das Folgende nach Lobisser u. Löcker 2001. Vgl. dazu ausführlich Lobisser 2005.

Grundriss und Rekonstruktion eines Schwellenbaus und eines Speichers auf der Heuneburg

bauten als auch Schwellenhäuser, die in einer Mischbauweise aus Block- und Ständerbau errichtet worden waren.

Neue Einsichten ergaben sich auch 2004/05 aus der Untersuchung der Heuneburg-Vorburg.[220] Hier bargen die Wasser stauenden Lehmschichten in ca. 6 m Tiefe nicht nur zahlreiche sehr gut erhaltene bearbeitete Bauhölzer wie Pfosten, Balken und Bretter mit unterschiedlichen Verbindungselementen, sondern auch eine große Zahl von Produktionsabfällen, die Rückschlüsse auf die Arbeitstechniken der Handwerker erlaubten. Sehr wahrscheinlich handelt es sich dabei um die Überreste einer Holzbrücke, die nach Ausweis der dendrochronologischen Daten im ersten Viertel des 6. Jahrhunderts v. Chr. über mindestens zehn Jahre lang genutzt und immer wieder ausgebessert wurde. Knapp die Hälfte der verwendeten Bauhölzer bestand aus Eiche, doch nutzte man besonders für die Pfosten auch in

[220] Das Folgende nach Bofinger u. Goldner-Bofinger 2008, 219–226. Zur Bedeutung der Funde für die Dendrochronologie vgl. Billamboz 2008.

beträchtlichem Umfang Tanne und Ulme, die für den feuchten Untergrund des Burggrabens ebenfalls besonders geeignet waren. Die Pfosten hatte man ausnahmslos nicht vier-, sondern sieben- bis zehneckig zugerichtet, wohl um den das Kernholz umgebenden Splint mit möglichst wenig Materialverlust abzutragen. Da keine Holznägel gefunden wurden und auch keine Hinweise auf dafür vorgesehene Ausarbeitungen im Holz vorliegen, wurde ein Teil der Hölzer wohl durch Seile oder Umwicklungen mit einem Rutengeflecht in ihrer Position gehalten.

Vergleichsweise selten bezeugt sind Gefäße und Behälter aus Holz, sei es, weil sie nur unter besonders günstigen Bedingungen erhalten blieben, sei es, weil man sie nach Ablauf ihrer Nutzung als Brennstoff entsorgt hatte.[221] Gleichwohl kennt man sowohl vom Dürrnberg als auch aus Brno-Maloměřice hochwertige, mit Metallbeschlägen verzierte gedrechselte Holzgefäße, während im keltisch-römischen Gräberfeld von Wederath-Belginum zahlreiche Holzkohlestücke zutage kamen, die man als Reste von am Scheiterhaufen aufgestellten Gefäßen interpretiert. Sie waren alle auf der Drehbank hergestellt worden, wobei man wegen ihrer Härte bevorzugt Laubhölzer wie etwa Bergahorn und Erle verwendet hatte. Im Formenrepertoire kann man Teller, Schüsseln, Schalen, Becher und Siebe unterscheiden, die sowohl in Männer- als auch in Frauengräbern vorkommen, in Letzteren jedoch häufiger sind.

Eine zentrale Rolle spielte die Holzverarbeitung (neben dem Schmiedehandwerk) im Wagenbau.[222] Schwere, vermutlich von Ochsen gezogene Wagen mit Scheibenrädern sind in Mitteleuropa bereits während der Späten Jungsteinzeit bekannt, während in der Bronzezeit, vermutlich durch mediterrane Einflüsse, erstmals leichte Pferdewagen mit Speichenrädern auftreten. Eine wichtige Rolle spielen vierrädrige Zeremonialwagen als Grabbeigabe in der Frühen Urnenfelderzeit (13./12. Jahrhundert v. Chr.) und dann wieder ab der Frühen Hallstattzeit (8. Jahrhundert v. Chr.). Verraten die hallstattzeitlichen Pferdegeschirre osteuropäische Einflüsse, so kann man in der Wagenbautechnik die Umsetzung von Neuerungen (wie etwa den eisernen Radreifen) aus dem Mittelmeerraum feststellen. Da die Holzteile nur selten erhalten blieben, beruhen moderne Rekonstruktionen keltischer Wagen zumeist auf den Metallbeschlägen mit ihren Holzabdrücken.

Eine vollständige und gesicherte Rekonstruktion erlaubte der ganz mit Metall verkleidete Wagen aus dem Grab von Eberdingen-Hochdorf.[223] Typischerweise haben die Wagen aus späthallstattzeitlichen Gräbern vier Speichenräder von 70 bis 95 cm Durchmesser und einen niedrigen, rechteckigen Wagenkasten, der ungefähr doppelt so lang wie breit ist. Die in senkrechter Richtung bewegliche Deichsel, an deren Ende man das Joch für die Zugpferde befestigte, ist durch ein Scharnier mit der Vorderachse verbunden. Die leichte Konstruktion und geringe Größe des Wagenkastens, der höchstens zwei Personen Platz bietet, lässt vermuten, dass solche Wagen nicht zum Transport bestimmt waren, sondern rituellen oder zeremoniellen Zwecken dienten.

---

[221] Das Folgende nach Cordie 2007. Vgl. Spindler 1996, 246, mit weiteren späthallstattzeitlichen Belegen.

[222] Zusammenfassend Egg u. Pare 1993, ausführlich zu Wagen und Wagengräbern Barth u. a. 1987, van Endert 1987b, Pare 1992, Vosteen 1999, Schönfelder u. a. 2002, Schönfelder 2003, Koch J. K. 2006.

[223] Vgl. zusammenfassend Biel 1985, 141–159, sowie ausführlich Koch J. K. 2006.

Im Unterschied zur Späthallstattzeit findet man in den Gräbern der Frühlatène-zeit, vor allem in Nordostfrankreich, im Mittelrheingebiet und in Böhmen, fast ausschließlich leichte, zweirädrige Wagen.[224] Die oft reichen Waffenbeigaben dieser Gräber lassen vermuten, dass auch die Wagen als Streitwagen eingesetzt wurden. Von den Wagen findet man in den Gräbern jedoch zumeist nur einen ca. 1 × 1 m großen quadratischen Schatten in Form des Wagenkastens auf dem Boden der Grabgrube und eventuell einige wenige metallene Reste. Abbildungen auf kel-tischen Münzen lassen erkennen, dass der Wagenkasten nach hinten und vorn offen und an den beiden Seiten mitunter in der Form eines doppelten Halbbogens gestal-tet war. Der Durchmesser der Räder lag bei durchschnittlich 90 cm, wobei die Felgen aus einem einzigen zu einem Kreis gebogenen Holzstück oder aber aus mehreren Segmenten bestanden. Die Achse war in der Regel am hinteren Ende des Wagenkastens befestigt, und die Länge der Deichsel betrug 2 bis 3 m. Auffällig ist der weithin einheitliche Radabstand von 1,3 m, der vielleicht auf die Anpassung an tiefe Spurrinnen auf viel befahrenen Straßen zurückzuführen ist. Nach Diodor (5,29) benutzten die Gallier leichte Wagen für zwei Personen (Krieger und Wagen-lenker) sowohl auf Reisen als auch im Kampf, doch könnte seine auf Poseidonios fußende Schilderung von den Beschreibungen der Verwendungsweise frühgriechi-scher Streitwagen in den homerischen Epen beeinflusst sein. Eine Beschreibung der Funktionsweise keltischer Streitwagen während der Schlacht von Sentinum 295 v. Chr. gibt uns Livius (10,28,9). Tatsächlich erinnert seine Wortwahl jedoch stark an die Beschreibung, die Caesar (*BG* 4,33,1) von der Streitwagentaktik der Britannier gibt, so dass er sie direkt von dort übernommen haben könnte, zumal Caesar an anderer Stelle (*BG* 5,14,1) hervorhebt, die Lebensweise der Bewohner von Cantium im Südwesten Britanniens erinnere an die der Gallier.[225]

Von mindestens ebenso großer Bedeutung wie der Wagenbau dürfte der kel-tische Schiffbau gewesen sein.[226] So berichtet schon Polybios (3,42,2), dass Hannibal die Rhône vier Tagesmärsche oberhalb ihrer Mündung überschritt, indem er den Anwohnern alle Einbäume und die Kähne abkaufte, die infolge des Handels zahl-reich vorhanden waren. Hier liegen uns allerdings nur wenige Originalfunde vor, während wir ansonsten auf indirekte Rückschlüsse aus bildlichen Darstellungen, Hinweisen antiker Autoren und dem mutmaßlichen Weiterleben einheimischer Techniken im Schiffbau der römischen Kaiserzeit angewiesen sind. Im Unterschied zu allgemeinen Bemerkungen der antiken Autoren über die Rolle der Wasser-straßen für Handel und Verkehr sind als detaillierte Beschreibung keltischer Schiffe nur die Angaben Caesars über die Schiffe der Veneter an der bretonischen Küste auf uns gekommen. Seiner Darstellung zufolge besaßen diese ganz aus Eichenholz gebauten Schiffe einen flachen Kiel, doch einen hohen Bug und ein hohes Heck,

[224] Zur experimentellen Rekonstruktion vgl. Furger Gunti 1991.

[225] Vgl. dazu Maier B. 2000b, 9–10.

[226] Zusammmenfassend Ellmers 1969 sowie – als einen Teilaspekt der vor- und frühge-schichtlichen Binnenschifffahrt – Ellmers 1989, 304–320. Vgl. ferner die Überlegungen von Teigelake 1998 zur Frage von Diffusion und

Konvergenz bei bestimmten Fertigungstechni-ken, Wieland 2000 zur Binnenschifffahrt im süddeutschen Raum, Lippert 2004 zur Binnen-schifffahrt im Ostalpengebiet und Bockius 2007 zu den Hinweisen auf eine Übernahme mediterraner Schiffbautechniken bereits in vor-römischer Zeit.

wobei die aus fußdicken Stämmen gefertigten Querbalken durch daumendicke eiserne Nägel zusammengehalten wurden. Die Anker seien statt an Tauen an eisernen Ketten befestigt gewesen, und für die Segel habe man der rauen See wegen keine Leinwand, sondern Felle oder Leder benutzt (*BG* 3,13).

Als eine der bemerkenswertesten bildlichen Darstellungen ist das knapp 7 cm lange, aus Goldblech gefertigte Modell eines trapezförmigen Schiffes oder Kahns mit flachem Boden und zwei breiten Rudern auf der Steuerbordseite zu erwähnen, das um die Mitte des 4. Jahrhunderts v. Chr. entstand und zur Ausstattung eines Männergrabes (Grab 44/2) auf dem Dürrnberg gehörte.[227] Dabei handelt es sich augenscheinlich um ein Prahm-ähnliches Boot, wie es in der Binnenschifffahrt bis ins 20. Jahrhundert zum Einsatz kam. Derartige Kähne konnten sowohl gerudert als auch getreidelt oder gestakt werden und waren wegen ihres geringen Tiefgangs auch in relativ seichten Gewässern zu verwenden. Besondere Anlegestellen waren dafür nicht erforderlich, da man sie dank ihres flachen Bugs und Hecks sehr einfach an Kies- oder Sandbänken be- und entladen konnte. Durch Originalfunde aus der Schweiz gut bezeugt sind insbesondere Einbäume, die nicht nur für den Gütertransport, sondern auch in der Fischerei und als Fähren Verwendung fanden.[228] Daneben baute man jedoch auch Wasserfahrzeuge, bei denen zwei Einbäume als Schwimmer durch Querbalken miteinander verbunden und mit aufgesetzten Plattformen versehen wurden, wie dies aus entsprechenden Funden in einem Grab der jüngeren Latènezeit in Chaumont (Dép. Haute-Marne) hervorgeht.[229] Vermutlich kamen jedoch gerade im Fernhandel neben Einbäumen auch sehr viel tragfähigere Plankenboote zum Einsatz, wie dies der Fund eines solchen Kahns aus dem 3. Jahrhundert v. Chr. in einem Moor bei Ljubljana in Slowenien nahelegt.[230]

Indirekte Hinweise auf das Landschaftsbild liefert der Nachweis verschiedener Sammelpflanzen wie Brombeere, Haselnuss, Schlehe, Vogelkirsche, Weißdorn und Wolliger Schneeball als Nahrungsmittel der Bewohner des Dürrnbergs. Da die entsprechenden Früchte zweifellos in unmittelbarer Nähe der Siedlung gesammelt wurden, ist im Unterschied zu den heute vorherrschenden nahezu saumlosen Wäldern von einer Vielzahl von Gebüschen und Hecken an den Rändern der Baumbestände auszugehen.[231]

Keramik[232]

Seit dem 5. Jahrtausend v. Chr. in Mitteleuropa bekannt, wurde das Töpfern in der Späthallstattzeit als spezialisiertes Handwerk betrieben, was sich in der hohen Qualität der Keramik, aber auch in einer gewissen Einheitlichkeit der Gefäßtypen und -formen widerspiegelt. Am Anfang des Fertigungsprozesses stand das Schlämmen und Magern des frisch gestochenen Lehms, um brennfähigen Ton zu erhalten. Zu Beginn der Späthallstattzeit wurden die Gefäße noch freihändig, zum Teil wohl auf

---

[227] Vgl. dazu ausführlich Reitinger 1975.
[228] Vgl. dazu ausführlich Arnold 1995–1996.
[229] Wieland 2000, 78–79.
[230] Vgl. Teigelake 1998 und Wieland 2000, 80–81.
[231] S. Boenke 2001, 161.

[232] Knapp zusammenfassend Reim 1981, 214–218, Spindler 1996, 252–264, sowie Fries-Knoblach 2002, 127–128. Zur hallstattzeitlichen Keramik vgl. Brosseder 2004, die Beiträge in Chaume 2009 sowie die Kataloge von Dietrich-Weibel u. a. 1998 (Châtillon-sur-Glane) und (zur

Bemalte Vase aus Prunay in Nordostfrankreich
(4. Jahrhundert v. Chr.)

einem drehbaren Untersatz, geformt. Erst am Übergang zur Latènezeit wurde aus dem Mittelmeerraum die schnell drehende Töpferscheibe übernommen. Wie aus zeitgenössischen griechischen Vasenbildern hervorgeht, war zur Bedienung dieser frühen Töpferscheiben neben dem Töpfer noch eine weitere Person erforderlich. Fußtöpferscheiben, die vom Töpfer selbst bedient werden konnten, kamen im Mittelmeerraum erst in der hellenistischen Zeit auf und sind in der vorrömischen Eisenzeit Mittel- und Westeuropas nicht nachgewiesen. Zur Herstellung von Gebrauchsgeschirr besonders geschätzt war namentlich in der Spätlatènezeit Graphitton, der sich durch Feuerfestigkeit auszeichnet. Gebrannt wurden die Gefäße in Öfen, die aus einem Heizraum und einer darüberliegenden, mit einer Kuppel überwölbten Brennkammer bestanden. Dabei war der Boden der Brennkammer, auf dem die zu brennenden Gefäße standen, mit zahlreichen Öffnungen versehen, um die Heizgase aus dem Heizraum in die Brennkammer zu leiten, deren Temperatur durch eine Öffnung in der Kuppel reguliert werden konnte. Durch langsames Erhitzen auf 600 bis 800 Grad wurde dem Ton das chemisch gebundene Wasser entzogen, wodurch die Gefäße die gewünschte Festigkeit und – je nach der Art des Brennens – eine rote oder schwarze Färbung erhielten. Verziert wurde die Keramik durch Ritz-, Stempel- und Kerbschnittmuster oder durch weiße, rote und graue Bemalung, wobei die Dekoration wie auch die Formgebung oft mediterrane Vorbilder imitierte.

Archäologisch nachweisbar sind Töpferwerkstätten nur selten, da sie vermutlich wegen der Feuergefahr außerhalb der Siedlungen lagen und das erforderliche Werk-

Heuneburg) Lang 1974, Dämmer 1978, van den Boom u. Fort-Linksfeiler 1989 und van den Boom u. a. 1991. Zur latènezeitlichen Keramik vgl. Röder 1995, Buchsenschutz u. Bailly 2003, Trebsche 2003 und Tappert 2006, ferner die Kataloge von Kappel 1969, Maier F. 1970, Pingel 1971 und Stöckli 1979 (Manching).

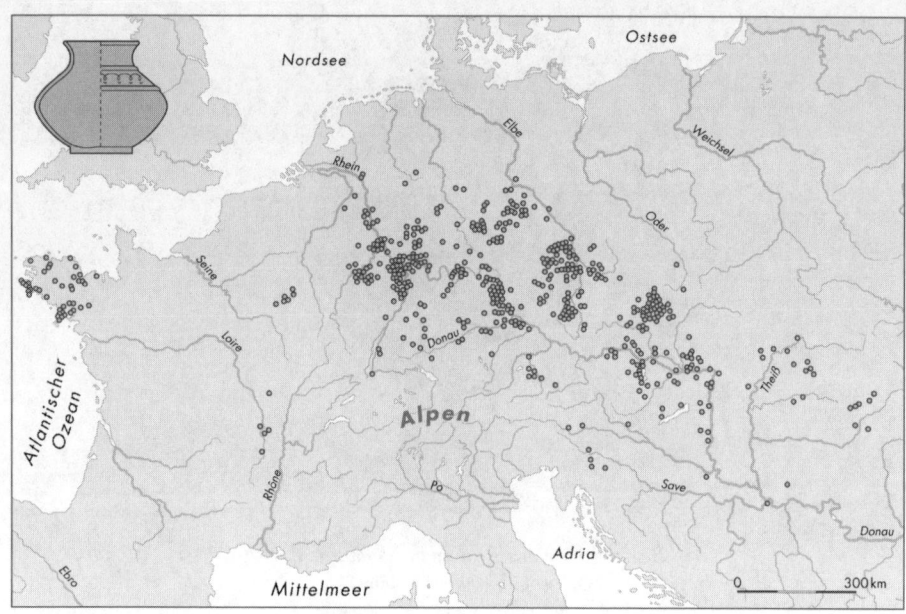

Verbreitung der stempelverzierten Keramik im 5.–3. Jahrhundert v. Chr.

zeug vom Glättspachtel bis zur Töpferscheibe größtenteils aus Holz bestand. Eine lokale Keramikproduktion bestand möglicherweise auf dem Dürrnberg, obschon Brennöfen oder Fehlbrände bislang nicht gefunden wurden und der einzige direkte Beleg daher in einer Steinplatte besteht, die man als Unterlegplatte für eine Töpferscheibe interpretiert.[233] Insgesamt fand man über 4300 Reste der Form nach bestimmbarer Gefäße, wobei das Fundgut den gesamten Zeitraum von der Späthallstatt- bis zur frührömischen Zeit abdeckt und damit neben den Glasobjekten die größte Fundgruppe innerhalb des Siedlungsmaterials darstellt. Bei über 60 % davon handelt es sich um Graphittontöpfe, die man nach Technik, Form und Verzierungen in einer chronologischen Entwicklungslinie anordnen kann. Das Rohmaterial dafür stammte wohl aus Lagerstätten der Passauer Gegend und gelangte vermutlich über den Inn und die Salzach auf den Dürrnberg.

Glas und Emaille[234]

Im westlichen Späthallstattkreis begegnet Glas noch fast ausschließlich in Form blauer, roter, brauner, gelber und grüner Perlen von länglicher, kugeliger oder ringförmiger Gestalt und mit einer Größe von wenigen Millimetern bis zu 3 cm. Häufig sind diese Perlen auch mehrfarbig, mit auf- oder eingelegten Fäden oder Tupfen. Sie

[233] S. Brand 2001, 107–109.
[234] Zur Glasverarbeitung vgl. zusammenfassend Reim 1981, 218–221, Spindler 1996, 233–234, und Fries-Knoblach 2002, 125–126. Vgl. ferner die Beiträge in Feugère 1989 sowie Gebhard 1989, Venclová 1990, Zepezauer 1993, Brand 2001, Karwowski 2004, Seidel 2005, Wagner 2006 und Venclová u. a. 2009. Zur Emailleverarbeitung s. Challet 1992.

Glasfigürchen eines Hundes aus Wallertheim in Rheinland-Pfalz
(2. Jahrhundert v. Chr.)

stammen jedoch kaum aus eigener Produktion, sondern wurden vermutlich aus Südosteuropa, vielleicht aus dem nördlichen Balkan, nach Mitteleuropa eingeführt. In Siedlungen überaus selten, stammen die weitaus meisten Funde aus Gräbern, vor allem von Frauen und Kindern, was neben der Schmuckfunktion auch die Vermutung einer Verwendung als Amulett nahelegt. Für die Kostbarkeit von Glasperlenketten spricht der Umstand, dass sie vor allem in besonders reich ausgestatteten Gräbern auftreten, so etwa im Hauptgrab und im Nebengrab Nr. 6 des Hohmichele (S. 148), wo Ketten mit über 800 bzw. über 2000 Glasperlen gefunden wurden.

Eine eigenständige keltische Glasproduktion ist in größerem Umfang erst seit der Mittleren Latènezeit vorauszusetzen. Ein unmittelbarer Nachweis etwa durch den Fund entsprechender Öfen ist bisher zwar nicht gelungen, doch kennt man zahlreiche Orte, an denen Produktionsabfälle der Glasverarbeitung auf entsprechende Werkstätten schließen lassen, so etwa in Frankreich (Villeneuve, Aulnat), Baden-Württemberg (Breisach-Hochstetten und Zarten), Hessen (Bad Nauheim), Bayern (Manching), Österreich (Dürrnberg) und Böhmen (Mšes, Stradonice, Třísov, Zaluzi und Staré Hradisko) und Ungarn (Velem-Szentvid).[235] Hergestellt wurden fast ausschließlich Ringperlen und Armringe, die entweder farblos oder tiefblau, grün, gelb, braun oder rotviolett waren. Nur selten findet man andere Glasobjekte wie z.B. Spielsteine. Ein Unikat ist das 2,1 cm lange, aus blauem, weißem und gelbem Glas gefertigte Figürchen eines Hundes, das 1951 in einem spätlatènezeitlichen Grab in der Nähe von Wallertheim im Kreis Alzey-Worms gefunden wurde.[236] Emaille begegnet seit dem 4. Jahrhundert v. Chr. als Verzierung von Metallobjekten, wobei man die zumeist tiefrote Masse entweder in vorbereitete Vertiefungen drückte und dann mit Stiften befestigte oder aber die Emaille bei hohen Temperaturen durch Einschmelzen von Glaspulver anbrachte. Ein markantes Beispiel für die farbliche Wirkung bietet der 1841 in einem alten Seitenarm der Seine gefundene Prunkhelm

[235] Vgl. die Fundortlisten der Rohglas- und Schmelzstücke sowie der Glasarmringkomplexe bei Brand 2001, 114–115.

[236] S. Schermer 1951.

Der Helm von Amfreville (4./3. Jahrhundert v. Chr.)

von Amfreville-sous-les-Monts aus dem 4. oder 3. Jahrhundert v. Chr.[237] Ganz aus Bronze gefertigt, ist die Helmglocke in der Mitte vergoldet, während der obere und untere Teil aus Eisen mit eingelegter roter Emaille besteht.

Bernstein, Koralle, Sapropelit und Gagat

Neben Glas wurde auch Bernstein zur Herstellung von Perlen verwendet.[238] Eine Hauptquelle dafür waren die natürlichen Vorkommen an den Küsten Westjütlands und Ostpreußens sowie einiger benachbarter Regionen. Von dort gelangte der Bernstein vermutlich zuerst in den Osthallstattkreis und von dort aus weiter nach Westen sowie nach Süden in die Länder des Mittelmeerraums, wo man ihn zu Perlen, Ringen, Anhängern sowie Dolchgriff- und Fibeleinlagen verarbeitete. Dass Bernstein mitunter nicht direkt aus dem Osthallstattkreis, sondern gleichsam über einen Umweg aus dem Mittelmeerraum in des Westhallstattkreis gelangte, zeigt der Fund einer beinernen Sphinx mit einem Bernsteingesichtchen sowie einiger palmettenartig angeordneter Bernsteinplättchen, die vermutlich zu einem in Unteritalien angefertigten Möbelstück gehörten, im Grab von Grafenbühl.[239] Dass Bernstein möglicherweise auch Amulettcharakter besaß, schließt man aus dem Fund von fünf

---

[237] Zusammenfassend Duval A. 1989, 66–68, ausführlich Kruta 1978.

[238] Vgl. dazu knapp zusammenfassend Spindler 1996, 237–241, sowie ausführlich Stahl 2006.

[239] S. Spindler 1996, 239. Zu den verschiedenen Möglichkeiten der Deutung dieses Möbelstücks vgl. ausführlich Jung 2007a.

auf der Drehbank profilierten Bernsteinperlen am Hals des Toten von Eberdingen-Hochdorf, die man wahrscheinlich eigens für die Bestattung angefertigt hatte.[240]

Koralle, genauer die rote Edelkoralle, wurde vermutlich als Rohmaterial aus dem Mittelmeerraum importiert und vor Ort zu Perlen, Anhängern und Ziereinlagen verarbeitet.[241] Zu den prominentesten neueren Funden gehört ein aus Eisen und Bronze gefertigter, ganz mit Goldfolie überzogener und mit Einlagen aus Koralle verzierter Prunkhelm aus dem 4. Jahrhundert v. Chr., der zwischen 1981 und 1986 in mehreren Teilen in der Höhle «Les Perrats» bei Agris gefunden wurde, wo man ihn vermutlich als Weihegabe niedergelegt hatte.[242] Ungefähr zu derselben Zeit entstanden zwei etruskischen Vorbildern nachempfundene Bronzeschnabelkannen, die 1927 bei Straßenbauarbeiten in Basse-Yutz, einem Vorort von Thionville, entdeckt wurden.[243] In ihrer heutigen farblichen Wirkung stark verändert, waren die Kannen ursprünglich goldglänzend, wobei sich die (heute eher weißlichen) Koralleneinlagen am Fuß, am Ausguss und auf der Mündungsdeckplatte in leuchtendem Rot abhoben.

Neben den bisher genannten Materialien wurden namentlich in der Späthallstatt- und Frühlatènezeit auch die fossilen Materialien Sapropelit und Gagat zur Schmuckherstellung verwendet.[244] Sapropelit, ein versteinerter Faulschlamm, wurde unter anderem in Nordböhmen gewonnen und über weite Strecken verhandelt. Der etwas härtere, in seinem schwarz glänzenden Aussehen und seinen Materialeigenschaften dem Sapropelit ähnliche Gagat, eine Pechkohlenart, konnte unter anderem in den Schiefervorkommen der Schwäbischen Alb gewonnen werden. Diente Gagat vor allem zur Herstellung von Perlen, Anhängern und kleinen Ringen, so benutzte man Sapropelit in erster Linie zur Herstellung von Armschmuck, dessen Variationsbreite von schmalen Armreifen bis zu fast 20 cm breiten so genannten Tonnenarmbändern reichte.

Textilien, Pelz- und Lederverarbeitung[245]

Über das Textilhandwerk unterrichten uns Funde von Textilien bzw. deren Überreste, Abdrücke von Textilien auf korrodierten Gegenständen aus Bronze oder Eisen, Darstellungen ganz oder teilweise bekleideter Menschen in der Großplastik, auf Keramik und auf Gegenständen wie z. B. Schwertern oder Fibeln, Beschreibungen keltischer Kleidungsstücke durch antike Autoren sowie schließlich Rückschlüsse, die man aus anorganischen Trachtbestandteilen wie etwa Fibeln, Nadeln oder Gürtelhaken ziehen kann. Sie alle geben – in unterschiedlichem Umfang – Auskunft über die verwendeten Fasern, die Verarbeitung der Fasern zu Garn und

---

[240] S. Biel 1985, 68.

[241] Zusammenfassend Spindler 1996, 242–244, ausführlich Echt 2007.

[242] Zusammenfassend Gomez de Soto 1991 sowie M. A. Guggisberg in Müller F. 2009, 206–7, ausführlich Eluère u. a. 1987 sowie Lourdeaux-Jurietti 2003.

[243] S. knapp zusammenfassend M. A. Guggisberg in Müller F. 2009, 200–201, ausführlich Megaw u. Megaw 1990 sowie Fischer 1993 und Haffner 1993.

[244] Zusammenfassend Reim 1981, 221–222, sowie Spindler 1996, 235–237.

[245] Über die Textilherstellung unterrichten Kurzynski 1996, Banck-Burgess 1999, die Beiträge in Bichler 2005, Rast-Eicher 2008 sowie Banck-Burgess 2009. Zur Pelz- und Lederverarbeitung vgl. Körber-Grohne 1985, Barth 1992 sowie Groenman-van Waateringe 2001.

Zwirn sowie der Garne und Zwirne zu Stoffen. Vergleichsweise gut orientiert sind
wir anhand dieser Funde auch noch über die Materialien und Techniken des Fär-
bens, während sich der Zuschnitt der Kleidungsstücke nur selten näher bestimmen
lässt. In modernen musealen Rekonstruktionen spiegelt sich die große Bedeutung,
aber auch die Uneinheitlichkeit unserer Kenntnis des keltischen Textilhandwerks
insofern wider, als die Tätigkeit des Spinnens und Webens am Gewichtswebstuhl
als Bestandteil der weiblichen Lebenswelt überaus häufig ist, die äußerst schlichte
Kleidung der dargestellten Personen aber nicht selten einen wenig glaubhaften Kontrast zum Reichtum der von ihnen getragenen Schmuckgegenstände bildet.

Weit über hundert hallstattzeitliche Textilien sind im Salzbergwerk von Hallstatt
zutage gekommen und in den vergangenen Jahrzehnten intensiv untersucht
worden.[246] Sie sind fast ausschließlich aus Wolle gefertigt, wobei in drei Fällen als
Schussfaden auch Rosshaar verwendet wurde. Während die bronzezeitlichen Textilien aus Hallstatt sehr häufig Beimengungen aus Stichel- oder Grannenhaaren
aufweisen, sind diese in der Hallstattzeit, insbesondere bei den feinen Geweben,
seltener, was auf eine sorgfältige Vorbereitung der Wolle vor dem Spinnen und
zumindest teilweise auch auf das Kämmen der Wolle schließen lässt. Die Stärke der
Garne schwankt zwischen 0,2 und 1 bis 2 mm, wie auch die Dichte des Gewebes
zwischen nur 5 Fäden pro cm^2 und bis zu 40 Fäden pro cm^2 variiert.

Im Hinblick auf die möglichen Bindungen, also die Verkreuzungen von Kette
und Schuss, ist eine ausgeprägte Vielfalt zu beobachten. Als einfachste Bindung
findet man die Leinwandbindung, bei welcher der Schuss abwechselnd über und
unter den einzelnen Kettfäden hindurchgeht und beide Seiten des Gewebes folglich
gleich aussehen. Als eine Variante davon findet man die so genannte Panama-
bindung mit jeweils zwei parallel verlaufenden Kett- und Schussfäden, die dem
Gewebe ein Schachbrett- oder Würfelmuster verleiht, ferner die «Halbpanama-
bindung» mit einem Kett- und zwei Schussfäden. Die beliebteste Bindungsart in
Hallstatt war indessen die Köperbindung, bei welcher der Schuss zunächst unter
einem Kettfaden hindurch und danach über zwei oder mehr Kettfäden hinweg
geht, wobei sich dieser Rhythmus beim nächsten Schussfaden um eins nach rechts
und eins nach oben verlagert, wodurch ein für die Köperbindung typisches Diago-
nalmuster entsteht. Neben dem Gleichgrat- oder Diagonalköper findet man dabei
auch Spitz- oder Fischgrat- sowie Rautenköper, wobei man neben den häufigen
Geweben aus einfachem Garn auch solche mit einer Kette aus Zwirn und einem
Schuss aus doppelt genommenem Garn findet. Die Ripsbindung mit der für sie
charakteristischen gerippten Oberflächenstruktur verwendete man oft für Anfangs-
und Seitenkanten sowie für einzelne schmale Bänder. Viele Textilien aus Hallstatt
weisen Spinnrichtungsmuster auf, bei denen links und rechts herum gesponnene
Garne und Zwirne gruppenweise miteinander abwechseln, so dass infolge der
unterschiedlichen Reflexion des Lichts einfarbige Streifen- oder Karomuster entstehen. Während schmale Bänder in Brettchenweberei entstanden, wurden die
weitaus meisten Gewebe wohl mit dem Gewichtswebstuhl hergestellt.

Im Hinblick auf die Verwendung der in Hallstatt gefundenen Textilreste ist zu
bemerken, dass durchweg nur kleine Stücke erhalten sind, die teilweise wohl zu

---

[246] Das Folgende nach Grömer 2005.

Fördersäcken gehörten, teilweise aber wohl auch als Fetzen oder Lumpen ins Bergwerk kamen und ursprünglich ganz unterschiedlichen Zwecken dienten.[247] Dementsprechend findet man bei ihnen Hinweise auf eine Vielzahl unterschiedlicher Nähtechniken, die in verschiedenen Sticharten sowie in zweckgebundenen Varianten von Nähten und Säumen zum Ausdruck kommen.[248] Der am häufigsten vorkommende Stich ist der so genannte Schling-, Schnur- oder Wickelstich, der zum Festnähen eines Saums, zum Versäumen von Kanten oder auch beim Einsetzen von Flicken verwendet wurde, während Stielstiche zur Herstellung von Ziernähten und Knopflochstiche zum Einfassen von Kanten vorkommen. Neben der Herstellung von Kleidungsstücken, die aus mehreren Stoffstücken zusammengesetzt wurden, ist dabei wohl auch mit der Ausbesserung und Wiederverwertung älterer Kleider zu rechnen.

Der konservierenden Wirkung des Salzes und dem konstanten Klima im Inneren des Bergwerks ist es zu verdanken, dass auch die Farben der Textilien vielfach erhalten blieben.[249] Neuere Analysen mit Hilfe der Licht- und Rasterelektronenmikroskopie ergaben unter anderem Hinweise auf die Verwendung einer Indigopflanze, wahrscheinlich des Färber-Waids, sowie von Färbe-Insekten. Dabei wurden unterschiedliche Färbemittel und Färbetechniken miteinander kombiniert, um bestimmte Farbnuancen zu erzielen. Auffälligerweise wurde auch in all jenen Proben, die wie naturfarbene Wolle aussahen, zumindest ein Farbstoff nachgewiesen, so dass hallstattzeitliche Textilien vermutlich sehr viel häufiger gefärbt waren, als man dies früher annahm.

Im Unterschied zu Hallstatt sind vom Dürrnberg bei Hallein auch viele Textilien aus der Frühen und Mittleren Latènezeit auf uns gekommen.[250] Dabei fand man neben Wollstoffen zahlreiche feine Leinengewebe aus Flachs oder Hanf, die wohl ähnlich wie in Hallstatt als Lumpen in Zweit- oder Drittverwendung ins Bergwerk geraten waren. Welche Rückschlüsse man aus der räumlichen Verbreitung, der zeitlichen Entwicklung sowie dem Vorherrschen bestimmter Garn- und Gewebetypen innerhalb der hallstatt- und latènezeitlichen Textilproduktion insgesamt ziehen darf, ist – nicht zuletzt infolge der geringen Anzahl interpretierbarer Funde – umstritten. Möglicherweise spiegelt sich in der Zunahme einheitlicher und weniger aufwändig hergestellter Stoffe jedoch zumindest in einigen Fällen der Übergang von individuellen, hausgemachten Textilien zu einer standardisierten Massenanfertigung.[251] Im Übrigen stellt das eisenzeitliche Textilhandwerk augenscheinlich keinen Bruch mit der Vergangenheit dar, sondern setzt lokale bronzezeitliche Traditionen fort. Dabei fällt jedoch auf, dass aufwändigere und damit kostspieligere Techniken, mit denen man letztlich hochwertigere Produkte erzeugte, in der Hallstattzeit sehr viel häufiger sind als früher, was mit einer fortschreitenden handwerklichen Spezialisierung, aber auch mit einem gestiegenen Repräsentationsbedürfnis der Oberschicht zusammenhängen könnte.[252]

---

[247] Grömer 2005, 38–39.
[248] Das Folgende nach Mautenberger 2005.
[249] Das Folgende nach Hofmann-de Keijzer 2005.

[250] Vgl. dazu Stöllner 2005, 161.
[251] So Bender Jørgensen 2005, 140, und Stöllner 2005, 162.
[252] Vgl. dazu Grömer 2007.

Ebenso wie Textilien sind auch Fell- und Lederartikel im Fundgut stark unter-repräsentiert.[253] Bemerkenswerte Aufschlüsse ergaben sich jedoch auch hier einmal mehr aus der Untersuchung des Grabes von Eberdingen-Hochdorf.[254] Dort konnten als Polsterung der Totenliege Felle vom Marder oder Iltis, vor allem aber etliche Dachsfelle und Textilien aus Dachshaar nachgewiesen werden. Da sich in den Dachsfellen zahlreiche Kletten, Nadeln, Moos und Pflanzensamen verhakt hatten, konnte man aus dem Nachweis von Fichtennadeln erschließen, dass die Dachse auch in größerer Entfernung von Eberdingen-Hochdorf, etwa in der Baar, gejagt worden waren. Gleichwohl ist auch bei der Interpretation des Grabes von Hochdorf zu berücksichtigen, dass einige Typen von Tierhaaren nicht näher bestimmt werden konnten und überdies organische Materialien vor allem in unmittelbarer Nähe von Metall erhalten blieben, so dass Einiges auch spurlos vergangen sein mag.

Auf dem Dürrnberg wurden bislang über 500 Haut- und Fellreste gefunden, die von kleinen und kleinsten Stückchen bis hin zu fast vollständig erhaltenen Schuhen reichen.[255] Mit Abstand am häufigsten wurden Kalbsfelle verwendet, die sich im Vergleich zu den dickeren und steiferen Rinderhäuten sowohl beim Konservieren als auch beim späteren Zuschneiden und Nähen leichter verarbeiten lassen. Mit großem Abstand folgte das Schaf, während Schweinsleder auf dem Dürrnberg wie auch sonst in der Vor- und Frühgeschichte gar keine Rolle spielte und Felle von Wildtieren äußerst selten sind. Gegerbt wurden die Häute wohl in erster Linie mit Salzen und/oder Fetten, wohingegen Vegetabilgerbstoffe nicht nachgewiesen werden konnten. Infolge der geringen Größe fast aller Fundstücke sind Bearbei-tungsspuren in Form von Nähten, Verzierungen oder Schnurlöchern äußerst selten. Immerhin kennt man inzwischen neun größere und einige kleinere Schuhfrag-mente aus Kalbs- oder Rinderhaut, bei denen stets Sohle und Oberleder nach der Art eines Bundschuhs aus einem einzigen Stück Leder gearbeitet waren. Dabei folg-ten die Schuhe vom Dürrnberg einem Schnittmuster, das auch sonst in der Vor-geschichte Europas gut bezeugt ist.[256]

Kunst[257]

In augenfälligem Unterschied zum Studium der antiken und mittelalterlichen Kunst beginnt die Erforschung des mittel- und westeuropäischen Kunstschaffens der vorrömischen Eisenzeit erst in der Zeit zwischen den beiden Weltkriegen. Zum einen liegt dies daran, dass die Geschichte der vorrömischen Eisenzeit wegen der Spärlichkeit schriftlicher Quellen überhaupt erst mit dem Aufschwung der moder-nen Archäologie in der zweiten Hälfte des 19. Jahrhunderts Konturen anzunehmen begann. Zum anderen wandelten die Kelten Stilelemente der antiken Kunst in so

[253] Für die Späthallstattzeit knapp zusam-menfassend Spindler 1996, 251.

[254] Das Folgende nach Biel 1985, 103, sowie Körber-Grohne 1985, 140–146.

[255] S. Groenman-van Waateringe 2001.

[256] Zu den prähistorischen Schuhfunden aus Hallstatt und vom Dürrnberg vgl. Barth 1992, zum Schuhwerk der Späthallstatt- und Früh-latènezeit im Allgemeinen vgl. Lage 1999 und Schönfelder 1999. Überlegungen zu bildlichen Darstellungen von Schuhen in der Späthall-statt- und Frühlatènezeit bietet Bagley 2009.

[257] Zu neueren zusammenfassenden Dar-stellungen s. o. die Auswahlbibliographie am Anfang des vorliegenden Abschnitts über Handwerk und Kunst (S. 94).

Spielwürfel aus Knochen

eigenwilliger Weise ab, dass die an den klassischen Vorbildern geschulten modernen Betrachter in den keltischen Werken lange Zeit nur ästhetisch unbefriedigende Nachahmungen ohne selbständigen Wert sehen wollten. Verstärkt wurde diese Sicht durch den großen Einfluss der antiken Schriftquellen auf die moderne Sicht der Kelten, da Kunst und Handwerk dort nur eine sehr untergeordnete Rolle spielen. Eine erste grundlegende Stilanalyse der latènezeitlichen Kunst mit einer bis heute üblichen Gliederung der Latènezeit in vier Stufen (A–D) veröffentlichte 1902 der Prähistoriker und spätere bayerische Landesarchäologe Paul Reinecke (1872–1958). Die erste und bis heute grundlegende Darstellung der keltischen Kunst verfasste 1944 im englischen Exil der klassische Archäologe Paul Jacobsthal (1880–1957) mit seinem zweibändigen Werk *Early Celtic Art*.[258] Sein Schwerpunkt lag auf der damals vor allem in Grabfunden fassbaren Kunst der Früh- und frühen Mittellatènezeit. Dagegen konnten spätere Gesamtdarstellungen und Einzelstudien auf eine erheblich breitere Materialbasis zurückgreifen, die sowohl neue Grabfunde als auch neue Fundkategorien (wie z. B. die steinerne Großplastik) und vor allem zahlreiche Siedlungsfunde, überwiegend aus den spätlatènezeitlichen Oppida, umfasst. Bis heute gehalten hat sich die von Jacobsthal postulierte Gleichsetzung der «keltischen» Kunst mit der Latènekunst, obschon man etwa in Süddeutschland im Hinblick auf eine mutmaßliche Bevölkerungskontinuität auch schon die Späthallstattzeit als «keltisch» apostrophiert, Latènekunst auch in nichtkeltischsprachigen Regionen (etwa bei den Rätern) bezeugt ist und überdies nicht alle keltischsprachigen Regionen Zeugnisse der Latènekunst aufweisen.

[258] Jacobsthal 1969. Zum Autor vgl. Schefold 1977 und Frey 2007, 7–10.

Was dem modernen Betrachter an der keltischen Kunst als Erstes auffällt, ist das weitgehende Fehlen von Ausdrucksmitteln, die sowohl in der mittelalterlichen als auch in der griechisch-römischen und altorientalischen Kunst eine große Rolle spielen. So etwa gibt es keine monumentale Steinarchitektur und nur wenige Beispiele großplastischer Darstellungen aus Holz, Stein oder Metall. Weitgehend ungenutzt blieben auch die Möglichkeiten einer szenischen Darstellung von Handlungs- oder Bewegungsabläufen und der individuellen realistischen Porträtierung von Menschen oder Tieren. Vielmehr sind die weitaus meisten Werke der keltischen Kunst Erzeugnisse einer handwerklichen Kleinkunst, deren Schöpfer Schmuck, Waffen und Gebrauchsgegenstände aller Art mit großer Liebe zum Detail und in technischer Perfektion zu gestalten verstanden. Dabei bedienten sich die Künstler einer ausgefeilten Ornamentik, die sich durch Abstraktion und Vieldeutigkeit auszeichnet. Nicht selten können daher einzelne Muster sowohl positiv als auch negativ «gelesen» werden, so dass geradezu der Eindruck eines Vexierbilds entstehen kann.

Charakteristisch für die Kunst der Späthallstattzeit sind starre, geometrische Muster. Im Unterschied dazu bevorzugt die Kunst der Latènezeit, mit wichtigen frühen Zentren in der Champagne sowie in dem Gebiet an Saar, Mosel und Mittelrhein, weiche und fließende Formen, wobei pflanzliche Motive sowie Darstellungen von Tieren, Fabelwesen und menschlichen Gesichtern in die Ornamentik miteinbezogen werden.[259] Ihre Übernahme erfolgte im Zuge der Nachahmung bestimmter mediterraner Lebensformen durch die einheimischen Eliten, blieb also sowohl in ihrer Auswahl aus dem gesamten mediterranen Kunstschaffen als auch in ihren Auswirkungen auf die eisenzeitliche Gesellschaft Mittel- und Westeuropas eng begrenzt. Die wichtigsten Anregungen für diese Neuerungen gingen von der griechischen und etruskischen Kunst aus.[260] Orientalische Einflüsse durch Vermittlung etwa der Skythen oder der Thraker wurden seit Jacobsthal ebenfalls wiederholt in Erwägung gezogen, aber auch bestritten.[261] Eine wichtige Rolle spielen seit der Frühlatènezeit geometrische Muster, die auf teilweise sehr komplizierten Zirkelkonstruktionen aufgebaut sind.[262] Zeichnet sich die keltische Kunst des 4. und 3. Jahrhunderts v. Chr. durch verschlungene Wellenranken und Spiralen aus, so fällt in den Werken des 2. und 1. Jahrhunderts v. Chr. vor allem eine stark abstrahierende plastische Ornamentik auf. Mit der römischen Eroberung Galliens endet die Geschichte der keltischen Kunst auf dem europäischen Festland, von der nur einzelne Stilelemente in der provinzialrömischen Kunst der Kaiserzeit aufgegriffen wurden.

Charakteristische Beispiele für die eigenständige künstlerische Umsetzung mediterraner Anregungen in der Frühlatènezeit bieten die an etruskischen Vorbildern orientierten Bronzeschnabelkannen. Eine dieser Kopien kam bereits 1879 bei der Untersuchung des Grabhügels Kleinaspergle zutage.[263] Im Unterschied zum etruskischen Vorbild ist der untere Teil der keltischen Kanne nicht bauchig, sondern verjüngt sich zum Boden hin, so dass die Schulter stärker betont wird und das ganze

---

[259] Zum Kontrast, aber auch zu möglichen Zusammenhängen, vgl. Kossack 1993 und Adam 2003.

[260] S. dazu Echt 2004.

[261] Vgl. Fischer 1983b, Luschey 1983, Fischer 1988, Megaw u. Megaw 1990, Kull 1997, Guggisberg 1998, Almássy 2010 sowie Megaw u. Megaw 2010.

[262] Vgl. dazu Bacault u. Flouest 2003.

[263] Das Folgende nach Frey 1992, 13–16.

Gefäß gestreckter wirkt. Das verbreiterte untere Ende des Henkels ist ähnlich wie bei etruskischen Kannen mit dem Gesicht eines Satyrn über einer Palmette verziert, doch hat der keltische Künstler sein Vorbild in eigenwilliger Weise abgewandelt. So etwa liegen die spitzen Tierohren des Satyrn nicht mehr seitlich, sondern ganz oben am Kopf an, und der Kinnbart ist nun zweigeteilt und setzt sich in der darunterliegenden Palmette fort. Am oberen Ende des Henkels, wo bei etruskischen Schnabelkannen mitunter ein Löwenkopf sitzt, hat der keltische Künstler wiederum in Abwandlung seines Vorbilds ein Fabelwesen mit spitzen Tierohren, hervorquellenden Augen und aufgeblähten Backen angebracht.

Eine ähnliche Form, doch eine andere Dekoration, zeigt eine Schnabelkanne, die 1932 am Dürrnberg bei Hallein gefunden wurde.[264] Hier ist der Kannenkörper ringsum mit einem neunfach wiederholten, plastisch getriebenen Ornament verziert, das nach oben hin halbkreisförmig abschließt und unten in eine Dreiblattpalmette ausläuft. Auf dem Griff sitzt ein stilisiertes katzenartiges Raubtier mit kugelig vorgewölbten Augen und Backen, das einen menschlichen Kopf im Maul hält. Besonders auffällig an dem am Kannenrand aufsitzenden Kopf sind die stark hervorquellenden Augen mit angedeuteten Pupillen und die durch parallele Striche angedeutete Frisur. Das untere Ende des Henkels ziert ein weiterer, ähnlich gearbeiteter Kopf, der von spiralförmigen Ornamenten umrahmt wird. Auf dem Kannenrand zu beiden Seiten des Henkels sitzen zwei kleine vierfüßige Raubtiere, aus deren Maul noch der Schwanz eines soeben verschlungenen Tieres heraushängt.

Eine augenfällige Parallele finden die Form und die plastischen Verzierungen der Kanne vom Dürrnberg in der Schnabelkanne, die 1994/95 bei der Untersuchung des Fürstengrabes vom Glauberg bei Büdingen gefunden wurde.[265] Auch hier sitzt am unteren Ende des Henkels ein kleiner menschlicher Kopf, doch ist der Henkel der Kanne vom Glauberg im Unterschied zu der vom Dürrnberg nicht vollplastisch gearbeitet und dementsprechend fragil, so dass das Gefäß wohl nicht zum täglichen Gebrauch, sondern zu Kult- oder Repräsentationszwecken diente. An mehreren Stellen mit fein gearbeiteten ornamentalen und figürlichen Gravierungen geschmückt, zeigt die Kanne neben Leiern, Palmetten, S-Spiralen und Kreuzblumen am unteren Ende sowie auf beiden Seiten des Ausgusses auch Tierdarstellungen. Auffällig ist der plastische Schmuck, der durch eine Dreiergruppe auf dem oberen Rand der Kanne beherrscht wird. Die beiden äußeren Figuren sind zwei sitzende Tiere mit menschlichen Köpfen, die über die Schulter zurück auf die Gestalt in ihrer Mitte blicken. Bei ihr handelt es sich um einen mit untergeschlagenen Beinen sitzenden bartlosen und barhäuptigen Mann, der mit einer kurzen Hose, einem Untergewand mit halblangen Ärmeln und einem Lederpanzer bekleidet ist. Von griechischen Vorbildern abzuleiten sind dabei sowohl die sorgfältige Darstellung der Frisur mit ihrem kurzen Haarschnitt und den Löckchen an Stirn und Schläfen als auch die wirklichkeits- und detailgetreue Darstellung des ledernen Kompositpanzers.

Verstärkte Beachtung gewann seit den 1960er Jahren infolge mehrerer Neufunde die steinerne Großplastik der vorrömischen Eisenzeit Mittel- und Westeuropas.[266]

[264] S. dazu ausführlich Moosleitner 1985.
[265] Das Folgende nach Herrmann u. Frey 1996, 72–91.

[266] Vgl. dazu Frey 2000.

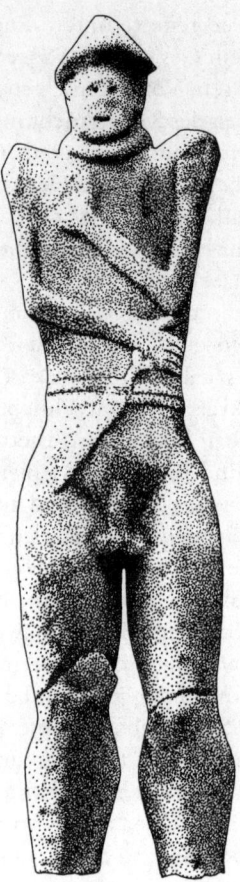

Der Krieger von Hirschlanden

Den Auftakt dazu bildete der Fund einer ungefähr lebensgroßen, aus Stubensandstein vollplastisch gearbeiteten und bis auf die abgebrochenen Füße vollständigen
Statue eines Mannes, die im November 1962 ganz in der Nähe eines späthallstattzeitlichen Grabes in Hirschlanden bei Ludwigsburg zutage kam.[267] Der Dargestellte
ist nackt und mit erigiertem Penis dargestellt. Außer einem Halsring trägt er nur
noch einen Leibriemen, in dem ein schmaler Dolch steckt. Bei seiner konischen
Kopfbedeckung handelt es sich vermutlich um die Darstellung eines Huts aus Bir-
kenrinde, wie er später im Grab von Eberdingen-Hochdorf gefunden wurde. Dass
das Gesicht der Statue von Hirschlanden leicht nach unten verrutscht erscheint,
könnte darauf hinweisen, dass hier der Verstorbene mit einer Totenmaske dargestellt ist. Dafür sprechen auch die auffällig hochgezogenen Schultern, die zu einem
aufgerichteten Leichnam passen würden. In Haltung und Gestik vergleichbar ist der

---

[267] Zusammenfassend F. Müller in Müller F. 2009, 180–181, ausführlich Löhlein 2006 sowie
Armit u. Grant 2008.

so genannte «Krieger von Capestrano» aus Oberitalien, der ebenfalls mit einer Maske dargestellt ist. Anhand des Dolches wird die Statue von Hirschlanden in die Zeit um 530 v. Chr. datiert. In das frühe 5. Jahrhundert v. Chr. datiert man demgegenüber die Bruchstücke zweier Statuen, die im August 1991 dicht nebeneinander im Eingangsbereich einer als Heiligtum interpretierten Einfriedung ca. 250 m südwestlich des Grabes von Vix am Mont Lassois gefunden wurden.[268] Dabei handelt es sich zum einen um das 62 × 34 × 51 cm große Bruchstück einer sitzenden Frauenfigur aus Kalkstein, zum anderen um das 46 × 34 × 51 cm große Fragment eines hockenden Kriegers. Die weibliche Figur, der Kopf, Füße und Sockel fehlen, ist insgesamt sehr abstrakt gearbeitet. Realistisch abgebildet ist jedoch ein Halsring, der dem im Grab von Vix gefundenen ähnelt. Der mit angezogenen Beinen hockende Krieger, dem neben dem Sockel auch der gesamte Oberkörper fehlt, ist mit einem ovalen Schild mit spindelförmigem Buckel und einem auf die Oberschenkel herabfallenden Waffenrock dargestellt.

Aus dem späten 5. Jahrhundert v. Chr. stammen die Überreste von vier lebensgroßen Sandsteinstatuen, die im Zuge der 1994 begonnenen archäologischen Untersuchung des Glaubergs bei Büdingen gefunden wurden.[269] Ursprünglich am Fuß des Grabhügels aufgestellt, war eine noch heute 186 cm hohe Statue bis auf die abgebrochenen Füße nahezu unversehrt, während von den anderen dreien nur kleine Bruchstücke erhalten sind. Dargestellt ist ein mit einem Lederpanzer, einem ovalen Schild und einem Kurzschwert bewaffneter Krieger, der einen großen Halsring mit drei zapfenförmigen Anhängern und auf dem Kopf eine Haube mit zwei fischblasenförmigen Aufsätzen trägt. Dabei handelt es sich um eine wegen der Ähnlichkeit mit einem Mistelzweig so genannte Blattkrone, die vermutlich aus Draht und Leder bestand, wie entsprechende Überreste aus einem der Gräber vermuten lassen. Das Gesicht des Dargestellten erscheint maskenhaft, mit starren Augen, Schnurr- und Kinnbart.

Um das Fragment einer vergleichbaren Statue handelt es sich vielleicht bei dem 31 cm hohen Bruchstück eines ähnlichen Kopfes aus rotem Buntsandstein, das 1893 in der Bergheimer Straße in Heidelberg gefunden wurde.[270] Unmittelbar vergleichbar erscheinen ferner die Darstellungen maskenartiger Köpfe mit Blattkrone, Schnurr- und Kinnbart, die auf den vier Seiten des so genannten Kultpfeilers von Pfalzfeld ca. 30 km südlich von Koblenz zu sehen sind. Aus Quarzsandstein gefertigt, ist der Pfeiler heute noch 148 cm hoch, war jedoch alten Abbildungen zufolge zu Beginn des 17. Jahrhunderts noch in einer Höhe von 220 cm erhalten. Wie beim Kopf von Heidelberg ist auch in diesem Fall der ursprüngliche Standort unbekannt, doch erscheint der Zusammenhang mit einer Bestattung am wahrscheinlichsten. Ihre nächste Entsprechung finden die genannten Skulpturen in der 230 cm hohen Sandsteinfigur von Holzgerlingen ca. 5 km südlich von Böblingen.[271] Sie besteht aus einem balkenförmigen Rumpf, von dem sich nur der Gürtel und die Arme abheben, der in eine zapfenförmige Verlängerung ausläuft. Auf ihm sitzt ein

---

[268] S. knapp zusammenfassend Chaume u. a. 1995, 47–50, sowie ausführlich Chaume u. Reinhard 2003.

[269] Knapp zusammenfassend M. A. Guggisberg in Müller F. 2009, 190–193, ausführlich Frey 2002.

[270] S. Bittel u. a. 1981, 352. Vgl. dazu die Abbildung der Vorder- und Rückseite auf S. 124.

[271] S. Bittel u. a. 1981, 400–401, sowie Rieckhoff u. Biel 2001, 190–191.

Der Sandsteinkopf von Heidelberg (um 400 v. Chr.)

in entgegengesetzte Richtungen blickendes Doppelgesicht mit einer Blattkrone, das im Unterschied zum Rumpf sorgfältig plastisch gearbeitet ist. Ungefähr gleichzeitig mit ihr ist eine Steinskulptur, die 1864 in nur 8 km Entfernung bei Steinenbronn gefunden wurde.[272] Dabei handelt es sich um einen oben abgebrochenen, noch 125 cm hohen vierkantigen Pfeiler aus Stubensandstein. Über einem 25 cm hohen schmucklosen Sockel ist der Pfeiler in der unteren Hälfte mit Ranken verziert, über denen die Andeutung eines Panzers sowie (unmittelbar unter der Bruchstelle) auf einer der vier Seiten ein menschlicher Unterarm mit Hand und Fingern zu erkennen ist.

Bedeutende Zeugnisse steinerner Großplastik kennt man auch aus den Heiligtümern von Entremont und Roquepertuse in Südfrankreich.[273] Sie werden unter Rückgriff auf die Terminologie der antiken Ethnographie häufig als kelto-ligurisch bezeichnet, was jedoch in erster Linie ihre Randständigkeit im Hinblick auf das Hauptverbreitungsgebiet der Latènekultur und die Wahrscheinlichkeit mediterraner Einflüsse ausdrücken soll. Die Siedlung von Entremont lag auf einem steil abfallenden Plateau ca. 2 km nördlich von Aix-en-Provence. 122 v. Chr. von den Römern zerstört und durch die Neugründung Aquae Sextiae ersetzt, erstreckte sich die vorrömische Siedlung während ihrer Blütezeit im 3./2. Jahrhundert v. Chr. über eine Fläche von ca. 4 ha, die von einem auf der Nordseite zusätzlich mit Türmen befestigten Mauerring umgeben war. Im nordwestlichen Teil der Siedlung fand man in den Ruinen eines Heiligtums mehrere Steinpfeiler mit eingemeißelten Kopfdarstellungen sowie zahlreiche Fragmente lebensgroßer Figuren, darunter fünf Köpfe mit geschlossenen Augen, die von einer Hand am Haarschopf gepackt werden.

Die Siedlung von Roquepertuse lag auf einer felsigen Anhöhe im Tal der Arc ca. 15 km westlich von Aix-en-Provence. Dort fand man bereits 1860 die Bruchstücke zweier bis auf die Köpfe fast vollständig erhaltener Steinskulpturen, die mit unter-

---

[272] S. Bittel u. a. 1981, 476–477.
[273] S. Lescure 1995, Arcelin u. Rapin 2002   und 2003, Garcia 2006b sowie Gruat u. Garcia 2009. Vgl. die Abbildungen auf S. 126–127.

Pfeilerstatue aus Steinenbronn in Baden-Württemberg
(4. / 3. Jahrhundert v. Chr.)

geschlagenen Beinen sitzende Krieger darstellen. Bei weiteren Ausgrabungen in den Jahren 1919 bis 1927 fand man neben den Bruchstücken einer oder mehrerer ähnlicher Statuen einen Fries mit eingeritzten Pferdeköpfen, die wohl zu einer monumentalen Statue gehörende Kalksteinskulptur einer doppelköpfigen Gottheit (mit den Resten einer Blattkrone zwischen den Köpfen) sowie die 60 cm hohe Kalksteinstatue eines zur Seite blickenden Vogels.

Vielleicht aus der Mittleren Latènezeit stammt der nicht sicher zu datierende, etwas unterlebensgroße Kalksteinkopf, der 1943 beim Sandabbau in der Nähe des Ortes Mšecké Žehrovice ca. 30 km westlich von Prag zutage kam.[274] Dabei handelt es sich um den Kopf eines Mannes mit Torques, der, am Hals abgebrochen, wohl entweder auf einem Sockel angebracht war oder zu einer Statue gehörte. Das flache,

---

[274] Knapp zusammenfassend N. Venclová in Müller F. 2009, 232–233, ausführlich Venclová 1998. Zur Interpretation als Darstellung eines Druiden s. Venclová 2002a, 77–79, sowie 2002b. Vgl. dazu die Abbildung auf S. 128.

Skulptur eines Kopfes mit geschlossenen Augen und aufgelegter Hand
aus Entremont (2. Jahrhundert v. Chr.)

Fries mit eingeritzten Pferdeköpfen aus Roquepertuse (2. Jahrhundert v. Chr.)

Skulptur einer doppelköpfigen Gottheit aus Roquepertuse (2. Jahrhundert v. Chr.)

auf eine Vorderansicht hin konzipierte Gesicht zeigt eine keilförmige Nase, leicht hervorstehende, mandelförmige Augen, an den Enden spiralig aufgerollte Augenbrauen und einen an den Spitzen ebenfalls spiralig aufgerollten Oberlippenbart. Das Haar erscheint als ein quer gekerbter Wulst, der zwischen der Stirn und dem glatten Hinterkopf von einem Ohr zum anderen reicht. Man hatte den Kopf, in vier Teile zerbrochen, zusammen mit latènezeitlicher Keramik, Tierknochen und einigen Überresten handwerklicher Produktion in einer Grube gefunden. Den 1979 bis 1988 durchgeführten Ausgrabungen zufolge lag die Fundstätte in einer Siedlung, in der sich möglicherweise auch ein Heiligtum befand. Ob es sich bei dem Kopf um die Darstellung eines Gottes oder eines heroisierten Ahnen handelt, ist jedoch unbekannt. Der Versuch, den Kopf unter Rückgriff auf frühmittelalterliche irische Beschreibungen einer «druidischen Tonsur» als einen Druiden zu deuten, ist wegen des großen zeitlichen und räumlichen Abstands der zum Vergleich herangezogenen Quellen mit Vorsicht zu beurteilen, zumal unklar ist, ob bei der Haartracht des Sandsteinkopfes wirklich die Darstellung einer Tonsur intendiert ist.

In die unmittelbar vorrömische oder frühe gallorömische Zeit datiert man die unvollständige, noch 28 cm hohe Sandsteinskulptur einer mutmaßlichen Gottheit, die bei Euffigneix ca. 55 km östlich von Troyes gefunden wurde.[275] Sie zeigt den Kopf eines bartlosen Mannes mit sorgfältig gekämmten, hinten bis zum Hals herabfallenden Haaren. Unter dem Torques ist der Körper als annähernd quadratischer Pfeiler ohne den Versuch einer Wiedergabe anatomischer Einzelheiten gearbeitet, doch sind auf der Vorderseite das Flachrelief eines vertikal stehenden Wildschweins und auf der linken Seite ein ebenfalls vertikal stehendes großes, detailliert geformtes

---

[275] S. Duval A. 1989, 126–127.

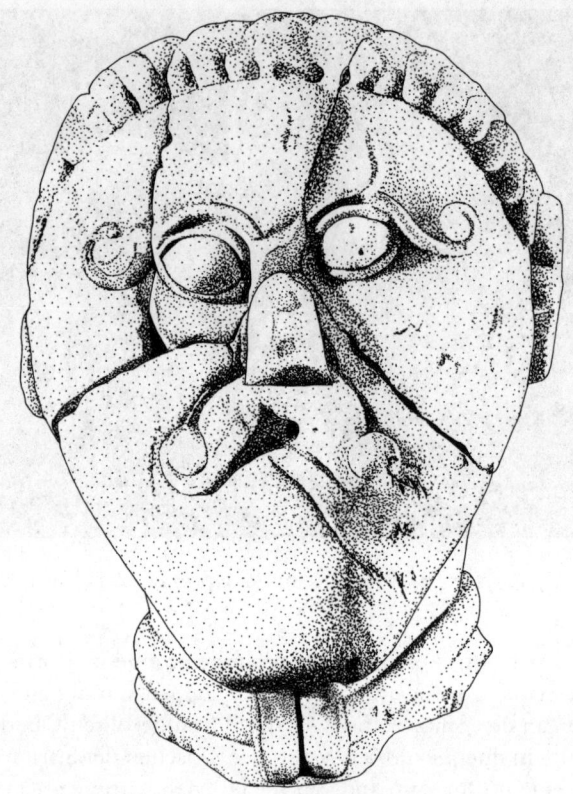

Der Sandsteinkopf von Mšecké Žehrovice

Auge zu erkennen. Die realistische Darstellung der Augen mit Lidern und Pupillen lässt vermuten, dass die Statue bereits unter dem Einfluss römischer Skulpturen entstand.

5. Handel und Verkehr

Nach Quellengattungen und Zeiträumen differenzierte Übersichten über alle Aspekte des Handels und Verkehrs im keltisch besiedelten Mittel- und Westeuropa der vorrömischen Zeit bieten die Beiträge in Düwel u. a. 1985, insbesondere Timpe 1985a und 1985b, Kimmig 1985, Frey 1985 und Fischer 1985a. Die Handelsbeziehungen zum Mittelmeerraum untersuchen die Beiträge in Bats u. a. 1992, Arcelin 1995, 59–402, sowie Bartoloni u. a. 1998. Den mediterranen, aber auch innerkeltischen Fernkontakten gewidmet sind die Beiträge in Lang u. Salač 2002, die neben dem Handel auch andere Formen des kulturellen Austauschs ins Auge fassen. Zusammenfassend zum Fernhandel der Spätlatènezeit Sievers 2006.

Über Handel und Verkehr der vorrömischen Kelten Mittel- und Westeuropas unterrichten uns vereinzelte Bemerkungen der antiken Autoren, die jedoch nur bestimmte Aspekte ins Blickfeld rücken und generell genaue Zahlen- oder Men-

Sandsteinskulptur aus Euffigneix in Nordostfrankreich (vermutlich 1. Jahrhundert v. Chr.)

genangaben vermissen lassen. In sehr viel größerem Umfang muss man daher auf
archäologische Funde und Befunde zurückgreifen, die folglich als Ausgangspunkt
aller neueren Modelle und Rekonstruktionsversuche dienen. Dabei stehen je nach
Quellenlage und Forschungsinteresse vor allem die Verkehrswege, die Verkehrsmittel, die Handelsgüter, die Rahmenbedingungen und die Organisation des
Handels sowie seine Auswirkungen auf die Wirtschaft, das (Kunst-)Handwerk, das
Siedlungswesen und die Sozialstruktur im Mittelpunkt des Interesses. Was im
archäologischen Fundgut keinen Niederschlag gefunden hat, wird von den Schriftquellen zumeist nur unzureichend erhellt, da die Angaben der antiken Historiker
und Geographen durchweg sehr allgemein gehalten sind, viele Informationen vor
potentiellen Konkurrenten geheim gehalten worden sein dürften und manche
Regionen – wie etwa die Aktivitäten griechischer Händler im Adriaraum oder der
etruskische Handel über die Zentral- und Ostalpen – in den literarischen Quellen
kaum jemals zur Sprache kommen.

Verkehrswege und -mittel

Generell ist davon auszugehen, dass Güter insbesondere im Fernhandel so weit wie möglich auf dem Wasserweg und nur notgedrungen über Land transportiert wurden. Einen frühen Beleg dafür bietet vielleicht die *Ora maritima* des Avienus, die mit ihrer Beschreibung der Meeresküste von den Britischen Inseln bis Massalia Angaben eines im Zusammenhang mit dem griechischen Zinnhandel entstandenen Periplus des frühen 6. Jahrhunderts v. Chr. widerspiegeln könnte (S. 4–5). Im Landesinneren erfolgte der Transport dementsprechend vor allem auf den schiffbaren Flüssen, wie dies bereits von den antiken Autoren (vgl. Diodor 5,25,3–5 sowie Strabo 4,1,2 und 4,1,14) hervorgehoben wird. Als Hauptverkehrsadern sind folglich die Rhône, der Rhein und die Donau mitsamt ihren Nebenflüssen anzusprechen. Von der Rhônemündung gelangte man flussaufwärts mit nur einer kurzen Landverbindung von der Saône zur Seine und damit zur Atlantikküste und weiter nach Britannien oder aber über die östlichen Nebenflüsse der Durance und der Isère zu den Westalpen. Nicht von ungefähr gehören die Völker der Haeduer, Arverner und Sequaner als Anlieger dieser wichtigen Handelsstraßen zu den bekanntesten und historisch bedeutendsten Volksstämmen Galliens.[276]

Überquert wurden Flüsse bereits in vorrömischer Zeit häufig auf Brücken, wie man aus der Häufigkeit beiläufiger Erwähnungen solcher Anlagen durch Caesar (*BG* 1,6,3; 2,5,5; 7,11,6; 7,34,3 und 7,58,5), aber auch aus der Häufigkeit gallischer Ortsnamen auf -*briva*, «Brücke» (neben solchen auf -*ritum*, «Furt») schließen darf. Aus der Westschweiz kennt man insgesamt acht vorrömische Brücken, von denen zwei wahrscheinlich und sechs – nach Ausweis dendrochronologischer Untersuchungen bzw. einer Radiokarbondatierung – mit Sicherheit aus der Latènezeit stammen. Ihre Bauweise erhellen am besten die Überreste der vom frühen 3. bis ins späte 2. Jahrhundert v. Chr. genutzten Brücke von Cornaux. Dabei handelt es sich um eine ca. 90 m lange Pfahljochbrücke, deren in einem Abstand von 4,5 bis 5 m angelegte Joche von je drei senkrechten Pfählen von ca. 20 cm Dicke getragen und von je zwei schräg gerammten Streben gestützt wurden. Auf den Jochpfählen lag ein waagrechter Holm, auf dem wiederum die eigentlichen Brückenbalken lagen.[277] Wo keine Brücken zur Verfügung standen, überquerte man die Flüsse an Furten (vgl. *BG* 1,6,2 und 1,8,4 mit Bezug auf die Rhône) oder mit Hilfe von Flößen und Booten (*BG* 1,8,4 und 1,12,1). Nur in einem Fall (Strabo 4,3,2) erfahren wir im Zusammenhang mit einer Überquerung der Saône von einem Streit um Flusszölle, deren Erhebung gleichwohl gängig gewesen sein dürfte.

Eine wichtige Rolle spielten seit der Frühen Eisenzeit die Handelsrouten über die Alpen, wie man dies anhand der Gräberfelder neu gegründeter Siedlungen belegen kann.[278] Dabei war man grundsätzlich bestrebt, größere Höhendifferenzen nach Möglichkeit zu vermeiden, weshalb die transalpinen Routen in der Schweiz die tief eingeschnittenen Täler der Rhône im Westen und des Rheins im

---

[276] So Timpe 1985b, 260.
[277] Vgl. dazu und zu den anderen vorrömischen Brücken der Westschweiz ausführlich Jud 2002.

[278] Das Folgende nach Schmid-Sikimić 2002. Vgl. ferner Wyss 1989, Schindler 2004 und Curdy 2010.

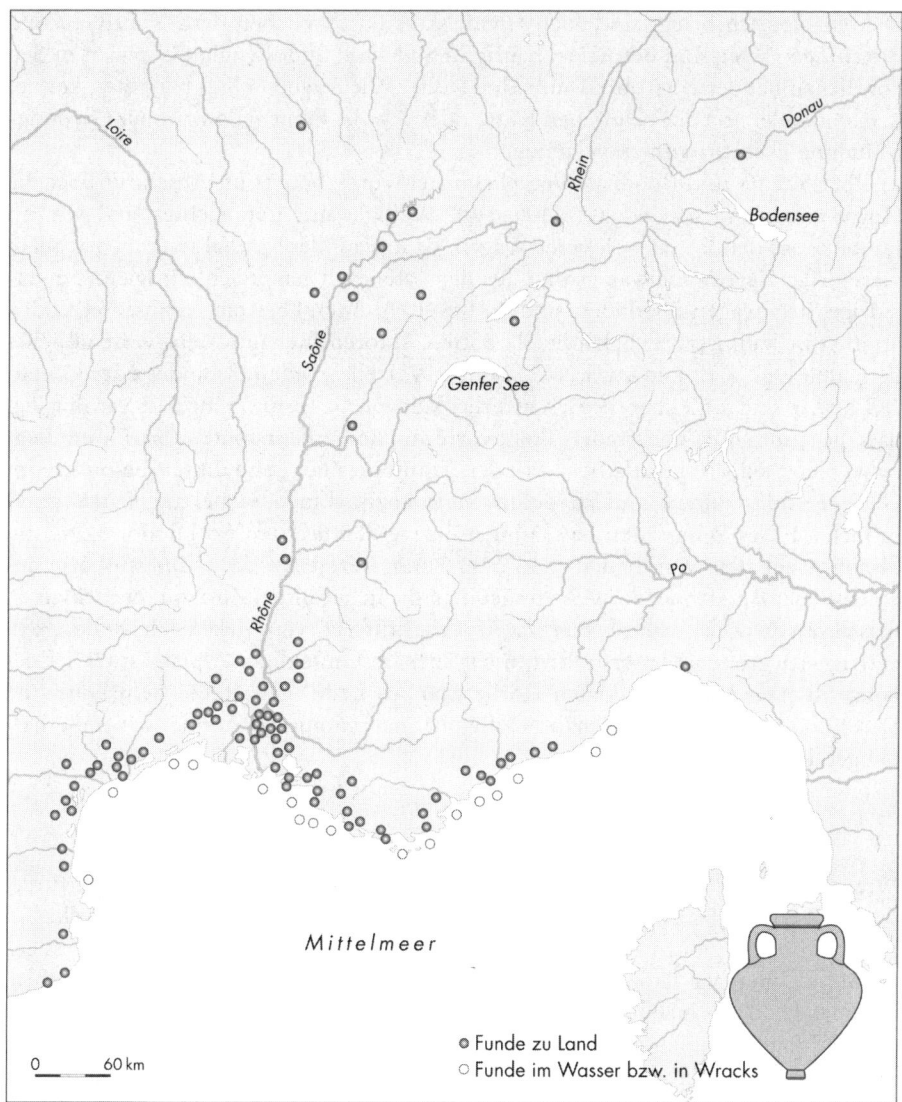

Verbreitung massaliotischer Weinamphoren im 6. Jahrhundert v. Chr.

Osten auszunutzen suchten. Als wichtige Übergänge kommen insbesondere der Simplon-Pass im Westen und der Sankt-Bernhard-Pass im Osten in Frage. Dass es gerade für den Gütertransport im Fernhandel Zwischenstationen gegeben haben muss, liegt auf der Hand und wird durch die Angabe von Entfernungen in Tagesreisen bestätigt.[279]

[279] Vgl. Timpe 1985a, 211.

Archäologisch belegt sind auch Handelskontakte zwischen dem Kontinent und Britannien.[280] Sie sind besonders häufig in Süd- und Südostengland, spielen in den nördlichen Landesteilen aber kaum eine Rolle. Wie Strabo (4,5,2) berichtet, konnte man entweder von der belgischen Küste oder von der Seine-, Loire- oder Garonne-Mündung nach Britannien gelangen.

Über Schiffe und Boote als Verkehrsmittel wurde bereits im Abschnitt über die Holzverarbeitung gehandelt (S. 109–110). Weniger gut unterrichtet sind wir im Hinblick auf den Einsatz schwerer Wagen, da uns aus der Späthallstattzeit vor allem vierrädrige Zeremonialwagen und aus der Latènezeit hauptsächlich leichte, zweirädrige Streitwagen überliefert sind (S. 108–109). Auch über die vorauszusetzenden Straßen ist kaum etwas bekannt, da antike Autoren hier nur Selbstverständliches berichten (vgl. z. B. Diodor 5,26,3 über die Vorteile ebenen Geländes oder Caesar, *BG* 1,40,10 und 3,1,2 über die Beschwerlichkeit von Gebirgsrouten). Die Vermutung, dass die späteren Römerstraßen ältere vorrömische Verkehrsrouten fortführen, liegt nahe, bleibt jedoch spekulativ.[281] Für den Transport über Land und insbesondere im Gebirge sind Maultiere und Pferdefuhrwerke anzunehmen, wobei die Handelsgüter in vielen Fällen umgeladen bzw. umgefüllt werden mussten (so Diodor 5,26,3 im Hinblick auf den Weinhandel und 5,34,5 mit Bezug auf die Zinntransporte aus Britannien). Bezeichnenderweise findet man die in gefülltem Zustand sehr schweren massaliotischen Weinamphoren zwar weit entfernt von ihrem Herstellungsort entlang der großen Wasserstraßen, nicht aber im Umfeld der Alpenpässe. Die hier vorauszusetzenden geflochtenen Körbe und aus Leder gefertigten Schläuche und Säcke sind jedoch nur in Ausnahmefällen in anderen Fundzusammenhängen erhalten geblieben.

Handelsgüter

Wie bereits in dem Abschnitt über den Abbau von Bodenschätzen dargelegt wurde, waren Eisen und Salz zentral wichtige Handelsgüter, die auch über weite Strecken in rohstoffarme Regionen transportiert wurden (S. 62–66). Dasselbe gilt für prestigeträchtige Güter wie Gold, Bernstein und Koralle. Dabei ist jedoch hervorzuheben, dass man hier (wie auch beim Eisen) den genauen Ursprungsort oft nicht mehr ermitteln und folglich weder die Handelsrouten noch den Umfang bzw. die Intensität des Handels rekonstruieren kann. Etwas günstiger ist die Quellenlage im Falle des zur Bronzeherstellung unentbehrlichen Zinns, dessen Vorkommen sich von der Iberischen Halbinsel über Frankreich bis nach England erstrecken, wohingegen die Lagerstätten im Erzgebirge anscheinend erst seit dem Mittelalter ausgebeutet wurden. Wie bereits dargelegt, dürfte der Späthallstattkreis sein Zinn also aus Westeuropa bezogen haben, wobei man den Aufstieg des Zentralortes am Mont Lassois auf die Intensivierung des Handels über Land zurückführt (S. 69–70). Wie der Fund eines Brockens Passauer Graphitlehm in der frühlatènezeitlichen Siedlung in Bruck bei Künzing zeigt, wurde auch Graphit zur Herstellung von Graphittonkeramik aus den Lagerstätten um Passau sowie in Südböhmen und Westmähren als Rohmaterial verhandelt.[282]

[280] Knapp zusammenfassend Daire 2002 und Haselgrove 2002.

[281] S. Timpe 1985b, 262.
[282] S. Frey 1985, 247.

In seinem Umfang schwer abzuschätzen, aber zweifellos gleichfalls von erheblicher Bedeutung, war der (Tausch-)Handel mit Rohstoffen organischer Herkunft wie etwa Tuchen, Fellen, Leder, Holz oder Wachs, der jedoch ebenso wie der Handel mit Tieren oder Sklaven im archäologischen Fundgut kaum nachzuweisen ist. So etwa fehlen in ganz Böhmen Lagerstätten von Salz, das also von auswärts eingeführt und vielleicht mit Getreide, Vieh oder anderen im Überschuss produzierten Lebensmitteln bezahlt werden musste.[283] Dass die Salzgewinnung und der Salzhandel üppigen Gewinn abwarfen, zeigen die reichen Bestattungen in Hallstatt und am Dürrnberg bei Hallein, obschon der Handelswert der Waren, die man gegen das Salz eintauschte, praktisch vollständig im Dunkeln liegt.

Neben Rohstoffen wurden indessen auch Fertigwaren über größere Distanzen hinweg transportiert. Dies bezeugen latènezeitliche Drehmühlsteine, die einerseits als unverzichtbares Werkzeug in praktisch jeder Siedlung gleich welcher Größe vorhanden waren, andererseits durch eine petrographische Analyse des Gesteins die genaue Bestimmung ihrer Herkunft ermöglichen. So etwa ergab die Untersuchung von 135 Mahlsteinen aus dem mährischen Oppidum Staré Hradisko, dass fast die Hälfte von ihnen aus der ca. 100 km (Luftlinie) entfernten Steinmetzstätte beim Kunětická hora stammt und einige andere Mahlsteine sogar aus dem 240 km entfernten Lovosice kamen.[284] Einfach nachzuweisen ist die Distanz zwischen Fund- und Herkunftsort auch bei dem latènezeitlichen Sapropelitschmuck in Böhmen, dessen Rohmaterial ausschließlich in der Umgebung der Stadt Mšec in Mittelböhmen zu finden war und das man nach Ausweis der Werkstattbefunde und Abfallprodukte auch gleich dort verarbeitete, um die fertigen Ringe dann in die gesamte Region und selbst weit über die Grenzen Böhmens hinaus zu exportieren.[285] Über große Entfernungen transportiert wurde auch stempelverzierte Feinkeramik, wie aus vergleichenden Untersuchungen der Ornamentik und der verwendeten Stempel hervorgeht.[286] Dass die Herkunft kunsthandwerklicher Erzeugnisse mitunter trotz eines Nachweises stilistischer Parallelen unklar bleibt, zeigt die Totenliege aus dem Grab von Eberdingen-Hochdorf: Im Westhallstattkreis einzigartig, finden die Darstellungen einer Wagenfahrt und eines Schwerttanzes auf der Rückenlehne ihre nächsten Entsprechungen im südostalpinen Raum, doch könnten die Bilder natürlich auch an einem anderen Ort von einem Handwerker aus dieser Region angefertigt worden sein.[287]

Schwer abzuschätzen sind das Ausmaß und der Umfang, in dem Händler neben ihren Gütern auch Kenntnisse und Informationen vermittelten und damit kulturelle Neuerungen zu verbreiten halfen. Auf die Entstehung der Latènekunst in der Auseinandersetzung mit etruskischen Vorbildern wurde bereits hingewiesen (S. 120). Bezeichnenderweise berichtet Caesar, dass die griechische Schrift zwar den (in Reichweite mediterraner Händler lebenden) Helvetiern, nicht aber den handelsfeindlichen Nerviern geläufig war (vgl. *BG* 1,29,1 gegenüber 2,15,4). Wie Caesar wohl im Anschluss an Poseidonios hervorhebt, war es die Gewohnheit der Gallier, fremde Kaufleute bei ihrer Ankunft an einem Ort zu umringen und nach Neuig-

---

[283] Salač 2002, 26.
[284] Salač 2002, 23.
[285] Salač 2002, 22.

[286] S. Frey 1985, 248.
[287] S. Kimmig 1985, 20. Vgl. dazu Biel 1985, 92–113.

keiten auszufragen (*BG* 4,5,2; vgl. Diodor 5,28,5). Die allgemeine Veränderung der Lebensgewohnheiten durch die Intensivierung des Handels erhellt Caesars Bemerkung, die Belger seien aufgrund der geringeren Präsenz fremder Händler tapferer als die Gallier (*BG* 1,1,3), was allerdings auch ein Topos der Kulturkritik sein kann.

Rahmenbedingungen und Organisation

Es liegt auf der Hand, dass die großflächige Versorgung einer zahlreichen Bevölkerung mit ortsfremden Rohstoffen und Fertigwaren verschiedener Art gesellschaftlich-rechtliche Rahmenbedingungen und Organisationsformen voraussetzt, die jedoch archäologisch kaum nachweisbar sind. Insbesondere muss ein gewisses Maß an Rechtssicherheit für ortsfremde Händler bestanden haben, deren Gewährleistung in den Händen der lokalen Eliten gelegen haben dürfte, was wir jedoch mangels schriftlicher Quellen nicht mehr rekonstruieren können. Anhaltspunkte dafür ergeben sich immerhin daraus, dass die Verwendung von Importgütern aus dem Mittelmeerraum als Grabbeigaben sich auf die Bestattungen einer kleinen Oberschicht beschränkte. Eine wichtige Einnahmequelle der einheimischen Eliten waren zweifellos Wege-, Durchgangs- und Flusszölle, wie dies für die unmittelbar vorrömische Zeit durch Caesar (*BG* 1,18,3 mit Bezug auf den Haeduer Dumnorix) ausdrücklich bestätigt wird. Inwiefern diese Eliten selbst den Handel organisierten, geht aus den griechischen und lateinischen Quellen nicht hervor, da diese generell den hohen Anteil ortsfremder mediterraner Kaufleute im vorrömischen Gallien hervorheben (Cicero, *Pro Fonteio* 11).[288] Für die Spätlatènezeit klar bezeugt ist die Rolle vieler (aber nicht aller) Oppida als Handelszentren und Umschlagplätze, was Strabo in der Bezeichnung als *emporion* (Handelsplatz) zum Ausdruck bringt.[289] Dass der Kaufmann in den antiken Beschreibungen der keltischen Gesellschaft nicht vorkommt, mag damit zusammenhängen, dass er im Unterschied zur römischen Gesellschaft keine besondere Wertschätzung genoss oder aber in einer der römischen Gesellschaft vergleichbaren Ausprägung gar nicht vorkam.[290] Schwer abzuschätzen ist jedoch, ob diese Tatsache der historischen Realität oder vielmehr der antiken Stilisierung der Kelten nach dem Vorbild der homerischen Griechen geschuldet ist.

Zunehmenden Einfluss auf den Handel gewann seit dem 3. Jahrhundert v. Chr. die Geldwirtschaft im Gefolge der Prägung eigener keltischer Münzen.[291] Sie

---

[288] Zur relativen Bedeutung einheimischer und ortsfremder Händler vgl. vorsichtig abwägend Timpe 1985, 272–275.

[289] S. Timpe 1985b, 268–269, sowie (zu den unterschiedlichen griechischen und lateinischen Bezeichnungen keltischer Zentralorte) Maier B. 2010.

[290] So Timpe 1985, 283.

[291] Das Folgende nach Fischer 1985a, 289–292, sowie Kellner 1986. Einführungen in die keltische Numismatik bieten Nash 1987 und Gruel 1989. Einen Einblick in die neuere Forschung ermöglichen Nick 2006 sowie die Bei-

träge in Heesch u. Heeren 2009. Vgl. ferner Kellner 1990 zu den Münzfunden aus Manching, Göbl 1992 zu den ostkeltischen Münzen, Colbert de Beaulieu u. Fischer 1998 zu den gallischen Münzlegenden sowie die Kataloge von Depeyrot 2002–2005 und Delestrée u. Tache 2002–2008. Zur Erforschung des rituellen Gebrauchs keltischer Münzen vgl. die Beiträge in Haselgrove u. Wigg-Wolf 2005 und in Metzler u. Wigg-Wolf 2005. Neuere Spezialstudien bieten Brandt B. 2002, Kolníková 2003, Gruel u. Popovitch 2007, Burkhardt A. 2008, Piette u. Depeyrot 2008 sowie Doyen 2010.

Goldmünze der Parisier (erste Hälfte 1. Jahrhundert v. Chr.)

nimmt ihren Anfang in Gallien und auf der Balkanhalbinsel mit der Imitation gängiger Gold- und Silbermünzen des Mittelmeerraums, vor allem des makedonischen Goldstaters und der griechischen Tetradrachme. Als eine neue Form des Reichtums begegnen Goldmünzen nun auch häufig neben Goldringen und Goldbarren in Hortfunden. Dabei übernahmen die Kelten neben den Münzbildern, die in zunehmendem Maße stilisiert und abgewandelt wurden, mitunter auch die nunmehr bedeutungslosen Legenden der griechischen Münzen, die dann jedoch im 1. Jahrhundert v. Chr. durch die Namen keltischer Fürsten ersetzt wurden. Die Vermutung, dass die Münzen im Auftrag der betreffenden Fürsten geprägt wurden, liegt nahe, wird durch andere Quellen jedoch nicht bestätigt. Seit dem 2. Jahrhundert v. Chr. begegnen neben Münzen aus Edelmetall auch solche aus Bronze oder einer Kupfer-Zinn-Blei-Legierung (Potin), die nicht mehr nur mit Bronze- oder Eisenstempeln geprägt, sondern auch serienweise gegossen wurden. Geprägt bzw. gegossen wurden die Münzen wohl häufig in den Oppida, wie dies die Funde so genannter Tüpfelplatten (zur Herstellung von Schrötlingen) vermuten lassen. Wie die Verbreitung aller bekannten Fundorte eines Typs zeigt, kursierten die Münzen generell in einem regional begrenzten Umlaufbereich, dessen Identifikation mit Stammesgrenzen jedoch ebenso wie die Zuweisung bestimmter Typen an historisch bezeugte Stämme oft problematisch bleibt.

Hervorzuheben ist schließlich, dass ortsfremde, mitunter weit von ihrem Ursprungsort auftretende Objekte nicht in jedem Fall als Handelsgut und folglich als Hinweise auf Handelsbeziehungen anzusehen sind, zumal sich die Geschichte dieser Gegenstände nicht rekonstruieren lässt und das Fundgut insgesamt nur eine zufällige, durch die Gunst und Ungunst der Überlieferung bedingte Auswahl darstellt. Eine (uns unbekannte) individuelle Geschichte ist z. B. hinter dem singulären Fund einer bronzenen Gürtelschließe in Grab 65 des Grabhügels Magdalenenberg

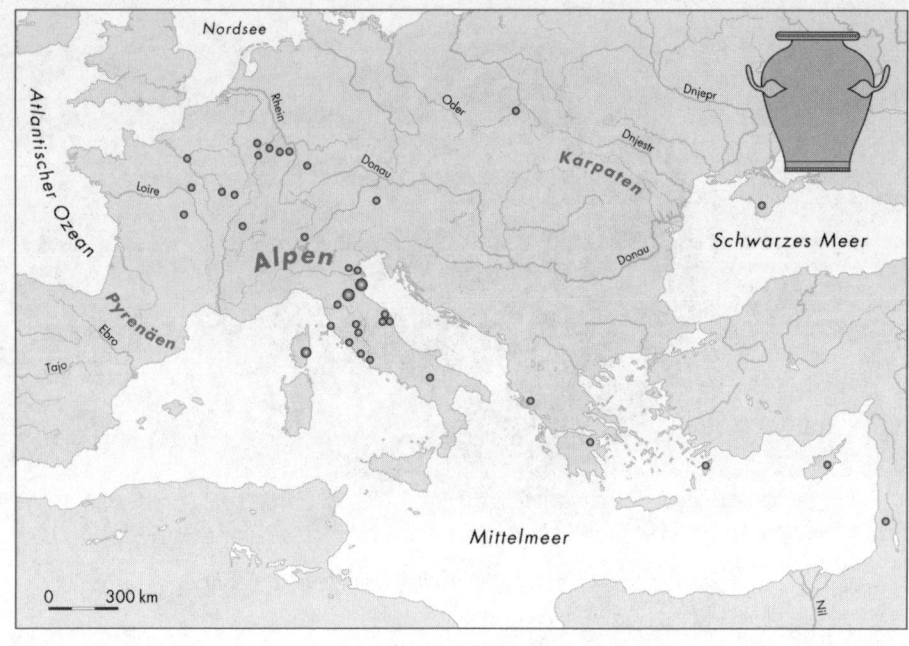

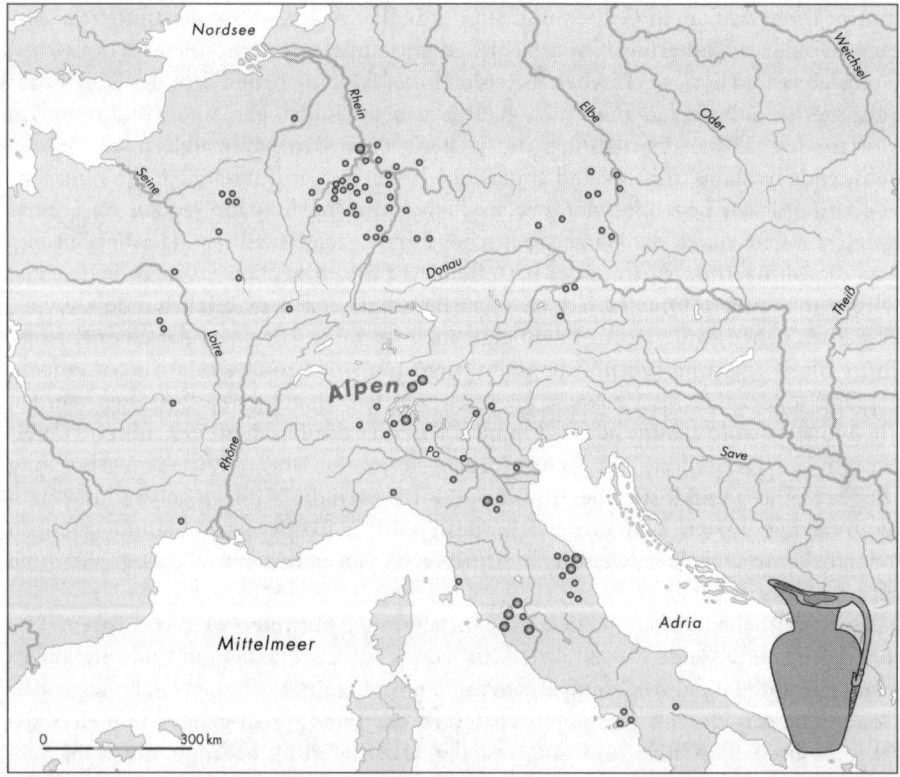

Verbreitung etruskischer Bronzestamnoi und etruskischer Bronzeschnabelkannen

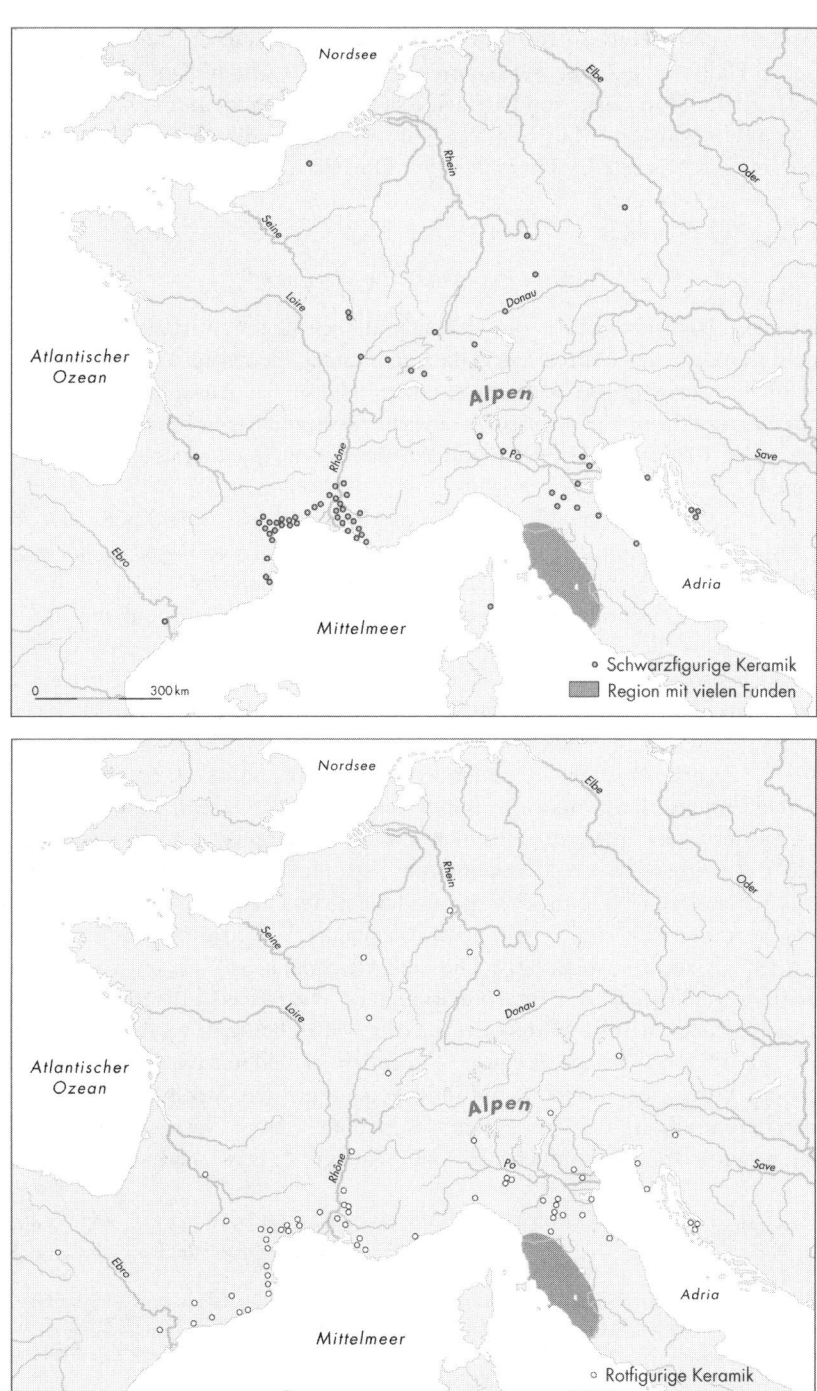

Verbreitung attischer Keramik im 6. / 5. Jahrhundert v. Chr.

zu vermuten, deren Herkunftsort nach Ausweis der typologischen Parallelen auf der Iberischen Halbinsel gesucht werden muss.[292] Singulär sind bislang auch zwei punische Glasanhänger in Form von bärtigen Köpfchen, die in dem frühlatènezeitlichen Grab wohl eines jungen Mädchens bei Saint-Sulpice in der Westschweiz gefunden wurden und aus Nordafrika (entweder über Oberitalien oder entlang des Rhônetals) in die Schweiz gelangten.[293]

Beziehungen zum Mittelmeerraum[294]

Die ältesten Nachrichten über die Kelten sind allgemeiner Auffassung zufolge den Handelsinteressen der Mittelmeervölker geschuldet, denen also schon zu Beginn der Späthallstattzeit große Bedeutung zukam. Über das Ausmaß der Handelsbeziehungen, des kulturellen Austauschs und der wechselseitigen Kenntnisse ist jedoch infolge lückenhafter und teilweise widersprüchlicher Angaben keine Sicherheit zu gewinnen.

Insbesondere im Falle mediterraner Luxusgüter ist damit zu rechnen, dass prestigeträchtige Gegenstände nicht als Handelsware, sondern als *keimēlia* oder diplomatische bzw. Ehrengeschenke in die Regionen nördlich der Alpen gelangten.[295] Ein gewichtiges Interpretationsproblem stellt in diesem Zusammenhang die Laufzeit der Objekte dar, die oft nur geschätzt werden kann. So etwa waren der mutmaßlich etruskische Elfenbeinspiegel und die beiden aus Horn geschnitzten Sphingen aus dem «Grafenbühl» bereits bis zu 150 Jahre alt, bevor sie ins Grab gelangten, ohne dass man über ihre Vorgeschichte und Vorbesitzer etwas aussagen könnte.[296] Über die Routen, auf denen solche Objekte an ihren Bestimmungs- bzw. Fundort gelangten, kann man nur selten begründete Rückschlüsse zu ziehen versuchen. So etwa hat man im Hinblick auf die Häufigkeit der Verwendung von Koralle im nordwestlichen Voralpenraum vermutet, dass der Rohstoff zunächst über die Rhône-Saône-Doubs-Passage (und nicht etwa über die Alpenpässe) aus dem westmediterranen Raum nach Mitteleuropa gelangte.[297] Entsprechende Erwägungen bleiben jedoch zumeist spekulativ. Die engen Grenzen, welche mitunter auch die allgemeine Quellenlage der Interpretation setzt, zeigt das Auftreten etruskischer Bronzeschnabelkannen in Mitteleuropa: Sehr wahrscheinlich wurden auch andere Gefäße aus Etrurien in die Regionen nördlich der Alpen exportiert, doch sind wegen des Überwiegens der Grabfunde gegenüber den Siedlungsfunden in der Frühlatènezeit allein die Bronzeschnabelkannen wegen ihrer Verwendung im frühlatènezeitlichen Grabbrauchtum klar bezeugt.[298] Dass mediterrane Einflüsse

[292] S. Kimmig 1985, 228, sowie ausführlich Mansel 1996.

[293] S. Frey 1985, 253.

[294] Vgl. dazu die generellen Erwägungen von Frey 1998, von Hase 1998, Chaume 2004, Frey 2004d, die Beiträge in Guggisberg 2004a, Frère 2006 und Reyman 2010 sowie Adam 2006 und Ellmers 2010. Zur Rolle der Griechen in Südgallien vgl. zusammenfassend Morel 1995 sowie die Beiträge in Bats u. a. 1992, Arcelin 1995, 59–402, Hermary u. a. 1999 und Vitali 2008,

ferner Bernard 2002 und Frey 2009. Zum mediterranen Importgut der Heuneburg vgl. Kimmig 2000.

[295] Grundlegend dazu und seither viel diskutiert Fischer 1973. Vgl. Eggert 2003.

[296] So Kimmig 1985, 229. Zur Problematik vgl. ferner Guggisberg 2004b und 2008.

[297] Vorsichtig abwägend dazu Kimmig 1985, 224–225, vgl. Frey 1985, 247.

[298] S. Frey 1985, 251.

selbst im unmittelbaren Hinterland der griechischen Kolonien nicht flächendeckend waren, zeigen die Funde aus der Siedlung von Bramefan ca. 35 km nordöstlich von Massalia. Dort war im 5. Jahrhundert v. Chr. der Anteil scheibengedrehter Importkeramik mit nur 2 % sehr gering, und auch die dort gehaltenen Rinder waren gemessen an mediterranen Verhältnissen eher klein.[299]

Die keltische Expansion und das keltische Söldnerwesen seit dem 4./3. Jahrhundert v. Chr. könnten vermuten lassen, dass seit dieser Zeit verstärkt mediterrane Objekte als Beutegut ihren Weg nach Mitteleuropa fanden. Dies lässt sich bislang jedoch anhand des archäologischen Fundguts abgesehen von Ausnahmen wie Bronzegefäßen oder Glasperlen nicht bestätigen, obschon die Auswirkungen beider Phänomene etwa im Bereich der Münzprägung oder der Rüstungstechnik unbestritten sind.[300]

6. Gesellschaft

Eine neuere monographische Untersuchung altkeltischer Sozialstrukturen unter Verwendung antiker archäologischer sowie antiker und inselkeltischer literarischer und linguistischer Zeugnisse, mit einer Übersicht über die Forschungsgeschichte, bietet Karl 2006. Weitere Spezialuntersuchungen gehen entweder von Grabfunden oder aber von den antiken Schriftquellen aus und fassen dementsprechend vor allem die in diesen Quellen fassbare Oberschicht der Späthallstatt- sowie Früh- und Spätlatènezeit ins Auge. Besondere Beachtung fanden in diesem Zusammenhang die Stellung der Frau (Eibner 2000–01, Jud 2006, Bräuning 2009, Metzner-Nebelsick 2009, Müller H. 2009), das Heeres- und Gefolgschaftswesen (Dobesch 1996, Frey 2004a, Peschel 2006), der Zusammenhang zwischen Alter, Geschlecht und Herrschaft (Burmeister 2000), die Frage eines späthallstattzeitlichen sakralen Herrschertums (Krausse 1999, Veit 2000, Krausse 2006b, Eggert 2007) und die Möglichkeit der Ermittlung von Verwandtschaftsbeziehungen, z. T. anhand von DNA-Analysen (Kayser-Tracqui u. a. 2004, Alt u. a. 2005, Kiesslich u. a. 2007, Eggl 2009). Zur späthallstattzeitlichen Elite vgl. Chaume 2007 und Schönfelder 2007. Die spätlatènezeitliche Aristokratie behandeln Metzler-Zens u. Metzler 1998, die Beiträge in Guichard u. Perrin 2002 sowie Perrin 2006, die breite Mehrheit der Bevölkerung jener Zeit die Beiträge in Trebsche u. a. 2007b. Zu den historisch bezeugten Volksstämmen Galliens vgl. Fichtl 2004 und 2006.

Über die Sozialstrukturen der vorrömischen Eisenzeit Mittel- und Westeuropas ist nur wenig Gesichertes bekannt, da die antiken Schriftquellen hier nur wenige und relativ schematische Aussagen treffen, die sich überdies zumeist auf die den Mittelmeerkulturen zunächst benachbarten Regionen und auf die unmittelbar vorrömische Zeit beziehen. Welche Schlüsse man für andere Zeiten und Räume aus archäologischen Funden ziehen kann, ist in vielen Punkten umstritten, zumal die Quellenlage und der Forschungsstand höchst uneinheitlich sind. Eine allgemeine Charakterisierung «der» keltischen Gesellschaft im vorrömischen Mittel- und Westeuropa kann daher ebenso wenig gegeben werden wie etwa ein Abriss ihrer historischen Entwicklung. Vielmehr bieten Schriftquellen und Bodenfunde immer wieder Anhaltspunkte für einzelne Beobachtungen, die man zwar unter bestimmten übergeordneten Gesichtspunkten zusammenstellen kann, die jedoch keinesfalls verallgemeinert werden dürfen und nur in einigen wenigen Fällen miteinander kombiniert werden können.

---

[299] S. Bofinger u. a. 2000, 97 und 134.   [300] Vgl. dazu Schönfelder 2007a.

Grundlegende soziale Bezüge

Als überall vorhandene, wenn auch unterschiedlich strukturierte Grundeinheiten der keltischen Gesellschaft sind vermutlich einerseits der Familienverband im Sinne der realen Abstammungsgemeinschaft, andererseits die Wohneinheit im Sinne des Einzelgehöfts oder Dorfes anzusehen.[301] Für beides sind mehrere altkeltische Bezeichnungen überliefert bzw. als zweifellos altkeltisch rekonstruierbar, ohne dass wir im Einzelnen wüssten, inwiefern sich die betreffenden Wörter von ihren bei antiken Autoren überlieferten griechischen und lateinischen Entsprechungen unterscheiden.

Gut bezeugt bzw. rekonstruierbar sind die altkeltischen Verwandtschaftsbezeichnungen für die Mitglieder der Familie (im heutigen Sinn dieses Wortes). Die altkeltische Bezeichnung eines Familienverbands war vermutlich *weni- (woraus altirisch *fine* «Sippe»), erhalten in Personennamen wie *Venicarus*, *Veniclutius* und *Venimarus*.[302] Von den altkeltischen Bezeichnungen der Mitglieder einer Familie ist zunächst der Vater zu erwähnen, dessen aus der indogermanischen Grundsprache ererbte Bezeichnung *atir (woraus irisch *athair*) lautete.[303] Altkeltisch überliefert sind zum einen der Dativ Plural *atrebo* «den Vätern» (in einer gallischen Inschrift aus Plumergat), zum anderen die von der Bezeichnung des Vaters abgeleiteten Eigennamen *Aterus*, *Aternus* und *Ateronius*. Die Bezeichnung der «Mutter» war das gleichfalls aus dem Indogermanischen ererbte Wort *mātir* (woraus irisch *máthair*).[304] Den Nominativ Singular findet man in der Inschrift von Larzac (S. 293), den Dativ Plural *matrebo* «den Müttern» in mehreren gallischen Weihinschriften für Muttergottheiten (S. 289). Ein Wort für «Tochter» (griechisch θυγάτηρ) war *duxtir*, was in keiner der inselkeltischen Sprachen erhalten geblieben ist und als altkeltisches Wort erst seit Entdeckung der Inschrift von Larzac bekannt geworden ist.[305] Das Wort für «Sohn» lautete im Gallischen *mapos (aus *makʷos, was vielleicht mit *magus, «Kind» und «Diener», zusammenhängt).[306] Nach Caesar (*BG* 6,19,3) hatte der Vater seinen Ehefrauen wie auch seinen Kindern gegenüber die Gewalt über Leben und Tod. (Wie der Gebrauch des Plurals *uxoribus* durch Caesar nahelegt, war Polygamie also zumindest im Gallien des 1. Jahrhunderts v. Chr., wie noch im mittelalterlichen Irland, durchaus keine Seltenheit.) Indirekt bestätigt wird die dadurch implizierte Abhängigkeit z. B. durch die Berichte, dass der Helvetier Orgetorix eine seiner Töchter mit dem Haeduer Dumnorix verheiratet (*BG* 1,3,5) oder dass der norische König Voccio dem germanischen Fürsten Ariovist eine seiner Schwestern nach Gallien schickt (*BG* 1,53,4).[307]

Für den «Hof» oder das «Gehöft» ist die mit deutsch *Dorf* und altenglisch *þorp* sprachverwandte Bezeichnung *trebā (woraus altirisch *treb* und walisisch *tref* «Dorf») zu rekonstruieren.[308] Altkeltisch überliefert ist sie in dem Stammesnamen *Atrebates* (aus *Ad-treb-ates* «beieinander Wohnende») sowie in dem Ortsnamen *Contrebia*. Als lateinische Entsprechungen kommen sowohl *aedificium* «Gehöft» als auch *vicus*

---

301 S. dazu Karl 2006, 64–161.
302 S. Delamarre 2003, 312.
303 S. Delamarre 2003, 58–59.
304 S. Delamarre 2003, 219.
305 S. Delamarre 2003, 158.

306 S. Delamarre 2003, 213 und 215–216.
307 Vgl. dazu Karl 2006, 69–70.
308 S. Delamarre 2003, 300, sowie Karl 2006, 64–67.

«Dorf» in Frage, ohne dass man angeben könnte, mit welcher Berechtigung Caesar (*BG* 2,7,3) diese beiden Siedlungseinheiten begrifflich voneinander trennt. Als Bewohner eines Gehöfts wird man sich in Analogie zur homerischen oder auch zur frühmittelalterlichen irischen und walisischen Gesellschaft einerseits Angehörige des Familienverbands, andererseits Knechte, Mägde, Diener, Sklaven und möglicherweise auch Ziehkinder zu denken haben. Die Vermutung, dass Blutsverwandte oft auch gemeinsam bestattet wurden, liegt nahe und konnte in Einzelfällen durch DNA-Analysen wahrscheinlich gemacht werden.[309] Über die rechtliche Stellung anderer Haushaltsmitglieder kann man jedoch nur spekulieren.

Alter und Geschlecht als soziale Bestimmungsgrößen

Abgesehen von der Zugehörigkeit zu einem bestimmten Familienverband hing die gesellschaftliche Stellung einer Person auch von ihrem Geschlecht und ihrem Lebensalter ab. Dies schließt man zum einen aus naheliegenden Analogien etwa im frühmittelalterlichen Irland, zum anderen aus dem eisenzeitlichen Grab- und Totenbrauchtum, wobei jedoch viele Einzelheiten der Interpretation umstritten sind und überdies mit großen, zeitlich und räumlich bedingten Unterschieden zu rechnen ist. Für die Späthallstattzeit wurde vermutet, dass eine Person besonders dann mit großem Aufwand bestattet wurde, wenn sie im Alter von etwa 20 bis 40 Jahren verstarb. War sie jünger (oder aber älter und weiblich), so fielen die Größe der Grabkammer und die Beigabenausstattung deutlich kleiner aus. War eine Person dagegen älter und männlich, so konnte sie zu der Personengruppe gehören, die die größten Kammern und die wertvollsten Beigaben erhielt. Grundsätzlich zog ein höheres Alter also keineswegs zwangsläufig eine höhere gesellschaftliche Stellung nach sich, sondern konnte auch einen sozialen Abstieg und eine Verminderung des gesellschaftlichen Einflusses mit sich bringen.[310]

Schwierig zu beurteilen ist die gesellschaftliche Stellung von Kindern.[311] Auffällig ist der relativ geringe Anteil von Kindergräbern, der in keinem Verhältnis zur hohen Kindersterblichkeitsrate steht und die Vermutung nahelegt, dass Säuglinge und Kleinkinder oftmals außerhalb der für Erwachsene bestimmten Begräbnisplätze ohne besondere Formalitäten verscharrt wurden. Auch hier ist jedoch mit großen zeitlichen und räumlichen Unterschieden zu rechnen.[312] Im Übrigen konnte der soziale Status von Kindern augenscheinlich nicht nur durch ihr Alter, sondern auch durch ihre verwandtschaftlichen Beziehungen bestimmt sein. Einen Beleg dafür bietet die Bestattung eines etwa achtjährigen Mädchens in Hügel 9 des frühlatènezeitlichen Grabhügelfelds «Bei den Hübeln» in Bescheid bei Trier. Angelegt im frühen 4. Jahrhundert v. Chr., enthielt das Grab eine reiche Ringschmuck- und Fibelausstattung, wie man sie aus dieser Zeit ansonsten nur in den Gräbern erwachsener Frauen findet.[313] Kein einheitliches Bild ergeben im Hinblick auf die

---

[309] S. Scholz u. a. 1999.
[310] Burmeister u. Müller-Scheeßel 2005, 121.
[311] S. dazu Karl 2006, 78–83 sowie ausführlich Krausse 1998.
[312] S. Burmeister u. Müller-Scheeßel 2005,

120, zum relativ hohen Anteil von Kinderbestattungen in hallstattzeitlichen Gräberfeldern.
[313] S. Haffner 1992a, 41–45, H. Nortmann in Rieckhoff u. Biel 2001, 299, sowie Haffner u. Lage 2008/09.

Stellung von Kindern die insgesamt spärlichen Angaben der antiken Autoren. Nach Caesar (*BG* 6,18,3) durften sich die Kinder der Kelten ihren Eltern erst nähern, wenn sie erwachsen und kriegstauglich waren, so dass sie es für eine Schande hielten, wenn ein Sohn im Knabenalter öffentlich mit seinem Vater gesehen wurde. Dass jüngere Kinder beiderlei Geschlechts den Erwachsenen bei Tisch aufwarteten, berichtet andererseits Diodor (5,28,4). Mehrfach erwähnt Caesar Kinder als Geiseln (vgl. z. B. *BG* 2,5,1 und 2,13,1), was im Einklang mit der großen Bedeutung der Ziehkindschaft im frühen irischen Recht steht, da solche Ziehkinder einerseits freundschaftliche Beziehungen zwischen den Familien stärken, andererseits Feindseligkeiten von vorneherein ausschließen sollten und damit faktisch als Geiseln dienten.[314]

Die Stellung der Frau im Verhältnis zum Mann lässt sich anhand der Grabbeigaben nur schwer bestimmen, da viele Beigaben geschlechtsspezifisch sind und der absolute Wert einzelner Objekte in der Regel unbekannt ist.[315] Wie die reich ausgestatteten Frauengräber etwa von Vix (S. 146), Reinheim und Waldalgesheim (S. 151) zeigen, konnten Frauen durchaus eine hohe gesellschaftliche Stellung einnehmen, doch wissen wir nicht, ob diese durch eine besondere Funktion, ererbten Reichtum, Abstammung oder Heirat erworben wurde. Im frühmittelalterlichen irischen Recht (S. 249–250) war die Frau dem Mann klar untergeordnet, und zwar zuerst dem Vater und später dem Gatten. Sie konnte zwar Güter besitzen, diese aber nicht ohne weiteres vererben, und sie war weder als Zeugin vor Gericht zugelassen, noch konnte sie selbständig Verträge schließen, so dass Ehen von den männlichen Verwandten der Braut angebahnt wurden. Wenig ergiebig sind in dieser Hinsicht die insgesamt spärlichen Nachrichten antiker Autoren, da sie aufgrund ihres beiläufigen Charakters und unserer Unkenntnis der gesellschaftlichen Verhältnisse oftmals nicht sicher zu interpretieren sind und häufig Ausnahmen (aus der gesellschaftlich führenden Schicht) in den Blick nehmen. Darüber hinaus ist auch stets damit zu rechnen, dass objektive Beobachtungen in moralisierender oder propagandistischer Absicht in unzulässiger Weise verallgemeinert worden sein können, so etwa die Bemerkung Plutarchs (*Mulierum virtutes* 6) über die positive Rolle der Frau als Schlichterin von Streitigkeiten oder der Hinweis Diodors (5,32) auf ihre Beteiligung an handgreiflichen Auseinandersetzungen.

Arbeitsteilung und soziale Schichtung

Eine wichtige Rolle für die Gesellschaftsstruktur spielte die Arbeitsteilung.[316] Antike Schriftquellen berichten im Hinblick darauf vor allem über die Schicht der (adligen) Krieger, die auch von archäologischer Seite anhand der Gräber erschlossen wird.[317] Vor allem durch ihre hochwertigen Erzeugnisse greifbar ist demgegenüber die Schicht der spezialisierten Handwerker, deren Nachweis anhand von Grabausstattungen problematisch ist.[318]

---

[314] Vgl. dazu Karl 2006, 162–176.
[315] S. Burmeister u. Müller-Scheeßel 2005, 120.
[316] Vgl. dazu Karl 2006, 265–327.

[317] Vgl. dazu zusammenfassend Mathieu 2007.
[318] S. Stöllner 2007.

Eine hierarchische Gliederung der Gesellschaft erschließt man, abgesehen von naheliegenden historischen Analogien im frühen irischen Recht, zum einen aus Hinweisen der antiken Autoren, zum anderen aus großen Unterschieden der Grabausstattung. Glaubt man Caesar (*BG* 6,13,1–3), genossen in Gallien nur die Druiden (S. 168–172) und der Adel (*equites*) Ansehen und Geltung, während das gemeine Volk (*plebes*) fast die Stellung von Sklaven innehatte.[319] Die weite Verbreitung der Sklaverei bezeugt auch Diodor (5,26,3), demzufolge mediterrane Händler als Preis für eine einzige Amphore Wein einen Sklaven erhalten konnten.

Herrschaft und ihre Legitimation

Über die Art und Weise, in der Herrschaft legitimiert und weitergegeben wurde, kann man für die gesamte vorrömische Zeit nur Vermutungen anstellen. Anhaltspunkte für eine sakrale Herrschaftslegitimation sehen einige Autoren in den reich ausgestatteten Fürstengräbern der Späthallstatt- und Frühlatènezeit, zumal man Funde wie etwa die Fragmente dreier lebensgroßer Sandsteinskulpturen am Glauberg oder zweier Kalksteinfiguren im Eingangsbereich eines Kultbezirks nahe dem Grab von Vix (S. 123) als Indizien für einen Ahnen- oder Heroenkult werten könnte. Eindeutige Hinweise auf die Beigabe von Kultgerät oder priesterlichen Insignien sind in den frühkeltischen Fürstengräbern jedoch nicht zutage gekommen, wie denn auch rituelle oder kultische Funktionen der in diesen Gräbern beigesetzten Personen zwar denkbar, aber nicht zwingend erwiesen sind.[320] Der Umstand, dass die frühkeltischen «Fürsten» bei der äußerlichen Darstellung ihrer Macht und ihres Reichtums mit traditionellen einheimischen Repräsentationsformen brachen und in starkem Maße mediterrane Vorbilder imitierten, könnte dafür sprechen, dass auch Vorstellungen von einer religiösen Fundierung der Herrschaft aus dem Mittelmeerraum übernommen wurden. Gleichwohl dürfte es sich dabei um eine vorübergehende Erscheinung gehandelt haben, da entsprechend reich ausgestattete Gräber für die Mittlere und Späte Latènezeit fehlen.

Gefolgschaftswesen

Zahlreich sind die Hinweise antiker Autoren auf das Gefolgschaftswesen, das insbesondere im Zusammenhang mit Kampfhandlungen die Aufmerksamkeit der griechischen und römischen Beobachter auf sich zog. So etwa berichtet Diodor (5,29,2) in Anlehnung an Poseidonios, vornehme keltische Krieger führten Freigeborene als Diener mit sich, die sie unter den weniger Begüterten auswählten und in den Kämpfen als Wagenlenker und Schildträger verwendeten. Dass die enge Bindung des Gefolges an seinen Herrn nicht nur wirtschaftlich und sozial, sondern auch religiös motiviert war, berichtet Caesar im Zusammenhang mit dem Verhalten der Gefolgsleute des Haeduers Litaviccus (*BG* 7,40,7).[321] Als ein weiteres Beispiel für eine solche Abhängigkeit nennt Caesar (*BG* 1,4,2) die *familia* des Orgetorix, die

[319] S. Hofeneder 2005, 187–198.
[320] Zur kontrovers geführten Diskussion darüber s. insbesondere Krausse 1999, Veit 2000, Krausse 2006b und Eggert 2007.

[321] S. Hofeneder 2005, 223–224, und vgl. dazu insbesondere die Erwägungen von Dobesch 1996 und Peschel 2006.

aus ungefähr zehntausend Personen bestanden habe, wozu außerdem noch die Abhängigen und Schuldner (*clientes obaeratosque*) gekommen seien. Ein anschauliches Beispiel für das Auftreten eines keltischen Fürsten mit seinem engeren Gefolge liefert – wohl unter Rückgriff auf Poseidonios – Appian (*Celtica* 12,2–3), nach dessen Schilderung ein solcher Fürst von Leibwächtern und Hunden begleitet wurde, während ein Sänger seine Herkunft, seine Tapferkeit und seinen Reichtum verherrlichte.[322] Im Zusammenhang mit dem Gefolgschaftswesen ist die Übernahme der mediterranen Tradition des Symposions zu sehen, wie sie in den Nachrichten antiker Autoren und in der Grabausstattung der Führungsschicht von der Späthallstatt- bis zur Spätlatènezeit zum Ausdruck kommt.[323]

7. Religion

Da eine klare Definition von «Religion» im Kontext der keltischen Kulturen fehlt, die Quellenlage insgesamt ungünstig ist und keine allgemein akzeptierte Methodologie zur Verfügung steht, ist auch die moderne Literatur zu diesem Gegenstand uneinheitlich und teils in Monographien und Spezialaufsätzen zu anderen Aspekten der keltischen Kultur versteckt, teils eher populärwissenschaftlichen Charakters. Neuere Gesamtdarstellungen der eisenzeitlichen keltischen Religion, die allerdings in unterschiedlich hohem Ausmaß auch die römerzeitlichen und inselkeltischen Verhältnisse ins Auge fassen, geben Brunaux 2000, Maier B. 2001 und Müller F. 2002. Eine umfassende und ausführlich kommentierte zweisprachige Ausgabe der antiken Schriftquellen bietet Hofeneder 2005, 2008 und 2011; einen Einblick in neuere archäologische Perspektiven vermitteln die Beiträge in Eggl u. a. 2008 sowie Rieckhoff 2008. Zu den Methoden und methodischen Problemen der Erschließung des Grabbrauchtums aus archäologischen Funden vgl. die Beiträge in Haffner 1989, Baray 2004, Baray u. a. 2007 sowie Barral 2011, ferner Augstein 2009. Zur Frage mediterraner Einflüsse und zur Rolle des Symposions im Grabbrauchtum vgl. ferner Craven 2007. Über die Kultstätten im vorrömischen Gallien orientieren die Beiträge in Arcelin u. Brunaux 2003 sowie Barral 2008, 339–891. Neuere Überlegungen zu keltischen Kultbräuchen und Riten bietet Brunaux 2004 und 2006b. Zu dem mit Opferungen und kultischen Deponierungen verbundenen Brauchtum vgl. Kurz G. 1995, Uenze 2002, Dal Ri u. Tecchiati 2002, Stöllner 2002c, Bataille u. Guillaumet 2006 sowie Bataille 2008. Über die Druiden vgl. zuletzt Brunaux 2006a, Fitzpatrick 2007, Maier B. 2009, Aldhouse-Green 2010 sowie (zur Rezeptionsgeschichte) Hutton 2007 und 2009.

Die Religion der vorrömischen Kelten Mittel- und Westeuropas kennen wir hauptsächlich aus archäologischen Funden als ihren unmittelbaren Überresten, da Inschriften religiösen Inhalts nur bei den Anrainern der Mittelmeerkulturen und dort auch nur aus der Zeit unmittelbar vor der Romanisierung überliefert sind. Nachrichten antiker Autoren können dieses Bild in verschiedener Hinsicht erweitern, bleiben in ihrer Aussagekraft und Zuverlässigkeit jedoch vielfach weit hinter den Aussagen der Archäologie zurück und beziehen sich überdies größtenteils auf die Verhältnisse in Gallien während des 1. Jahrhunderts v. Chr., die nicht in frühere Zeiten zurückgespiegelt bzw. auf andere Regionen übertragen werden dürfen. Gerade in populärwissenschaftlichen Darstellungen ist es weithin üblich, das daraus resultierende Bild

---

[322] S. Hofeneder 2011, 38–40.
[323] Vgl. dazu Arnold 1999, Poux 2000 und 2004, Krausse 2004, Craven 2007 und Dietler 2010.

durch den Rückgriff auf spätere, römerzeitliche Inschriften und Bildwerke sowie – mit dem Hinweis auf die sprachliche Kontinuität – durch Vergleiche mit den noch späteren Beschreibungen der alten heidnischen Religion aus dem klösterlich geprägten frühmittelalterlichen Irland zu ergänzen. Im Hinblick auf unsere unzulängliche Kenntnis sowohl der Religion der romanisierten Kelten des Festlands als auch der des vorchristlichen Irland sind solche Analogieschlüsse jedoch mit erheblichen methodischen Problemen behaftet und sollen daher außer Betracht bleiben.

Im Hinblick auf die Lückenhaftigkeit unserer Quellen erscheint es zweckmäßig, im Folgenden der Reihe nach all jene Aspekte der Religion abzuhandeln, über die sich einigermaßen gesicherte Aussagen treffen lassen, wobei innerhalb jedes einzelnen Abschnitts weitere chronologische und gegebenenfalls auch geographische Differenzierungen vorzunehmen sind. Im Einzelnen handelt es sich dabei um die Bereiche des Grab- und Totenbrauchtums, der Kultstätten, der dort vollzogenen Kultbräuche und Riten, des (fast ausschließlich aus Schriftquellen bekannten) Kultpersonals und schließlich des (vielfach nur hypothetisch erschlossenen) religiösen Weltbilds.

Gräber und Grabbrauchtum

Eine Hauptquelle unserer Kenntnis der vorrömischen keltischen Religion sind die Funde und Befunde aus der archäologischen Untersuchung von Gräbern. In diesem Umstand spiegelt sich zum einen der hohe Anteil von Gräbern als Gegenstand von Ausgrabungen, zum anderen unser spezifisch neuzeitlich-europäisches, wesentlich durch das Christentum geprägtes Religionsverständnis, das Vorstellungen von einem individuellen Weiterleben nach dem Tod als integralen Bestandteil der Religion auch in anderen Kulturen als gleichsam selbstverständlich voraussetzt. Tatsächlich kann man aus den Ergebnissen der archäologischen Untersuchung von Gräbern jedoch nur wenige gesicherte oder zumindest wahrscheinliche Rückschlüsse auf religiöse Vorstellungen ziehen. Da Gräber aber nicht nur Auskunft über den Umgang mit dem Tod geben, sondern auch Rückschlüsse insbesondere auf das Siedlungswesen, die (kunst-)handwerkliche Produktion und den Aufbau der Gesellschaft im eisenzeitlichen Mittel- und Westeuropa gestatten, sei die gegenwärtige Sicht auf Gräber und Grabbrauchtum der vorrömischen Kelten unter besonderer Berücksichtigung prominenter Einzelfunde im Folgenden noch einmal zusammenfassend dargestellt.

Charakteristisch für das Grabbrauchtum des westlichen Späthallstattkreises und der frühen Latènekultur sind Grabhügel mit einer Höhe von bis zu 10 m und einem Durchmesser von 10 bis 100 m, die oftmals zu mehreren ein kleineres oder größeres Grabhügelfeld bilden und damit ein hohes Maß an gemeinschaftlicher Arbeitsleistung und Organisation erforderten.[324] Grundlegend für unsere Kenntnis dieser Gräber sind insbesondere die Untersuchungen einiger besonders reich ausgestatteter Bestattungen, für die sich die konventionelle Bezeichnung «Fürstengräber» eingebürgert hat. Da diese Prunkgräber in der Regel in unmittelbarer Nähe zu einem

---

[324] Das Folgende nach Spindler 1991, 92–200, sowie Fries-Knoblach 2002, 186–191, zum Grabbrauchtum im Westhallstattkreis vgl. ausführlich Kurz S. 1997.

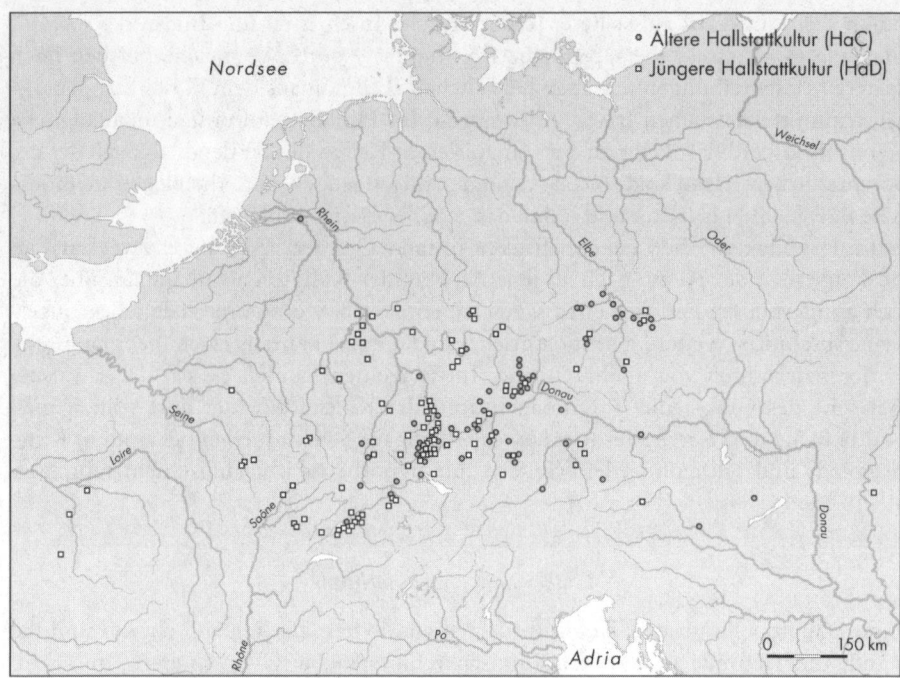

Verbreitung hallstattzeitlicher Wagengräber

Zentralort angelegt wurden, seien sie im Folgenden – ohne Anspruch auf Vollständigkeit nur zur Veranschaulichung charakteristischer Eigenheiten – in der gleichen (westöstlichen) Reihenfolge wie die oben (S. 68–93) aufgeführten Siedlungen besprochen.

Bereits zwischen 1856 und 1889 waren ca. 4 km südlich des Mont Lassois vier einzeln liegende Hügelgräber entdeckt worden, die jedoch nur unzureichend dokumentiert sind.[325] Auf diese Entdeckungen folgte im Januar 1953 der Fund des noch unberaubten späthallstattzeitlichen Grabes von Vix aus der Zeit um 480 v. Chr.[326] Es enthielt das schlecht erhaltene Skelett einer vermutlich weiblichen Leiche, einige Schmuckgegenstände, darunter ein 480 g schwerer goldener Halsring, die Reste eines vierrädrigen Wagens, ein umfangreiches Trinkgeschirr sowie schließlich einen 1,64 m hohen und 208,6 kg schweren bronzenen Mischkrug (Kratēr), der mit einem Fassungsvermögen von 1100 l das größte aus der Antike erhaltene Gefäß dieser Art darstellt. 1991 bis 1993 untersuchten Archäologen im Rahmen eines deutsch-französischen Forschungsprojekts eine quadratische Anlage von 23 m Seitenlänge ca. 250 m südwestlich des Grabes von Vix, die man im Hinblick auf die Nähe zum Grab und auf das Fehlen von Siedlungsstrukturen als Heiligtum interpretiert. Einen Hinweis darauf sieht man auch in zwei bruchstückhaft erhaltenen Kalksteinstatuen eines sitzenden Mannes und einer sitzenden Frau, die dort zutage kamen (S. 123).

---

[325] Knapp zusammenfassend Spindler 1991, 109–112, sowie Chaume u. a. 1995, 43–45.

[326] Vgl. dazu knapp zusammenfassend Berthelier-Ajot 1991 sowie ausführlich Rolley 2003.

Im Unterschied zum Grab von Vix hatte sich das zentrale Grab vom Magdalenenberg bei Villingen-Schwenningen bereits bei der ersten Öffnung 1890 als
schon in der Antike geplündert erwiesen und daher kaum Funde erbracht. 1970 bis
1973 wurde der gesamte Hügel vollständig untersucht, wobei neben der zentralen
Grabanlage mit ihrer aus Eichenbohlen gefertigten Grabkammer insgesamt 126 Ne-
bengräber mit 136 Bestattungen freigelegt wurden.[327] Infolge ungewöhnlich guter
Konservierungsbedingungen konnten sowohl die hölzerne Grabkammer als auch
Teile eines vierrädrigen Wagens und andere organische Reste geborgen werden.
Wie dendrochronologische Untersuchungen ergaben, waren die Eichenstämme für
den Bau der Grabkammer im Spätjahr 551 v. Chr. geschlagen worden. Nachdem die
Anlage ungefähr ein Vierteljahrhundert lang als Friedhof genutzt worden war,
wurde die zentrale Grabkammer wohl bereits um 500 v. Chr. erstmals beraubt, wie
man wiederum aus der Jahresringdatierung dreier von den Grabräubern zurück-
gelassener Spaten schließen kann. Mit einem ursprünglichen Durchmesser von
104 m und einer ursprünglichen Höhe von 10 bis 12 m ist der Magdalenenberg einer
der größten eisenzeitlichen Grabhügel Mitteleuropas und zugleich – zusammen mit
dem weiter unten zu besprechenden Grabhügel Hohmichele – die älteste dieser
Anlagen. Als Ordnungsprinzip für die Anlage der Nachbestattungen wurden in
jüngster Zeit auch astronomische Beobachtungen in Erwägung gezogen.[328]

Lässt sich der Magdalenenberg der 4 km nordwestlich davon gelegenen Siedlung
«Kapf» zuordnen, so gehören die im Folgenden vorzustellenden Grabhügel vermutlich alle zu der auf dem Hohenasperg vermuteten Zentralsiedlung.[329] Dem Hohenasperg am nächsten lag der heute durch Überbauung völlig zerstörte Grabhügel
Grafenbühl im Ostteil der Stadt Asperg, der sich bei der 1964/65 durchgeführten
archäologischen Untersuchung als bereits in antiker Zeit beraubt erwies. Die zentrale Grabkammer enthielt das Skelett eines ungefähr dreißigjährigen Mannes, von
dessen Ausstattung unter anderem noch Goldfäden (wohl von einem Brokatstoff),
zwei goldplattierte Bronzefibeln sowie Reste eines Trinkgeschirrs, eines vierrädrigen Wagens und verschiedener Möbelstücke geborgen werden konnten.[330] Ermöglichen die Fibeln eine Datierung des Grabes in die Zeit um 500 v. Chr., so
stammen die aus dem Mittelmeerraum importierten Beigaben noch aus dem 7. Jahrhundert v. Chr.[331] Auf einem Höhenrücken zwischen Asperg und Möglingen liegen
mit Sichtverbindung zum Hohenasperg vier weitere Grabhügel, von denen einer,
das Kleinaspergle, schon 1879 untersucht wurde.[332] Erwies sich die Zentralkammer
als bereits in der Antike geplündert, so stießen die Ausgräber in einer Nebenkam-
mer auf ein reich ausgestattetes Grab der Frühen Latènezeit, das unter anderem ein
umfangreiches Trinkgeschirr mit einem Bronzekessel, eine Bronzeschnabelkanne,
zwei Endbeschlägen von Trinkhörnern in Form von Widderköpfen sowie eine rotfigurige attische Schale und eine schwarz bemalte griechische Kylix aus der Zeit um
450 v. Chr. enthielt. Nach Ausweis der Keramik handelt es sich dabei um das jüngste

[327] Vgl. dazu ausführlich Spindler 1971–80
sowie zusammenfassend Spindler 1999.
[328] Vgl. dazu Mees A. 2007.
[329] Das Folgende nach Spindler 1991, 147–
158, sowie J. Biel in Rieckhoff u. Biel 2001,
286–290.

[330] Zur Rekonstruktion der Möbelstücke
vgl. Jung 2007.
[331] Solche Altstücke in fürstlichen Gräbern
behandelt zusammenfassend Guggisberg 2004b.
[332] Ausführlich dazu Kimmig 1988.

Fürstengrab im Umkreis des Hohenaspergs (bzw. ganz Südwestdeutschlands), wobei der über 7 m hohe Hügel mit einem Durchmesser von 60 m noch immer einen
guten Eindruck vom ursprünglichen Aussehen des Grabmonuments vermittelt. In
größerem Abstand zum Hohenasperg liegen einige weitere Hügelgräber, darunter
das 1963/64 untersuchte Grab von Ditzingen-Hirschlanden, dessen Erdhügel von
einem Steinkreis eingefasst und einst von einer vollplastischen lebensgroßen Figur
aus Stubensandstein bekrönt war (S. 122). Zahlreiche neue Erkenntnisse lieferte
schließlich das 1968 entdeckte und 1978/79 untersuchte Grab von Eberdingen-
Hochdorf, dessen Ausstattung nicht nur unversehrt, sondern auch ungewöhnlich
gut erhalten war.[333] Die durch eine aufwendige Konstruktion gegen Grabräuber-
geschützte zentrale Holzkammer enthielt das gut erhaltene Skelett eines ca. 40 Jahre
alten Mannes, den man auf einer Liege (Klinē) aus gepunztem Bronzeblech auf-
gebahrt hatte. Zahlreiche persönliche Gegenstände, darunter einen Hut aus Birken-
rinde, drei Angelhaken und einen Köcher mit Pfeilen, hatte man dem Toten mitgegeben. Darüber hinaus war seine Kleidung für die Bestattung mit eigens dafür
angefertigtem Goldschmuck verziert worden. An Grabbeigaben fand man ferner
einen vierrädrigen Wagen mit Zaumzeug, ein umfangreiches Speise- und Trinkgeschirr sowie einen aus dem Mittelmeerraum importierten, 500 l fassenden Bronzekessel.

Aus dem Umkreis der Heuneburg kennt man mehrere Großgrabhügel aus dem
ausgehenden 7. Jahrhundert v. Chr., darunter den Lehenbühl, Bettelbühl und Rau-
hen Lehen bei Ertingen. Aus dieser Gruppe ragt mit 80 m Durchmesser und 14 m
Höhe der Grabhügel Hohmichele hervor, der 1937/38 teilweise ausgegraben
wurde.[334] Zwar erwies sich die zentrale Grabkammer auch hier als antik geplündert,
doch enthielt das untersuchte Segment des Hügels noch mehrere, teilweise mit
reichen Beigaben versehene Nachbestattungen.[335] Insbesondere fand man 12 m südöstlich des Zentralgrabes eine noch unversehrte Grabkammer mit der Doppel-
bestattung eines Mannes und einer Frau, das unter anderem einen vierrädrigen
Wagen sowie ein Speise- und Trinkgeschirr enthielt.

Von den Riten, die eine Beisetzung begleitet haben mögen, geben die archäologischen Funde zumeist nur einen schwachen Abglanz wieder. So etwa sind die
Scherben von wenigstens 30 zerschlagenen Tongefäßen am Fuß des späthallstattzeitlichen Grabhügels von Tübingen-Kilchberg mit hoher Wahrscheinlichkeit als
Überreste eines Totenmahls zu deuten, ohne dass man über den genauen Zeitpunkt, die dabei befolgten Riten, die religiöse Motivation und den beteiligten
Personenkreis Näheres aussagen könnte. In ähnlicher Weise lassen Reste pflanzlichen Bewuchses auf der Sohle des zentralen Grabschachtes von Hochdorf darauf
schließen, dass der Leichnam bis zu seiner endgültigen Bestattung mindestens vier
Wochen lang konserviert wurde, wobei die Art der Konservierung (bei der dem

[333] Zusammenfassend dazu Biel 1985, aus-
führlich Küster u. Körber-Grohne 1985,
Krausse 1996, Banck-Burgess 1999, Bieg 2002,
Koch J. K. 2006 und Hansen 2010. Vgl. ferner
Koch J. K. 2005, Jung 2006, Nieling 2007 und
Koch J. K. 2009. Zur Debatte um die gesell-

schaftliche Stellung des Toten vgl. Krausse
1999, Veit 2000 und Eggert 2007.
[334] Das Folgende nach Spindler 1991, 136–
146, sowie H. Reim in Rieckhoff u. Biel 2001,
367–368.
[335] S. Riek 1962.

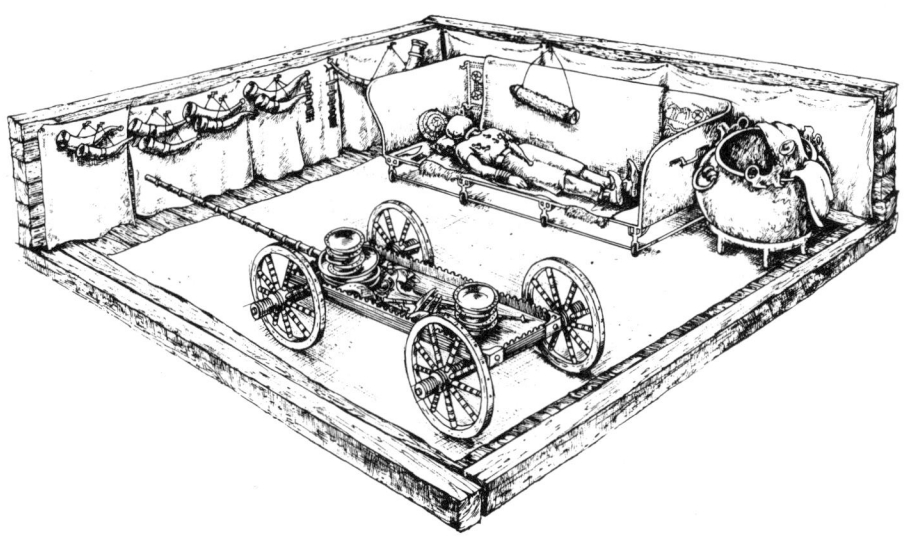

Rekonstruktion der Grabkammer von Eberdingen-Hochdorf

Toten die Haare ausfielen oder entfernt wurden) trotz chemischer Analysen nach wie vor ebenso unbekannt ist wie die zugrunde liegende religiöse Motivation.[336]

Einen gleichsam fließenden Übergang von der Späthallstatt- zur Frühlatènezeit veranschaulicht das Gräberfeld von Les Jogasses bei Chouilly im Département Marne, das vom späten 6. bis zur zweiten Hälfte des 4. Jahrhunderts v. Chr. genutzt wurde.[337] Bereits um die Mitte des 19. Jahrhunderts bekannt, wurde es zwischen 1926 und 1939 archäologisch untersucht, wobei insgesamt 312 Gräber, davon 203 aus der Späthallstattzeit, gezählt wurden. Unter den Beigaben dominieren Keramik und Waffen bzw. Schmuck, während Importware aus dem Mittelmeeraum durchweg fehlt. Ein ausgeprägter Bruch zwischen der Hallstatt- und der Frühlatènezeit ist in der Beigabensitte nicht zu erkennen.

Eine Hauptquelle unserer Kenntnis frühlatènezeitlichen Grabbrauchtums sind die Gräber der Champagne (in den Départements Marne, Aisne und Ardennes).[338] Hier lieferten insbesondere die zwischen 1865 und 1914 größtenteils unsystematisch durchgeführten und unzureichend dokumentierten Grabungen reiche Funde aus dem 5. Jahrhundert v. Chr., die als Ausdruck einer regionalen «Marne-Kultur» gewertet wurden. In der Regel handelt es sich bei diesen Bestattungen um Körpergräber, die zumeist in Gruppen zwischen 20 und 100 Gräbern vorkommen. Zu den Grabbeigaben zählen Gefäße aus Keramik oder Bronze, Trachtbestandteile und Schmuck bzw. Waffen. Vor allem aus dem Nordosten der Champagne kennt man

---

[336] S. Maier B. 2001, 133.
[337] Knapp zusammenfassend Roualet 1991b, ausführlich Babeş 1974.

[338] Zusammenfassend Roualet 1991b, ausführlich Demoule 1999.

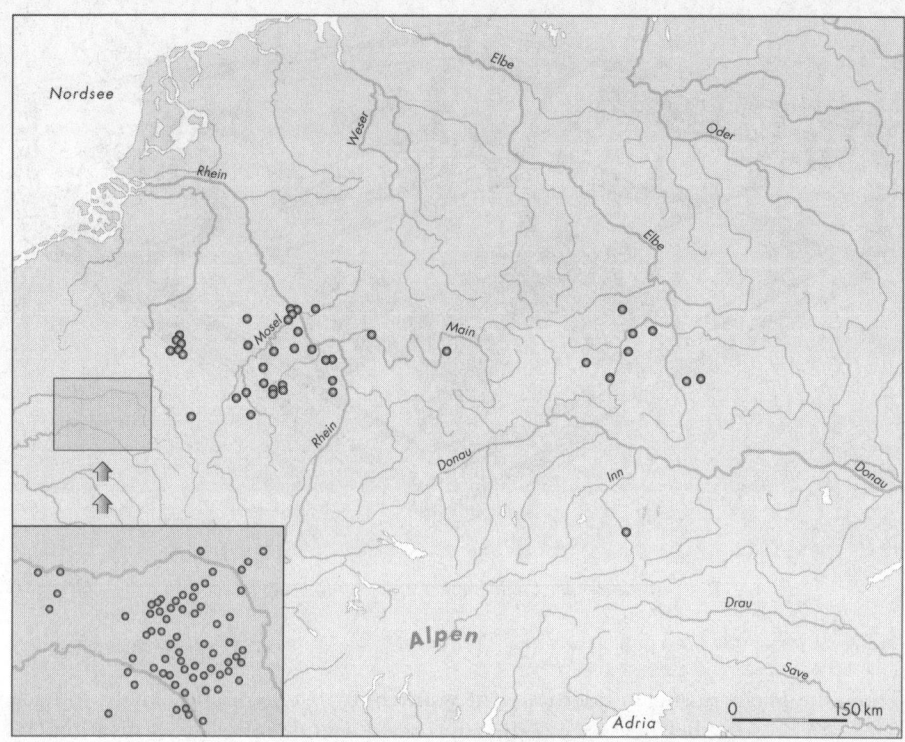

Verbreitung der frühlatènezeitlichen Wagengräber

über 150 Wagengräber, die jedoch insgesamt nur ca. 0,5 % der Gesamtzahl ausmachen.[339] Zu den bekanntesten Wagengräbern gehört das im Dezember 1873
entdeckte, mit reichen Beigaben versehene Grab von Somme-Bionne ca. 30 km
nordöstlich von Châlons-sur-Marne, dessen Funde 1901 durch Verkauf ins Britische
Museum gelangten.[340] Auffällig ist die außerordentlich geringe Anzahl der Kindergräber, die in keinem Verhältnis zur zweifellos hohen Kindersterblichkeit steht und
vermuten lässt, dass die bekannten Gräberfelder nur einen Ausschnitt des Grab- und
Totenbrauchtums jener Zeit widerspiegeln. Der Abbruch der Tradition um 400 v. Chr.
wird häufig mit der Abwanderung großer Bevölkerungsteile im Zuge der keltischen
Expansion nach Süden in Verbindung gebracht, ohne dass sich dies genauer dokumentieren ließe.

Unter den besonders reich ausgestatteten Fürstengräbern der Frühen Latènezeit
sind an erster Stelle die Bestattungen des Mittelrheingebiets zu nennen, von denen
jedoch die Mehrzahl ebenfalls noch im 19. Jahrhundert ausgegraben und nur unzureichend dokumentiert wurde.[341] Sie begegnen zumeist einzeln oder in kleinen

---

[339] Vgl. dazu van Endert 1987b sowie Schönfelder u. a. 2002.

[340] Knapp zusammenfassend dazu Stead
1991a.

[341] Das Folgende nach Haffner 1991 und
1992.

Gruppen von bis zu drei, selten auch mehr als drei Grabhügeln von 25 bis 50 m Durchmesser und 2,5 bis 6 m Höhe, häufig in exponierter Höhenlage und mit Sichtverbindung zu befestigten Höhensiedlungen. Bereits 1849 entdeckte man bei Schwarzenbach nahe Idar-Oberstein zwei reich ausgestattete Gräber aus dem 5./4. Jahrhundert v. Chr., aus denen unter anderem der durchbrochene goldene Beschlag einer Schale und einige aus Goldplättchen gearbeitete kleine Masken geborgen wurden. Einige Gegenstände, darunter eine Bronzeschnabelkanne und mehrere eiserne Waffen, gingen bald nach ihrer Auffindung unter ungeklärten Umständen wieder verloren, während andere seit 1945 in Berlin verschollen sind.[342] Zwei weitere reich ausgestattete Gräber wurden 1851 und 1866 bei Weiskirchen im Kreis Merzig-Wadern ausgegraben.[343] 1864 wurde beim Bahnbau in der Nähe Bad Dürkheims ein mit reichen Beigaben versehenes Frauengrab aus der zweiten Hälfte des 5. Jahrhunderts v. Chr. entdeckt, von dessen Ausstattung unter anderem ein etruskischer Stabdreifuß, eine Bronzeschnabelkanne, ein Bronzestamnos mit figürlichen Henkeln, goldene Trinkhornbeschläge sowie Reste eines zweirädrigen Wagens erhalten blieben.[344] 1869 entdeckte man bei Waldalgesheim ca. 5 km westlich von Bingen ein weiteres reich ausgestattetes Grab aus der Zeit um 350 v. Chr., das an Grabbeigaben unter anderem einen goldenen Halsring, zwei goldene Armringe, eine Bronzeröhrenkanne und die metallenen Reste eines zweirädrigen Wagens mit dazugehörigem Pferdegeschirr enthielt.[345]

Aus der ersten Hälfte des 4. Jahrhunderts v. Chr. stammt das reich ausgestattete Frauengrab, das im Februar 1954 in einer Sand- und Kiesgrube südlich von Reinheim entdeckt wurde.[346] Von dem Skelett der dort beigesetzten Person war in dem kalkverzehrenden Boden zwar nichts erhalten geblieben, doch ließ die Art der Grabbeigaben auf eine Frau aus der Oberschicht schließen. Die Tote trug einen Halsring, mehrere goldene Arm- und Fingerringe sowie zwei Armreife aus Glas bzw. Ölschiefer. Zu ihrer Rechten lag ein Handspiegel aus Bronze, der ursprünglich in einer fein gewebten Stofftasche steckte. Zu ihrer Linken fand man dicht nebeneinander mehrere Schmuckgegenstände aus Bernstein, Glas und Metall, die sich wohl in einem inzwischen vollständig vergangenem Behälter aus organischem Material befunden hatten. Darüber hinaus enthielt das Grab ein Speise- und Trinkservice, das aus einer vergoldeten Bronzekanne, zwei Bronzetellern und Resten von zwei Trinkgefäßen bestand.

1975/76 wurden in Hochscheid im Hunsrück vier Zentralbestattungen aus der zweiten Hälfte des 5. Jahrhunderts v. Chr. archäologisch untersucht. Sie befanden sich in Hügeln von 20 bis 25 m Durchmesser, von denen zwei mit breiten Kreisgräben eingefasst waren. Als Grabbeigaben fand man unter anderem Trachtbestandteile wie Fibeln und Gürtelbeschläge, ein Schwert mit korallenbesetztem Griff in einer korallenverzierten Bronzescheide, einheimische Gefäßkeramik sowie bei zwei der vier Toten je eine etruskische Bronzeschnabelkanne.[347] Vergleichbare

[342] S. Haffner 1976, 200.
[343] S. Haffner 1976, 217.
[344] S. G. Lenz-Bernhard in Rieckhoff u. Biel 2001, 292.
[345] Ausführlich dazu Joachim u. a. 1995.
[346] S. knapp zusammenfassend W. Reinhard

in Rieckhoff u. Biel 2001, 341–344, ausführlich Echt 1999 sowie als Einführungen (mit ausführlicher Berücksichtigung des Umfelds) Reinhard 2004 und 2010.
[347] S. Haffner 1992b.

Funde ergaben Untersuchungen, die 1977 bis 1979 im Zuge des Autobahnbaus in dem Grabhügelfeld von Bescheid bei Trier durchgeführt wurden.[348] Dort fand man in der noch ungestörten, ursprünglich mit Stoffen ausgelegten bzw. bespannten zentralen Grabkammer in Hügel 6 der Gruppe «Bei den Hübeln» neben Trachtbestandteilen wie Gürtelhaken und Gürtelringen unter anderem auch ein Schwert, drei Lanzenspitzen, drei Pfeilspitzen, einen goldenen Trinkhornbeschlag und eiserne Beschlagteile eines zweirädrigen Wagens. Darüber hinaus erbrachten diese Untersuchungen erstmals den Nachweis, dass die Sitte besonders reich ausgestatteter Hügelgräber in der Region kontinuierlich von der Mitte des 5. bis um die Mitte des 3. Jahrhunderts v. Chr. geübt wurde.

Auf zwei bereits 1879 bzw. 1959 entdeckte frühlatènezeitliche Gräber vom Kleinaspergle bei Ludwigsburg und vom Dürrnberg bei Hallein wurde bereits in anderem Zusammenhang hingewiesen (S. 67 und 147). Zu den bedeutendsten neueren Funden im Bereich der frühlatènezeitlichen Gräber zählt schließlich die Entdeckung zweier Fürstengräber am Glauberg 32 km nordöstlich von Frankfurt am Main.[349] Das erste, unmittelbar am Fuß des Berges gelegene Grab wurde 1987 entdeckt und 1994 bis 1997 ausgegraben. Umgeben von einem im Durchschnitt 10 m breiten und bis zu 3,7 m tiefen Graben, hatte der Grabhügel eine Höhe von 6 m und einen Durchmesser von 48 m. Neben einer fundleeren Grube in der Mitte des Hügels fand man im Nordwesten des Hügels ein Körpergrab in einer hölzernen Kammer und im Südosten ganz am Hügelrand ein Brandgrab. Wie aus den reichen Beigaben hervorgeht, wurden hier zwei Männer der Oberschicht beigesetzt. Unmittelbar westlich des Grabens, der den Hügel umgibt, fand man die lebensgroße vollplastische Statue eines Mannes, dessen Ausstattung der des im Nordwesten des Hügels beigesetzten Toten ähnelt, sowie Bruchstücke dreier weiterer Statuen (S. 123). 1999 wurde 250 m südwestlich des Hügels ein zweiter Grabhügel untersucht, der mit 23 bis 24 m zwar nur halb so groß ist wie der erste Hügel, jedoch ebenfalls ein Männergrab mit reichen Waffen- und Schmuckbeigaben enthielt.

Über die Riten, welche die frühlatènezeitlichen Beisetzungen begleiteten, kann man ähnlich wie bei den späthallstattzeitlichen Gräbern wegen des Fehlens schriftlicher Quellen nur spekulieren. So etwa fand man im Hügelfeld von Bescheid bei Trier zwischen den beiden, mit nahezu identischen Wagengräbern ausgestatteten, Hügeln 4 und 6 einen 250 m langen, künstlich aufgeschütteten Damm von ca. 4 m Breite und fast 1 m Höhe, der vielleicht eine Prozessionsstraße bildete.[350] Eine ähnliche Zweckbestimmung vermutet man auch für die 350 m lange und 10 m breite, von 7 m breiten und 3 m tiefen Gräben flankierte Straße, auf der man sich von Südosten kommend dem monumentalen Hügelgrab am Fuße des Glaubergs näherte.[351] Eine wichtige Rolle spielte augenscheinlich der symbolische Charakter vieler Beigaben, so dass etwa die Rolle des Verstorbenen bei einem Symposion nach dem

[348] Vgl. dazu knapp zusammenfassend H. Nortmann in Rieckhoff u. Biel 2001, 299–301, sowie ausführlich Cordie-Hackenberg 1993.

[349] S. knapp zusammenfassend F.-R. Herrmann in Rieckhoff u. Biel 2001, 346–349, sowie ausführlich Baitinger u. Pinsker 2002,

Glauberg 2008 und Baitinger 2010. Zum anthropologischen Befund vgl. ferner Meyer u. a. 2008/2009.

[350] S. Haffner 1992a, 51.

[351] Vgl. dazu F.-R. Herrmann in Rieckhoff u. Biel 2001, 348.

Prinzip des *pars pro toto* durch die Beigabe einer einzelnen Bronzeschnabelkanne anstelle eines kompletten Trinkgeschirrs versinnbildlicht werden konnte.[352]

Einen Beleg für die astronomische Ausrichtung des frühlatènezeitlichen Heiligtums am Glauberg vermutete man bis vor kurzem in den 16 Pfostenlöchern, die am Fuß des größeren der beiden Grabhügel vom Glauberg gefunden wurden. Dieser Deutung zufolge wären die dort aufgestellten Pfosten als Peilmarken Bestandteile eines Kalenderbauwerks gewesen, mit dessen Hilfe man anhand der Aufgangspunkte von Sonne und Mond bestimmte Kalendertage berechnet habe.[353] Dem steht jedoch entgegen, dass die Pfosten möglicherweise unterschiedliche Zweckbestimmungen hatten und außerdem über einen längeren Zeitraum hinweg errichtet wurden, also kaum als Bestandteile ein und derselben Anlage zu interpretieren sind.

Charakteristisch für die Spätlatènezeit ist einerseits das weitgehende oder gar vollständige Fehlen von Gräbern, andererseits das Aufkommen besonders reich ausgestatteter, von mediterranen Einflüssen geprägter Einzelgräber. Besonders reiche Funde und Befunde erbrachte hier die 1987 durchgeführte Ausgrabung des Grabes von Clemency in Luxemburg.[354] Angelegt auf einem Eisenverhüttungsplatz im weiteren Umfeld des treverischen Oppidums auf dem Titelberg, bestand das Grab aus einer 1 m tiefen Grube von 4,2 × 4,3 m Seitenlänge, in die eine hölzerne Grabkammer eingebaut wurde. Nachdem man den Toten auf einem Bärenfell liegend in unmittelbarer Nähe des Grabes auf einem Scheiterhaufen verbrannt hatte, setzte man den Leichenbrand in dieser Kammer bei, wobei man dem Toten insgesamt 27 einheimische Gefäße, zehn Weinamphoren, eine Öllampe, ein Bronzebecken und einen eisernen Grillrost mit ins Grab gab. Danach wurde das Grab durch eine quadratische Einfassung, bestehend aus einem über 1 m breiten und bis zu 1,4 m tiefen Graben von 35 m Seitenlänge von der Umgebung abgegrenzt. Den Aushub dieses Grabens warf man zusammen mit dem der Grabgrube zu einem ca. 1,5 m hohen Hügel über der Grabkammer auf. Funde von kalzinierten Knochenresten und Gefäßscherben innerhalb und außerhalb der Grabeinfriedung lassen vermuten, dass dort noch über einen Zeitraum von mehreren Jahren Brandopferriten durchgeführt wurden.

Was die Bemerkungen antiker Autoren über die Ergebnisse der archäologischen Forschung hinaus zu unserem Verständnis des unmittelbar vorrömischen Grabbrauchtums beitragen können, ist im Vergleich zu den Ergebnissen moderner archäologischer Untersuchungen eher bescheiden.[355] Oft diskutiert, aber noch immer nicht befriedigend erklärt ist der Hinweis auf eine vorgeblich keltische Seelenwanderungslehre bei Diodor von Sizilien (5,28,6, wohl im Anschluss an Poseidonios) im Zusammenhang mit gallischen Bestattungen: «Bei ihnen herrscht nämlich die Lehre des Pythagoras, dass die Seelen der Menschen unsterblich seien und nach einer bestimmten Zahl von Jahren noch einmal lebten, wobei die Seele in einen anderen Körper eingehe. Deshalb werfen auch manche bei den Begräbnissen Verstorbener Briefe an ihre Verstorbenen Angehörigen auf den Scheiterhaufen, so als ob die Toten

---

[352] S. Haffner 1992a, 48.
[353] S. dazu ausführlich Deiss 2008 sowie (kritisch) Füllgrabe 2010.

[354] S. knapp zusammenfassend Haffner 1992a und ausführlich Metzler u. a. 1991.
[355] Das Folgende nach Maier B. 2001, 134 und 142–143. Vgl. Hofeneder 2005, 138–141.

Rekonstruktion der Grabkammer von Clemency

diese lesen würden.» Gemeint ist hier möglicherweise, dass das Verbrennen den Brief ebenso wie den Leichnam in eine neue Daseinsform überführen sollte, wobei die Verknüpfung dieses Brauchs mit der Wiedergeburtslehre auch auf einem Missverständnis beruhen könnte.[356] Eher unspezifisch, doch als Beleg für die Sitte der Totenfolge wichtig, ist der Hinweis Caesars (*BG* 6,19,4), die Leichenbegängnisse der Gallier seien im Vergleich zu ihrer Lebensweise prunkvoll und aufwendig: «Alles, von dem sie glauben, dass es den Lebenden am Herzen lag, werfen sie ins Feuer, selbst Lebewesen, und noch vor nicht allzu langer Zeit wurden Diener und Hörige, von denen man wusste, dass sie von den Verstorbenen besonders geschätzt worden waren, nach dem Abschluss der traditionell üblichen Leichenfeiern mit ihnen zusammen verbrannt.»[357]

Sucht man abschließend den Aussagewert der Gräber für unser Verständnis der vorrömischen keltischen Religion zusammenzufassen, so ist wohl als Erstes die Begrenztheit des Aussagewerts dieser Quellengruppe hervorzuheben: Alle Grabfunde zusammen geben nur über die Bestattungsformen relativ weniger Individuen Auskunft und können folglich nicht auf die Gesamtbevölkerung einer Region bzw. einer Epoche übertragen werden. Als Zweites ist sodann auf die für frühe Religionen charakteristische Uniformität der Gräber innerhalb einer Region und Epoche hinzuweisen, die auf kollektiv tradierte und weitgehend respektierte Vorstellungen und Normen sowie rituelle Formen des Umgangs mit dem Tod schließen lässt. Beachtlich ist dabei die zeitliche Kontinuität bei der Nutzung von Grabfeldern, die sich z. B. bei dem Hügelgräberfeld von Bassenheim bei Kobern-Gondorf vom 8./7. bis ins 4. Jahrhundert v. Chr. und beim Gräberfeld von Wederath im Hunsrück sogar ohne Unter-

[356] Vgl. dazu ausführlich Hofeneder 2005, 138–141.

[357] Vgl. dazu ausführlich Hofeneder 2005, 213–214.

brechung vom 4. Jahrhundert v. Chr. bis in die zweite Hälfte des 4. Jahrhunderts n. Chr. erstreckt.[358] Vorgegeben waren nach Ausweis der archäologischen Funde in der Regel der Personenkreis, dem eine Bestattung zustand, die Wahl des Ortes, an dem die Bestattung erfolgte, die Entscheidung zwischen Brand- und Körperbestattung, die Auswahl und der Umfang der Grabbeigaben sowie – im Falle der Körperbestattung – die Lage und Orientierung des Leichnams. Signifikante alters-, geschlechts- und schichtspezifische Unterschiede in den Beigaben lassen vermuten, dass man den im Leben gültigen gesellschaftlichen Ordnungen eine Verbindlichkeit über den Tod hinaus einräumte. Dabei spricht das breite Spektrum unterschiedlicher Beigaben in Verbindung mit unterschiedlichen Formen der Behandlung des Leichnams dafür, dass man einerseits von einem Schutz- und Versorgungsbedürfnis der Toten, zumindest in manchen Fällen aber auch von ihrer potentiellen Gefährlichkeit für die Lebenden ausging. So etwa könnte die Abtrennung einzelner Glieder des Leichnams dafür sprechen, dass man den Toten daran hindern wollte, sein Grab wieder zu verlassen. Dabei ist jedoch zu berücksichtigen, dass entsprechende Vorstellungen aus der keltischen Antike nicht überliefert sind und bei den germanischen Nachbarn der Kelten erst nach der Christianisierung belegt sind.

Eine wichtige Rolle spielten in diesem Zusammenhang augenscheinlich Amulette, die in den Schriftquellen jedoch keine Erwähnung finden und deshalb nur durch archäologische Funde vor allem aus Gräbern bekannt sind.[359] Grundsätzlich beruht die Deutung eines Gegenstands als Amulett auf seiner ungewöhnlichen äußeren Form (z. B. Rädchen, Schuhe, Füße oder Beile), seiner ungewöhnlichen Gestaltung (z. B. unfertige oder nach der Herstellung unbrauchbar gemachte Ringe) oder seiner Nutz- bzw. Schmucklosigkeit (z. B. verschieden geformte Eisenstückchen oder Versteinerungen). Die meisten Funde stammen aus den Gräbern von Frauen und Kindern, doch ist eine genaue Einschätzung schwierig, da man nur sehr sorgfältig dokumentierte Grabungen auswerten kann, Amulette aus organischen Stoffen nur höchst selten erhalten blieben und solche aus Glas, Bernstein oder Metall oft nicht von Schmuck zu unterscheiden sind. Es steht zu vermuten, dass nur manche dieser Gegenstände aus dem persönlichen Besitz der Toten stammen, während andere ihnen erst nach der Bestattung mitgegeben wurden. Schwer zu beurteilen ist, ob die Amulette den Toten oder aber die Hinterbliebenen vor diesem schützen sollten, da sie häufig bei Personen gefunden werden, deren Leichnam man in abweichender Lage bestattet oder in anderer Weise manipuliert hatte.

Im Hinblick auf die Gefäß-, Geschirr- und Speisebeigaben ist wohl davon auszugehen, dass sie in erster Linie die einstige gesellschaftliche Stellung des Toten versinnbildlichen oder – konkreter – ihn in die Lage versetzen sollten, dieser gesellschaftlichen Stellung auch nach seinem Tod nachzukommen. Dies veranschaulichen etwa die neun Trinkhörner und neun Bronzeteller im Grab von Eberdingen-Hochdorf, wobei man wohl das eiserne Trinkhorn dem Bestatteten und die anderen acht aus organischem Material seinen Gästen zuschreiben darf.[360] Weniger überzeugend

[358] Vgl. dazu Joachim 1990 bzw. Haffner u. a. 1989.
[359] Das Folgende nach der grundlegenden Untersuchung von Pauli 1975.

[360] S. Biel 1985, 114–117, sowie Kurz S. 1997, 127. Zum Gebrauch von Trinkhörnern bei den vorrömischen Kelten vgl. Krause 1993 und Meyer 1996.

erscheint demgegenüber die Hypothese, dass Trank- und Speisebeigaben als Wegzehrung auf der Reise ins Jenseits dienen sollten, zumal auch die Beigabe eines Wagens nicht zwangsläufig mit der Vorstellung einer Jenseitsreise im Zusammenhang steht.

Kultstätten und Riten

Von den antiken Philosophen bis zur Romantik galt der unberührte, allenfalls mit einem Altar versehene Heilige Hain oder Wald als charakteristische Kultstätte der Kelten wie überhaupt aller Naturvölker. Tatsächlich dürften die zahllosen antiken Hinweise auf unberührte Heilige Haine aber eher auf einem literarischen Klischee als auf konkreter und zuverlässiger Beobachtung zu beruhen. Eine realistische Einschätzung vorrömischer keltischer Kultstätten ermöglichen daher erst die Ergebnisse der jüngsten archäologischen Ausgrabungen.

In den Alpen und im nördlichen Alpenvorland weit verbreitet sind die so genannten Brandopferplätze.[361] Dabei handelt es sich um weitgehend naturbelassene, allenfalls durch Steinkreise oder Steinsetzungen von der Umgebung abgegrenzte Opferstätten. Teils in der Ebene, teils in exponierten Höhenlagen angelegt, zeichnen sie sich durch große Mengen kalzinierter Haustierknochen und Tonscherben aus, die man als Überreste kontinuierlich über einen längeren Zeitraum hinweg durchgeführter gemeinschaftlicher Opfermahlzeiten interpretiert. Sie sind schon in der Bronzezeit nachgewiesen und waren teilweise bis in die römische Zeit in Gebrauch. Auf einer vorkeltischen Tradition beruht auch die Nutzung von Höhlen und Felsspalten für Opferhandlungen, die sich während der gesamten vorrömischen Eisenzeit nachweisen lässt.[362] Ebenfalls schon in der Bronzezeit nachweisbar ist die Niederlegung von Opfergaben in Flüssen, Seen und an Quellen, wovon unter anderem die Funde an der Riesenquelle bei Duchcov (Dux) am Südrand des Erzgebirges in Böhmen und die Funde von La Tène Zeugnis ablegen.[363]

In das frühe 5. Jahrhundert v. Chr. datiert man ein mutmaßliches Heiligtum, das 1991 bis 1993 in unmittelbarer Nähe des Mont Lassois ausgegraben wurde.[364] Dabei handelt es sich um eine nur 250 m südwestlich des Grabes von Vix gelegene quadratische Einfriedung von 23 m Seitenlänge und einem 1,20 m breiten Durchlass auf der Nordwestseite zum Mont Lassois hin. Für eine kultische Deutung dieser Anlage spricht zum einen das Fehlen von Spuren einer dauerhaften Besiedlung, zum anderen ein ungewöhnlich hoher Anteil von Schädel- und Kieferknochen bei den gefundenen Tierknochen, was vielleicht im Zusammenhang mit einem Schädelkult oder doch zumindest mit der rituellen Behandlung von Opfertieren steht. Überreste von Gefäßen und der Fund von Bruchstücken zweier Statuen (S. 123) gaben zu der Vermutung Anlass, dass die Anlage einem Ahnenkult gedient haben könnte,

---

[361] Vgl. dazu knapp zusammenfassend Müller F. 1993, 182–184, sowie ausführlicher Weiss 1997, Zanier 1999, Gleirscher 2002, Gleirscher u. a. 2002 und Steiner 2010.

[362] Vgl. dazu zur allgemeinen Übersicht Ettel 2002 sowie als Studie eines einzelnen Fundplatzes Gleirscher 2008.

[363] Vgl. dazu zusammenfassend Müller F. 2002.

[364] S. Chaume u. a. 1995 sowie Chaume u. a. 2000.

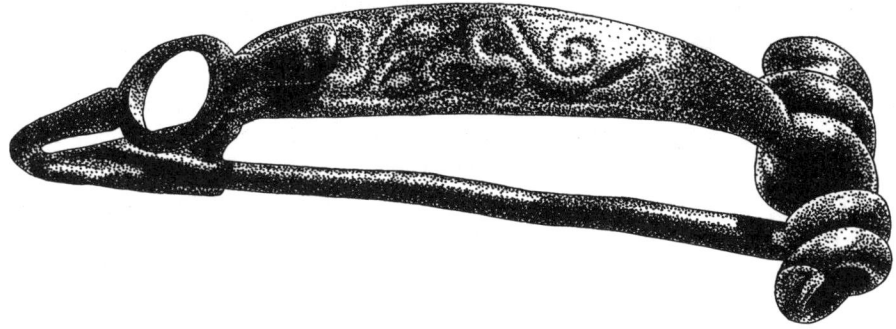

Fibel aus Duchcov

der am Übergang von der Späthallstatt- zur Latènezeit mit der gewaltsamen Zerstörung des Heiligtums ein abruptes Ende fand.

Eine ungewöhnliche Kultstätte, die ihre nächsten Parallelen auf den Britischen Inseln hat, ist der unmittelbar südlich des Karmelenbergs bei Kobern-Gondorf im Kreis Mayen-Koblenz gelegene Goloring.[365] Dabei handelt es sich um einen Grabenring mit vorgelagertem Wall, der insgesamt einen Durchmesser von ca. 190 m hat und je einen schmalen Zugang im Süden und Norden sowie eine 40 m breite Unterbrechung im Westen aufweist. Im Inneren des Rings befindet sich eine kreisrunde, ca. 1,5 m hohe Plattform aus aufgeschütteter Erde. Ihren Mittelpunkt bezeichnete ein mächtiger Holzpfosten, der vermutlich eine Höhe von 8 bis 12 m hatte. Bereits in der Späten Bronzezeit angelegt, ereichte die Anlage ihr oben beschriebenes Aussehen doch erst in der Späthallstatt- und Frühlatènezeit. Ca. 1 km südlich des Golorings befindet sich auf einem in nordsüdlicher Richtung verlaufenden Höhenrücken ein Grabhügelfeld mit 59 Hügeln, die drei deutlich voneinander abgesetzte Gruppen bilden. Während die 13 Hügel der südlichen Gruppe meist nur eine geringe Größe aufweisen, gehörten zur mittleren Gruppe auch vier größere Hügel, darunter zwei Wagenbestattungen. Die 40 Hügel zählende nördliche Gruppe orientierte sich augenscheinlich an einem noch heute erhaltenen Großgrabhügel mit 35 m Durchmesser. Der Sichtkontakt zum Goloring und die Anlage weiterer Gräberfelder in der Umgebung lassen vermuten, dass die Kultstätte über mehrere Jahrhunderte den Mittelpunkt einer Siedlungsgemeinschaft bildete.

Die gewichtigste Bereicherung unserer Kenntnis vorrömischer keltischer Kultstätten hat sich seit den 1970er Jahren durch Ausgrabungen der zumeist so genannten nordfranzösischen Heiligtümer oder Kultstätten vom *type picard* ergeben.[366] An erster Stelle ist dabei der Kultplatz von Gournay-sur-Aronde zu nennen, der 1977 entdeckt und in den darauf folgenden Jahren als Erster vollständig ausgegraben wurde.[367] Angelegt am Südhang des Tales der Aronde, befand sich das Heiligtum

[365] Knapp zusammenfassend mit weiteren Literaturangaben H.-H. Wegner in Rieckhoff u. Biel 2001, 405–407.

[366] S. dazu die Beiträge in Brunaux 1991 sowie Brunaux u. Leman-Delerive 1998.

[367] S. Brunaux u. a. 1985, Brunaux u. Rapin 1988 sowie Lejars 1994.

am Rand des Territoriums der Bellovaker, unweit der Grenze zum Land der Viro-
manduer. Wie Funde von Tongefäßen in einer quadratischen Grube auf einem
nahegelegenen kleinen Hügel vermuten lassen, diente der Ort bereits im 4. Jahrhundert v. Chr. als Kultplatz. Das eigentliche Heiligtum wurde in dieser Zeit östlich der Grubenanlage als 45 × 38 m lange Einfriedung mit einem über 2 m breiten
und ca. 2 m tiefen Graben und einem einzigen Eingang in der Mitte der Ostseite
angelegt. Am Anfang des 3. Jahrhunderts v. Chr. errichtete man vor diesem Graben
eine hohe Palisade mit einem Toreinbau und davor einen weiteren Graben. Im
2. Jahrhundert v. Chr. erbaute man sodann über den Opferstellen im Zentrum der
Einfriedung einen hölzernen Tempel mit quadratischem Grundriss, dessen nach
Osten ausgerichtete Symmetrieachse mit der des um 2 m in nördliche Richtung
erweiterten Eingangs übereinstimmte. Dabei erhielt dieser Eingang einen monumentalen, mit menschlichen Schädeln geschmückten und auf sechs Pfeilern ruhen-
den Portalvorbau. Funde von Schwertern, Schwertscheiden, Schilden und Lanzen
im östlichen inneren Graben lassen vermuten, dass hier Trophäen gefallener Krieger
eine weitere symbolische Begrenzung des Kultareals bildeten. Viele dieser Waffen
hatte man – wohl aus rituellen Gründen – verbogen, zerbrochen oder in anderer
Weise unbrauchbar gemacht, um sie für immer der profanen Nutzung zu entziehen.
Den Mittelpunkt des Heiligtums bildete seit dem 3. Jahrhundert v. Chr. eine ovale
Opfergrube von 3 m Länge und 2 m Tiefe, in der die Opfertiere – hauptsächlich
Rinder – unzerteilt so lange deponiert wurden, bis sich die Fleischpartien zersetzt
hatten. Anschließend wurden die Schädel der Tiere im Eingangsbereich zur Schau
gestellt und die übrigen Teile des Skeletts im inneren Graben hinter der Palisade
deponiert. Neben den durchweg sehr alten Rindern, die offenbar insgesamt den
Göttern dargebracht wurden, opferte man auch Schweine und Schafe, deren Fleisch
bei gemeinsamen Opfermahlzeiten verzehrt wurde. Gegen Ende des 2. Jahrhunderts v. Chr. wurde das Heiligtum planmäßig geräumt, wobei nach der Romanisierung an gleicher Stelle ein gallorömischer Tempel entstand.

Ca. 50 km nordöstlich von Gournay-sur-Aronde lag an einem Abhang unweit
des kleinen Flusses Ancre das Heiligtum von Ribemont-sur-Ancre, das nach
Ausweis der archäologischen Untersuchung ebenfalls aus dem 3./2. Jahrhundert
v. Chr. stammt.[368] Seinen Mittelpunkt bildete eine quadratische Einfriedung von
ca. 40 m Seitenlänge mit einem knapp 3 m tiefen und ca. 3 m breiten umlaufenden
Graben und einer wohl über 3 m hohen Palisade. Außerhalb und entlang dieser
Einfriedung entdeckte man zum einen die Spuren eines monumentalen, mit
menschlichen Schädeln geschmückten Eingangsportals, zum anderen eine Fläche
mit über 10 000 menschlichen Knochen (ohne Schädel) und mehreren hundert
Waffen. Man vermutet, dass sie von gefallenen feindlichen Kriegern stammen, die
man dort nach ihrer Enthauptung durch Lufttrocknung mumifiziert und danach
auf einem Podest zur Schau gestellt hatte. Des Weiteren fand man innerhalb und
längs der Einfriedung die Überreste mehrerer tausend latènezeitlicher Metallobjekte sowie insgesamt über 15 000 menschliche Knochen. Wie in Gournay-sur-
Aronde entstand auch dort unmittelbar nach der Romanisierung ein bedeutendes

---

[368] S. Brunaux 1995, 66–74, sowie Brunaux 2003.

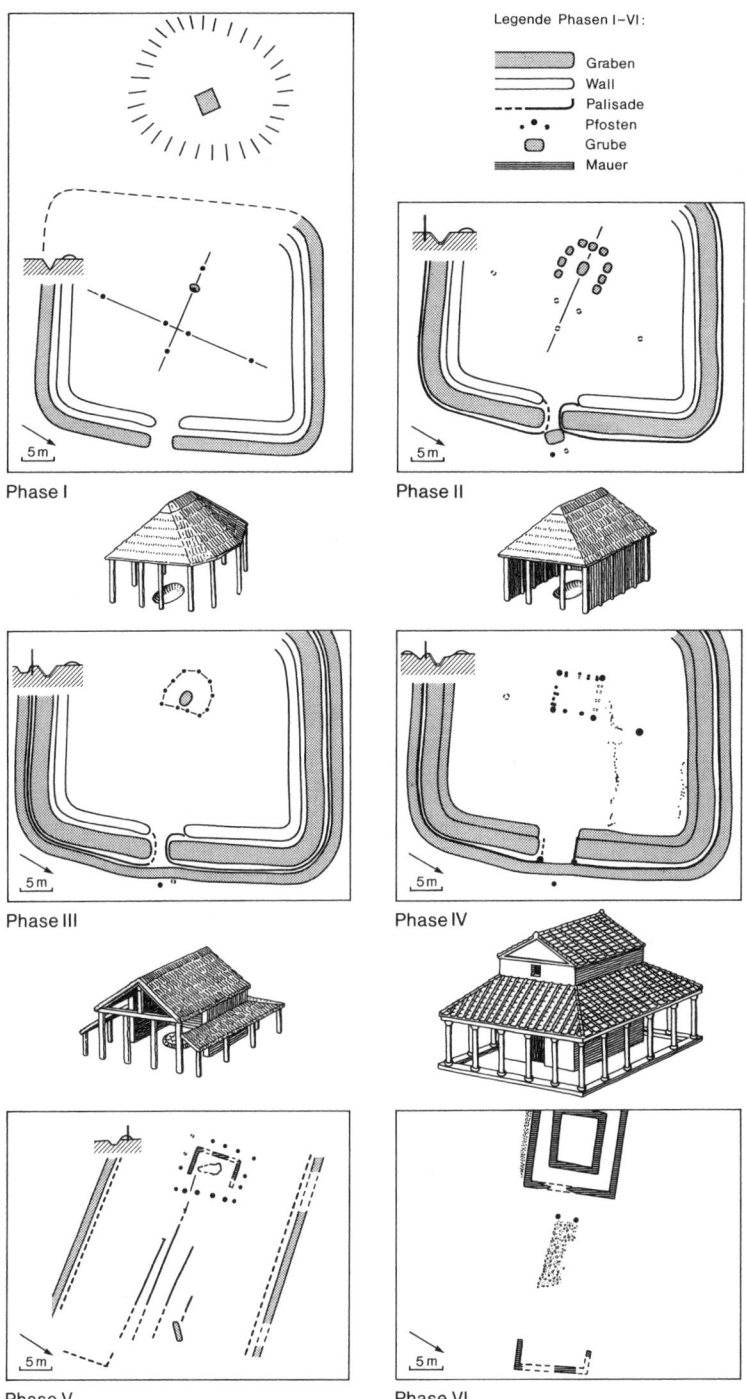

Legende Phasen I–VI:

Graben
Wall
Palisade
Pfosten
Grube
Mauer

Phase I

Phase II

Phase III

Phase IV

Phase V

Phase VI

Versuch einer Gliederung des Heiligtums von Gournay-sur-Aronde in Entwicklungsphasen

gallorömisches Heiligtum, dessen Grundriss die vorrömischen Strukturen fortsetzte.

Eindeutige Hinweise auf Menschenopfer entdeckte man im Heiligtum des gal-
lischen Dorfes von Acy-Romance in den französischen Ardennen.[369] Dort lassen
Knochenfunde auf einem weitläufigen, von einer Palisade begrenzten Kultplatz auf
Schlachtungen von Rindern und Pferden schließen, deren Fleisch anschließend
gemeinschaftlich verzehrt wurde. Außerhalb der Palisade verlief in südnördlicher
Richtung eine Reihe von Gebäuden, von denen das größte am Nordende eine
Grundfläche von 110 m² erreichte und allem Anschein nach kultischen Zwecken
diente. Auf einem freien Platz vor diesem Gebäude fand man die Skelette von 19
jungen Männern, die man dort in stark gekrümmter Haltung mit dem Kopf zwischen
den Beinen in kreisförmigen flachen Gruben beigesetzt hatte. Obschon der schlechte
Erhaltungszustand der Knochen eine Feststellung der Todesursache unmöglich
machte, lässt die fehlende oder jedenfalls nur spärliche Bekleidung der Leichen
sowie das Fehlen von Grabbeigaben oder persönlichen Habseligkeiten darauf schließen, dass hier keine gewöhnlichen Bestattungen, sondern die Überreste von Opferhandlungen vorliegen. Außer diesen 19 Toten fand man in der Siedlung noch die
Überreste eines jungen Mannes, der mit auf dem Rücken zusammengebundenen
Händen in kniender Stellung durch einen Axthieb auf die rechte Schläfe zu Tode
gekommen war und den man anschließend neben einer Hauswand beigesetzt hatte.
Auch in diesem Fall erscheint ein ritueller Hintergrund zumindest wahrscheinlich.
Neben diesen Hinweisen auf Menschenopfer entdeckte man in Acy-Romance die
Überreste von Opferhandlungen, bei denen mindestens viermal bis zu 150 Schafe
geschlachtet wurden. In einer rechteckigen Grube fand man dabei neben den Knochen von dreijährigen Mutterschafen die Knochen mehrerer ungeborener Lämmer,
was auf eine Schlachtung der Tiere gegen Ende Dezember oder Anfang Januar
hindeutet. Dabei hatte man allem Anschein nach die Eingeweide zusammen mit
den Fleischpartien in die Grube geworfen, ohne dass wir über die näheren Umstände dieses Opfers, seinen Zweck, die Zusammensetzung der Kultgemeinschaft
oder die möglicherweise beteiligten Priester nähere Angaben machen könnten.

Mit den nordfranzösischen Heiligtümern vom *type picard* in mancher Hinsicht
vergleichbar erscheint eine Kultstätte, die 2002 bei der seit 1995 archäologisch
untersuchten latènezeitlichen Siedlung von Roseldorf am Südhang des Sandbergs in
Niederösterreich zutage kam.[370] Wie in Nordfrankreich fand man auch hier ein
Grabenquadrat mit zentraler Opfergrube, das von der späten Frühlatènezeit bis zum
Beginn der Spätlatènezeit genutzt wurde. Geopfert wurden nach Ausweis der Funde
neben anderen Metallgegenständen insbesondere Waffen, darunter Lanzen und
Schilde (von denen sich die Spitzen bzw. Schildbuckel erhalten hatten), ferner
Schwerter und Schwertscheiden, von denen man die Letzteren oftmals absichtlich
verbogen oder zerstückelt hatte. Außerdem fanden die Ausgräber zahlreiche Tierknochen, vor allem von Rindern und Pferden, sowie – insgesamt seltener – Menschenknochen.

---

[369] S. dazu Lambot u. Méniel 1998 und 2000, (zur musealen Rekonstruktion des Heiligtums)
Scheid 2000 und Lambot 2006. Lauermann 2008.
[370] S. Holzer 2007, 2008b–c und 2009 sowie

Erst 2006 entdeckt wurde eine spätlatènezeitliche Kultstätte von überregionaler Bedeutung auf dem Mormont, einem 4 km langen und 600 m hohen bewaldeten Hügelzug im Schweizer Kanton Waadt.[371] Dort fand man über 250 zwischen 0,8 und 5 m tiefe Gruben und Opferschächte aus dem 2./1. Jahrhundert v. Chr., die zahlreiche Keramik- und Bronzegefäße, Eisenwerkzeuge, Schmuck, Münzen sowie die Überreste von Menschen und Tieren enthielten. Besondere Beachtung fand dabei der Umstand, dass die rituellen Aktivitäten an diesem Ort auch nach dem von Caesar geschilderten Auszug der Helvetier 58 v. Chr. in unvermindertem Umfang angedauert zu haben scheinen.

Schon lange vor der Entdeckung der Opferschächte auf dem Mormont waren ähnliche Schächte, wie sie in Mittel- und Westeuropa von der Bronze- bis zur Römerzeit bezeugt sind, vielerorts Gegenstand archäologischer Untersuchungen. Dabei ließen die Lage dieser Schächte (innerhalb oder in unmittelbarer Nähe von Heiligtümern) und die Schachtfüllungen (größere Mengen von Keramik, tierische und menschliche Knochen, in gallorömischer Zeit auch Terrakotta-Statuetten von Muttergottheiten) in vielen Fällen auf eine ausschließlich oder überwiegend rituelle Funktion schließen. Sehr wahrscheinlich wurden viele Schächte im Rahmen von Opferhandlungen angelegt, die sich an chthonische (unterirdische) Gottheiten richteten, wobei man die geopferten Gegenstände und Lebewesen nach dem Abschluss der Kulthandlungen entweder insgesamt oder teilweise unter die Erde brachte. In besonders eindrucksvoller Weise war dies im südwestgallischen Oppidum von Agen an der Garonne zu beobachten, wo 1994 in einem ca. 10 m tiefen Brunnenschacht insgesamt vier Schichten von geopferten Gegenständen aus dem 2. Jahrhundert v. Chr. zutage kamen.[372] Dabei handelte es sich unter anderem um Gefäße aus Ton und Metall, aber auch um Schmuck, Fibeln sowie Überreste von Früchten und Nüssen. Am oberen Ende des Schachtes fand man neben Schmuck, Fibeln und Speiseresten zahlreiche aus Italien importierte Weinamphoren aus der Zeit zwischen 120 und 100 v. Chr. Gleichsam versiegelt wurde der Schacht durch eine Platte aus gebranntem Lehm.

Dass auch in den großen Oppida trotz des Schweigens der Schriftquellen mit Heiligtümern zu rechnen sei, galt lange als wahrscheinlich und konnte in den vergangenen Jahrzehnten anhand archäologischer Funde bestätigt werden. Seit den frühen 1990er Jahren erforscht wird das Heiligtum im Oppidum von Corent.[373] Es bestand ursprünglich aus einem 43 × 45 m großen Platz, der zunächst von einer Palisade, später durch eine monumentale, 6 m breite und nur nach innen offene Säulenhalle von der Umgebung abgegrenzt war. Im Inneren der Anlage fand man einen Altarstein zum Vollzug der Schlachtopfer sowie zahlreiche Überreste von Opfermahlzeiten, darunter Tierknochen, Amphorenscherben sowie unbrauchbar gemachte Waffen und Trachtbestandteile. Anhaltspunkte für Kultstätten kennt man ferner aus den Oppida Bibracte, Titelberg, Martberg, Donnersberg und Manching.[374]

---

[371] S. Dietrich u. a. 2009 sowie Pignat 2009.
[372] S. knapp zusammenfassend Haffner 1995, 37–41, ausführlich Boudet 1996.
[373] Knapp zusammenfassend Rieckhoff u. Fichtl 2011, 73–74, ausführlich Poux u. a. 2002, Poux 2006, Poux u. a. 2007.

[374] Knapp zusammenfassend dazu Haffner 1995, 35–37, sowie Rieckhoff u. Fichtl 2011, 64–65 und 75–78.

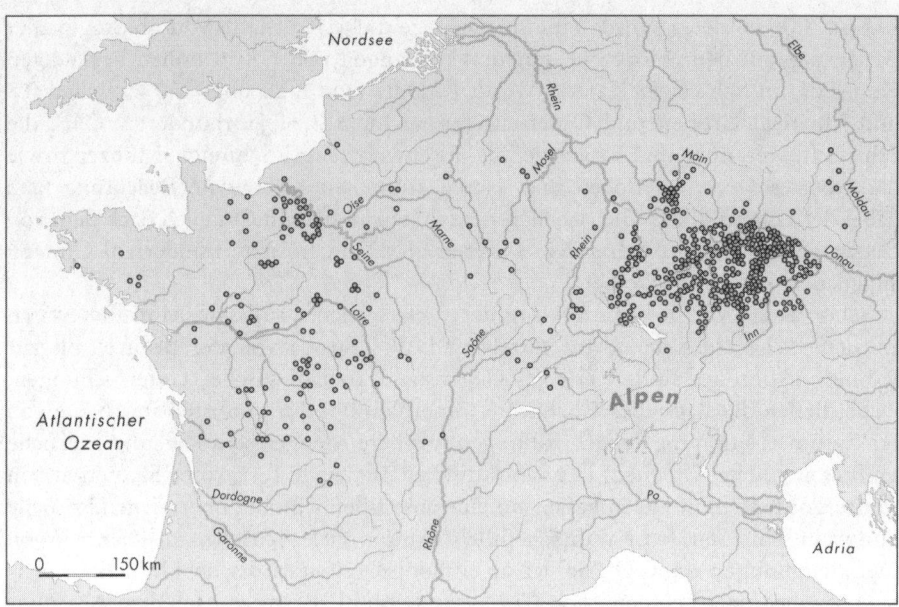

Verbreitung der Viereckschanzen

Lange Zeit kontrovers beurteilt wurde die Frage einer kultischen oder profanen (d. h. landwirtschaftlichen) Nutzung im Falle jener Anlagen, die man gemeinhin, aber irreführenderweise als Viereckschanzen bezeichnet.[375] Dabei handelt es um quadratische oder rechteckige Einfriedungen aus Wall und Graben mit zumeist nur einer Toröffnung, die in einer breiten bandförmigen Zone von der französischen Atlantikküste bis nach Böhmen verbreitet sind und besonders häufig in Süddeutschland zwischen Rhein, Main und Inn vorkommen. Ihre Lage im Gelände ist uneinheitlich, doch begegnen sie kaum jemals an ausgesprochen exponierter oder militärstrategisch günstiger Stelle, was die früher angenommene (und in der Bezeichnung Viereckschanzen angedeutete) Funktion als Befestigungsanlagen äußerst unwahrscheinlich macht. Von den knapp 200 vermessenen Anlagen in Baden-Württemberg und Bayern nehmen die größten mehr als 1,7 und die kleinsten weniger als 0,7 ha ein. Nachdem man die Viereckschanzen seit dem 19. Jahrhundert wechselweise für römische Marschlager, vorrömische Gutshöfe, Fluchtburgen oder Viehpferche gehalten hatte, verhalf 1931 ein Aufsatz des Archäologen Friedrich Drexel (1885–1930) der Deutung als Kultanlagen zum Durchbruch. Eine Bestätigung dieser Auffassung sah man in den Untersuchungen der Viereckschanzen von Holzhausen im Landkreis München und Tomerdingen bei Dornstadt im Alb-Donau-Kreis, wo um 1960 Schächte mit Spuren von organischen Substanzen nachgewiesen wurden. Kaum zwanzig Jahre später

[375] Zu den Viereckschanzen insgesamt s. Wieland 1999, Wieland 2002, die Beiträge in Neumann-Eisele 2005 sowie Meixner 2009. Neuere monographische Darstellungen einzelner Anlagen bieten Wieland u. Dettner 1999 (Fellbach-Schmiden und Ehningen), Schwarz 2005 (Holzhausen), Bollacher 2009 («Auf der Klinge» bei Riedlingen) und Ambs 2011 (Beuren, Landkreis Neu-Ulm).

Hirschfigur aus Fellbach-Schmiden

führten Ausgrabungen in der Viereckschanze von Fellbach-Schmiden bei Stuttgart jedoch dazu, dass man für diese Schächte auch eine Deutung als Brunnen in Erwägung zog, während weitere Forschungen im Umfeld der Viereckschanzen von Bopfingen-Flochberg im Ostalbkreis und Riedlingen im Landkreis Biberach erneut Argumente für die fast vergessene frühere Deutung der Anlagen als Mittelpunkte dörflicher Siedlungen lieferten. Die in Holzhausen und Tomerdingen gefundenen hölzernen Stangen deutete man dementsprechend nicht mehr als «Kultpfähle», sondern als Bestandteil hölzerner Schöpfvorrichtungen eines Brunnens. Zu den spektakulärsten Funden der Viereckschanze von Fellbach-Schmiden zählen die drei Holzfiguren eines sich aufbäumenden Hirsches und zweier einander gegenüberstehender Steinböcke, die – nach einem religionsgeschichtlich weit verbreiteten und sehr alten Schema – ursprünglich eine menschliche Gestalt flankierten. Dies spricht dafür, dass sich innerhalb oder in der Nähe der Viereckschanze von Fellbach-Schmiden ein vorrömisches Heiligtum befand, was aber natürlich nicht unbedingt auf eine kultische Funktion der gesamten Anlage schließen lässt.

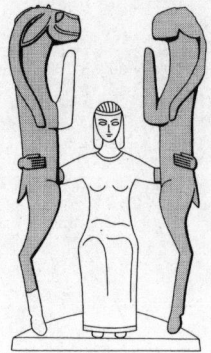 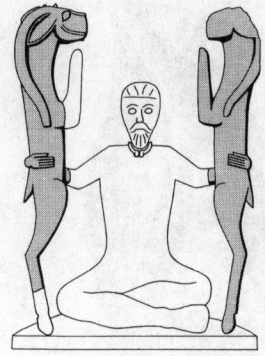 

Rekonstruktionsvorschläge für die Fragmente der Kultbilder aus Fellbach-Schmiden

Eine gesonderte Erörterung verdient – nicht zuletzt im Hinblick auf die Holz-skulptur von Fellbach-Schmiden – die Frage nach Kultbildern innerhalb von Heiligtümern. Im Einklang mit der Vorstellung naturbelassener Heiliger Haine als Kultstätten urtümlicher Religionen steht das antike Klischee von der Bildlosigkeit keltischer Kulte. Eine solche bildlose Verehrung der Götter schrieb daher auch Diodor (22,9,4) den Kelten des 3. Jahrhunderts v. Chr. zu: Als Brennos, der König der Kelten, das Heiligtum von Delphi betrat und dort weder goldene noch silberne Weihegaben, sondern nur Kultbilder aus Holz und Stein vorfand, sei er in Gelächter ausgebrochen, weil die Griechen die Götter in der Annahme, sie hätten mensch-liche Gestalt, in Holz und Stein aufgestellt hatten.[376] Dass diese Passage dem Hin-weis Caesars auf zahlreiche Kultbilder des obersten keltischen Gottes widerspricht, war zwar bekannt, doch suchte man den offenkundigen Widerspruch damit zu erklären, dass die Religion der Kelten des frühen 3. Jahrhunderts v. Chr. urtümlicher gewesen sei als die ihrer Nachfahren am Vorabend der Romanisierung. Tatsächlich jedoch sind menschengestaltige Kultbilder der Kelten, auch wenn sie mediterrane Einflüsse widerspiegeln, schon für das 5. Jahrhundert v. Chr. bezeugt. Dagegen ist die Geringschätzung anthropomorpher Kultbilder durch «unverbildete Naturvölker» nicht mehr als ein Gemeinplatz griechisch-römischer Ethnographen und Kultur-philosophen, wie aus zahlreichen ähnlichen Berichten antiker Autoren über die Perser, Skythen, Inder und sogar die ältesten Römer hervorgeht.

Ein mutmaßliches Kultbild aus Eichenholz, das man in die Mitte des 1. Jahr-hunderts v. Chr. datiert, kam im Juni 1991 bei Ausgrabungen in der Rue des philo-sophes in Yverdon-les-Bains zutage.[377] Dargestellt ist der Oberkörper einer Person mit Halsring, von der nur der rechte, eng am Körper anliegende und stark stilisierte Arm erhalten ist. Klar zu erkennen sind die Gesichtszüge mit Augen, Nase, Mund und Kinn; das Haar fällt fransenartig in die Stirn und auf der rechten Seite bis auf die Schultur herab. Mit einer Höhe von 70 cm ist die Statue von Yverdon-les-Bains die kleinste, zugleich aber die am besten erhaltene von insgesamt drei keltischen

---

[376] S. Hofeneder 2008, 77–78.   [377] S. Kaenel 1996.

Eichenstatuen, die in der Westschweiz gefunden wurden. Bereits 1898 war in Genf eine über 3 m hohe Eichenstatue entdeckt worden, die nach Ausweis der Dendrochronologie aus der Zeit um 80 v. Chr. stammt. Eine weitere, 125 cm hohe Statue aus Villeneuve am anderen Ende des Genfer Sees wird anhand dreier bei ihr gefundener Münzen in die Zeit um 100 v. Chr. datiert.

In einen religiösen Zusammenhang gehört vermutlich auch das im Oktober 1984 entdeckte so genannte Kultbäumchen von Manching.[378] Dabei handelt es sich um die heute noch 70 cm hohe Nachbildung eines Bäumchens aus der Zeit um 250 v. Chr., dessen Blätter aus Bronze bestehen und in einer zuvor nur aus Unteritalien bekannten Technik mit Blattgold überzogen sind. Um ein Kultbild handelt es sich vermutlich bei der mittellatènezeitlichen Pferdeplastik, deren Überreste bereits 1960 in Manching entdeckt, doch nicht sofort als solche erkannt wurden.[379] Von dem eisernen, mit Bronze überzogenen Pferd mit einer Widerristhöhe von ca. 50 cm sind jedoch nur der Kopf und Fragmente der Beine erhalten geblieben. Weitere bei den Ausgrabungen gefundene Eisenfragmente lassen vermuten, dass es sich bei dieser Plastik um kein Einzelstück handelt. Im Hinblick auf ihre technische Ausführung ist sie mit der 45 cm großen, aus sechs Teilen zusammengesetzten Bronzeplastik eines sitzenden Gottes zu vergleichen, die 1845 in Bouray-sur-Juine aus dem Fluss Juine geborgen wurde.[380] Beruht die Art der Darstellung mit Halsring und untergeschlagenen, in Hufen endenden Beinen eindeutig auf keltischer Tradition, so lassen das Gesicht und die Haartracht römischen Einfluss erkennen, weshalb man die Plastik in das 1. Jahrhundert n. Chr. oder in die Jahrzehnte kurz davor datiert.

Was antike Autoren des 2./1. Jahrhunderts v. Chr. über keltische Kultstätten und die dort vollzogenen Riten berichten, stimmt nur in sehr allgemeiner Weise mit den archäologischen Funden überein und kann nur mit großer Vorsicht auf die archäologischen Funde bezogen werden, zumal das Alter dieser Quellen und der ursprüngliche Wortlaut der oftmals aus zweiter Hand überlieferten Texte nur selten ganz klar sind. So etwa schreibt Diodor (5,27,4) im Hinblick auf die keltische Praxis der Aufstellung von Weihegaben in Heiligtümern, in den heiligen Bezirken sei eine große Menge den Göttern geweihten Goldes ausgelegt, das aus Furcht vor den Göttern keiner der Einheimischen anrühre, obwohl die Kelten außerordentlich habgierig seien.[381] Mit etwas anderen Worten wiederholt wird diese Bemerkung von Strabo (4,1,13), der unter Berufung auf Poseidonios «und viele andere» rückblickend (nämlich vom Standpunkt des romanisierten Gallien aus) feststellt, es habe vor der römischen Eroberung überall im Keltenland Schätze gegeben, da das Land goldreich und die Menschen gottesfürchtig und von einfacher Lebensweise gewesen seien. Schutz hätten ihnen besonders die Seen gewährt, in welche die Kelten Gold- und Silberbarren versenkten. Als nun die Römer jene Gegenden eroberten, hätten sie die Seen im Auftrag des Staates verkauft, und viele Käufer hätten darin Mühlsteine aus gehämmertem Silber gefunden. In Tolosa habe sich auch ein Heiligtum befunden, das von den Bewohnern der Umgebung besonders verehrt worden sei,

---

[378] Vgl. dazu ausführlich Maier F. 1990, 1998 und 2000.

[379] Vgl. dazu ausführlich Krämer 1989.

[380] Vgl. dazu Lantier 1934.

[381] Vgl. dazu Hofeneder 2005, 136–138.

Statue einer Gottheit aus Bouray (1. Jahrhundert v. Chr. / 1. Jahrhundert n. Chr.)

und es habe dort deshalb so viele Reichtümer gegeben, weil zahlreiche Menschen Weihegaben niederlegt und keiner daran zu rühren gewagt habe.[382] Eine ganz ähnliche Beschreibung findet man bei Caesar, der sie unmittelbar auf seine Erwähnung des keltischen Kriegsgottes folgen lässt. Ihm zufolge gelobten die Kelten beim Beschluss einer Entscheidungsschlacht dem Gott zumeist die Kriegsbeute. Nach dem Sieg opferten sie alle Beutetiere und trügen den Rest an einem Ort zusammen. Bei vielen Stämmen könne man ganze Hügel solcher Opfergaben an heiligen Stätten sehen, und nur selten sei jemand so gewissenlos und wage es, ein Beutestück bei sich zu verbergen oder gar niedergelegtes Gut wegzunehmen. Darauf stehe die schlimmste, von Foltern begleitete Hinrichtungsart (*BG* 6,17,3–5).

Dass Kriegshandlungen von religiösen Riten begleitet waren, wird auch von anderen Autoren bestätigt. So etwa berichtet Polybios (2,32,6), die Insubrer hätten zu Beginn eines Kriegs mit den Römern aus einem Heiligtum der «Athene», also einer keltischen Kriegsgöttin, die als «unbeweglich» bezeichneten goldenen Feldzeichen

---

[382] Vgl. dazu Hofeneder 2005, 125–129.

hervorgeholt.[383] In Übereinstimmung damit berichtet auch Caesar (*BG* 7,2,2), dass sich zu Beginn des allgemeinen Aufstands gegen die Römer 52 v. Chr. mehrere gallische Stämme unter herbeigeholten Feldzeichen durch einen feierlichen Eid zu gegenseitiger Waffenhilfe verpflichtet hätten.[384] Besondere Beachtung schenkten die antiken Autoren im Zusammenhang mit dem keltischen Kriegswesen der Sitte, dem gefallenen Gegner den Kopf abzuschlagen und als Trophäe aufzubewahren. Den frühesten Hinweis darauf findet man bei Polybios, demzufolge die keltischen Hilfstruppen im Heer Hannibals nach der Schlacht am Ticinus 218 v. Chr. den gefallenen Römern den Kopf abschlugen (3,67,3).[385] Ausführlicher äußert sich Diodor (5,29,4–5), demzufolge die Kelten den gefallenen Gegnern die Köpfe abschlugen und um den Hals ihrer Pferde hingen. Die blutigen Waffen nähmen sie als Trophäen an sich und nagelten die Beute an ihre Häuser, so als hätten sie auf der Jagd wilde Tiere erlegt. Die Köpfe der vornehmsten Gegner konservierten sie, verwahrten sie sorgfältig in einer Truhe und zeigten sie ihren Gastfreunden.[386] Eine ganz ähnliche Schilderung gibt Strabo (4,4,5) mit dem ausdrücklichen Hinweis auf die Augenzeugenschaft des Poseidonios, der somit auch als Quelle Diodors vorauszusetzen ist. Beachtung verdient dabei, dass der Wortlaut dieser Schilderungen in mehrerer Hisicht an Herodots Beschreibung skythischer Sitten erinnert, da nach den Worten des griechischen Historikers auch die Skythen die Skalpe getöteter Feinde an die Zügel ihrer Pferde hängten und die bedeutendsten ihrer Schädeltrophäen den Gastfreunden zeigten (4,64–65). Gleichwohl dürfte diese Übereinstimmung nicht auf Entlehnung und damit auf der unkritischen Übertragung eines ethnographischen Wandermotivs beruhen, sondern eine reale Gemeinsamkeit im Kriegswesen der beiden Kulturen widerspiegeln. So etwa zeigt eine keltische Münze aus der Mitte des 1. Jahrhunderts v. Chr. auf der Rückseite die Darstellung eines keltischen Kriegers, der in der Linken den abgeschlagenen Kopf eines Feindes hält.[387] Auf einer frühlatènezeitlichen Reiterdarstellung aus Kärlich bei Koblenz ist sehr wahrscheinlich ebenfalls ein abgeschnittener Kopf abgebildet, der an der zügelführenden Hand des Reiters hängt.[388] Von mehreren, voneinander unabhängigen Autoren bestätigt wird die keltische Sitte der Opferung von Kriegsgefangenen.[389]

Eine oft erörterte, aber schwer zu deutende Nachricht über keltische Rituale bezieht sich auf einige Zeilen aus dem Werk Lucans. Er erwähnt in seinem Versepos über den Bürgerkrieg zwischen Caesar und Pompeius die Kelten, «bei denen mit grausamem Blutopfer der furchtbare Teutates versöhnt wird/und der entsetzliche Esus mit seinen unmenschlichen Altären/und der Altar des Taranis, der nicht milder ist als jener der skythischen Diana» (*Bellum civile* 1,444–446).[390] Obschon diese Verse einige philologische Probleme aufweisen und deswegen leicht unter-

[383] S. Hofeneder 2005, 91–92.
[384] S. Hofeneder 2005, 218–219.
[385] S. Hofeneder 2005, 94–95. Wie Polybios an anderer Stelle (2,28,6–10) berichtet, schlugen die Kelten auch dem römischen Konsul Gaius nach der Schlacht von Telamon den Kopf ab (s. Hofeneder 2005, 87–89), was in diesem Zusammenhang jedoch nicht unbedingt als religiöser Ritus zu werten ist.

[386] S. Hofeneder 2005, 143–146.
[387] Abgebildet u. a. bei Nash 1987, Tafel 2, Nr. 7, sowie bei Moscati 1991, 322.
[388] Abgebildet u. a. in Moscati 1991, 136.
[389] S. insbesondere Sopatros von Paphos bei Athenaios 4,51 (Hofeneder 2005, 61–62) und Diodor 31,13 (Hofeneder 2008, 81–82).
[390] S. Hofeneder 2008, 295–299.

schiedlich interpretiert werden, besteht der Sinn der Mitteilung doch zweifellos darin, die zentrale Bedeutung des Menschenopfers bei den Kelten zu unterstreichen. An welche keltischen Stämme der Dichter dabei denkt, ist jedoch nicht zu entscheiden, wie auch die Gründe für die Auswahl der genannten Götternamen unklar sind. Da Lucans Epos schon bald zu einem Klassiker und einer beliebten Schullektüre wurde, entstanden bereits in der Antike mehrere Kommentare dazu, darunter die heute so genannten Berner Scholien (*Commenta Bernensia*). Dabei handelt es sich um fortlaufende sprachliche und sachliche Erläuterungen, deren Grundbestand wohl noch aus der frühen Kaiserzeit stammt, die jedoch im 4. Jahrhundert abgeschrieben und um einige Zusätze erweitert wurden. Erhalten haben sich die *Commenta Bernensia* nur in zwei mittelalterlichen Handschriften, die heute in der Burgerbibliothek in Bern aufbewahrt werden.[391] Als Erläuterung zu den oben zitierten Versen ist dort unter anderem vermerkt, Merkur werde in der Sprache der Gallier Teutates genannt, und bei Opferhandlungen werde ein Mensch kopfüber in einen gefüllten Bottich gelassen, so dass er dort ersticke. Esus Mars wiederum werde dadurch versöhnt, dass man einen Menschen an einem Baum aufhänge, bis sich seine Glieder in eine blutige Masse aufgelöst hätten. Die Opfer für Taranis Dis Pater dagegen würden in einem hölzernen Behältnis verbrannt. Der Schluss liegt nahe, dass in der römischen Kaiserzeit also noch weitere Informationen über keltische Opferriten im Umlauf waren, die jedoch in den uns erhaltenen Literaturwerken keinen Niederschlag gefunden haben. Ihre Zuverlässigkeit und Genauigkeit ist indessen kaum abzuschätzen, da wir nur sehr wenige Vergleichsmöglichkeiten haben. So etwa hat man vermutet, dass das hier beschriebene Opfer für Teutates auf einer der Silberplatten des berühmten Kessels von Gundestrup abgebildet sein könnte. Dies bleibt jedoch zweifelhaft, da der Gesamtzusammenhang dieser Szene wie auch die Bedeutung der Abbildungen auf den anderen Platten bis heute im Dunkeln liegen und auch das kulturelle Umfeld, aus dem der Kessel stammt, nicht sicher bestimmt werden kann (S. 100–101). Verlockend ist es, das Opfer für Esus durch Erhängen an einem Baum mit der Abbildung jenes Baumes zu verknüpfen, der neben Esus auf dem Nautenpfeiler von Paris (und wohl auch auf einem ähnlichen Relief aus Trier) zu sehen ist. Über mehr oder weniger geistreiche Spekulationen kommt man dabei jedoch kaum hinaus, da man bei allen diesen Gleichungen mit mehreren Unbekannten zu rechnen hat.

Kultpersonal

Über die Rechte, Pflichten und den gesellschaftlichen Status der Personen, in deren Händen der Kult lag, geben die archäologischen Quellen naturgemäß keine Auskunft. Die Schriftquellen wiederum konzentrieren ihre Aufmerksamkeit nahezu vollständig auf die Druiden, deren Rolle jedoch anhand archäologischer Quellen kaum nachzuweisen ist.

Der vielleicht älteste Hinweis auf die Druiden steht bei Diogenes Laertios, der im Vorwort seines Buches über *Leben und Meinungen berühmter Philosophen*, dessen Quellen vermutlich aus dem 2. Jahrhundert v. Chr. stammen, die Druiden als die Philo-

---

[391] S. Hofeneder 2008, 313–329.

sophen der Kelten bezeichnet.[392] «Es gibt [bei den Kelten] gewisse Philosophen und hoch geehrte Gottesgelehrte, die sie Druiden nennen», berichtet dementsprechend Diodor von Sizilien (5,31,2–3), der den Druiden außerdem einen engen Bezug zum Opferwesen und zur Weissagung zuschreibt.[393] Neben divinatorischen Opfern zur Erkundung des göttlichen Willens erwähnen antike Autoren die Druiden mehrfach im Zusammenhang mit Bitt- und Dankopfern. So etwa schreibt Diodor (5,31,4), es sei bei den Kelten Sitte, kein Opfer ohne einen Philosophen zu vollziehen, denn sie sagten, man müsse den Göttern Dankopfer darbringen mit Hilfe von Personen, die des göttlichen Wesens kundig seien und gleichsam dieselbe Sprache sprächen. In ähnlicher Weise heißt es bei Caesar, die Druiden gestalteten den Götterkult, besorgten die öffentlichen und die privaten Opfer und legten die religiösen Vorschriften aus (*BG* 6,13,4).[394] Ausführlicher schreibt Caesar dazu an anderer Stelle (*BG* 6,16,1–5), das ganze Volk der Kelten sei in hohem Maße religiös, und aus diesem Grund opferten die, welche an schweren Krankheiten leiden oder sich in Krieg und Gefahr befinden, anstelle von Opfertieren Menschen oder gelobten deren Opfer.[395] Dabei bedienten sie sich der Druiden als Opferpriester. Sie seien nämlich der Auffassung, die unsterblichen Götter könnten nur besänftigt werden, wenn für ein Menschenleben ein anderes Menschenleben hingegeben werde. Auch von Staats wegen fänden solche Opfer regelmäßig statt. Wie man sich diese Opfer vorzustellen hat, erläutert Caesar gleich im Anschluss daran (*BG* 6,16,4–5). Dort ist die Rede von ungeheuer großen Gebilden, deren aus Ruten geflochtene Glieder mit lebenden Menschen gefüllt würden. Diese würden von unten angezündet, so dass die Menschen von den Flammen eingeschlossen würden und darin umkämen. Man glaube, die Opferung von Dieben, Räubern und sonstigen Verbrechern sei den unsterblichen Göttern angenehmer, doch wenn es an solchen Menschen fehle, schreite man auch zur Opferung Unschuldiger. In ganz ähnlicher Weise schreibt Diodor (5,32,6), die Kelten hielten Verbrecher fünf Jahre lang gefangen, um sie dann zu Ehren der Götter zu pfählen und zusammen mit vielen anderen Opfergaben zu verbrennen, indem sie riesige Scheiterhaufen errichteten.[396]

Die rezeptionsgeschichtlich einflussreichste und zugleich ausführlichste Schilderung eines religiösen Rituals der Druiden findet man bei Plinius dem Älteren (*Naturalis historia* 16,249–251).[397] Ihm zufolge war den Druiden nichts heiliger als die Mistel und der Baum, auf dem sie wächst, wofern es nur eine Eiche sei. Schon deswegen wählten sie Eichenhaine und vollzogen kein Opfer ohne Eichenlaub. Sie meinten wahrhaftig, dass alles, was auf jenen Bäumen wächst, vom Himmel gesandt und ein Kennzeichen des von der Gottheit selbst erwählten Baumes sei. Eine solche Mistel werde jedoch einigermaßen selten entdeckt und werde, wenn man sie finde, mit großer Ehrfurcht aufgesucht, und zwar vor allem am sechsten Tage nach Neumond, also zu einem Zeitpunkt, an dem bei ihnen die Monate und Jahre anfingen, sowie nach Ablauf von dreißig Jahren eine Generation. Zu diesem Zeitpunkt habe der Mond schon reichlich Kraft gesammelt, seine Höhe aber noch nicht überschrit-

[392] Zur Quellenproblematik s. Hofeneder 2005, 74–81.
[393] S. Hofeneder 2005, 147–152.
[394] S. Hofeneder 2005, 187–198.
[395] S. Hofeneder 2005, 199–211.
[396] S. Hofeneder 2005, 153–155.
[397] Das Folgende nach Hofeneder 2008, 365–379.

ten. Sie bezeichneten die Mistel mit einem Wort ihrer Sprache als «Allheiler». Nachdem man das Opfer und das Festmahl unter dem Baum feierlich vorbereitet habe, würden zwei Stiere von weißer Farbe herbeigeführt, deren Hörner dann zum ersten Mal bekränzt werden dürften. Ein Priester in weißem Gewand steige auf den Baum und schneide die Mistel mit einer goldenen Sichel ab. In einem weißen Leinentuch werde sie aufgefangen. Dann schlachteten sie alsbald die Opfertiere und beteten, der Gott möge seine Gabe denen zum Segen gereichen lassen, denen er sie verliehen habe.

Dass Plinius hier nicht als Augenzeuge spricht, sondern nur eine ältere Quelle referiert, ist kaum zu bezweifeln, da nach restriktiven Maßnahmen bereits unter Augustus und Tiberius auf Befehl des Kaisers Claudius (41–54 n. Chr.) endgültig niemand mehr als Druide wirken durfte. Für eine griechische Quelle spricht dabei zum einen seine Ableitung der Bezeichnung «Druiden» von griechisch *drys* «Eiche», zum anderen der Hinweis auf die keltische Bezeichnung der Mistel als «Allheiler», da lateinisch *omnia sanans* sich wie eine Übersetzung des griechischen Pflanzennamens *panakes* «Allheilmittel» ausnimmt. Zusätzlich gestützt wird die Annahme einer griechischen Quelle durch den Umstand, dass der unbekannte Autor auf die Bedeutung des Begriffs der *genea* «Generation» für den keltischen Kalender hinweist, da solche «Generationen» – der von Plinius gebrauchte lateinische Ausdruck ist *saeculum* – zwar nicht für die römische, wohl aber für die griechische Zeitrechnung eine wichtige Rolle spielten. Aufgrund dieser Indizien könnte man vermuten, dass Plinius' Mitteilung direkt oder indirekt auf Poseidonios zurückgeht, der ja nicht nur die zentrale Bedeutung der Druiden für die keltischen Opfer hervorhob, sondern sich auch lebhaft für die einheimischen keltischen Bezeichnungen der von ihm beobachteten Einrichtungen interessierte. Gegen diese Vermutung kann man jedoch einwenden, dass die betreffende Stelle augenscheinlich weder von Diodor noch von Strabo zitiert wurde, dass Poseidonios im Quellenverzeichnis des 16. Buchs der *Naturgeschichte* nicht vorkommt und dass Plinius ansonsten zwar die philosophischen Werke des Poseidonios, nicht aber seine *Historien* mit dem berühmten Kelten-Exkurs zitiert. Es ist daher nicht auszuschließen, dass Plinius hier eine uns ansonsten unbekannte, noch vor Poseidonios zu datierende Quelle über die Druiden verwertete.

Geht man von der Quellenfrage zur inhaltlichen Aussage des Abschnitts über, so ist zunächst die botanische Seite der Schilderung anzusprechen. Hier ist lateinisch *robur*/griechisch *drys* ganz allgemein als «Eiche» zu verstehen, ohne dass man eine bestimmte Eichenart darunter fassen müsste. Anders steht es dagegen mit der Bezeichnung *viscum* «Mistel», die sich in der lateinischen Literatur sowohl auf die immergrüne Weiße oder Nordische Mistel (*Viscum album*) als auch auf die winterkahle so genannte Echte Eichenmistel (*Loranthus europaeus*) beziehen kann. Da Plinius ausdrücklich auf die Verhältnisse in Gallien Bezug nimmt und die Seltenheit der Verbindung von *viscum* und *robur* betont, scheidet *Loranthus europaeus* tatsächlich aus, da diese Pflanze sehr häufig auf Eichen vorkommt. Gemeint ist also offenbar *Viscum album*, von der eine Unterart, die heute *Viscum album platyspermum* genannte Laubholzmistel, in der Tat nur höchst selten auf Eichen nachgewiesen wurde. Dass die Seltenheit der Erscheinung und der augenfällige Kontrast zwischen dem kahlen Baum und der weiße Beeren tragenden grünen Mistel in einem religiösen Sinn gedeutet wurde, ist gut nachvollziehbar, zumal die Kelten einer Bemerkung des antiken Redners Maximos von Tyros zufolge in der Eiche ein Bild des Himmelsgottes sahen.[398] Im Übrigen ist nicht zu übersehen, dass wesentliche Aspekte dieser Opferhandlung trotz der detaillierten Beschreibung völlig im Dunkeln bleiben: Erwähnt werden weder der Zweck des Opfers noch der Ort, noch die Rolle der Kultgemeinschaft.

Was die antiken Autoren an den Druiden am meisten beeindruckte, war ihre herausgehobene gesellschaftliche Stellung (vgl. Diodor 5,31,4 und Strabo 4,4,4). Am meisten betont das hohe gesellschaftliche Ansehen der Druiden Caesar, der in diesem Zusammenhang den engen Bezug des Rechts zum Götterkult hervorhebt und mit Einzelheiten aufwartet, die man bei Diodor und Strabo vergeblich sucht (*BG* 6,13,4–10). Ihm zufolge entschieden die Druiden fast alle öffentlichen und privaten Streitfälle, und bei einem Verbrechen, einem Mord, einem Erbschafts- oder Grenzstreit fällten sie das Urteil und setzten den Schadenersatz und die Strafe fest. Wenn sich ein Einzelner oder ein Stamm ihrem Urteil nicht füge, schlössen sie ihn von den Opfern aus. Das sei bei ihnen die härteste Strafe, denn die so Ausgeschlossenen sähe man als gottlose Verbrecher an. An der Spitze aller Druiden stehe der Angesehenste von ihnen. Nach seinem Tod folge ihm entweder der Mann, der unter den Übrigen an Würde hervorragte, oder man wähle einen Bewerber unter mehreren gleichen durch eine Abstimmung der Druiden aus. Manchmal kämpften die Druiden auch mit Waffen um den Vorrang. Zu einer bestimmten Jahreszeit versammelten sie sich alle an einem geweihten Ort im Gebiet der Carnuten, das als die Mitte ganz Galliens gelte. Von überallher kämen dorthin alle, die im Streit miteinander lägen, zusammen und beugten sich ihren Anordnungen und Entscheidungen. Wie Caesar in anderem Zusammenhang, wiederum im Unterschied zu Diodor und Strabo, hervorhebt, beteiligten sich die Druiden üblicherweise nicht am Krieg und zahlten auch keine Abgaben. Vom Kriegsdienst und von allen anderen Leistungen seien sie befreit. Von so großen Vorteilen verlockt, würden sich viele aus eigenem Antrieb in ihre Lehre begeben oder würden von Eltern und Verwandten dorthin geschickt. Wie es heißt, lernten sie dort eine große Zahl von Versen auswendig. Daher blieben manche zwanzig Jahre in der Lehre. Ihr Wissen aufzuschreiben, hielten sie für frevelhaft, obwohl sie in fast allen übrigen Angelegenheiten, sowohl öffentlichen als auch privaten, die griechische Schrift benutzten (*BG* 6,14,1–4).

Stellt man sämtliche Aussagen Diodors, Strabos und Caesars über die Druiden nebeneinander, so wird deutlich, dass Diodor und Strabo trotz aller Unterschiede im Einzelnen in den wesentlichen Punkten miteinander übereinstimmen, während Caesar ungeachtet aller inhaltlichen Parallelen und ähnlichen Formulierungen merklich von den beiden anderen Autoren abweicht. Diese Abweichungen stehen jedoch kaum jemals in offenkundigem Widerspruch zu den Angaben Diodors und Strabos, sondern erwecken eher den Eindruck gezielter Modifizierungen und Ergänzungen. Geht man davon aus, dass Diodor und Strabo ihren Gewährsmann Poseidonios mehr oder weniger getreu und vollständig wiedergegeben haben, ist also zu fragen, weshalb Caesar den Bericht des Poseidonios modifizierte und er-

---

[398] Vgl. dazu ausführlich Hofeneder 2011, 111–114.

gänzte und wie zuverlässig seine zusätzlichen Angaben sind. Eine mögliche Antwort besteht in der Annahme, dass Caesar die Druiden dank seiner mehrjährigen
Feldzüge in Gallien eben sehr viel besser kannte als Poseidonios und dass seine ausführlichere und in mancher Hinsicht abweichende Schilderung diese überlegene
Kenntnis zum Ausdruck bringen sollte. Alternativ dazu könnte man jedoch auch
annehmen, dass Caesar die Druiden vielleicht in der Tat sehr viel besser kannte, dass
seine Schilderung jedoch weder diese Kenntnis noch die geschichtliche Wirklichkeit abbildet, sondern ganz im Gegenteil vor allen Dingen durch Caesars Darstellungsabsicht einer scharfen Trennung zwischen linksrheinischen Kelten und rechtsrheinischen Germanen bedingt ist, da Caesar den Rhein als natürliche Grenze der
römischen Expansion darzustellen suchte. Der Verdacht liegt nahe, dass seine Schilderung der Druiden im Zusammenhang damit steht und also in erster Linie die
Akkulturationsfähigkeit der Kelten in ein besonders günstiges Licht rücken sollte,
indem Caesar die Druiden gezielt in die Nähe der seinen Lesern wohl bekannten
römischen *pontifices* rückte.

Götter, Mythen, Weltbild

Dass Götter und Göttinnen in der keltischen Religion von Anfang an eine wichtige
Rolle spielten, zeigt bereits das mit lateinisch *deus* und altindisch *deva* sprachverwandte, aus der indogermanischen Grundsprache ererbte keltische Wort
*dēvos/*dēvā. Es begegnet im Irischen zunächst zur Bezeichnung der vielen heidnischen Götter und später des einen christlichen Gottes in der Form *día* sowie im
Walisischen in der Form *duw*.[399] Über die Götter und Göttinnen der vorrömischen
Eisenzeit bieten jedoch die antiken Autoren bis einschließlich Poseidonios nur sehr
wenige, allgemein gehaltene Äußerungen, die kaum über das hinausgehen, was
man ohnehin anhand der archäologischen Funde mit Hilfe von Analogieschlüssen
unter Rückgriff auf die Verhältnisse in den antiken Schriftkulturen vermuten kann.
Eine abgerundete Darstellung der keltischen Götterwelt bietet erstmals Caesar (*BG*
6,17,1–2), demzufolge die Kelten an erster Stelle den Mercurius verehrten und danach Apollo, Mars, Iuppiter und Minerva, von denen sie ungefähr dieselbe Vorstellung hätten wie andere Völker.[400] Diese Aussage steht jedoch so sehr im Gegensatz
zur regionalen Vielfalt, welche die nur wenig späteren gallorömischen Inschriften
widerspiegeln, dass man auch hier (wie im Falle der Druiden) die besondere Darstellungsabsicht Caesars mit berücksichtigen sollte. Möglicherweise wollte Caesar
nämlich auch in diesem Zusammenhang vor allem die Assimilationsfähigkeit der
Gallier an die griechisch-römische Zivilisation in ein besonders helles Licht rücken.
Die Identifizierung vieler verschiedener keltischer Gottheiten mit nur ganz wenigen römischen Göttern und Göttinnen wäre demnach als eine relativ späte, erst
durch die Romanisierung entstandene sekundäre Nivellierung der früheren, klein-
räumig organisierten Kultvielfalt zu werten.

Die Seltenheit des Schriftgebrauchs bei den Kelten bringt es mit sich, dass
unsere Kenntnis des altkeltischen Wortschatzes und damit auch des keltischen Welt-

[399] Vgl. dazu Delamarre 2003, 142.   [400] Vgl. dazu Hofeneder 2005, 198–211.

bilds äußerst lückenhaft ist. Einige Anhaltspunkte liefert die Vergleichende Sprachwissenschaft, deren Ergebnisse in einigen wenigen besonders günstigen Fällen bis in die vorgeschichtliche Zeit zurückführen. So etwa lautet das noch heute in Wales gebräuchliches Wort für «Welt» *byd*, was in der älteren Form **bitu-* im Vorderglied des zusammengesetzten Stammesnamens der *Bituriges* (im Gebiet der nach diesem Stamm benannten Stadt Bourges) bereits in der Antike bezeugt ist.[401] Neben keltisch **bitu-* standen allem Anschein nach die Bezeichnungen **albio-* und **dumno-*, in denen man wegen ihres sprachgeschichtlichen Zusammenhangs mit lateinisch *albus* «weiß» bzw. gotisch *diups* «tief» zwei ursprünglich komplementäre Bezeichnungen einer «lichten» Oberwelt und einer «tiefen» Unterwelt sehen kann (vgl. neben dem Stammesnamen der *Bituriges* die genau gleich gebildeten Personennamen *Albiorix* und *Dumnorix*).[402] Einen Fingerzeig auf das keltische Menschenbild gibt ferner die Etymologie der Wörter für «Mensch», da altkeltisch **gdonios* (sprachverwandt mit irisch *duine* «Person» und walisisch *dyn* «Mann») den Menschen als «Erdling» (parallel zu griechisch *chthōn* «Erde» und *chthonios* «irdisch») bezeichnet, während ihn altirisch *doín* als «Sterblichen» (vgl. altnordisch *deyja* und gotisch *diwan* «sterben») charakterisiert.[403] Ein Überbleibsel vorchristlicher Vorstellungen ist wohl auch walisisch *enaid* «Seele», das im Hinblick auf altirisch *anál* und walisisch *anadl* «Atem» ebenso wie lateinisch *anima* «Seele» ursprünglich so viel wie «Lebenshauch» bedeutet haben könnte.[404] Keinesfalls lässt sich aus solchen Anhaltspunkten jedoch ein geschlossenes, in sich stimmiges Welt- und Menschenbild rekonstruieren.

Erläuterungsbedürftig sind in diesem Zusammenhang die Hinweise verschiedener antiker Autoren auf die Vorstellung der Seelenwanderung.[405] So etwa schreibt Diodor (5,28,5–6), bei den Kelten herrsche die Lehre des Pythagoras, dass nämlich die Seelen der Menschen unsterblich seien und nach einer bestimmten Zahl von Jahren noch einmal lebten, wobei die Seele in einen anderen Körper eingehe.[406] Mit einer etwas anderen Akzentuierung und ohne den Hinweis auf Pythagoras erklärt es auch Caesar zu einer Lehre der Druiden, dass die Seelen nicht vergehen, sondern nach dem Tod von den einen auf die anderen übergehen, und dass sie glaubten, dass dies ganz besonders zur Tapferkeit anspornte, weil die Furcht vor dem Tode entfalle (*BG* 6,14,5). Liest man diese und weitere Zeugnisse ohne Kenntnis der neueren Forschungsliteratur, könnte man in der Tat den Eindruck gewinnen, bei den Kelten der unmittelbar vorrömischen Zeit hätte eine Seelenwanderungslehre ähnlich der des Pythagoras bestanden. Bei näherem Zusehen stellen sich jedoch sehr schnell Zweifel ein. Dabei ist an erster Stelle darauf hinzuweisen, dass die zitierten Autoren natürlich nicht − oder jedenfalls nicht notwendigerweise − selbständig und voneinander unabhängig schreiben. Vielmehr ist davon auszugehen, dass Strabo und Diodor ihre Informationen über die keltische Wiedergeburtslehre aus dem heute verlorenen Geschichtswerk des Poseidonios bezogen haben, dass diese Quelle auch Caesar zumindest bekannt war und dass spätere Autoren wie Valerius Maximus und Lucan lediglich Lesefrüchte ohne irgendeine nähere und selbständige Kenntnis des

---

[401] S. Delamarre 2003, 76.
[402] S. Delamarre 2003, 37−38 und 150−151.
[403] S. Delamarre 2003, 175−176.
[404] S. Delamarre 2003, 44−45.

[405] Das Folgende nach Maier B. 2001, 142–144.
[406] Vgl. dazu Hofeneder 2005, 138−141.

Gegenstands bieten. Zwei Unsicherheitsfaktoren resultieren allerdings daraus, dass man den genauen Wortlaut der poseidonischen Schilderung aus den wenigen erhaltenen Zitaten nicht rekonstruieren kann und dass man nicht weiß, ob Caesar tatsächlich nur den stoischen Philosophen zitiert und nicht doch aufgrund eigener Anschauung schreibt. So ergeben sich aus den genannten Texten mehrere verschiedene Möglichkeiten der Interpretation.

Gegen die wörtliche Zuverlässigkeit der Aussagen unserer Texte spricht zunächst der Umstand, dass eine Wiedergeburtslehre bei den Kelten außerhalb der soeben skizzierten poseidonischen Traditionslinie nirgends nachzuweisen ist: Weder die früheren griechischen Autoren noch die spätere inselkeltische Überlieferung enthalten irgendetwas, was man in diesem Sinn interpretieren könnte. Zwar findet man in einigen mittelalterlichen irischen Erzählungen das Motiv, dass ein Mensch in mehreren aufeinander folgenden Existenzen die Gestalt verschiedener Tiere annimmt, doch wird dies nirgends als eine vorchristliche religiöse Vorstellung bezeichnet und bildet in den uns erhaltenen Texten augenscheinlich nur einen Kunstgriff des Erzählers, um den Bogen der Handlung über mehrere Generationen hinweg spannen zu können. Weder die mittelalterliche kirchliche Literatur noch die Sammlungen neuzeitlicher Volkskundler bieten irgendwelche Hinweise auf eine Wiedergeburtslehre als Bestandteil religiöser Vorstellungen. Davon abgesehen ist zu bedenken, dass die Pythagoreer nach Ausweis der antiken Autoren von der Möglichkeit einer Wiedergeburt in tierischer Gestalt überzeugt und deshalb Vegetarier waren. Die Kelten dagegen verzehrten – nach dem Zeugnis der antiken Beobachter wie auch der archäologischen Funde – in großem Umfang Haus- und Wildtiere, die sie darüber hinaus als Opfer- und Grabbeigaben benutzten. Angemerkt sei schließlich auch, dass die aus dem Hinduismus und Buddhismus bekannten Wiedergeburtslehren den ältesten uns bekannten indischen Texten noch fremd sind und augenscheinlich kein religiöses Erbteil der vorgeschichtlichen Indogermanen bildeten. Dass Poseidonios den Kelten eine Wiedergeburtslehre gleichsam irrtümlich und ohne jeden triftigen Grund zuschrieb, ist indessen auch kaum anzunehmen. Da Poseidonios Massalia als Ausgangspunkt seiner Forschungen bei den Kelten nutzte, könnten einige der von ihm beobachteten religiösen Vorstellungen, die vielleicht gar nicht sehr weit verbreitet waren, durchaus auf griechische Einflüsse zurückgehen. Eine andere Erklärungsmöglichkeit besteht darin, dass die von Poseidonios beobachteten keltischen Vorstellungen denen des Pythagoras nicht wirklich genau entsprachen, sondern den philosophisch gebildeten Griechen lediglich in der einen oder anderen Hinsicht daran erinnerten. Vielleicht wollte Poseidonios mit seinem Hinweis auf die pythagoreische Wiedergeburtslehre also gar nicht für die griechische Herkunft der keltischen Vorstellungen plädieren, sondern lediglich auf eine gewisse – und möglicherweise nur punktuelle – Übereinstimmung zwischen den beiden Traditionen aufmerksam machen.

Neue Nahrung fanden Spekulationen über mögliche Einflüsse der Pythagoreer auf die Druiden unlängst dadurch, dass man bei den vorrömischen Kelten ein weiteres Element der pythagoreischen Überlieferung nachweisen zu können glaubte. Dabei handelt es sich um den bekannten «Satz des Pythagoras», demzufolge in einem ebenen rechtwinkligen Dreieck die Summe der Flächeninhalte der beiden Kathetenquadrate gleich dem Flächeninhalt des Hypotenusenquadrats ist ($a^2 + b^2 = c^2$).

Eine praktische Anwendung dieses Satzes findet man etwa in der Konstruktion
eines Wasserbeckens, das bei der archäologischen Untersuchung des gallischen
Oppidums Bibracte auf dem Mont Beuvray ca. 20 km westlich von Autun zutage
kam.[407] Dabei ist jedoch zu bedenken, dass der «Satz des Pythagoras» lediglich die
abstrakte, theoretische Formulierung einer praktischen Anwendung darstellt, die
auch im alten Ägypten und im alten China bekannt war. Dort erzielte man nämlich
die für die Monumentalarchitektur zwingend erforderlichen rechten Winkel
dadurch, dass man zwölf gleich lange Teile eines Seils durch Knoten im Verhältnis
5:3:4 unterteilte und dann aus dem Seil mit Hilfe von Pflöcken ein Dreieck bildete.
Ob man aus der bloßen Kenntnis des «Satzes des Pythagoras» bzw. aus dessen prak-
tischer Anwendung bei den Kelten auf weitergehende Einflüsse von Seiten der
Pythagoreer schließen darf, erscheint daher fraglich.

8. Sprache

Als einführendes Handbuch mit Gesamtdarstellungen sämtlicher keltischer Sprachen dient Ball
u. Müller 2009. Eine ausführliche Behandlung des Gallischen mit einer zusammenfassenden Darstellung des Sprachbaus und grammatischen Analysen ausgewählter Inschriften bietet Lambert
1994. Über den Wortschatz orientieren die Wörterbücher von Delamarre 2003 und Matasović
2010 sowie die thematisch orientierten Studien von Lacroix 2003, 2005 und 2007. Zu keltischen
Namen im Allgemeinen vgl. Schmidt 1995. Die festlandkeltischen Inschriften (mit Ausnahme
der keltiberischen) sind größtenteils ediert und kommentiert im *Recueil des Inscriptions Gauloises*
(Lejeune 1985, Duval u. Pinault 1986, Lejeune 1988, Colbert de Beaulieu u. Fischer 1998, Lambert 2002b, Lambert 2003). Vgl. dazu ferner die Beiträge in Lambert u. Pinault 2007. Zur Stellung
des Gallischen aus Sicht der Glottochronologie vgl. Blažek 2009. Über Sprachkontakte und
Lehnbeziehungen orientieren die Studien von Porzio Gernia 1981, Schmidt K. H. 1983b, Schmidt
K. H. 1986, Adams J. N. 2003 und Eska 2010.

Unsere Kenntnis der keltischen Sprachen Mittel- und Westeuropas beruht im
Wesentlichen auf keltischen Wörtern (vor allem Namen) in griechischen und lateinischen Inschriften und Literaturdenkmälern sowie auf vergleichsweise wenigen,
zumeist kurzen keltischen Inschriften. Hinzu kommen ursprünglich keltische
Lehnwörter im Germanischen, im Lateinischen sowie in den erst später bezeugten
romanischen Sprachen. Zur Interpretation dieser bruchstückhaften Überlieferung
vergleicht man das erhaltene Sprachgut zum einen mit Texten aus anderen altindogermanischen Sprachen, zum anderen mit den besser bezeugten inselkeltischen
Sprachen des Mittelalters und der Neuzeit. In der folgenden Übersicht behandle ich
zunächst die Personen-, Völker-, Götter- und Ortsnamen, bespreche sodann einige
vorrömische keltische Inschriften, entwickle aufgrund dieses Materials eine Skizze
des altkeltischen Sprachbaus und erörtere abschließend die Stellung des Keltischen
im Rahmen der indogermanischen Sprachen.

---

[407] S. dazu knapp zusammenfassend Perrin 2002.

Namen

Beschränkt man sich zum Zweck einer ersten Übersicht auf die mit einiger Sicherheit deutbaren altkeltischen Personennamen, so bilden die literarisch wie inschriftlich in großer Zahl bezeugten zusammengesetzten Namen, wie sie ganz ähnlich auch in anderen indogermanischen Sprachen begegnen, einen geeigneten Ausgangspunkt zur Veranschaulichung des erhaltenen Sprachmaterials.[408] Hier kann man – unter Hintanstellung anderer, ebenfalls möglicher Klassifikationskriterien etwa geographischer oder soziologischer Art – nach rein sprachlichen Gesichtspunkten und im Hinblick auf die verwendeten Wortarten zumindest fünf verschiedene Kategorien zusammengesetzter Namen unterscheiden, je nach dem, ob der Name aus Präfix + Nomen, Präfix + Verb, Nomen + Nomen, Nomen + Verb oder aus drei dieser Elemente zusammengesetzt ist. Dabei ist im Hinblick auf die – durchweg als Versuch und Behelf zu verstehende – Übersetzung aller folgenden Namen anzumerken, dass man auch bei einer korrekten Ermittlung der Wortbedeutung die Beziehung der einzelnen Wortbestandteile zueinander oft nicht mit Sicherheit bestimmen kann. Neben «endozentrischen» Komposita vom Typ «Haustür», bei denen ein Bestandteil den anderen modifiziert oder erläutert, stehen «exozentrische» Komposita vom Typ «Rotkehlchen», bei denen das eigentlich Gemeinte (in diesem Fall ein Vogel mit roter Kehle) von keinem der beiden Wortbestandteile ausgedrückt wird, sondern gleichsam «außerhalb» des Wortkörpers liegt.

Dem hohen Anteil der adligen Führungsschicht unter den Namenträgern entspricht ein ähnlich hoher Anteil zusammengesetzter Namen, die sich auf das Kriegs- und Gefolgschaftswesen beziehen, darunter *Cingetorix* («König der Krieger» oder «reich an Kriegern»), *Vassorix* («König der Vasallen» oder «reich an Vasallen»), *Magurix* («reich an Knappen»), *Catugnatos* («mit dem Kampf vertraut»), *Boduognatus* («mit der Schlachtkrähe vertraut») und *Catumarus* («groß im Krieg»). Gut bezeugt sind ferner Namen, die gleichsam als Wunsch des Namengebers eine positive Eigenschaft des Namenträgers zum Ausdruck bringen sollten, darunter *Exobnos* («furchtlos»), *Condollus* («mit großem Verstand»), *Iantumarus* («groß im Streben», «strebsam»), *Nertomarus* («groß an Kraft», «kraftvoll») und *Dagomarus* («groß an Gut» oder «groß an Güte»). Dagegen kann man den Bedeutungsgehalt bzw. weltanschaulichen Hintergrund von Namen wie *Cunopennus/-barrus* («Hundskopf»), *Argentokoxos* («Silberfuß») und *Artiknos* («Bärensohn») nur unter großen Unsicherheiten mit Hilfe von Analogieschlüssen zu erhellen versuchen.

Ähnlich wie die Personennamen sind viele Stammes- oder Völkernamen gebildet, wobei mitunter ein und derselbe Name im Singular als Personenname und im Plural als Stammesname begegnet. Auf das Siedlungsgebiet der betreffenden Gruppe bezogen sind Namen wie *Ambarri*, *Ambidravoi*, *Ambisontes*, *Ambilikoi* und *Ambisavi*, deren Träger sich schon durch ihren Namen als Anwohner zu beiden Seiten (**ambi-*) des Arar (der Saône), der Drave, des Isonzo, des Lech und der Save zu erkennen geben. Ähnliches gilt für die am Meer (**mori-*) wohnenden *Aremorici* sowie

---

[408] Grundlegend dazu Schmidt K. H. 1957 und Evans D. E. 1967. Vgl. ferner Luján Martinez 2003, Meid 2005, Delamarre 2007, Raybould u. Sims-Willliams 2007a, 2007b und 2009, Stüber 2007a und (zur Forschungsgeschichte) Stüber 2007b.

die in eigenem (**nityo-*) bzw. fremdem (**allo-*) Gebiet (**brogi-*) wohnenden *Nitio-broges* und *Allobroges*. Als kriegerische Selbstbezeichnungen mag man Namen wie *Caturiges* («Schlachtenreiche»), *Brannovices* («Rabenkämpfer») und *Eburovices* («Eiben-kämpfer») ansehen, wobei jedoch auch hier die genaue Bedeutung vieler Namen trotz einer gesicherten Etymologie der einzelnen Bestandteile unsicher bleibt. Kulturgeschichtlich bemerkenswert ist der Umstand, dass gerade auf gallischem Boden etliche alte Stammes- oder Völkernamen in der Spätantike die lateinischen Bezeichnungen großer Städte verdrängten und im Französischen vielfach bis heute gebräuchlich sind.[409]

In ihrer Bildungsweise mit den Personen- und Stammes- oder Völkernamen eng verwandt sind die Götternamen. Auch hier findet man sowohl einstämmige als auch zusammengesetzte Namen. Dabei stehen neben zahlreichen etymologisch unklaren Bezeichnungen durchsichtige Bildungen wie etwa *Amarcolitanus* («Weit Blickender»), *Anextlomarus* («Großer Beschützer») und *Iovantucarus* («der die Jugend liebt»). Mehrfach bezeugt sind Ableitungen (mit Hilfe des Suffixes *-onos-/-ona-*) von Appellativen, so etwa *Epona* (zu **epo-* «Pferd»), *Damona* (zu **damo-* «Rind»), *Maponus* (zu **mapo-* «Kind») und *Matrona* (zu **mater-* «Mutter»). Im Unterschied zur griechi-schen und römischen Kultur sind viele dieser Namen wohl eher als schmückende Beinamen denn als Eigennamen zu verstehen, da sie sowohl als Personenname (PN) wie auch als Göttername (GN) bezeugt sind. Dies gilt z. B. für die Namen *Atepoma-rus* (PN in CIL XII 5216, GN in CIL XIII 1318), *Atesmertus* (PN in CIL XIII 3080, GN in AE 1984, 641), *Blanda* (PN in CIL XIII 5500, GN in CIL XIII 2486), *Camu-lus* (PN in CIL XIII 537, GN in CIL VI 32 574 und öfter), *Camulorix* (PN in CIL XIII 11216, GN in CIL XIII 4709), *Damonus* (PN in CIL XIII 1364, GN – in der weiblichen Form *Damona* – in CIL XIII 2805 und öfter), *Moritasgus* (PN in Caesar, *BG* 5,54,2, GN in AE 1964, 191), *Solimarus* (PN in CIL XII 652 und CIL XIII 693, GN – in der weiblichen Form *Solimara* – in CIL XIII 1195) und *Viducus* (PN in CIL XIII 5950, GN in CIL XIII 576).[410] Den Eindruck einer lokalen oder regionalen Begrenztheit der meisten inschriftlich bezeugten Götterkulte bestätigt der Um-stand, dass viele Götter topische Beinamen tragen. So etwa gehört zu Aulun ein Gott *Alaunius* (CIL XII 1517), zu Besançon ein *Mars Vesontius* (CIL XIII 6368), zu Bouhy ein *Mars Bolvinnus* (CIL XIII 2899), zu Cimiez ein *Mars Cemenelus* (CIL V 7871), zu Luxeuil ein Gott *Luxovius* (CIL XIII 5426), zu Vence ein *Mars Vintius* (CIL XII 3) und zu Vouroux ein *Mars Vorocius* (CIL XIII 1497).[411] Dabei fällt auf, dass die inschriftlich bezeugten gallischen Götternamen – einmal abgesehen von *Mercurius Arvernorix* (CIL XIII 6603) und *Mercurius Arvernus* (CIL XIII 7845 und öfter) – kaum jemals von Völkernamen abgeleitet wurden, obschon diese Völker-namen augenscheinlich bis in die Spätantike lebendig blieben. Dies lässt vermuten, dass ihr Kult weniger an eine bestimmte Gemeinschaft als vielmehr an eine bestimmte Lokalität gebunden war.

Ähnlich wie die Stammesnamen sind auch die geographischen Namen des Altkeltischen teils schon in der Antike literarisch und/oder inschriftlich bezeugt, teils im Namengut der romanischen und germanischen Sprachen bis heute erhalten

---

[409] S. u. Kap. VIII, S. 281.
[410] Vgl. Maier B. 2001, 85 mit Anm. 219.

[411] Vgl. Maier B. 2001, 85 mit Anm. 221.

geblieben.[412] Als charakteristische Bildungselemente zweigliedriger Namen begegnen hier die latinisierten Formen *-briga* («Hügel» bzw. «Hügelfestung»), *-dunum* («Festung»), *-magus* («Feld»), *-briva* («Brücke»), *-ritum* («Furt») und *-nemetum* («Heiligtum»), so etwa in den noch heute gebräuchlichen Namen Autun (*Augustodunum*), Issoudun (*Uxellodunum*), Kempten (*Cambodunum*), Lyon (*Lugudunum*), Verdun (*Virodunum*), Yverdon (*Eburodunum*), Remagen (*Rigomagus*), Nijmegen, Neumagen, Noyon und Nyons (*Noviomagus*) und Chambord (*Camboritum*). Das mit großem Abstand häufigste Bildungselement gallorömischer Siedlungsnamen ist das Suffix *-(i)acum*, mit dessen Hilfe man von Personennamen Ortsnamen ableitete, so etwa in Jülich (*Iuliacum*), Orly (*Aureliacum*) und Tournai (*Turniacum*). Besondere Beachtung verdient an dieser Stelle wie auch bei den zuvor genannten zweigliedrigen Siedlungsnamen der hohe Anteil keltisch-lateinischer Mischbildungen, die auf eine ungebrochene Produktivität verschiedener keltischer Elemente der Namenbildung noch in der römischen Kaiserzeit schließen lassen.

Inschriften

Eine Hauptquelle für unsere Kenntnis des altkeltischen Sprachbaus sind Inschriften, die im transalpinen Gallien teils mit griechischen, teils mit lateinischen Buchstaben geschrieben wurden. Tendenziell älter sind die griechisch geschriebenen Inschriften, die in der Provence vom späten 3. oder frühen 2. Jahrhundert v. Chr. bis um die Mitte des 1. Jahrhunderts v. Chr. verbreitet waren und in Zentralgallien vom 1. Jahrhundert v. Chr. bis um die Mitte des 1. Jahrhunderts n. Chr. vorkommen.[413] Die folgenden Ausführungen beschränken sich daher auf einige der längeren und zugleich am besten verständlichen Inschriften, die mit griechischen Buchstaben geschrieben sind. Die teilweise sehr viel umfangreicheren, zugleich aber oft jüngeren gallischen Inschriften in lateinischer Schrift sollen dagegen in Kap. VIII (S. 290–294) vorgestellt werden.

Aus Orgon, ca. 25 km südöstlich von Avignon und ca. 45 km nordwestlich von Aix-en-Provence, stammt eine Weihinschrift für den Donnergott *Taranus* (vgl. walisisch *taran* und irisch *torann* «Donner»). Zu lesen steht dort:[414] (1) *OYĒBROMA-ROS* (2) *DEDETARANOOY* (3) *BRATOUDEKANTEM*, zu lesen *Vebromaros dede Taranu bratu dekantem*, «Vebromaros gab dem Taranus in Dankbarkeit den Zehnten», wobei das Verb *dede* «gab» und die – wohl auf griechischen Vorbildern fußende, doch sprachlich nicht restlos geklärte – Formel *bratu dekantem* auch anderweitig bezeugt sind.

Aus Saint-Rémy-de-Provence (dem antiken Glanum), 20 km südlich von Avignon und 20 km nordöstlich von Arles, kennt man unter anderem zwei Weihinschriften für Muttergottheiten. Die Erste lautet:[415] (1) *MATRE* (2) *BOGLA* (3) *NEIKA* (4) *BOBRA* (5) *TOYDE* (6) *KANTEN*, zu lesen *Matrebo Glaneikabo bratu dekanten/m*, «den Müttern von Glanum in Dankbarkeit den Zehnten». Die Zweite lautet:[416] (1)

---

[412] Vgl. dazu die Beiträge in Parsons u. Sims-Williams 2000, de Hoz u. a. 2005, Sims-Williams 2006, García Alonso 2008 sowie das Wörterbuch von Falileyev u. a. 2010.

[413] Lejeune 1985, 3.
[414] Lejeune 1985, 52–56 (RIG G-27).
[415] Lejeune 1985, 76–78 (RIG G-64).
[416] Lejeune 1985, 78–79 (RIG G-65).

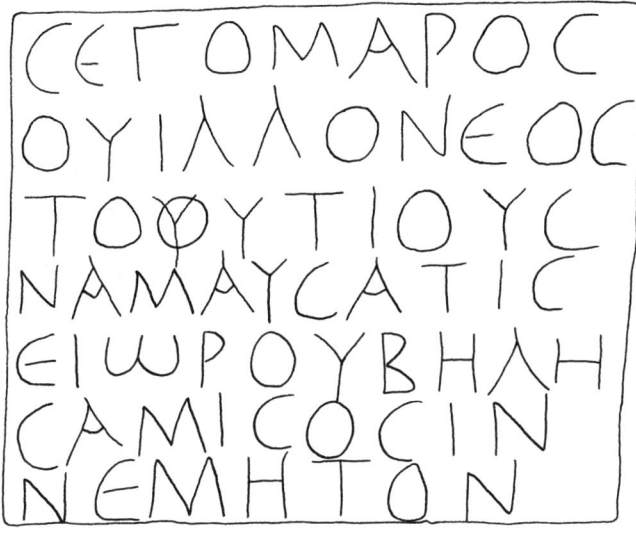

Inschrift aus Vaison-la-Romaine

KORNĒLIARO (2) KLOISIABO (3) BRATOYDEKANT, zu lesen *Kornēlia Rokloisi-abo bratu dekant(em)*, «Cornelia den gut hörenden (Muttergottheiten) in Dankbarkeit den Zehnten».

Aus Vaison-la-Romaine, ca. 25 km nordöstlich von Orange und 20 km nördlich von Carpentras, stammt eine auf einer 25 × 31 cm großen Steintafel geschriebene Inschrift mit folgendem Wortlaut:[417] (1) *SEGOMAROS* (2) *OYILLONEOS* (3) *TOOYTIOYS* (4) *NAMAYSATIS* (5) *EIŌROY BĒLĒ-* (6) *SAMI SOSIN* (7) *NE-MĒTON*, zu lesen *Segomaros Villoneos Toutius Namausatis Eioru Belesami sosin nemeton*, etwa «Segomaros, Sohn des Villu, Bürger von Nîmes, weihte der Belisama dieses Heiligtum».

Als Zeugnisse keltischer Sprache deutete man mitunter auch die von 1924 bis 1930 entdeckten Inschriften von Glozel.[418] Dabei handelt es sich um sechs bis sieben Zeilen lange Inschriften auf ca. 100 zumeist einseitig beschriebenen Tontafeln, die zusammen mit zahlreichen anderen Objekten in dem Ort Glozel bei Vichy zutage kamen. Der keltische Charakter der Sprache und selbst die Authentizität der In-schriften ist jedoch umstritten.

Sprachbau

Wie aus einem Vergleich des Namenguts und sämtlicher (d. h. vorrömischer und römerzeitlicher) gallischer Inschriften hervorgeht, handelte es sich beim Gallischen um eine Sprache, die sich zwar von den seit dem frühen Mittelalter bezeugten insel-keltischen Sprachen deutlich unterschied, die jedoch in phonologischer, morpholo-

---

[417] Lejeune 1985, 205–209 (RIG G-153).   [418] S. Hitz 2007.

gischer und wohl auch syntaktischer Hinsicht den alten indogermanischen Sprachen Europas wie z. B. dem Lateinischen oder Griechischen stark ähnelte.[419]

In phonologischer Hinsicht besonders bemerkenswert sind (1) der Schwund des *p* im Anlaut und zwischen Vokalen (vgl. griechisch *patēr*, lateinisch *pater* und irisch *athair*), (2) der Wandel von *g*^{w} zu *b* (vgl. lateinisch *vivus* und irisch *beo* bzw. walisisch *byw*) sowie (3) der Übergang von *ē* zu *ī* (vgl. lateinisch *rēx* und gallisch *-rix* bzw. irisch *rí*). Die Entwicklung des Labiovelars *k*^{w} stellt sich uneinheitlich dar: Im Gallischen (und ebenso im Britannischen) findet man mehrheitlich *p* (vgl. jedoch den Flussnamen *Sequana* und die Monatsbezeichnung *Equos*), im Keltiberischen jedoch (und ebenso im ältesten Irischen) *k*^{w}. Die früher übliche Einteilung in «P-Keltisch» und «Q-Keltisch» spielt heute gleichwohl keine Rolle mehr, da die Bewahrung des velaren bzw. labialen Bestandteils des (von Natur aus instabilen) Labiovelars *k*^{w} nicht weiter signifikant ist und eine Unterscheidung von Sprachen oder Sprachgruppen allein aufgrund dieses Merkmals willkürlich erscheint. Unterschiedliche Schreibungen identischer Lautfolgen in den Inschriften sowie regional unterschiedliche Entwicklungen altkeltischer Namen lassen die Existenz von Dialekten vermuten, für deren genauere Kenntnis die wenigen erhaltenen Sprachzeugnisse jedoch kaum Anhaltspunkte liefern.

In morphologischer Hinsicht findet man im Gallischen die aus anderen altindogermanischen Sprachen bekannten Gesetzmäßigkeiten der Wortbildung, die es vielfach erlauben, altkeltische Wörter auf indogermanische Wurzeln zurückzuführen und identische Stamm- und Wortbildungselemente zu identifizieren. Vergleichsweise gut kennt man die Nominalflexion, wo drei Genera (Maskulin, Feminin, Neutrum), zwei oder drei Numeri (Singular und Plural, vielleicht auch Dual) sowie sieben Fälle (Nominativ, Vokativ, Akkusativ, Genitiv, Dativ, Lokativ und Instrumental) bezeugt sind oder doch mit Hilfe des Sprachvergleichs rekonstruiert werden können. Sehr viel weniger wissen wir über die Verbalflexion (Konjugation), die augenscheinlich wie das Lateinische und Griechische mehrere Tempora und Modi unterschied, wobei die Bestimmung und Zuordnung einzelner Formen jedoch vielfach umstritten ist und viele Verbalformen wegen der Kürze und Formelhaftigkeit der Inschriften gar nicht belegt sind. Charakteristisch ist die Bewahrung vieler Flexionsendungen, die im Inselkeltischen nicht mehr erhalten sind.

In syntaktischer Hinsicht ist unsere Kenntnis des Gallischen wegen der Spärlichkeit der Quellen eng begrenzt, doch zeigen die Inschriften im Allgemeinen die Wortstellung Subjekt – Objekt – Prädikat oder Subjekt – Prädikat – Objekt. Die im Inselkeltischen (ebenso wie in vielen semitischen Sprachen) übliche Stellung des Verbs am Satzanfang ist im Altkeltischen nicht bezeugt.

Sprachliche Stellung des Festlandkeltischen

Wie ein Vergleich des transalpinen Gallischen mit den keltischen Sprachzeugnissen Oberitaliens (S. 193–198), dem Keltiberischen (S. 210–213), dem Britannischen (S. 232–233), dem Irischen (S. 253–254) und dem Galatischen (S. 265–268) zeigt,

---

[419] Vgl. zum Folgenden Lambert 1994, 16–19 sowie 25–69.

kann man sämtliche aus der Antike bekannten keltischen Sprachen ungeachtet regionaler Unterschiede auf eine gemeinsame Grundform zurückführen. Wann, wo und wie sich das Altkeltische innerhalb der indogermanischen Sprachfamilie mit seinen charakteristischen Eigenheiten herausbildete und andere, vorindogermanische Sprachen in Mittel- und Westeuropa verdrängte bzw. ersetzte, ist jedoch bis heute durchaus umstritten. Geht man davon aus, dass der Nachweis einer engeren Verwandtschaft innerhalb des Indogermanischen durch den Nachweis gemeinsamer Neuerungen zu erbringen ist, so wird man am ehesten eine Entstehung des Keltischen in unmittelbarer Nachbarschaft mit jenen Sprachen annehmen, die in späterer Zeit aus Italien bezeugt sind. Zu diesen italokeltischen Parallelen gehören die thematischen Genitive auf *-ī*, der so genannte *ā*-Konjunktiv, der Zusammenfall des indogermanischen Aorists und des indogermanischen Perfekts zu einer einzigen Vergangenheitsform, eine neue Art der Superlativbildung und der (dem keltischen Schwund des *p* vorausgehende) Wandel von anlautendem *p* zu k^w vor einem darauf folgendem k^w (vgl. lateinisch *quinque* und irisch *cóic* gegenüber altindisch *pañca* «fünf»).[420] Erst in jüngster Vergangenheit wurde mit sprachwissenschaftlichen und archäologischen Argumenten die Auffassung vorgetragen, das Keltische sei als eine überregionale Verkehrssprache an den Atlantikküsten entstanden und habe sich von dort nach Osten ausgebreitet.[421] Von sprachwissenschaftlicher Seite wird diese Ansicht jedoch mehrheitlich abgelehnt, da sich die engen Übereinstimmungen zwischen dem Altkeltischen und den Sprachen Altitaliens mit diesem Modell nicht erklären lassen.

[420] Zur italokeltischen Hypothese vgl. Bednarczuk 1988 und Kortlandt 2007.

[421] Vgl. dazu Cunliffe u. Koch 2010.

III.

DIE KELTEN IN OBERITALIEN

Unsere Kenntnis der keltischen Präsenz in Oberitalien beruht zum einen auf den Aussagen antiker Historiker (insbesondere des Polybios und des Livius), zum anderen auf archäologischen Funden. Beide Quellengruppen wurden erstmals 1871 aufeinander bezogen, als Gabriel de Mortillet Funde aus einem Gräberfeld bei Marzabotto mit Latèneobjekten aus der Champagne zusammenstellte und sie als Beleg für die aus antiken Quellen bezeugte Einwanderung der Kelten nach Oberitalien in der Zeit um 400 v. Chr. anführte (S. 32). Ungeachtet dieser langen Tradition der Verknüpfung literarischer und archäologischer Hinweise auf die Kelten Oberitaliens bereiten beide Quellengruppen erhebliche Verständnisschwierigkeiten. Bei den Schriftquellen beruht dies vor allem darauf, dass die betreffenden Autoren den von ihnen berichteten Ereignissen vielfach zeitlich fernstehen und ihre mündlichen oder schriftlichen Quellen (wofür sowohl unteritalisch-westgriechische als auch römische Traditionen in Frage kommen) heute nicht mehr zu eruieren sind.[1] Im Hinblick auf die archäologischen Funde besteht eine Hauptschwierigkeit darin, dass ein Großteil der archäologischen Untersuchungen im späten 19. und frühen 20. Jahrhundert durchgeführt wurde und nur unzureichend dokumentiert bzw. publiziert ist. Darüber hinaus zeichnet sich ab, dass die Ergebnisse der Archäologie keineswegs ohne weiteres mit denen der literarischen Quellen zur Deckung gebracht werden können, da charakteristisch keltische Latèneobjekte auch in Regionen bezeugt sind, für die keine nennenswerte keltische Präsenz anzunehmen ist. Davon abgesehen ist gerade in Oberitalien auf vergleichsweise engem Raum mit einer ausgeprägten ethnischen und sprachlichen Vielfalt zu rechnen, da dort neben den Etruskern insbesondere die Ligurer im Nordwesten und die Veneter und Räter im Nordosten siedelten. Infolge von Überlagerungs- und Vermischungsprozessen erscheint daher eine klare Trennung zwischen keltischer und nichtkeltischer Bevölkerung zumindest im Hinblick auf schriftlose archäologische Funde oftmals unmöglich bzw. kaum sinnvoll.

1. Geschichte

Neuere Zusammenfassungen mit archäologischem Schwerpunkt bieten Vitali 1991a, Frey 1996a und Lejars 2006 sowie (ausführlicher) Defente 2003. Neuere Darstellungen der Geschichte der Kelten in Oberitalien geben Dobesch 1989, Kruta u. Manfredi 1999, Williams 2001, Garbolino Boot 2003, Grassi 2009 und Zecchini 2009. Eine ausführlich kommentierte zweisprachige Ausgabe der wichtigsten Schriftquellen bietet Tomaschitz 2002, 37–91. Einzelaspekte der keltischen Präsenz in den verschiedenen Regionen Oberitaliens behandeln die teils historisch-philologisch, teils archäologisch ausgerichteten Beiträge in Cuscito 2001 und Poli 2002 sowie (vom archäolo-

---

[1] Vgl. dazu Tomaschitz 2002, 37–41.

gischen Standpunkt) die Beiträge in Vitali 1992, Vitali u. Verger 2008, Spagnolo Garzoli 2009 und Schönfelder 2010. Zu den Gräberfeldern bei Bologna ausführlich die Beiträge in Vitali 1992. Zur griechischen Präsenz in Oberitalien vgl. Braccesi 2003 sowie die Beiträge in Braccesi 2002–2004, zum Prozess der Romanisierung Chevallier 1983, Grassi 1995 und Facchini 1997.

Von den Ursachen und dem Verlauf der keltischen Besiedlung Oberitaliens hatten die antiken Historiker keine genaue Kenntnis mehr und bieten dementsprechend nur sagen- und anekdotenhafte Erzählungen, deren Alter und Herkunft unklar sind.[2] So etwa erklärte um die Mitte des 1. Jahrhunderts n. Chr. Plinius der Ältere das Eindringen der Kelten in die Länder des Mittelmeerraums damit, dass ein Helvetier namens Helico, der als Handwerker eine Zeit lang in Rom gelebt haben soll, bei seiner Rückkehr in die Heimat eine getrocknete Feige, eine Traube und Proben von Öl und Wein mitbrachte, was seine Landsleute zur Überquerung der Alpen ermutigt habe (*Naturalis historia* 12,5). Eine andere Erklärung gibt Livius (5,34,1–4), demzufolge die Gallier zur Zeit des sagenumrankten römischen Königs Tarquinius Priscus vom Stamm der Biturigen beherrscht wurden, dessen König Ambigatus einem drängenden Bevölkerungsüberschuss Abhilfe zu schaffen suchte, indem er zwei Söhne seiner Schwester, Segovesus und Bellovesus, auf die Suche nach neuen Wohngebieten aussandte. Eine wiederum andere Begründung findet man in der Universalgeschichte des Pompeius Trogus, der, wie es im Abriss seines Werkes durch Iustinus (20,5,7 f.) heißt, Unruhen und anhaltende Bürgerkriege als Ursachen der keltischen Expansion nach Süden ansah. Grundsätzlich kommen alle hier genannten oder bildhaft umschriebenen Faktoren als Auslöser der keltischen Wanderungen nach Oberitalien in Frage, ohne dass man dies beim derzeitigen Stand unserer Kenntnisse präzisieren könnte. Davon abgesehen ist davon auszugehen, dass die Keltenwanderungen der Zeit um 400 v. Chr., die man in der archäologischen Überlieferung in den Erzeugnissen des Latènekunsthandwerks wieder findet, nur den Höhepunkt eines sehr viel längeren und komplexen Infiltrationsprozesses darstellen, der vermutlich schon einige Jahrhunderte zuvor begonnen hatte. Eine Vermittlerrolle zwischen Italien und den Regionen nördlich der Alpen spielte die nach dem Ort Golasecca in der Lombardei benannte Golasecca-Kultur, die sich ungefähr gleichzeitig mit der Hallstattkultur in der Späten Bronze- und Frühen Eisenzeit im Gebiet der norditalienischen Seen und des Schweizer Kantons Tessin entwickelte.[3] Dies ist auch das Verbreitungsgebiet der so genannten lepontischen Sprachdenkmäler, die nicht nur die ältesten keltischen Inschriften Oberitaliens, sondern des Festlandkeltischen insgesamt darstellen. Eine wichtige Rolle spielte in diesem Zusammenhang auch die nach dem Ort Este bei Padua benannte, weiter östlich beheimatete spätbronze- und früheisenzeitliche Este-Kultur, aus deren Gebiet die Mehrzahl der figural verzierten Bronzeeimer (Situlen) stammt, die ebenfalls Elemente der griechisch-etruskischen Kultur nach Norden vermittelte.

Kennen wir die keltischsprachige Bevölkerung Oberitaliens vor dem 4. Jahrhundert v. Chr. nur durch archäologische Funde, so sind uns aus den darauf folgenden Jahrhunderten die Namen mehrerer großer Völkerschaften überliefert, von denen die meisten auch in den keltischen Gebieten nördlich der Alpen bezeugt sind.

---

[2] Vgl. dazu Dobesch 1989a.
[3] S. knapp zusammenfassend de Marinis 1991 sowie ausführlicher den Ausstellungskatalog Lorre 2009.

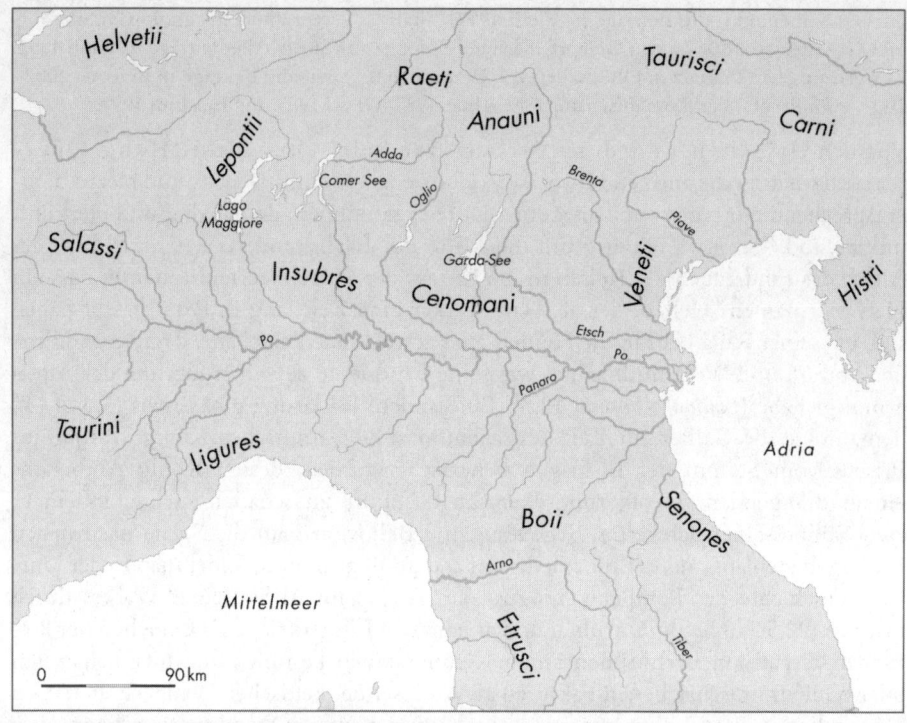

Die Kelten Oberitaliens und ihre Nachbarvölker

Am weitesten südlich siedelten die Senonen, deren Gebiete an der Ostküste Italiens zwischen dem Utens (Uso) und dem Aesis (Esino) lagen. Im transalpinischen Gallien begegnet ihr Name erst bei Caesar, nach dessen Darstellung die Senonen südlich des Landes der Belger zwischen der mittleren Loire und der Seine ansässig waren. Die nach Italien eingewanderten Senonen kennt man von archäologischer Seite durch die Gräberfelder von Montefortino d'Arcevia und Santa Paolina di Filottrano sowie durch das besonders reich ausgestattete Kriegergrab von Moscano di Fabriano im oberen Tal des Esino.[4] An der Adriaküste zwischen der Mündung des Po und den Apenninen siedelten den Angaben des Polybios und des Livius zufolge die Lingonen, deren Name bei Casar als der eines Volks im Gebiet zwischen den Senonen und Sequanern erscheint. Westlich der italischen Lingonen wohnten die Boier, deren Siedlungsgebiet sich von Bononia (Bologna), dem früheren etruskischen Felsina, bis nach Mutina (Modena) und Parma erstreckte und im Norden vom Po begrenzt wurde. Nördlich des Po siedelten zwischen Oglio und Etsch die Cenomaner mit ihren städtischen Zentren Brixia (Brescia) und Verona, westlich von ihnen die Insubrer mit ihrem Hauptort Mediolanum. Kennt man den Namen der Insubrer nur aus Italien, so erscheint jener der Cenomaner wiederum auch in Gallien als Name eines Volks in der Gegend des heutigen Maine zwischen Loire und Seine.

---

[4] S. Landolfi 1991a und 1991b.

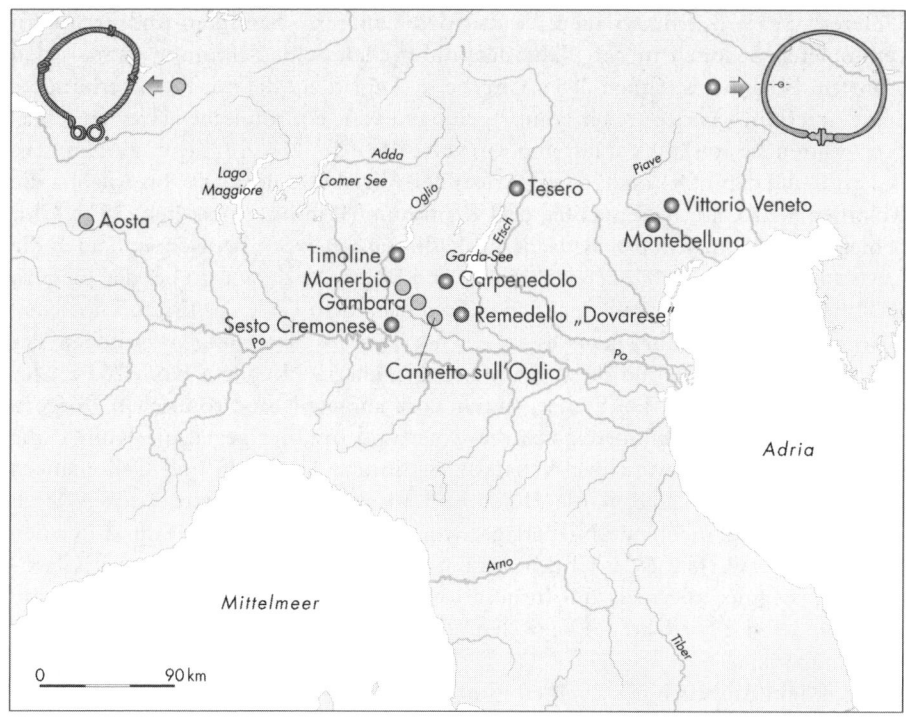

Verbreitung keltischer Halsringe in Oberitalien

Nur wenige Jahre, nachdem die Kelten die Etrusker aus der Poebene verdrängt hatten, stießen sie um 390 v. Chr. aus dem Gebiet der Senonen nach Westen g e g e n R o m vor, besiegten an der Allia ein römisches Heer und eroberten die Stadt am Tiber. Wie die legendenhaft ausgeschmückte, das volle Ausmaß der Katastrophe immer noch abmildernde spätere Überlieferung berichtet, gelang es den Römern angeblich, immerhin das Kapitol gegen alle Angriffe zu verteidigen und gegen Zahlung eines gewaltigen Lösegelds den Abzug der Belagerer zu erkaufen. In der Folgezeit spielten die Kelten immer wieder eine wichtige Rolle in den inneritalischen Auseinandersetzungen – so etwa als Verbündete des Tyrannen Dionysios I. von Syrakus, der nach der Eroberung von Rhegion 386 v. Chr. seinen Einfluss im Raum der oberen Adria geltend machte und in Ancona sowie auf den Dalmatinischen Inseln Stützpunkte anlegte. Von den kriegerischen Auseinandersetzungen mit Rom hat die spätere römische Geschichtsschreibung eine Reihe sagenhaft anmutender Episoden bewahrt. So etwa berichtet Livius (6,42,5), wie der Römer Titus Manlius Imperiosus um 360 v. Chr. nach dem siegreichen Zweikampf gegen einen keltischen Krieger dem Unterlegenen den Kopf abschlug, seinen Torques an sich nahm und daraufhin den Beinamen Torquatus erhielt. Von dem Römer Marcus Valerius erzählt Livius (7,26,1–5), jener habe dank der Hilfe eines Raben, der sich vor dem Zweikampf auf seinem Helm niederließ, einen ihm körperlich überlegenen keltischen Krieger besiegt und aufgrund dieser Begebenheit den Beinamen Corvus erhalten.

Bereits 295 v. Chr. unterlagen die mit den Umbrern, Samniten und Etruskern verbündeten Senonen in der Nähe der umbrischen Stadt Sentinum erstmals den Römern. Nachdem es ihnen 285 v. Chr. beim Angriff auf die mit Rom verbündete Stadt Arretium (Arezzo) noch einmal gelungen war, ein römisches Heer zu schlagen, erlitten sie im Jahr darauf eine entscheidende Niederlage gegen die Römer, die dann 283 und 268 v. Chr. an der Adriaküste nördlich von Ancona die Kolonien Sena Gallica (Senigallia) und Ariminum (Rimini) gründeten. 283 v. Chr. behielten die Römer in der Schlacht am Vadimonischen See bei Bomarzo auch die Oberhand über die verbündeten Etrusker und Boier, die daraufhin bei den Siegern um Frieden nachsuchen mussten. Schon bald nach dem Ende des Ersten Punischen Krieges (264–241 v. Chr.) kam es indessen erneut zu Spannungen zwischen der Römischen Republik und ihren keltischen Nachbarn. Nachdem Rom 232 v. Chr. das Land der Senonen konfisziert, durch Lose aufgeteilt und römischen Bürgern zugewiesen hatte, verbündeten sich die Boier und Insubrer gegen die Römer, die ihrerseits eine Allianz mit den Venetern, Samniten, Etruskern und Cenomanern bildeten. 225 v. Chr. erlitten die Boier und Insubrer bei der etruskischen Stadt Telamon eine vernichtende Niederlage, worauf sich die Boier ein Jahr später den Römern unterwarfen. 222 v. Chr. besiegten die Römer in der Schlacht von Clastidium (Casteggio) abermals die Insubrer, eroberten ihren Hauptort Mediolanum und gründeten 218 v. Chr. auf keltischem Gebiet die Kolonien Placentia (Piacenza) und Cremona.

Nach dem Ausbruch des Zweiten Punischen Krieges (218–201 v. Chr.) kämpften sowohl Keltiberer als auch Boier und Insubrer im Heer Hannibals, der nach seinem Übergang über die Alpen den Römern in drei Schlachten an der Trebia (218 v. Chr.), am Trasimenischen See (217 v. Chr.) und bei Cannae (216 v. Chr.) schwere Niederlagen beibrachte. Nach der Rückeroberung Neukarthagos durch die Römer (209 v. Chr.), ihrem Sieg über Hannibals Bruder Hasdrubal am Metaurus bei Sena Gallica (207 v. Chr.) und der Abberufung Hannibals nach Karthago (203 v. Chr.) wendete sich das Kriegsglück jedoch zugunsten der Römer, die nach der endgültigen Niederlage der Karthager bei Zama (202 v. Chr.) energisch gegen die Kelten Oberitaliens vorgingen. 197 bis 194 v. Chr. schlugen sie die Insubrer und 193 v. Chr. die Boier, deren Überlebende daraufhin Oberitalien verließen. 190 bis 189 v. Chr. legten die Römer mit der Entsendung neuer Kolonisten nach Placentia und Cremona und der Gründung einer weiteren Kolonie in Bononia die Grundlage für die Romanisierung der keltischen Gebiete Oberitaliens.

Um 100 entstand nach der Unterwerfung des Alpenvolks der Salasser im Tal der Duria die römische Kolonie Eporedia (Ivrea), um die von Italien nach Südwestgallien führenden Alpenpässe zu sichern. 89 v. Chr. erhielten die Kelten Oberitaliens das latinische Bürgerrecht, 49 v. Chr. das römische Bürgerrecht, wodurch die Gallia cisalpina in der Folge immer mehr als Teil Italiens angesehen wurde. Nach der Unterwerfung des letzten Aufstands der Salasser durch A. Terentius Varro Murena entstand 25 v. Chr. an der Stelle des römischen Hauptlagers während dieses Feldzugs die Kolonie Augusta Praetoria (Aosta).

2. Wirtschaftsformen

Sieht man vom Handel und vom Söldnerwesen ab, so bildeten A c k e r b a u und V i e h z u c h t die Lebensgrundlage der keltischen Völker Oberitaliens, wie dies auch von Polybios (2,17,10–11) ausdrücklich festgehalten wird. Im Hinblick auf die mitteleuropäische Herkunft der Einwanderer und die weitgehenden Übereinstimmungen zwischen ihrem alten und ihrem neuen Lebensraum kann, nicht zuletzt wegen des Fehlens weiterer schriftlicher oder archäologischer Quellen, an dieser Stelle auf den entsprechenden Abschnitt des Kapitels II (S. 51–59) verwiesen werden. Ob die von Polybios hervorgehobene besonders hohe Bedeutung der Viehwirtschaft auf einer zutreffenden Beobachtung der südlichen Nachbarn der Kelten Oberitaliens beruht oder aber eine literarische Stilisierung der Kelten nach dem Vorbild von Nomadenvölkern darstellt, ist wohl kaum zu entscheiden. Zumindest erwähnt sei in diesem Zusammenhang noch die These, die Einwanderung der Kelten in Oberitalien sei überhaupt erst durch T r a n s h u m a n z, also durch die im Alpenraum aus späterer Zeit gut bezeugte Fernweidewirtschaft mit jahreszeitlichem Wechsel der Weidegebiete, verursacht bzw. angebahnt worden.[5] Dies mag zwar als ein Faktor unter vielen in Rechnung gestellt werden, dürfte jedoch die von archäologischen und literarischen Quellen gut beglaubigte Zuwanderung großer Volksgruppen innerhalb weniger Jahrzehnte kaum erklären.

3. Siedlungswesen

Nach P o l y b i o s (2,17,9) wohnten die Kelten Oberitaliens in unbefestigten, ärmlich ausgestatteten Dörfern. Dabei ist jedoch zu berücksichtigen, dass er diese Schilderung wohl auf die Frühzeit bezieht und darüber hinaus (wie die darauf folgende Bemerkung über das Schlafen auf Stroh zeigt) ein Motiv der hellenistischen Keltenideologie aufgreift. Da Polybios an anderer Stelle (2,34,4) in seiner Beschreibung der Kämpfe zwischen Römern und Insubrern von der Belagerung der keltischen *polis* Acerrae durch die Römer spricht, besaßen die Kelten Oberitaliens zweifellos auch befestigte Zentralorte. Glaubt man Iustinus (20,5,8), so wären die Städte Mediolanum, Comum, Brixia, Verona, Bergomum, Tridentum und Vicentia von den Kelten überhaupt erst gegründet worden. Tatsächlich ist jedoch nach Ausweis der archäologischen Funde mit einer weitgehenden S i e d l u n g s k o n t i n u i t ä t in diesem Raum zu rechnen, so dass die Kelten manche ihrer Städte von der ortsansässigen Vorbevölkerung übernehmen konnten. Als die wichtigsten Hauptorte gelten Mediolanum (Insubrer), Brixia (Cenomaner) und Bononia (Boier), doch ist über die Befestigungsweise und innere Struktur der keltischen Städte Oberitaliens nur wenig bekannt.[6]

---

[5] So namentlich Wernicke 1991.
[6] S. Tomaschitz 2002, 54 mit Anm. 222, sowie zum Problem der Urbanisierung in Oberitalien und auf der Iberischen Halbinsel die Beiträge in Augusta-Boularot u. Lafon 2004.

4. Handwerk und Kunst

Einer bereits erwähnten Bemerkung des Polybios zufolge pflegten die Kelten Oberitaliens nur das Kriegshandwerk und den Ackerbau, wohingegen ihnen andere
Kenntnisse und Fertigkeiten unbekannt gewesen sein sollen (2,17,10). In dieser
Äußerung spiegelt sich jedoch einmal mehr ein Klischee der hellenistischen Keltenideologie, das durch die archäologischen Funde namentlich in den fundreichen
frühlatènezeitlichen Gräberfeldern widerlegt wird. Da die bedeutendsten Z e u g -
n i s s e   d e s   k e l t i s c h e n   (K u n s t -) H a n d w e r k s in Italien fast ausschließlich i n
G r ä b e r n und kaum jemals in Siedlungen gefunden wurden, seien einige der
bedeutendsten Gräberfelder hier (in ungefähr nordwest-südöstlicher Richtung) namentlich angeführt.

Das Gräberfeld von Carzaghetto bei Mantua im Gebiet der Cenomaner besteht
aus 56 Gräbern aus der Zeit von 320 bis 250 v. Chr.[7] Charakteristisch für die Männergräber ist die Beigabe eines Gürtels und eines Schwertes mit Scheide, während
man in den Frauengräbern Halsringe mit Pufferenden sowie Armreife und Fingerringe findet.

Aus dem Gebiet der Boier kennt man das Gräberfeld von Benacci bei Bologna
mit über 200 Gräbern aus dem 4. und 3. Jahrhundert v. Chr., von denen jedoch
weniger als die Hälfte Grabbeigaben aufweisen.[8] Im Hinblick auf die Ausstattung
der Gräber bestehen Übereinstimmungen mit etruskischen Gräbern, doch zeichnen
sich die keltischen Männergräber durch die Beigabe eines Schwertes aus. In besonders reich ausgestatteten Gräbern findet man auch weitere Metallobjekte sowie
Trinkgeschirr aus Bronze oder Keramik.

Ca. 30 km südlich von Bologna liegen im Tal des Idice in den Apenninen die
beiden Gräberfelder von Monte Bibele und Monterenzio Vecchio mit insgesamt
220 Gräbern.[9] Auffällig ist dort der hohe Anteil von Gräbern mit Waffenbeigaben,
der ohne Berücksichtigung der Kindergräber bei 40 bis 60% liegt. Charakteristische Waffenbeigaben sind dabei ein Schwert mit Scheide aus Eisen, eine eiserne
Lanze, ein Helm aus Eisen oder Bronze sowie in einigen Fällen ein Schild. Unterschiede ergeben sich zum einen aus der zeitlichen Entwicklung, zum anderen aus
dem Alter der dort bestatteten Personen, da man jungen Erwachsenen zwar eine
Lanze oder einen Speer, aber noch kein Schwert mitgab, wohingegen die über
60-jährigen ganz ohne Waffen beigesetzt wurden.

Ca. 25 km südwestlich von Ancona im Gebiet der Senonen liegt das Gräberfeld
von Santa Paolina di Filottrano mit 28 Männer-, Frauen- und Kindergräbern.[10] An
Grabbeigaben fand man neben den üblichen Schutz- und Angriffswaffen auch
Schmuckgegenstände, Toilettenutensilien und Trinkgeschirr. Anhand der griechischen Keramik sind die Gräber in den Zeitraum um die Mitte des 4. Jahrhunderts
v. Chr. zu datieren.

---

[7] Vitali 1991a, 224.
[8] Vitali 1991a, 225.

[9] S. Vitali 1991 sowie D. Vitali und Th. Lejars
in Schönfelder 2010, 16–19.
[10] S. Landolfi 1991a.

Helm aus Canosa di Puglia (zweite Hälfte 4. Jahrhundert v. Chr.)

Bei dem Dorf Moscano ca. 10 km nordöstlich der Stadt Fabriano im oberen Tal des Esino fand man ein besonders reich ausgestattetes Kriegergrab aus der Zeit um die Mitte des 4. Jahrhunderts v. Chr.[11] Es enthielt einen Bronzehelm, die Überreste eines eisernen Schwertes mit Bronzescheide sowie zahlreiche weitere Metallobjekte und Keramik.

Zu den künstlerisch wertvollsten Bronzeobjekten der Kelten Oberitaliens zählen 34 Bronzebleche aus der Zeit um 350 v. Chr., die Anfang des 20. Jahrhunderts im Antiquitätenhandel auftauchten und in Comacchio bei Ferrara an der oberen Adria gefunden worden sein sollen.[12] Wie die gewölbte Form und zahlreiche über den Rand verteilte kleine Löcher vermuten lassen, waren sie wohl ebenso wie die Zierbeschläge von Brno-Maloměřice auf Holzgefäßen angebracht, wobei die Motive der ornamentalen Verzierungen (Fischblasen, Ranken und fächerförmige, gebogene Dreiecke) ihre nächsten Entsprechungen in den Objekten aus dem Grab von Waldalgesheim finden.

Aus einer Region weit außerhalb des keltischen Siedlungsgebiets stammt schließlich der Prunkhelm, der 1895 in einem Kriegergrab aus der zweiten Hälfte des 4. Jahrhunderts v. Chr. bei Canosa di Puglia in der Provinz Bari entdeckt wurde.[13]

---

[11] S. Landolfi 1991.
[12] S. Megaw 1970, 93 mit Abb. 117, sowie Müller F. 2009, 202–203.

[13] S. Megaw 1970, 88 mit Abb. 105, Müller F. 2009, 208–209, sowie M. Mazzoli in Schönfelder 2010, 30–33.

Silberscheibe aus Manerbio in der Lombardei (vielleicht 1. Jahrhundert v. Chr.)

Aus einem einzigen Eisenstück geschmiedet, ist der Helm am Rand und auf dem Scheitel mit ornamental verzierten Bronzebändern mit eingelegten Korallen geschmückt. Die am Scheitelknauf und an zwei rechts und links nachträglich angebrachten Bronzehülsen befestigte Helmzier ist ebenso wie die seitlich angebrachten Wangenklappen des Helms verloren, doch kennt man solche Wangenklappen aus anderen keltischen Kriegergräbern in Italien.[14] Ob der Helm als exotischer Import weit südlich von den keltischsprachigen Regionen von einem Einheimischen getragen wurde oder einem keltischen Söldnerführer gehörte, ist unbekannt.

Aus Manerbio in der Provinz Brescia, im Gebiet der Insubrer, stammen zwei mit Darstellungen menschlicher Köpfe verzierte Silberscheiben von 19 bzw. 9 cm Durchmesser, die 1928 zusammen mit einigen anderen Metallobjekten gefunden wurden. Ansonsten war Silber jedoch wenig gebräuchlich bei den Kelten Oberitaliens, und auch aus stilistischen Gründen hält man eine Herkunft der nur schwer zu datierenden Zierscheiben aus den Regionen nördlich der Alpen für möglich.

Der einzige keltische Goldtorques, den man bislang aus Italien kennt, stammt aus dem späten 4. Jahrhundert v. Chr. und wurde im Gräberfeld von Santa Paolina di Filottrano gefunden.[15] Das reich ausgestattete Grab enthielt außerdem einen Bronze-

---

[14] S. Megaw 1970, 88–89 mit Abb. 106–108.   [15] S. Megaw 1970, 96 mit Abb. 128, sowie Schönfelder 2010, 21.

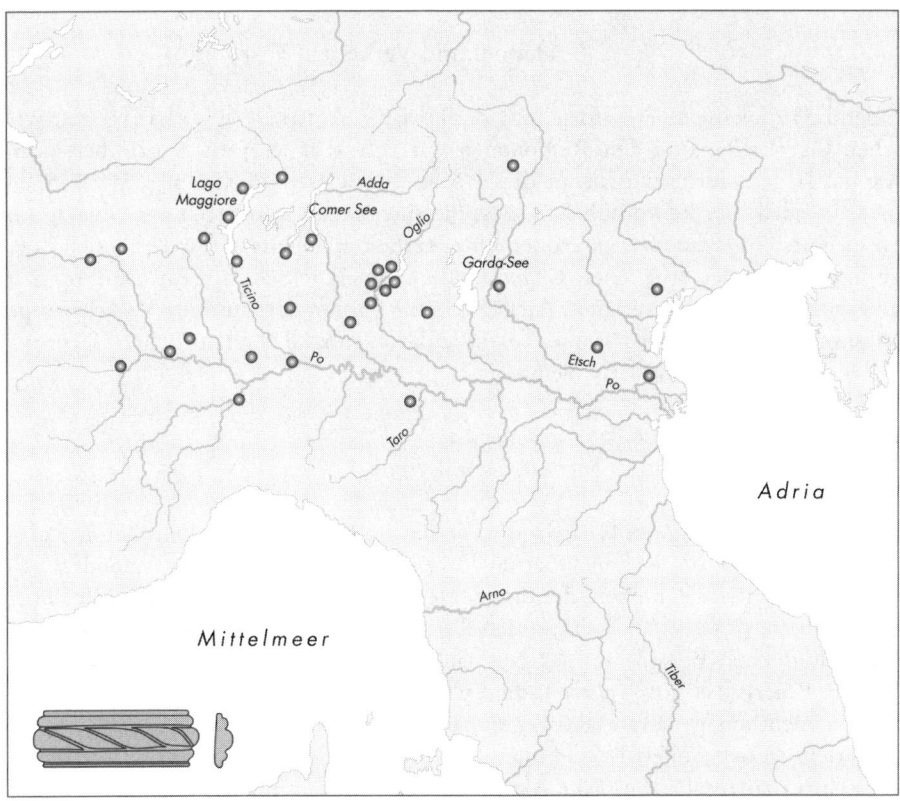

Verbreitung keltischer Glasarmringe in Oberitalien

eimer, attische und apulische Keramik, einen etruskischen Bronzespiegel sowie einen goldenen Fingerring und zwei figürlich verzierte Goldperlen. Stilistisch ist der Goldhalsreif von Santa Paolina di Filottrano einerseits mit ähnlich gearbeiteten Bronzetorques aus der Champagne und andererseits mit dem Goldtorques von Waldalgesheim zu vergleichen.

Äußerst selten sind Funde von Textilien, obwohl man ihr Vorhandensein mitunter noch anhand charakteristischer Verfärbungen an Metallobjekten feststellen kann, so etwa an einer aus Bronze und Eisen gefertigten Schwertscheide aus dem Gräberfeld von Santa Paolina di Filottrano.[16] Zu den bedeutendsten Ausnahmen zählen einige Wolltextilien und Lederreste, die im Sommer 1992 in 2850 m Höhe nahe der Riesenfernerhütte in der Provinz Bozen gefunden wurden. Dabei handelt es sich um ein paar Strümpfe, ein paar Leggings und Bruchstücke lederner Überschuhe, die man in die Späte Hallstattzeit datiert.[17]

---

[16] S. Megaw 1970, 100–101 mit Abb. 137.   [17] S. ausführlich Bazzanella u. a. 2005.

5. Handel und Verkehr

Über die Probleme einer Erforschung der Handels- und Verkehrswege zwischen Oberitalien und den Regionen nördlich der Alpen wurde bereits in Kapitel II gehandelt, worauf an dieser Stelle verwiesen sei (S. 130–131). Einmal mehr ist auch hier hervorzuheben, dass die Interpretation ortsfremder Objekte im Sinne eines Gütertauschs mit großen Unsicherheiten behaftet ist und angesichts der geringen Zahl der erhaltenen Gegenstände kaum Rückschlüsse auf die Intensität eines solchen «Handels» erlaubt. Archäologische Spuren der einstigen Verkehrswege selbst sind unbekannt, so dass ihre Rekonstruktion anhand der natürlichen Gegebenheiten weitgehend spekulativ bleibt.

6. Gesellschaft

Die große Bedeutung der Gefolgschaft für die Kelten Oberitaliens betont Polybios, demzufolge die Kelten Oberitaliens einen solchen Mann für besonders gefürchtet und mächtig hielten, der die meisten Gefolgsleute und ständigen Begleiter bei sich hatte (2,17,12). Aufschlussreich für die Herrschaftsverhältnisse ist Polybios' Darstellung einer Episode aus der Zeit nach dem Ersten Punischen Krieg, in der er bei den Boiern das Volk (*plēthos*), die Führungsschicht (*hēgumenoi*) und schließlich zwei namentlich genannte Könige (*basileis*) unterscheidet (2,21,1–6). Da diese Nachricht jedoch isoliert ist und man ihre Quelle nicht kennt, ist ihre Zuverlässigkeit schwer einzuschätzen. Eine Art Doppelkönigtum impliziert auch die Schilderung, die Polybios von den Gaesaten gibt. Bei Letzteren handelt es sich vermutlich um außer- oder oberhalb der Stammesordnung organisierte Kriegerverbände, die vielleicht (auch) religiös fundiert waren, was aufgrund der insgesamt spärlichen und teilweise widersprüchlichen antiken Nachrichten nicht sicher zu belegen ist.[18]

Die herausgehobene gesellschaftliche Stellung des Kriegers bei den keltischen Völkern Oberitaliens erhellen nicht nur die Nachrichten antiker Autoren und die zahlreichen Waffenfunde in Gräbern, sondern auch eine Reihe einheimischer bildlicher Darstellungen. Aus einem Heiligtum der etruskischen Göttin Reitia stammt ein 15 × 7 cm großes Bronzeblech aus dem 4. oder 3. Jahrhundert v. Chr., das drei mit länglichen Schilden ausgerüstete berittene Krieger zeigt.[19] Dabei handelt es sich augenscheinlich entweder um Kelten oder aber um nach keltischem Vorbild bewaffnete italische Krieger. Ein typisch keltischer, von zwei Pferden gezogener und mit einem Krieger und einem Lenker bemannter zweirädriger Streitwagen ist auf einem ungefähr gleichzeitigen, ca. 80 × 60 cm großen Kalksteinrelief auf einem Grabstein aus Padua zu sehen.[20] Zeigen der Wagen, das Zaumzeug und der im Wagen liegende längliche Schild eindeutig keltischen Charakter, so sind andere Einzelheiten der Abbildung, darunter der über dem Wagen fliegende Vogel, einheimischen italischen Kunsttraditionen verpflichtet.

---

[18] S. Tomaschitz 2002, 84–85.

[19] S. Megaw 1970, 57 mit Abb. 34.

[20] S. Megaw 1970, 87 mit Abb. 102.

7. Religion

Im Hinblick auf die Riten und Kulte der Insubrer, Cenomaner, Boier und Lingonen ist angesichts ihrer mutmaßlichen Herkunft mit starken Übereinstimmungen mit der Religion der latènezeitlichen Kelten Mittel- und Westeuropas zu rechnen. Dies wird durch Übereinstimmungen im G r a b - und T o t e n b r a u c h t u m bestätigt, doch sind Kultplätze der Kelten Oberitaliens bislang nicht bekannt geworden. Unter den spezifisch mit Oberitalien verbundenen keltischen G o t t h e i t e n ist vor allem der mit Apollo gleichgesetzte Belenus zu nennen. Zwar bezeichnet ihn Tertullian (*Apologeticum* 24 und *Ad Nationes* 2,8) als Gott der Provinz Noricum, doch kennt man aus dieser Region bislang nur eine einzige Weihinschrift (CIL III 4774). Die weitaus meisten dagegen (CIL V 732–755 und 8212) kamen in oder bei Aquileia zutage, während sechs weitere aus Iulium Carnicum (CIL V 1829), Concordia (CIL V 1866) und Altinum (CIL V 2143–2146) stammen. Ein Heiligtum des Belenus in Bordeaux erwähnt der Dichter Ausonius (*Commemoratio Professorum Burdigalensium* 4,7 ff. und 10,22 ff.), doch könnte der Name angesichts des Fehlens jeglicher Inschriften hier auch eine gelehrte Umschreibung für Apollo sein. Klar bezeugt ist die Verehrung des Gottes jedoch durch lateinische und gallische Weihinschriften aus Südfrankreich (CIL XII 5958 und RIG I G-28 und G-63). Aus Oberitalien kennt man ferner zahlreiche Weihungen für weibliche Muttergottheiten (Matronen), deren Kult ansonsten vor allem im römischen Rheinland bezeugt ist (S. 289).[21]

8. Sprache

Zu den Z e u g n i s s e n d e r k e l t i s c h e n S p r a c h e in Italien insgesamt vgl. Prosdocimi 1991, Solinas 1994 sowie Prosdocimi u. Solinas 2006. Eine umfassende, nach Fundorten geordnete Sammlung der keltischen Inschriften Italiens mit ausführlicher archäologisch-historischer Einleitung und Kommentar bieten Piana Agostinetti u. Morandi 2004. Zur sprachgeschichtlichen Einordnung des Lepontischen vgl. Uhlich 1999 und 2007, zu den keltischen Personennamen Mainardis 2001. Vgl. ferner die in Kap. II angegebene Literatur zum Gallischen bzw. Festlandkeltischen im Allgemeinen (S. 175).

Unsere Kenntnis der keltischen Sprache in Italien beruht auf einigen in lateinischen Quellen überlieferten Orts-, Stammes- und Personennamen, vor allem jedoch auf – zumeist sehr kurzen – Stein-, Gefäß- und Münzinschriften, die teils in l a t e i n i - s c h e r S c h r i f t, teils in dem so genannten nordetruskischen «Alphabet von Lugano» aufgezeichnet wurden. Erheblich erschwert wird die Deutung der Inschriften dadurch, dass das Alphabet von Lugano bei den velaren, labialen und dentalen Verschlusslauten nicht zwischen stimmlos (*k*, *p*, *t*) und stimmhaft (*b*, *d*, *g*) unterscheidet und auch die Nasallaute *m* und *n* vor Verschlusslauten nicht geschrieben werden.

Eine der mutmaßlich ältesten keltischen Inschriften Italiens befindet sich auf einem 375 × 18 × 33 cm großen Stein, der 1966 in Como-Prestino gefunden wurde

---

[21] S. Landucci Gattinoni 1986.

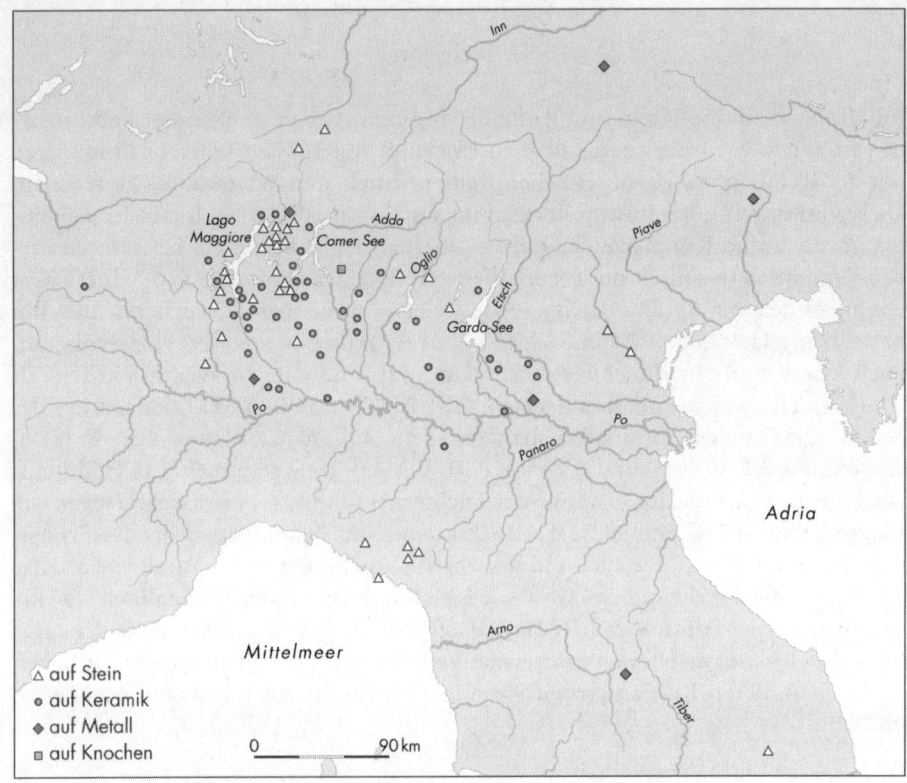

Verbreitung der keltischen Inschriften Oberitaliens

und jetzt im Museo Civico Archeologico in Como aufbewahrt wird.[22] Gelesen
wird die einzeilige linksläufige Inschrift, die man ins späte 6. oder in die erste
Hälfte des 5. Jahrhunderts v. Chr. datiert, gemeinhin *Uvamokozis Pliale\thetau Uvltiauiopos Ariuonepos siteś tetu*. Dabei sieht man in *Uvamokozis* (Nominativ Singular) das
Subjekt, in *Uvltiauiopos Ariuonepos* (beide Dativ Plural) das indirekte Objekt, in *siteś*
(Akkusativ Singular oder Plural) das direkte Objekt und in *tetu* (3. Person Singular
eines Verbs in der Vergangenheit) das Prädikat. Etymologisch betrachtet man *Uvamokozis* als einen zusammengesetzten Personennamen, dessen erster Bestandteil mit
lateinisch *super* und griechisch *hyper* «über» zusammenhängen dürfte, während der
zweite wohl als keltische Entsprechung von lateinisch *hostis* und deutsch *Gast* zu
deuten ist. Ein Übersetzungsvorschlag wäre dementsprechend: «Uvamogozis, Sohn
des Blialetos, weihte den herrschenden Voltiavi (die) Sitze.»

Eine wohl ins späte 6. oder frühe 5. Jahrhundert zu datierende, ebenfalls einzeilige linksläufige Inschrift findet man auf einem 230×70 cm großen flachen
Stein, der 1913 durch Zufall in der Nähe der Kirche S. Gallo in Vergiate gefunden
wurde und sich jetzt im Museo Civico Archeologico del Castello Sforzesco in

---

[22] Piana Agostinetti u. Morandi 2004, II, 638–639. Vgl. ferner Markey u. Mees 2003.

Mailand befindet.[23] Man liest *Pelkui pruiam Teu karite Iśos kalite pala[m]* und vermutet darin zwei vollständige Sätze, nämlich *Pelkui pruiam Teu karite* und *Iśos kalite pala[m]*. Das Subjekt des ersten Satzes ist vermutlich ein Mann namens *Teu* (zu lesen wohl *Dēwū*, aus einer älteren Form *Deiwō* zu einem *n*-Stamm *deiu̯-on-*), wobei *pruiam* (als Akkusativ Singular eines *ā*-Stamms auf -*ām*) als direktes Objekt und *Pelkui* (als Dativ Singular eines *o*-Stamms *Belgos*) als indirektes Objekt («dem Belgos») gedeutet werden könnte. Unklar sind aber sowohl die grammatische Form und Bedeutung des Verbs *karite* (vermutlich 3. Person Singular als Prädikat) als auch die Bedeutung von *pruiam* (dessen Zusammenhang mit dem in gallischen Ortsnamen häufigen Element *briuā* «Brücke» unsicher bleibt). Im zweiten Satz sieht man *kalite* als Prädikat, *iśos* als Pronomen im Nominativ Singular Maskulinum (mit Bezug auf *Teu*) und das auch in einigen weiteren Inschriften bezeugte *pala[m]* (vielleicht als Bezeichnung des Steins, auf dem sich die Inschrift befindet) als direktes Objekt. Eine mögliche Übersetzung wäre dementsprechend: «Dēwū hat dem Belgos das Grab bereitet; jener hat (auch) den Stein gesetzt.»

In die zweite Hälfte des 2. Jahrhunderts v. Chr. datiert man die aus sechs Wörtern bestehende rechtsläufige Inschrift auf einem Terrakotta-Gefäß, das 1903 bei Amateurgrabungen in einer Nekropole bei Carcegna zutage kam und sich jetzt in Privatbesitz befindet.[24] Zu lesen ist *Metelui Maeśilalui Uenia Metelikna Aśmina Krasanikna*, wobei man die beiden ersten Wörter (analog zu *Pelkui* in der Inschrift von Vergiate) als Dativformen zum Ausdruck des indirekten Objekts («dem Metelos Maeśilalos») und die übrigen Wörter als Nominativformen zum Ausdruck des Subjekts ansieht. Da das Suffix -*iknos* (Maskulinum) bzw. -*iknā* (Femininum) zur Bildung von Patronymika auch sonst mehrfach vorkommt, ist mit *Uenia Metelikna* vermutlich Venia, die Tochter des Metelos gemeint, während es sich bei dem zweiten Subjekt (Aśmina, der Tochter des Krasanos) um ihre Mutter und damit um die Witwe des Verstorbenen handeln könnte. Zu übersetzen wäre also: «Für Metelos Maesilalos (? stiften / ? weihen /? geben) Venia, die Tochter des Metelos, und Asmina, die Tochter des Krasanos (? dieses Gefäß).» Mit der Inschrift von Carcegna zu vergleichen ist die unvollständige, erst 1983 entdeckte Inschrift auf einem Stein aus Cureggio ca. 30 km westlich von Novara, der jetzt im Museo di Antichità in Turin aufbewahrt wird.[25] Deutlich zu erkennen sind in der stark beschädigten, insgesamt noch aus vier kurzen Zeilen bestehenden Inschrift immerhin die letzten vier Worte [---]*iknos / Matopokios / Sola / Nimonikna*, von denen zwei das aus der Inschrift von Carcegna bekannte Suffix zur Bildung von Patronymika aufweisen.

Aus San Bernardino di Briona ca. 10 km nordwestlich von Novara stammt eine bereits 1859 aufgefundene, 90 × 140 cm große Steininschrift (jetzt im Museo Lapidario della Canonica in Novara), die man – nicht zuletzt aufgrund des darin vermuteten Einflusses der lateinischen Sprache – in das ausgehende 2. Jahrhundert v. Chr. datiert.[26] Der erste Teil der Inschrift (A.) ist rechts neben vier übereinander gesetzten achtspeichigen Rädern eingraviert und besteht aus neun rechtsläufig

[23] Piana Agostinetti u. Morandi 2004, II, 594–596. Vgl. Eska u. Mercado 2005 sowie Mees B. 2008b.
[24] Piana Agostinetti u. Morandi 2004, 582.

[25] Motta 1995 sowie Piana Agostinetti u. Morandi 2004, II, 584.
[26] Piana Agostinetti u. Morandi 2004, II, 585–587.

geschriebenen Wörtern, die jeweils eine Zeile einnehmen. Der zweite, ebenfalls rechtsläufig geschriebene, doch teilweise zerstörte Teil (B.) der Inschrift ist links von den vier Rädern von unten nach oben geschrieben und setzt sich dann – rechts vom obersten der vier Räder und oberhalb der ersten Zeile des ersten Teils der Inschrift – von der oberen linken zur oberen rechten Ecke des Steins fort. Zu lesen ist vermutlich A. *Tanotaliknoi / Kuitos / Lekatos / Anokopokios / Setupokios / Esanekoti / Anareuisiteśeos / Tanotalos / karnitus* B. *takos toutas pu*[...] / [...]*n*[...] *k*[...]*tesaso poikani.* Für den ersten Text (A.) wurde folgende Übersetzung vorgeschlagen: «Die Söhne des Dannotalos, (nämlich) Quintus Legatus, Anokombogios (und) Setubogios, (sowie die Söhne) des Esanekottos, (nämlich) Anareuiśeos (und) Dannotalos haben (das Denkmal/den Stein o. Ä.) errichtet.» Gesichert erscheint dabei insbesondere die Deutung des ersten und des vorletzten Wortes, da der Name *Dannotalos* (in der Genitivform *Dannotali*) auch auf einer mit lateinischen Buchstaben geschriebenen gallischen Inschrift bezeugt ist. Unklar ist die Analyse des Verbs am Satzende, dessen Übersetzung letztlich vor allem auf der Annahme eines etymologischen Zusammenhangs mit irisch und walisisch *carn,* «Steinhaufen», beruht. Dass die Form *Esanekotti* der Genitiv eines *o*-Stamms **Esanekottos* sein könnte, steht zwar außer Frage, doch ist die Annahme einer Funktion als Patronymikon in diesem Zusammenhang letztlich nur eine Vermutung.

Auf einem Gefäß vom Ende des 2. oder Anfang des 1. Jahrhunderts v. Chr., das in einem Grab in Ornavasso gefunden wurde und jetzt im Museo del Paesaggio in Pallanza aufbewahrt wird, findet man die aus zwei Teilen bestehende linksläufige Inschrift A. *Latumarui Sapsutaipe uinom natom* (oder: *naśom*) B. *Mouea Lutou Tuni Enu.*[27] Allgemein liest man hier im ersten Teil (A.) die Konjunktion *-pe,* «und» (aus altkeltisch *-k^{w}e,* entsprechend altirisch *-ch,* lateinisch *-que,* griechisch *te* und altindisch *-ca*) sowie zwei Dativformen, die zu einem *o*-Stamm *Latumaros* bzw. einem *ā*-Stamm *Sapsutā* gehören, also «Dem Latumaros und der Sapsuta» (vgl. dazu den Namen *Sapsa* in CIL IX 5777). Umstritten ist die Interpretation von *uinom natom* (oder: *naśom*), doch könnte *uinom* (wie lateinisch *vinum*) als Nominativ Singular eines neutralen *o*-Stamms den «Wein» (und damit den Inhalt des Gefäßes, auf dem sich die Inschrift befindet) und *natom* (oder: *naśom*) ein dazugehöriges Adjektiv (vielleicht «von der Insel Naxos») bezeichnen. Zu übersetzen wäre also: «Für Latomaros und Sapsuta Wein aus Naxos.» Ganz unsicher ist die Interpretation der Wörter im zweiten Teil der Inschrift (B.), bei denen es sich möglicherweise um Personennamen handelt.

Kurz vor die Mitte des 1. Jahrhunderts v. Chr. datiert man die gallisch-lateinische Bilingue von Vercelli, die 1960 am Ufer der Sesia gefunden wurde und sich jetzt im Museo C. Leone in Vercelli befindet.[28] Zu lesen steht auf dem 150 × 70 cm großen Stein zunächst auf Lateinisch *FINIS / CAMPO QVEM / DEDIT ACISIVS / ARGANTOCOMATER / ECUS COMVNEM / DEIS ET HOMINIB / VS ITA VTI LAPIDE[S] / IIII STATVTI SVNT* und darunter – mit einigen Unsicherheiten aufgrund von Beschädigungen des Steins – auf Keltisch *Akisios Arkatoko{k} / matere-*

---

[27] Piana Agostini u. Morandi 2004, II, 550–553.

[28] Piana Agostinetti u. Morandi 2004, II, 589–590. Vgl. dazu Peyre 2000.

kos to[.]*o/kot*[.] *atom* (oder: *atos̄*) *tevo//tonion ev.* Unstrittig ist die Übersetzung des
lateinischen Textes: «Ende des Feldes, welches Acisius Argantocomaterecus Göttern
und Menschen dort, wo vier Steine aufgestellt sind, als Gemeinbesitz gab.» Sieht
man in dem darauf folgenden keltischen Satz eine Übersetzung oder Paraphrase des
lateinischen Textes, so liegt es nahe, in *to*[.]*okot*[.] das Prädikat (als Entsprechung zu
dedit) und in *atom* (oder: *atos̄*) das direkte Objekt (als Entsprechung zu *campus*) zu
sehen. Beide Wörter sind jedoch ohne klare Etymologie und im Übrigen auch gar
nicht sicher zu lesen. Ungedeutet sind auch die Buchstaben *ev* am Ende der Inschrift, für die man auch eine Deutung aus dem Lateinischen (als Abkürzung für *ex
voto*) in Erwägung gezogen hat. Könnte es sich bei dem mit *arganto-* «Silber» (vgl.
irisch *airgead* und walisisch *arian*) gebildeten Wort *Argantocomaterecus* um einen Titel
oder eine Funktionsbezeichnung handeln, so sieht man in *tevo/tonion* gemeinhin ein
aus **dēvo-* «Gott» (irisch *día*) und **gdonio-* «Mensch» (irisch *duine*) zusammengesetz-
tes Adjektiv mit der Bedeutung «auf Götter und Menschen bezogen» oder «Göttern
und Menschen zugehörig» (als Entsprechung zu *COMVNEM DEIS ET HOMI-
NIBVS*).

Als letzte und wohl jüngste hier zu besprechende Inschrift ist schließlich die
lateinisch-keltische Bilingue von Todi zu nennen, die – unter unklaren Umständen
aufgefunden – erstmals im Jahr 1839 erwähnt und heute im Museo Gregoriano
Etrusco im Vatikan aufbewahrt wird.[29] Eingraviert auf der Vorder- und Rückseite
einer 63 × 59 × 20 cm großen Steintafel, bietet die Inschrift auf beiden Seiten des
Steins fast genau den gleichen Text, jeweils zuerst in lateinischer und dann in keltischer Sprache: A. [*ATEGNATI DRVTEI F*] / [... ... *COI*]*SIS* / *DRVTEI F FRA-
TER* / *EIVS* / *MINIMVS LOCAV* / *IT ET STATVIT* / *Ateknati Trut* / *ikni karnitu*
/ *artuaś Koisis T* / *rutiknos* B. [*ATEGNATI DRVTI F*] / [... *C*]*OISIS DRVTI F* /
[*F*]*RATER EIVS* / [*M*]*INIMVS LOCAV*[.] {*E*} / [*ST*]*ATVITQVE* / [*At*]*eknati
Truti*[*k*]*ni* / [*kar*]*nitu lokan* / *Ko*[*i*]*sis* / [*Tr*]*utiknos.* Unter der Voraussetzung, dass es
sich um eine Grabinschrift handelt, könnte man den lateinischen Teil wie folgt
übersetzen: «(Dies ist das Grab) des Ategnatos, des Sohnes des Drutos. Coisis, der
Sohn des Drutos, sein jüngster Bruder, hat ... gesetzt und aufgestellt.» Wie man
sieht, findet die lateinische Wendung *frater eius minimus* im keltischen Text keine
Entsprechung, und den beiden lateinischen Verben *locavit* und *statuit* entspricht im
keltischen Text das eine Verb *karnitu*. Auf der anderen Seite fällt auf, dass das direkte
Objekt zum Verb, das im lateinischen Text fehlt, in der keltischen Übersetzung auf
der Vorderseite mit *artuaś* (wohl Akkusativ Plural) und auf der Rückseite mit *lokan*
(wohl Akkusativ Singular) angegeben ist. Dass beide Wörter sich auf unterschiedliche Bestandteile des Grabes beziehen, erscheint zwar möglich, bleibt wegen des
Fehlens genauer Entsprechungen in anderen keltischen Sprachen aber letztlich eine
bloße Vermutung.

Von besonderer Bedeutung unter den keltischen Inschriften sind die ca. 140 in
einer Variante des nordetruskischen Alphabets geschriebenen so genannten l e p o n -
t i s c h e n   I n s c h r i f t e n aus der Gegend von Lugano, da es sich bei den ältesten von
ihnen um die ältesten keltischen Inschriften überhaupt handelt. Die Frage, ob es

---

[29] Piana Agostinetti u. Morandi 2004, II, 702–703.

sich bei dem Lepontischen um eine eigenständige keltische Sprache oder um eine frühe Form des Gallischen handelt, wird in der Forschung kontrovers beurteilt und ist wegen der geringen Anzahl der Sprachzeugnisse und der Mehrdeutigkeit der verwendeten Schrift nicht sicher zu entscheiden.[30]

---

[30] S. dazu ausführlich Uhlich 1999 und 2007 sowie J. Eska in Koch J. T. 2006, III, 1142–1144.

IV.

DIE KELTEN AUF DER IBERISCHEN HALBINSEL

Ähnlich wie in Oberitalien reicht auch die Präsenz der Kelten auf der Iberischen Halbinsel in die schriftlose Vorgeschichte zurück. Wie in der Gallia Cisalpina ist auch dort mit einer ausgeprägten sprachlichen, ethnischen und kulturellen Vielfalt zu rechnen, in der die Kelten nur eines von mehreren Elementen bildeten. Ihre Identifikation beruht zum einen auf der Verbreitung keltischer Inschriften und Ortsnamen, zum anderen auf entsprechenden Hinweisen der antiken Ethnographie. Mit zahlreichen Unsicherheiten belastet ist demgegenüber die Zuschreibung schriftloser archäologischer Funde an die Kelten, wobei gerade auf diesem Feld auch der Einfluss zeittypisch wechselnder Strömungen der Forschungsgeschichte in Rechnung zu stellen ist.[1] Generell ist im Hinblick darauf festzustellen, dass man bis in die 1950er Jahre, und namentlich in den einflussreichen Arbeiten der Archäologen Adolf Schulten (1870–1960) und Pedro Bosch-Gimpera (1891–1974), von weitgehenden Übereinstimmungen zwischen Sprache, Ethnos und materieller Kultur ausging, wobei man jedoch noch keine einigermaßen zutreffenden Vorstellungen von der Sprachenvielfalt im vorrömischen Hispanien besaß. Letztere wurde zwar seit den 1960er Jahren in zunehmendem Maße erschlossen, doch ging darüber das Zutrauen in die Fähigkeit der Archäologie verloren, bestimmte Funde ganz bestimmten Ethnien zuzuordnen und Neuerungen in der materiellen Kultur durch Bevölkerungsverschiebungen erklären zu können.

Im Hinblick auf die Begrifflichkeit ist zu beachten, dass die antiken Autoren hier von Κελτίβηρες/*Celtiberi* sprechen, diesen Begriff aber unterschiedlich deuten: Während Diodor (5,33,38) – wohl in Anlehnung an Poseidonios – darin eine aus Iberern und Kelten gemischte Bevölkerung sieht, halten Appian (*Iberica* 2) und Strabo (3,4,5) die Keltiberer für in Iberien lebende Kelten. Als keltiberische Teilstämme unterschieden werden dabei die *Arevaci*, *Lusones*, *Pelendones*, *Belli* und *Titti*. Darüber hinaus begegnet das Ethnonym aber auch im Völkernamen Κελτικοί/*Celtici*, womit antike Autoren Bevölkerungsgruppen bezeichnen, die einerseits im Südwesten der Pyrenäenhalbinsel zwischen den Flüssen Tajo und Guadiana, andererseits im äußersten Nordwesten an der Küste Galiciens lokalisiert werden. Ferner warten antike Ethnographen außerdem auch in ihrer Darstellung von nicht ausdrücklich als keltisch bezeichneten Völkern der Iberischen Halbinsel mit Einzelheiten auf, die durchaus «keltisch» anmuten (und das heißt in der Regel: anderwärts so oder ähnlich auch bei keltischen Völkern bezeugt sind). Die Frage, ob man diese Völker deswegen als Kelten bezeichnen sollte, wird jedoch unterschiedlich beurteilt, da in solchen Fällen auch die Übernahme einzelner Kulturelemente (bei

---

[1] Vgl. dazu den ausführlichen forschungsgeschichtlichen Überblick bei Lorrio u. Ruiz Zapatero 2005, 171–175.

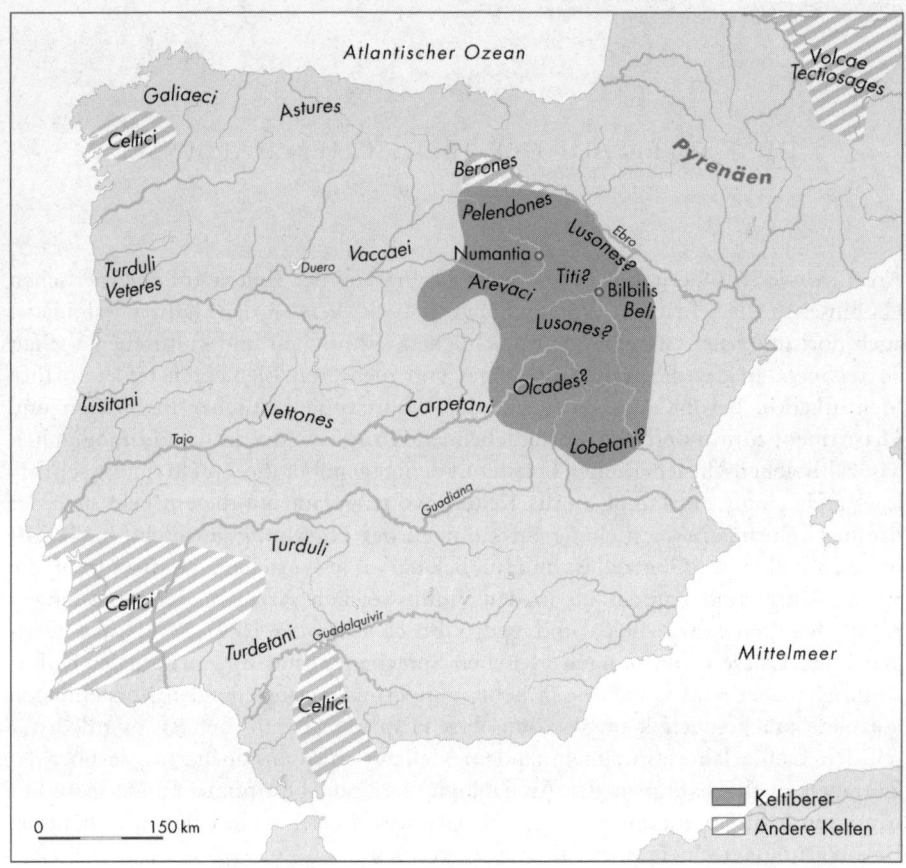

Die keltischen Völker der Iberischen Halbinsel nach Strabo

gleichzeitig bestehender sprachlicher und ethnischer Verschiedenheit) oder auch der Einfluss ethnographischer Wandermotive auf die betreffenden Schilderungen denkbar erscheinen. Problematisch bzw. undurchführbar ist auf jeden Fall die Beschränkung des keltischen Elements auf das Verbreitungsgebiet von Objekten der Latènekultur, die auf der Iberischen Halbinsel nur schwach vertreten sind. Sinnvoller erscheint es, keltische Bevölkerungsgruppen in erster Linie in jenen Regionen zu vermuten, wo in den antiken Quellen von *Celtiberi* und *Celtici* die Rede ist. Dies bedeutet jedoch nicht, dass man sämtliche Überreste der materiellen Kultur jener Regionen zweifelsfrei den Kelten zuschreiben könnte.

1. Geschichte

Neuere kurze Übersichten über die Kultur der Kelten auf der Iberischen Halbinsel und ihre Geschichte bieten Almagro-Gorbea 1991, Lenerz-de Wilde 1995, Burillo Mozota 2005, Lorrio u. Ruiz Zapatero 2005 sowie Lorrio 2006; ausführlichere monographische Gesamtdarstellungen geben Burillo Mozota 1998, Bendala Galán 2000 und Lorrio 2005. Vgl. ferner die Beiträge in

Arenas Esteban 1999 und Berrocal-Rangel u. Gardes 2001 sowie Salinas de Frías 2006. Auf einzelne Regionen oder Ethnien begrenzte Darstellungen bieten Álvarez-Sanchís 1999 (Vettones), Díaz Santana 2002, Alberro 2004 und 2008 (Galicien), González-Ruibal 2004, Parcero Oubiña u. Cobas Fernández 2004, García Quintela 2005 (Nordwesten), Berrocal-Rangel 2005 (Südwesten), Gómez Fraile 2001 (Täler des Duero und Ebro) und Júdice Gamito 2005 (Portugal). Eine monographische Gesamtdarstellung der Kriege Roms auf der Iberischen Halbinsel bietet García Riaza 2002. Zur Romanisierung vgl. Curchin 2004, zur Forschungsgeschichte López Jiménez 2003 und zur modernen Keltenideologie Ruiz Zapatero 2006.

Im Hinblick auf die naturräumliche Gliederung der Iberischen Halbinsel dürfte die Geschichte der Kelten in hohem Maße durch zwei Faktoren bestimmt worden sein: die räumliche Trennung von den mitteleuropäischen Kelten durch das Pyrenäengebirge und die unterschiedliche Ausrichtung der einzelnen Landesteile entweder zum Mittelmeer oder zum Atlantik hin. Eine dementsprechende Zweiteilung der gesamten Iberischen Halbinsel zeigt sich auch im Lauf der großen Flüsse, von denen (in nordsüdlicher Richtung betrachtet) Ebro, Júcar und Segura ins Mittelmeer, Duero/Douro, Tajo/Tejo, Guadiana und Guadalquivir aber in den Atlantik münden. Eine wichtige Rolle spielten ferner die von der Sierra Morena im Süden bis zu den Kantabrischen Bergen im Nordwesten verbreiteten reichen Bodenschätze des Landes, von denen Gold, Silber, Zinn und Kupfer schon in vorgeschichtlicher Zeit ausgebeutet wurden.

Geht man davon aus, dass der keltische Zweig der indogermanischen Grundsprache in Mitteleuropa in unmittelbarer Nachbarschaft mit den italischen Sprachen entstand, stellt sich die Frage, wann und von wem diese Sprache auf die Pyrenäenhalbinsel gebracht wurde. Klar erscheint hier aber lediglich, dass man eine Präsenz des Keltischen bereits für die erste Hälfte des 1. Jahrtausends v. Chr. voraussetzen muss, eine Einwanderung größerer Volksgruppen gleichwohl nicht nachzuweisen ist. Der Versuch, die Ausbreitung der Urnenfelderkultur in Nordspanien mit der Zuwanderung keltischer Stämme in Verbindung zu bringen, muss in jedem Fall als gescheitert gelten.

Erste Kontakte zwischen der Iberischen Halbinsel und den Völkern des östlichen Mittelmeerraums sind bereits in der Späten Bronzezeit nachweisbar. Seit dem 8. Jahrhundert v. Chr., wenn nicht schon früher, nutzten die Phöniker den Stützpunkt Gadir (Cádiz) auf einer Insel vor der Mündung des Guadalete auf halbem Weg zu den Zinninseln (Britannien) und in der Nähe des für seinen Silberreichtum berühmten Reichs von Tartessos.[2] Als den ersten Griechen in Tartessos erwähnt Herodot (4,152) einen Händler und Seefahrer aus Samos namens Kolaios, der um 630 v. Chr. durch einen Sturm in die Region jenseits der «Säulen des Herakles» (der Straße von Gibraltar) verschlagen worden und als reicher Mann von dort zurückgekehrt sei. Als Tochtergründungen der phokäischen Kolonie Massalia entstanden bald nach 600 v. Chr. die Handelsniederlassungen von Rosas/Roses und Ampurias/Empúries in der heutigen katalanischen Provinz Girona im äußersten Nordosten der Iberischen Halbinsel. Geographische Angaben einer frühen griechischen Küstenbeschreibung, des so genannten *Massaliotischen Periplus*, bewahrt möglicherweise die spätantike *Ora maritima* des Avienus.

---

[2] Eine Übersicht über die antiken Schriftquellen zu Tartessos bietet Freeman 2010.

Seit der Mitte des 6. Jahrhunderts v. Chr. dehnte die ehemalige phönikische Kolonie K a r t h a g o ihren Einfluss auf den Süden und Südosten der Iberischen Halbinsel aus. Nach dem Ersten Punischen Krieg (264–241 v. Chr.), der für Karthago mit dem Verlust Siziliens und Sardiniens geendet hatte, suchten die Karthager durch eine verstärkte Präsenz auf der Iberischen Halbinsel verlorenen Boden wiedergutzumachen. 227 v. Chr. gründeten sie an der Stelle der früheren iberischen Stadt Massia als neue Machtbasis das von den Römern später so genannte Carthago Nova (Cartagena) und grenzten im Ebro-Vertrag mit den Römern ihre jeweiligen Interessensphären ab. Bereits 218 v. Chr. kam es jedoch nach der Eroberung der Stadt Sagunt durch Hannibal zum Zweiten Punischen Krieg. Während Hannibal mit einem starken Heer die Pyrenäen und die Alpen überschritt, um Rom direkt anzugreifen, blieb sein Bruder Hasdrubal mit weiteren Truppen auf der Iberischen Halbinsel, um dort die karthagischen Stützpunkte zu sichern. Nach schweren römischen Niederlagen am Ticinus, an der Trebia und bei Cannae gelang den Römern 216 v. Chr. ein erster Sieg über Hasdrubal und die Eroberung Sagunts. Nachdem die Römer 209 v. Chr. auch Carthago Nova einnehmen konnten, mussten die Karthager 201 v. Chr. im Friedensvertrag mit Rom alle Besitzungen auf der Iberischen Halbinsel abtreten.

197 v. Chr. wurden die von Rom eroberten Gebiete auf der Iberischen Halbinsel in die beiden Provinzen Hispania citerior (im Osten) und Hispania ulterior (im Westen) aufgeteilt. 180 v. Chr. eroberte Tiberius Sempronius Gracchus als Statthalter der Provinz Hispania citerior mehrere keltiberische Siedlungen, legte den von ihm besiegten Völkerschaften Tributzahlungen auf und verbot ihnen die Anlage neuer befestigter Siedlungen. Als der Stamm der Beller 154 v. Chr. entgegen diesen Abmachungen seinen Hauptort Segeda mit einer neuen großen Stadtmauer umgab, kam es darüber zum K r i e g   m i t   d e n   R ö m e r n , an dem sich nicht nur die keltiberischen Stämme, sondern auch die benachbarten Vakkäer im mittleren Tal des Duero, die Vettonen im Gebiet zwischen Tajo und Duero und die Lusitanier beteiligten.

151 v. Chr. wurde der römische Praetor Servius Sulpicius Galba von den Lusitaniern geschlagen. Als er ein Jahr später ihre freiwillige Unterwerfung entgegen allen Vereinbarungen dazu missbrauchte, um unter ihnen ein Blutbad anzurichten und die Überlebenden in die Sklaverei zu verkaufen, konnte er nur mit Hilfe seines beträchtlichen Reichtums verhindern, dass man ihn wegen dieser Verletzung des Völkerrechts in Rom vor Gericht stellte. Zu den überlebenden Lusitaniern, denen die Flucht gelang, gehörte Viriatus, der 147 v. Chr. den Oberbefehl im Krieg gegen die Römer übernahm und durch eine wendige Guerillastrategie beträchtliche militärische Erfolge erzielte. Noch im ersten Kriegsjahr eroberte er das Tal des Guadalquivir, fügte den Römern mehrere schwere Niederlagen zu und erzwang schließlich 140 v. Chr. die Kapitulation des römischen Prokonsuls Quintus Fabius Maximus Servilianus. Bereits ein Jahr später jedoch wurde der Friedensvertrag, der Viriatus als Herrscher der in Südspanien eroberten Gebiete bestätigt und ihn zum «Freund des römischen Volkes» erklärt hatte, vom römischen Senat für nichtig erklärt. Nach dem Ausbruch erneuter Kämpfe wurde Viriatus noch im selben Jahr auf Veranlassung des römischen Prokonsuls Quintus Servilius Caepio von seinen eigenen Landsleuten ermordet. Danach ging die Führung des Widerstands der einheimischen Stämme gegen Rom auf die Arevaker über, die bereits 154 v. Chr. die aus Segeda

geflohenen Beller bei sich aufgenommen hatten. Ihr östlicher Vorposten Numantia am Zusammenfluss von Duero und Merdancho auf der Hochebene Altkastiliens wurde dadurch zum Zentrum und Inbegriff dieses Widerstands, dem erst Publius Cornelius Scipio Aemilianus Africanus 133 v. Chr. nach einer mehrmonatigen Belagerung mit der Einnahme und Zerstörung der Stadt ein Ende setzen konnte.

2. Wirtschaftsformen

Vgl. dazu die Beiträge in Burillo Mozota 1999b sowie zum Abbau von Bodenschätzen Polo Cutando u. Villagordo Ros 2007.

Wie im Folgenden darzustellen ist, beruht die Annahme einer Präsenz keltischsprachiger Bevölkerungsgruppen auf der Pyrenäenhalbinsel in erster Linie auf dem Zeugnis der Sprache. Unmittelbar greifbar ist das Keltische dabei in vergleichsweise wenigen Inschriften sowie in zahlreichen Personen-, Orts-, Völker- und Götternamen, die in lateinischen und griechischen Texten vorkommen. Problematisch ist jedoch zumeist die Zuschreibung archäologischer Funde an sicher oder wahrscheinlich keltischsprachige Bevölkerungsteile, zumal man eine Zuwanderung keltischsprachiger Gruppen aus den Regionen jenseits der Pyrenäen archäologisch nicht nachweisen kann und die Zahl der Latèneobjekte auf der Iberischen Halbinsel insgesamt äußerst gering ist. Grundsätzlich ist davon auszugehen, dass A c k e r b a u u n d V i e h z u c h t die wirtschaftliche Hauptgrundlage der Kelten auf der Iberischen Halbinsel bildeten, ohne dass man im Rahmen der naturgegebenen Möglichkeiten spezifisch keltische Züge in der archäologischen oder literarischen Überlieferung benennen könnte. In den meisten Regionen und über weite Strecken der vorrömischen Geschichte dürfte es sich dabei um eine Subsistenzwirtschaft gehandelt haben, die auf eine Deckung des lokalen Bedarfs, nicht aber auf die Erzeugung von Überschüssen und deren Angebot auf lokalen oder überregionalen Märkten abzielte. Es steht zu vermuten, dass sich die keltische Sprache auf der Iberischen Halbinsel (ähnlich wie in Irland) durch die zeitlich nicht näher bestimmbare Zuwanderung relativ kleiner Gruppen aus Mitteleuropa allmählich ausbreitete. Dabei ist wohl am ehesten an kriegerische Oberschichten in miteinander rivalisierenden Stammesgesellschaften zu denken, deren Entstehung durch die begrenzten wirtschaftlichen Möglichkeiten mit ihrem Zwang zur W e i d e n w e c h s e l w i r t s c h a f t (Transhumanz) auf den wasserarmen Hochebenen und in den Gebirgsregionen begünstigt worden sein dürfte.

Im Hinblick auf den Ackerbau wurde durch paläobotanische Untersuchungen im Siedlungsgebiet der Keltiberer der Anbau von Weizen, Gerste, Hafer und Hirse nachgewiesen.[3] Unklar ist, ob und in welchem Umfang man auch schon in vorrömischer Zeit F r u c h t w e c h s e l praktizierte und in regenarmen Gebieten die Felder künstlich bewässerte. Beim Viehbestand dominierte in den weniger begünstigten Regionen die Haltung von Schafen und Ziegen, während man ansonsten Rinder bevorzugte. Schweine spielten demgegenüber durchweg nur eine untergeordnete Rolle.[4] Wie naturwissenschaftliche Untersuchungen an den Skeletten des

---

[3] S. dazu Cubero 1999.　　　　　　　　[4] Zur Viehhaltung vgl. ausführlich Blasco 1999.

Gräberfelds von Numantia ergaben, hatten zumindest die dort beigesetzten Personen überwiegend pflanzliche Nahrung zu sich genommen.[5] Untersuchungen der organischen Reste in Gefäßen aus der Siedlung von Segeda erbrachten auch Hinweise auf die Herstellung von Wein und Bier.[6]

3. Siedlungswesen

Zum Siedlungswesen der Keltiberer vgl. die Beiträge in Burillo Mozota 1995 sowie in Arenas Esteban 1999, 71–122. Zu den stadtähnlichen Siedlungen Westspaniens vgl. ferner Álvarez-Sanchís 2005 und zum Befestigungswesen Berrocal-Rangel u. Moret 2010.

Ebenso wie die Wirtschaftsformen dürften auch die Siedlungen der keltischsprachigen Gruppen auf der Pyrenäenhalbinsel weitgehend regionale Traditionen fortgesetzt haben.[7] Im Siedlungsgebiet der Keltiberer findet man zahlreiche kleinere befestigte Plätze mit einer Fläche von weniger als 1 ha, die vermutlich nur wenigen hundert Personen Platz boten und im Hinblick auf die weitgehend einheitliche Grundfläche der Häuser an eine egalitäre Gesellschaft denken lassen. Ein Beispiel dafür ist die in neuerer Zeit ausgegrabene Siedlung El Ceremeño bei Herrería (Guadalajara) aus dem 6. Jahrhundert v. Chr.[8] Daneben gab es aber auch größere, stadtähnliche Siedlungen mit einer Fläche von über 5 und oftmals zwischen 10 und 40 ha, die von den antiken Autoren als πόλις, *urbs* oder *oppidum* bezeichnet wurden und bei den Keltiberern möglicherweise *kortom* hießen. In welchem Zeitraum diese Großsiedlungen entstanden, ist ungewiss, doch sieht man darin eine Entwicklung, die sich bereits vor dem Einfluss der Karthager und Römer bemerkbar machte. Wie nicht zuletzt die in der Siedlung von Contrebia Belaisca gefundenen Inschriften (S. 212–213) zeigen, handelte es sich bei diesen stadtähnlichen Anlagen um Zentralorte, denen auch eine administrative Funktion zukam. Dies bestätigen auch die seit 1998 durchgeführten Ausgrabungen in Segeda, wo zwei nacheinander in unmittelbarer Nachbarschaft errichtete stadtähnliche Siedlungen zutage kamen, in denen auch Münzen geprägt wurden.[9]

4. Handwerk und Kunst

Eine zusammenfassende Darstellung bietet Lenerz-de Wilde 1991. Vgl. ferner die neueren Studien zur Bewaffnung von Stary 1994, García Jiménez 2006 und Lenerz-de Wilde 2008.

Charakteristisch für das Kunsthandwerk der keltischsprachigen Bevölkerungsgruppen auf der Pyrenäenhalbinsel ist die Verschmelzung keltischer und mediterraner Traditionen, wie sie etwa in der figürlich und mit geometrischen Ornamenten bemalten keltiberischen Keramik aus Numantia zum Ausdruck kommt. Latèneobjekte sind insgesamt selten und gelangten möglicherweise aus

[5] S. Burillo Mozota 2005, 447–448.
[6] S. Burillo Mozota 2005, 448.
[7] Das Folgende nach Burillo Mozota 2005, 431–438. Vgl. dazu Burillo Mozota 2009.
[8] S. dazu ausführlich Cerdeño u. Juez 2002.
[9] Zu Segeda s. ausführlich Burillo Mozota 1999a sowie die Beiträge in Burillo Mozota 2006.

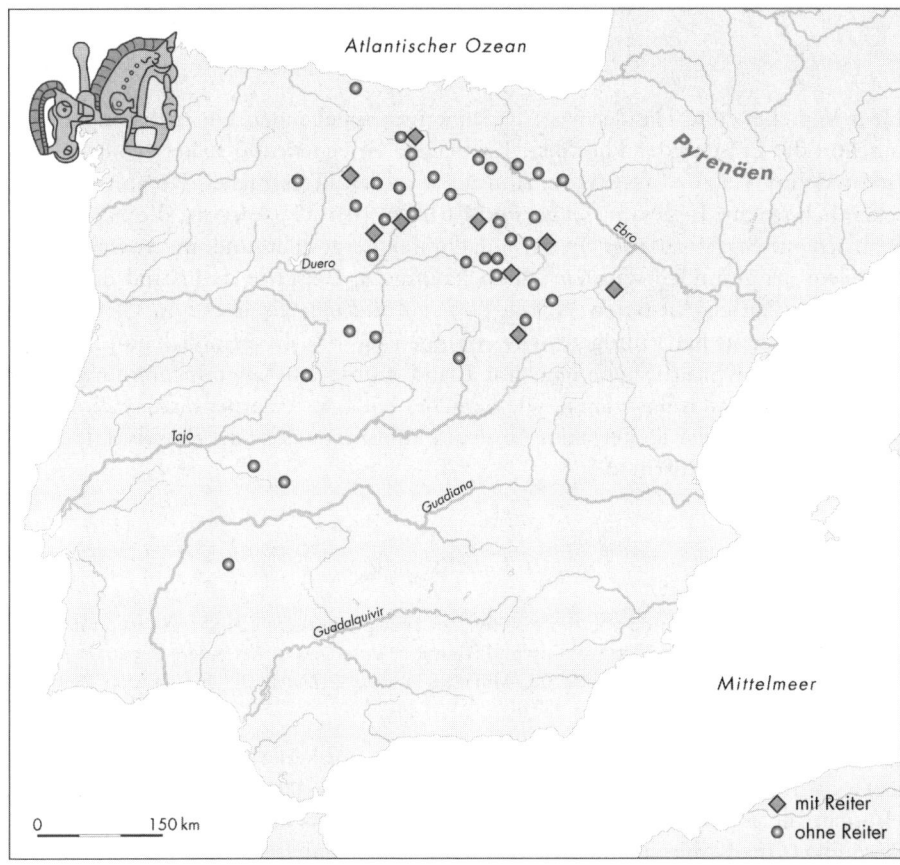

Verbreitung der keltiberischen Reiterfibeln

Mitteleuropa an ihre jeweiligen Fundorte.[10] Charakteristisch für das Siedlungsgebiet der Keltiberer sind Pferdchen- und Reiterfibeln, die vermutlich
sowohl die große Bedeutung berittener Reiterkrieger als auch die kultische Bedeutung des Pferdes widerspiegeln.[11] Einheimische iberische, griechische und keltische
Einflüsse zeigen sich auch in der Bewaffnung, wie man sie aus Grabfunden und
bildlichen Darstellungen kennt. So etwa sieht man auf einem Relief aus Osuna
(Andalusien) einen Krieger, der sowohl mit dem für die Iberer charakteristischen
einschneidigen Hiebschwert, der so genannte *falcata*, als auch mit dem für die mitteleuropäischen Kelten typischen länglichen Schild bewaffnet ist.[12]

---

[10] Die auf der Iberischen Halbinsel gefundenen Goldobjekte behandelt zusammenfassend
Pingel 1992.
[11] Stary 1994, 161–164.

[12] Abbildung in Cunliffe 1997, 143. Zur *falcata* s. ausführlich Stary 1994, 119–121, sowie
Quesada Sanz 1994.

5. Handel und Verkehr

Über Verkehrs- und Handelswege liegen keine eingehenden Untersuchungen vor, obschon die Präsenz der Phöniker, Karthager, Griechen und später Römer einen intensiven Güteraustausch zumindest in den küstennahen Regionen wahrscheinlich macht. Insgesamt selten sind Funde von Objekten, die mit einiger Wahrscheinlichkeit auf der Pyrenäenhalbinsel hergestellt und im vorrömischen Mitteleuropa gefunden wurden. Die bekanntesten Beispiele dafür sind die Goldschale von Zürich-Altstetten (S. 102–103) und die Gürtelschließe in Grab 65 des Magdalenenbergs bei Villingen-Schwenningen (S. 135). Im Hinblick auf mögliche Handels- und Kulturbeziehungen mit Irland wurde auf Übereinstimmungen im Befestigungswesen hingewiesen, wie sie in der Anlage steinerner *chevaux-de-frise* (so genannter Spanischer Reiter) zum Ausdruck kommt, doch ist die Beweiskraft dieser Parallele nicht unumstritten.[13]

6. Gesellschaft

Ausführlich behandelt wurde von der neueren Forschung vor allem das Kriegswesen und seine Bedeutung für die Gesellschaftsordnung und Religion. Vgl. dazu insbesondere Peralta 1991, Ciprés 1993, Moret u. Quesada Sanz 2002, Almagro-Gorbea u. Lorrio 2004, Gabaldón-Martínez 2004 sowie Sastre 2008.

Wie bei den Kelten insgesamt, steht auch bei den antiken Schilderungen der Keltiberer das Kriegswesen im Mittelpunkt des Interesses. Charakteristisch ist in dieser Hinsicht die Darstellung des Valerius Maximus (*Factorum et dictorum libri* 2,6,11), derzufolge die Kimbern und Keltiberer im Unterschied zu den Galliern in der Schlacht frohlockten, weil sie ihr Leben dort auf glückliche Weise zu beenden hofften, während sie bei einer Krankheit nur jammerten, da sie einen solchen Tod für schändlich hielten.[14] Zum einen zeigt sich in dieser Mitteilung zweifellos die für Griechen und Römer charakteristische Vorstellung, eine vermeintlich niedrigere Zivilisationsstufe sei mit einer besonders kriegerischen Lebensweise verbunden. Zum anderen dürfte die betreffende Stelle aber auch als Hinweis darauf zu werten sein, dass das Ideal des Kriegers in der Tat einen hohen Stellenwert innerhalb der keltiberischen Gesellschaft einnahm, was sich auch in besonderen Riten und religiösen Vorstellungen widerspiegelte.

Mehrfach bezeugt ist in diesem Zusammenhang die große Wertschätzung des Gefolgschaftswesens bei den Keltiberern. Den vielleicht frühesten Hinweis darauf findet man bei Sallust, dessen Darstellung uns jedoch nur durch einen knappen Hinweis im Vergilkommentar des Servius erhalten ist.[15] Seinen Worten zufolge war es eine Sitte der Keltiberer, dass sie sich für ihre Könige opferten und es ablehnten, diese zu überleben. Mit ähnlichen Worten berichtet Valerius Maximus (*Facto-*

---

[13] S. Raftery 1994, 61, und vgl. unten S. 239 zu den irischen Parallelen.

[14] S. dazu Hofeneder 2008, 256–257, sowie

(zur weniger aussagekräftigen Parallelüberlieferung bei Cicero) 28–29.

[15] S. dazu Hofeneder 2008, 59–60.

Tessera hospitalis

rum et dictorum libri 2,6,11), die Keltiberer hielten es für einen Frevel, eine Schlacht zu überleben, wenn jener, zu dessen Heil sie ihr Leben geweiht hätten, gefallen sei.[16] Ähnliches berichten Plutarch (*Sertorius* 14,5) und Strabo (3,4,18) von den Iberern, Caesar von den Aquitanern (*BG* 3,22,1–4) und Arvernern (*BG* 7,40,7).[17]

Die hohe Wertschätzung der G a s t f r e u n d s c h a f t bei den Keltiberern betonte Poseidonios (bei Diodor 5,34,1), demzufolge Personen, denen Fremde (als Gäste) folgten, als «Freunde der Götter» gepriesen würden.[18] Eine archäologische Bestätigung für diese herausragende Rolle der Gastfreundschaft sieht man in den so genannten *tesserae hospitales*, oft bildlich gestaltete und mit Inschriften versehene Erkennungszeichen aus Bronze, welche die körperliche Unversehrtheit von Reisenden und deren gastfreundliche Aufnahme garantieren sollten. Kontrovers diskutiert wird die Frage, inwiefern die Gastfreundschaft und damit verbundene Einrichtungen auch im Zusammenhang mit einer weitgehenden Mobilität von überwiegend pastoralen Gesellschaften infolge von Transhumanz zu sehen ist.[19]

7. Religion

Gesamtdarstellungen der keltischen Religion auf der Iberischen Halbinsel bieten Sopeña Genzor 1995 und Sopeña 2005 sowie Marco Simón 1998 und 2005. Die keltischen Götter der Pyrenäenhalbinsel behandelt ausführlich Olivares Pedreño 2002 und 2005, die keltischen Kultstätten Nünnerich-Asmus 1999, Gabaldón Martínez 2004, Alfayé u. Marco Simón 2008, García Quintela u. Santos Estévez 2008 sowie Alfayé Villa 2009. Vgl. ferner die Beiträge in Burillo Mozota 2010 und Arenas Esteban 2010.

[16] S. dazu Hofeneder 2008, 256.
[17] S. dazu Hofeneder 2005, 173–176 und 223–224, Hofeneder 2008, 219–220 sowie zur Interpretation Peschel 2006.

[18] S. dazu und zum Folgenden Hofeneder 2005, 156–157 mit weiterer Literatur.
[19] Vgl. dazu Salinas de Frias 1999 und Sánchez Moreno 2001.

Im Hinblick auf die Kulte, Riten und Mythen der Kelten auf der Iberischen Halbinsel gehen die Auffassungen moderner Autoren je nach den Prämissen, die ihrer
Darstellung zugrunde liegen, teilweise weit auseinander. Zunächst liegt dies an
grundsätzlichen Differenzen bezüglich der Frage, welche Quellen überhaupt als
relevant einzustufen sind: Darf man auf diesem Gebiet nur explizit auf die *Celtiberi*
bezogene Schriftquellen auswerten, oder sind auch Nachrichten über benachbarte
Völker wie etwa die Lusitanier heranzuziehen? Des Weiteren ist festzustellen, dass
die Beweis- und Aussagekraft weiterer festland- und inselkeltischer Quellen durchaus unterschiedlich beurteilt wird. Sollte man diese – räumlich und zeitlich zumeist
weit entfernten und darüber hinaus oft selbst problematischen – Zeugnisse als
Ergänzung und Interpretationshilfe bei der Deutung einbeziehen oder aber strikt
davon trennen? Hingewiesen sei schließlich auch auf die forschungsgeschichtlich
bedingte Problematik, dass die Kelten der Iberischen Halbinsel gerade in den letzten
Jahrzehnten Gegenstand folkloristischer und esoterischer Vermarktung geworden
sind, was auch für Publikationen mit wissenschaftlichem Anspruch nicht folgenlos
blieb.

Unter den literarischen Zeugnissen fand von jeher der erstmals von Silius Italicus
(*Punica* 3,340–343) für die Keltiberer bezeugte religiöse Brauch der Leichenaus-
setzung besondere Beachtung.[20] Seiner Darstellung zufolge hielten die Keltiberer es
für ein Sakrileg, die Leiche eines im Kampf gefallenen Kriegers zu verbrennen, da
sie glaubten, er könne nur dann zu den Göttern im Himmel gelangen, wenn ein
Geier den Leichnam verzehre. Bestätigt wird dieser Hinweis durch eine Bemerkung Aelians (*De natura animalium* 10,22) über das Totenbrauchtum eines von
ihm als *Barkaioi* bezeichneten Volks, womit entweder die den Keliberern benachbarten *Vaccaei* oder der keltiberische Teilstamm der *Aravaci* gemeint sein dürften.
Aelian zufolge würden dort Personen, die an einer Krankheit sterben, verbrannt, da
ein solcher Tod als schimpflich gelte, während man die im Kampf Gefallenen den
Geiern überlasse, die man für heilige Tiere halte.[21] Zusätzlich bestätigt werden diese
literarischen Zeugnisse durch bildliche Darstellungen auf Keramikfragmenten aus
Numantia, die Raubvögel beim Verschlingen der Leichen toter Krieger zeigen.

Als Hinweis auf einen traditionellen, vielleicht bereits vorkeltischen Bergkult gilt
die Bemerkung Martials über den «heiligen Vadavero mit seinen zerklüfteten Fel-
sen» (1,49,5–6: *fractis sacrum Vadaveronem montibus*), obschon sowohl die Etymologie
des Namens als auch die Identifikation des Berges unklar sind.[22] Einen heiligen
Steineichenhain, der nur zu Fuß betreten wurde (oder betreten werden durfte),
erwähnt Martial in einem Epigramm über verschiedene Ortschaften seiner Heimat
(4,55,23–24), das damit eine wertvolle Ergänzung zu anderen Nachrichten (Plinius,
Naturalis historia 16,249–251 und Strabo 12,5,1) über die besondere Bedeutung der
Eiche bei den Galliern bzw. den Galatern bietet.[23]

---

[20] S. dazu ausführlich Hofeneder 2008, 439–
444, sowie zum keltiberischen Totenbrauchtum
im Allgemeinen Sopeña Genzor 1995, 157–262.
[21] S. dazu Hofeneder 2011, 189–190.
[22] Vgl. dazu Hofeneder 2008, 431–433.

[23] Vgl. dazu ausführlich Hofeneder 2008,
435–436. Zu den genannten Parallelen, die
natürlich ebensogut als Konvergenzen wie als
Hinweise auf historische Zusammenhänge gedeutet werden können, s. S. 169–171 und 262.

Einige Hinweise auf die Wahrsage- und Opferriten der Lusitanier und ihnen benachbarter Gebirgsbewohner gibt Strabo (3,3,6–7).[24] Dabei ist allerdings zu beachten, dass die Lusitanier mehrheitlicher Forschungsmeinung zufolge keine keltische Sprache verwendeten und wir über die Sprache der von Strabo als «Gebirgsbewohner» (oreioi) bezeichneten Nachbarstämme nichts Genaues wissen. Nach der Darstellung Strabos, der darin vermutlich Poseidonios folgt, weissagten die Lusitanier mit Hilfe der Eingeweideschau, die auch bei dafür eigens mit Mänteln verhüllten Kriegsgefangenen durchgeführt wurde. Die Bergbewohner, so Strabo weiter, pflegten dem (von ihm mit Ares gleichgesetzten) Kriegsgott einen Ziegenbock sowie Kriegsgefangene und Pferde zu opfern. Beide Angaben finden Entsprechungen in dem, was andere Autoren von den Kelten und ihnen benachbarten Völkern berichten. So etwa erwähnt Silius Italicus (Punica 3,344) die Praxis der Eingeweideschau in seiner Schilderung der in Galicien beheimateten Callaici, während sie ansonsten von Tacitus (Annales 14,30,5) den Britanniern und von Iustinus (Epitoma 26,2,2) den Galatern zugeschrieben wird.[25] Die Praxis der Weissagung aus dem Fall des mit einem Dolchstoß niedergestreckten Opfers schreibt Poseidonios (bei Diodor 5,31,3) ganz allgemein den Kelten zu, wie dies auch im Hinblick auf die Opferung von Kriegsgefangenen von antiken Autoren des Öfteren behauptet wird.[26] Für die Kelten und andere, benachbarte Völker der Pyrenäenhalbinsel mehrfach bezeugt ist das Abhacken der Hände eines Feindes.[27] So etwa berichtet Florus (Epitoma 1,34), die Keltiberer hätten zu Beginn des Krieges gegen Numantia ca. 153 v. Chr. die Aufforderung der Römer nach dem Niederlegen der Waffen als gleichbedeutend mit dem Abhacken der Hände zurückgewiesen. Nach Diodor (13,57,3) nahmen iberische Söldner im Dienste Karthagos bei der Eroberung der Stadt Selinunt Köpfe und Hände als Trophäen, und nach Strabo (3,3,6) brachten die Lusitaner die rechten Hände der Gefangenen den Göttern als Opfer dar. Die Existenz weissagender Frauen bei den Keltiberern erschließt man aus einem knappen Hinweis Suetons (Galba 9,2), der allerdings keine weiteren Rückschlüsse zulässt.[28]

Eine oft zitierte Bemerkung über die Gottesvorstellung der Keltiberer bietet Strabo (3,4,16), der damit vermutlich einmal mehr auf Poseidonios fußt, sich an der betreffenden Stelle jedoch nur auf nicht namentlich bezeichnete Gewährsleute beruft.[29] Wie er schreibt, behaupteten einige (enioi), die Kallaiker hätten keine Götter, während die Keltiberer und ihre nördlichen Nachbarn zu Ehren eines namenlosen Gottes bei Vollmond des Nachts im Freien mit der gesamten Familie tanzten und feierten. Dass Tänze bei religiösen Riten in der Tat eine wichtige Rolle spielten, darf als wahrscheinlich gelten und wird von Silius Italicus (Punica 3,347–348) im Hinblick auf die Kallaiker sowie von Diodor (5,34,5) für die Lusitanier ausdrücklich bestätigt.[30] Die Bezeichnung der Kallaiker als «gottlos» sollte vermutlich ihre niedrige Zivilisationsstufe kennzeichnen, wohingegen die Auffassungen

---

[24] Vgl. zum Folgenden ausführlich Hofeneder 2008, 207–214.

[25] Vgl. dazu ausführlich Hofeneder 2008, 444 und 497, sowie Hofeneder 2011, 300–302.

[26] Vgl. dazu ausführlich Hofeneder 2005, 61–62 und 150.

[27] S. dazu die Zusammenstellung der Zeug-

nisse und den Kommentar von Hofeneder 2008, 70, 210–211 und 601.

[28] S. dazu Hofeneder 2008, 519 und (zu einer möglichen Parallele) 523–524.

[29] S. dazu ausführlich Hofeneder 2008, 214–218.

[30] S. dazu Hofeneder 2008, 445.

bezüglich der Identität des «namenlosen» Gottes der Keltiberer auseinandergehen. Die einst weit verbreitete Meinung, es handle sich dabei um den von Strabo ausdrücklich genannten Mond, ist wohl eine Überinterpretation dieser Stelle, die auch durch weitläufige Parallelen nicht erhärtet wird.

8. Sprache

Gesamtdarstellungen der keltiberischen Sprache bieten Villar 1997/98 sowie Jordán Cólera 1998 und 2007. Eine Sammlung der keltiberischen Inschriften gibt Untermann 1997, als Wörterbuch dazu dient Wodtko 2000. Zu den keltiberischen Personen-, Orts- und Völkernamen vgl. García Alonso 2003, 2006 und 2008b, García Quintela 2005, García Moreno 2006, Stüber 2006 und Jordán Cólera 2008. Vgl. ferner Gorrochategui 2011. Zum Lusitanischen vgl. Cardim Ribeiro 2010, Guerra 2010, Moret 2010 und Wodtko 2010, zum Tartessischen Koch J. T. 2009a, 2010 und 2011.

In sprachlicher Hinsicht kann man auf der Iberischen Halbinsel vor der römischen Eroberung mehrere indogermanische und nichtindogermanische Sprachen unterscheiden, deren Beziehungen zueinander jedoch vielfach unklar sind und deren Verbreitungsgebiet sich oft nur annäherungsweise anhand von Ortsnamen und Inschriftenfunden bestimmen lässt.

Im Pyrenäengebiet am Golf von Biskaya wurde eine frühe Form des Baskischen (Euskara) gesprochen, die durch Personen- und Götternamen in lateinischen Inschriften auch aus Aquitanien bekannt ist. Eine Verwandtschaft des Baskischen mit irgendeiner anderen lebenden oder bereits ausgestorbenen Sprache konnte bislang nicht nachgewiesen werden.

Im Osten und Südosten der Iberischen Halbinsel sowie entlang der südwestfranzösischen Mittelmeerküste war die iberische Sprache verbreitet. Aus den letzten vier Jahrhunderten v. Chr. kennt man über 2000 zumeist kurze Inschriften, von denen die meisten in der Iberischen Silbenschrift geschrieben sind. Obschon diese Schrift entziffert ist, weiß man über die grammatische Struktur der Sprache dennoch nur wenig, so dass Vermutungen über einen Zusammenhang des Iberischen mit dem Baskischen oder mit den Berbersprachen Nordafrikas nicht erhärtet werden können.

In seiner Stellung innerhalb des indogermanischen Sprachzweigs umstritten ist das im Westen der Iberischen Halbinsel zwischen Douro und Tajo beheimatete Lusitanische, das man aus insgesamt fünf im lateinischen Alphabet geschriebene Inschriften sowie aus einigen Orts-, Personen- und Götternamen kennt. Nach diesem Sprachgut zu urteilen, hatte das Lusitanische eine starke Ähnlichkeit mit dem Keltischen, zeigt jedoch am Wortanfang noch den im Keltischen in dieser Stellung geschwundenen Laut *p* (vgl. lusitanisch *porcom* «Schwein» gegenüber altirisch *orc*). Die Zugehörigkeit des Lusitanischen zum keltischen Sprachzweig ist daher umstritten, zumal die Sprache auch Lautentwicklungen zeigt, die für das Keltische untypisch sind.[31] Keltische Namen begegnen darüber hinaus jedoch auch nördlich des Douro im Gebiet des Volks der Callaici, das im Wesentlichen der

---

[31] S. de Bernardo Stempel 2007, 150.

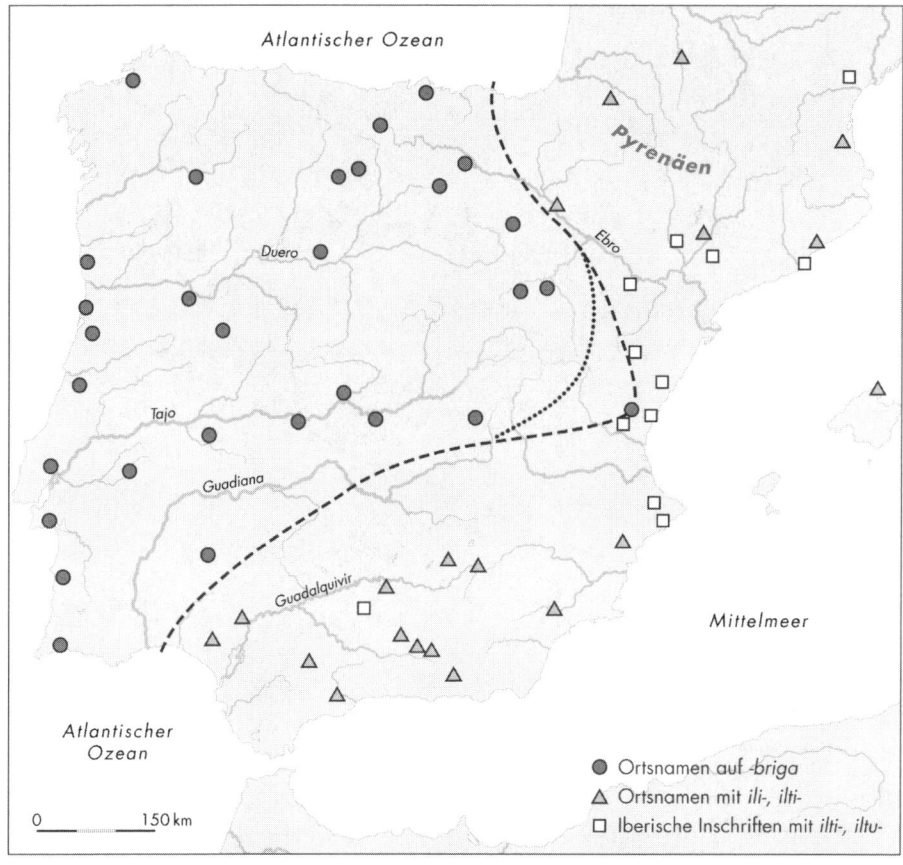

Atlantischer Ozean

Pyrenäen

Duero

Ebro

Tajo

Guadiana

Mittelmeer

Guadalquivir

Atlantischer
Ozean

0   150 km

● Ortsnamen auf *-briga*
△ Ortsnamen mit *ili-, ilti-*
□ Iberische Inschriften mit *ilti-, iltu-*

Verbreitung indogermanischer und iberischer Ortsnamen

heutigen Region Galicien entspricht. Keltischsprachig waren wohl auch die *Celtici*, die sowohl die Küste im äußersten Nordwesten der Iberischen Halbinsel als auch Landstriche im Südwesten Hispaniens bewohnten.[32]

Südlich des Lusitanischen, in Südportugal und im westlichen Andalusien, findet man das Tartessische. Das Hauptverbreitungsgebiet der Sprache wird in der Region um Huelva zwischen Guadiana und Guadalquivir vermutet, doch wurden viele der insgesamt knapp hundert, in einer Variante der Iberischen Silbenschrift aufgezeichneten Inschriften aus dem 7. bis 5. Jahrhundert v. Chr. außerhalb dieser Region im Ausstrahlungsbereich des Kerngebiets gefunden. Einiges in den Inschriften lässt sich möglicherweise aus dem Keltischen deuten, doch besteht Unklarheit darüber, ob es sich bei dem Tartessischen um eine nichtindogermanische oder um eine indogermanische Sprache mit keltischem Lehngut oder womöglich sogar um eine bis dahin unbekannte Variante des Keltischen handelt.

[32] Vgl. dazu de Bernardo Stempel 2007, 150–151.

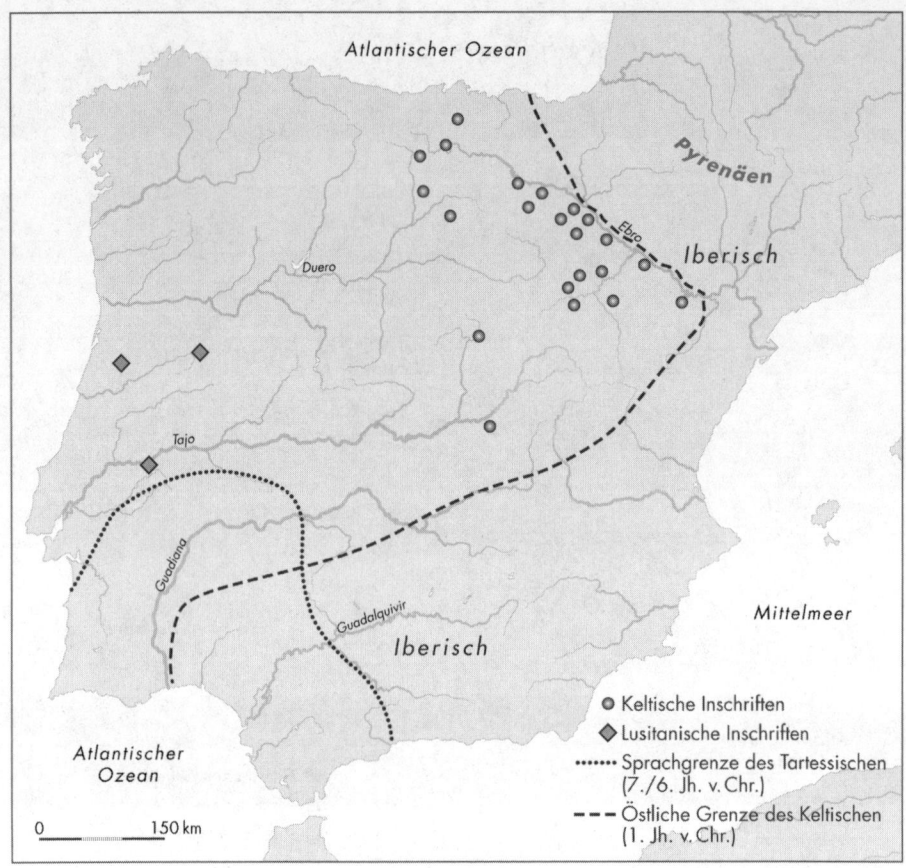

Sprachen der Iberischen Halbinsel

Unzweifelhaft keltisch ist das mitunter auch als «Hispanokeltisch» bezeichnete Keltiberische, das westlich des Ebro im Quellgebiet der Flüsse Douro, Tajo, Júcar und Turia gesprochen wurde. Eine Hauptquelle für unsere Kenntnis des Keltiberischen sind knapp zweihundert Inschriften aus dem 2. und 1. Jahrhundert v. Chr., die größtenteils in einer nordöstlichen Variante der Iberischen Silbenschrift und zu einem kleinen Teil im lateinischen Alphabet geschrieben sind. Bei Ersteren wird die Interpretation namentlich dadurch erschwert, dass die Iberische Silbenschrift keinen Unterschied zwischen stimmhaften und stimmlosen Verschlusslauten macht, Nasallaute am Silbenende oft unbezeichnet bleiben und Konsonantenverbindungen nur als eine Folge offener Silben, bestehend aus Konsonant und Vokal, dargestellt werden können.

Zu den umfangreichsten dieser Inschriften gehören die insgesamt vier Bronzetafeln von Botorrita in der Provinz Saragossa, die zwischen 1970 und 1994 bei archäologischen Ausgrabungen in der keltiberischen Siedlung Contrebia Belaisca gefunden wurden. Die erste, ca. 40 × 10 cm große, 1970 gefundene Tafel aus der Zeit um 100 v. Chr. ist auf beiden Seiten in der iberischen Silbenschrift beschrieben, wobei die Vorderseite vermutlich eine Sammlung religiöser Rechtsvorschriften und die Rückseite allem Anschein nach eine Aufzählung von Personen mit Herkunfts- und Amtsbezeichung enthält.[33] Die zweite, 1979 gefundene und durch die Bezeichnung der zur Zeit ihrer Abfassung amtierenden römischen Konsuln auf das Jahr 87 v. Chr. datierbare Inschrift ist in lateinischer Sprache und Schrift aufgezeichnet und für unsere Kenntnis des Keltiberischen nur insofern relevant, als man daraus Rückschlüsse auf die Verwaltung der Siedlung Contrebia Belaisca und ihr Umfeld ziehen kann. Bei der dritten, 1992 gefundenen Inschrift handelt es sich um den bislang längsten keltiberischen Text, der jedoch aus einer Aufzählung von Eigennamen besteht und infolgedessen zur Kenntnis der Keltiberischen nur wenig beiträgt.[34] Die vierte, 1994 entdeckte Bronzetafel stammt vermutlich aus der gleichen Zeit wie die erste und enthält möglicherweise ebenfalls sakrale Rechtsvorschriften. Sie ist jedoch bedeutend schlechter erhalten, so dass keine Übersetzung möglich ist.[35]

Nach Ausweis der Inschriften zeigte das Keltiberische etliche c h a r a k t e r i s t i - s c h e   M e r k m a l e   d e s   K e l t i s c h e n , darunter den Wegfall des *p* am Wortanfang, den Übergang von *ē* zu *ī* sowie den Übergang von *ō* zu *ū* in der Endsilbe eines Wortes. Zu den altertümlichen Zügen des Keltiberischen gehören die Bewahrung des Labiovelars *k*[w], die Wortstellung Subjekt – Objekt – Verb (wie im Lateinischen), die Doppelsetzung der enklitischen Partikel *-kue* «und» (wie τε in der Sprache Homers, doch anders als das nur einmal gesetzte lateinische *-que*) und die Bewahrung eines flektierten Relativpronomens *ios*.

---

[33] Vgl. dazu zuletzt Prósper 2008 sowie de Bernardo Stempel 2010.

[34] Vgl. dazu Beltrán u. a. 1996.
[35] Vgl. dazu Villar u. a. 2001.

V.

DIE KELTEN IM VORRÖMISCHEN BRITANNIEN

Im Unterschied zu den bisher behandelten Regionen Mittel- und Westeuropas, Oberitaliens und der Iberischen Halbinsel gelten die Britischen Inseln und Irland nicht schon in der Antike als Siedlungsgebiete der Kelten, da antike Autoren die Bezeichnung *Keltoi / Celtae* grundsätzlich nicht auf diese Inseln anwenden. Als «keltisch» gelten die betreffenden Länder daher erst seit dem 18. Jahrhundert, und zwar zunächst im Hinblick auf ihre Sprache. Wann und unter welchen Umständen das Keltische nach Britannien und Irland gelangte und alle vorher dort verbreiteten Sprachen verdrängte, ist jedoch bis heute ungeklärt. Dass eine oder mehrere Wellen von Einwanderern vom europäischen Festland dafür verantwortlich sein müssten, galt bis in die 1960er Jahre als ausgemacht, wird seitdem jedoch zunehmend in Zweifel gezogen, da man einerseits keine eindeutigen archäologischen Hinweise auf solche Wanderungsbewegungen hat und andererseits sowohl auf den Britischen Inseln als auch in Irland eine ausgeprägte Kontinuität von der Bronze- zur Eisenzeit zu konstatieren ist.

1. Geschichte

Zu den keltischen Kulturen der Britischen Inseln und Irlands im Allgemeinen kurz zusammenfassend Hill 1995a, Haselgrove 2001 und Raftery 2006. Umfassende Gesamtdarstellungen der Eisenzeit in Britannien bieten Cunliffe 2005 und Bradley 2007. Speziell zu Schottland s. Ballin Smith u. Banks 2002. Die Interaktion von Kelten und Römern im Norden Britanniens behandelt Harding 2004. Neuere regional begrenzte Studien bieten Hutcheson 2004, Moore 2006, Ralph 2007, Davies 2008, Davies 2010, Jolliffe 2010, Meade 2010, Sharples 2010, Papworth 2011 und Ross 2011. Zu neueren Forschungsansätzen vgl. Sharples u. a. 2008, zur Forschungsgeschichte vgl. Piggott 1989 und Morse 2005.

Die Anfänge der Bronzeverarbeitung in Britannien fallen in die Zeit um 2100 v. Chr. Zwischen 2100 und 1500 v. Chr. datiert man die Frühe B r o n z e z e i t, zwischen 1500 und 1100 v. Chr. die Mittlere und zwischen 1100 und 800 v. Chr. die Späte Bronzezeit, die jeweils anhand charakteristischer Fundgruppen in weitere Phasen unterteilt werden. Aus dem 8./7. Jahrhundert v. Chr. stammen die ältesten Funde eiserner Waffen und Werkzeuge vom Typ Hallstatt C, die zu Beginn des 20. Jahrhunderts im See von Llyn Fawr in Südwales sowie seither auch an anderen Fundorten vor allem im Südwesten Britanniens gefunden wurden.[1] Die darauf folgende Periode Hallstatt D, aus der man auf dem europäischen Festland die gemeinhin als frühkeltisch angesehenen Fürstengräber kennt, ist in Britannien ebenfalls durch einzelne Funde vertreten, wobei einige davon importiert, andere dagegen vor Ort

---

[1] Zu den frühesten Eisenfunden vgl. knapp zusammenfassend O'Connor 2007.

hergestellt worden sein dürften und jedenfalls die Kontinuität der kulturellen Beziehungen zwischen Britannien und dem europäischen Festland bezeugen.

Wohl im Zusammenhang mit dem Zinnhandel rückten die Britischen Inseln im Laufe des 7./6. Jahrhunderts erstmals in den Gesichtskreis der mediterranen Schriftkulturen. Zu den ältesten aus dieser Zeit bewahrten Nachrichten gehört vielleicht der bei Avienus (*Ora maritima* 108–112) erhaltene Hinweis auf die in der Nähe Irlands gelegene «Insel der Albionen» (*insula Albionum*), der auf jene alte keltische Bezeichnung Britanniens zurückgehen dürfte, die auch in dem Götternamen *Albiorix* (CIL XII 1300) erscheint, bei Plinius (*Naturalis historia* 4,102) in der latinisierten Form *Albion* bezeugt ist und noch heute in irisch *Albain* und schottisch-gälisch *Alba* als Bezeichnungen Schottlands weiterlebt.[2] Die Bezeichnung *Britannia* als gängiger lateinischer Name der britischen Hauptinsel ist demgegenüber eine Ableitung von *Britanni*, dem Namen der Inselbewohner, der in den älteren griechischen Quellen noch in der Schreibung *Prettanoi* erscheint und in walisisch *Prydain* weiterlebt.[3] Ein keltisches Wort für «Zinn» verbirgt sich möglicherweise hinter der griechischen Bezeichnung Kassiteriden, womit unter anderem Herodot (3,115,1), Diodor (5,38) und Strabo (2,5,15, 3,2,9 und 3,5,11) eine Inselgruppe in der Nähe von Britannien als Ursprungsregion des Zinns bezeichnen.

Die Frage, wann und unter welchen Umständen das Keltische nach Britannien gelangte und dort alle anderen Sprachen verdrängte, ist nicht zu beantworten. Archäologische Hinweise auf die Einwanderung geschlossener Gruppen bieten lediglich die Gräber der nach dem Gräberfeld von Arras bei Market Weighton in East Yorkshire so genannten Arras-Kultur aus der Mittleren Latènezeit, deren einzige Parallelen nicht in Britannien, sondern in Nordgallien zu finden sind.[4] Selbst in diesem Fall ist es jedoch umstritten, ob man die Übereinstimmungen im Bestattungsbrauch auf den Zustrom größerer Bevölkerungsteile, auf die Einwanderung einer kleinen Elite oder gar überhaupt nur auf kulturelle Konvergenzen ohne eine wirkliche Migration zurückführen sollte.

Ausführlichere Nachrichten über Britannien bietet erstmals Caesar, dessen ethnographischer Exkurs darüber in seinen Feldzugsberichten (*BG* 5,12–13) vielleicht jedoch nicht von ihm selbst stammt, sondern eine spätere Interpolation darstellt. Sachlich richtig erscheinen in diesem Exkurs die Hinweise auf die Gewinnung von Eisen und Zinn, den Waldreichtum der Insel, die Angaben über die uneinheitliche Zusammensetzung der Bevölkerung, bei der Ureinwohner und vom Festland zugewanderte Belger unterschieden werden, und die Angaben über die große Bedeutung des Ackerbaus und der Viehzucht bei den vom europäischen Festland eingewanderten Küstenbewohnern. Dagegen dürfte die Hervorhebung der primitiven Lebensweise der Ureinwohner im Landesinneren teilweise stark übertrieben und den Klischees der antiken Ethnographie verpflichtet sein.

Bereits vor Caesar hatte der kulturelle Austausch zwischen Nordgallien und dem Südosten Britanniens im Gefolge der verstärkten römischen

[2] S. Rivet u. Smith 1979, 238, Delamarre 2003, 38, und zu Avienus Hofeneder 2005, 18. Vgl. ferner den galatischen Personennamen Albiorix (S. 268).

[3] S. Rivet u. Smith 1979, 280–282.
[4] Vgl. dazu knapp zusammenfassend Stead 1991b sowie die neueren Studien von Anthoons 2007, Giles 2007 und Dent 2010.

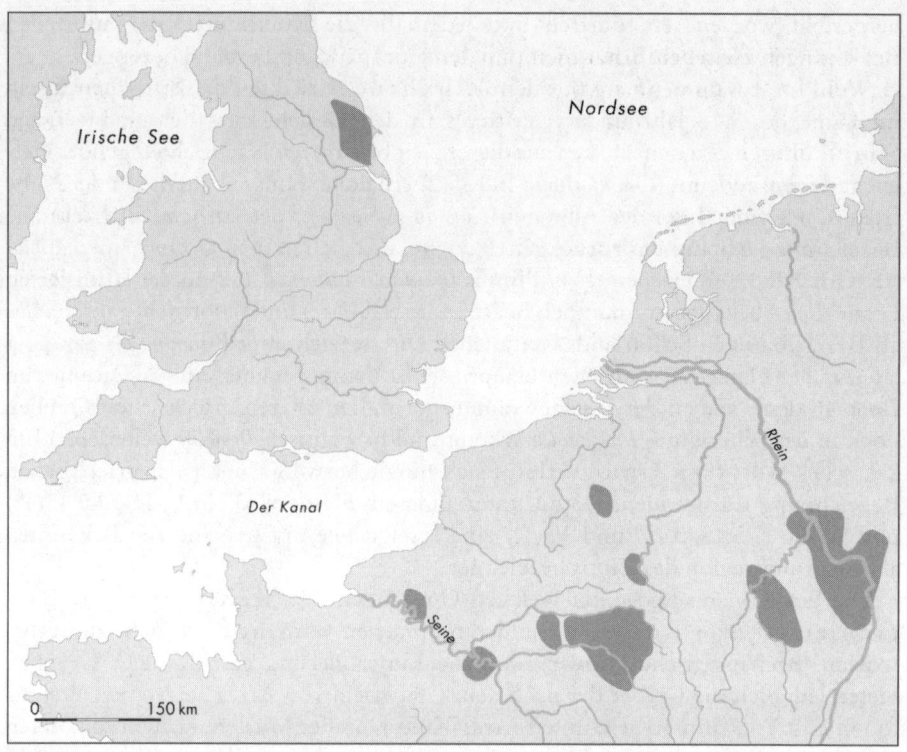

Verbreitung frühlatènezeitlicher Wagengräber

Präsenz in Gallien nach Einrichtung der Provinz Gallia Narbonensis stark zugenommen. Im Gefolge der römischen Eroberung ganz Galliens wurden diese
Kontakte weiter intensiviert und mündeten schließlich seit der römischen Invasion
unter Claudius 43 n. Chr. in die Eroberung und Romanisierung weiter Teile der
Insel (S. 274–276).

2. Wirtschaftsformen

Zu den Umweltbedingungen im 1. Jahrtausend v. Chr. knapp zusammenfassend Bell M. 1996,
zur Landwirtschaft im Allgemeinen (mit reichen Literaturangaben) Cunliffe 2005, 407–445. Den
Ackerbau behandelt Jones 1996, Haselgrove u. Lowther 2000 sowie Bradley u. Yates 2007, die
Tierhaltung Maltby 1996 und Albarella 2007. Zur Eisenproduktion vgl. Halkon 2007, zur Salzgewinnung Morris 2007.

Wie bei den folgenden Abschnitten über das Siedlungswesen und das (Kunst-)
Handwerk ist auch im Hinblick auf die Wirtschaftsformen davon auszugehen, dass
Britannien im 1. Jahrtausend v. Chr. keine naturräumliche Einheit mit
weitgehend gleichförmigen Charakteristika darstellte, sondern ganz im Gegenteil
große, durch Relief, geographische Lage und Klima bedingte Unterschiede auf-
wies. Entsprechend unterschiedlich sind in den einzelnen Regionen das Ausmaß

der landwirtschaftlichen Nutzung des Bodens und der jeweilige Anteil des Ackerbaus und der Viehzucht.

Insgesamt ist die Eisenzeit in Britannien durch eine Intensivierung der L a n d -
w i r t s c h a f t gekennzeichnet.[5] Eine Hauptquelle unserer Kenntnis der gängigen Kulturpflanzen sind die verkohlten Überreste von Pflanzenbestandteilen sowie entsprechende Abdrücke in feuchtem Ton. Unter den angebauten Getreidesorten war der
kälte- und schädlingsresistente, für ganz verschiedene Böden geeignete Spelzweizen
besonders weit verbreitet, der noch in der Mittleren und Späten Bronzezeit kaum eine
Rolle gespielt hatte, aber auch nach der Romanisierung Britanniens vielerorts angebaut wurde. Im Unterschied dazu verlor der von der Jungsteinzeit bis zum Ende der
Bronzezeit weit verbreitete Emmer immer mehr an Bedeutung, obwohl er namentlich in Südwestengland und Schottland auch in der Eisenzeit angebaut wurde. Daneben konnten auch Gerste, Hafer und Roggen sowie an Hülsenfrüchten Erbsen und
Bohnen nachgewiesen werden. Abgesehen von ihrer Verwendung als Nahrungs-
grundlage des Menschen und als Viehfutter spielten Pflanzen auch eine wichtige
Rolle für das Handwerk. Stark ausgeprägte Unterschiede in der Häufigkeit des Vor-
kommens von Keramik lassen darauf schließen, dass in einigen Regionen Britanniens
(wie auch ganz allgemein in Irland) Gefäße und Behälter vielfach aus Holz oder anderen organischen Materialen gefertigt wurden, jedoch nur ausnahmsweise erhalten
blieben. Gelagert wurde das Getreide teils in unterirdischen, mit einer Lehmschicht
versiegelten Vorratsgruben, teils in oberirdischen hölzernen Speichern, von denen in
der Regel nur die Pfostenlöcher erhalten blieben. Zu Mehl verarbeitet wurde das
Getreide mit Drehmühlsteinen, die erstmals für die Frühe Eisenzeit belegt sind.

Eine Hauptquelle unseres Wissens über Haus- und Nutztiere bilden Tierknochenfunde, wobei jedoch sowohl der Forschungsstand als auch die Erhaltungsbedingun-
gen regional höchst unterschiedlich sind.[6] Die genauesten Angaben stammen aus
Süd- und Mittelengland, wo etliche Fundorte mit über 1000 Tierknochenresten zu
finden sind. Das umfangreichste Material lieferte mit fast 140 000 Tierknochenresten die Hügelfestung Danebury, die in dieser Hinsicht alle anderen eisenzeitlichen
Siedlungen Britanniens übertrifft. Im Allgemeinen waren Rinder und Schafe die
häufigsten Nutztiere, wobei vor allem in höher gelegenen und wasserarmen Gebieten die genügsameren Schafe überwogen. Schweine waren demgegenüber insgesamt deutlich seltener als auf dem europäischen Festland. In den relativ wenigen
Fundorten, wo fast ebenso viele oder sogar noch mehr Schweineknochen als solche
von Rindern und Schafen gefunden wurden, könnten sich kontinentale Einflüsse
widerspiegeln. Allgemeine Aussagen über zeitliche Veränderungen in der relativen
Bedeutung dieser Nutztierarten sind angesichts des Fehlens eingehender Untersuchungen kaum möglich, doch wurde in Danebury eine allmähliche Zunahme der
Schafbestände zu Lasten der Schweinehaltung festgestellt, was vielleicht mit dem
Rückgang der für die Schweinemast mit Eicheln, Bucheckern und Kastanien erforderlichen Waldbestände zusammenhängt. Pferde, die zumeist nicht größer waren
als heutige Ponies, waren weit verbreitet und wurden – worauf ein signifikant nied-
riger Anteil von Jungtierknochen im Fundgut schließen lässt – vor allem als Reit-

---

[5] Das Folgende nach Jones 1996.   [6] Das Folgende nach Maltby 1996.

und Lasttiere, nicht aber zur Fleischgewinnung genutzt. Weit verbreitet waren Hunde, die vermutlich vorwiegend zum Hüten des Viehs und zur Bewachung der Siedlungen eingesetzt wurden. Schnittspuren an Knochen sprechen dafür, dass Hundefleisch mitunter auch verzehrt wurde. Der hohe Anteil vollständig oder zum größeren Teil erhaltener Hundeskelette lässt jedoch vermuten, dass diese Ernährungsgewohnheit nicht allgemein verbreitet war. Insgesamt selten war nach Ausweis der spärlichen Knochenfunde die Geflügelhaltung, wie auch Wildtierknochen fast ausschließlich nur an solchen Fundorten begegnen, wo die Umweltbedingungen Ackerbau und Viehhaltung stark erschwerten.

Die ältesten Hinweise auf Salzgewinnung in Britannien stammen aus der Mittleren oder Späten Bronzezeit.[7] Klare Hinweise auf die eisenzeitliche Salzgewinnung aus Meerwasser hat man vor allem aus den Regionen an der Südostküste (Lincolnshire, Norfolk, Essex, Hampshire und Dorset). Dort ließ man das Meerwasser in flachen, vor Regen geschützten Behältern über einen längeren Zeitraum hinweg verdunsten, um aus der Kruste durch Erhitzen das Salz zu gewinnen. Entsprechende Anlagen kennt man aus der gesamten zweiten Hälfte des 1. Jahrtausends v. Chr.

3. Siedlungswesen

Zum Befestigungswesen vgl. ausführlich Ralston 2006, zum Hausbau Harding 2009. Zu den Hügelfestungen vgl. knapp zusammenfassend Cunliffe 1991b sowie ausführlich Payne u. a. 2006 und Brown 2009. Die schottischen *crannogs* behandeln ausführlich Hale 2004 und Cavers 2010, die schottischen *brochs* und *duns* Romankiewicz 2011.

Während Siedlungen im 19. und frühen 20. Jahrhundert nur selten ausgegraben wurden, hat ihre archäologische Untersuchung in den vergangenen 50 Jahren so stark zugenommen, dass für das Siedlungswesen im eisenzeitlichen Britannien mehr Daten zur Verfügung stehen als in allen anderen von den Kelten bewohnten Gebieten.[8] Gleichwohl ist die Quellenlage sehr unterschiedlich, da sich die weitaus meisten gut erforschten Anlagen in Süd- und Südostengland befinden, während das Siedlungswesen in Wales, Nordengland und auf dem schottischen Festland (im Unterschied zu den in dieser Hinsicht wiederum besser erforschten Hebriden sowie den Orkney- und Shetland-Inseln) sehr viel unzureichender erschlossen ist. Darüber hinaus bringen es die große Menge der vorhandenen Daten und die erheblichen naturräumlich bedingten Unterschiede mit sich, dass man nur wenige allgemein gültige Aussagen treffen kann. So etwa kennt man viele hundert kleine, teils offene und teils leicht befestigte Siedlungen oder Gehöfte sowohl aus dem Südwesten (Cornwall) als auch aus dem Süden und Südosten Britanniens. Große Hügelfestungen mit einer Fläche über 6 ha sind jedoch in Cornwall sehr viel seltener als in den weiter östlich gelegenen Regionen. Es steht zu vermuten, dass das Fehlen großer Hügelfestungen in vielen Gegenden Cornwalls einen geringeren Grad der politischen Zentralisierung widerspiegelt. Dies wiederum könnte mit den

---

[7] Vgl. zum Folgenden Morris 1996, 49–52, sowie Cunliffe 2005, 509–513 (mit reichen Literaturangaben).

[8] Das Folgende nach Cunliffe 2005, 20–21 und 237–406.

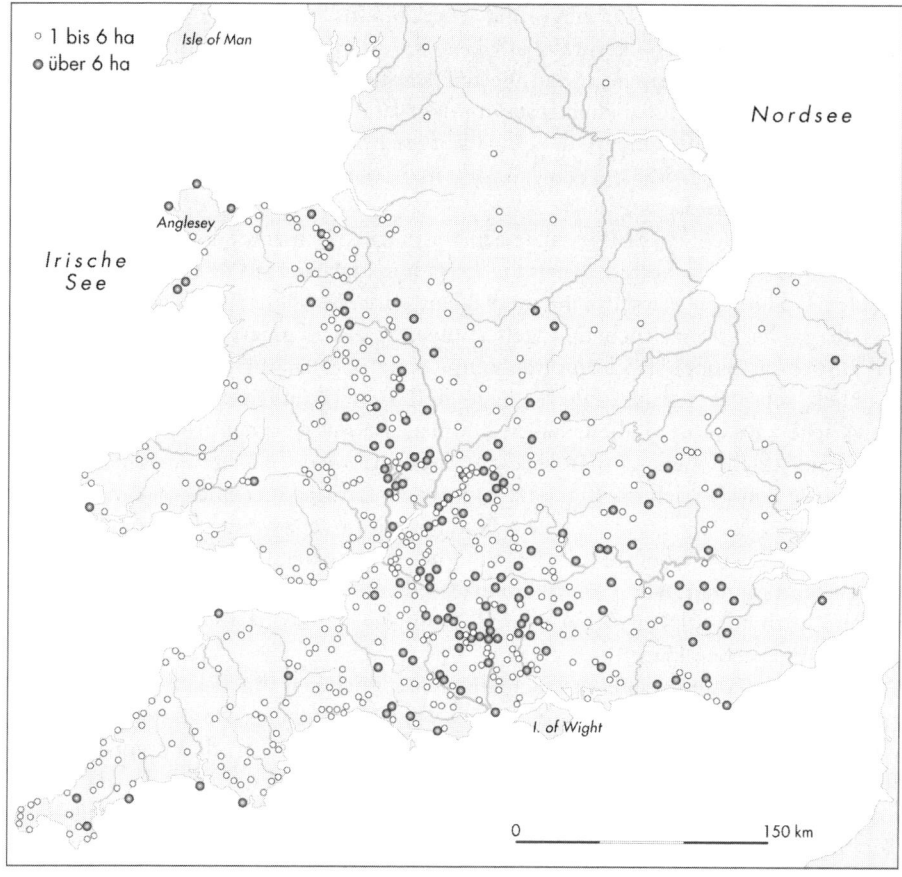

Verbreitung der befestigten Höhensiedlungen (hillforts) im südlichen Britannien

insgesamt weniger günstigen Umweltbedingungen und der relativ größeren Bedeutung der Viehzucht gegenüber dem Ackerbau zusammenhängen, da die geringere
Mobilität von Ackerbauern die Etablierung ortsfester politischer Zentren begünstigt
haben dürfte.[9] Dazu passt der Umstand, dann man über 6 ha große Hügelfestungen
in Wales vor allem im Osten entlang der späteren walisisch-englischen Grenze
findet, während der Südwesten nur relativ kleine Hügelfestungen und der Nordwesten überhaupt nur wenige solcher Anlagen aufweist. Ein augenfälliges Kennzeichen der kleineren Siedlungen im Westen von Wales ist andererseits ihre lange
Nutzungsdauer, da kleinere Gehöfte und Siedlungen in Westwales allem Anschein
nach oft sehr viel länger bewohnt waren, als dies in den durch gesellschaftliche
Umbrüche und Umschichtungen gekennzeichneten Verhältnissen im Südosten
Britanniens der Fall war.[10] Wiederum andere Bedingungen findet man in Schottland, wo insbesondere entlang der Westküste, auf den Hebriden, im äußersten

[9] S. Cunliffe 2005, 290.   [10] S. Cunliffe 2005, 305.

Norden sowie auf den Orkney- und Shetland-Inseln kleinere Siedlungen und Gehöfte in massiver Trockensteinbauweise, die so genannten brochs und duns, begegnen. Charakteristisch für den Westen Schottlands sind ferner die so genannten crannogs, die auf künstlichen Inseln in der Nähe von Seeufern angelegt wurden. Großflächige Hügelfestungen, die einen fortgeschrittenen Grad der Zentralisierung voraussetzen bzw. widerspiegeln, findet man demgegenüber vor allem in der Osthälfte Schottlands.

Über die großen Hügelfestungen mit mutmaßlich zentralörtlicher Funktion liegt eine umfangreiche Literatur vor, die sich jedoch nur auf relativ wenige großflächige Grabungen stützen kann und daher teilweise spekulativ bleibt.[11] Klar ist, dass die großen eisenzeitlichen Hügelfestungen in einer längeren, bis in die Bronzezeit zurückreichenden Tradition stehen und trotz oberflächlicher Ähnlichkeiten im Hinblick auf ihre topographische Lage und Befestigungsweise durchaus unterschiedlichen Zwecken gedient haben können, die sich erst bei großflächigen Ausgrabungen erschließen würden. Klar ist auch, dass jede Anlage eine individuelle Geschichte hat, die sich nicht zuletzt in ihrer Nutzungsdauer und im Verhältnis zu benachbarten Anlagen widerspiegelt. Namentlich in der zweiten Hälfte des 1. Jahrtausends v. Chr. ist dabei mit einer Hierarchie von Anlagen zu rechnen, deren relative Bedeutung man nicht nur aus Unterschieden der Größe und Besiedlungsdichte, sondern auch aus solchen des Aufwands beim Bau repräsentativer Wall- und Toranlagen erschließen kann.

Zu den am intensivsten erforschten eisenzeitlichen Hügelfestungen Englands gehört Danebury ca. 20 km nordwestlich von Winchester.[12] Im 7./6. Jahrhundert v. Chr. angelegt und um 100 v. Chr. aufgegeben, wurde Danebury von 1969 bis 1988 in zwanzig Grabungskampagnen erforscht, wobei knapp über die Hälfte der Fläche freigelegt wurde. Wie sich dabei herausstellte, wurden die Befestigungs- und Toranlagen mehrfach erweitert, während gleichzeitig die Besiedlungsdichte im Inneren beständig zunahm. Die Aufgabe der Siedlung erfolgte wohl im Zusammenhang mit Kampfhandlungen, wie die Zerstörung des Haupttors durch Feuer und Funde zahlreicher Skelette mit Hieb- und Stichverletzungen vermuten lassen.

Ungefähr zur gleichen Zeit wie Danebury entstand auch die Hügelfestung Maiden Castle ca. 2,5 km südwestlich von Dorchester.[13] Mit einer Fläche von ca. 6,4 ha nahm sie in den beiden ersten Jahrhunderten ihres Bestehens noch keine herausragende Stellung ein, doch wurden die Befestigungen zwischen 400 und 300 v. Chr. erheblich verstärkt und die befestigte Fläche auf 19 ha ausgedehnt. Im Gefolge dieser Erweiterung nahm auch die Besiedlungsdichte im Inneren der Anlage zu, während gleichzeitig zwei deutlich kleinere Hügelfestungen in der näheren Umgebung aufgegeben wurden. Im 2. Jahrhundert v. Chr. erreichte die Anlage ihre größte Blüte, verlor bald darauf jedoch zunehmend an Bedeutung und wurde im Gefolge der römischen Invasion des Jahres 43 ganz aufgegeben.

---

[11] Vgl. zusammenfassend Cunliffe 1991b, Collis 1996 und Hill 1996, ferner (ausführlicher) Cunliffe 2005, 347–406.

[12] Vgl. knapp zusammenfassend Cunliffe 1991c sowie ausführlich Cunliffe 2003.

[13] Vgl. knapp zusammenfassend Sharples 1991a sowie (ausführlich) Sharples 1991b.

4. Handwerk und Kunst

Das Handwerk behandeln zusammenfassend, jeweils mit reichen Literaturangaben, Morris 1996 sowie Cunliffe 2005, 485–532. Zur Kunst vgl. ausführlich Jope 2000 sowie ergänzend Macdonald 2007b. Zu Schwertern und Schwertscheiden vgl. ausführlich Stead 2006, zu den eisenzeitlichen Bronzespiegeln Joy 2010, zu den Toilettenutensilien Jackson 2011 und zu den Fibeln Mackreth 2011.

Der überwiegende Teil der handwerklichen Produktion war für den eigenen Bedarf bestimmt, doch gab es daneben auch ein spezialisiertes, als eigenständiger Erwerbszweig betriebenes Handwerk, dessen Produkte für regionale und überregionale Märkte bestimmt waren. Eine wichtige Rolle spielten namentlich in den küstennahen Regionen des Südens und Südostens Handelsbeziehungen zu den benachbarten Stämmen des Festlands, wobei man von dort Rohmaterial wie etwa Glas einführte und zu Fertigprodukten weiterverarbeitete, aber auch umgekehrt Rohstoffe wie etwa Blei und Eisen ausführte.

Weit verbreitet war die Eisenverarbeitung – eine Kunstfertigkeit, die zumindest, was die Herstellung von Waffen und Werkzeugen betrifft, das Bronzehandwerk vom 7. bis zum 4. Jahrhundert v. Chr. allmählich verdrängte.[14] Bedeutende Überreste von Werkstätten, in denen Eisen verarbeitet wurde, fand man in und bei der Hügelfestung Bryn y Castell bei Ffestiniog in Nordwales sowie in der offenen Siedlung von Brooklands in Surrey. Während Funde von Schmelzöfen ansonsten eher selten sind, zeigt die Häufigkeit von Eisenerz und Schlacke, dass Eisen für den Eigenbedarf in vielen, auch kleineren Siedlungen verarbeitet wurde. Funde von Roheisenbarren belegen, dass das Material dafür auch über größere Strecken verhandelt wurde. Eine beachtliche Menge von Gegenständen aus Eisen und Bronze, darunter Schwerter, Speerspitzen, Schildbuckel sowie Teile von Streitwagen und Pferdegeschirren wurde 1942/43 bei der Anlage eines Militärflugplatzes im See Llyn Cerrig Bach im Westen der Insel Anglesey entdeckt.[15] Die Überreste der Werkstatt eines Bronzegießers fand man 1972 bei der archäologischen Untersuchung der eisenzeitlichen Siedlung von Gussage All Saints in Dorset.[16]

Auffällige regionale Unterschiede kann man im Hinblick auf die Herstellung von Keramik feststellen. Im Allgemeinen weisen die süd- und südostenglischen regionalen Kulturen eine reiche und vielfältige Keramikproduktion auf, während Nordwales, Nordengland und ganz Schottland mit Ausnahme der Hebriden relativ fundarm sind.[17] In den zuerst genannten Regionen lässt die regionale Einheitlichkeit der Keramikformen und Verzierungen indessen auf das Bestehen kleinräumiger Gesellschaften schließen, die ihrem Gemeinschaftsbewusstsein nicht zuletzt auch in ihrer handwerklichen Produktion Ausdruck verliehen. Einmal mehr sind auch hier überregional wirksame kulturelle Einflüsse zu beobachten, indem die Keramik in

[14] Das Folgende nach Cunliffe 2005, 493–499.

[15] S. dazu knapp zusammenfassend Green 1991 sowie ausführlich Fox 1946. Vgl. ferner Roberts 2002 sowie Macdonald 2007a.

[16] S. knapp zusammenfassend Foster 1991 sowie ausführlich Wainwright 1979.

[17] Vgl. zum Folgenden Morris 1996, 41–49, sowie Cunliffe 2005, 87–124 und 504–508.

Cornwall an Gefäße aus der Bretagne und die in Kent an solche aus Nordgallien erinnert. Insgesamt lässt sich auch ein Trend zur Spezialisierung erkennen, wobei große Werkstätten mit standardisierten Produkten für die Versorgung regionaler Märkte nach und nach die individuelle, für den Eigenbedarf bestimmte lokale Produktion verdrängten.

Wie bereits oben erwähnt, wurde in den keramikarmen Regionen ein Großteil der Gefäße und Behälter aus Leder, Holz, Flechtwerk oder anderen organischen Materialien gefertigt, die sich zumeist bald zersetzten und nur unter besonders günstigen Umständen erhalten blieben. Holzfunde aus der eisenzeitlichen Siedlung von Glastonbury und aus der Hügelfestung von Breiddin vermitteln einen anschaulichen Eindruck vom hohen Stand der Holzverarbeitung, der andernorts auch durch das Auftreten spezialisierter Zimmermannswerkzeuge wie Äxte, Beile, Meißel und Hohleisen im Fundgut bestätigt wird.[18] Den hohen Stand der Wagenbautechnik veranschaulichen die Funde hölzerner Speichenräder aus Holme Pierrepont in Nottinghamshire und Newstead in Schottland, die aus dem 2. bzw. 1. Jahrhundert v. Chr. stammen.[19] Bedeutende neuere Entdeckungen latènezeitlicher Wagengräber gelangen in Newbridge bei Edinburgh (2001), Wetwang in East Yorkshire (2001) und Ferrybridge in East Yorkshire (2004).[20] Mehrfach bezeugt sind auch robuste Scheibenräder, die vermutlich zu schweren Lastwagen gehörten. Verwendung fand Holz außerdem beim Bau von Plankenbooten, wie Funde aus dem 2. und 1. Jahrtausend v. Chr. belegen.[21] Einen besonders gut erhaltenen Einbaum mit sorgfältig gearbeitetem Bug und Heck entdeckte man 1984 in Hasholme (East Yorkshire). Wie die archäologische Untersuchung ergab, hatte man ihn aus einem wenigstens 12 m langen Eichenstamm gefertigt und hätte damit auch in flachen Binnengewässern von weniger als 1 m Tiefe Lasten von über 5 Tonnen transportieren können.[22] Wie Plinius der Ältere (*Naturalis historia* 5,57) berichtet, waren auch Boote aus mit Tierhäuten bespanntem Weidengeflecht weit verbreitet, doch ist keines davon erhalten geblieben.

Textilien wurden vermutlich überall in erster Linie für den Eigenbedarf hergestellt.[23] Ein Großteil davon bestand vermutlich aus Flachs oder aus Schafwolle. Letztere wurde, wie man aus dem fast vollständigen Fehlen entsprechender Scheren im eisenzeitlichen Werkzeugspektrum schließt, vermutlich mit der Hand oder mit Kämmen aus Horn oder Hirschgeweih gerupft, gereinigt und dann zu Garn versponnen. Webstühle sind aus Britannien nicht erhalten geblieben, wohl aber die dafür benutzten Gewichte aus Ton oder Stein. Die Brettchenweberei war vermutlich ebenso wie auf dem europäischen Festland und in Skandinavien weit verbreitet, obwohl archäologische Hinweise darauf selten sind. Gängig war zweifellos auch die Verarbeitung von Tierhäuten zu Leder, wobei in der Regel jedoch weder die verwendeten Gerbemittel noch die fertigen Produkte erhalten blieben und das zu ihrer Herstellung benutzte Spezialwerkzeug, darunter Schaber zum Entfernen der Haare,

---

[18] S. Cunliffe 2005, 489–490.
[19] S. Cunliffe 2005, 490.
[20] S. dazu Carter u. Hunter 2003 sowie Haselgrove 2012.

[21] S. Cunliffe 2005, 491 (mit reichen weiterführenden Literaturangaben) sowie Coles 2007.
[22] S. Cunliffe 2005, 491, sowie ausführlich Millett u. McGrail 1988.
[23] Das Folgende nach Cunliffe 2005, 485–489.

Der Schild von Battersea (vielleicht 2. Jahrhundert v. Chr.)

eiserne Messer und Nadeln aus Knochen, im Fundgut nicht immer klar zu identifizieren ist.

Die frühe Latènekunst des 5. und 4. Jahrhunderts v. Chr. ist in Britannien mit nur wenigen Fundstücken vertreten, wobei man bei einigen der betreffenden Objekte auch eine Entstehung auf dem europäischen Festland nicht ausschließen kann. Die bedeutendsten Zeugnisse einer eigenständigen britischen Latènekunst stammen jedenfalls erst aus den letzten drei Jahrhunderten v. Chr., wobei namentlich in den letzten hundert Jahren dieses Zeitraums eine deutliche Intensivierung festlandkeltischer Einflüsse aus dem nördlichen Gallien zu beobachten ist. Erhalten haben sich von den für die gesellschaftliche Oberschicht bestimmten Erzeugnissen dieses Kunsthandwerks allerdings, wie fast überall, fast ausschließlich Metallobjekte, wobei sich unsere Kenntnis sowohl auf Grabbeigaben als auch auf Hort- und Opferfunde, vor allem aus Flüssen und Seen, stützt. Schwierig ist jedoch oft die Datierung der einzelnen Objekte, die zumeist auf typologischen oder stilistischen Kriterien beruht.[24]

Unter den h e r a u s r a g e n d e n E i n z e l s t ü c k e n der Latènekunst in Britannien ist die bronzene so genannte Ponykappe von Torrs mit ihren beiden am Scheitel

---

[24] Zur Möglichkeit der Radiokarbondatierung s. Gosden 2010.

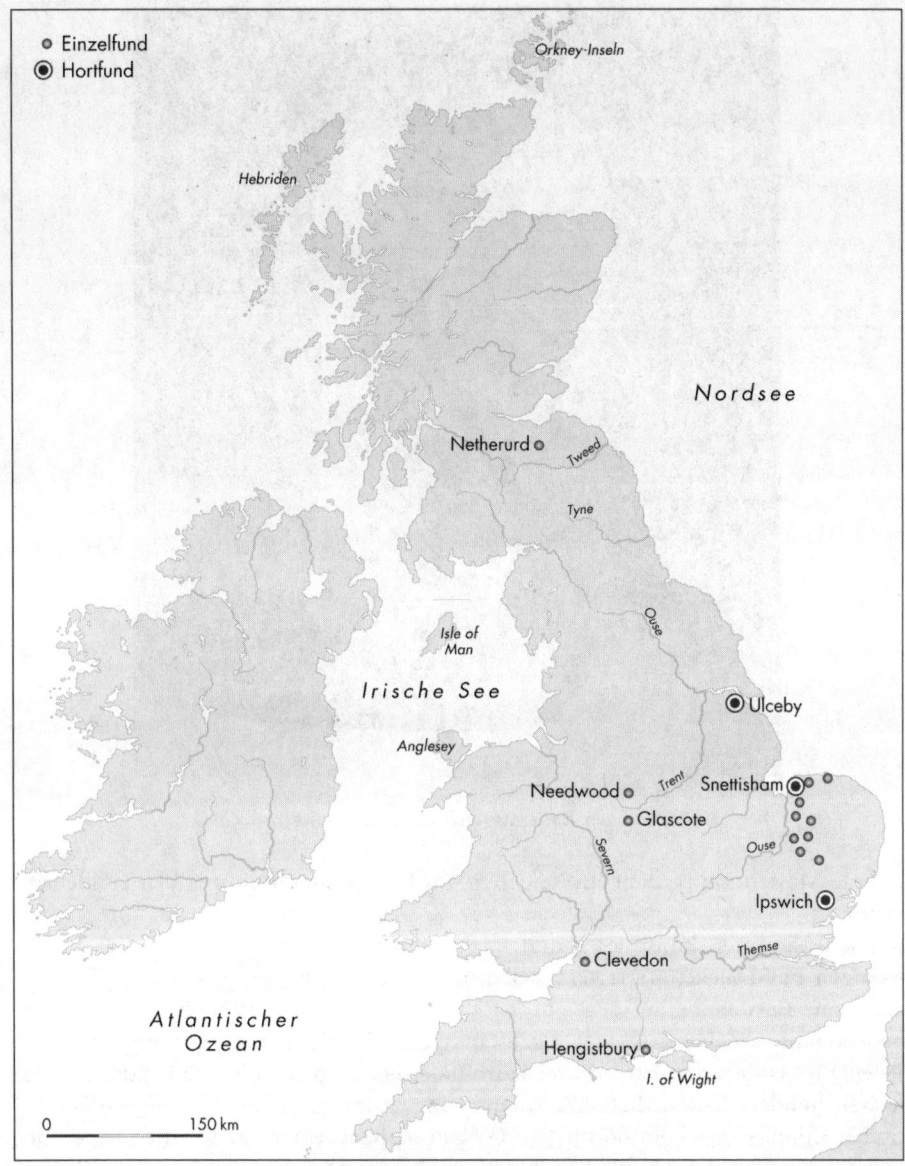

Verbreitung goldener und goldsilberner Halsringe

aufgesetzten, gebogenen Bronzehörnern insofern einzigartig, als ihr ursprüngliches Aussehen und ihre eigentliche Funktion bis heute umstritten sind.[25] Zu einem unbekannten Zeitpunkt beim Torfstechen in der Nähe von Kirkcudbright in Süd-westschottland gefunden und erstmals 1829 bezeugt, bildeten die beiden Hörner

[25] Vgl. zum Folgenden Harding 2007, 143–145, sowie (mit weiteren Literaturangaben) F. Hun-ter in Müller F. 2009, 230–231.

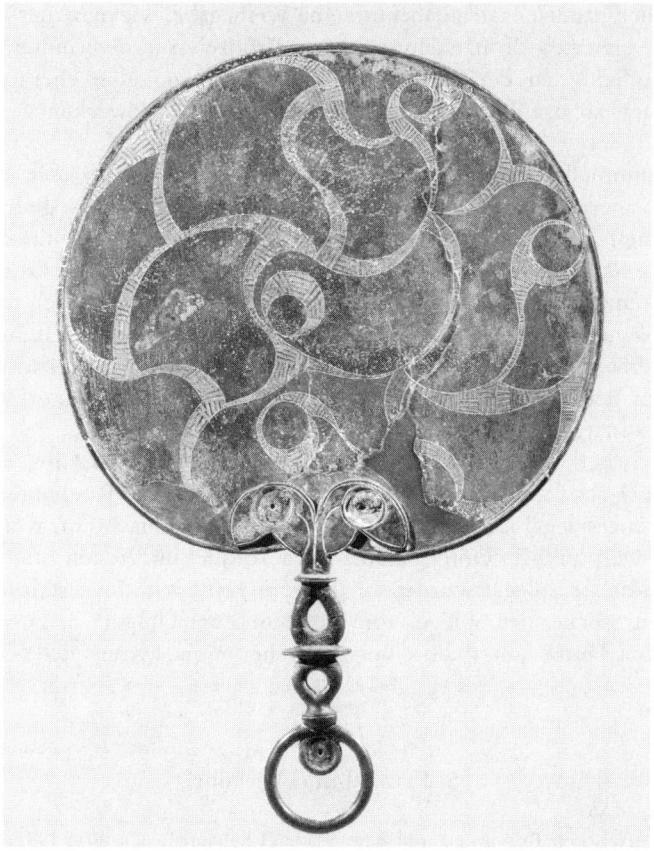

Bronzespiegel aus Old Warden in Bedfordshire (vielleicht 1. Jahrhundert v. Chr.)

und die mit zwei kreisrunden Öffnungen versehene, aus zwei Teilen zusammengesetzte und mit getriebenen Verzierungen versehene «Kappe» ursprünglich wohl keine Einheit, auch wenn man nicht weiß, ob die Hörner erst nach der Auffindung oder schon zuvor an den gewölbten, miteinander verbundenen Bronzescheiben befestigt waren. Dass es sich dabei tatsächlich um den Kopfschutz für ein Pony handelte, wobei die Löcher für die Ohren und nicht etwa für die Augen bestimmt gewesen sein dürften, ist zwar möglich, aber keineswegs gesichert.

Ihre nächsten Entsprechungen findet die Ornamentik der «Kappe» von Torrs in dem Bronzebeschlag eines Schildes, der im 19. Jahrhundert im Fluss Witham bei Lincoln gefunden wurde, sowie in einem länglichen und einem runden Schildbuckel aus Bronze, die ebenfalls im 19. Jahrhundert bei Wandsworth in der Themse gefunden wurden.[26] Ein weiterer reich verzierter Bronzebeschlag eines Schildes wurde 1857 beim Bau einer Brücke bei Battersea aus der Themse geborgen.[27] Sehr

[26] S. Brailsford 1975, 10–24.

[27] S. Brailsford 1975, 25–31, sowie M. A. Guggisberg in Müller F. 2009, 228–229.

wahrscheinlich handelt es sich dabei um eine Weihegabe, wie man dies auch für den ornamental verzierten Bronzehelm mit zwei Bronzehörnern vermutet, der unweit der Waterloo Bridge aus der Themse geborgen wurde und seiner eher fragilen Konstruktion nach zu urteilen rituellen oder zeremoniellen Zwecken gedient haben dürfte.[28]

Eine zeremonielle oder rituelle Funktion besaßen vermutlich auch die aus Gold oder einer Legierung aus Gold und Silber (Elektron) hergestellten gedrehten Halsringe (Torques) aus dem 1. Jahrhundert v. Chr.[29] Die meisten von ihnen kamen in Snettisham und Ipswich sowie in einigen weiteren Fundorten in Ostengland zutage, doch kennt man auch vereinzelte Beispiele aus weiter westlich und nördlich gelegenen Regionen. Da allein in Snettisham bislang ca. 180 vollständig oder fragmentarisch erhaltene Torques gefunden wurden und vielfältige stilistische Parallelen zwischen den einzelnen Stücken bestehen, ist wohl von einer Werkstatt in Ostengland auszugehen.

Charakteristisch für die Spätlatènekunst des 1. Jahrhunderts v. Chr. in Britannien sind schließlich runde, mit einem Griff versehene und auf der Rückseite ornamental verzierte Bronzespiegel mit einem Durchmesser von 20 bis 30 cm, wobei der Verbreitungsschwerpunkt im Unterschied zu den Torques im Westen Englands liegt.[30] Die meisten dieser Spiegel wurden in Gräbern gefunden, doch stammt eines der bekanntesten Stücke, der Spiegel von Holcombe bei Uplyme in Devon, aus der eisenzeitlichen Grube unterhalb einer römischen Villa, wo er vielleicht versteckt worden war.

5. Handel und Verkehr

Die Kontakte zwischen Britannien und dem Festland behandeln Cunliffe 1991a, Daire 2002, Haselgrove 2002, Cunliffe 2005, 446–484, und (unter Einbeziehung der römischen Zeit) Morris 2010.

Die regional begrenzte Verfügbarkeit bestimmter Rohstoffe wie etwa Salz und Eisen lässt darauf schließen, dass der überregionale Tauschhandel während der gesamten Eisenzeit eine Rolle gespielt haben muss. Über den Umfang, die Handelswege und den relativen Wert einzelner Güter kann man gleichwohl nur spekulieren. Insgesamt ist davon auszugehen, dass große Teile der Bevölkerung in vielen Regionen Britanniens wirtschaftlich nahezu autark waren und der Handel für sie nur eine geringe Rolle spielte. Die deutlichsten Hinweise auf einen überregionalen Austausch von Gütern stammen aus dem Süden und Südosten Britanniens, wie man denn auch zumindest einige der großen Hügelfestungen als Handelsumschlagplätze ansieht. Bestätigt wird diese Vermutung nicht zuletzt durch das Aufkommen geprägter und gegossener Münzen in dieser dem europäischen Festland zugewandten Region. In

---

[28] S. Brailsford 1975, 32–39.
[29] Vgl. zum Folgenden Brailsford 1975, 44–61, Stead 1995, Cunliffe 2005, 526–531, und Harding 2007, 153–154.

[30] S. Brailsford 1975, 62–68, Harding 2007, 159–163, sowie Joy 2010.

welchem Umfang man dort – namentlich seit dem 1. Jahrhundert v. Chr. – mit einer Art Geldwirtschaft rechnen darf, ist jedoch schwer abzuschätzen.[31]

Von zentraler Bedeutung für die Handelsbeziehungen mit den Kulturen des Mittelmeerraums waren, wie eingangs dieses Kapitels erwähnt, die Zinnvorkommen in Cornwall, die zusammen mit vergleichbaren Lagerstätten in der Bretagne und im äußersten Nordwesten der Pyrenäenhalbinsel einen Großteil des Bedarfs gedeckt haben dürften. Erfolgte der Transport anfangs vor allem auf dem Seeweg entlang der Küstenlinie, so gewann nach der Gründung der phokäischen Kolonie Massalia im Laufe des 6. Jahrhunderts v. Chr. auch der Landweg durch Gallien verstärkt an Bedeutung. Unklarheit herrscht allerdings darüber, welchen Umfang der Zinnhandel hatte und welche weiteren Handelsgüter im letzten halben Jahrtausend v. Chr. von Britannien aus auf das europäische Festland gelangten. Einzelfunde, wie etwa griechische und karthagische Münzen oder Fibeln mutmaßlich gallischer oder iberischer Herkunft, können zur Rekonstruktion von Handelswegen nur wenig beitragen, da sie natürlich auch zu einem sehr viel späteren Zeitpunkt nach Britannien gelangt sein können.

Kontrovers diskutiert wird bis heute die Lage der von Diodor (5,22,2–4) als Hauptumschlaplatz für den Zinnhandel erwähnten Insel *Ictis*. Der Darstellung Diodors zufolge wurde das Zinn bei Ebbe auf Wagen zu dieser Insel gefahren, dort von den Händlern aufgekauft und mit Schiffen nach Gallien gebracht. Entgegen den Vermutungen früher Humanisten, dass mit *Ictis* (wegen der Namensähnlichkeit mit *Vectis*) die Insel Wight gemeint sei, favorisiert man heute eine Identifikation entweder mit der Gezeiteninsel St. Michael's Mount bei Marazion in Cornwall oder aber mit der Halbinsel Mount Batten bei Plymouth, ohne dass andere, ebenfalls erwogene Möglichkeiten auszuschließen wären.[32]

Eine starke Zunahme der Handelsbeziehungen zwischen Britannien und Nordgallien ist im Anschluss an die Romanisierung Südgalliens nach der Einrichtung der Provinz Gallia Narbonensis zu verzeichnen. Wichtige Umschlagplätze dafür waren vermutlich die noch in römischer Zeit genutzten Häfen von Dover und Folkestone, aber auch die befestigte Siedlung von Hengistbury auf einer Landzunge zwischen Bournemouth und Milford on Sea.[33] Zu den Gütern, die dort verschifft wurden, gehörten vermutlich Blei aus den Mendip-Hügeln südlich von Bristol, Kupfer aus Devon, Gold aus Wales, vor Ort gewonnenes Eisen sowie landwirtschaftliche Produkte wie Getreide und Vieh. Neuerliche drastische Änderungen im Geflecht der Handelsbeziehungen ergaben sich aus der Eroberung Galliens durch Caesar. Während die Römer den Warenaustausch von Nordgallien in die südöstlichen Regionen Britanniens intensivierten, verlor der Handel entlang der alten Seerouten im Südwesten stark an Bedeutung.

---

[31] Zur Numismatik vgl. Haselgrove 1996, Creighton 2000, Haselgrove 2005, Pudill 2005, die Beiträge in de Jersey 2006, Guest u. Wells 2007 sowie Cottam u. a. 2010.

[32] S. Cunliffe 1991a, 576.

[33] S. Cunliffe 1991a, 578. Vgl. dazu ausführlich Cunliffe 1987.

6. Gesellschaft

Neuere Forschungsansätze diskutieren Hill 2007, James 2007, Sharples 2007 sowie Ralston u. Ashmore 2007.

Über die Sozialstrukturen der keltischen Stämme Britanniens liefern die antiken Schriftquellen keine brauchbaren Aussagen, da sie durchweg nur punktuelle Gültigkeit beanspruchen können, in ihrer undifferenzierten Begrifflichkeit von den Verhältnissen der klassischen Antike bestimmt sind und überdies zahlreiche ethnographische Wandermotive aufweisen. Als wertlos gilt dementsprechend etwa die Bemerkung Caesars (*BG* 5,14,4–5), bei den Britanniern hätten je zehn oder zwölf Männer – zumeist Brüder oder Väter und Söhne – ihre Frauen gemeinsam, wobei die von diesen Frauen geborenen Kinder denjenigen Männern zugesprochen würden, denen die Mutter zuerst als Jungfrau zugeführt worden sei.[34] Tatsächlich handelt es sich dabei nur um ein Klischee der antiken Ethnographie, in der Promiskuität und sexuelle Freizügigkeit als typische Kennzeichen unzivilisierter Randvölker galten. Ganz ähnlich berichtete schon Herodot (4,180,5–6) vom libyschen Nomadenvolk der Auseer, dass dort Männer und Frauen wie Vieh zusammenlebten und die Kinder jeweils dem zugesprochen würden, dem sie am ähnlichsten sähen.

Von archäologischer Seite ergeben sich die deutlichsten Hinweise auf eine hierarchische Gliederung der Gesellschaft aus den großen Unterschieden in der repräsentativen Außenwirkung der Siedlungen. Hinzu kommen Unterschiede der Grabausstattung, die indessen nur in relativ wenigen Fällen erhalten geblieben ist und überdies, da wir die Konventionen des Grabbrauchtums nicht kennen, nur mit Vorsicht als Spiegel der Gesellschaftsordnung angesehen werden kann. Die Vermutung, dass die oben erwähnten goldenen und goldsilbernen Halsringe gesellschaftliche Rangabzeichen einer sehr kleinen Elite waren, liegt nahe, doch ist im Hinblick auf die Fundumstände außerhalb von Gräbern grundsätzlich natürlich auch denkbar, dass einige oder alle von ihnen gar nicht für menschliche Träger, sondern als Weihegaben für Gottheiten bestimmt waren.

Gut repräsentiert sind sowohl im archäologischen Fundgut als auch in den literarischen Quellen Krieger, insbesondere der relativ schwer bewaffneten Oberschicht.[35] Eine Hauptangriffswaffe war das Schwert, das sich im Laufe der Zeit von einer relativ kurzen, für Hieb und Stich gleichermaßen geeigneten Waffe zum spätlatènezeitlichen, vor allem für den Hieb geeigneten Langschwert entwickelte. Die meisten Schwerter wurden aus Flüssen geborgen, in denen man sie vermutlich als Weihegabe versenkt hatte, doch sind auch einige Schwerter aus Kriegergräbern bekannt. Daneben kennt man aus Originalfunden und Abbildungen auf Münzen auch Lanzen und Speere, ferner die von Polybios (2,29) und Diodor (5,30) als Karnyx bezeichnete keltische Kriegstrompete.[36] Eine ausführliche Darstellung der britannischen Verwendung des Streitwagens liefert Caesar (*BG* 4,33). Ihm zufolge warfen die Streitwagenkrieger zunächst vom Wagen aus Speere und sprangen dann

---

[34] S. dazu Hofeneder 2005, 181–182.
[35] S. dazu Cunliffe 2005, 533–542.

[36] S. Piggott 1959 sowie Hunter 2001 und 2009.

Schalltrichter einer Kriegstrompete (Karnyx) in der Form eines Wildschweinkopfs aus Deskford in Schottland (1. Jahrhundert n. Chr.)

ab, um zu Fuß zu kämpfen. In dieser Zeit fuhren die Wagenlenker die Fahrzeuge ein wenig vom Kampfplatz weg und stellten sie so auf, dass die Kämpfer freien Rückzug hatten, wenn sie von einer Übermacht an Feinden bedrängt wurden. Durch tägliche Übung, so Caesar, konnten die Wagenlenker ihre Pferde auch auf stark abschüssigem Gelände in vollem Lauf parieren, im Nu in eine langsamere Gangart bringen und eine Wendung vollführen lassen, was den Streitwagen die leichte Beweglichkeit von Reitern und zugleich die Standfestigkeit von Fußtruppen verliehen haben soll.

7. Religion

Die Religion der Kelten Britanniens wird in den meisten Darstellungen der keltischen Religion mit behandelt, wobei in der Regel sowohl vorrömische als auch römerzeitliche Quellen herangezogen werden. Eine monographische Gesamtdarstellung der vorrömischen Eisenzeit mit archäologischem Schwerpunkt bietet Wait 1985. Vgl. ferner die regionale Studie von Yeates 2006.

Die archäologischen Quellen zur Religion der Kelten Britanniens haben wegen des weitgehenden Fehlens von Schriftzeugnissen eine relativ geringe Aussagekraft und sind überdies in vielen Regionen spärlich und lückenhaft.[37] Weit verbreitet sind insbesondere G r a b f u n d e, die jedoch große chronologisch und geographisch bedingte Unterschiede erkennen lassen.[38] Vom Beginn der Eisenzeit bis zum 6. Jahrhundert v. Chr. herrschte noch allenthalben die Sitte vor, die Toten zu verbrennen und die Asche in Gräberfeldern beizusetzen, wie dies bereits in der Bronzezeit üblich gewesen war. Seit dem 6./5. Jahrhundert v. Chr. setzte sich vielerorts die

---

[37] Das Folgende nach Cunliffe 2005, 543– 578.

[38] Vgl. dazu ausführlich Whimster 1981.

Sitte durch, Körpergräber anzulegen, wobei jedoch große regionale Unterschiede des Grabbrauchtums zu verzeichnen sind. Im 1. Jahrhundert v. Chr. kam dann im Südosten des Landes wieder die Brandbestattung auf, was vermutlich auf die Intensivierung der kulturellen Beziehungen zu Nordgallien zurückzuführen ist.

Im Hinblick auf die Orte, an denen eisenzeitliche Kulte und Riten vollzogen wurden, ist zwischen weitgehend naturbelassenen und architektonisch gestalteten Kultstätten zu unterscheiden. Die Identifikation eines Ortes als Kultstätte beruht indessen in beiden Fällen zumeist auf der Nachweisbarkeit von religiösen Handlungen, die nur in besonderen Fällen gegeben ist. In einigen wenigen Fällen werden entsprechende Vermutungen jedoch durch die spätere römerzeitliche Einrichtung eines Tempels zusätzlich gestützt, so etwa in dem mutmaßlichen Heiligtum der Hügelfestung von Maiden Castle oder dem Heiligtum auf der Insel Hayling vor der Küste von Hampshire.[39]

Von den Opferhandlungen, die außerhalb architektonisch gestalteter Heiligtümer in der freien Natur vollzogen wurden, sind vermutlich nur in den seltensten Fällen Spuren erhalten geblieben. Man vermutet jedoch, dass die zahlreichen Funde kostbarer Metallobjekte, die aus der Themse und dem Fluss Witham, aber auch aus den Seen von Llyn Cerrig Bach und Llyn Fawr geborgen wurden, als Weihegaben dort versenkt worden waren. Deutliche Hinweise auf ein Menschenopfer ergaben sich aus der Untersuchung der Moorleiche von Lindow Moss bei Wilmslow in Cheshire.[40] Dort hatte man im August 1984 die Leiche eines jungen Mannes entdeckt, der vermutlich in der späten vorrömischen oder frühen römischen Zeit im Moor versenkt worden war. Der Tote war bis auf ein Armband aus Fuchshaar unbekleidet, doch lassen die sorgfältig gepflegten Fingernägel auf einen Angehörigen der Oberschicht schließen. Der Tod war augenscheinlich durch gleichzeitiges Erschlagen, Erdrosseln und Durchschneiden der Kehle eingetreten.

Im Hinblick auf die Nachrichten der antiken Autoren über die Religion der Britannier ist zunächst auf eine Bemerkung des Tacitus zu verweisen, demzufolge ihre Riten und religiösen Vorstellungen jenen der Gallier ähnelten (*Agricola* 11,3).[41] Im Übrigen findet man in der antiken Literatur nur relativ wenige, insgesamt eher unspezifische und im Hinblick auf ihren religionsgeschichtlichen Quellenwert nicht selten suspekte Bemerkungen, die im Folgenden in ihrer zeitlichen Reihenfolge vorgestellt seien.

Als eine frühe Nachricht über die Religion der Britannier gilt einigen Autoren eine bei Diodor (2,47,1–2) bewahrte Bemerkung des Hekataios von Abdera (oder Teos, ca. 350–290 v. Chr.), der in seinem Buch *Über die Hyperboreer* berichtet haben soll, es gebe im Ozean gegenüber den Ländern der Kelten eine Insel, nicht kleiner als Sizilien, auf der sich ein prachtvoller heiliger Bezirk des Apollo und ein berühmter, mit zahlreichen Weihegaben geschmückter und der Form nach kreisrunder Tempel befinde.[42] Ob man diese Nachricht jedoch tatsächlich auf Britannien (und womöglich gar die Bemerkung über den kreisrunden Tempel auf Stonehenge)

---

[39] Vgl. dazu King u. Soffe 1994.
[40] S. dazu Stead 1986, Turner u. Scaife 1995, Turner 1999 und Joy 2009. Zu eisenzeitlichen Moorleichen im Allgemeinen vgl. Sanders 2009.

[41] Zu den textkritischen und interpretatorischen Problemen dieser Stelle s. ausführlich Hofeneder 2005, 467–468.
[42] S. dazu Hofeneder 2005, 45–48.

beziehen darf, erscheint mehr als fraglich, da die Schrift des Hekataios augenfällige Übereinstimmungen mit anderen Schilderungen märchenhafter Inseln in der griechischen Literatur aufweist und daher in erster Linie im Kontext antiker ethnographischer Utopien gesehen werden muss.

Bei Caesar (*BG* 5,14,2) findet man erstmals den Hinweis auf eine allgemein verbreitete Nutzung des Färberwaids durch die Britannier – eine Bemerkung, die von Pomponius Mela (3,51) aufgegriffen und wiederholt wurde.[43] Ausführlicher schreibt dazu Plinius der Ältere (*Naturalis historia* 22,2), die Pflanze heiße in Gallien *glastum* (wohl zu walisisch *glas*, «blau» und «grün») und werde von den Frauen und Schwiegertöchtern der Britannier dazu benutzt, sich bei bestimmten religiösen Riten, die nackt vollzogen würden, am ganzen Körper zu bemalen.[44] Obschon sowohl die Motivation der Bemalung als auch die Funktion der betreffenden Riten unbekannt sind, wurden diese Hinweise überaus breit rezipiert, so dass die blaue Bemalung in neuzeitlichen Bildern der Vorgeschichte Britanniens eine wichtige Rolle spielte.[45] Darüber hinaus deutete man den Namen des in Nordostschottland beheimateten Volks der Pikten (lateinisch *Picti*) als «die Bemalten», was jedoch insofern falsch ist, als der Name sehr wahrscheinlich nicht lateinischen, sondern einheimischen Ursprungs ist und mit den im piktischen Siedlungsgebiet weit verbreiteten Ortsnamen auf *Pit-* zusammenhängen dürfte. Ebenfalls bei Caesar (*BG* 5,12,2) findet man den Hinweis, die Britannier betrachteten den Verzehr von Hasen, Hühnern und Gänsen als ein Sakrileg, hielten diese Tiere aber gleichwohl aus Liebhaberei.[46] Unsicher ist jedoch nicht nur die Herkunft dieser Angabe, die sowohl auf eigenen Beobachtungen Caesars als auch auf einer uns unbekannten älteren literarischen Quelle beruhen könnte, sondern auch ihre Deutung. Da die antiken Autoren Speisetabus bei den Kelten ansonsten nicht erwähnen, kommt man über Spekulationen aufgrund weitläufiger Analogien letztlich nicht hinaus.

Britannische D r u i d e n werden in der gesamten antiken Literatur nur an einer einzigen Stelle erwähnt, und zwar im Bericht des Tacitus von der römischen Eroberung der Insel Anglesey im Jahr 60 oder 61 n. Chr. (*Annales* 14,30,1–3).[47] Dieser Darstellung zufolge standen die Verteidiger der Insel beim Angriff der Römer dicht gedrängt am Ufer, wobei die Druiden mit zum Himmel erhobenen Händen schreckliche Flüche ausstießen. Rezeptionsgeschichtlich wichtig wurde diese Stelle nicht zuletzt dadurch, dass sie schon im frühen 18. Jahrhundert englische und walisische Altertumsforscher dazu veranlasste, auf Anglesey nach Spuren druidischer Kulte zu suchen. Bemerkenswert ist die Stelle jedoch auch insofern, als hier ausdrücklich von Druiden die Rede ist, obwohl die Britannier von den Römern nicht zu den Kelten gezählt wurden und Druiden sonst immer nur in Gallien erwähnt werden. Wohl hatte schon Caesar die Theorie vom Ursprung der Druiden in Britannien referiert (*BG* 6,13,11).[48] Ansonsten war der Feldherr jedoch der Auffassung, es handle sich bei den Bewohnern im Inneren Britanniens um Einheimische, wohingegen Tacitus in ihnen Zuwanderer aus Gallien sehen wollte, wofür ihm

---

[43] S. Hofeneder 2005, 180–181, sowie Hofeneder 2008, 275.

[44] S. dazu Hofeneder 2008, 379–380.

[45] S. Piggott 1989, 62–63.

[46] S. dazu Hofeneder 2005, 179–180.

[47] S. dazu Hofeneder 2005, 493–498.

[48] Vgl. dazu Hofeneder 2005, 195–196.

nicht zuletzt die Beobachtung derselben abergläubischen Riten zu sprechen schien.
(vgl. *BG* 5,12,1 und *Agricola* 11,3). Gerne wüsste man nun, ob tatsächlich schon in
der Quelle, die Tacitus für seine Darstellung benutzte, von Druiden die Rede war,
oder ob erst der Historiker selbst diese Bezeichnung hier einsetzte, da er von der
generellen Übereinstimmung der britannischen und gallischen Kulte ausging. Klar
zu beantworten ist diese Frage jedoch nicht, da uns Tacitus' Quelle nicht vorliegt
und wir noch nicht einmal wissen, welcher Art sie gewesen sein könnte. Hinzu
kommt, dass das Verhältnis zwischen geschichtlicher Wirklichkeit und literarischer
Stilisierung keineswegs eindeutig geklärt ist.[49]

Dass die Kriegshandlungen der Britannier ebenso wie die der Festlandkelten von
religiösen Riten begleitet wurden, berichtet ebenfalls Tacitus. So etwa heißt es im
Hinblick auf die Kriegsvorbereitungen der Kaledonier in Schottland, sie hätten die
Verschwörung der Stämme gegen die Römer durch Opferhandlungen abgesichert
(*Agricola* 27,2).[50] Ganz ähnlich berichtet Tacitus an anderer Stelle, dass sich die
Britannier 51 n. Chr. im Anschluss an eine kriegerische Rede ihres Anführers Cara-
tacus durch religiöse Eide zum Kampf verpflichtet hätten (*Annales* 12,34).[51]

8. Sprache

Zu den Ortsnamen vgl. die ausführliche Zusammenstellung und Diskussion bei Rivet u. Smith
1979 sowie die neueren Studien von Parsons 2010 und Broderick 2010. Zur Sprache der alt-
britannischen Münzlegenden vgl. de Bernardo Stempel 1991.

Die Sprache der keltischen Bewohner Britanniens kennen wir aus Orts-, Personen-
und Stammesnamen, die teils in den Werken griechischer und lateinischer Autoren,
teils auf britannischen Münzen überliefert sind. Die gängige Bezeichnung dieser
Sprache lautet in Anlehnung an die oft alternativ gebrauchten englischen Bezeichnungen *British*, *Britannic* und *Brythonic* im Deutschen zumeist *Britisch*, B r i t a n n i s c h
oder − seltener − *Brythonisch*. Alle drei Bezeichnungen stammen letztlich aus dem
Lateinischen, sind also keine alten Eigenbezeichnungen. Inhaltlich beziehen sie sich
entweder auf die antike Sprache der Britannier, bevor diese sich im Gefolge der
Landnahme der Angelsachsen in die unterschiedlichen Einzelsprachen Walisisch
(Kymrisch), Kornisch, Bretonisch und Kumbrisch aufspaltete, oder aber auf die
Gesamtheit dieser eng miteinander verwandten Sprachen. In der älteren Forschung
galt das P i k t i s c h e in Nordostschottland (ähnlich wie das Baskische) als eine nichtindogermanische Sprache unbekannter Herkunft. Neuere Untersuchungen sprechen indessen dafür, dass die relativ wenigen davon erhaltenen Sprachzeugnisse
dem Britischen/Britannischen/Brythonischen zuzuordnen sind.[52]

Unklar ist das V e r h ä l t n i s d e s B r i t a n n i s c h e n z u m G o i d e l i s c h e n
(S. 253) und zum Gallischen, da man das absolute Alter der in historischer Zeit
bezeugten Gemeinsamkeiten und Unterschiede zwischen diesen Sprachen nicht

---

[49] Vgl. dazu Hofeneder 2005, 305–311 und
493–498, ferner Maier B. 2009, 69–70.
[50] S. dazu Hofeneder 2005, 473–474.

[51] S. Hofeneder 2005, 492–493.
[52] Zum indogermanischen Charakter des
Piktischen vgl. ausführlich Forsyth 1997.

kennt. Mehrheitlicher Forschungsmeinung zufolge sind die gewichtigen Unterschiede zwischen Irisch und Walisisch bzw. zwischen den goidelischen und britannischen Sprachen jedoch ausnahmslos vergleichsweise jungen Datums, so dass Goidelisch und Britannisch (= Inselkeltisch) ursprünglich eine Einheit gebildet hätten. Dass das antike Britannische so starke Berührungspunkte mit dem Gallischen aufweist, dass man beide Sprachen gelegentlich unter dem Oberbegriff Gallo-Britannisch zusammenfasst, dürfte an den engen Kulturbeziehungen zwischen Britannien und Nordgallien namentlich in der unmittelbar vorrömischen Zeit liegen, ist also nicht im Sinne eines gemeinsamen und vom Irischen verschiedenen Ursprungs zu verstehen.

VI.

DIE KELTEN IN IRLAND

Wie in der Einleitung dargestellt, kann sich die Berücksichtigung Irlands im Rahmen einer Darstellung der Kelten in der Antike ebenso wenig wie im Falle Britanniens auf den Sprachgebrauch der antiken Autoren berufen. Sie beruht vielmehr auf der sprachwissenschaftlich nachweisbaren Verwandtschaft des Irischen mit dem Festlandkeltischen (die jedoch im Hinblick auf gravierende typologische Unterschiede zu relativieren ist) sowie auf der forschungs- und rezeptionsgeschichtlich überaus einflussreichen Annahme einer Kontinuität altkeltischer Kulturelemente bis in die Epoche nach der Christianisierung. Im Hinblick auf die weite Verbreitung dieser Kontinuitätshypothese enthalten die weiter unten folgenden Abschnitte über die eisenzeitliche irische Gesellschaft und Religion einige Hinweise auf die hier zur Verfügung stehenden mittelalterlichen Quellen und die Problematik ihrer Benutzung zur Rekonstruktion der vorchristlichen irischen Kultur. Die übrigen Abschnitte beschränken sich jedoch weitgehend auf das, was tatsächlich aus der überwiegend schriftlosen Zeit bis ca. 400 n. Chr. von archäologischer Seite ausgesagt werden kann, auch wenn dabei aufgrund des derzeitigen Forschungsstands große Lücken in Kauf zu nehmen sind.

1. Geschichte

Die neueste umfassende Gesamtdarstellung der Vor- und Frühgeschichte Irlands von den Anfängen bis zur Ankunft der Normannen bieten die Beiträge in Ó Cróinín 2005. Neuere Darstellungen der Eisenzeit geben Raftery 1994 und 2005. Die gesamte Vorgeschichte bis zum Ende der Eisenzeit behandeln Bradley 2007 und Waddell 2010. Einen Einblick in neuere Forschungen zur Umweltarchäologie bieten die Beiträge in Murphy u. Whitehouse 2007. Zur Luftbildarchäologie vgl. Norman u. St. Joseph 2008. Zur irischen Kultur und Gesellschaft im Frühmittelalter vgl. Ó Cróinín 1995 und Charles-Edwards 2000, zur mittelalterlichen irischen Geschichtsschreibung Evans N. 2010. Eine neuere Einführung in die volkssprachliche irische Literatur des Mittelalters bietet Ní Bhrolcháin 2009. Zur Geschichte der Vor- und Frühgeschichtlichen Archäologie in Irland vgl. Cooney 1996, Waddell 2005 und Rockley 2008.

Die ältesten Spuren der Anwesenheit des Menschen in Irland stammen aus der Mittleren Steinzeit (ca. 7000−4000 v. Chr.), als die Insel dicht mit Eichen-, Ulmen- und Birkenwäldern bestanden war und sich durch großen Wildreichtum auszeichnete.[1] Bei den Zeugnissen aus dieser frühen Zeit handelt es sich vor allem um Überreste steinerner Waffen und Werkzeuge, die auf das Vorhandensein kleiner

---

[1] S. O'Kelly 2005a sowie Waddell 2010, 1−23.

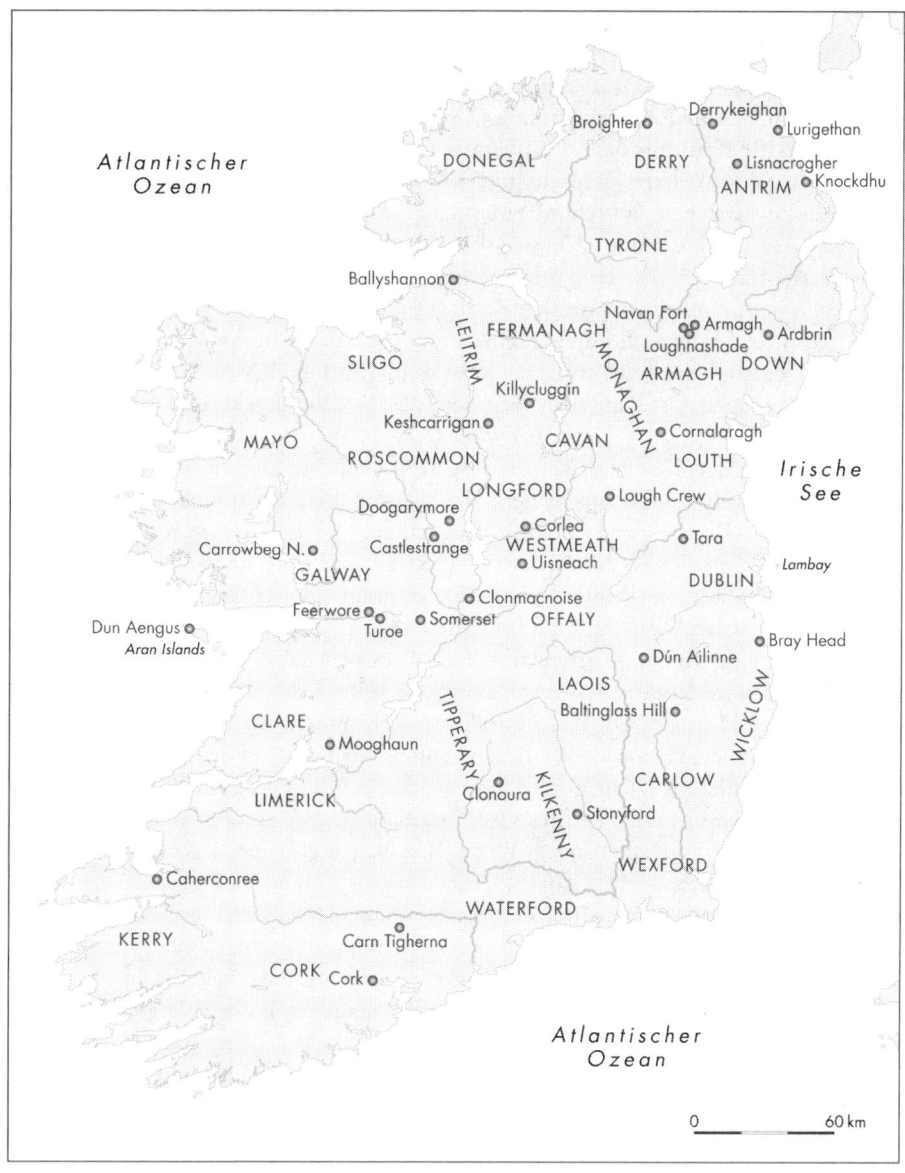

Irland in der Eisenzeit: Fundorte und Grabungsstätten

Gruppen von Jägern und Sammlern schließen lassen. Im Gefolge der zunehmenden Erwärmung nach der Eiszeit stieg der Meeresspiegel beständig an, bis er um 3000 v. Chr. seinen Höhepunkt erreichte, weshalb einige der ältesten Lagerplätze heute unterhalb des Meeresspiegels liegen dürften. Seit der ersten Hälfte des 4. Jahrtausends v. Chr. findet man sesshafte Gemeinschaften, die in runden oder rechteckigen Häusern aus Holz und Flechtwerk wohnten, verschiedene Getreidesorten anbauten, Steinwerkzeuge und Keramik herstellten, Haustiere wie Rinder, Schafe und Ziegen hielten und ihre Toten in gemeinschaftlich genutzten Megalithgräbern beisetzten.[2] Es steht zu vermuten, dass die Verbreitung dieser Kenntnisse und Fertigkeiten mit der Ankunft neuer Bevölkerungsgruppen aus England und vom europäischen Festland zusammenhängt. Seit der Mitte des 3. Jahrtausends v. Chr. breitete sich die Kenntnis der Metallverarbeitung aus, wie Spuren des Kupferabbaus und Funde verschiedener Waffen und Werkzeuge aus Kupfer bezeugen. In die Jahrhunderte zwischen 2000 und 500 v. Chr. datiert man die Bronzezeit, die üblicherweise in eine frühe (2000–1400 v. Chr.), mittlere (1400–1200 v. Chr.) und späte Phase (1200–500 v. Chr.) unterteilt wird.[3] Aus der Frühen und Mittleren Bronzezeit stammen die in großer Zahl gefundenen Objekte aus gehämmertem Gold, darunter Lunulae, Sonnenscheiben und Ohrringe. In der Späten Bronzezeit begegnen, entstanden wohl unter auswärtigem Einfluss, sowohl neue Arten von Bronzewerkzeugen als auch neue Formen des Goldschmucks und der Goldverarbeitung.

Die Anfänge der Eisenverarbeitung sind vielleicht noch in der ersten Hälfte des 1. Jahrtausends v. Chr. zu suchen, doch kann man generell eine ausgeprägte Kontinuität von Bronze- und Eisenzeit beobachten. Objekte, wie sie auf dem europäischen Festland für die Hallstattkultur charakteristisch sind, kommen in Irland nur selten vor. Aus dem 4. Jahrhundert v. Chr. stammen die frühesten Zeugnisse der Latènekunst in Irland, darunter die im späten 19. Jahrhundert entdeckten Funde von Lisnacrogher (Co. Antrim).[4] Insgesamt handelt es sich dabei um über 70 Metallgegenstände, darunter eiserne Schwerter und Speerspitzen sowie Schmuck und Trachtbestandteile aus Bronze. Ob diese Funde im Zusammenhang mit einem Kultplatz stehen und möglicherweise als Weihegaben anzusehen sind, ist unklar. Aus den letzten drei Jahrhunderten v. Chr. sind Zeugnisse der Latènekunst zwar auch aus anderen Landesteilen bekannt, doch ist ihre Zahl insgesamt so gering, dass man darin kaum Hinweise auf die Zuwanderung größerer Bevölkerungsgruppen etwa aus England oder Kontinentaleuropa sehen kann. Darüber hinaus waren sie möglicherweise überhaupt nur für einen kleinen Teil der eisenzeitlichen Bevölkerung charakteristisch, zumal sie gerade im Süden und Südwesten der Insel großflächig fehlen. Eine zusätzliche Schwierigkeit der Interpretation ergibt sich daraus, dass viele der in Irland gefundenen Latèneobjekte im Vergleich zu kontinentaleuropäischen Vergleichsstücken regionale Besonderheiten aufweisen und daher nicht genau datiert werden können.

Einen Einschnitt in der Eisenzeit Irlands bedeutete vermutlich die Romanisierung weiter Teile Britanniens im Laufe des 1. Jahrhunderts n. Chr. Spuren römischen Einflusses sind an verschiedenen Orten bezeugt, doch ist die Interpretation dieser Funde ebenso wie das Ausmaß des römischen Einflusses vielfach umstritten.[5] Einige Gräber mit Beigaben römischer Herkunft kamen auf der Insel Lambay nordöstlich von Dublin zutage.[6] Bereits im 19. Jahrhundert hatte man Gräber, die nach römischem Muster angelegt waren, in Stonyford (Co. Kilkenny)

---

[2] S. O'Kelly 2005b sowie Waddell 2010, 25–185.

[3] S. O'Kelly 2005c sowie Waddell 2010, 187–289.

[4] S. Raftery 2005, 141–146, sowie Fredengren 2007 und Waddell 2010, 325–326.

[5] Vgl. dazu zusammenfassend Bateson 1973, Freeman 2001 sowie Raftery 2005, 174–180, und Waddell 2010, 396–401.

[6] S. Rynne 1976 sowie Raftery 2005, 174.

und Bray Head (Co. Wicklow) entdeckt. Da andere Beigaben in den Gräbern aus Lambay für eine Herkunft der dort beigesetzten Personen aus Nordostengland sprechen, wurde vermutet, dass es sich bei ihnen um britannische Kelten gehandelt haben könnte, die im Zuge der römischen Expansion aus ihrer Heimat geflohen waren. Dass es sich bei den Toten von Stonyford und Bray Head um Händler und ihre Angehörigen handelt, die sich vielleicht auch länger im Land aufhielten, erscheint immerhin möglich. Zweifelhaft ist jedoch, ob die in größerer Zahl in Irland gefundenen Münzen, Fibeln und Keramikfragmente zumindest teilweise auch als Hinweis auf eine militärische Präsenz der Römer zu werten sind. Zumindest in einigen Fällen könnte es sich dabei auch um Beutegut handeln, das auf Raubzügen im römischen Britannien in irische Hände gelangte, oder auch um Gegenstände, die von Reisenden aus dem römischen Britannien nach Irland gebracht wurden.

Den ältesten Hinweis auf Irland in der antiken Literatur enthält vielleicht die *Ora maritima* des Avienus (108–112), wo von einer «Heiligen Insel» (*sacra insula*) in der Nähe der «Insel der Albionen» (*insula Albionum*) die Rede ist.[7] Da es sich bei Letzterer um Britannien handelt, könnte mit der «Heiligen Insel» Irland gemeint sein. In diesem Fall könnte es sich bei der Bezeichnung *sacra insula* um eine lateinische Übersetzung des griechischen Ausdrucks *hiera nēsos* handeln, der vielleicht noch vor der Mitte des 1. Jahrtausends v. Chr. von ionischen Händlern im Anklang an *Iernē*, den traditionellen griechischen Namen Irlands, gebildet wurde. Im 1. Jahrhundert v. Chr. erwähnt dann Diodor (5,32,3), die «auf der sogenannten (Insel) Iris» wohnenden Britannier seien Menschenfresser – ein Vorwurf, der auch bei Strabo (4,5,4) begegnet.[8] Gleichwohl vermerkt noch Tacitus, dass der Handel zwar die Küste erschlossen habe, das Landesinnere jedoch nur unzureichend bekannt sei (*Agricola* 24). Dieser Kenntnisstand spiegelt sich letztlich auch in den Namen einiger keltischer Stämme, die Klaudios Ptolemaios für Irland überliefert. Pomponius Mela (3,53) zufolge ist Irland fast ebenso groß wie Britannien und hat durch den auf zwei Seiten gleichmäßigen Verlauf der Küste eine längliche Gestalt. Die Bewohner seien ungebildet und kulturloser als andere Völker.[9]

2. Wirtschaftsformen

Wie in Kontinentaleuropa, bildeten auch in Irland Ackerbau und Viehzucht die Grundlage der Wirtschaft. Die große Bedeutung des Getreideanbaus für die Nahrungsversorgung bezeugen dabei insbesondere die in großer Zahl gefundenen kreisrunden, scheiben- oder bienenstockförmigen Handmühlen.[10] Darüber hinaus wurde unter den Metallobjekten aus Lisnacrogher auch eine eiserne Sichel gefunden, doch kennt man ansonsten nur wenige Beispiele für landwirtschaftliches Gerät. Hinweise darauf, in welcher Weise man die Felder anlegte, sind aus der vorchristlichen Zeit nicht erhalten geblieben.

[7] S. Hofeneder 2005, 18–19.
[8] S. dazu Hofeneder 2005, 152–153, und Hofeneder 2008, 231–233. Zu den Möglichkeiten eines Nachweises von Kannibalismus in der Vor- und Frühgeschichte vgl. ausführlich Peter-Röcher 1994.
[9] S. Hofeneder 2005, 275.
[10] S. Caulfield 1977 sowie Raftery 2005, 152–153, und Waddell 2010, 334–337.

Durch Knochenfunde unmittelbar bezeugt sind als Haustiere Rind, Schaf, Ziege, Schwein und Hund.[11] Die zentrale Rolle des Rindes bezeugt die Verwendung der Milchkuh (altirisch *lulgach* oder *bó mlicht*) als Währungseinheit in den mittelalterlichen Rechtstexten, aber auch die in der Literatur vielfach geschilderte (Un-)Sitte des «Wegtreibens» (irisch *Táin*) von Rindern.[12] Die ältesten Hinweise auf Pferdehaltung in Irland stammen aus der Frühen Bronzezeit.[13] Pferde waren jedoch während der gesamten Bronzezeit äußerst selten, so dass Pferdeknochen nur ca. 1,5% der erhaltenen Säugetierknochen jener Zeit ausmachen. Funde von Pferdeknochen im Zusammenhang mit anderen Speiseresten lassen vermuten, dass Pferdefleisch gegessen wurde. Nach dem Lebensalter einiger Tiere zu schließen, wurden manche Pferde jedoch auch ihrer Arbeitsleistung wegen gehalten, wobei die Art der Nutzung als Last-, Zug- oder Reittier unklar bleibt. Klare Hinweise auf die Nutzung des Pferdes als Zug- und Reittier findet man in der Eisenzeit in Form eiserner Gebiss-Stangen, die einzeln und paarweise vorkommen.[14] Wie schon in der Bronzezeit liegen auch in eisenzeitlichen Fundzusammenhängen Hinweise auf den Verzehr von Pferdefleisch vor. Ob dies in rituellen Zusammenhängen geschah, ist wiederum unklar. Die Jagd auf Hoch- und Niederwild dürfte ähnlich wie auf dem europäischen Festland vor allem zum Vergnügen betrieben worden sein, wie die geringe Menge von Wildtierknochen in Siedlungen nahelegt, doch kam der Fischerei sowohl an den Küsten als auch im Landesinneren eine relativ große wirtschaftliche Bedeutung zu. Eisenerzvorkommen wurden vor allem in Antrim und Wicklow ausgebeutet.[15]

3. Siedlungswesen

Im Unterschied zu den in großer Zahl erhaltenen früh- und hochmittelalterlichen Erdwerken (*raths*), Ringwällen (*ringforts*) und auf künstlichen Inseln errichteten Siedlungen (*crannógs*), sind die eisenzeitlichen Siedlungsformen der Jahrhunderte vor der Christianisierung weitgehend unbekannt. Eine der wenigen Ausnahmen ist die ländliche Siedlung von Feerwore (Galway), bei deren archäologischer Untersuchung sowohl Tierknochen als auch Latèneobjekte zutage kamen, über deren Gebäude und mögliche Befestigung jedoch nichts bekannt ist.[16] Dass einige Ringwälle noch aus den Jahrhunderten vor der Christianisierung stammen, erscheint möglich, bleibt jedoch unbewiesen.

Einen Ursprung in den Jahrhunderten um Christi Geburt vermutet man auch für einige der großen Hügelfestungen, deren heutige Kenntnis jedoch kaum jemals auf Ausgrabungen, sondern fast ausschließlich auf Rückschlüssen aus ihren im Gelände sichtbaren Überresten beruht.[17] Die meisten Anlagen mit einer einzigen Verteidigungslinie sind 2 bis 9 ha groß, so etwa Brusselstown Ring bei Baltinglass (Wicklow) und Carn Tigherna bei Fermoy (Cork). Daneben gibt es aber auch

---

[11] S. Raftery 2005, 154.
[12] S. Kelly 1988, 113.
[13] Das Folgende nach McCormick 2007.
[14] S. Waddell 2010, 309–316.

[15] S. Waddell 2010, 295–301.
[16] S. Raftery 2005, 154 und 161.
[17] Das Folgende nach Raftery 2005, 162–166.

Hügelfestungen mit mehreren, in größeren Abständen hintereinander gestaffelten Verteidigungslinien, die bis zu 20 ha einnehmen. Charakteristische gut erhaltene Beispiele dieses Anlagentyps, der vor allem im Westen und Südwesten Irlands zu finden ist, sind Mooghaun bei Newmarket-on-Fergus (Clare) und Cashel Fort bei Upton (Cork). Von besonderen topographischen Bedingungen abhängig und daher insgesamt seltener sind Hügelfestungen, die auf steil abfallenden Bergvorsprüngen angelegt wurden und daher nur auf einer Seite eine oder mehrere dicht hintereinander liegende Befestigungen aufweisen. Zu ihnen gehören Lurigethan und Knockdhu (Antrim) sowie Caherconree (Kerry). Sehr viel häufiger sind solche Hügelfestungen auf Bergvorsprüngen den Möglichkeiten des Geländes entsprechend an den Küsten, wo über 200 solcher Anlagen bekannt sind. Zu den bekanntesten und zugleich eindrucksvollsten dieser Küstenfestungen zählt Dún Aengus auf Inishmore, der größten der Aran-Inseln vor der Irischen Westküste.[18] Neben den Überresten von insgesamt vier bis zu 4 m hohen und an der Basis bis zu 4 m dicken Steinmauern, die eine Gesamtfläche von 4,6 ha umschließen, findet man dort als zusätzliche Verteidigungseinrichtung einen 10 bis 23 m breiten Streifen mit zahlreichen, senkrecht oder schräg in den harten Untergrund eingegrabenen Steinen von 1 bis 1,7 m Höhe, die wohl als eine Art von Spanischen Reitern (*chevaux-de-frise*) eine Erstürmung erschweren sollten. Solche steinernen *chevaux-de-frise* kennt man in Irland nur aus vier vor- oder frühgeschichtlichen Befestigungen, die alle im Westen der Insel in Küstennähe zu finden sind. Einer möglichen Theorie zufolge handelt es sich dabei um eine fortifikatorische Neuerung, die in der zweiten Hälfte des 1. Jahrtausends v. Chr. von der Iberischen Halbinsel (wo sie besonders häufig vorkommt) nach Irland gelangte. Zu dieser Datierung würde passen, dass man 1839 innerhalb des innersten Mauerrings von Dún Aengus eine bronzene Latènefibel fand. Möglicherweise ist der geographische Schwerpunkt dieser Anlagen jedoch insofern illusorisch, als es sich dabei auch um steinerne Varianten einer Befestigungsweise handeln könnte, die in einer hölzernen Ausführung sehr viel weiter verbreitet gewesen sein könnten. Einmal mehr ist auch in diesem Fall hervorzuheben, dass die Datierung jeder einzelnen Anlage umfangreiche archäologische Untersuchungen voraussetzt, zumal viele von ihnen aufgrund ihrer verteidigungstechnisch günstigen Lage auch lange nach ihrer Entstehung immer wieder genutzt worden sein können. Ähnliches gilt für die Innenbebauung, da man sowohl dicht bebaute und relativ bevölkerungsreiche Zentren als auch reine Fliehburgen oder vorwiegend rituell genutzte Plätze in Erwägung ziehen muss.

Besondere Beachtung verdienen in diesem Zusammenhang drei in mehrerer Hinsicht ungewöhnliche Stätten, bei denen die Anlage eines tiefen Grabens hinter der Einfriedung, also im Inneren der Anlage, die Annahme ihres fortifikatorischen Charakters in Frage stellt und eine hauptsächlich rituelle oder zeremonielle Nutzung vermuten lässt. Dabei handelt es sich um Navan Fort (Armagh), Dún Ailinne (Kildare) und Ráth na Ríogh in Tara (Meath).

Navan Fort befindet sich auf einem Hügel ca. 2,6 km westlich der Altstadt von Armagh und ca. 300 m westlich des kleinen Sees, aus dem die Bronzetrompeten von

---

[18] S. Raftery 1991b.

Loughnashade geborgen wurden.[19] Erste Hinweise darauf, dass dort Menschen lebten, stammen noch aus der Späten Bronzezeit, in der zunächst ein einzelnes, von einer Palisade umgebenes und wenigstens achtmal erneuertes Haus auf der Kuppe des Hügels stand. In die Zeit um 100 v. Chr. datiert man eine sehr viel aufwändigere Anlage, die aus einer kreisrunden Palisade von 40 m Durchmesser bestand. In ihrem Inneren wurden fünf konzentrische Ringe mit Pfostenlöchern nachgewiesen, wobei der Abstand von einem Pfosten zum anderen 1,2 bis 1,8 m und der Abstand von einem Ring zum nächsten 3 m betrug. Den Mittelpunkt der Anlage bildete ein 2,3 m tiefes Loch, in dem noch der Rest eines Eichenpfostens von 55 cm Durchmesser steckte, dessen ursprüngliche Höhe bis zu 13 m betragen haben könnte. Ob die Pfosten ursprünglich eine Dachkonstruktion trugen, ist nicht bekannt. Der Umstand, dass die gesamte Anlage nach ihrer Zerstörung mit einer Steinpackung überdeckt wurde, lässt jedoch vermuten, dass sie rituellen Zwecken diente.

In den Zeitraum zwischen 300 v. Chr. und 300 n. Chr. fallen nach Ausweis der Radiokarbondatierungen Spuren von Menschen in der Anlage von Dún Ailinne (Knockaulin), die mit einer Ausdehnung von 16 ha das größte vorgeschichtliche Denkmal in Leinster darstellt.[20] Wie die archäologische Untersuchung eines Areals von ca. 3500 m² ergab, wurde der Ort bereits in der Jungsteinzeit von Menschen genutzt. In der Eisenzeit errichtete man dort zunächst eine kreisrunde Palisade von 22 m Durchmesser, die später zu einer Einfriedung von 36 m Durchmesser mit einer Art Anbau auf der Südseite und einer aufwändig gestalteten Toranlage erweitert wurde. In der dritten und letzten Ausbauphase hatte diese Einfriedung einen Durchmesser von 42 m, mit einem kreisrunden, vermutlich turmähnlichen Einbau von 6 m Durchmesser in der Mitte. Der Fund zahlreicher Rinder- und Schweineknochen lässt vermuten, dass in Dún Ailinne umfangreiche Schlachtungen stattfanden, was die Annahme einer rituellen oder zeremoniellen Nutzung der Anlage zusätzlich stützt.

Von der Jungsteinzeit bis in die ersten Jahrhunderte n. Chr. lebten, wie entsprechende Spuren zeigen, Menschen auch in Tara (Meath).[21] Angelegt auf einem von Südosten nach Nordwesten verlaufenden Hügelrücken, besteht Tara aus ca. 24 verschiedenen Einfriedungen, Erdaufschüttungen und künstlich errichteten Tumuli. Nur wenige von ihnen wurden bislang ausgegraben, und einige sind überhaupt nur dank der Luftbildarchäologie bekannt. Eine wichtige Rolle spielte nach Ausweis der Größe und Lage die 5,9 ha große, als *Ráth na Ríogh* (Festung der Könige) bekannte Einfriedung, die ebenso wie Navan Fort und Dún Ailinne einen Graben auf der Innenseite aufweist. Ausgrabungen in den 1950er Jahren erbrachten den Nachweis, dass der V-förmige Graben ursprünglich 3 m tief war und sich gleich hinter dem inneren Rand eine Palisade befand. Im Inneren der Einfriedung findet man den «Hügel der Geiseln» (*Mound of the Hostages/ Dumha na nGiall*), bei dem es sich, wie die

[19] S. knapp zusammenfassend Lynn 1991, Raftery 2005, 167–168, und Waddell 2010, 347–358. Vgl. ferner ausführlich Waterman 1997 und Lynn 2003.

[20] S. knapp zusammenfassend Wailes 1991, Raftery 2005, 168, und Waddell 2010, 358–363. Vgl. ferner ausführlich Johnston u. Wailes 2007.

[21] S. knapp zusammenfassend Raftery 1991a und 2005, 167, Waddell 2010, 340–347, sowie ausführlich Newman 1997. Vgl. ferner die teils historisch-philologisch, teils archäologisch orientierten Beiträge in Bhreathnach 2005 und die ausführliche Bibliographie von Bhreathnach 1995.

archäologische Untersuchung ergab, um eine jungsteinzeitliche Grabanlage handelt, sowie zwei weitere kreisförmige Einfriedungen. In einer von ihnen steht der als *Lia Fáil* bekannte, mutmaßlich eisenzeitliche unverzierte Steinpfeiler, der mittelalterlichen Texten zufolge aufschrie, wenn der rechtmäßige König Irlands seine Herrschaft antrat. Nördlich und südlich des *Ráth na Ríogh* befinden sich weitere Erdaufschüttungen, darunter der so genannte *Ráth na Seanaid* (Festung der Versammlungen), wo bei der archäologischen Untersuchung neben Siedlungs- und Gräberspuren auch Objekte römischer Herkunft zutage kamen, sowie der *Teach Miodhchuarta* (Haus des Festes), der aus zwei ca. 180 m langen, in einem Abstand von 30 m parallel zueinander angelegten Wällen besteht, deren ursprüngliche Funktion unbekannt ist.

Die große Bedeutung von Navan Fort, Dún Ailinne und Tara erhellt nicht zuletzt der Umstand, dass alle drei Anlagen in der mittelalterlichen irischen Literatur eine wichtige Rolle spielen.[22] Galt Navan Fort (unter dem irischen Namen Emain Macha) als Sitz der Könige des Volks der Ulaid (Ulster), so sah man in Dún Ailinne den Sitz der Könige der Laigin (Leinster), während Tara (irisch Temair) in der Literatur als Sitz und Inaugurationsort der (mythischen oder sagenhaften) Hochkönige von Irland erscheint. Eine vergleichbare Rolle in der (pseudo)historischen Literatur des irischen Mittelalters spielt Rathcroghan (irisch Cruachain) als Sitz der westirischen Connachta, doch ist von dort keine ähnlich aufwändige Anlage bekannt.[23]

4. Handwerk und Kunst

Im Hinblick auf das Handwerk und die Kunst der Eisenzeit zeichnet sich Irland sowohl im Hinblick auf die Anzahl oder vielmehr die Seltenheit der gefundenen Objekte als auch im Hinblick auf deren Charakter durch gewichtige Unterschiede von den Verhältnissen auf dem europäischen Festland aus. Ein besonders markantes Beispiel dafür ist das vollständige Fehlen eisenzeitlicher Keramik, da die Gefäße des täglichen Gebrauchs allem Anschein nach durchweg aus Holz bestanden, was durch vereinzelte Funde bestätigt wird. Die wichtigsten Zeugnisse des eisenzeitlichen (Kunst-)Handwerks sind dementsprechend der Metall- und Steinbearbeitung zuzuordnen. Als Werkstoffe in der Metallverarbeitung sind in erster Linie Eisen, Bronze und Gold zu nennen, die zur Herstellung von Waffen, Werkzeugen, Trachtbestandteilen und Haushaltsgerät dienten.

Frühe Beispiele latènezeitlicher Schwerter, die sich durch ihre relativ kurzen Klingen von durchweg weniger als 60 cm Länge auszeichnen, fand man in Lisnacrogher.[24] Erhalten haben sich die Reste von vier Exemplaren, die in ornamental verzierten, unvollständig erhaltenen Bronzescheiden steckten. Mit weniger als zwei Dutzend erhaltenen Exemplaren sind Latèneschwerter in Irland insgesamt jedoch auffallend selten. Während Pfeil und Bogen gar nicht belegt sind, war der Speer eine relativ weit verbreitete Waffe. Da isoliert aufgefundene eiserne Spitzen kaum sicher zu datieren sind, beruht unsere Kenntnis latènezeitlicher Speere auf den aus

---

[22] S. dazu Wailes 1982.
[23] S. Herity 1983–1984 und vgl. Waddell 2010, 363–370.

[24] S. Raftery 2005, 143.

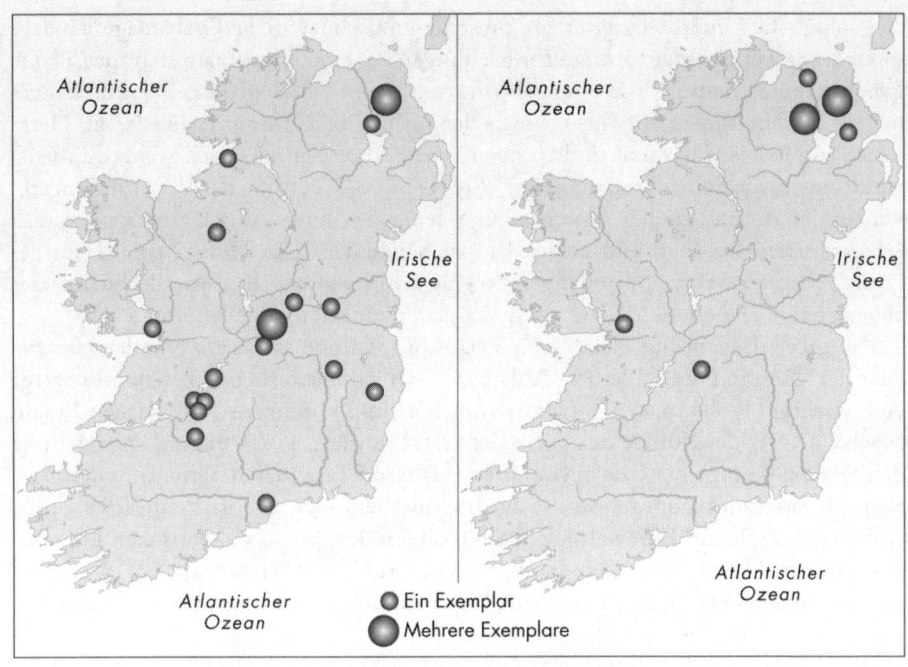

Verbreitung von Latèneschwertern (links) und Schwertscheiden (rechts)

Bronze geschmiedeten oder gegossenen Enden der Speere, von denen man über 60 Exemplare kennt.[25] Ein latènezeitlicher Schild kam bislang nur einmal beim Torfstechen in der Nähe von Clonoura (Tipperary) zutage.[26] Im Unterschied zu den kreisrunden Schilden der Bronzezeit, aber auch zu den fast mannshohen Schilden, die man in den latènezeitlichen Gräbern des europäischen Festlands fand, ist der aus Holz und Leder gefertigte, mit abgerundeten Ecken leicht längliche Schild von Clonoura mit 55 × 35 cm eher klein, was zu den kurzen, eher für den Stich als für den Hieb geeigneten irischen Schwertern stimmt.

Bronze diente unter anderem zur Herstellung von Behältern, Zierscheiben, Schalen und Bechern. So kennt man aus Somerset (Galway) und Cornalaragh (Monahan) die Überreste verzierter, runder Bronzedosen von weniger als 9 cm Durchmesser, die man ins 1. Jahrhundert n. Chr. datiert, deren Funktion bislang jedoch unbekannt ist. Aus der Nähe von Keshcarrigan (Leitrim) stammt eine 280 g schwere Bronzeschale von 15 cm Durchmesser, deren gegossener Griff in der Form eines Vogels, wohl einer Ente, gestaltet ist. Eine ähnliche Schale mit einem Griff in der Form eines Vogelkopfes ist aus Somerset (Galway) bekannt. Die auf dem Festland überaus häufigen, nach dem Prinzip der Sicherheitsnadel konstruierten Fibeln sind in Irland auffallend selten, da landesweit nur ca. 25 Exemplare, zumeist aus

---

[25] S. Raftery 2005, 146.

[26] S. Raftery 2005, 147, sowie Waddell 2010, 324–325.

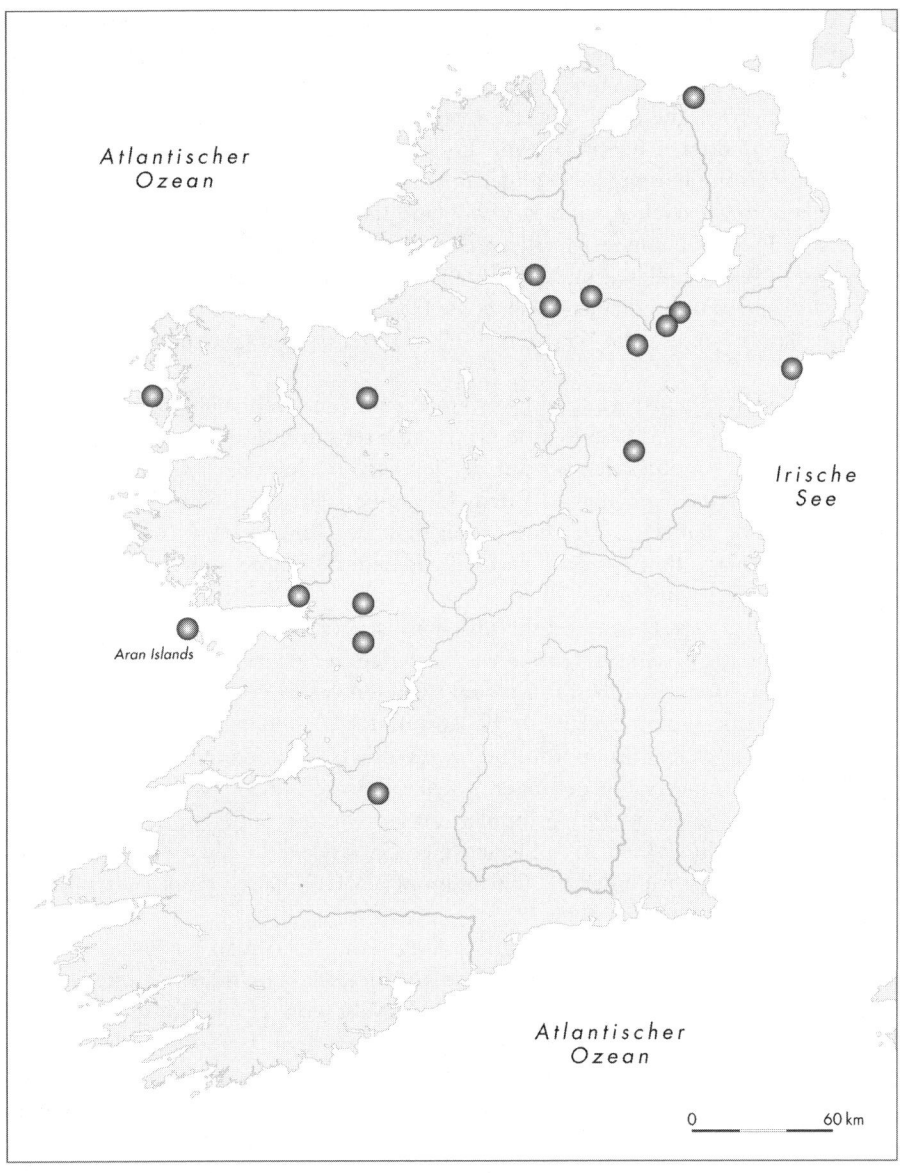

Verbreitung von Latènefibeln

Bronze und teilweise ornamental oder figürlich verziert, gefunden wurden. Etwas häufiger sind die teilweise ebenfalls figürlich verzierten Ringfibeln, wie sie für die Britischen Inseln und Irland charakteristisch sind. 1798 fand man in einem Moor in Loughnashade ca. 6 km westlich von Armagh vier große, gebogene Bronzetrompeten, von denen heute jedoch nur noch eine erhalten ist. Ähnliche Trompeten wurden auch in anderen Landesteilen gefunden, darunter ein besonders gut erhaltenes Exemplar, das 1809 in Ardbrin (Down) zutage kam.[27] Wie man anhand der beiden Trompeten von Loughnashade und Ardbrin ersehen kann, hatte man die Instrumente aus zwei gebogenen, sich zum Schalltrichter hin verbreiternden Bronzestreifen gefertigt, die durch Nieten miteinander verbunden wurden. Der Schalltrichter des erhaltenen Exemplars von Loughnashade wird außerdem durch einen breiten Bronzering hervorgehoben, der mit einem in Repoussé-Technik ausgeführten Rankenmuster reich verziert ist. 1959 fand man in Somerset (Galway) mehrere halbfertige Produkte sowie Metall in Barrenform, die vielleicht einem Schmied gehörten.[28] Obschon diese Funde Rückschlüsse auf die Art der Herstellung und die dafür verwendeten Werkzeuge wie etwa Hämmer, Meißel, Bohrer, Zirkel und Feilen gestatten, sind solche Werkzeuge selbst in Irland bislang nicht gefunden worden.

Mit der Bronzeverarbeitung eng verbunden war der Gebrauch roter Emaille zu Dekorationszwecken.[29] Dabei wurde die Emaille teils in flüssiger Form aufgebracht, teils als fertiges Schmuckelement auf der jeweiligen Unterlage befestigt. Größere Reste roter Emaille fand man auf dem Hügel von Tara, was das Bestehen einer Bronzeschmiede nahelegt. Der hohe Bleigehalt der Emaille von Tara gab zu der Vermutung Anlass, dass das Rohmaterial aus dem Mittelmeerraum, vielleicht aus Italien, importiert worden war.[30]

Ein frühes Beispiel einer einheimischen latènezeitlichen Goldschmiedearbeit ist der aus einem gedrehten Metallstreifen gefertigte Halsring aus der Zeit um 300 v. Chr., der zusammen mit einem weiteren, wohl vom Festland importierten Halsring mit Puffer-Enden im 19. Jahrhundert in einem Moor am Ufer des Shannon bei Knock ca. 7 km nordöstlich von Ballinasloe (und nicht, wie man früher glaubte, bei Clonmacnoise) gefunden wurde.[31] Ein ähnlicher gedrehter Halsring wurde ebenfalls schon im 19. Jahrhundert zusammen mit anderen, heute zum Teil verlorenen, Metallobjekten in Somerset (Co. Galway) gefunden. Wohl aus einem der beiden letzten Jahrhunderte v. Chr. stammt der Goldhalsring mit Puffer-Enden aus dem Hortfund von Broighter.[32]

Steinskulpturen mit ornamentaler Verzierung fand man an insgesamt fünf Orten in Irland. Das wohl bekannteste und künstlerisch bemerkenswerteste Beispiel ist der Stein von Turoe, der sich heute in der Nähe von Turoe House unweit des Dorfes Bullaun (Galway) befindet, früher jedoch in einiger Entfernung davon nahe einer 1938 ausgegrabenen, vermutlich eisenzeitlichen Siedlung stand.[33] Aus Granit gefertigt, hat der Monolith ein Gewicht von ca. 4 Tonnen und eine Gesamtlänge von 1,68 m, wobei der sichtbare Teil ca. 1 m lang ist. Unmittelbar über dem Boden unbearbeitet und darüber nur mit einem schlichten Bandmuster verziert, ist der Stein in den oberen zwei Dritteln auf allen Seiten mit einem sorgfältig komponierten, in erhabenem Relief ausgeführten Rankenmuster geschmückt, das die Annahme einer Entstehung im 1. Jahrhundert v. Chr. nahelegt. Weitere, ungefähr

---

[27] S. Raftery 2005, 156.
[28] S. Raftery 2005, 157.
[29] S. Raftery 2005, 158.
[30] S. Raftery 2005, 158.
[31] S. Ireland 1992 sowie Waddell 2010, 305–306.

[32] S. Raftery 2005, 151–152. Zur Ornamentik des Rings vgl. Avery 1997.
[33] S. Duignan 1976 sowie Raftery 2005, 160.

Detail des Halsrings von Broighter (wohl 2. / 1. Jahrhundert v. Chr.)

gleichzeitige ornamental verzierte Monolithen kennt man aus Derrykeighan (Antrim), Castlestrange (Roscommon) und Killycluggin (Cavan). Eine Entstehung in der vorchristlichen Eisenzeit vermutet man auch für einige unverzierte Monolithen, namentlich für den so genannten *Lia Fáil* oder «Schicksalsstein» auf dem Hügel von Tara. Dagegen hält man für den aus Schiefer gefertigten Stein von Mullaghmast (Kildare), der im 19. Jahrhundert beim Abriss einer Burg zutage kam, im Hinblick auf die Parallelen zwischen seinen Ornamenten und jenen datierbarer Metallobjekte eine Entstehung in der Zeit um 500 n. Chr. für wahrscheinlich.

Leichte, zweirädrige Wagen aus Holz, wie sie in Kontinentaleuropa durch Grabfunde und bildliche Darstellungen auf Münzen bezeugt sind, wurden in Irland bislang nicht gefunden, obschon sie in der mittelalterlichen irischen Literatur als charakteristisches Gefährt der Krieger und ihrer Wagenlenker vor der Christianisierung oft erwähnt werden.[34] Paarweise gefundene Gebiss-Stangen für Pferde sowie vereinzelte Funde hölzerner Joche lassen jedoch zumindest indirekt auf das Vorhandensein solcher Wagen schließen. Scheibenräder eines schweren und wohl eher plumpen Wagens, die nach Ausweis der Radiokarbondatierung aus dem 5. oder 4. Jahrhundert v. Chr. stammen, fand man in Doogarymore (Roscommon).[35]

[34] S. dazu Greene 1972, Sayers 1991, Mallory 1998 und Karl 2003.

[35] S. Raftery 2005, 147.

Der Stein von Turoe (wohl 3.–1. Jahrhundert v. Chr.)

Den ältesten Hinweis auf die Verwendung seetüchtiger Wasserfahrzeuge bildet das 18 cm lange und 85 g schwere goldene Modell eines Bootes, das 1896 zusammen mit einer goldenen Schale, einem hohl gearbeiteten Goldhalsring und weiteren Gegenständen in Broighter ca. 2 km nordwestlich von Limavady (Co. Londonderry) gefunden wurde.[36] Sorgfältig nachgebildet mit Steuerruder, Mast, Ruderbänken und (2 × 9 =) 18 Rudern könnte das Original des Bootes aus Holz, aber auch aus mit Leder bespanntem Flechtwerk bestanden haben.

Über die Textilverarbeitung im eisenzeitlichen Irland ist kaum etwas bekannt. Lediglich aus Carrowbeg North (Co. Galway) kennt man ein einziges Textilfragment, das auf der Rückseite eines bronzenen Trachtbestandteils an der Schulter des Skeletts einer weiblichen Leiche erhalten blieb.[37]

Bedeutende Zeugnisse der Bearbeitung und Dekoration von Knochen fand man in einer jungsteinzeitlichen Grabanlage bei Lough Crew (Meath), die in den 1860er Jahren ausgegraben und dann 1941 noch einmal wissenschaftlich untersucht wurde.[38] Neben Glas- und Bernsteinperlen sowie einigen Gegenständen aus Eisen fand man dort über 5000 Fragmente von Knochen, von denen ca. 150 ornamental verziert waren. In den meisten Fällen handelt es sich dabei um 5 bis 14 cm große, oval oder eiförmig zugerichtete und sorgfältig geglättete Teile der Rippenknochen

[36] S. Farrell u. Penny 1975 sowie Raftery 2005, 152.

[37] S. Raftery 2005, 48.

[38] S. Raftery 2005, 158–159.

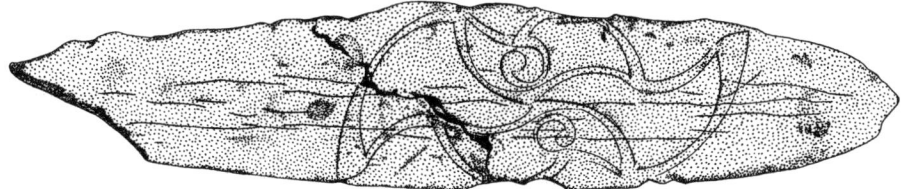

Ornamental verzierter Knochen aus Lough Crew

von Rindern, von denen einige an einem Ende spitz zulaufen und an einem Ende ein kleines, kreisrundes Loch aufweisen. Die teilweise überaus komplexen Ornamente wurden mit dem Zirkel ausgeführt, was zu der Deutung des Fundes als «Musterbuch» eines Bronzeschmieds Anlass gab. Diese Vermutung erklärt jedoch weder das Überwiegen sorgfältig bearbeiteter, jedoch vollständig unverzierter Knochenfragmente noch den eigentümlichen Fundort, zumal neolithische Grabanlagen in der mittelalterlichen Literatur als Wohnstätten der mythischen Urbevölkerung Irlands galten.

5. Handel und Verkehr

Der hohe Stand einiger Handwerkszweige, wie etwa der Bronzeverarbeitung, lässt darauf schließen, dass Rohstoffe auch über größere Distanzen hinweg verhandelt und viele hochwertige Güter nicht nur für den eigenen Gebrauch hergestellt wurden. Über die Organisation, die Routen und den Umfang dieses Handels ist jedoch praktisch nichts bekannt. Aus der Zeit um 150 v. Chr. stammt ein über 3 km langer und 3 bis 4 m breiter, aus Eichenbohlen gefertigter Weg über sumpfiges Gelände in der Nähe von Corlea (Longford), für dessen Anlage wohl 200 bis 300 Eichen gefällt werden mussten. Die Breite lässt vermuten, dass der Weg nicht nur für Fußgänger oder Reiter, sondern auch für Pferde- oder Ochsenwagen genutzt werden sollte.[39]

Auf die mediterrane, möglicherweise italische Herkunft der Emaille auf dem Hügel von Tara wurde bereits hingewiesen. Um einen Import vom europäischen Festland, vielleicht aus dem Rheinland, handelt es sich bei dem hohl gearbeiteten Goldhalsring mit Puffer-Enden aus der Zeit um 300 v. Chr., der im 19. Jahrhundert in einem Moor am Ufer des Shannon in der Nähe von Ballinasloe gefunden wurde.[40] Wohl aus Gallien stammt ein anthropomorpher, aus Bronze gegossener Schwertgriff, der um 1916 beim Fischfang in der Bucht von Ballyshannon (Donegal) gefunden wurde.[41] Ebenfalls kontinentalen Ursprungs sind vielleicht einige Glasperlen aus dem 1. Jahrhundert v. Chr., die im Osten und Nordosten Irlands gefunden wurden.[42] Beziehungen nach Nordafrika bezeugt der Fund des Schädels

[39] S. Raftery 1994, 99, sowie McCormick 2007, 91.
[40] S. Raftery 2005, 140.
[41] S. Raftery 2005, 145.
[42] S. Raftery 2005, 145.

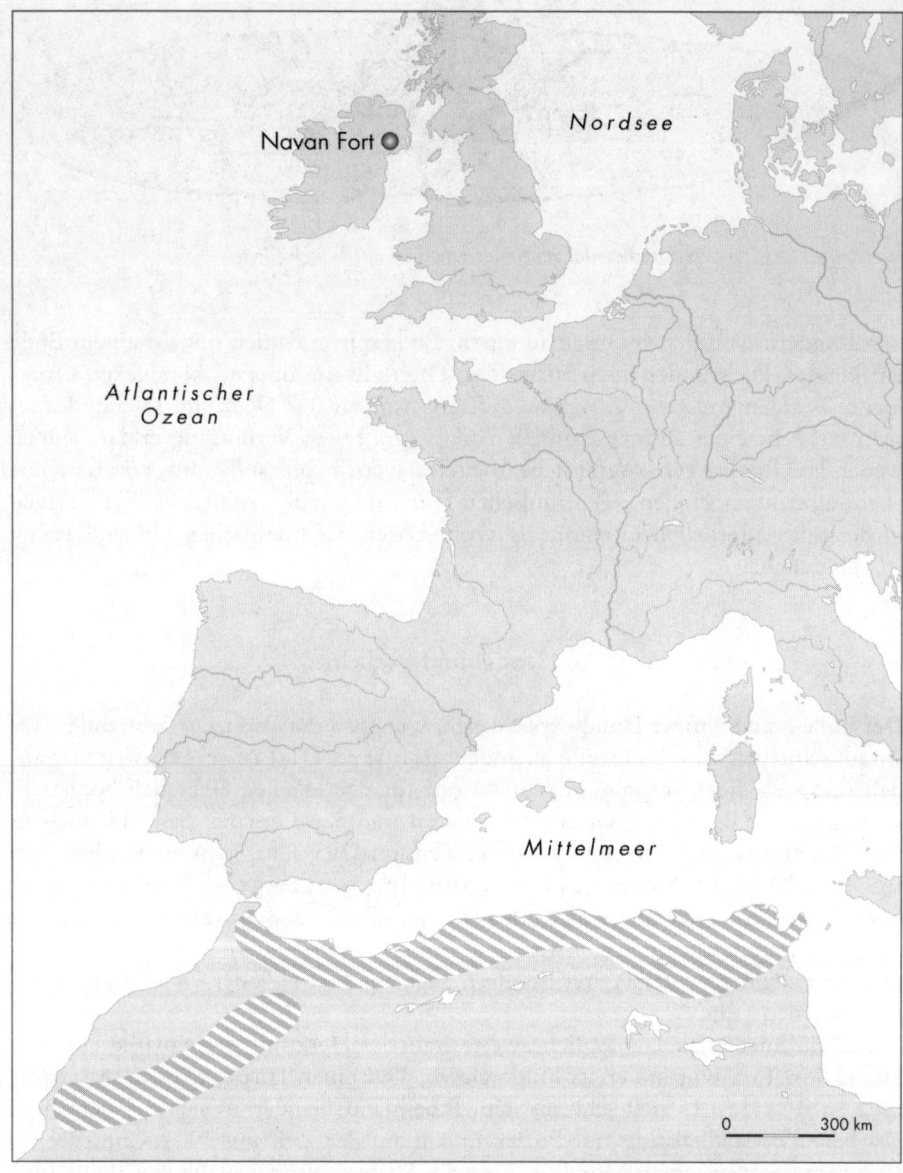

Antikes Verbreitungsgebiet des Berberaffen und Fundort eines Schädels dieser Affenart in Irland

eines Berberaffen, der bei der archäologischen Untersuchung von Navan Fort zutage kam.[43]

---

[43] S. Raftery 2005, 168.

6. Gesellschaft

Über die Gesellschaftsstrukturen vor der Christianisierung geben die spärlichen archäologischen Funde kaum Auskunft. Einige Rückschlüsse darauf kann man jedoch aus den frühmittelalterlichen volkssprachlichen Rechtstexten ziehen, die sich zwar auf das christliche Frühmittelalter beziehen, in mancher Hinsicht jedoch eine Kontinuität mit den Verhältnissen der vorchristlichen Eisenzeit widerspiegeln.[44] Viele von ihnen entstammen einer als *Senchas Már* bekannten Sammlung von Traktaten und Kompendien für den Unterricht im traditionellen irischen Recht, das man im Unterschied zum lateinischsprachigen Kirchenrecht als *fénechas* bezeichnete. Die ältesten dieser Texte wurden im 7. und 8. Jahrhundert aufgezeichnet, sind uns jedoch meistens erst in Handschriften des 14. bis 16. Jahrhunderts zusammen mit späteren Randbemerkungen, Einschüben und Kommentaren überliefert. Da die irischen Rechtsgelehrten (Plural *brithemain*, anglisiert *brehon*) das einheimische Recht in erster Linie als mündliche Überlieferung auffassten, ist seine schriftliche Fixierung wohl auch als Reaktion der einheimischen Rechtsschulen auf die Einführung des schriftlich fixierten lateinischen Kirchenrechts zu verstehen. Eine wichtige Rolle spielte in diesem Zusammenhang vermutlich die Zusammenstellung kirchenrechtlicher Bestimmungen zu der Sammlung *Collectio canonum Hibernensis* im frühen 8. Jahrhundert, so dass die Möglichkeit der Beeinflussung irischer Rechtsbestimmungen durch das Kirchenrecht stets im Auge zu behalten ist.

Charakteristisch für die frühmittelalterliche, aber wohl auch schon für die vorchristlich-eisenzeitliche irische Gesellschaft war die Einbindung des Einzelnen in den Familienverband oder die Sippe (*fine*) und seine Zugehörigkeit zu einem bestimmten Kleinkönigreich oder «Stamm» (*túath*, Plural *túatha*). Von den verschiedenen Arten der *fine*, die in den Rechtstexten genannt werden, hatte die *derbfine*, deren Mitglieder ihre Abkunft auf ein und denselben Großvater zurückführten, die größte praktische Bedeutung. Eine solche Sippe besaß gemeinschaftlich Land (*fintiu*) und haftete unter bestimmten Umständen für die Vergehen oder Schulden ihrer Mitglieder. Das Oberhaupt eines Familienverbands, *agae fine* oder *cenn fine* genannt, wurde aufgrund seines Vermögens, seines gesellschaftlichen Ansehens und seiner charakterlichen Vorzüge gewählt, um die Belange der *fine* in der Öffentlichkeit zu vertreten. Als *túath* bezeichnen die Rechtstexte sowohl eine Personengruppe als auch das Gebiet, das diese Gruppe bewohnt, so dass der Begriff je nach dem mit «Stamm» oder «Kleinkönigreich» zu übersetzen ist. Man schätzt, dass es im frühmittelalterlichen Irland wenigstens 150 solcher Kleinkönigreiche gab, wobei die durchschnittliche Zahl der Mitglieder einer *túath* bei 3000 gelegen haben könnte. Den Rechtstexten zufolge verbrachte die große Mehrheit der irischen Bevölkerung das ganze Leben innerhalb der Grenzen ihrer jeweiligen *túath*, da der Einzelne außerhalb ihrer Grenzen rechtlos war und nur Angehörige bestimmter gelehrter Stände sich überall frei bewegen konnten.

---

[44] Zu den frühmittelalterlichen irischen Rechtstexten vgl. zusammenfassend Kelly 1988 und 1995 sowie Breatnach 2005.

An der Spitze jeder *túath* stand den Rechtstexten zufolge ein König (*rí*), dem jedes freie Mitglied eines Stammesverbandes Gehorsam und die Zahlung einer besonderen Abgabe schuldete. Ihm oblag im Angriffs- oder Verteidigungsfall die Einberufung des Aufgebots der waffenfähigen Männer (*slógad*) sowie in Friedenszeiten die Einberufung der politischen Versammlung (*óenach*). Der König vertrat die Belange seiner *túath* nach außen, indem er mit dem König einer benachbarten *túath* einen Freundschaftsvertrag (*cairde*) abschloss oder durch die Annahme von Geschenken, die Zahlung eines Tributs oder die Stellung von Geiseln einen benachbarten mächtigeren Herrscher als «Oberkönig» (*ruiri*) anerkannte. Ebenso wie einige andere privilegierte Personen wie z. B. derjenige, der als Herr (*flaith*) über abhängige Vasallen (*céili*) gebot, gehörte auch der König zu einer Schicht, die in den Rechtstexten als *nemed* bezeichnet wird. Es wird vermutet, dass die bevorzugte Stellung dieser Gesellschaftsschicht auch religiös fundiert war, da die dieser Bezeichnung zugrunde liegende Form *nemeton* ursprünglich auch das (vorchristliche) Heiligtum bezeichnete. Wer nicht zu dieser Schicht gehörte, war entweder frei (*sóer*) oder unfrei (*dóer*), wobei die Rechtstexte mehrere Grade der Unfreiheit vom jederzeit kündbaren abhängigen Pächter (*fuidir*) bis hin zum vollständig rechtlosen Sklaven (*mug*) unterscheiden. Die große Bedeutung der Sklaverei geht nicht zuletzt daraus hervor, dass das Wort für «Sklavin» (*cumal*) in den Rechtstexten häufig als Werteinheit etwa zur Bezeichnung der Höhe eines Kaufpreises oder einer Geldstrafe dient. Ausschlaggebend für die gesellschaftliche und damit auch rechtliche Stellung einer Person war die Höhe seines «Ehrenpreises» (*lóg n-enech*), die im Streitfall über den Wert ihres Eides oder – im Falle einer Verletzung ihrer Rechte – über die Höhe der ihr zustehenden Entschädigung entschied. Ein solcher Ehrenpreis stand allerdings nur freien Männern zu, während bei Vergehen gegen Frauen die Entschädigung an den Ehemann und bei solchen gegen Unfreie an deren Herrn zu zahlen war.

Mittelalterlicher Anschauung zufolge bestand Irland seit alter Zeit aus fünf «Provinzen», die in volkssprachlichen Texten als «Fünftel» (*cóiced*, Plural *cóiceda*) bezeichnet werden. Ihre traditionellen Bezeichnungen waren Connacht (*Connachta*), Ulster (*Ulaid*), Leinster (*Laigin*), Munster (*Mumu*) und Meath (*Mide*), wobei die drei zuerst genannten Namen sowohl eine Region als auch deren Bewohner bezeichnen konnten. Die dieser Einteilung zugrunde liegende Fiktion, dass alle großen Dynastien des Landes von einem einzigen Ahnherrn abstammten, dürfte jedoch ebenso wie die Einteilung der Insel in «Fünftel» nicht bis in die vorchristliche Zeit zurückgehen.

7. Religion

Viele Darstellungen der «keltischen» Religion greifen in mehr oder weniger großem Umfang auch auf Schriftquellen aus dem mittelalterlichen Irland zurück, mitunter leider in sehr unkritischer Weise. Dagegen fehlt eine Darstellung, die sich auf die archäologischen Funde beschränkt oder sich daran orientiert, so dass hier auf die Literaturangaben zum ersten Abschnitt dieses Kapitels verwiesen werden muss. Über die mittelalterliche irische Literatur und die neuzeitliche volkskundliche Überlieferung unterrichten zahlreiche Beiträge in Koch J. T. 2006 sowie als einbändiges Nachschlagewerk Ó hÓgáin 2006. Eine Vielzahl vergleichender Untersuchungen zur mittelalterlichen irischen Literatur in einem weiteren keltischen Kontext bieten die gesammelten

Aufsätze von Mac Cana 2011. Als Beispiel einer detaillierten Studie zur Frage des Zusammenhangs irischer religiöser Vorstellungen mit solchen des antiken Mittelmeerraums s. Egeler 2011. Neuere Studien zur Problematik tatsächlicher oder auch nur vermeintlicher irisch-festlandkeltischer Parallelen sowie zum Einfluss christlicher Motive in der altirischen Literatur bietet Maier B. 2000b bzw. 2012.

Gräber als Zeugen tradierter religiöser Vorstellungen und kollektiv vollzogener Riten sind aus der Eisenzeit mehrfach belegt, ergeben jedoch angesichts ihrer relativ geringen Anzahl, breiten zeitlichen und räumlichen Streuung sowie ausgeprägten Vielgestaltigkeit kein einheitliches Bild.[45] Generell spricht die Seltenheit nachweisbarer Bestattungen, wie sie schon für die irische Bronzezeit charakteristisch ist, für eine Kontinuität bronzezeitlicher Traditionen gerade im Umgang mit den Toten, so dass spezifisch keltische Vorstellungen oder Riten gerade in diesem Zusammenhang nicht zu erwarten sind. In der Regel sind Körpergräber jünger als Brandgräber, die gegen Ende der Eisenzeit seltener werden und mit der Christianisierung ganz außer Gebrauch kommen. Weit verbreitet war die Anlage von Grabhügeln, deren Größe jedoch deutlich hinter jenen der Bronzezeit zurückbleibt. Als Grabbeigaben sind lediglich Fibeln, Glasperlen und kleinere Bronzegegenstände bezeugt.

Wie bereits erwähnt, gelten einige archäologische Stätten wie Tara, Navan Fort und Dún Ailinne als Plätze mit ausschließlich oder überwiegend religiöser Bedeutung, die vor allem zeremoniellen oder rituellen Zwecken dienten, während man in einigen Hortfunden wie denen von Lisnacrogher, Loughnashade und Broighter die Überreste von Opferhandlungen sieht. Über die Götter und Göttinnen der eisenzeitlichen Kulte ist gleichwohl nur wenig bekannt, so dass neuere Darstellungen vielfach auf Rückschlüsse aus späteren Schriftquellen zurückgreifen, die deshalb hier kurz charakterisiert werden sollen.[46]

Selten und in der Regel kaum genauer datierbar sind (mutmaßliche) eisenzeitliche Kultbilder, darunter ein Steinkopf mit drei Gesichtern aus Corleck (Cavan) und die 60 cm große steinerne Darstellung eines Gottes mit Hörnern (oder einem gehörnten Helm), die aus Tandragee (Armagh) stammen soll.[47]

Zu den ältesten Texten, die sich über vorchristliche irische Kulte äußern, gehören hagiographische Werke, die von den Auseinandersetzungen christlicher Missionare mit ihrer heidnischen Umgebung berichten. Aus der Zeit um 670 stammt die lateinische Vita des heiligen Patrick aus der Feder des irischen Geistlichen Muirchú, während die älteste Lebensbeschreibung Patricks in irischer Sprache, die nach ihrem dreiteiligen Aufbau so genannte *Vita tripartita*, in die Zeit um 900 datiert wird. Aus der Zeit Muirchús stammt auch die von dem Geistlichen Cogitosus verfasste älteste lateinische Vita der heiligen Brigit, wohingegen ihr irisches Pendant *Bethu Brigte*, der älteste irische hagiographische Text, wohl im 9. Jahrhundert aus einer lateinischen Vorlage übersetzt wurde. Um 830 entstand der 365 vierzeilige Strophen zählende «Heiligenkalender des Oengus» (*Félire Oenguso*), dessen Verfasser in einem umfangreichen Prolog die christliche Gegenwart Irlands der heidnischen Vergangenheit gegenüberstellt.

---

[45] Das Folgende nach Raftery 1981 und 2005, 171–175.

[46] Vgl. zum Folgenden Maier B. 2001, 40–44 und 48–50.

[47] S. Raftery 1994, 174.

Steinskulptur aus Tandragee

Neben den Heiligenlegenden stehen all jene Werke der (pseudo-)historischen irischen Literatur, die in den uns vorliegenden Fassungen zwar oft erst lange nach der Christianisierung entstanden sind, gleichwohl jedoch von Ereignissen aus der vorchristlichen Vergangenheit berichten und in diesem Zusammenhang auch auf die heidnische Religion zu sprechen kommen. Im Hinblick auf das Fehlen einer befriedigenden Gliederung dieser umfangreichen Quellengruppe werden diese Texte üblicherweise nach einer in Einzelfällen problematischen, insgesamt jedoch bewährten und mittlerweile traditionellen Gliederung in «Zyklen» eingeteilt, was im Wesentlichen auf die irische Keltologie des 19. Jahrhunderts zurückgeht.

In den Jahrzehnten um Christi Geburt spielen mittelalterlicher Anschauung zufolge die Erzählungen des Ulster-Zyklus, darunter als längste und bekannteste Geschichte die *Táin Bó Cuailnge* (Das Wegtreiben / der Raub der Rinder von Cuailnge), die lange Zeit als «Fenster zur Eisenzeit» und damit als ergiebige Quelle für das Studium der vorchristlichen irischen Kultur galten, seit nunmehr einigen Jahrzehnten jedoch in zunehmendem Maße als Spiegelbild der gesellschaftlichen, kulturellen und politischen Verhältnisse in der zweiten Hälfte des 1. Jahrtausends n. Chr. angesehen werden.[48] In den ersten Jahrhunderten nach Christi Geburt, doch ebenfalls

---

[48] Zu den Erzählungen des Ulster-Zyklus vgl. Aitchison 1987 sowie die Beiträge in Mallory u. Stockman 1994. Als ausführlich kommentierte Ausgabe eines einzelnen Textes zu empfehlen ist Meid 2009. Zur *Táin Bó Cuailnge* vgl. die Beiträge in Mallory 1992 und Tristram 1993 sowie die neuere Studie von Dooley 2009.

vor der Christianisierung Irlands, spielen demgegenüber die Erzählungen des Finn- oder Ossianischen Zyklus, darunter als umfangreichstes Prosawerk der mittelirischen Literatur «Die Unterredung mit den Alten» (*Acallam na Senórach*), die zahlreiche Einzelerzählungen durch eine Rahmenhandlung miteinander verbindet und in ironischer Weise die vorchristliche Vergangenheit mit der christlichen Gegenwart kontrastiert.[49] Weitere Schilderungen der vorchristlichen irischen Kultur findet man ferner in einigen Erzählungen des Königs- oder Historischen Zyklus (dessen Erzählungen teilweise auch nach der Christianisierung spielen) sowie in den Geschichten des so genannten Mythologischen Zyklus, die von der Interaktion gewöhnlicher Sterblicher mit einer zeitlosen, der menschlichen Welt parallelen Geisterwelt handeln. Besondere Beachtung fand in diesem Zusammenhang die «Geschichte der Schlacht von Mag Tuired» (*Cath Maige Tuired*), die von dem in mythischer Vorzeit angesiedelten Kampf des zauberkundigen Volks der Túatha Dé Danann gegen die dämonischen Fomoire berichtet.

Obschon diese Texte insgesamt eine Vielzahl von Angaben über vorchristliche Riten, Kulte und Glaubensvorstellungen enthalten, ist die faktische Richtigkeit jeder einzelnen Information jedoch keineswegs vorauszusetzen, sondern im Gegenteil kritisch zu hinterfragen, da neben der Aufzeichnung authentischer Überlieferungen auch mit der Rückspiegelung christlicher Vorstellungen und Einrichtungen, der literarischen Stilisierung nach dem Vorbild, biblischer, apokrypher und patristischer Quellen sowie mit der Umdeutung an sich genuin vorchristlicher Relikte infolge späterer Missverständnisse zu rechnen ist.

8. Sprache

Eine eingehende Darstellung sämtlicher Stufen der irischen Sprachgeschichte geben die Beiträge in McCone 1994. Zur Entstehung und frühen Geschichte des Irischen vgl. ferner McCone 1996, Isaac 2007a und Kortlandt 2007. Eine neuere Erörterung der Theorie eines vorindogermanischen Substrats im Irischen bietet Isaac 2007b. Zu den Ogam-Inschriften vgl. MacManus 1991, Ziegler 1994 und Swift 1997.

Das Irische bildet zusammen mit dem Schottisch-Gälischen und dem Manx als Sprache der Insel Man den gälischen oder goidelischen Zweig des Inselkeltischen. Die ursprünglich aus dem Walisischen stammende Bezeichnung *Goidelisch* bezieht sich dementsprechend entweder auf die (nicht überlieferte, sondern nur hypothetisch rekonstruierte) vorgeschichtliche Vorstufe des Irischen, Schottisch-Gälischen und Manx, oder sie dient (ohne zeitliche Einschränkung) als Oberbegriff für diese drei Sprachen in allen Stadien ihrer Entwicklung. Die früheste bekannte Phase in der Entwicklung des Irischen bezeugen die so genannten Ogam-Inschriften. Dabei handelt es sich um ca. 300 zumeist sehr kurze Steininschriften, die in der aus Punkten und Strichen bestehenden Ogam-Schrift in verschiedenen Gegenden Irlands sowie in Wales, Devon, Cornwall und auf der Insel Man gefunden wurden. Die Ogam-Schrift dürfte unter dem Einfluss des lateinischen Alphabets im 3. oder 4. Jahrhundert in Südirland entstanden sein, doch stammen die meisten der

---

[49] Vgl. dazu Dooley 1999.

erhaltenen Inschriften erst aus dem 5. oder 6. Jahrhundert. Die nächste Sprachstufe, die erstmals die Rekonstruktion einer annähernd vollständigen Grammatik erlaubt, ist das Altirische, das vor allem aus Glossen in lateinischen Handschriften des 8. und 9. Jahrhunderts bekannt ist.

Die Frage, seit wann in Irland eine keltische Sprache und seit wann auf der Insel nur noch Irisch gesprochen wurde, ist nicht zu beantworten. Unklar ist auch, auf welchen Wegen und aus welchen Regionen keltischsprachige Siedler nach Irland gelangten. Wie bereits in der Darstellung des Britannischen (S. 232–233) dargelegt wurde, ist die einst weithin akzeptierte Theorie vom archaischen Charakter des Irischen insofern fraglich geworden, als man eine ursprüngliche Verschiedenheit der irischen und britannischen Sprache nicht zweifelsfrei belegen kann und die zur Unterscheidung herangezogenen lautlichen Merkmale wie etwa die Entwicklung des Labiovelars k^w oder der silbenbildenden Sonanten vergleichsweise jungen Datums sein können.

Wie aus den relativ wenigen sicher lesbaren Ogam-Inschriften hervorgeht, waren einige für das Altirische und jüngere Sprachperioden charakteristische Merkmale, darunter der Abfall der Endsilben (Apokope), der Ausfall unbetonter Vokale im Wortinneren (Synkope) sowie die Ausbildung des Gegensatzes zwischen palatalen und nichtpalatalen Konsonanten zur Differenzierung grammatischer Unterscheidungen im Gefolge des Wegfalls der Flexionsendungen in den Jahrhunderten vor der Christianisierung noch nicht vorhanden. Ein wesentlicher Motor der Sprachentwicklung ist vermutlich in der Ausbildung eines stark ausgeprägten Druckakzents auf der ersten Silbe zu sehen, wie er noch heute für die Mehrzahl der irischen Dialekte (nicht aber für das Walisische) charakteristisch ist. Die Frage, ob und inwiefern vorkeltische und möglicherweise vorindogermanische Sprachen den Charakter des Inselkeltischen und insbesondere des Irischen geprägt haben, wird bis heute kontrovers beurteilt. Für den hier zu behandelnden Zeitraum ist diese Frage jedoch in doppelter Hinsicht irrelevant, denn zum einen haben die einst vorhandenen vorkeltischen Sprachen Irlands in den erhaltenen Quellen keine eindeutigen Spuren hinterlassen, und zum anderen sind die möglicherweise auf Substrateinflüsse zurückgehenden Kennzeichen des heutigen Irisch erst seit dem Frühen Mittelalter oder noch später belegt.

VII.

DIE KELTEN IN KLEINASIEN

Von den Kelten Kleinasiens wissen wir dank den Darstellungen antiker Autoren und – in geringem Umfang – durch archäologische Ausgrabungen. Da die Quellen insgesamt nur spärlich fließen und die ethnische Zuschreibung archäologischer Funde oft unmöglich ist, bleibt eine Gesamtdarstellung ihrer Kultur in vieler Hinsicht lückenhaft, mitunter auch hypothetisch. Als eine Grundtendenz der neueren Forschung zeichnet sich jedoch ab, dass man die Angaben der antiken Autoren mit ihrer vielfach übertriebenen Betonung keltischer Primitivität heute kritischer und skeptischer betrachtet als noch vor einigen Jahrzehnten, während umgekehrt den Ergebnissen archäologischer Ausgrabungen deutlich größeres Gewicht zukommt. Dabei ist jedoch zu berücksichtigen, dass großflächige archäologische Untersuchungen in den galatischen Siedlungsgebieten bislang fehlen, so dass traditionelle, auf den Angaben antiker Historiker fußende Auffassungen zwar aus quellenkritischen Gründen in Frage gestellt, jedoch nicht ohne weiteres durch archäologisch begründete Alternativen ersetzt werden können. Problematisch erscheint das Verfahren, unter Rückgriff auf die Annahme einer «keltischen» Identität galatische und mitteleuropäische oder gar inselkeltische Erscheinungen miteinander in Beziehung zu setzen, da manche vordergründig einleuchtenden Übereinstimmungen wie etwa die vier Gaue der Helvetier als Parallele zu den Tetrachien der Galater auf bloßem Zufall beruhen können, zumal die Geschichte dieser Erscheinungen uns weitgehend unbekannt ist.

1. Geschichte

Die erste moderne, jedoch noch weitgehend auf antiken Schriftquellen fußende Gesamtdarstellung stammt von Stähelin 1907. Neuere monographische Gesamtdarstellungen bieten Mitchell 1993, Strobel 1996 und Arslan 2004. Vielfach nur kurz besprochen werden die Galater außerdem im Kontext griechisch-keltischer Kulturkontakte (Rankin 1987), keltischer Wanderbewegungen (Tomaschitz 2002) und der Geschichte antiker Keltendarstellungen in der bildenden Kunst (Polito 1998).

Die Geschichte der Kelten in Kleinasien beginnt bald nach der Etablierung des Königreichs Bithynien zu Beginn des 3. Jahrhunderts v. Chr. Nachdem dessen Gründer 280 v. Chr. verstorben war, holte sein ältester Sohn und Nachfolger Nikomedes I. im Kampf gegen seinen jüngeren Bruder Zipoites 278/77 v. Chr. keltische Söldner ins Land, die nach der Niederlage und Hinrichtung des Zipoites 277 v. Chr. zunächst die an Bithynien grenzenden Regionen unsicher machten, nach und nach jedoch sesshaft wurden. Siedelte der Stamm der Tolistobogier oder Tolistoagier im Westen um Pessinus und Gordion, so ließen sich die Tektosagen im Zentrum Klein-

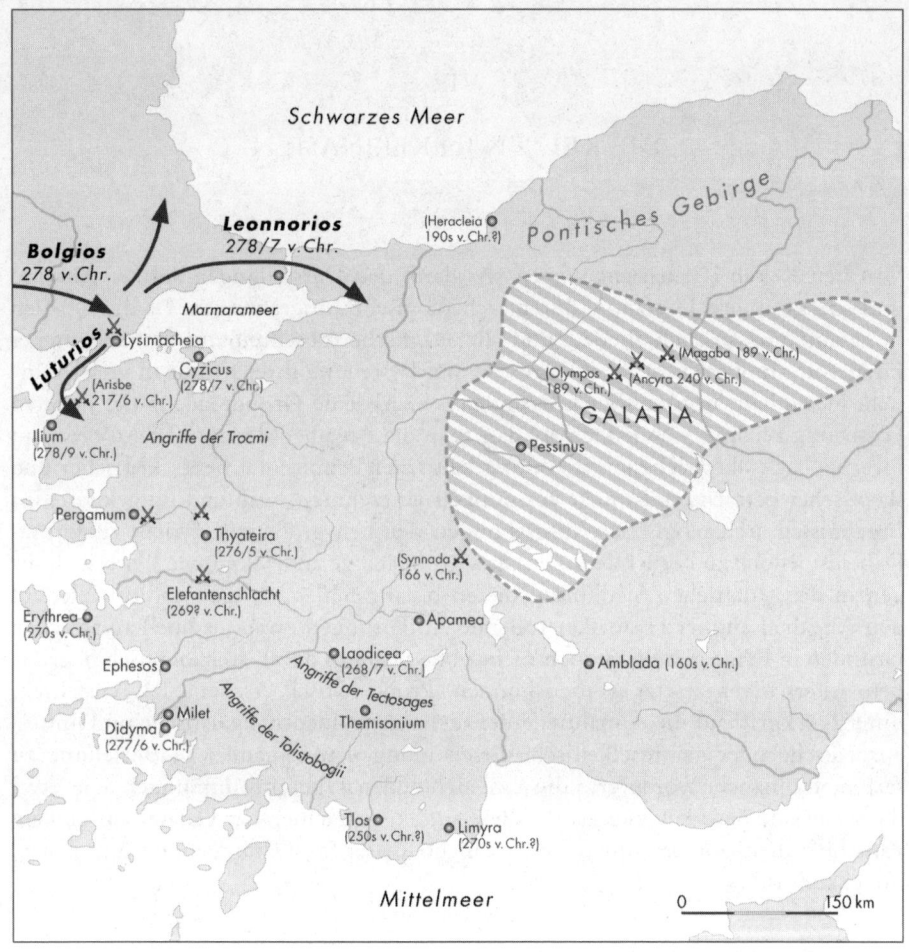

Der Einfall der Galater in Kleinasien

asiens um die Stadt Ankyra und die Trokmer weiter östlich auf dem rechten Ufer des Halys (heute Kızılırmak) nieder.

275 v. Chr. griffen die Galater mit Billigung des Königreichs Pontos und der griechischen Städte am Schwarzen Meer das Reich der Seleukiden an, dessen Herrscher Antiochos I. ihnen jedoch mit Hilfe der den Galatern bis dahin unbekannten Kriegselefanten in der so genannten Elefantenschlacht eine entscheidende Niederlage zufügte und daraufhin den Beinamen *Sōtēr* («Retter») annahm. Als Söldner im Dienst hellenistischer Könige spielten die Galater jedoch auch danach noch immer eine wichtige Rolle. Als Nikomedes I. um 255 v. Chr. starb, folgte ihm seine zweite Frau anstelle ihrer noch minderjährigen Söhne auf dem Thron. Daraufhin griff Nikomedes' bereits erwachsener Sohn Ziaëlas, der zuvor von der Thronfolge ausgeschlossen worden und nach Armenien geflüchtet war, mit Unterstützung der Tolistobogier Bithynien an und zwang die Königin zur Flucht nach Makedo-

nien. Ziaëlas herrschte bis 228 v. Chr., als er von Kelten ermordet wurde, worauf das Königreich an seinen Sohn Prusias I. Chōlos («der Lahme») überging, unter dessen Herrschaft Bithynien seine größte Ausdehnung erreichte. Das Reich der Seleukiden regierte nach dem Tod Antiochos' I. 261 v. Chr. dessen Sohn Antiochos II. Nach dessen Tod 246 v. Chr. ging die Herrschaft auf Seleukos II. Kallinikos über, der jedoch um 240 gegen seinen mit Galatern verbündeten jüngeren Bruder Antiochos Hierax bei Ankyra eine Niederlage erlitt. In Kleinasien geriet Antiochos Hierax jedoch in Konflikt mit Attalos I. von Pergamon, der nach einem Sieg über die Galater an den Quellen des Flusses Kaïkos (heute Bakır Çay) 238/37 v. Chr. als erster pergamenischer Herrscher den Königstitel angenommen und sich nach dem Vorbild Antiochos' I. ebenfalls den Beinamen *Sōtēr* zugelegt hatte. Attalos I. besiegte Antiochos Hierax und die mit ihm verbündeten Galater in mehreren Schlachten, zuletzt 228 v. Chr. in Karien, und errichtete zur Erinnerung daran mehrere Denkmäler im Heiligtum der Athene von Pergamon, darunter die bekannten «Großen Gallier». 218 v. Chr. warb Attalos I. in seinem Kampf gegen den Seleukidenherrscher Achaios den bis dahin in Thrakien siedelnden keltischen Stamm der Aigosagen an, den er danach am Hellespont zur Abwehr der Ansprüche des Königs Prusias I. von Bithynien ansiedelte. Bereits 217/16 v. Chr. wurden die Aigosagen von Prusias I. vernichtend geschlagen, so dass sie in der folgenden Zeit keine Rolle mehr spielen.

Nachdem der Seleukidenherrscher Antiochos III. der Große (242–187 v. Chr., König seit 223 v. Chr.) im ersten Jahrzehnt des 2. Jahrhunderts v. Chr. weite Teile Kleinasiens erobert und nach seinem Übergang über den Hellespont auch Thrakien unterworfen hatte, intervenierten die Römer zugunsten der griechischen Städte in Kleinasien. 190 v. Chr. unterlag Antiochos in der Schlacht von Magnesia den mit Pergamon verbündeten Römern und verzichtete zwei Jahre später im Frieden von Apameia auf alle Gebiete, die er in Kleinasien erobert hatte. Da bei Magnesia auch Galater gegen die R ö m e r gekämpft hatten, unternahm der römische Oberbefehlshaber Gnaeus Manlius Vulso 189 v. Chr. eine Strafexpedition gegen sie, bei der die wichtigsten Festungen der Tolistobogier auf dem Berg Olympos und der Tektosagen und Trokmer auf dem Berg Magaba östlich von Ankyra von den Römern erstürmt wurden. Nutznießer des Friedens von Apameia war Eumenes II. von Pergamon (221–158 v. Chr.), der dadurch fast das gesamte seleukidische Kleinasien hinzugewann und auch in dem darauf folgenden Krieg gegen die mit Prusias I. von Bithynien und Pharnakes I. von Pontos verbündeten Galater die Oberhand behielt. Vermutlich in den letzten Lebensjahren des Königs entstand der Pergamonaltar, der die Siege Eumenes' II. über Makedonen, Galater und Seleukiden verherrlichen sollte.

133 v. Chr. gelangte das Reich von Pergamon durch eine testamentarische Verfügung des letzten Königs Attalos III. an Rom, das seinen neuen Besitz 129 v. Chr. in die Provinz Asia umwandelte. In der Auseinandersetzung zwischen den Römern und König Mithradates VI. von Pontos verbündeten sich die Galater zunächst mit den Römern gegen Mithradates, erkannten dann aber dessen Oberhoheit an und stellten zahlreiche Mitglieder des Adels als Geiseln. Nach dem ersten bedeutenden Sieg der Römer bei Chaironeia ließ Mithradates eines Großteil des galatischen Adels ermorden, musste dann jedoch im Frieden von Dardanos 85 v. Chr. förmlich auf Galatien verzichten. Als Mithradates starb, unterstellte Pompeius im Zuge der

Kopf des «Sterbenden Galliers» (Römische Kopie eines Originals aus dem 3. Jahrhundert v. Chr.)

politischen Neuordnung Kleinasiens jeden der drei Galaterstämme einem einzigen Herrscher: Deiotaros, der 86 v. Chr. einem Anschlag des Mithradates entkommen war und alle römischen Feldherren gegen den König von Pontos unterstützt hatte, behielt die Herrschaft über die Tolistoagier, sein Schwiegersohn Brogitaros behielt die Herrschaft über die Trokmer und Kastor Tarkondarios die über die Tektosagen. Nach dem Tod des Brogitaros bekam Deiotaros 52 v. Chr. vom römischen Senat die Herrschaft über die Trokmer. Im Bürgerkrieg zwischen Caesar und Pompeius unterstützte Deiotarus zunächst Pompeius. Nach der Schlacht von Pharsalos 48 v. Chr. trennte er sich jedoch von ihm und kehrte nach Kleinasien zurück. Als Caesar 47 v. Chr. in Kleinasien Krieg führte, unterstützte Deiotarus ihn und wurde dafür trotz seiner früheren Parteinahme für Pompeius begnadigt und in seiner Königswürde bestätigt. Als Deiotaros 45 v. Chr. in Rom angeklagt wurde, er habe während Caesars Aufenthalt an seinem Hof gegen diesen ein Mordkomplott geschmiedet, übernahm Cicero die Verteidigung des Galaterfürsten, der letztlich freigesprochen wurde. Nach der Ermordung Kastors 44 v. Chr. herrschte Deiotaros über ganz Galatien. Ihm folgte nach seinem Tod 40 v. Chr. sein Enkel Kastor und nach dessen Tod 36 v. Chr. sein früherer Staatsschreiber Amyntas, der bereits seit 39 v. Chr. über das Königreich Pisidien im Bereich der westlichen Ausläufer des Taurusgebirges geherrscht hatte. Als Amyntas 25 v. Chr. im Kampf gegen ein pisidisches Bergvolk den Tod fand, wandelte Octavian den galatischen Klientelstaat in die römische Provinz Galatia um.

2. Wirtschaftsformen[1]

Im Hinblick auf die Wirtschaftsformen der Galater kann man nach Lage der Quellen nur einige allgemeine Überlegungen anstellen. Als weitgehend invariable Faktoren, die schon vor der galatischen Landnahme die Wirtschaftsweise in Anatolien prägten, sind zum einen das k o n t i n e n t a l e   K l i m a mit seinen heißen Sommern und kalten Wintern, der Wechsel von baumlosen, doch für den Anbau von Weizen und Gerste gut geeigneten Hochebenen und tief eingeschnittenen Tälern sowie das F e h l e n   b e s o n d e r e r   R o h s t o f f e zu nennen. Im Allgemeinen ist wohl davon auszugehen, dass bestehende Strukturen durch die Landnahme der Galater zwar vorübergehend gestört, aber nicht dauerhaft beseitigt wurden, so dass im Bereich der Landnutzung mit einer weitgehenden Kontinuität zu rechnen ist. Als Hauptstütze der Landwirtschaft sind dabei der G e t r e i d e a n b a u und die S c h a f z u c h t anzusehen. Archäologische Funde, die Ackerbau und Viehzucht der vorrömischen Zeit näher charakterisieren könnten, fehlen jedoch.

3. Siedlungswesen[2]

Über das Siedlungswesen der Galater ist ebenfalls nur wenig bekannt. Grundsätzlich ist allerdings davon auszugehen, dass die Galater ein landwirtschaftlich gut organisiertes Siedlungsgebiet mit städtischen Zentren und einer großen Zahl von Dörfern vorfanden.[3] Gerade die kleineren, dörflichen Siedlungen und ihre Bevölkerung dürften auch nach der galatischen Landnahme vielfach weiterbestanden haben, wie dies auch die K o n t i n u i t ä t   a l t a n a t o l i s c h e r   O r t s -   u n d   L a n d s c h a f t s n a m e n vermuten lässt.[4] In dem am weitesten östlich gelegenen Gebiet der Trokmer lagen die drei befestigten Orte Tavium, Mithradatium und Posdala, von denen jedoch nur T a v i u m (heute Büyük Nefes Köy, westlich von Yozgat) mit Sicherheit zu identifizieren ist. Wie archäologische Ausgrabungen zeigten, war Tavium bereits in vorgeschichtlicher Zeit besiedelt und hatte wohl schon vor der Einwanderung der Galater einige zentralörtliche Funktionen übernommen, die vorher mit dem ca. 30 km weiter nördlich gelegenen Boğazköy, der alten Hauptstadt des Hethiterreichs (Hattuša), verbunden gewesen waren. Im 3. Jahrhundert v. Chr. erstreckte sich Tavium wohl über eine Fläche von knapp 100 ha, wobei die hellenistische Burganlage als mutmaßliche Residenz des Tetrarchen auf dem heute teilweise abgestürzten Südende des Hügels Büyükkale gelegen war.[5] Eine weitere bedeutende Siedlung der Trokmer war E c c o b r i g a in der Nähe des heutigen Dorfes Kalekışla.[6] Sie bestand aus einem auf drei Seiten steil abfallenden, teilweise künstlich terrassierten Burgberg mit einer daran anschließenden, durch Wall und Graben befestigten Unterstadt. Der Hauptort der Tektosagen war, zumindest seit der Zeit des Pompeius, die alte phrygische Stadt

---

[1] S. Darbyshire u. a. 2000, 93–94, sowie Arslan 2004, 175–178.
[2] Vgl. dazu Darbyshire u. a. 2000, insbesondere 87–93.
[3] S. Strobel 2002, 244.
[4] S. Strobel 2002, 251.
[5] S. Strobel 2002, 265.
[6] Das Folgende nach Strobel 2002, 267–268.

Ankyra, wo bislang jedoch keine zweifelsfrei galatischen Funde aus vorrömischer Zeit zutage gekommen sind. Auch die innere Organisation der Stadt beruhte augenscheinlich auf einheimischen Grundlagen, wie die Bewahrung der alten Phylennamen aus phrygischer und luwischer Tradition nahelegt.[7] Aus den Schriftquellen kennt man ferner eine Festung der Tektosagen auf dem Berg Magaba ca. 15 km östlich von Ankyra, wo 189 v. Chr. die entscheidende Schlacht der Galater gegen Manlius Vulso geschlagen wurde, sowie eine weitere Festung ca. 30 km südlich von Ankyra.[8] Im Gebiet der Tolistobogier lag die alte phrygische Hauptstadt Gordion, die jedoch nach dem römischen Straffeldzug gegen die Galater 189 v. Chr. ihre frühere Bedeutung verloren haben dürfte und späteren kaiserzeitlichen Quellen zufolge einer sehr viel bescheideneren Siedlung namens Vindia Platz gemacht zu haben scheint.[9] Archäologisch untersucht wurde Blucium, die Festung des Tetrarchen Deiotaros, bei dem heutigen Ort Karalar nordwestlich von Ankara. Dabei fand man neben massiven Steinmauern auch drei Gräber, darunter das des Sohnes von Deiotaros. Architektonisch stehen alle drei Gräber in einer regionalen nordwestanatolischen Tradition, sind also ohne spezifisch keltische Parallelen.[10]

4. Handwerk und Kunst

Spezifisch keltische Latèneobjekte, die über das Weiterleben kunsthandwerklicher Traditionen aus der mitteleuropäischen Heimat der Galater Auskunft geben könnten, sind in Kleinasien insgesamt selten, wobei die meisten Objekte außerhalb der galatischen Siedlungsgebiete zutage kamen. So etwa kennt man inzwischen aus Kleinasien über zwanzig Latènefibeln aus dem 3. bis 1. Jahrhundert v. Chr., über deren genaue Herkunft jedoch kaum etwas bekannt ist.[11] In Gordion wurden bislang noch gar keine Latènefibeln gefunden, wohingegen die lokale phrygische Fibeltradition dort augenscheinlich weiterbestand.[12] In das 2. Jahrhundert v. Chr. datiert man einen gedrehten goldenen Fuß- oder Armreif, der in einem Grab bei Taşoluk-Hıdışıhlar gefunden wurde.[13]

In Tavium selbst oder seiner Umgebung vermutet man den Ursprung einer charakteristischen Form von Keramik, in deren Form man Übereinstimmungen mit spätlatènezeitlicher Keramik aus Mitteleuropa sehen wollte.[14] Die Beweiskraft solcher Übereinstimmungen ist jedoch fraglich, zumal sich die Verbreitung dieser Keramik auf das Gebiet der Trokmer beschränkt, was eher für einen lokalen anatolischen Ursprung sprechen dürfte. Wie die Ausgrabungen in Gordion in den 1990er Jahren deutlich machten, wurden einheimische anatolische Traditionen des Kunsthandwerks nach der galatischen Landnahme weiter-

---

[7] S. Strobel 2002, 242.

[8] S. Mitchell 1993, 54.

[9] S. Mitchell 1993, 54–55, sowie Freeman 2001, 88.

[10] S. Mitchell 1993, 55–57, Darbyshire u. a. 2000, 86, sowie Strobel 2002, 256–257.

[11] S. Darbyshire u. a. 2000, 83, sowie Müller-Karpe 2006.

[12] S. Strobel 2002, 259–260.

[13] S. Darbyshire u. a. 2000, 83.

[14] S. Mitchell 1993, 51 und 54 mit Anm. 99 u. 100, sowie Strobel 2002, 268–269.

geführt, so dass spezifisch keltische Objekte auch in den Gräbern der Oberschicht eher selten sind.[15]

5. Handel und Verkehr

Über Handelswege und Handelsgüter kann man wegen des Schweigens der antiken Quellen und der Spärlichkeit archäologischer Funde kaum Aussagen treffen. Als wahrscheinlich gilt jedoch, dass die Zentralorte Tavium und Gordion ihre traditionelle zentralörtliche Funktion unter den Galatern nicht zuletzt wegen ihrer Lage an einem Schnittpunkt überregionaler Handelswege beibehalten konnten.[16]

Aus dem galatischen Gordion der Zeit vor 189 v. Chr. kennt man insgesamt fünf Hortfunde von Tetradrachmen und Goldmünzen, doch ist eine eigenständige Münzprägung der Galater erst seit der unmittelbar vorrömischen und römischen Zeit nachzuweisen.[17]

6. Gesellschaft

Charakteristisch für die Kelten Kleinasiens blieb auf lange Zeit die Gliederung in Stämme, von denen die *Tolistobogii*, *Tectosages* und *Trocmi* am häufigsten erwähnt werden. Jeder dieser Stämme war in vier Unterabteilungen gegliedert, und einige antike Quellen nennen darüber hinaus noch weitere Namen. So etwa erwähnt Plinius der Ältere (*Naturalis historia* 5,146) noch die mit den *Tectosages* verbundenen *Toutobodiaci* sowie die mit den *Tolistobogii* verbundenen *Voturi* und *Ambitouti*. Auf das späte 3. Jahrhundert v. Chr. beschränken sich die Hinweise auf den Stamm der *Aigosages* (Polybios 5,111), der in späterer Zeit keine Rolle mehr spielte. Um eine Unterabteilung der Tolistobogier, Tektosagen oder Trokmer handelt es sich vielleicht bei den *Tosipoi*, die als eine Gruppierung des 1. Jahrhunderts v. Chr. nur von Plutarch (*De mulierum virtute* 259) erwähnt werden.

Mit Vorsicht zu behandeln sind wohl Übereinstimmungen in den Bezeichnungen der antiken Ethnographie, die etwa den Stamm der *Tectosages* sowohl in Anatolien als auch im Gebiet des Hercynischen Waldgebirges (*BG* 6,24,2) und in der Nähe von Toulouse lokalisiert. Tatsächlich ist in diesem Zusammenhang wohl auch mit der Möglichkeit zu rechnen, dass solche sprechenden Namen (*Tectosages* als «Reichtum Suchende») mehrfach unabhängig voneinander entstehen konnten und die antiken Autoren ihre Vermutungen über weit ausgreifende Wanderbewegungen vielleicht überhaupt erst aus solchen nur vermeintlich aussagekräftigen Namensähnlichkeiten herausgesponnen haben. Archäologische Argumente für Migrationen sind kaum vorhanden und überdies zumeist zweifelhaft, da sie auch auf anderem Wege (Handel, Gastgeschenke und die Mobilität einzelner Personen) erklärt werden können.

[15] S. Darbyshire u. Mitchell 2000, 84.
[16] S. Darbyshire u. a. 2000, 88.

[17] S. Strobel 2002, 258–259.

Über die Herrschaftslegitimation im 3. und frühen 2. Jahrhundert v. Chr. ist kaum etwas bekannt, doch scheinen kurz darauf mit dem Tolistobogierfürsten Ortiagon, seiner Frau Chiomara und ihrem Sohn Paidopolites erstmals Ansätze zur Dynastiebildung auf, was im Einklang mit einer zunehmenden Hellenisierung der Oberschicht steht.[18] Einen Hinweis auf die Freigebigkeit als Qualität des idealen Herrschers vermutet man in einem Zeugnis des Historikers Phylarchos, das sich bei Athenaios von Naukratis (4,34) erhalten hat und vermutlich auf die Galater (und nicht etwa auf die mitteleuropäischen Kelten) zu beziehen ist.[19] Ihm zufolge errichtete der schwerreiche (*plousiōtatos*) Galater Ariamnes überall im Land entlang der Hauptstraßen Gebäude, die Hunderten von Menschen Platz boten. Dort habe er dann große Mengen an Fleisch, Brot und Wein bereitgestellt und alle, die vorüberkamen, durch seine Sklaven üppig bewirten lassen. Vermutlich als Exkurs im Rahmen einer Darstellung des Aufstands keltischer Söldner um 265/64 v. Chr. entstanden, erinnert die Darstellung des Phylarchos zum einen an die Schilderung des freigebigen Fürsten Louernios durch Poseidonios (erhalten bei Athenaios 4,37), zum anderen an mittelalterliche irische Schilderungen des zu schrankenloser Gastfreundlichkeit verpflichteten *briugu*, der als Herr über eine Art Herberge (*bruiden*) jeden Fremden als Gast aufnehmen musste. Ob man die öffentlichen Speisungen (*dēmothoiniai*) galatischer Augustuspriester in der ersten Hälfte des 1. Jahrhunderts n. Chr. als späten Nachklang des alten Ideals galatischer Gastfreundlichkeit werten darf, sei dahingestellt.[20]

Oft erörtert wurde eine bei Strabo (12,5,1) überlieferte Mitteilung, derzufolge es in vorrömischer Zeit einen aus 300 Männern bestehenden «Rat der zwölf Tetrarchien» gegeben habe, der bei seinen Versammlungen im so genannten *drynemeton* über Tötungsdelikte Gericht gehalten habe. Ob es sich dabei um eine alte, schon vor der Einwanderung nach Kleinasien bestehende Einrichtung handelt, ist jedoch umstritten.[21] Besondere Aufmerksamkeit erregte in diesem Zusammenhang die Bezeichnung *drynemeton*, deren zweiten Bestandteil das gut bezeugte keltische Wort *nemeton* «Heiligtum» bildet.[22] Den ersten Bestandteil, *dry-*, deutete Rudolf Thurneysen (1857–1940) 1893 als eine diese Grundbedeutung verstärkende Vorsilbe und sah dementsprechend im *drynemeton* ein «Erzheiligtum». Dank Thurneysens hohem Ansehen setzte sich diese Deutung weithin durch und führte ihrerseits dazu, dass man die vermeintliche Verstärkungssilbe *dru-* auch in der Bezeichnung der Druiden finden wollte, die man folglich – unter Rückgriff auf *wid-* «wissen» – als «die Hochweisen» zu verstehen suchte. Bereits 1927 stellte Thurneysen jedoch klar, dass man eine Verstärkungssilbe *dru-* im Keltischen doch nicht nachweisen könne, weshalb letztlich eine Deutung der Druiden als «Eichenkundige» und des *drynemeton* als eines «Eichenheiligtums» vorzuziehen sei. Diese Interpretation hat sich heute allgemein durchgesetzt, obschon die ältere und später widerrufene Etymologie ge-

---

[18] S. Mitchell 1993, 43. Zu der bekannten Erzählung des Polybios (21,38,1–7), wie Chiomara nach ihrer Misshandlung durch einen römischen Centurio dem Vergewaltiger den Kopf abschlagen lässt, vgl. Hofeneder 2008, 98–100.

[19] Das Folgende nach Hofeneder 2005, 65–69.

[20] Vorsichtig zustimmend dazu Hofeneder 2005, 69 mit Anm. 328.

[21] S. Strobel 2002, 240–241, Coşkun 2004 sowie Hofeneder 2008, 241–242.

[22] S. dazu Hofeneder 2008, 242–246.

legentlich noch immer vertreten wird. Ob man aus der Nutzung eines «Eichenheiligtums» als Gerichtsstätte auch auf die Präsenz von «eichenkundigen» Druiden –
etwa als Richter – schließen darf, erscheint jedoch fraglich.

Breiten Raum nehmen in den antiken Schriftquellen zu den Galatern die Schilderungen ihrer K r i e g e r ein, wobei jedoch neben authentischen Einzelheiten auf
der Grundlage von Augenzeugenberichten auch mit literarischer Stilisierung nach
dem Vorbild älterer Keltenschilderungen zu rechnen ist. Abgesehen davon geben
die antiken Autoren jedoch keine Hinweise auf die Sozialstrukturen der Galater, die
mehr als Selbstverständliches enthalten. Mehrfach bezeugt sind Sklaven, die sich
nach Ausweis der uns bekannten Namen häufig aus der alteingesessenen, unterwor-
fenen Bevölkerung rekrutiert haben dürften.[23]

7. Religion

Über die Religion der Galater gibt es einige wenige, zum Teil in ihrer Deutung
umstrittene Zeugnisse in der antiken Ethnographie und nur sehr wenige archäologische Quellen. Architektonisch gestaltete Kultstätten sind bislang nicht gefunden
worden, und Gräber sind insgesamt ebenfalls äußerst selten.

Wohl noch aus dem 3. Jahrhundert v. Chr. stammt ein Hinweis auf die Religion
der Galater, den um 200 n. Chr. Aelian in seinem Buch *De natura animalium* (17,19)
unter Berufung auf den Historiker Eudoxos von Rhodos bietet.[24] Ihm zufolge war
es bei den Galatern üblich, bei einer Heuschreckenplage G e b e t e u n d O p f e r zu
verrichten, um dadurch Vögel anzulocken, die dann in Schwärmen herbeikamen
und die Heuschrecken vernichteten. Es stehe aber die Todesstrafe darauf, einen dieser
Vögel zu fangen, da man befürchte, die Vögel würden andernfalls den gefangenen
Vogel rächen, indem sie künftig die Bitte um Beistand nicht wieder erhörten. Wie
jedoch schon aus dem Zusammenhang dieser Praxis mit den in Vorderasien häufigen, in Mitteleuropa jedoch unüblichen Heuschreckenplagen hervorgeht, handelt
es sich dabei um einen einheimischen anatolischen Brauch, der entweder von den
Galatern übernommen oder ihnen zu Unrecht zugeschrieben wurde.

In die Regierungszeit des Antigonos Gonatas, vielleicht in das Jahr 266 v. Chr.,
fallen die Ereignisse, die Iustinus (26,2,2–3) in seiner *Epitomē* der *Historiae Philippicae*
des Pompeius Trogus schildert.[25] Vor einer Schlacht hätten die Galater Tiere
geopfert, um aus deren Eingeweiden den Willen der Götter zu erkunden. Als ihnen
daraus der Untergang geweissagt wurde, hätte sie dies in eine solche Raserei
versetzt, dass sie ihre eigenen Frauen und Kinder abschlachteten. In Wirklichkeit
dürfte es sich dabei jedoch bestenfalls um eine propagandistische Ausschmückung
des tatsächlichen Geschehens handeln, denn wenn die Galater tatsächlich ihre
Frauen und Kinder getötet haben sollten, dann wohl nur, um sie nicht in die Hände
des Feindes fallen zu lassen. Um eine authentische Nachricht über galatische Opferriten im Zusammenhang mit Kriegshandlungen handelt es sich demgegenüber wohl

---

[23] S. Mitchell 1993, 47.
[24] Das Folgende nach Hofeneder 2005, 71–73.

[25] S. Hofeneder 2011, 300–302.

bei der Notiz Diodors (31,13), die Galater hätten während des Krieges mit Eumenes II. von Pergamon, also um 167/66 v. Chr., die bestaussehenden und in der Blüte ihrer Jahre stehenden Kriegsgefangenen bekränzt und den Göttern geopfert, die anderen aber einfach niedermachen lassen.[26] Von archäologischer Seite bestätigt werden galatische Menschenopfer durch die Funde von einem Opferplatz aus der Unterstadt von Gordion, wo bei 1993 bis 1995 durchgeführten Ausgrabungen mehrere menschliche Skelette gefunden wurden, die vermutlich im Zusammenhang mit Opferhandlungen stehen.[27] So etwa fand man einen abgetrennten menschlichen Schädel neben einem Hundeschädel und weiteren Teilen eines Hundeskeletts sowie an anderer Stelle Schädel und Knochen von Menschen und Tieren, darunter Rinder, Pferde, Schweine, Schafe, Ziegen und Hunde. Auf das Skelett einer Frau mit gebrochenem Genick hatte man zwei Mahlsteine gelegt, während man bei einem anderen weiblichen Leichnam Becken und Oberschenkel entfernt hatte.

Seit dem 2. Jahrhundert v. Chr. gibt es Hinweise darauf, dass die Galater den Kult der Göttermutter Kybele mit seinem Zentrum in Pessinus am Oberlauf des Sangarios übernahmen. Während des Straffeldzugs des Manlius Vulso 189 v. Chr. lag das dortige Priesteramt noch in den Händen der den Galatern feindlichen Phryger, wie man aus den Darstellungen des Polybios (21,37,4) und Livius (38,18,9) erschließen kann.[28] Bereits um 160 v. Chr. ist dort jedoch ein Galater namens Aioiorix als Bruder des Oberpriesters von Pessinus inschriftlich bezeugt, und um 58 v. Chr. erwähnt Cicero in seiner Schrift *De haruspicum responso* einen Konflikt zwischen den Galaterfürsten Brogitaros und Deiotaros, bei dem es auch um die Kontrolle des Priesteramts von Pessinus ging.[29] Ein galatischer Priester der Göttin namens Deiotaros wird letztmalig im späten 1. Jahrhundert n. Chr. in einer griechischen Inschrift erwähnt.[30] Ob der zunehmende galatische Einfluss auf das Priesteramt von Pessinus dafür verantwortlich ist, dass die Sitte der Kastration von Kybelepriestern außer Gebrauch kam, ist nicht sicher auszumachen. Eine Angleichung der altkleinasiatischen Göttermutter an traditionelle keltische Vorstellungen bezeugen vielleicht einige in Gordion gefundene Tonfigürchen der Göttin mit aufgemaltem Torques.[31]

In verschiedener Hinsicht problematisch ist eine mitunter als religionsgeschichtliche Quelle angeführte Erzählung, die man in zwei unterschiedlichen Fassungen bei Plutarch (*Mulierum virtutes* 20 und *Amatorius* 22) sowie in einer späteren, davon abhängigen Version bei Polyaen (*Strategemata* 8,39) findet.[32] In ihrem Mittelpunkt steht eine Priesterin der Artemis namens Kamma, Ehefrau eines Galaterfürsten namens Sinatos. Als ihr Ehemann von einem rivalisierenden Galaterfürsten namens Sinorix ermordet wird und sie seine Frau werden soll, vergiftet sie erst den Mörder ihres Mannes und dann sich selbst. Dass die von Plutarch als Artemis bezeichnete

[26] S. Hofeneder 2008, 81–82.
[27] S. Dandoy u. a. 2002 sowie Strobel 2002, 263–265.
[28] S. Mitchell 1993, 48. Anders Strobel 2002, 244, der eine Übernahme des Priesteramts durch die Galater bereits im 3. Jahrhundert v. Chr. annimmt.
[29] S. dazu ausführlich Hofeneder 2008, 23–26.
[30] S. Mitchell 1993, 48, sowie Freeman 2001, 50.
[31] S. Strobel 2002, 243.
[32] S. Hofeneder 2005, 524–529 und 535–536, sowie Hofeneder 2011, 52–53.

Göttin altanatolischen (und nicht etwa keltischen) Ursprungs gewesen sein dürfte, gilt als wahrscheinlich. Da Plutarch ausdrücklich vermerkt, diese Göttin würde von den Galatern besonders verehrt, könnte die Geschichte als weiterer Beleg für die Assimilation der Galater an ihre hellenistische Umwelt dienen. Durchaus unklar ist jedoch nicht nur, inwiefern die beiläufig erwähnten Einzelheiten des darin geschilderten Artemis-Kults historisch sind (und nicht etwa nur der romanhaften Ausgestaltung der Überlieferung durch Plutarch geschuldet sind), sondern auch, ob der Name Kamma tatsächlich keltischen (und nicht etwa phrygischen) Ursprungs ist, was die Annahme einer Usurpation des von Plutarch ausdrücklich als erblich (*patrōos*) bezeichneten Priesteramts durch eine Keltin in Frage stellt.

Relativ ausführliche Nachrichten über die B e d e u t u n g d e s V o g e l f l u g s zur Erkundung des göttlichen Willens in der Religion der Galater um die Mitte des 1. Jahrhunderts v. Chr. bietet Cicero (*De divinatione* 1,15,25–27, 2,36,76 und 2,37,78–79).[33] Seiner Darstellung zufolge wurde der Galaterfürst Deiotaros einst auf einer Reise durch den Flug eines Adlers vor einer drohenden Gefahr gewarnt und ließ sich auch bei seiner anfänglichen Parteinahme für Pompeius im Bürgerkrieg von der Beobachtung des Vogelflugs leiten. Da Cicero unmittelbar vor diesen Bemerkungen die große Rolle der Beobachtung des Vogelflugs bei verschiedenen altkleinasiatischen Völkern hervorhebt, ist wohl davon auszugehen, dass die galatische Religion auch in diesem Punkt eher den Einfluss ihrer hellenistischen Umwelt als die Bewahrung traditioneller keltischer Vorstellungen zeigt. Einen weiteren, relativ späten Beleg für die Übernahme einheimischer Kulte durch die Galater liefert Strabo (12,3,35), demzufolge das Priesteramt der anatolischen Muttergöttin Ma in der Stadt Komana zu seiner Zeit von dem Galater Dyteutos, Sohn des Adiatorix, versehen wurde, den Augustus aufgrund seiner Verdienste in diese Würde eingesetzt hatte.[34]

8. Sprache

Neuere Zusammenfassungen unserer Kenntnis des Galatischen bieten Schmidt K. H. 1994 (auch englisch: Schmidt K. H. 2001) und Freeman 2001a. Zu den galatischen Ortsnamen vgl. ferner Luján 2005 und Sims-Williams 2006, 269–283.

In den städtischen Siedlungen ist nach der Landnahme durch die Galater mit einem N e b e n e i n a n d e r v e r s c h i e d e n e r S p r a c h e n zu rechnen. Dies bezeugen die aus der Zeit vor 189 v. Chr. stammenden Graffiti aus Gordion, die, in griechischer Schrift geschrieben, sowohl altanatolische als auch griechische und keltische Namen enthalten.[35] Da Inschriften in galatischer Sprache bislang nicht gefunden wurden, kennen wir die Sprache der Kelten in Kleinasien ausschließlich aus vereinzelten keltischen Namen und anderen Wörtern in griechischen Inschriften und Literaturwerken. Eine alphabetische Liste mit ca. 150 vielleicht oder wahrscheinlich kelti-

---

[33] S. dazu ausführlich Hofeneder 2008, 32–36 und 41–42.

[34] S. Freeman 2001, 24–25, sowie Hofeneder 2008, 239–240.

[35] S. Strobel 2002, 254.

schen Namen stellte 1897 Felix Stähelin im Anhang (S. 109–120) seiner *Geschichte der kleinasiatischen Galater* zusammen. Dabei unterschied er einleitend «1. Namen keltischen Gepräges aus Kleinasien, den Inseln, Syrien, Ägypten. 2. Namen von Personen, die mit Galatern verwandt sind. 3. Namen von Personen, die ausdrücklich als Γαλάται bezeichnet werden oder nach ihrer amtlichen Stellung wahrscheinlich als solche anzusehen sind. 4. Namen, bei denen mehrere dieser Merkmale zusammentreffen.» Im Anschluss daran verfasste 1931 Johann Leo Weisgerber – damals noch vor dem Hintergrund einer sehr beschränkten Kenntnis des Festlandkeltischen – in seinem Beitrag für die Festschrift *Natalicium Joannes Geffcken zum 70. Geburtstag* (S. 151–175) die erste zusammenfassende Darstellung der keltischen Sprachreste in Kleinasien. Das darin dargebotenes Material bildete die Grundlage aller späteren Darstellungen, da der Gesamtumfang der Zeugnisse seitdem durch neue Funde kaum vermehrt wurde und alternative neue Deutungen bereits bekannten Sprachguts nur Einzelheiten betreffen.

Die Zahl der sicher oder möglicherweise galatischen A p p e l l a t i v a ist so klein, dass sie im Folgenden einzeln vorgestellt werden können, was nicht zuletzt zur beispielhaften Veranschaulichung der Überlieferungsproblematik sinnvoll erscheint.[36] Zwei Wörter δϱοῦγγος («Nase») und τασκός («Stöpsel» oder «Propf») erschließt man aus einem Hinweis des Epiphanios von Salamis (um 315–403). Ihm zufolge bestand in Galatien die ketzerische Bewegung der auch als Πασσαλοϱυγχῖται bezeichneten Τασκοδϱουγῖται, deren Mitglieder besondere Schweigegebote befolgten und deshalb während des Gottesdienstes den Finger auf den Mund und an die Nase legten (*Adversus Haereses* 2239). Ihren Namen interpretiert Epiphanios als eine Zusammensetzung der Bezeichnungen τασκός und δϱοῦγγος, als deren griechische Entsprechungen er πάσσαλος («Stöpsel» oder «Pfropfen») bzw. μυκτήϱ («Nasenloch») und ῥύγχος («Rüssel», «Schnauze») angibt. Dass τασκός und δϱοῦγγος galatische Wörter seien, wird von Epiphanios zwar nicht ausdrücklich gesagt, folgt jedoch aus seiner geographischen Lokalisierung der Sekte und wird durch einen entsprechenden Hinweis des Timotheos von Konstantinopel (*De receptione haereticorum* 3378A) bestätigt. Eindeutige etymologische Entsprechungen in den anderen keltischen Sprachen liegen allerdings nicht vor, da walisisch *trwyn*, «Nase», (aus *truknā) lautlich abweicht und man einen Zusammenhang von τασκός mit gallisch *Tascus* und irisch *Tadg* (in der – nur hypothetisch erschlossenen – Bedeutung «Dachs») allenfalls unter der zweifelhaften Voraussetzung einer Bedeutungsverschiebung annehmen kann.[37]

Als ein weiteres galatisches Appellativum erwähnt Pausanias das Wort ὗς, als dessen griechische Entsprechung er κόκκος als Bezeichnung der – zur Rotfärbung genutzten – Beere der Kermeseiche (*Quercus coccifera*) angibt (*Beschreibung Griechenlands* 10,36). Sollte diese Angabe zutreffen, könnte es sich bei ὗς aber wohl allenfalls um ein griechisches Lehnwort im Galatischen handeln, da das davon abgeleitete griechische Wort ὕσγινον als Bezeichnung eines roten Farbstoffs (bzw. das wiederum davon abgeleitete Adjektiv ὑσγινοβαφής «rot gefärbt») bereits lange vor der Ankunft der Galater in Kleinasien in Griechenland gebräuchlich war. Als Lehnwort ins Kel-

---

[36] Das Folgende nach Freeman 2001, 13–18.   [37] Vgl. Delamarre 2003, 291–292 und 302.

tische übernommen wurde wohl auch κόκκος, das vermutlich über lateinisch *coccum* («Beere» und «Scharlachfarbe») in die keltische Sprache gelangte, wo es in den gallischen Personennamen *Coccus* und *Cocca* sowie in der walisischen Farbbezeichnung *coch* «rot» erscheint.[38]

Was über die bisher genannten Wörter hinaus in den antiken Quellen als galatische Appellativa Erwähnung findet, ist insofern mit einem Fragezeichen zu versehen, als die Bezeichnungen Γαλάται und Γαλατία an den betreffenden Stellen möglicherweise in dem allgemeinen Sinn von «Kelten» bzw. «Keltenland» gebraucht werden, die Verwendung der betreffenden Wörter in Kleinasien also nicht zweifelsfrei gesichert erscheint. Ein Wort ἀδάρκη(ς) erwähnt Dioskurides (*De materia medica* 5119) als Bezeichnung einer zu Heilzwecken verwendeten Pflanze, die man in Galatien finde (womit der Autor ansonsten aber nicht nur die keltischen Regionen Kleinasiens, sondern – z. B. in *De materia medica* 1,71 und 3,23 – Gallien bezeichnet). Als eine mögliche keltische Entsprechung hat man auf altirisch *adarc* «Horn» hingewiesen, was jedoch angesichts des Bedeutungsunterschieds unsicher bleibt. Vier weitere keltische Wörter, die nur im Lexikon des Hesychios von Alexandria den Γαλάται zugeschrieben werden, sind βαρδοί (= ἀοιδοί «Sänger»), κάρνυξ oder κάρνον (= σάλπιγξ «Kriegstrompete»), λειούσματα oder λεγούσματα (= εἶδος καταφράκτον «Panzer») sowie ἔμβρεκτον (= ἔμβρωμα «Zwischenmahlzeit»). Bei letzterem handelt es sich jedoch allem Anschein nach um ein zumindest ursprünglich griechisches Wort, das vermutlich von ἐμβρέχω «eintauchen» abgeleitet ist, während das dritte ohne einleuchtende Etymologie ist und für die beiden ersten keine Anhaltspunkte für eine spezifisch galatische, also kleinasiatische Herkunft vorliegen, so dass es sich auch um rein gallische Wörter handeln könnte.

Insgesamt selten sind keltische O r t s n a m e n in Galatien, zumal in einigen Fällen auch eine griechische oder anatolische Etymologie in Frage kommt.[39] Eindeutig keltisch erscheinen der in der Peutingerschen Tafel überlieferte Ortsname *Acitorigiaco(n)*, der die Wörter für «Feld» und «König» sowie das weit verbreitete Ableitungssuffix *-(i)āco-* enthält, sowie der wohl aus byzantinischer Zeit inschriftlich überlieferte Name *Artikniakon* als Ableitung von einem Personennamen *Artiknos* (als Ableitung von *artos* «Bär», mit dem auch gallisch gut bezeugten Suffix *-ikno-* zur Bildung von Patronymika). Eine keltische Herkunft vermutet man ferner für die als *Ecobrogis*, *Ecobriga* und *Eccobriga* überlieferte Bezeichnung einer Stadt zwischen Ancyra und Tavium. In diesem Fall ist der erste Bestandteil des Namens jedoch ungedeutet, während der zweite sowohl *brig-* («Hügel») als auch *brog-* («Bezirk» oder «Region») enthalten könnte. Das zuletzt genannte Wort begegnet ferner in der Vita des heiligen Theodor von Sykeon in der Landschaftsbezeichnung *Erigobrogis*. Plausibel erscheint eine keltische Herkunft ferner im Falle des Ortsnamens *Ikotarion*, da man aus Gallien den Ortsnamen *Icorigion*, den Personennamen *Icotasgus* und den Götternamen *Icovellauna* kennt, ohne dass eine klare Etymologie zur Verfügung stünde.

Noch sehr viel seltener als eindeutig keltische Ortsnamen sind keltische G ö t t e r - n a m e n , was mit der bereits erwähnten religiösen Assimilation der galatischen

---

[38] Vgl. Delamarre 2003, 120.

[39] Das Folgende nach Freeman 2001, 83–88, und Sims-Williams 2006, 269–283.

Stämme an ihre hellenistische Umwelt in Einklang steht.[40] Eine plausible keltische Etymologie haben lediglich der inschriftlich bezeugte Beiname des Zeus *Bussurigios* sowie die ebenfalls inschriftlich bezeugten Götternamen *Suolibrogēnos* (mit dem mutmaßlichen Element *brogi-*) und *Uindieinos* (zu keltisch *vindo-* «weiß» oder «hell»).[41]

Ausgesprochen reich ist gegenüber den bisher genannten Kategorien die Überlieferung ganz oder teilweise keltischer P e r s o n e n n a m e n.[42] Zu den eindeutig keltischen Namen mit gesicherter Etymologie gehören *Kassignatos* (galatischer Adliger des 2. Jahrhunderts v. Chr.), *Eposognatos* (Herrscher der Tolistobogier im 2. Jahrhundert v. Chr.), *Brogitaros* (Herrscher der Trokmer im 1. Jahrhundert v. Chr.), *Ateporix* (galatischer Adliger des späten 1. Jahrhunderts v. Chr.), *Albiorix* (Sohn des zuvor Genannten, Priester des Augustus-Kults in Ancyra um 25 n. Chr.), *Artiknos* (Priester des Augustus um 28/29 n. Chr.), *Ambitoutus* als (auch gallisch bezeugter) Name auf einer Inschrift des 1. Jahrhunderts n. Chr. aus Syrien (CIL III 6707) und *Tektomaros* (als genaue Entsprechung des irischen Beinamens *Techtmar* «der Reiche») auf einer Inschrift des 2. oder 3. Jahrhunderts n. Chr. aus Ancyra.

Umstritten ist der Zeitpunkt des A u s s t e r b e n s der galatischen Sprache. Wie in ihrer Religion, glichen sich die Galater vermutlich auch in der Sprache an ihre Umwelt an, so dass zumindest die Oberschicht zu einem frühen Zeitpunkt auch Griechisch gesprochen oder zumindest verstanden haben dürfte. Dies bestätigt eine Bemerkung Ciceros, der dem Herrscher Deiotaros die Kenntnis griechischer Verse zuschreibt (*Pro rege Deiotaro* 25). Dass es gleichwohl noch lange Zeit auch monoglotte Sprecher gab, schließt man aus einem Hinweis bei Lukian, demzufolge der Lügenprophet Alexander von Abunoteichos noch im 2. Jahrhundert n. Chr. auf Dolmetscher zurückgriff, um seine Orakel den Barbaren «auf Syrisch oder Keltisch» (*Syristi ē Keltisti*) zu übermitteln (*Alexandros* 51). Wann die galatische Sprache ausstarb, entzieht sich unserer Kenntnis, doch dürfte sie in ländlichen Gebieten der römischen Provinz Galatien noch bis ins 3. oder 4. Jahrhundert n. Chr. lebendig geblieben sein. Dafür spricht auch eine Bemerkung des Kirchenvaters Hieronymus, die Galater sprächen fast dieselbe Sprache wie die Bewohner von Trier, obschon dieser Hinweis sehr wahrscheinlich nicht auf eigener Beobachtung, sondern auf einer Notiz des Kirchenschriftstellers Lactantius beruht.[43]

---

[40] S. Freeman 2001, 79–81.

[41] Zu diesen Kulten, deren Zeugnisse teilweise noch aus dem 3. Jahrhundert stammen, s. a. Strobel 2002, 251–253.

[42] S. Freeman 2001, 23–64.

[43] S. Freeman 2001, 9–13.

VIII.

DAS RÖMISCHE HISPANIEN, GALLIEN UND BRITANNIEN

Vom 2. Jahrhundert v. Chr. bis zum 1. Jahrhundert n. Chr. wurden die keltischsprachigen Regionen des europäischen Festlands und Britanniens mit Ausnahme Nordschottlands dem Römischen Reich eingegliedert und in sprachlicher wie kultureller Hinsicht romanisiert. Über alle Aspekte der Geschichte und Kultur dieser Regionen liegt eine Fülle archäologischer und althistorischer Spezialliteratur vor, die sich nicht auf wenigen Seiten zusammenfassen lässt. Auch ist zu betonen, dass allgemeine Aussagen über das Weiterleben «keltischer» Elemente in vielen Fällen mit großen Unsicherheiten behaftet sind, da Kontinuitäten in vielen Fällen zwar plausibel erscheinen, jedoch angesichts der Lückenhaftigkeit unserer Quellen nicht schlüssig nachzuweisen sind. Generell betrachtet man die Romanisierung heute nicht mehr als den relativ kurzfristigen Prozess der Überschichtung oder Verdrängung einer homogenen und statischen keltischen Kultur durch eine ebenso homogene und statische römische im Gefolge der militärischen Eroberung. Vielmehr ist von einer Vielzahl regional höchst unterschiedlicher, längerfristiger und in vieler Hinsicht wechselseitiger Beeinflussungen auszugehen, die sich schon lange vor der militärischen Besetzung im Gefolge des römischen Engagements in Südfrankreich zur Sicherung der Landverbindung zwischen den römischen Besitzungen auf der Iberischen Halbinsel und Oberitalien bemerkbar machen. Eine erhebliche Unsicherheit ergibt sich in diesem Zusammenhang aus der Frage, ob man die vorrömische Kultur einer bestimmten Region mit Hilfe von «keltischem» Vergleichsmaterial aus früheren Epochen oder anderen Regionen rekonstruieren darf bzw. kann. Lehnt man diese Möglichkeit als zu spekulativ oder als mit zu vielen Unwägbarkeiten belastet ab, erscheinen auch Verallgemeinerungen, die über die Feststellung archäologisch nachweisbarer Entwicklungen an einzelnen Orten hinausgehen, in vielen Fällen problematisch. Mit Vorsicht zu beurteilen sind indessen auch neuere Versuche, den Prozess der Romanisierung mit Hilfe historischer Analogien aus späteren, durch umfangreiche Schriftzeugnisse besser bekannten Epochen zu erhellen, da die aus unmittelbar vorrömischer und römischer Zeit bekannten Quellen eine Überprüfung weitreichender Hypothesen nur selten zulassen und insbesondere die Motivation der beteiligten Akteure in den meisten Fällen fast vollständig im Dunkeln liegt.

1. Geschichte

Neuere, z. T. eher populärwissenschaftlich gehaltene Gesamtdarstellungen der ehemals keltischsprachigen Regionen nach der Romanisierung bieten Botermann 2005, Ferdière 2005, Coulon 2006, Le Bohec 2008, Monteil u. Tranoy 2008, Delaplace u. France 2011 und Ferdière 2011 (Gallien), Gros 2008 (Südgallien), Furger u. a. 2001 sowie Flutsch 2002 (Schweiz), Frere 1991, Salway

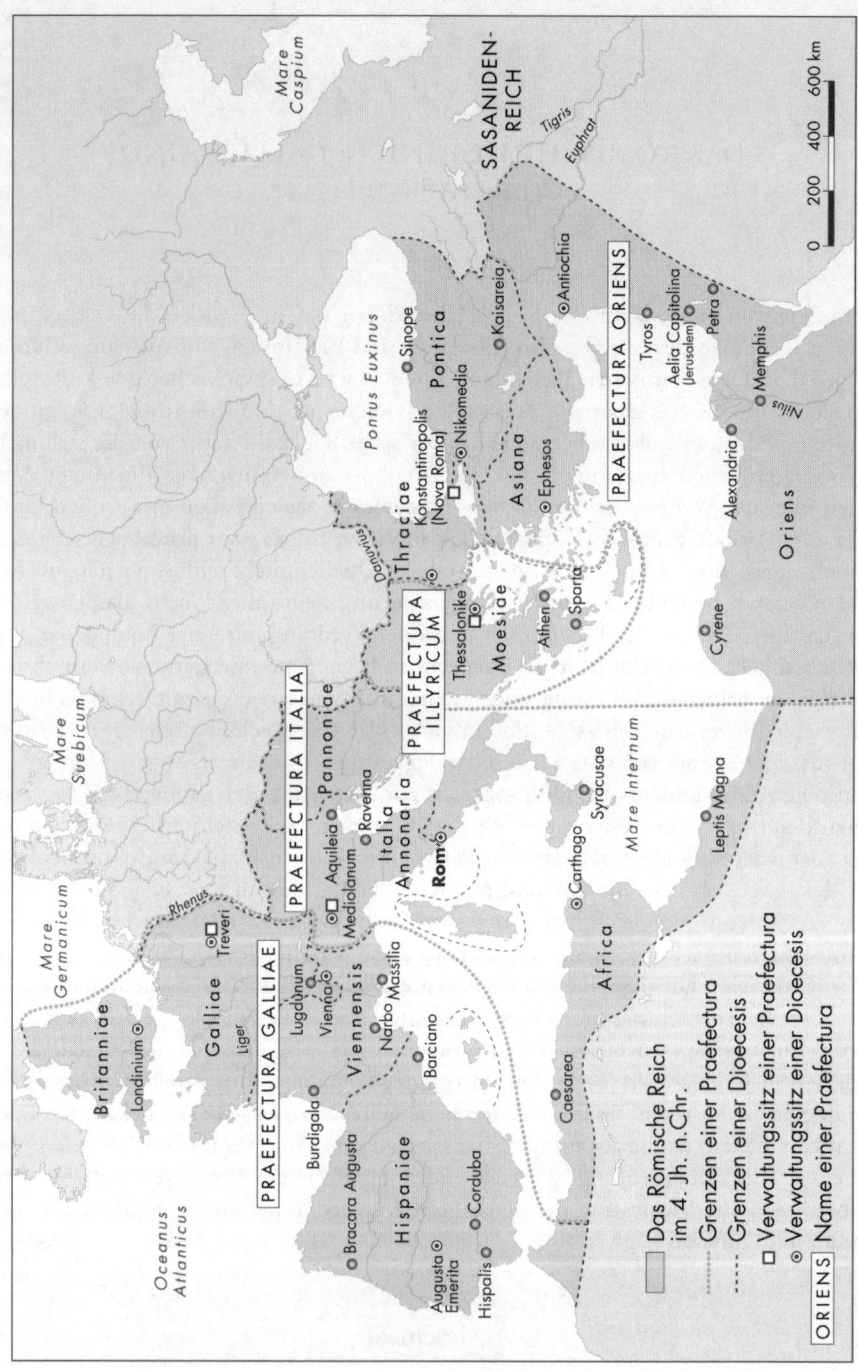

Das Römische Reich in der hohen Kaiserzeit (211 n. Chr.)

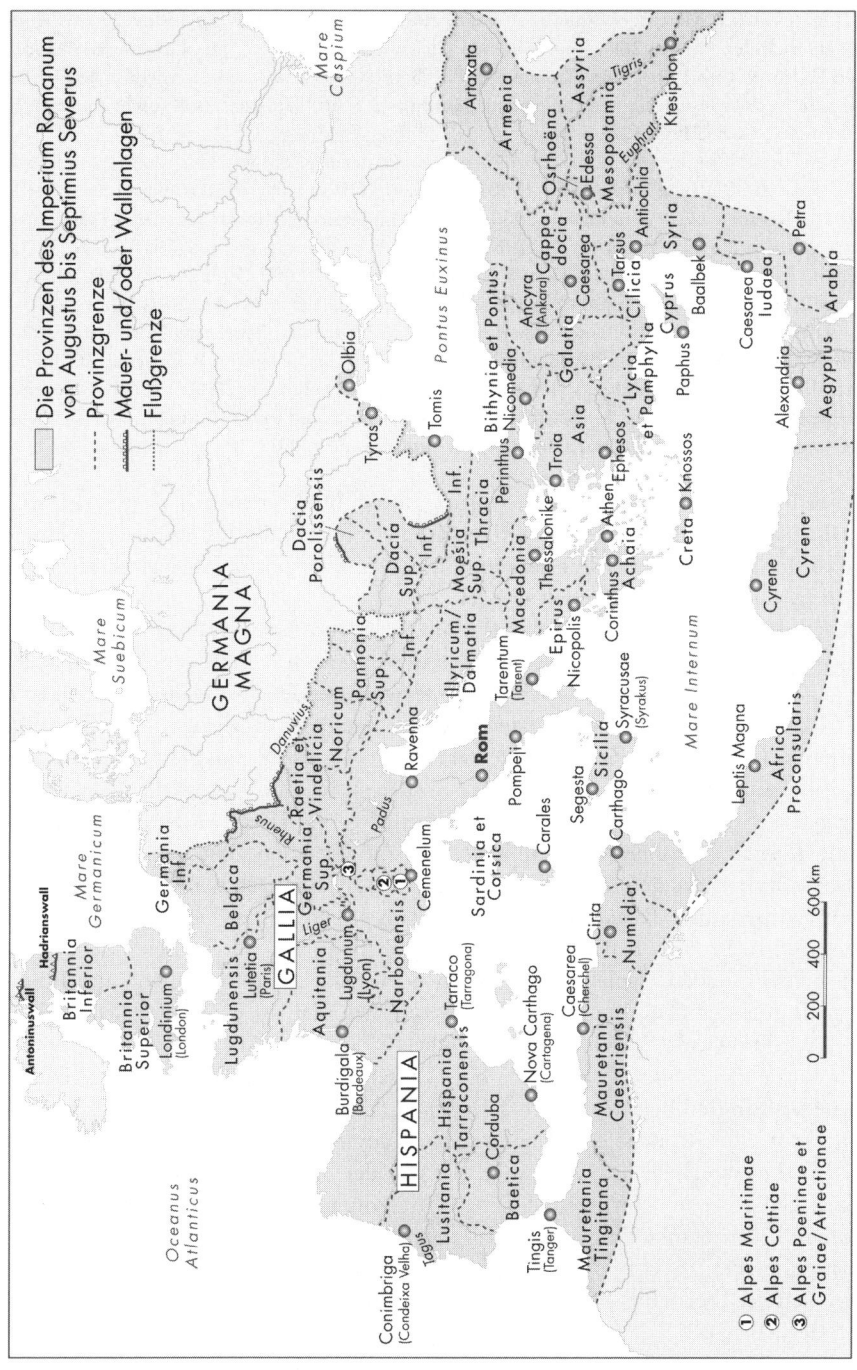

Das Römische Reich nach seiner Neuorganisation (4. Jahrhundert n. Chr.)

1991, Birley 2005, Mattingly 2006 und White 2007 (Britannien) sowie Alföldy 2000, Curchin 2004, Hernández Guerra 2005 und Esmonde Cleary 2008 (Spanien). Die Geschichte der römischen Expansion und Eroberung behandeln Freyberger 1999 sowie die Beiträge in Jospin 2002 (Südgallien), Manley 2002, Woolliscroft u. Hoffmann 2006, Wolfson 2008 sowie Poulter 2009 (Britannien), García Riaza 2002 (Spanien).

Einen Einstieg in die neuere Forschung zur Romanisierung ermöglichen Woolf 2000, Watson 2007 sowie die Beiträge in Reddé u. a. 2011 (Gallien), David J.-M. 2010 (Oberitalien), die Beiträge in Haffner u. von Schnurbein 2000 (Mittelgebirgsraum), Hüssen u. a. 2004 (Süddeutschland), Krausse 2006a (Mosel-Eifel-Raum), Millett 1992 (Britannien), Salinas de Frías 2001, Hernández Guerra 2005, Pitillas Salañer 2010, Reynolds 2010 und Pérez Zurita 2011 (Spanien), Gorges 2010 (Lusitanien), Tejral 1995 (Mitteldonaugebiet), Tapavički-Ilic 2004 (Skordisker) sowie generell zu den Nordwestprovinzen die Beiträge in Keay u. Terrenato 2001, Paunier 2006 sowie Dürrwächter 2009. Zur Romanisierung innerhalb des gesamten Römischen Reichs vgl. ferner die Beiträge in Noelke u. a. 2003, Schörner 2005 und Häussler 2008a. Neuere Studien zur Geschichte der Erforschung des Nachlebens keltischer Kulturen unter römischer Herrschaft bieten Lemerle 2005, Freeman 2007, Hoselitz 2007 und Hingley 2008.

Ebenso unterschiedlich wie die Eroberung durch die Römer verlief die weitere Geschichte der ehemals keltischsprachigen Gebiete innerhalb des Römischen Reichs, so dass die Hauptregionen Hispanien, Gallien und Britannien zweckmäßigerweise getrennt voneinander behandelt werden.

Nach der Einrichtung der beiden Provinzen Hispania citerior und Hispania ulterior 197 v. Chr. war der Nordwesten der Pyrenäenhalbinsel zunächst unabhängig geblieben und wurde erst nach der Unterwerfung der dort ansässigen Völker zur Zeit Caesars in die Provinz *Hispania citerior* eingegliedert. Zu einem unbekannten Zeitpunkt kurz vor der Zeitenwende veranlasste Augustus eine Neuorganisation der hispanischen Provinzen, indem Hispania citerior in eine kaiserliche Provinz umgewandelt wurde, die nach dem Sitz des Statthalters in *Tarraco* (Tarragona in Katalonien) *Hispania Tarraconensis* genannt wurde. Zur gleichen Zeit wurde die Provinz *Hispania ulterior* zweigeteilt, wobei der östliche Teil, die nach dem Fluss *Baetis* (Guadalquivir) benannte *Baetica* mit der Hauptstadt *Corduba* (Córdoba) den Status einer senatorischen Provinz behielt, während der westliche Teil, die zwischen den Flüssen Douro und Guadiana gelegene und nach dem Volk der *Lusitani* benannte Provinz *Lusitania* mit der Hauptstadt *Emerita Augusta* (Mérida), in eine kaiserliche Provinz umgewandelt wurde. Im Gefolge der 284 bis 289 durchgeführten Reformen Diokletians wurde die gesamte Pyrenäenhalbinsel zusammen mit Teilen Nordwestafrikas in die Verwaltungseinheit der *Dioecesis Hispaniae* (als Teil der *Praefectura Galliae*) zusammengefasst. Diese umfasste insgesamt sieben Provinzen, nämlich den Kern der alten Provinz Tarraconensis im Nordosten, die von der Tarraconensis abgetrennten Provinzen Gallaecia im Nordwesten und Carthaginiensis im Südosten, ferner Baetica, Lusitania, Mauretania Tingitana und Baleares. Zu Beginn des 5. Jahrhunderts überschritten Sueben, Alanen und Vandalen die Pyrenäen und wurden in verschiedenen Regionen der Iberischen Halbinsel von den Römern als Foederaten angesiedelt. Bald nach der Mitte des 5. Jahrhunderts fielen die Westgoten in Nordostspanien ein, von wo aus sie ihr Territorium in den folgenden anderthalb Jahrhunderten auf die gesamte Pyrenäenhalbinsel ausdehnten und mit der Gründung des Toledanischen Reichs, das bis zum Einfall der Araber 711 Bestand hatte, die römische Herrschaft beendeten.

27 v. Chr. wurden die von Caesar eroberten gallischen Gebiete in drei Provinzen eingeteilt: westlich und südlich der Loire die Provinz *Aquitania* mit ihrer Hauptstadt *Burdigala* (Bordeaux), östlich der Seine und Marne die Provinz *Belgica* mit ihrer Hauptstadt *Durocortorum* (Reims), dazwischen die Provinz *Lugdunensis* mit der Hauptstadt *Lugudunum* (Lyon). Wie reich ausgestattete Gräber schon aus augusteischer Zeit bezeugen, hatten sich die Römer gleich in den ersten Jahrzehnten nach der Eroberung Galliens mit Erfolg darum bemüht, die gallische Oberschicht durch großzügige Verleihungen des römischen Bürgerrechts den neuen Machthabern gefügig zu machen. In Fortsetzung dieser Politik setzte Kaiser Claudius 48 n. Chr. gegen den Widerstand der stadtrömischen und italischen Aristokratie im Senat die Gewährung des vollen Bürgerrechts für den gesamten gallischen Adel durch. Ungeachtet der rasch fortschreitenden Romanisierung kam es gleichwohl immer wieder zu regionalen Unruhen und Aufständen.[1] So etwa erlitt 16 v. Chr. der römische Statthalter Marcus Lollius eine schwere Niederlage gegen die miteinander verbündeten Sugambrer, Usipeter und Tenkterer. 21 n. Chr. brachen gleichzeitig Aufstände bei den Treverern und Haeduern aus, die erst durch das Eingreifen der in Obergermanien stationierten Legionen niedergeschlagen werden konnten. Zu neuerlichen Unruhen kam es 68 n. Chr., als der aquitanische Adlige Iulius Vindex, der ein Jahr zuvor zum Statthalter der Provinz Gallia Lugdunensis ernannt worden war, einen Aufstand gegen Nero unternahm und dafür die Unterstützung zahlreicher gallischer Völkerschaften gewann. Als Vindex in einer Schlacht bei Vesontio vom Befehlshaber des obergermanischen Heeres besiegt wurde und sich daraufhin das Leben nahm, brach der Aufstand zusammen. Die Unruhen setzten sich gleichwohl fort, da nun der römische Offizier Iulius Civilis vom germanischen Volk der Bataver in den Wirren nach Neros Tod gemeinsam mit den Treverern Iulius Classicus und Iulius Tutor sowie dem Lingonen Iulius Sabinus eine Erhebung organisierte. Nach wechselvollen Kämpfen entlang der Rheingrenze wurde der Bataveraufstand 70 n. Chr. unter Vespasian durch römische Truppen niedergeschlagen. Im Anschluss daran wurde unter Kaiser Domitian die Grenze zu Germanien durch die Anlage eines Limes rechts des Rheins gesichert, während entlang des linken Rheinufers die beiden Provinzen Ober- und Untergermanien entstanden.

Während der ersten Hälfte des 2. Jahrhunderts blieb es in den gallischen Provinzen weitgehend ruhig, doch musste Kaiser Marc Aurel 166 einen Einfall der germanischen Chatten abwehren. 197 war Gallien erneut Schauplatz kriegerischer Auseinandersetzungen zwischen Kaiser Septimius Severus und seinem Rivalen Clodius Albinus, in deren Gefolge die Provinzhauptstadt Lugudunum eingeäschert und geplündert wurde. 233/34 durchbrachen erstmals die Alemannen die römischen Grenzbefestigungen und drangen in das Gebiet des heutigen Saarlands und des Unterelsass bis nach Gallien vor. Von Kaiser Maximinus Thrax zurückgeworfen, eroberten sie 260 erneut die römischen Gebiete rechts des Rheins und stießen durch die Burgundische Pforte ins untere Rhônetal vor, während gleichzeitig die Franken am Niederrhein nach Gallien eindrangen. Als Reaktion auf diese Kriegszüge wurde 259 der Truppenführer Postumus nach einem Sieg über die Franken vom Heer zum

---

[1] Vgl. dazu Urban R. 1999.

Kaiser ausgerufen. Nach der Eroberung Kölns 260 schuf er aus den germanischen und gallischen Provinzen ein Sonderreich, das später auch Hispanien und Britannien umfasste und bis 273 Bestand hatte.

284 gelangte Diokletian auf den Kaiserthron, der sogleich eine umfassende Reorganisation des Römischen Reichs in Angriff nahm. Zu diesem Zweck ernannte er 286 seinen Waffengefährten Maximian zum Mitkaiser. Ihm fiel die Aufgabe zu, in Gallien die so genannten Bagauden zu bekämpfen – verarmte Landarbeiter, Bauern und Hirten, die aus wirtschaftlicher Not ihre Zuflucht zu bewaffneten Aufständen genommen hatten.[2] 293 adoptierten Diokletian und Maximian ihre Gardepräfekten Galerius und Constantius und ernannten sie zu Nachfolgern und Mitregenten. Dabei fiel die Herrschaft über Gallien, Spanien und Britannien an Constantius, der Trier zu seiner Hauptstadt machte. Im Zuge der territorialen Neuordnung der Verwaltung entstanden aus den ehemaligen *Tres Galliae* 297 die *Dioecesis Galliarum* mit acht Provinzen und die *Viennensis Dioecesis* mit fünf Provinzen. Durch weitere Teilungen vergrößerte sich die Zahl der gallischen Provinzen auf insgesamt 17, wohingegen die beiden Diözesen zwischen 418 und 425 zu einer einzigen zusammengefasst wurden.

Nach mehrjährigen Auseinandersetzungen im Gefolge der Abdankung Diokletians herrschte Constantius' Sohn Constantin nach 312 über den Westen und nach 324 über das gesamte Römische Reich. Nach seinem Tod 337 kam es erneut zu Thronwirren, in deren Gefolge germanische Völker bis weit ins Innere Galliens vordrangen. Durch einen Sieg über die Alemannen bei Argentorate (Straßburg) stellte Constantins Neffe Iulian 357 die Rheingrenze vorübergehend wieder her, doch überquerten 406 Vandalen, Alanen und Sueben erneut in großer Zahl bei Mainz den Rhein, während gleichzeitig im Norden die Franken und im Süden die Burgunder in Gallien einfielen. Da keine Aussicht bestand, die Eindringlinge zurückzudrängen oder auf Dauer fernzuhalten, ging man nun verstärkt dazu über, sie auf vertraglicher Grundlage innerhalb der Grenzen des Römischen Reichs anzusiedeln und als Foederaten in das römische Heerwesen zu integrieren. Politisch am erfolgreichsten waren dabei die Franken, die in der zweiten Hälfte des 5. Jahrhunderts nach der Eroberung alemannischer und westgotischer Gebiete zur führenden Macht in Gallien aufstiegen und dort die Reste römischer Herrschaft beseitigten.

Nachdem Caesar 55 und 54 v. Chr. Expeditionen nach B r i t a n n i e n unternommen hatte, geriet die Insel im Gefolge der Unterwerfung Galliens zunehmend unter römischen Einfluss. Namentlich im Süden bestanden Klientelstaaten, deren Herrscher miteinander um die Vormacht in der Region rivalisierten. Nachdem bereits Augustus und Caligula mehrfach Vorbereitungen zur Unterwerfung Britanniens getroffen hatten, unternahm schließlich Claudius 43 n. Chr. eine groß angelegte Invasion mit vier Legionen. Nach der Eroberung des Südostens der Insel rückten die Römer bereits in den späten 40er und 50er Jahren des 1. Jahrhunderts nach Wales und Mittelengland vor. Während der römische Oberbefehlshaber Suetonius Paulinus in Nordwestwales Krieg führte, kam es unter Führung der ikenischen Königin Boudica 60 oder 61 n. Chr. zum Aufstand mehrerer Stämme, der erst nach

---

[2] S. dazu Sánchez León 1996.

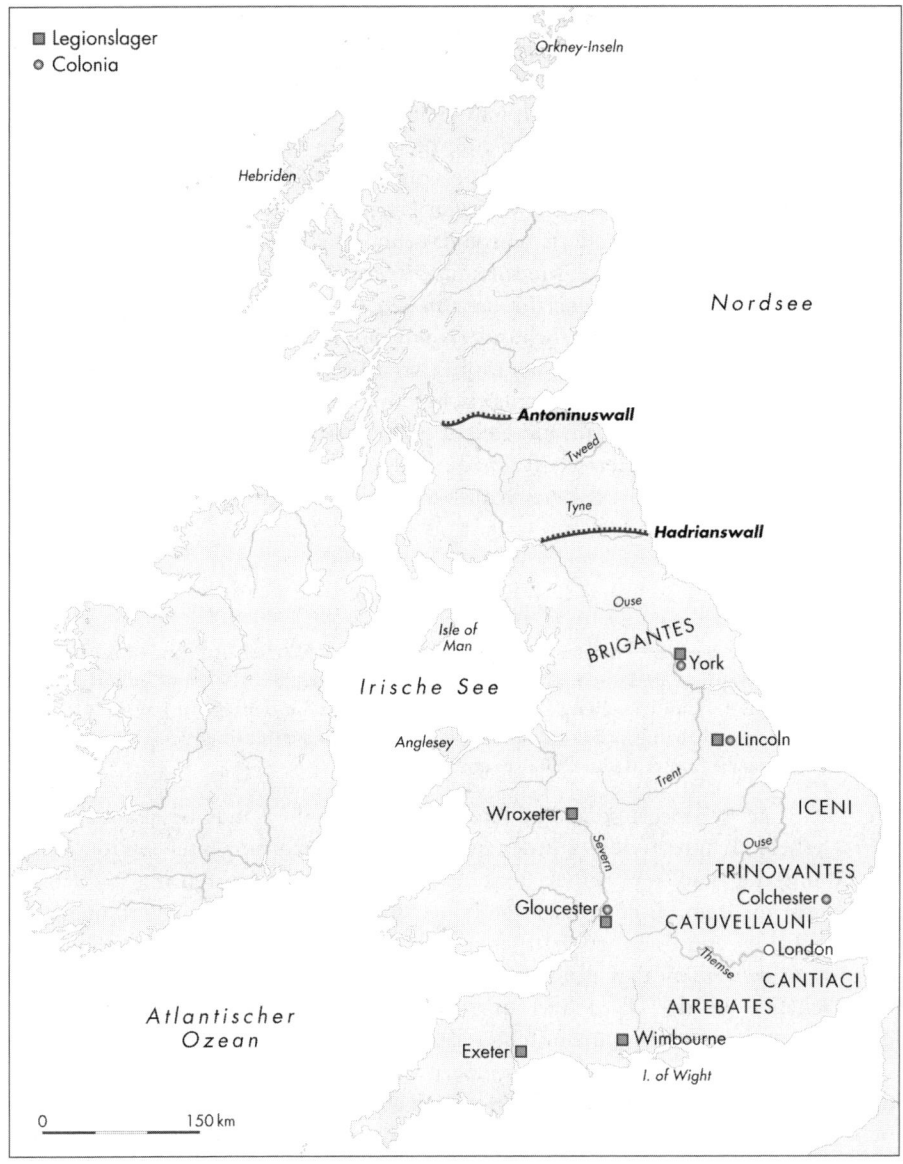

Das römische Britannien

der Zerstörung der römischen Städte Camulodunum (Colchester), Londinium (London) und Verulamium (St. Albans) niedergeschlagen werden konnte. In den 70er Jahren sicherten die Römer ihre Herrschaft in Wales durch die Anlage befestigter Stützpunkte, und von 78 bis 84 gelang es dem Statthalter Gnaeus Iulius Agricola, bis in den Nordosten Schottlands vorzustoßen und mit der römischen Flotte die Nordspitze Britanniens zu umsegeln.

Nach der Abberufung Agricolas als Statthalter zogen sich die Römer aus dem Norden Schottlands zurück. Funde mediterranen Ursprungs belegen die Präsenz der Römer im Schottischen Tiefland, doch wurde die dauerhafte Grenze unter Kaiser Hadrian um 120 schließlich doch sehr viel weiter südlich, etwa zwischen Carlisle und Newcastle, angelegt. Um 140 wurde die Grenze unter Antoninus Pius noch einmal weiter nördlich bis zu einer Linie vom Firth of Clyde zum Firth of Forth vorgeschoben, jedoch bereits nach wenigen Jahrzehnten wieder aufgegeben. Kurz vor dem Ende des 2. Jahrhunderts wurde das römische Herrschaftsgebiet in Britannien in eine südliche Provinz *Britannia Superior* mit der Hauptstadt *Londinium* und eine nördliche Provinz *Britannia Inferior* mit der Hauptstadt *Eburacum* (York) aufgeteilt. Nach der Mitte des 3. Jahrhunderts wurde die römische Herrschaft Britanniens in zunehmendem Maße durch militärische Vorstöße unabhängig gebliebener Stämme aus dem Norden sowie germanischer und irischer Seeräuber im Osten bzw. Westen der Insel bedroht, während gleichzeitig regionale Machthaber durch Separationsbestrebungen die Herrschaft der Zentralgewalt in Frage stellten. In den ersten Jahrzehnten des 5. Jahrhunderts wurde die Insel dann endgültig aufgegeben.

2. Wirtschaftsformen

Einen Einstieg in die neuere Forschung zu den gallorömischen Wirtschaftsformen im Allgemeinen bieten die Beiträge in Lepetz u. Matterne 2003 und Bedon 2011. Zum gallorömischen Ackerbau vgl. die Gesamtdarstellung von Ferdière 2006 sowie die Beiträge in Bayard u. Collart 1996. Den Weinbau behandeln Brun 2001 und 2005. Zur Eisenverhüttung vgl. Domergue u. a. 2006 (Gallien) sowie Sim u. Ridge 2002 (Britannien).

Die wichtigste Lebensgrundlage bildete nach wie vor die Landwirtschaft, die vielerorts erheblich intensiviert wurde, um die Truppenkontingente der römischen Armee und die Bevölkerung neu entstandener städtischer Zentren mit Nahrungsmitteln zu versorgen. Eine gewichtige Neuerung stellte in diesem Zusammenhang die Einführung von landwirtschaftlichen Betrieben nach dem System der (heute so genannten) *villa rustica* dar, die von Sklaven oder abhängigen Pächtern (Kolonen) bewirtschaftet wurde. Die Frage, in welchem Umfang bäuerliche Gehöfte und Dorfgemeinschaften der vorrömischen Zeit neben dem System der *villae rusticae* weiterbestanden, ist nicht pauschal, sondern nur aufgrund der detaillierten archäologischen Untersuchung einer Vielzahl solcher Anlagen zu beantworten. Eine längst nicht immer gegebene Grundvoraussetzung dafür ist in jedem Fall die Möglichkeit einer absoluten Datierung der unterschiedlichen Nutzungsphasen, ohne die überregionale Synthesen mit großen Unsicherheiten behaftet bleiben.

Ein Beispiel für die K o n t i n u i t ä t d e r L a n d w i r t s c h a f t lieferten archäobotanische Untersuchungen in der keltisch-römischen Siedlung von Wallendorf in der Eifel.[3] An Getreide wurde dort Gerste, Dinkel, Emmer, Hafer, seltener auch Einkorn, Saatweizen und Roggen angebaut, ohne dass man signifikante Unterschiede zwischen der vorrömischen und der römischen Zeit hätte feststellen können.

---

[3] Das Folgende nach Kroll 2000.

Auffällig ist allenfalls der starke Rückgang des Anbaus der Kolbenhirse im Zuge der Romanisierung, wie auch der Leindotter als Ölpflanze in römischer Zeit seine einst große Bedeutung einbüßte. Aufschlussreiche Ergebnisse lieferten ferner entsprechende Untersuchungen im keltisch-römischen Anwesen von Borg im Kreis Merzig-Wadern (Saarland).[4] Es wurde nach Ausweis der Funde vom 1. Jahrhundert v. Chr. bis zum späten 4. Jahrhundert n. Chr. ununterbrochen bewirtschaftet, wobei der Getreideanbau in vorrömischer Zeit von Emmer und Spelzgerste, in römischer Zeit aber von Dinkel dominiert wurde. Man vermutet, dass dieser Wechsel nicht zuletzt damit zusammenhängt, dass das Anwesen ursprünglich der Selbstversorgung einer bäuerlichen Gemeinschaft, nach der Romanisierung aber der Erwirtschaftung eines Überschusses zur Versorgung der städtischen Zentren und römischen Militärstützpunkte diente. Möglicherweise steht die generelle Bevorzugung des Dinkels im römerzeitlichen Saar-Mosel-Raum auch im Zusammenhang mit dem Einsatz der durch bildliche Darstellungen und aus den Hinweisen antiker Autoren (vgl. Plinius, *Naturalis historia* 18,296) unter dem Namen *vallus* bekannten Erntemaschine, die nach Ausweis experimenteller Untersuchungen für Dinkel deutlich besser geeignet war als etwa für Emmer.[5] Weitere gewichtige N e u e r u n g e n i n d e r L a n d w i r t s c h a f t waren die Einführung wassergetriebener Getreidemühlen, die schon im 1. Jahrhundert n. Chr. auch in ländlichen Gebieten weit verbreitet waren, sowie die aufkommende Verbreitung des Weinbaus.[6] Mit einer zeitlichen Verzögerung ist darüber hinaus auch eine Übernahme der mediterranen Garten- und Obstbaumkultur zu beobachten, indem in klimatisch geeigneten Regionen auch exotische Pflanzen wie etwa der aus Nordafrika stammende Flaschenkürbis eingeführt wurden.[7] Wie pollenanalytische Untersuchungen zeigten, verursachte die Intensivierung der Landwirtschaft vielerorts eine Erschöpfung und Erosion der Böden, deren negative Folgen sich in der Spätantike durch den Rückgang der landwirtschaftlichen Produktion bemerkbar machten.[8]

3. Siedlungswesen

Neuere Zusammenfassungen unserer Kenntnis des Städtewesens bieten Bedon 1999 (Gallia transalpina), Chrzanovski 2006 (Gallia cisalpina), Wacher 1995, Isserlin 2001 und Rogers 2011 (Britannien). Zur neueren Forschung über verschiedene Aspekte des städtischen Lebens im römischen Gallien vgl. ferner die Beiträge in Bedon 1996, 2000, 2002, 2006 und 2009. Zur neueren Forschung über die ländlichen Siedlungen im römischen Gallien vgl. die Beiträge in Bedon 2004 sowie Leveau u. a. 2009.

Als wichtigste Neuerung im Gefolge der Romanisierung des Siedlungswesens erscheint die zunehmende U r b a n i s i e r u n g. Dabei erfolgten die römischen Neugründungen teils auf dem Boden vorrömischer keltischer Siedlungen, teils aber

---

[4] Das Folgende nach Wiethold 2000.
[5] S. Wiethold 2000, 152–153 mit weiterführenden Literaturangaben.
[6] S. dazu Brun J.-P. 2001 und 2005 sowie (knapp zusammenfassend) 2006.

[7] S. dazu die Nachweise bei Wiethold 2000, S. 154 mit Anm. 49.
[8] S. dazu Krausse 2006a, 307–311.

auch auf bislang ungenutztem Gelände, das sich durch topographisch günstige Eigenschaften sowie durch die Nähe zu einem schiffbaren Fluss oder zu einer römischen Fernhandelsstraße auszeichnete.[9] Kleinere Siedlungen (*vici*, Singular *vicus*) entstanden teils in der Nähe römischer Militärlager, teils in der Nähe eines vorrömischen Heiligtums, unweit wirtschaftlich bedeutender Rohstoffvorkommen oder an Straßenkreuzungen oder Flussübergängen. Ohne eigenständige Verwaltung und eigenen Rechtsstatus, dienten *vici* nicht zuletzt als Marktort für die Landgüter (*villae rusticae*) der Umgebung und waren in der Regel den städtischen Zentren der *civitates* (Singular *civitas*) zugeordnet. Letztere, die teils den Rechtsstatus eines *municipium*, teils den einer *colonia* besaßen, zeichneten sich durch repräsentative öffentliche Bauten aus, darunter in der Regel ein Forum, eine Basilika als Sitz der Verwaltung, Theater, Tempel und Bäder. Der Wasserversorgung dienten Aquädukte, deren Schutz und Instandhaltung von besonderen Beamten gewährleistet wurde. Als wichtigste Neuerung im Siedlungswesen der ländlichen Regionen ist die Einführung des römischen Villensystems anzusehen, durch die das bestehende Gefüge dörflicher Siedlungen in vielen Regionen durchgreifend verändert wurde.

4. Handwerk und Kunst

Neuere Studien zum Handwerk nach der Romanisierung bieten Polfer 2005 sowie die Beiträge in Chardron-Picault 2010. Zum Textilhandwerk vgl. Roche-Bernard 1993, zur Keramik die Beiträge in Tuffreau-Libre 2007 sowie Brulet u. a. 2010.

Während man im Metall-, Holz- und Textilhandwerk in großem Umfang auf einheimische vorrömische Traditionen zurückgreifen konnte, folgte die Steinbearbeitung römischen Vorbildern, die wiederum in der Tradition älterer mediterraner Techniken stand. Von großer wirtschaftlicher Bedeutung waren im 1. und 2. Jahrhundert die Töpferwerkstätten von La Graufesenque und Banassac, wo im Anschluss an italische Vorbilder in großem Maßstab Terra Sigillata hergestellt wurde.

Besonders zahlreich sind die Zeugnisse der Bronzeverarbeitung, in der man klassische und einheimische Anregungen aufgriff.[10] Bereits 1861 entdeckte man bei Steinbrucharbeiten in der Nähe des Ortes Neuvy-en-Sullias auf dem linken Ufer der Loire zwischen Gien und Orléans mehrere gallorömische Bronzestatuetten, die offenkundig aus einem Tempelschatz stammten.[11] Neben einer Pferdestatuette, auf deren Sockel eine Weihinschrift (CIL XIII 3071) für einen Gott namens Rudiobus angebracht war, fand man die Statuetten eines Hirschs, dreier Wildschweine sowie neun individuell gestalteter menschlicher Figuren, bei denen die Haltung des Kopfes, der Arme und der Beine dafür spricht, dass sie Tänzerinnen und Tänzer darstellen. Auffällig ist dabei insbesondere, dass die Proportionen der fünf männ-

---

[9] Dargestellt am Beispiel Tongerns durch Vanderhoeven 1996.

[10] Vgl. dazu die ausführliche Studie von Boucher 1976.

[11] S. dazu Gorget u. Guillaumet 2007 sowie Dondin-Payre u. Heinimann 2009.

Statuette einer Tänzerin aus Neuvy-en-Sullias (1. Jahrhundert n. Chr.)

lichen und vier weiblichen Figuren von denen griechischer, römischer und etruskischer Bronzen deutlich abweichen. 1973 fand man im Wald von Cou(h)an südwestlich von Fontenay-près-Vézelay eine lateinische Weihinschrift für einen zuvor
unbekannten Gott namens Cobannus.[12] Vermutlich von demselben Fundort stammen acht Bronzestatuetten mit Weihinschriften für Cobannus, die nach der Auffindung in den Kunsthandel gelangten und jetzt im J. Paul Getty Museum in Los
Angeles zu sehen sind.[13]

[12] S. dazu Lavagne u. Lambert 1999.

[13] S. dazu Pollini 2002 sowie Dondin-Payre
u. Heinimann 2009.

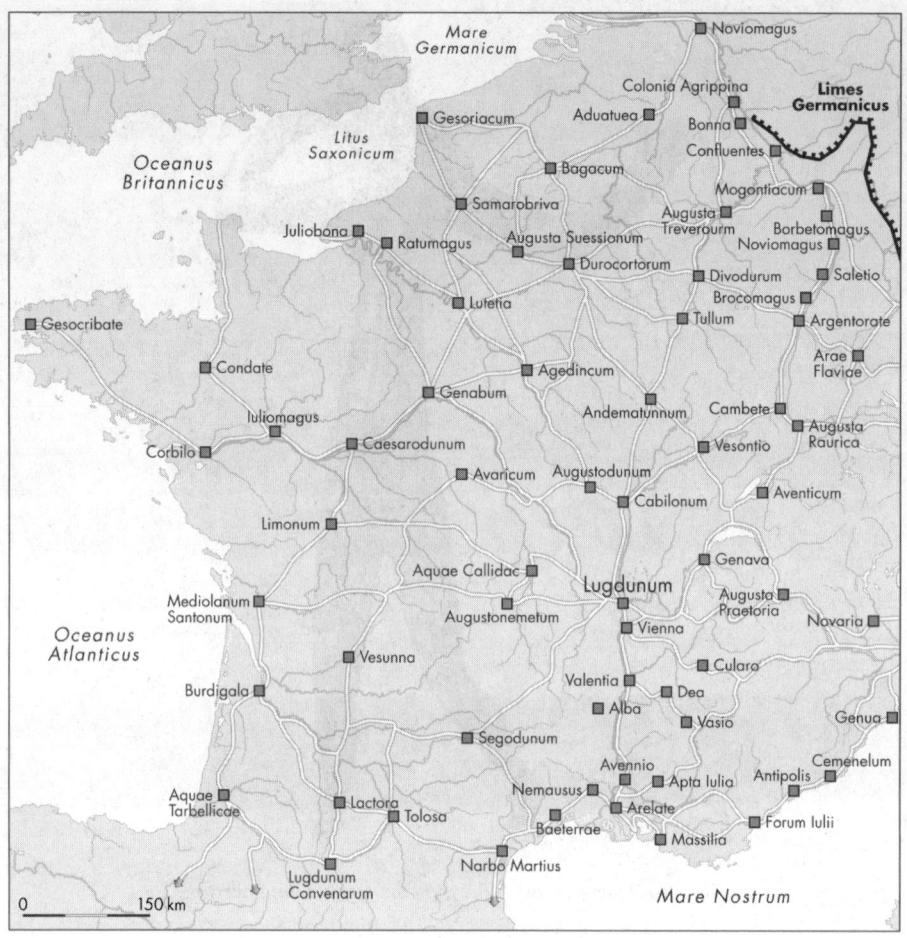

Das römische Gallien

5. Handel und Verkehr

Neuere Darstellungen des Straßennetzes bieten Coulon 2007 (Gallien) und Davies 2002 (Britannien). Neuere Studien zur Rolle von Flüssen und Flussübergängen im römischen Gallien bieten die Beiträge in Bedon 2001, zu den Brücken vgl. die Beiträge in Barruol u. a. 2011. Zum Seehandel vgl. Fulford 2007 und Jones 2009. Zum Münzwesen in den Nordwestprovinzen vgl. die Beiträge in Strobel 2004 sowie Doyen 2008.

Von zentraler Bedeutung für den Handel war das römische Straßennetz. Als älteste römische Straße Galliens gilt dabei die Via Domitia, die ungefähr gleichzeitig mit der Gründung der römischen Kolonie Narbo Martius um 118 v. Chr. als Verbindungsweg zwischen Italien und der Pyrenäenhalbinsel angelegt wurde. Vom Col de Montgenèvre in den Westalpen führte die Straße durch das Tal der Durance über Chorges, Embrun, Apt, Cavaillon und Saint-Rémy-de-Provence nach Beaucaire am Ufer der Rhône und weiter nach Nîmes, von wo aus sie dem Verlauf der Küste über Narbonne und Perpignan bis Port-Vendres folgte. Ihre unmittelbare Fortsetzung bildete die Via Augusta, die entlang der Mittelmeerküste über Tarragona und Valencia nach Cartagena und dann landeinwärts über Córdoba nach Cádiz führte. Die Atlantikküste erreichte man auf der Via Aquitania, die von Narbonne über Toulouse nach Bordeaux führte. Im Übrigen wurden auch wie schon in vorrömischer Zeit die s c h i f f b a r e n F l ü s s e für den Güteraustausch und Warenverkehr genutzt.

6. Gesellschaft

Die Mobilität im römischen Gallien nach Ausweis der Inschriften behandelt Wierschowski 2001. Zur Stellung der Frau vgl. Rémy u. Mathieu 2009 (Gallien) sowie Allason-Jones 2005 (Britannien), zu der von Kindern Coulon 1994. Zur Rolle des römischen Militärs vgl. Reddé 1996 (Gallien) sowie Gardner 2005 (Britannien).

Als Hauptfaktoren der gesellschaftlichen Veränderung sind die E i n f ü h r u n g d e s r ö m i s c h e n R e c h t s, die kulturelle Assimilation der ehemals herrschenden Eliten und die P r ä s e n z d e s r ö m i s c h e n M i l i t ä r s mitsamt der damit verbundenen wirtschaftlichen Infrastruktur anzusehen. Sie hatte nicht zuletzt auch einen Zustrom von Menschen und Einflüssen aus anderen Regionen des Römischen Reichs zur Folge, durch die sich die kaiserzeitliche Gesellschaft der keltischsprachigen Gebiete von jener der vorrömischen Zeit deutlich unterschied.

Vorsichtiger als noch vor wenigen Jahrzehnten beurteilt man heute die Rolle der in vorrömischer Zeit bezeugten Volksstämme für die territoriale Gliederung Galliens nach der Romanisierung. Als gewichtiges Argument für eine weit reichende K o n t i n u i t ä t galt lange Zeit der Umstand, dass viele heutige französische Großstädte in der Spätantike wieder nach den N a m e n d e r i n i h r e r G e g e n d b e h e i m a t e t e n V o l k s s t ä m m e benannt wurden, während die alten römischen Bezeichnungen außer Gebrauch kamen. Charakteristische Beispiele für diesen Vorgang sind etwa Amiens (*Ambiani/Samarobriva*), Angers (*Andecavi/Iuliomagus*), Arras (*Atrebates/Nemetacum*), Beauvais (*Bellovaci/Caesaromagus*), Bourges (*Bituriges/Avaricum*), Cahors (*Cadurci/Divona*), Chartres (*Carnutes/Autricum*), Évreux (*Eburovices/Mediolanium*), Jublains (*Diablintes/Noviodunum*), Langres (*Lingones/Andemantunnum*), Lisieux (*Lexovii/Noviomagus*), Nantes (*Namnetae/Condevincum*), Paris (*Parisii/Lutetia*), Périgueux (*Petrucorii/Vesunna*), Poitiers (*Pictones/Lemonum*), Reims (*Remi/Durocortorum*), Rennes (*Redones/Condate*), Rodez (*Ruteni/Segodunum*), Saintes (*Santones/Mediolanum*), Sens (*Senones/Agedincum*), Tours (*Turones/Caesarodunum*), Troyes (*Tricasses/Augustobona*) und Vannes (*Venetae/Darioritum*). Demgegenüber ist jedoch festzuhalten, dass die Grenzen der gallorömischen *civitates* und *pagi* nicht ohne weiteres in die vorrömische Zeit zurückgespiegelt werden dürfen.[14]

---

[14] S. Tarpin 2002 und 2006.

7. Religion

Die meisten Darstellungen der «keltischen» Religion verwerten in großem Umfang auch Quellen aus der römischen Kaiserzeit. Neuere Studien speziell zu den religiösen Verhältnissen nach der Romanisierung bieten Derks 1998, van Andringa 2002 (Gallien), die Beiträge in Hernández Guerra 2007 (Spanien), Dondin-Payre und Raepsaet-Charlier 2006 (Nordwestprovinzen) sowie Häussler u. King 2007–2008 (Weströmisches Reich insgesamt).

Eine erste Übersicht über die inschriftlich bezeugten Gottheiten ermöglicht das Verzeichnis von Jufer u. Luginbühl 2001. Über die Zeugnisse der *interpretatio Romana* in den Nordwestprovinzen orientieren Bauchhenß 1984a–c und 1992. Vgl. ferner Deyts 1992 und 1998 sowie Fauduet 2008 (Gallien), Aldhouse-Green u. Raybould 1999 und Morelli 2009 (Britannien). Der Erforschung der inschriftlich bezeugten keltischen Götternamen widmet sich das von der Prähistorischen Kommission der Österreichischen Akademie der Wissenschaften initiierte Projekt F.E.R.C.AN. (Fontes Epigraphici Religionum Celticarum Antiquarum), das auch die Erstellung eines Lexikons der altkeltischen Götter anstrebt. Die bisher geleistete Forschung dokumentieren die Beiträge in Gorrochategui u. de Bernardo Stempel 2004, Spickermann u. Wiegels 2005, Hainzmann 2007, d'Encarnação 2008, Sartorio 2008 und Arenas Esteban 2010. Vgl. ferner die methodischen Erwägungen von de Bernardo Stempel 2003.

Eine kaum mehr überschaubare Fülle neuerer Publikationen behandelt das römerzeitliche Grabbrauchtum, wie es nicht zuletzt in aufwendigen Steinmonumenten dauerhaften Ausdruck fand.[15] Gut bekannt sind ferner zahlreiche Tempel einheimischer Gottheiten, die in vielen Fällen die Tradition vorrömischer Kultstätten fortsetzen.[16] Zahlreiche Tempel einheimischer keltischer Gottheiten stehen im Zusammenhang mit Heilkulten, so etwa der Kult des Apollo Grannus, der nach dem Zeugnis des Cassius Dio (77,15,5 ff.) 213 n. Chr. sogar von Kaiser Caracalla aufgesucht wurde und dessen Prestige sich daraufhin im ganzen Römischen Reich verbreitete.[17] Ein bedeutendes Heiligtum des Gottes wurde 1939 in einem Hochmoor ca. 3 km südöstlich von Hochscheid im Kreis Bernkastel-Wittlich im Huns-

---

[15] Über Einzelheiten des gallorömischen Grab- und Totenbrauchtums orientieren Lepetz u. van Andringa 2004, Marinval 2004, Turcan 2004, Martin-Kilcher 2006, Bonnet u. Blaizot 2007, die Beiträge in Kruta 2007 und Goudineau 2009a sowie Theuws 2009, Bel 2010, Häussler 2010 und Köstner 2011. Zum Grabbrauchtum im römischen Britannien vgl. Philpott 1991, Pollock 2006 sowie Adams u. Tobler 2007. Neuere monographische Darstellungen einzelner Gräberfelder bieten Haffner 1971–2006 sowie Haffner u. a. 1989 (Wederath-Belginum), Augros u. a. 2002 (Chalon-sur-Saône), Moliner 2003 (Sainte-Barbe, Marseille), Ames-Adler 2004 (Altforwieler), Glansdorp 2005 (Dillingen-Pachten), Gleser 2005 (Hoppstädten-Weiersbach), Schendzielorz 2006 (Feulen) sowie Ancel u. Loridant 2009 (Bavay). Zu den Problemen einer sozialhistorischen Interpretation vgl. Ferdière 2004, sowie Polfer 2004 und 2007. Zu den Grabbauten im römischen

Gallien vgl. Abegg 2006b und die Beiträge in Boschung 2009.

[16] Über die kaiserzeitlichen Tempel orientieren die Beiträge in Goudineau u. a. 1994 und van Andringa 2000, Lobüscher 2002, Fauduet 2004 und 2010 sowie Péchoux 2010 (Gallien), Rodwell 1980 und Rudling 2008 (Britannien), Nünnerich-Asmus 1999 und Bendala Galán 2009 (Spanien). Einzelne Heiligtümer behandeln Bourgeois 1999 (Bennecourt), van Andringa 2006 (Villards d'Héria), Derks 2006 (Altbachtal, Trier), Brunaux 2009 (Ribemont-sur-Ancre), Dechezleprêtre 2010 (Grand), Caumont 2011 (Le Flavier, Mouzon) sowie King u. Soffe 1994 (Hayling Island). Zum Kultpersonal vgl. Häussler 2011 (Gallien), Allason-Jones 2011 (Britannien) und Goffaux 2011 (Hispanien).

[17] S. Maier B. 1994, 150–151.

Ausschnitt vom Brustbild einer Frau mit Schleier,
Votivgabe im Heiligtum von Chamalières (1. Jahrhundert n. Chr.)

rück entdeckt und teilweise ausgegraben, wobei ein gallorömischer Umgangstempel, mehrere Steinskulpturen, Münzen und Keramik zutage kamen. Bei weiteren Grabungen in den Jahren 1962 bis 1966 und 1972 wurden eine nahegelegene Herberge, ein Badehaus und ein weiteres Gebäude untersucht.[18] Weihinschriften für Apollo Grannus fand man außer in seinen drei großen Heiligtümern bei Hochscheid, Grand in den Vogesen (CIL XIII 5942) und Faimingen an der oberen Donau (CIL III 5870, 5871, 5873, 5874, 5876 und 5881) unter anderem in Arnheim (CIL XIII 8712), Bonn (CIL XIII 8007), Trier (CIL XIII 3635), Branges bei Chalon-sur-Saône (CIL XIII 2600), Musselburgh in Schottland (RIB 2132) und dem römischen Brigetio in Ungarn (CIL III 10972). 1905 entdeckte man in einer Mauer östlich der Bibliothek von Ephesos eine griechische Inschrift, derzufolge ein verdienter Bürger der Stadt 217/18 n. Chr. durch das ganze Römische Reich «bis zu Apollo Grannus» gereist sei. Als Begleiterin des Gottes erscheint in mehreren Weihinschriften eine Göttin namens Sirona.

Ein weiteres Quellheiligtum von überregionaler Bedeutung bestand an der «Source des Roches» in Chamalières (Puy-de-Dôme).[19] Bei den von 1968 bis 1971 durchgeführten Ausgrabungen fand man mehrere tausend hölzerne Votivgaben sowie die bis dahin längste Inschrift in gallischer Sprache (S. 292). Aus dem römischen

[18] S. ausführlich Weisgerber 1975.   [19] S. Romeuf u. Dumontet 2000.

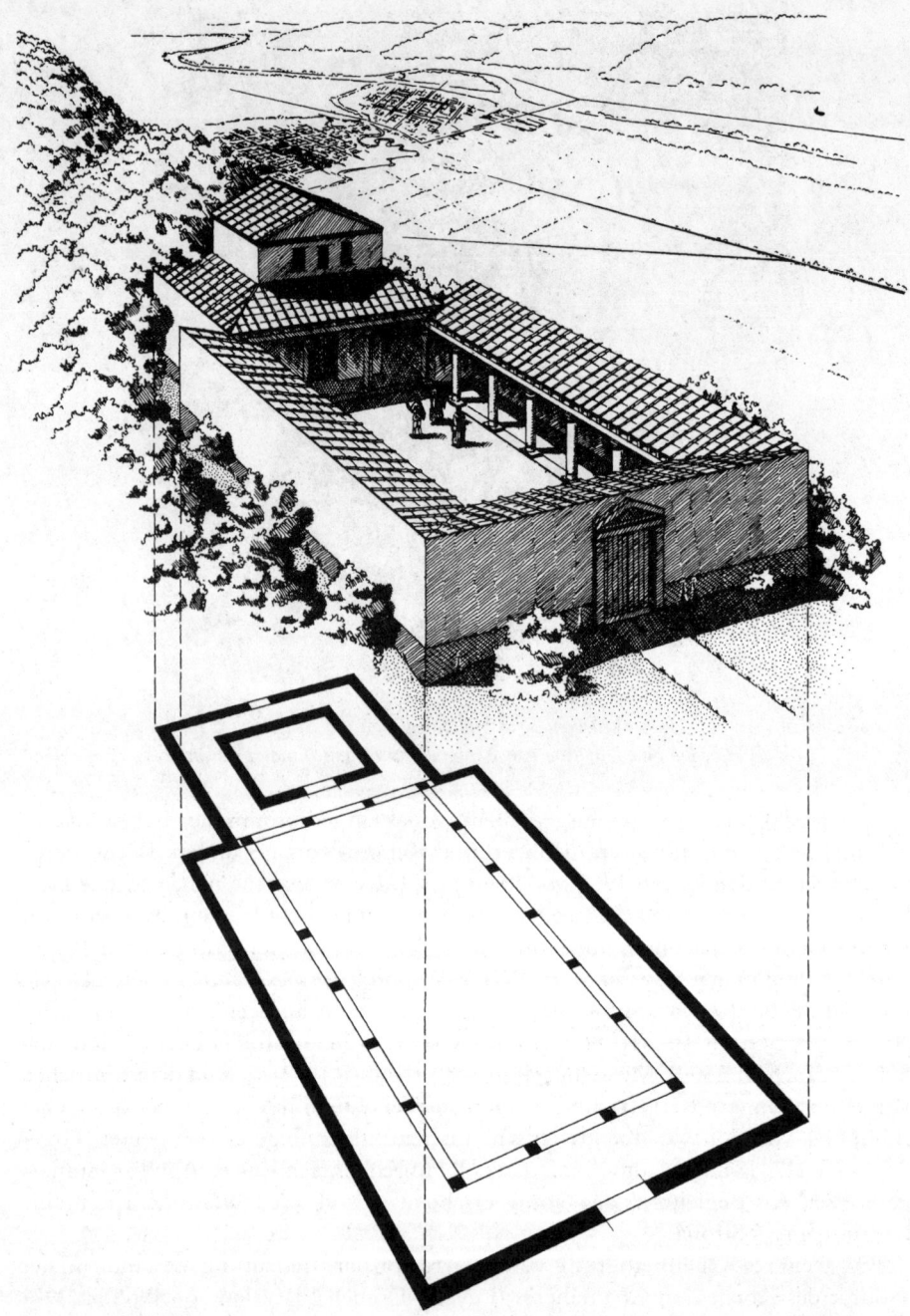

Grundriss und Rekonstruktion des gallorömischen Tempels auf der Augster Flühweghalde
ca. 2 km östlich von Augusta Raurica

Britannien kennt man ein bedeutendes Quellheiligtum für eine Göttin namens Coventina, das 1876 in der Nähe von Carrawburgh am Hadrianswall ausgegraben wurde.[20] Dabei fand man in einem Brunnen zahlreiche Weihegaben, darunter bronzene Tierfiguren und über 13 000 Münzen, ferner 14 Weihinschriften (RIB 1522–1535) sowie bildliche Darstellungen der Göttin als Quellnymphe.

Über die Auswirkungen der Romanisierung auf die D r u i d e n liegen nur wenige Hinweise vor.[21] Wie Tacitus im Zusammenhang mit dem Brand des Iuppiter-Tempels auf dem Kapitol gegen Ende des Jahres 69 berichtet, prophezeiten «Druiden» bei dieser Gelegenheit, Rom sei zwar einst von den Galliern erobert worden, doch da der Wohnsitz Iuppiters unversehrt blieb, habe das Reich weiterbestanden. Nun aber sei mit dem vom Schicksal gesandten Feuer ein Zeichen himmlischen Zorns gegeben und die Weltherrschaft den Völkern nördlich der Alpen verheißen worden (*Historiae* 4,54,2). Dass man in dieser Bemerkung einen Hinweis auf das Weiterbestehen der Druiden nach der Romanisierung sehen kann, erscheint jedoch fraglich, zumal die darin vorausgesetzten Vorstellungen vom Iuppiter-Tempel als einem Unterpfand (*pignus*) römischer Herrschaft und von einem zyklischen Wechsel der Weltherrschaft (*translatio imperii*) römischen bzw. orientalischen Ursprungs sind. Auch berichten Plinius der Ältere (*Naturalis historia* 30,13) und Sueton (*Claudius* 25,5) übereinstimmend, dass die Druiden nach restriktiven Maßnahmen durch Augustus und Tiberius wegen der Unvereinbarkeit ihrer Kulte mit dem römischen Recht während der Regierungszeit des Kaisers Claudius (41–54) endgültig verboten worden seien. Mitunter hat man die oben zitierte Bemerkung des Tacitus als Beleg für einen anhaltenden Widerstandswillen der Druiden noch in der zweiten Hälfte des 1. Jahrhunderts n. Chr. angeführt, doch gibt es für eine solche antirömische Haltung kaiserzeitlicher Druiden keine stichhaltigen Belege. Vielmehr ist – gerade im Hinblick auf die zügige Romanisierung der gallischen Oberschicht – davon auszugehen, dass die vorrömischen Druiden mit der Einrichtung der gallischen Provinzen ihre einstige Bedeutung schnell verloren. Plausibler als die Annahme eines Fortbestehens der Druiden als Geheimkult oder Widerstandsbewegung erscheint daher die Annahme, dass die Bezeichnung «Druide» in der oben genannten Passage in einem verblassten, gleichsam übertragenen Sinn, etwa in der Bedeutung «gallischer (bzw. gallorömischer) Wahrsager», zu verstehen ist. Am Ende dieser Entwicklung steht die spätantike *Historia Augusta*, deren unbekannter Verfasser von Begegnungen der Kaiser Alexander Severus, Aurelian und Diokletian mit «Druidinnen» zu berichten weiß, wobei der Gesamtcharakter des Werks, der weitgehend parallele Aufbau der drei Episoden und offenkundige Anleihen bei literarischen Vorbildern hier ohnehin die Annahme einer literarischen Erfindung nahelegen.

Während die Bezeichnung «Druide» bislang inschriftlich nicht bezeugt ist, kennt man aus insgesamt vier gallorömischen Inschriften den religiösen Titel *gutuater*, den man etymologisch als «Vater der Stimme», vielleicht im Sinne eines Rezitators von Gebeten, zu deuten versucht hat.[22] In einem Fall (CIL XIII 1577 aus Puy-en-Velay) handelt es sich bei dem so Bezeichneten um einen *praefectus coloniae*, dessen Sohn das

[20] S. Allason-Jones u. McKay 1985.
[21] S. Maier B. 2001, 158–159.

[22] S. Delamarre 2003, 184 mit reichen Literaturangaben. Vgl. ferner García Ramón 2011.

Amt eines *flamen* bekleidet, in einem anderen Fall (CIL XIII 2585 aus Mâcon) um einen *flamen Augusti*, der gleichzeitig *gutuater Martis* ist. Bei Aulus Hirtius (*BG* 8,38) erscheint *gutuater* demgegenüber als Name eines Galliers aus dem Volk der *Carnutes*, den Caesar 51 v. Chr. als Kriegstreiber hinrichten ließ. Im Hinblick auf die späteren gallorömischen Inschriften steht jedoch zu vermuten, dass dieser Gebrauch des Wortes als Eigenname auf einem Missverständnis beruht und es sich in Wirklichkeit um einen religiösen Titel handelte. Seine genaue Bedeutung ist jedoch ebenso wie die Funktion des *gutuater* sowohl für die vorrömische als auch für die gallorömische Zeit unbekannt.

Charakteristisch für den Kult der einheimischen Götter in den keltischsprachigen Regionen des Römischen Reichs ist die nach Tacitus (*Germania* 43) als i n t e r p r e - t a t i o   R o m a n a bezeichnete Gleichsetzung keltischer und griechisch-römischer Götter. Vergleicht man nun die Beschreibung der gallischen Götter durch Caesar (*BG* 6,17,1–2) mit den römerzeitlichen Weihinschriften für keltische Gottheiten, so fällt zunächst die Vielzahl der Namen ins Auge, denn die Inschriften erwähnen nicht etwa nur – was man nach der Darstellung Caesars vermuten sollte – ein knappes halbes Dutzend, sondern vielmehr einige hundert, von denen jedoch die meisten nach Ausweis der Inschriften eine rein lokale oder regionale Bedeutung besaßen. So etwa begegnen zahlreiche Götternamen in jeweils nur einer einzigen Inschrift, während andere zwar durch mehrere Inschriften bezeugt sind, wegen der geringen räumlichen Streuung dieser Weihungen jedoch ebenfalls auf eine lokale oder regionale Bedeutung der betreffenden Kulte schließen lassen. In einigen Fällen könnte man bei oberflächlicher Betrachtung vermuten, dass die große räumliche Entfernung zwischen zwei oder mehreren Weihungen für eine Gottheit von überregionaler Bedeutung spricht. Auch hier ist jedoch Vorsicht geboten, da in der Regel auch andere Deutungen möglich sind. So etwa wurde der Gott *Leucetius* oder *Loucetius* augenscheinlich vor allem im Gebiet des Volks der Treverer um Mainz, Worms und Wiesbaden verehrt. Von den vier Inschriften, die außerhalb dieses Gebiets zutage kamen, stammen drei mit Sicherheit und die vierte möglicherweise von einem treverischen Stifter. Davon abgesehen ist auch damit zu rechnen, dass viele keltische Götternamen vielleicht nur Beinamen mit sprechender Bedeutung waren und folglich zu verschiedenen Zeiten an verschiedenen Orten immer wieder neu gebildet werden konnten. Dafür spricht nicht zuletzt der Umstand, dass auffallend viele Namen – ganz im Unterschied zu den Verhältnissen im griechisch-römischen Kulturraum – sowohl als Personen- wie auch als Götternamen bezeugt sind. Das wohl bekannteste Beispiel dafür ist der Name *Boudicca*, der bei Tacitus (*Annales* 14, 31–37) und Cassius Dio (*Historia Romana* 42) die Frau eines britannischen Fürsten aus dem Stamm der Ikener bezeichnet, auf einer 1921 in Bordeaux gefundenen Weihinschrift aber als Name einer britannischen Göttin begegnet.[23] Wenn also ein Göttername wie *Anextlomaros* («großer Beschützer») sowohl in Nordengland als auch in Nordwestfrankreich bezeugt ist, muss er sich keineswegs auf ein und denselben Gott beziehen.

Auf die überregionale Verbreitung einiger weniger keltischer Gottheiten als eine Folge der Romanisierung wurde im Falle des mit Apollo identifizierten Heilgottes

---

[23] S. Maier B. 1994, 48–49.

Grannus bereits hingewiesen. In ähnlicher Weise verdankt die von der Iberischen Halbinsel bis zum Balkanraum als Beschützerin der Pferde verehrte Göttin *Epona* die Vielzahl der ihr gewidmeten Inschriften und bildlichen Darstellungen allem Anschein nach dem Umstand, dass ihr Kult von römischen Kavallerie-Einheiten in weiten Teilen des Römischen Reichs verbreitet wurde.[24] Ob die keltische Herkunft der Göttin bzw. ihres Namens den kaiserzeitlichen Dedikanten bewusst war, darf bezweifelt werden.

Festzuhalten ist, dass man fast alle keltischen Gottheiten nur aus formelhaften Weihinschriften in lateinischer Sprache kennt und über ihre Geschichte, ihre Funktionen, ihre Beziehungen zu anderen Gottheiten und die Zusammensetzung ihres Verehrerkreises nur in seltenen Fällen Aussagen treffen kann. Auch bildliche Darstellungen aus der römischen Kaiserzeit helfen hier kaum weiter, da sie in den weitaus meisten Fällen der Ikonographie der klassischen Antike verpflichtet sind und das einheimische keltische Element dahinter ganz zurücktritt. Ein singuläres Beispiel für die Bewahrung und bildliche Umsetzung vorrömischer Vorstellungen bildet der so genannte Pariser Nautenpfeiler, der nach Ausweis der lateinischen Weihinschrift (CIL XIII 3026) unter der Regierung des Tiberius (14–37 n. Chr.) errichtet und 1711 auf der Seine-Insel unter der Kathedrale von Notre-Dame gefunden wurde.[25] Ursprünglich bestand das unvollständig erhaltene Denkmal aus acht übereinander gesetzten Steinquadern mit quadratischer Grundfläche, von denen jeweils zwei in der Weise zusammengehörten, dass vier mal vier Bildfelder entstanden. Auf einigen dieser Bildfelder erkennt man anhand beigefügter Inschriften oder typischer Attribute die Dioskuren, Fortuna, Iuppiter, Mars, Merkur, Venus und Vulkan. Auf anderen jedoch sind spezifisch keltische Gottheiten abgebildet, deren Darstellungsweise in der klassischen Ikonographie keine Entsprechung findet. So etwa befindet sich unter dem Namen *Esus* die Abbildung eines bärtigen Gottes in der Kleidung eines Handwerkers neben einem Laubbaum. Mit der linken Hand hält er den Baum am Stamm fest und holt mit der rechten Hand aus, um mit einer Hippe die Äste des Baums abzuhauen. Unmittelbar angrenzend an diese Darstellung sieht man unter der Überschrift *Tarvos Trigaranus* («der Stier mit den drei Kranichen») das Relief eines Stiers, der hinter einem Laubbaum steht und auf seinem Kopf und Rücken drei Kraniche trägt.[26] Eine auffällige Parallele finden diese beiden Darstellungen in dem Relief einer Stele aus Trier, die dem Gott Merkur geweiht war. Abgebildet ist wiederum ein – diesmal bartloser – Mann in der Kleidung eines Handwerkers, der mit einem axtähnlichen Werkzeug daran geht, einen Baum zu fällen. Im dichten Laub der Baumkrone erkennt man drei Vögel und den Kopf eines Stiers, in dem man den «Stier mit den drei Kranichen» wiederzuerkennen glaubt. Weitere Anknüpfungspunkte für diese Reliefs sind jedoch nicht bekannt, so dass der ihnen zugrundeliegende Mythos vollständig im Dunkeln liegt und die abgebildete Szene letztlich unverständlich bleibt. Rezeptionsgeschichtlich wichtig ist ferner ein unvollständig erhaltenes Relief, das unter der Überschrift CERNVNNOS Kopf und Schultern eines

---

[24] S. Boucher 1990, Euskirchen 1993 sowie Bauchhenß 2001. Vgl. ferner Gans 2006/07.

[25] S. Maier B. 1994, 246–247.
[26] S. Bauchhenß 1994.

bärtigen Mannes zeigt, der die Ohren und das Geweih eines Hirschs hat. Die untere Hälfte des Reliefs ist zwar verloren, doch lassen die Proportionen vermuten, dass der Gott – ebenso wie die namenlose gehörnte Gottheit auf einer der Silberplatten des Kessels von Gundestrup (S. 100–101) – in sitzender Stellung mit untergeschlagenen Beinen abgebildet war. In modernen Darstellungen der keltischen Religion dient der – literarisch und epigraphisch ansonsten nicht belegte – Name Cernunnos häufig zur Bezeichnung ähnlich dargestellter Gottheiten, deren Identität jedoch fraglich bleibt.[27]

Ein charakteristisches Kennzeichen des Kults einheimischer Gottheiten nach der Romanisierung sind Götterpaare.[28] In einigen Fällen tragen beide Partner entsprechend der Interpretatio einen römischen Namen, begegnen jedoch in einer durchaus unrömischen Verbindung wie z. B. Mars und Diana. In anderen Fällen trägt der Gott einen ganz oder teilweise römischen, die Göttin aber einen rein keltischen Namen, wie z. B. Apollo Grannus und Sirona (CIL XIII 4129, 6272, 6458 und öfter) oder Mars Leucetius und Nemetona (CIL XIII 6131 und 7253). In wieder anderen Fällen tragen beide Partner einen keltischen Namen, so etwa Sucellus und Nantosuelta (CIL XIII 4542) oder Ucuetis und Bergusia (CIL XIII 11247). Manche dieser Verbindungen sind inschriftlich nur ein einziges Mal bezeugt, während in anderen Fällen ein und dieselbe Gottheit in verschiedenen Inschriften jeweils unterschiedlichen Partnern zugeordnet wird.

Insgesamt relativ selten sind etymologisch leicht deutbare «sprechende» Namen, die jedoch gerade deshalb besonders in populärwissenschaftlichen Darstellungen der «keltischen» oder besser gallorömischen Religion besonders hervorgehoben werden. Dazu gehört etwa der mit Apollo identifizierte Gott *Anextlomarus* auf der Inschrift einer Bronzeschale aus South Shields in Nordengland, dessen Name im Hinblick auf altirisch *anacul* «Schutz» und *már* «groß» als «großer Beschützer» zu deuten ist.[29] Einen mit Apollo identifizierten Gott *Amarcolitanus* («mit weitem Blick») nennt eine Weihinschrift aus Branges im Département Saône-et-Loire (CIL XIII 2600). Einen Gott *Iovantucarus* (wohl aus *Iovantuto-karos* «der die Jugend liebt»), der wohl besonders als Schutzgottheit der Heranwachsenden verehrt wurde, identifizieren die bislang bekannten Inschriften teils mit Mars, teils mit Mercurius.[30] Die Bezeichnung des Bären (*artos*) begegnet im Namen der Göttin *Artio*, deren Verehrung eine Inschrift aus der Nähe von Trier (CIL XIII 4113) und eine aus Muri bei Bern (CIL XIII 5160) bezeugen. Letztere befindet sich auf dem Sockel einer Bronzeplastik, einer sitzenden Göttin, die einem Bären eine Schale mit Früchten darbietet.[31] Von einer Bezeichnung des Bären abgeleitet ist ferner der Name der Göttin *Andarta* (vielleicht «mächtige / große Bärin»), deren Kult man durch sieben Weihinschriften (CIL XII 1554–1560) aus der Stadt Die im südfranzösischen Département Drôme kennt. Von einer Bezeichnung des Rindes (*damos*) abgeleitet ist der Name der Göttin *Damona*.[32] Sie erscheint unter anderem als Partnerin eines Gottes namens Borvo oder Bormo auf mehreren Weihungen aus Bourbon-Lancy (CIL

27 Vgl. dazu Altjohann 2003.
28 Vgl. dazu Bémont 1986.
29 S. Maier B. 1994, 20.
30 S. Maier B. 1994, 180.

31 S. Leibundgut 1980, 66–70 mit den Tafeln 88–94.
32 S. Maier B. 1994, 95.

XIII 2805–2808) und Bourbonne-les-Bains (CIL XIII 5921) sowie als Partnerin eines Gottes namens Albius auf einer Gefäßinschrift aus Chasseray (CIL XIII 2840). Reste einer Statue der Göttin fand man in Alesia, wo sie nach Ausweis der dazugehörigen Inschrift (AE 1965, 81) als Partnerin eines Gottes namens Moritasgus verehrt wurde.

Als Bezeichnung des Waldgebirges, auf dessen Höhen die Donau entspringt, begegnet die (etymologisch undurchsichtige) Bezeichnung *Abnoba* unter anderem bei Plinius (*Naturalis historia* 4,79) und Tacitus (*Germania* 1). Die Verehrung einer gleichnamigen, mit Diana gleichgesetzten und mitunter auch so dargestellten Göttin bezeugen mehrere Weihinschriften aus Badenweiler (CIL XIII 5334), Karlsruhe-Mühlburg (CIL XIII 6326), Pforzheim (CIL XIII 6332 und 11721), Waldmössingen (CIL XIII 6356), Rötenberg (CIL XIII 6357), Stuttgart-Bad Cannstatt (CIL XIII 11746) und Mühlenbach bei Haslach (CIL XIII 6283). Im Zusammenhang mit dem Kult der Diana Abnoba steht vielleicht ein 27 × 56 cm großes Buntsandsteinrelief, das 1889/90 an der Brigachquelle bei St. Georgen im Hochschwarzwald gefunden wurde. Es zeigt zwischen drei menschlichen Köpfen einen schreitenden Hirsch, einen springenden Hasen und einen Vogel, die möglicherweise als Götterattribute zu deuten sind.[33] Mit Abnoba zu vergleichen ist *Arduinna*, wie in der antiken Geographie das Waldgebirge zwischen Maas und Rhein genannt wird. Den Kult einer gleichnamigen Göttin bezeugen eine Weihinschrift aus der Nähe von Düren (CIL XIII 7848) und eine weitere aus Rom (CIL VI 46), die im 3. Jahrhundert n. Chr. von einem keltischstämmigen Prätorianer gestiftet wurde. Eine Darstellung der Arduinna vermutet man in der Bronzestatuette einer Göttin, die auf einem Wildschwein reitet, doch ist der genaue Fundort unbekannt, so dass die Identifikation der Reiterin mit Arduinna unsicher bleibt.[34]

Vor allem im römischen Rheinland, aber auch in Südfrankreich, Oberitalien und Britannien verbreitet war der Kult der als *Matronae*, *Matres* oder *Matrae* bezeichneten M a t r o n e n.[35] Insgesamt kennt man über 1100 Weihinschriften und bildliche Darstellungen, die größtenteils in die Zeit vom 2. bis zum 4. Jahrhundert n.Chr. datieren. Die meisten dieser Weihungen sind keine Einzelfunde, sondern stammen in größerer Zahl aus der unmittelbaren Nähe von Kultzentren wie etwa Bonn oder Pesch und Nettersheim in der Eifel. Bildliche Darstellungen zeigen die Matronen zumeist als eine sitzende Dreiergruppe reich gewandeter Frauen, die Blumen, Früchte, Ähren und dergleichen in den Händen halten. In den Inschriften haben die Matronen in der Mehrzahl der Fälle keltische, im Rheinland aber auch germanische Beinamen, die man relativ häufig von den Bezeichnungen für Stämme oder Orte herleiten kann, die ansonsten aber oft etymologisch undurchsichtig sind. Nach Ausweis der Inschriften galten sie als Spenderinnen von Erntesegen und Fruchtbarkeit und wurden von Familien, größeren Personenverbänden oder ganzen Ortschaften verehrt.

Aus den nördlichen Teilen der Provinz Obergermanien und dem Osten der Provinz Gallia Belgica stammt die Mehrzahl der so genannten I u p p i t e r -

---

[33] Vgl. dazu ausführlich Maier F. 2006.
[34] S. Boucher 1976, 154 und 161 mit Tafel 292.

[35] S. Bauchhenß u. Neumann 1987, Herz 2003, Woolf 2003, Garman 2008 und Biller 2010.

(giganten)säulen.[36] Sie bestehen aus einer mehrere Meter hohen, zumeist mit Schuppen dekorierten Säule und zeigen als Bekrönung eine figürliche Darstellung Iuppiters, der über einen schlangenfüßigen Giganten hinwegreitet. Den Sockel bildet in der Regel ein Viergötterstein von quadratischem Grundriss, der mit Reliefs verschiedener römischer Gottheiten (meistens Iuno, Minerva, Mercurius und Hercules) geschmückt ist. Über dem Viergötterstein befindet sich oft noch ein Zwischensockel, der am häufigsten Darstellungen der Wochengötter, aber auch Abbildungen anderer Gottheiten aufweist. Dem Verbreitungsgebiet und dem Zeugnis der Weihinschriften zufolge waren die Stifter dieser Denkmäler zumeist romanisierte Kelten, so dass man in der Iuppitergestalt die Darstellung eines einheimischen Himmelsgottes und in der Säulenform die Fortsetzung eines Baumkults sehen könnte.

8. Sprache

Der Großteil der relevanten Literatur wurde bereits in dem betreffenden Abschnitt des zweiten Kapitels aufgeführt (S. 175). Vgl. ferner die Beiträge in Feugère u. Lambert 2004 zum Schriftgebrauch im römischen Gallien, Mees B. 2009 zu den Inschriften von Chamalières, Larzac und Châteaubleau sowie Meissner 2010 zum Aussterben des Gallischen.

Aus den ersten hundert Jahren nach der römischen Eroberung Galliens durch Caesar stammt eine Reihe von zumeist kurzen gallischen Inschriften, die im lateinischen Alphabet geschrieben sind.[37] Bereits 1839 fand man auf dem Mont Auxois, der nicht zuletzt auf diesen Fund hin als mutmaßliche Stätte des antiken *Alesia* identifiziert wurde, eine Weihinschrift mit dem Wortlaut: MARTIALIS DANNOTALI IEVRV VCVETE SOSIN CELICNON ETIC GOBEDBI DVGIIONTIIO VCVETIN IN ALISIIA. Zu übersetzen ist vielleicht: «Martialis, (Sohn) des Dannotalos, weihte dem Ucuetis dieses *celicnon*, welches (? hergestellt wurde) von den Schmieden, die Ucuetis in Alesia verehren.»[38] Fünf Jahre später fand man in der Nähe von Autun eine weitere, ähnlich aufgebaute Weihinschrift: LICNOS CONTEXTOS IEVRV ANVALONNACV CANECOSEDLON, «Licnos Contextos weihte für das dem Anvalo gehörende (Heiligtum) ein *canecosedlon* (vermutlich eine Art von Thron oder Sessel)».[39] 1894 fand man in Genouilly ca. 10 km südwestlich von Vierzon im Département Cher eine Weihinschrift mit dem Wortlaut: ELVONTIV IEVRV ANEVNO OCLICNO LVGVRIX ANEVNICNO. Zu übersetzen ist in diesem Fall wohl: «Dem Eluontios haben Aneunos, Sohn des Oclos, und Lugurix, Sohn des Aneunos, (? die Gabe) geweiht.»[40]

Aus dem römischen Gallien stammen ferner die umfangreichsten gallischen Sprachzeugnisse, deren Interpretation jedoch wegen unserer unzureichenden Kenntnis des Wortschatzes und der Grammatik nach wie vor erhebliche Schwierigkeiten bereitet. Das am längsten bekannte dieser Sprachdenkmäler ist der Kalen-

---

[36] S. Bauchhenß u. Noelke 1981, Noelke 2005 sowie Ludwig u. Noelke 2009.

[37] Vgl. Lejeune 1988 und Lambert 2002 sowie zusammenfassend Lambert 1994, 91–148.

[38] S. Lambert 1994, 98–102, sowie Eska 2003 und Stifter 2011.

[39] S. Lambert 1994, 96–97.

[40] S. Lambert 1994, 94–95.

Weihinschrift für den Gott Ucuetis aus Alise-Saint-Reine

der von Coligny.[41] Dabei handelt es sich um ca. 150 Bruchstücke einer mit
lateinischen Buchstaben beschriebenen, ursprünglich 148 × 90 cm großen Bronzetafel, die im November 1897 zusammen mit den Überresten einer gallorömischen
Bronzestatue des Gottes Mars in dem südostfranzösischen Ort Coligny im Département Ain gefunden wurde. Bei der wohl im späten 2. Jahrhundert n. Chr., doch
vielleicht nach einer älteren Vorlage hergestellten Tafel handelt es sich um einen
Kalender, der einen Zeitraum von fünf Sonnenjahren darstellte, wobei ein Mond-
jahr aus zwölf unterschiedlich langen Monaten mit insgesamt (7 × 30 + 5 × 29 =)
355 Tagen die Grundlage der Zeiteinteilung bildete. Die Abweichung gegenüber
dem Sonnenjahr glich man dadurch aus, dass man alle zweieinhalb Jahre, also nach
jeweils 30 Monaten, einen 30-tägigen Schaltmonat einschob. Der auf der Bronzetafel
in sechzehn Spalten dargestellte Fünfjahreszyklus umfasst dementsprechend 62 Monate, von denen jeder in zwei Hälften aus 15 + 15 oder 15 + 14 Tage unterteilt war.
    In sprachlicher Hinsicht bietet der Kalender von Coligny zahlreiche Deutungs-
probleme, da etliche Buchstabenfolgen aller Wahrscheinlichkeit nach Abkürzungen
darstellen, ohne dass die vollständigen Wörter aus anderen Quellen bekannt wären.
Etymologisch verbindet man den Namen des ersten Monats, *SAMON*, und den des
siebten Monats, *GIAMON*, mit den inselkeltischen Wörtern für «Sommer» (walisisch *haf*, altirisch *samrad*) und «Winter» (walisisch *gaeaf*, altirisch *geimred*), doch ist
nicht klar, ob die betreffenden Monate den Anfang, das Ende oder den Mittel- und
Höhepunkt der beiden Jahreszeiten bezeichnen. Die häufigen Abkürzungen *MAT*
und *ANMAT* hat man unter Rückgriff auf die mutmaßlich sprachverwandten
mittelkymrischen Wörter *mad* und *anfad* als Adjektive mit der Bedeutung «glück-
bringend» bzw. «unheilvoll» gedeutet, doch könnten sie sich auch auf die «Vollstän-

---

[41] Die grundlegende Edition des Textes er-
folgte im Rahmen des *Recueil des Inscriptions
Gauloises* durch Duval u. Pinault 1986. Neuere
Studien bieten Le Contel u. Verdier 1997,
Bernecker 1998 und Monard 1999. Das Fol-
gende nach Lambert 1994, 109–115.

digkeit» bzw. «Unvollständigkeit» der betreffenden, 30 bzw. 29 Tage zählenden Monate bezogen haben. Sprachgeschichtlich bemerkenswert sind die Schreibungen *QVTIOS*, *QVIMON* und *EQVOS*, da der indogermanische Labiovelar k^u ansonsten im Gallischen als *p* erscheint.

Die zweite der vier umfangreichsten keltischen Inschriften aus Gallien wurde im Januar 1971 bei einer Rettungsgrabung im gallorömischen Quellheiligtum von Chamalières im Département Puy-de-Dôme gefunden.[42] Dabei handelt es sich um ein $4 \times 6\,\mathrm{cm}$ großes Bleitäfelchen mit einer zwölfzeiligen, in römischer Kursive geschriebenen Inschrift, die man in die erste Hälfte des 1. Jahrhunderts n. Chr. datiert. Zu lesen steht:[43] (1) *andedíon uedíumí diíúion risun-* (2) *artiu mapon arueríiatin* (3) *lopites sníeθθic sos brixtía anderon* (4) *c lucion floron nigrínon adgarion aemilí-* (5) *on paterin claudíon legitumon caelion* (6) *pelign claudío pelign marcion uictorin asiatí-* (7) *con aθθedillí etic secoui toncnaman* (8) *toncsíiontío meíon toncsesit bue-* (9) *tid ollon reguccambion exsops* (10) *pissíiumítsoccantí rissuis onson* (11) *bissíet luge dessummiíis luge* (12) *dessumíis luge dessumíís luxe.* Trotz der guten Lesbarkeit des vollständig erhaltenen Textes ist bisher jedoch auch dafür noch keine allgemein anerkannte Übersetzung vorgelegt worden, und selbst im Hinblick auf einzelne Wörter, deren grammatische Funktion und Etymologie man zu kennen glaubt, bestehen vielfach divergierende Auffassungen. Gesichert erscheint die Interpretation von *uedíumi* in Zeile 1 in der Bedeutung «Ich rufe an», worauf sich das Gesamtverständnis des Textes als ein Gebet oder eine Beschwörung gründet. Das direkte Objekt des Verbs vermutet man in *mapon*, das vielfach mit «den (Gott) Maponos» übersetzt wird, obwohl man dafür eine Verschreibung annehmen muss, da der Akkusativ von **Maponos* eigentlich **Maponon* lautet. Bei *arueríiatin* in Zeile 2 handelt es sich sehr wahrscheinlich um ein dazugehöriges attributives Adjektiv, dessen Bedeutung jedoch unklar ist. Die verschiedentlich favorisierte Übersetzung «den arvernischen (Maponos)» ist zwar möglich, setzt aber die Annahme einer weiteren Verschreibung voraus, da man in diesem Fall eigentlich *aruerniatin* erwarten würde. Ob *andedíon* und *diíuion* jeweils als Akkusativformen im Singular oder aber als Genitivformen im Plural zu verstehen sind, ist formal nicht zu entscheiden und hängt letztlich von der Gesamtdeutung des Satzes ab, die wiederum deshalb unklar ist, weil man in den Zeilen 1 bis 2 sowohl *risunartiu* als auch *risunaritu* gelesen hat und sich weder über die Worttrennung noch über die Etymologie einig ist. Auf die Anrufung des Gottes folgt in den Zeilen 3 bis 8 vermutlich der Wunsch des Bittenden, der nicht sicher gedeutet werden kann, jedoch offensichtlich mehrere lateinische Namen (jeweils im Akkusativ Singular) enthält. Als gesichert gilt die Etymologie (nicht aber die grammatische Funktion) von *brixtia*, das im Hinblick auf die beiden mutmaßlich gleichbedeutenden Wörter altirisch *bricht* und walisisch *lledfrith* mit «Zauber» zu übersetzen ist. In *adgarion* könnte man im Hinblick auf altirisch *ad-gair* «anklagen» einen «Ankläger» (Akkusativ Singular) sehen, während man die Wendung *toncnaman toncsíiontío* im Hinblick auf altirisch *tongaid* und

---

[42] Das Folgende nach Lambert 1994, 150–159.

[43] Die Transkription folgt (unter Hinzufügung einer Zeilennummerierung) Lambert 1994, 151, in der Worttrennung, der Verwendung von *í* zur Transkription des kursiven *i longa* und der Hinzufügung von Trennstrichen in all jenen Fällen, in denen Wort- und Zeilenende nicht identisch sind.

walisisch *tyngu* «schwören» als Figura etymologica in der Bedeutung «welche einen/den Schwur schwören» interpretieren kann. Die bislang vorgelegten Deutungen der Zeilen 9 bis 12 muss man beim gegenwärtigen Stand unserer Kenntnis des Altkeltischen wohl als weitgehend spekulativ ansehen.

Zwölfeinhalb Jahre nach der Entdeckung der Bleitafel von Chamalières fand man im August 1983, wiederum bei einer Rettungsgrabung, als den bis heute längsten fortlaufenden Text in gallischer Sprache die I n s c h r i f t v o n L a r z a c.[44] Sie befindet sich auf zwei beidseitig in lateinischer Kursivschrift beschriebenen Bruchstücken einer 0,9 bis 1,3 mm starken Bleitafel, die (übereinander gelegt) als Verschluss der Öffnung einer Aschenurne in einem gallorömischen Gräberfeld dienten. Das betreffende Grab war nach Ausweis der Beigaben in der Zeit um 100 n. Chr. angelegt worden. Man vermutet, dass beide Bruchstücke ursprünglich in der Weise zusammengehörten, dass die Vorderseite des ersten (1a) und die Vorderseite des zweiten (2a) die beiden ersten Spalten eines fortlaufenden Textes bildeten, der sich auf der Rückseite wiederum in zwei Spalten (2a und 2b) fortsetzte. Nach der Niederschrift des Textes wurde die Bleitafel dann entlang einer vorher festgelegten Linie zwischen den beiden Spalten des Textes in zwei Hälften getrennt. Bei der Auffindung lagen das erste Bruchstück mit dem mutmaßlichen Textanfang direkt über der Öffnung des Gefäßes mit der Vorderseite (1a) nach oben, das zweite Bruchstück unmittelbar darüber mit der Vorderseite (2a) nach unten. Bei der nach oben weisenden Rückseite des zweiten Bruchstücks (2b) ist nur noch die untere Hälfte des ursprünglich eingeritzten Textes erhalten: Der erste Teil dieser mutmaßlich vierten Spalte des Textes wurde zu einem unbekannten Zeitpunkt ausgelöscht und die geglättete Fläche zur Anbringung eines sechszeiligen neuen Textes genutzt. Auffällig sind dabei zwei orthographische Unterschiede, da der Schreiber der später hinzugefügten Zeilen (wohl zur Bezeichnung einer Affrikata) ein durchgestrichenes *d* verwendete (während der Schreiber des ursprünglichen Textes dafür die Buchstabenverbindungen *dss* bzw. *ss* setzte) und außerdem den auslautenden Nasal nicht *-m*, sondern *-n* schrieb. Insgesamt befinden sich auf der Vorder- und Rückseite der beiden Bruchstücke (1a) 16 + (1b) 15 + (2a) 13 + (2b) 6 + 7, d. h. 56 Zeilen, wovon 51 auf den ursprünglichen Text entfallen.

Als Schlüsselwort zum Verständnis des Textes gilt *bricto(m)* (1a, Zeile 1, 3 und 9), das – ähnlich wie die Form *brixtia* in der Inschrift von Chamalières – im Hinblick auf die beiden mutmaßlich gleichbedeutenden Wörter altirisch *bricht* und walisisch *lledfrith* als «Zauber» gedeutet wird. Dabei findet die Wenung *bnanom brictom* «Zauber von (oder: der) Frauen» – vgl. dazu die Wörter *duxtir* «Tochter» (1a Zeile 11 und wohl auch 12) und *matir* «Mutter» (1a Zeile 11 und 14) – zwei bemerkenswerte frühmittelalterliche irische Parallelen in den Ausdrücken *brechtaib ban* «durch die Zaubersprüche von Frauen» (in der Erzählung *Echtrae Connlae*) und *fri brichtu ban ₇ gobann ₇ druad* «gegen die Zaubersprüche von Frauen, Schmieden und Druiden» in einem altirischen Gedicht, das man dem heiligen Patrick zuschrieb. Allerdings braucht es sich bei *bnanom brictom/bricht mban* nicht um eine geprägte Formel zu handeln, da Zaubersprüche in vielen traditionellen Gesellschaften als bevorzugte

---

[44] Das Folgende nach Lambert 1994, 160–172. Vgl. ferner Mees 2008b und 2009.

Waffe der physisch Schwachen gelten und Frauen (insbesondere älteren Frauen) auf diesem Gebiet daher häufig besondere Fähigkeiten zugeschrieben werden.[45] Bestätigt wird die Annahme einer Verwendung der Inschrift im Rahmen einer magischen Handlung durch den archäologischen Kontext, namentlich durch die Wahl einer Bleitafel als Schreibuntergrund, deren wohl rituelle Zerstörung und schließlich durch die Niederlegung der Bruchstücke auf einer Aschenurne in einem Gräberfeld. Unklar ist gleichwohl, welche weiteren Wörter und Wendungen im Text in dieselbe Richtung weisen. So etwa hat man die Form *liciatim* (1a Zeile 5) als Ableitung von lateinisch *licium* «Faden» gedeutet und auf jene Stelle in Ovids *Fasti* (2,575) verwiesen, wo es von einer Zauberin heißt, «sie verbindet mit schwärzlichem Blei verzauberte Fäden» (*cantata ligat cum fusco licia plumbo*). Ebenfalls unter Rückgriff auf römische Vorstellungen und magische Praktiken hat man die Form *nitixsintor* (1a Zeile 7) als flektierte Form eines Verbs, und zwar der Verbindung eines Präfixes *ni-* mit der Wurzel **(s)tig-* «stechen», und dieses hypothetisch rekonstruierte gallische Verb dementsprechend als Äquivalent des lateinischen Verbs *dēfīgō* «durch Zauber bannen» gedeutet. In der Form *antumnos* (2b Zeile 4) wiederum wollte man die – etymologisch jedoch nicht restlos geklärte – altkeltische Entsprechung des mittelkymrischen Wortes *Annwfn* «Unterwelt» sehen. Gegenüber all diesen und einigen weiteren, teilweise sehr spekulativen Deutungen ist jedoch festzuhalten, dass man von einer allgemein anerkannten Übersetzung des Textes nach wie vor weit entfernt ist.

Die bislang jüngste längere Inschrift in gallischer Sprache wurde 1997 bei der archäologischen Untersuchung eines gallorömischen Brunnens in Châteaubleau ca. 70 km südöstlich von Paris gefunden.[46] Dabei handelt es sich um eine elfzeilige Inschrift auf einem 36 × 29 cm großen Ziegel, vermutlich eine rituelle Verfluchung, die nach Ausweis der verwendeten Kursivschrift aus dem späten 2. Jahrhundert stammt. Wann die gallische Sprache in den einzelnen Regionen Galliens außer Gebrauch kam, entzieht sich unserer Kenntnis, doch wurde sie im ländlichen Raum vielleicht noch bis in die Spätantike gesprochen. Einige gallische Wörter und Ausdrücke enthält noch das Rezeptbuch *De medicamentis* des Marcellus Empiricus aus dem 4./5. Jahrhundert.[47] Eine kleine, unter dem Namen ihres ersten Herausgebers als «Endlichers Glossar» bekannte Liste gallischer Wörter mit (teilweise unzutreffenden) lateinischen Entsprechungen stammt vermutlich aus dem 5. Jahrhundert.[48]

Vergleichsweise selten sind keltische Lehnwörter im Germanischen.[49] Häufiger, wenn auch keineswegs zahlreich, sind demgegenüber keltische Lehnwörter im Lateinischen bzw. in den romanischen Sprachen. Zu erwähnen sind hier insbesondere lateinisch *cisium* (vgl. altirisch *ces* «Korb»), «leichter, zweirädrigern Reisewagen ohne Verdeck», lateinisch *petorritum* (vgl. walisisch *pedwar* «vier»), «offener Wagen mit vier Rädern» sowie lateinisch *essedum* (wohl aus keltisch **en-sed-on* zur Wurzel **sed-* «sitzen»), «keltischer leichter Streitwagen». Eine keltische Herkunft vermutet

---

[45] Maier B. 2001, 119–120.
[46] Vgl. dazu Lambert 1998–2000, Schrijver 1998–2000, Stifter 2009 sowie Mees B. 2011.

[47] S. dazu Meid u. Anreiter 2005 und Blom 2010.
[48] S. dazu Lambert 1994, 203–204.
[49] Vgl. dazu Schmidt K. H. 1986.

man ferner für die lateinischen Bezeichnungen *carpentum* (vgl. altirisch *carpat* «Streit-wagen»), *covinnus* (vgl. altirisch *fén* «Wagen») und *carrus* (aus **karros*, der keltischen Entsprechung des sprachverwandten lateinischen Erbworts *currus*). Im Zusammen-hang mit dem Wortschatz aus dem Bereich des Wagenbaus stehen ferner lateinisch *epiraedium* als Bezeichnung des Zugseils einer Kutsche (vgl. altirisch *echrad* «Gespann») sowie deutsch *Pferd*, das über mittellateinisch *paraveredus* «Postpferd auf Neben-linien» (woraus über altfranzösisch *palafreid* auch englisch *palfrey* «Zelter») auf keltisch **wo-redos* (woraus walisch *gorwydd* «Reitpferd») zurückgeht. Als keltische Lehn-wörter im (Mittel-)Lateinischen gelten außerdem *alausa* (als Bezeichnung der Alse, eines mitteleuropäischen Herings), *ambactus* («Beamter»), *betula* («Birke»), *birrus* («kurzer Mantel mit Kapuze», zu walisisch *byr* «kurz»), *braca* («Hose», woraus auch althochdeutsch *bruoh* und englisch *breeches*), *bulga* («Sack», woraus über altfranzösisch *bougette* auch deutsch *Budget*), *carruca* («Pflug», woraus auch franz. *charrue*), *gladius* («Schwert»), *lancia* («Lanze», ursprünglich wohl in der Bedeutung «Wurfspeer») und *sagum* («Mantel»).

IX.

RÜCKBLICK UND AUSBLICK

Das Ziel des vorliegenden Handbuchs bestand darin, das derzeitige Wissen über die Geschichte und Kultur der Kelten zusammenzufassen, wesentliche Probleme der gegenwärtigen archäologischen, historischen und sprachwissenschaftlichen Forschung zu benennen und dem Leser einen Zugang zu den neuesten Publikationen auf diesen Gebieten zu eröffnen. Aus der naturräumlich und historisch bedingten Vielfalt der Kulturen, die man üblicherweise den Kelten zuschreibt, resultierte die Aufteilung des Stoffs in parallel gebaute Kapitel, die sich vor allem durch den Fokus auf unterschiedliche geographische Regionen voneinander unterscheiden. Dass die in jedem Kapitel in gleicher Reihenfolge behandelten einzelnen Aspekte der keltischen Kulturen nicht nur im Hinblick auf die Quellenlage, sondern auch im Hinblick auf den Forschungsstand von großen Unterschieden gekennzeichnet sind, erhellt sowohl ein Vergleich zwischen den einzelnen Abschnitten innerhalb eines Kapitels als auch ein Vergleich thematisch paralleler Abschnitte in verschiedenen Kapiteln.

Die Hauptgrundlage für die Behandlung des weit verzweigten Stoffs in einer einzigen Monographie bildete die griechisch-römische Verwendung des Namens der Κελτοί/*Celtae*/Γαλάται/*Galli* zur Bezeichnung von Völkern, die zumindest aus der Perspektive antiker Ethnographie und Geschichtsschreibung einander so sehr ähnelten, dass ihre Zusammenfassung unter diesem gemeinsamen Oberbegriff unter Vernachlässigung anderer möglicher Einteilungen gerechtfertigt erschien. Stellt man den Sprachgebrauch der antiken Autoren in den Mittelpunkt der Darstellung, so kann man aus der Berücksichtigung weiterer, den antiken Autoren noch größtenteils unbekannter Quellen die Berechtigung zu zwei ganz unterschiedlichen Akzentsetzungen ableiten. Stellt man die schriftlosen Bodenfunde in den Vordergrund, überwiegt die gleichsam zentrifugale Perspektive von höchst inhomogenen, kleinteilig gegliederten, nirgendwo scharf begrenzten und weder zeitlich noch räumlich einheitlichen eisenzeitlichen Regionalkulturen. Betont man demgegenüber die keltischen Sprachzeugnisse, vor allem die Orts-, Personen- und Völkernamen, so ergibt sich die gleichsam zentripetale Perspektive einer weitgehend homogenen, klar begrenzten und von vielfältigen Übereinstimmungen gekennzeichneten Keltizität. Um zu verstehen, wie und weshalb jede dieser drei Perspektiven – die antik-ethnographische, die archäologische und die sprachwissenschaftliche – jeweils unterschiedliche Aspekte einer komplexen Realität zur Geltung bringen, sei hier noch einmal das Augenmerk auf wesentliche Tendenzen der Forschung des vergangenen halben Jahrhunderts gelegt.

Im Hinblick auf die Perspektive der antiken Ethnographie und Geschichtsschreibung erfolgten entscheidende Weichenstellungen vor dem soeben skizzierten Zeitraum, also in der ersten Hälfte des 20. Jahrhunderts. Dazu gehören in erster Linie die philologische Erschließung der relevanten Texte und die Einsicht in ihre Abhängigkeit von antiken literarischen Konventionen. Obschon nun aber der Gesamtbestand an Texten seit vielen Jahrzehnten praktisch unverändert ist, bleibt man im Hinblick auf zentrale Fragen gleichwohl von einem Konsens weit entfernt. Dies liegt vor allem daran, dass die Zugrundelegung unterschiedlicher Prämissen auch bei philologisch weitgehend identischem Textverständnis zu gravierend unterschiedlichen Aussagen über die Darstellungsabsicht und die Faktizität einer Passage führen kann. Hinzu kommt, dass man über die Gewichtung dieser antiken Zeugnisse insgesamt sehr unterschiedlicher Auffassung sein kann. Auf der einen Seite liegt es nahe, sie auch in einer modernen Darstellung in den Vordergrund zu rücken, da ja überhaupt nur dort von Κελτοί / *Celtae* die Rede ist. Auf der anderen Seite liegt es auf der Hand, dass die antiken Texte – ganz abgesehen von den philologischen Detailproblemen einzelner Stellen – insgesamt das höchst lückenhafte, begrifflich wenig differenzierte und weithin von Klischees bestimmte Zerrbild einer Kultur präsentieren, wobei die einseitige Auswahl an sich richtiger Beobachtungen problematischer sein kann als das Auftreten regelrechter Fehler oder Irrtümer. Hervorzuheben ist in jedem Fall, dass literarische Texte und archäologische Funde nur mit erheblichen Einschränkungen und großer Vorsicht aufeinander bezogen werden können, da sie ganz unterschiedlichen Sphären angehören. Funde von Streitwagen in Gräbern besagen also noch lange nicht, dass man sie in der von antiken Autoren mehrfach beschriebenen Weise benutzt hätte, und umgekehrt kann man beim Auftreten von Schnittspuren an Menschenknochen rituellen Kannibalismus nicht allein deswegen ausschließen, weil er ein Klischee der antiken Ethnographie darstellt. Im Übrigen ist bei aller Einsicht in die Einseitigkeit und Unzulänglichkeit der antiken Nachrichten über die Kelten hervorzuheben, dass die betreffenden Texte ja nicht erst in der neuzeitlichen Rezeptions- und Forschungsgeschichte, sondern schon in der Antike selbst eine so breite und nachhaltige Wirkung entfaltet haben, dass der moderne Rückgriff auf «die Kelten» als Grundlage einer Darstellung der eisenzeitlichen Kulturen Mittel- und Westeuropas in ihren vielfältigen Wechselbeziehungen mit den Kulturen des Mittelmeerraums ohne weiteres gerechtfertigt erscheint (und praktisch alternativlos ist).

Im Unterschied zur Quellenlage im Bereich der antiken Ethnographie und Geschichtsschreibung ist die archäologische Perspektive in den vergangenen fünf Jahrzehnten durch einen dramatischen Anstieg der vorhandenen Daten, der analytischen Möglichkeiten und der publizierten Forschungsarbeiten gekennzeichnet. Gleichwohl ergibt sich daraus keineswegs ein rundum schärferes Bild all jener Kulturen, die man unter Berücksichtigung des antiken Sprachgebrauchs und der modernen Sprachwissenschaft als keltisch bezeichnet. Dies liegt zunächst daran, dass sehr viele Beobachtungen nur punktuelle Gültigkeit beanspruchen können und weder zeitlich noch räumlich zu verallgemeinern sind. Eine weitere gewichtige Schwierigkeit liegt ferner darin, dass man in den jeweils unterschiedlichen kulturgeschichtlichen, prozessualen sowie postprozessualen oder interpretativen archäologischen Ansätzen der Gegenwart und jüngeren Vergangenheit sehr unterschiedliche Auffassungen darüber pflegt, wie mit den archäologischen Quellen umzugehen sei. Dies betrifft etwa die Bestimmung der relativen Nähe der Archäologie zur Geschichtswissenschaft einerseits und zur Kulturanthropologie

andererseits, die Verhältnisbestimmung archäologischer zu soziologisch-ökono-
mischen und religionswissenschaftlichen Fragestellungen, aber auch die Aussagekraft kulturübergreifender Vergleiche, die Notwendigkeit oder Wünschbarkeit
expliziter Modellbildungen sowie die Grenzen und Chancen eines bewusst sub-
jektiven Standpunkts. Letzten Endes beruht daher die Publikation jeder einzelnen
Grabung auf einer ganzen Serie methodischer Vorentscheidungen, die für das
Endergebnis von ebenso großer Bedeutung sein dürften wie die während der Grabung erhobenen «objektiven» Daten. Dass ein überwiegend philologisch und
historisch arbeitender Autor, der nachträglich aus einer Vielzahl archäologischer
Publikationen eine Synthese oder Quersumme zu ziehen versucht, solche implizit
getroffenen Vorentscheidungen der Ausgräber kaum mehr nachvollziehen ge-
schweige denn korrigieren kann, liegt auf der Hand.

Im Hinblick auf die verschiedenen, in jedem Kapitel wiederkehrenden Einzelaspekte der Kultur geht man kaum fehl in der Annahme, dass der Bereich der
kunsthandwerklichen Produktion in den allermeisten Regionen zu den am besten
bekannten Teilen keltischer Kultur gehört. Sehr viel weniger gut erforscht erscheinen demgegenüber die Wirtschafts- und Siedlungsweise sowie die Bereiche des
Handels und Verkehrs, für die zwar immer wieder punktuell sehr differenzierte
Aussagen möglich sind, die jedoch über weite Strecken fast völlig im Dunkeln liegen. Augenfällig ist in allen diesen Bereichen die Unmöglichkeit, belastbare Zahlen
(etwa des Volumens von Rohstoffen oder landwirtschaftlichen Produkten, der Ein-
wohnerzahl einer Siedlung, der Besiedlungsdichte einer Region oder der Reichweite von Handelsbeziehungen) vorzulegen. Noch größer ist unsere Unkenntnis
indessen in den Bereichen der Gesellschaftsordnung und Religion, die gleichsam
nur indirekt aus den Funden und Befunden erschlossen werden können und deren
Begrifflichkeit uns weitgehend unbekannt ist. Ganz allgemein kann man jedoch
feststellen, dass die Ergebnisse der archäologischen Forschungen die relativ wenigen
und oftmals unspezifischen Informationen der antiken Ethnographie und Geschichtsschreibung bei weitem in den Schatten stellen und in vielen Fällen in er-
heblichem Umfang korrigieren.

Weniger dramatisch als in der Archäologie, doch gleichwohl signifikanter als im
Bereich der antiken Nachrichten über die Kelten, war in den vergangenen fünf
Jahrzehnten der Zuwachs an Sprachzeugnissen vor allem infolge von Neufunden
altkeltischer Inschriften. Hinzu kam die Neuerschließung von bereits seit längerem
bekanntem Sprachmaterial mit Hilfe sprachvergleichender Untersuchungen. Sehr
viel besser als noch vor einem halben Jahrhundert kennt man dementsprechend den
grammatischen Bau der altkeltischen Sprachen sowie die Gemeinsamkeiten und
Unterschiede zwischen ihren teils geographisch, teils chronologisch bedingten
Varianten. Hervorzuheben ist gleichwohl, dass weite Bereiche des Wortschatzes
ebenso wie etliche Bereiche der Formenlehre bis heute weitgehend unbekannt sind,
so dass man auch für gut lesbare längere Inschriften oftmals keine vollständige
Übersetzung vorlegen kann. Äußerst unzulänglich ist ferner unser Verständnis der
Ausbreitung des Keltischen insbesondere auf die Pyrenäenhalbinsel sowie auf die
Britischen Inseln und nach Irland. Die Frage, wie man sich den zwingend vorauszu-
setzenden Wechsel von dem Gebrauch einer vorkeltischen zu dem einer keltischen
Sprache in den betreffenden Regionen vorstellen soll und welche Rolle Migratio-

nen möglicherweise dabei spielten, lässt sich angesichts des Fehlens klarer archäologischer Hinweise und des vollständigen Schweigens antiker Schriftquellen zum gegenwärtigen Zeitpunkt nicht beantworten.

Eine eigene Betrachtung verdient schließlich auch die Frage, wie sich die Bestimmung des Verhältnisses zwischen dem antiken ethnographisch-historiographischen, dem modernen archäologischen und dem modernen sprachwissenschaftlichen Keltenbegriff in den vergangenen fünf Jahrzehnten gewandelt hat. Generell abgelehnt wird zweifellos die unreflektierte Annahme einer weitgehend einheitlichen, über Zeit und Raum hinweg konstanten keltischen Ethnizität, wie sie von der antiken Ethnographie und Historiographie vorausgesetzt wird. Weitgehend skeptisch ist man andererseits aber auch gegenüber neueren Versuchen, den Keltenbegriff aus der vor- und frühgeschichtlichen Forschung ganz zu verbannen oder strikt auf die Beschreibung sprachwissenschaftlicher Gegebenheiten zu beschränken. Die Frage, inwiefern man zeitlich und/oder räumlich weit voneinander entfernte Kulturerscheinungen unter Berufung auf ihren gemeinsamen «keltischen» Charakter miteinander vergleichen darf, wird gleichwohl nach wie vor höchst unterschiedlich beantwortet. Eine Synthese, die der internationalen, sprachwissenschaftlich-philologischen wie archäologischen Detailforschung mitsamt ihrer jeweiligen überlieferungs- und forschungsgeschichtlichen Problematik in vollem Umfang Rechnung trägt, ist heute zweifellos schwieriger denn je; sie bleibt jedoch als Ausdruck des Bemühens um eine ganzheitliche Betrachtung der europäischen Vorgeschichte zumindest als ein fernes Ideal im Auge zu behalten.

X.

ANHANG

ABKÜRZUNGEN

ACAFEAF	Actes du Colloque de l'Association Française pour l'Etude de l'Age du Fer
AE	L'Année épigraphique
AHR	Archéologie et histoire romaine
AIBW	Archäologische Informationen aus Baden-Württemberg
AK	Archäologisches Korrespondenzblatt
AKS	Archäologie und Kulturgeschichte der Schweiz
ALUFC	Annales littéraires de l'Université de Franche-Comté
AM	Die Ausgrabungen in Manching
ANRW	Aufstieg und Niedergang der Römischen Welt
AntJ	The Antiquaries Journal
BAR BS	British Archaeological Reports, British Series
BAR IS	British Archaeological Reports, International Series
BJB	Beihefte der Bonner Jahrbücher
BKALH	Berichte der Kommission für archäologische Landesforschung in Hessen
BRGK	Bericht der Römisch-Germanischen Kommission
BUFM	Beiträge zur Ur- und Frühgeschichte Mitteleuropas
CAR	Cahiers d'archéologie romande de la Bibliothèque Historique Vaudoise
CB	Collection Bibracte
CEFR	Collection de l'École Française de Rome
CIL	Corpus Inscriptionum Latinarum
CM	Collection Moneta
CMCS	Cambridge/Cambrian Mediaeval Celtic Studies
EAZ	Ethnographisch-Archäologische Zeitschrift
EC	Études celtiques
FBVFBW	Forschungen und Berichte zur Vor- und Frühgeschichte in Baden-Württemberg
FBW	Fundberichte aus Baden-Württemberg
HS	Heuneburgstudien
IA	Internationale Archäologie
IA–Sh	Internationale Archäologie – Studia honoraria
IA–NT	Internationale Archäologie – Naturwissenschaft und Technologie
IM	Instrumentum Monographies
JRGZM	Jahrbuch des Römisch-Germanischen Zentralmuseums Mainz
JRSAI	Journal of the Royal Society of Antiquaries of Ireland
KVF	Kolloquien zur Vor- und Frühgeschichte

LIMC	Lexicon Iconographicum Mythologiae Classicae
MABW	Materialhefte zur Archäologie in Baden-Württemberg
MBVF	Münchner Beiträge zur Vor- und Frühgeschichte
MLH	Monumenta Linguarum Hispanicarum
MPKÖAW	Mitteilungen der Prähistorischen Kommission der Österreichischen Akademie der Wissenschaften
MSAC	Mémoire de la Société Archéologique Champenoise
OFAA	Osnabrücker Forschungen zu Altertum und Antike-Rezeption
PBA	Proceedings of the British Academy
PE	Protohistoire européenne
PRIA	Proceedings of the Royal Irish Academy
RACF	Revue archéologique du centre de la France
RAE	Revue archéologique de l'Est
RAO	Revue archéologique de l'Ouest
RGA	Reallexikon der Germanischen Altertumskunde
RGA E	Reallexikon der Germanischen Altertumskunde, Ergänzungsbände
RGF	Römisch-Germanische Forschungen
RGZM M	Römisch-Germanisches Zentralmuseum zu Mainz, Monographien
RIB	Roman Inscriptions of Britain. I: Inscriptions on Stone
RIG	Recueil des Inscriptions gauloises
SASTUMA	Saarbrücker Studien und Materialien zur Altertumskunde
SBA	Saarbrücker Beiträge zur Altertumskunde
SPM	Die Schweiz vom Paläolithikum bis zum frühen Mittelalter
TGF	Trierer Grabungen und Forschungen
TSUFA	Tübinger Schriften zur ur- und frühgeschichtlichen Archäologie
TZ	Trierer Zeitschrift für Geschichte und Kunst des Trierer Landes und seiner Nachbargebiete
UPA	Universitätsforschungen zur prähistorischen Archäologie
ZCP	Zeitschrift für celtische Philologie

LITERATUR

Abegg 2006a: Angelika Abegg, «Orte der Toten. Nachbestattungen der Römischen Kaiserzeit in eisenzeitlichen Grabhügeln», in: Teegen u. a. 2006, 265–278.

Abegg 2006b: Angelika Abegg, «Gräber der Oberschicht in den römischen Nordwestprovinzen», in: Carnap-Bornheim u. a. 2006, 95–110.

Abels 2010: Björn-Uwe Abels, «Die Ehrenbürg bei Forchheim. Die frühlatènezeitliche Zentralsiedlung Nordostbayerns», in: Krausse u. Beilharz 2010, I, 101–128.

Abels u. a. 2010: B.-U. Abels, G. Dippold, W. Schirmer und E. Spoletschnik, *Die Ehrenbürg. Geologie, Archäologie, Volkskunde*, Forchheim.

Abry 1993: Joseph-Henriette Abry (Hrsg.), *Les tablettes astrologiques de Grand (Vosges) et l'astrologie en Gaule romaine*, Lyon.

Adam 1986: Anne-Marie Adam, «Emprunts et échanges de certains types d'armement entre l'Italie et le monde non méditerranéen aux Ve et IVe siècles avant J.-C.», in: Adam u. Rouveret 1986, 19–28.

Adam u. Rouveret 1986: Anne-Marie Adam und A. Rouveret (Hrsg.), *Guerre et sociétés en Italie aux Ve et IVe siècles avant J. C.: les indices fournis par l'armement et les techniques de combat*, Paris.

Adam 2002: Anne-Marie Adam, «Les passoires dans le monde celtique: formes, origine, usage», in: Méniel u. Lambot 2002, 143–156.

Adam 2003: Anne-Marie Adam, «De l'imagerie hallstattienne aux décors laténiens: quelles filiations?», in: Buchsenschutz u. a. 2007, 27–36.

Adam 2006: Anne-Marie Adam, «L'Europe tempérée dans des contacts avec le monde méditerranéen (V^e–IIe s. av. J.-C.)», in: Szabó 2006a, 193–204.

Adam 2010: Anne-Marie Adam, «Genese und Entwicklung der befestigten Höhensiedlung auf dem Britzgyberg in Illfurth (Haut-Rhin, Frankreich)», in: Krausse u. Beilharz 2010, I, 365–375.

Adams G. W. u. Tobler 2007: Geoff W. Adams und Rebecca Tobler, *Romano-British Tombstones between the 1st and 3rd centuries AD. Epigraphy, gender and familial relations*, Oxford (BAR BS 437).

Adams G. W. 2009: Geoff W. Adams (Hrsg.), *Power and Religious Acculturation in Romano-Celtic Society. An examination of archaeological sites in Gloucestershire*, Oxford (BAR BS 477).

Adams J. N. 2003: J. N. Adams, *Bilingualism and the Latin Language*, Cambridge.

Ade u. Willmy 2007: Dorothee Ade und Andreas Willmy, *Die Kelten*, Stuttgart.

Adler 2003: Wolfgang Adler, *Der Halsring von Männern und Göttern. Schriftquellen, bildliche Darstellungen und Halsringfunde aus West-, Mittel- und Nordeuropa zwischen Hallstatt- und Völkerwanderungszeit*, Bonn (SBA 78).

Aitchison 1987: Norman B. Aitchison, «The Ulster Cycle: heroic image and historical reality», *Journal of Medieval History* 13, 87–116.

Albarella 2007: Umberto Albarella, «The end of the Sheep Age: people and animals in the Late Iron Age», in: Haselgrove u. Moore 2007, 389–402.

Alberro 2003: Manuel Alberro, «Celticisation of the Iberian Peninsula: A process that Could Have Parallels in Other Regions», *EC* 35, 7–24.

Alberro 2004: Manuel Alberro, *Los Celtas de la Antigua Gallaecia*, Noia.

Alberro 2008: Manuel Alberro, «Celtic Legacy in Galicia», *e-Keltoi* 6, 1005–1034.

Alcock 2009: Joan P. Alcock, *Daily life of the pagan Celts*, Oxford.

Aldhouse-Green u. Raybould 1999: Miranda Aldhouse-Green und Marilynne Raybould,

«Deities with Gallo-British names recorded recorded in inscriptions from Roman Britain», *Studia Celtica* 33, 91–135.

Aldhouse-Green 2010: Miranda Aldhouse-Green, *Caesar's Druids: story of an ancient priesthood*, London u. New Haven, Conn.

Alfayé u. Marco Simón 2008: Silvia Alfayé und Francisco Marco Simón, «Religion, Language and Identity in Hispania: Celtiberian and Lusitanian rock inscriptions», in: Häussler 2008a, 281–306.

Alfayé Villa 2009: Silvia Alfayé Villa, *Santuarios y rituales en la Hispania Céltica*, Oxford (BAR IS 1963).

Alföldy 2000: G. Alföldy, *Provincia Hispania Superior*, Heidelberg.

Allason-Jones u. McKay 1985: Lindsay Allason-Jones und Bruce McKay, *Coventina's Well: a shrine on Hadrian's Wall*, Hexham.

Allason-Jones 2005: Lindsay Allason-Jones, *Women in Roman Britain*, Bootham 2005.

Allason-Jones 2010: Lindsay Allason-Jones (Hrsg.), *Artefacts in Roman Britain: their purpose and use*, Cambridge.

Allason-Jones 2011: Lindsay Allason-Jones, «Priests and Priestesses in Roman Britain», in: Richardson u. Santangelo 2011, 429–444.

Almagor 2005: Eran Almagor, «Who is a barbarian? The barbarians in the ethnological and cultural taxonomies of Strabo», in: Dueck u. a. 2005, 42–55.

Almagro-Gorbea 1991: Martin Almagro-Gorbea, «The Celts of the Iberian Peninsula», in: Moscati 1991, 389–405.

Almagro-Gorbea u. Lorrio 1992: Martín Almagro-Gorbea und Alberto J. Lorrio, «Representaciones humanas en el Arte Céltico de la Península Ibérica», in: *Actas del II Symposium de Arqueología Soriana*, Soria, 409–451.

Almagro-Gorbea u. Álvarez-Sanchís 1993: Martín Almagro-Gorbea und Jesús R. Álvarez-Sanchís, «La ‹sauna› de Ulaca: saunas y baños iniciáticos en el mundo céltico», *Cuadernos de Arqueología de la Universidad de Navarra* 1, 177–253.

Almagro-Gorbea u. Lorrio 2004: Martín Almagro-Gorbea und Alberto J. Lorrio, «War and Society in the Celtiberian World», *e-Keltoi* 6, 73–112.

Almássy 2010: Katalin Almássy, «Some new data on the Celtic-Scythian relationship», in: Jerem u. a. 2010, 9–26.

Alonso-Nuñez 2004: José Miguel Alonso-Nuñez, «Das Bild der Kelten bei Pompeius Trogus», in: Heftner u. Tomaschitz 2004, 713–718.

Alt u. a. 2005: Kurt W. Alt, P. Jud, F. Müller, N. Nicklisch, A. Uerpmann und W. Vach, «Biologische Verwandtschaft und soziale Struktur im latènezeitlichen Gräberfeld von Münsingen-Rain», *JRGZM* 52, 157–210.

Altjohann 1995: Michael Altjohann, «Bemerkungen zum Ursprung des gallo-römischen Umgangstempels», in: W. Czysz u. a. (Hrsg.), *Provinzialrömische Forschungen. Festschrift für Günter Ulbert zum 65. Geburtstag*, Espelkamp, 169–203.

Altjohann 2003: Michael Altjohann, «Cernunnos-Darstellungen in den gallischen und germanischen Provinzen», in: Noelke u. a. 2003, 67–80.

Álvarez-Sanchís 1999: Jesús R. Álvarez-Sanchís, *Los Vettones*, Madrid.

Álvarez-Sanchís 2005: Jesús Álvarez-Sanchís, «*Oppida* and Celtic society in western Spain», *e-Keltoi* 6, 255–286.

Ambs 2011: Richard Ambs, *Die keltische Viereckschanze bei Beuren, Marktgemeinde Pfaffenhofen an der Roth, Landkreis Neu-Ulm, Bayern*, Neu-Ulm (Berichte zur Archäologie im Landkreis Neu-Ulm und in den angrenzenden Gebieten 4).

Ames-Adler 2004: Barbara Ames-Adler, *Das Gräberfeld mit Verbrennungsplatz von Altforweiler, Kreis Saarlouis. Untersuchungen zum gallorömischen Totenritual*, Bonn (SBA 68).

Ancel u. Loridant 2009: Marie-José Ancel und Frédéric Loridant, *Bavay: la nécropole gallo-romaine de la «Fache des Près Aulnoys»*, Villeneuve-d'Ascq.

Andreae 1991: Bernard Andreae, «The Image of the Celts in Etruscan, Greek and Roman Art», in: Moscati 1991, 60–69.

van Andringa 2000: William van Andringa (Hrsg.), *Archéologie des sanctuaires en Gaule ro-maine*, Saint-Etienne.

van Andringa 2002: William van Andringa, *La réligion en Gaule romaine: piété et politique (Ier – IIIe siècles apr. J.-C.)*, Paris.

van Andringa 2006: William van Andringa, «Un grand sanctuaire de la cité des Séquanes: Villards d'Héria», in: Dondin-Payre u. Raepsaet-Charlier 2006, 121–134.

Anthoons 2007: Greta Anthoons, «The origins of the Arras culture: migration or elite net-works? », in: Karl u. Leskovar 2007, 141–151.

Antonelli 1998: Luca Antonelli, *Il periplo nascosto: lettura stratigrafica e commento storico-archeolo-gico dell'Ora maritima di Avieno*, Padua (Saggi di antichità e tradizione classica 22).

Arcelin 1995: Patrice Arcelin (Hrsg.), *Sur les pas des Grecs en Occident. Hommages à André Nickels*, Paris.

Arcelin 1998: Patrice Arcelin (Hrsg.), *La quantification des céramiques. Conditions et protocole*, Glux-en-Glenne (CB 2).

Arcelin u. Rapin 2002: Patrice Arcelin und André Rapin, «Images de l'aristocratie du second âge du Fer en Gaule méditerranéenne: À propos de la statuaire d'Entremont», in: Gui-chard u. Perrin 2002, 29–66.

Arcelin u. Brunaux 2003: Patrice Arcelin und Jean-Louis Brunaux (Hrsg.), *Dossier – cultes et sanctuaires en France à l'âge du Fer*, Paris (Gallia 60).

Arcelin u. Rapin 2003: P. Arcelin und A. Rapin, «L'iconographie anthropomorphe de l'âge du Fer en Gaule méditerranéenne», in: Buchsenschutz u. a. 2003, 183–219.

Arenas Esteban 1999: Jesús Alberto Arenas Esteban (Hrsg.), *El origen del mundo celtibérico*, Molina de Aragón.

Arenas Esteban 2010: Jesús Alberto Arenas Esteban (Hrsg.), *Celtic religion across space and time*, Toledo.

Armit u. Grant 2008: Ian Armit und P. Grant, «Gesture politics and the art of ambiguity: the Iron Age statue from Hirschlanden», *Antiquity* 82, 409–422.

Armit 2009: Ian Armit, «Janus in furs? Opposed human heads in the art of the European Iron age», in: Cooney u. a. 2009, 279–286.

Armit 2012: Ian Armit, *Headhunting and the Body in Iron Age Europe*, Cambridge.

Arnold 1995–1996: Béat Arnold, *Pirogues monoxyles d'Europe centrale: construction, typologie, évolution*, 2 Bände, Neuchâtel (Archéologie neuchâteloise 20–21).

Arnold 1999: Bettina Arnold, «‹Drinking the feast›: alcohol and the legitimation of power in Celtic Europe», *Cambridge Archaeological Journal* 9, 71–93.

Arslan 2004: Murat Arslan, *Galater. Die vergessenen Kelten*, Scheidegg.

Asher 1993: Ronald E. Asher, *National Myths in Renaissance France. Francus, Samothes and the Druids*, Edinburgh.

Aspöck u. a. 2001: Horst Aspöck, Herbert Auer, Otto Picher und Thomas Stöllner, «Para-sitologische Untersuchungen von im Salz konservierten Exkrementen: Zur Gesundheit der Dürrnberger Bergleute», in: Dobiat u. a. 2001, 123–132.

Aspöck u. a. 2007: Horst Aspöck, Nicole Boenke, Werner Kofler, Klaus Oeggl, Otto Picher und Thomas Stöllner, «The Dürrnberg Miners during the Iron Age – New Results by Interdisciplinary Research», in: Trebsche u. a. 2007, 109–126.

Augier u. a. 2007: Laurence Augier, Olivier Buchsenschutz und Ian Ralston (Hrsg.), *Un com-plexe princier de l'âge du Fer. L'habitat du promontoire de Bourges (Cher), VIe – IVe s. av. J.-C.*, Bourges.

Augros u. a. 2002: Michel Augros u. a., *La nécropole gallo-romaine de la Citadelle à Chalon-sur-Saône (Saône-et-Loire)*, Montagnac.

Augstein 2006: Melanie Augstein, «Handel und Handwerk: Überlegungen zur wirtschaft-lichen Grundlage offener Siedlungen der Mittel- und Spätlatènezeit», in: Wotzka 2006, 595–606.

Augstein 2009: Melanie Augstein, «Der Körper als Zeichen? Deutungsmöglichkeiten von Kör-perinszenierungen im hallstattzeitlichen Bestattungsritual», in: Karl u. Leskovar 2009, 11–26.

Augusta-Boularot u. Lafon 2004: Sandrine Augusta-Boularot und Xavier Lafon (Hrsg.), *Des Ibères aux Vénètes: Phénomènes proto-urbains de l'Espagne à l'Italie du Nord*, Rom.

Avery 1997: M. Avery, «The patterns of the Broighter torc», *Journal of Irish Archaeology* 8, 73–89.

Ayán Vila 2007: Xurxo M. Ayán Vila, «A Round Iron Age: The Circular House in the Hillforts of the Northwestern Iberian Peninsula», *e-Keltoi* 6, 903–1003.

Babeş 1974: Mircea Babeş, *Die relative Chronologie des späthallstattzeitlichen Gräberfeldes von Les Jogasses, Gemeinde Chouilly (Marne)*, Bonn (SBA 13).

Bacault u. Flouest 2003: M. Bacault und J.-L. Flouest, «Schémas de construction des décors au compas des phalères laténiennes de Champagne», in: Buchsenschutz u. a. 2003, 145–170.

Bagley 2009: Jennifer M. Bagley, «Ein Schuh ist ein Schuh ist ein Schuh? Überlegungen zur Interpretierbarkeit späthallstatt- und frühlatènezeitlicher Schuhdarstellungen nördlich der Alpen», in: Bagley u. a. 2009, 221–236.

Bagley u. a. 2009: Jennifer Bagley, Christiana Eggl, Daniel Neumann und Michael Schefzik (Hrsg.), *Alpen, Kult und Eisenzeit. Festschrift für Amei Lang zum 65. Geburtstag*, Rahden/ Westf. (IA–Sh 30).

Baitinger u. Pinsker 2002: Holger Baitinger und Bernhard Pinsker (Hrsg.), *Das Rätsel der Kelten vom Glauberg. Glaube – Mythos – Wirklichkeit*, Stuttgart.

Baitinger 2008: Holger Baitinger, «Der frühkeltische Fürstensitz auf dem Glauberg (Hessen)», in: Krausse u. Steffen 2008, 39–56.

Baitinger 2010: Holger Baitinger, *Der Glauberg ein Fürstensitz der Späthallstatt-/Frühlatènezeit in Hessen*, Wiesbaden (Glauberg-Studien 1).

Baitinger u. a. 2010: Holger Baitinger, Leif Hansen, Arie J. Kalis, Angela Kreuz, Christopher F. E. Pare, Eva Schäfer, Kristine Schatz und Astrid Stobbe, «Der Glauberg. Ergebnisse der Forschungen in den Jahren 2004 bis 2009», in: Krausse u. Beilharz 2010, II, 289–318.

Ball u. Müller 2009: Martin J. Ball und Nicole Müller (Hrsg.), *The Celtic Languages*, 2., überarb. Aufl., London.

Ballin Smith u. Banks 2002: Beverley Ballin Smith und Iain Banks (Hrsg.), *In the Shadow of the Brochs: the Iron Age in Scotland*, Stroud.

Balzer 2008: Ines Balzer, «Die Erforschung der Siedlungsdynamik im Umfeld des frühkeltischen Fürstensitzes Hohenasperg, Kr. Ludwigsburg, auf archäologischen und naturwissenschaftlichen Grundlagen», in: Krausse u. Steffen 2008, 143–161.

Balzer 2009: Ines Balzer, *Chronologisch-chorologische Untersuchung des späthallstatt- und frühlatènezeitlichen «Fürstensitzes» auf dem Münsterberg von Breisach (Grabungen 1980–1986)*, Stuttgart (MABW 84).

Balzer 2010a: Ines Balzer, «Neue Forschungen zu alten Fragen. Der früheisenzeitliche ›Fürstensitz‹ Hohenasperg (Kr. Ludwigsburg) und sein Umland», in: Krausse u. Beilharz 2010, I, 209–238.

Balzer 2010b: Ines Balzer, «Chronologisch-chorologische Bemerkungen zum ›Fürstensitz‹ auf dem Breisacher Münsterberg», in: Krausse u. Beilharz 2010, I, 269–288.

Balzer 2010c: Ines Balzer, «Der Breisacher Münsterberg zwischen Mont Lassois und Most na Soèi», in: Jerem u. a. 2010, 27–39.

Banck-Burgess 1999: Johanna Banck-Burgess, *Hochdorf IV. Die Textilfunde aus dem späthallstattzeitlichen Fürstengrab von Eberdingen-Hochdorf (Kreis Ludwigsburg) und weitere Grabtextilien aus hallstatt- und latènezeitlichen Kulturgruppen*, Stuttgart (FBVFBW 70).

Banck-Burgess 2009: Johanna Banck-Burgess, «Textilarchäologische Kleiderforschung in der Ur- und Frühgeschichte. Zum Potential von Feuchtbodenfunden», in: Biel u. a. 2009, 641–654.

Baray 2003: Luc Baray, *Pratiques funéraires et sociétés de l'âge du Fer dans le Bassin parisien (fin du VIIe s. – troisième quart du IIe s. avant J.-C.*, Paris.

Baray 2004: Luc Baray (Hrsg.), *Archéologie des pratiques funéraires – approches critiques*, Glux-en-Glenne (CB 9).

Baray u. a. 2007: Luc Baray, P. Brun und A. Testart (Hrsg.), *Pratiques funéraires et sociétés. Nouvelles approches en archéologie et en anthropologie sociale*, Dijon.

Barral u. Luginbühl 1995: Philippe Barral und Thierry Luginbühl, *Typologie des formes de céramique régionale de Bibracte*, Glux-en-Glenne.

Barral u. a. 1996: Ph. Baral, J.-P. Guillaumet, C.-A. Paratte und M. Szabó, «Recherches recentes sur les Oppida celtiques en Pannonie (Fouilles Franco-hongroises à Velem-Szentvid et Budapest-Gellérthegy)», in: Jerem u. a. 1996, 415–431.

Barral 2000: Philippe Barral, «Les recherches franco-hongroises sur l'oppidum de Gellérthegy-Tabán à Budapest», in: J.-P. Guillaumet (Hrsg.), *Dix ans de coopération franco-hongroise en archéologie 1988–1998*, Budapest, 37–50.

Barral u. a. 2005: Ph. Barral, L. Vaxelaire und G. Videau, «Besançon au 1er siècle av. J.-C.», in: Kaenel u. a. 2005, 171–197.

Barral 2008: Philippe Barral (Hrsg.), *L'âge du Fer dans l'Arc jurassien et ses marges. Dépôts, lieux sacrés et territorialité à l'âge du Fer*, Besançon (ALUFC 826, ACAFEAF 29).

Barral 2009: Philippe Barral (Hrsg.), *Fouilles de la fontaine Saint-Pierre au Mont Beuvray (1988–1992, 1996): aménagements d'une source sur l'oppidum de Bibracte*, Glux-en-Glenne (CB 17).

Barral 2011: Philippe Barral (Hrsg.), *Gestes funéraires en Gaule au Second Âge du Fer*, Besançon (ACAFEAF 33).

Barruol u. a. 2011: Guy Barruol, Jean-Luc Fiches und Pierre Garmy (Hrsg.), *Les ponts routiers en Gaule romaine*, Montpellier.

Barth u. a. 1987: Fritz Eckart Barth u. a., *Vierrädrige Wagen der Hallstattzeit. Untersuchungen zu Geschichte und Technik*, Mainz.

Barth 1991: Fritz Eckart Barth, «The Hallstatt Salt Mines», in: Moscati 1991, 163–166.

Barth 1992: Fritz Eckart Barth, «Prähistorisches Schuhwerk aus den Salzbergwerken Hallstatt und Dürrnberg/Hallein», in: A. Lippert und K. Spindler (Hrsg.), *Festschrift zum 50jährigen Bestehen des Institutes für Ur- und Frühgeschichte der Leopold-Franzens-Universität Innsbruck*, Bonn, 25–35.

Barth 2009: Fritz Eckart Barth, «Ergänzende Bemerkungen zum frühlatènezeitlichen Grab 994 von Hallstatt», *AK* 39, 527–538.

Bartoloni u. a. 1998: Gilda Bartoloni u. a., *Archäologische Untersuchungen zu den Beziehungen zwischen Altitalien und der Zone nordwärts der Alpen während der frühen Eisenzeit Alteuropas*, Regensburg und Bonn.

Bataille u. Guillaumet 2006: Gérard Bataille und J.-P. Guillaumet (Hrsg.), *Les dépôts métalliques au second âge du Fer en Europe tempérée*, Glux-en-Glenne (CB 11).

Bataille 2008: Gérard Bataille, *Les celtes: des mobiliers aux cultes*, Dijon.

Bateson 1973: J. D. Bateson, «Roman material from Ireland: a reconsideration», *PRIA* 73C, 21–97.

Bats u. a. 1992: Michel Bats, Guy Bertucchi, Gaëtan Conges und Henri Tréziny (Hrsg.), *Marseille grecque et la Gaule*, Lattes.

Bats 2006: Michel Bats, «L'acculturation et autres modèles de contacts en archéologie protohistorique européenne», in: Szabó 2006a, 29–41.

Bauchhenß u. Noelke 1981: Gerhard Bauchhenß u. Peter Noelke, *Die Iupitersäulen in den germanischen Provinzen*, Köln.

Bauchhenß 1984a: Gerhard Bauchhenß, «Apollo in Gallien, Germanien, Britannien, Noricum», *LIMC* 2, 446–464.

Bauchhenß 1984b: Gerhard Bauchhenß, «Mars in den nordwestlichen Provinzen (Gallien, Germanien, Britannien)», *LIMC* 2, 559–580.

Bauchhenß 1984c: Gerhard Bauchhenß, «Diana in den nordwestlichen Provinzen», *LIMC* 2, 849–855.

Bauchhenß u. Neumann 1987: Gerhard Bauchhenß und Günter Neumann (Hrsg.), *Matronen und verwandte Gottheiten*, Bonn.

Bauchhenß 1992: Gerhard Bauchhenß, «Mercurius in den Nordwestprovinzen», *LIMC* 6, 537–554.

Bauchhenß 1994: Gerhard Bauchhenß, «Tarvos Trigaranus», *LIMC* 7, 644–648.

Bauchhenß 2001: Gerhard Bauchhenß, «Epona. Archäologisches zu einer gallorömischen Göttin», in: B. Maier u. St. Zimmer (Hrsg.), *150 Jahre «Mabinogion»*, Tübingen, 11–22.

Bauer u. a. 1991: Irmgard Bauer u. a., *Üetliberg, Uto-Kulm. Ausgrabungen 1980–1989*, Zürich.

Bauer u. Kuhnen 1993: Sibylle Bauer und Hans-Peter Kuhnen, «Frühkeltische Opferfunde von der Oberburg bei Egesheim, Ldkr. Tuttlingen», in: A. Lang, H. Parzinger und H. Küster (Hrsg.), *Kulturen zwischen Ost und West. Festschrift Georg Kossack*, Berlin, 239–292.

Bauer u. Kuhnen 1995: Sibylle Bauer und Hans-Peter Kuhnen, «Ein ‹starker Ort›: Der frühkeltische Opferplatz bei Egesheim, Lkr. Tuttlingen», in: Haffner 1995, 51–54.

Bayard u. Collart 1996: Didier Bayard und Jean-Luc Collart (Hrsg.), *De la ferme indigene à la villa romaine: la romanisation des campagnes de la Gaule*, Amiens.

Bazzanella u. a. 2005: Marta Bazzanella, Lorenzo Dal Rì, Alfio Maspero und Irene Tomedi, «Iron Age Textile artefacts from Riesenferner/Vedretta di Ries (Bolzano/Bozen – Italy)», in: Bichler u. a. 2005, 151–160.

Becker 2009: Katharina Becker, «But I still haven't found what I am looking for. New agendas in Irish Iron Age research», in: Karl u. Leskovar 2009, 163–176.

Bednarczuk 1988: Leszek Bednarczuk, «The Italo-Celtic Hypothesis from the Indo-European Point of View», in: G. W. MacLennan (Hrsg.), *Proceedings of the First North American Congress of Celtic Studies*, Ottawa, 175–189.

Bedon 1996: Robert Bedon (Hrsg.), *Les villes de la Gaule Lyonnaise*, Limoges (Caesarodunum 30).

Bedon 1999: Robert Bedon, *Les Villes des trois Gaules de César à Néron dans leur contexte historique, territorial et politique*, Paris.

Bedon 2000: Robert Bedon (Hrsg.), *Suburbia. Les faubourgs en Gaule romaine et dans les régions voisines*, Limoges (Caesarodunum 32).

Bedon 2001: Robert Bedon (Hrsg.), *La Loire et les fleuves de la Gaule romaine et des régions voisines*, Limoges (Caesarodunum 33/34).

Bedon 2002: Robert Bedon (Hrsg.), *Amoenitas urbium. Les agréments de la vie urbaine en Gaule Romaine et dans les régions voisines*, Limoges (Caesarodunum 35/36).

Bedon 2004: Robert Bedon (Hrsg.), *Rus amoenum. Les agréments de la vie rurale en Gaule romaine et dans les régions voisines*, Limoges (Caesarodunum 37/38).

Bedon 2006: Robert Bedon (Hrsg.), *Les espaces clos dans l'urbanisme et dans l'architecture en Gaule romaine et dans les régions voisines*, Limoges (Caesarodunum 40).

Bedon 2007: Robert Bedon, «Les Trois Gaules vues par les Romains au temps de Claude: quelques réflexions sur les choix de peuples et de villes par Pomponius Mela dans sa description de la *Comata Gallia*», in: Robert Bedon (Hrsg.), *Etre romain: hommages in memoriam Charles Marie Ternes* (Remshalden), 41–56.

Bedon 2009: Robert Bedon (Hrsg.), *Vicinitas Aqvae. La vie en bord de l'eau en Gaule romaine et dans les régions voisines*, Limoges (Caesarodunum 41/42).

Bedon 2011: Robert Bedon (Hrsg.), *Macellvm, taberna, portvs: les structures matérielles de l'économie en Gaule romaine et dans les regios voisines*, Limoges (Caesarodunum 43/44).

Beilke-Voigt 2008: Ines Beilke-Voigt, «Zum rituellen Umgang mit verstorbenen Kleinstkindern im eisenzeitlichen Bestattungsbrauch», in: Eggl u. a. 2008, 38–47.

Bel 2010: Valérie Bel, «Évolution des pratiques funéraires à Nîmes entre le IIe siècle av. J.-C. et le IIIe siècle ap. J.-C.», in: Rüpke u. Scheid 2010, 93–112.

Belanová 2005: Tereza Belanová, «The State of Research of La Tène Textiles from Slovakia and Moravia», in: Bichler u. a. 2005, 175–189.

Bell B. M. 1995: B. M. Bell, «The contribution of Julius Caesar to the vocabulary of ethnography», *Latomus* 54, 753–767.

Bell M. 1996: Martin Bell, «Environment in the first millennium BC», in: Champion u. Collis 1996, 5–16.

Beltrán u. a. 1996: Francisco Beltrán, Javier de Hoz und Jürgen Untermann, *El tercer bronce de Botorrita (Contrebia Belaisca)*, Zaragoza.

Bémont 1986: Colette Bémont, «À propos des couples mixtes gallo-romains», in: L. Kahil
u. a. (Hrsg.), *Iconographie classique et identities régionales*, Paris, 131–153.

Bendala Galán 2000: Manuel Bendala Galán, *Tartesios, Íberos y Celtas. Pueblos, culturas y colo-
nizadores de la Hispania antigua*, Madrid.

Bendala Galán 2009: Manuel Bendala Galán, «Continuidad y renovación en los centros
sacros de las ciudades hispanorromanas», in: Mateos Cruz 2009, 345–370.

Bender u. a. 1993: Helmut Bender, Ludwig Pauli, Ingo Stork und Peter Schröter, *Der Münsterberg in Breisach 2. Hallstatt- und Latènezeit*, München (MBVF 40).

Bender Jørgensen 2005: Lise Bender Jørgensen, «Hallstatt and La Tène Textiles from the
Archives of Central Europe», in: Bichler u. a. 2005, 133–150.

Benkert u. a. 2010: Alain Benkert, Philippe Curdy, Claire Epiney-Nicoud, Gilbert Kaenel,
Fiona McCullough, Michel Mauvilly und Mireille Ruffieux, «Zentralisierungsprozess
und Siedlungsdynamik in der Schweiz (8.-4. Jh. v. Chr.)», in: Krausse u. Beilharz 2010,
79–118.

Benková 2008: Irena Benková (Hrsg.), *Gestion et présentation des oppida. Un panorama européen*,
Glux-en-Glenne (CB 15).

Benoit u. a. 1995: Paul Benoit, Gérard Béranger, Nadine Dieudonné-Glad und Philippe
Fluzin (Hrsg.), *Paléometallurgie du fer et cultures*, Belfort.

Berger 1992: P. Berger, «Le portrait des Celtes dans les Histoires de Polybe», *Ancient Society*
23, 105–126.

Bergmann 2008: Claus Bergmann, «Die Siedlungen der Frühlatènezeit im Rhein-Main-
Gebiet», in: *Glauberg* 2008, 171–188.

Bernabé 2010: Alberto Bernabé, *Manual of Indo-European linguistics 1: Introduction, phonology*,
Leuven (Orbis Supplementa 34).

Bernard 2002: Loup Bernard, «Massalia und sein Hinterland als Ausgangspunkt von Fernkontakten mit der Celtica», in: Lang u. Salač 2002, 147–159.

Bernecker 1998: Annemarie Bernecker, *Der gallorömische Tempelkalender von Coligny*, Bonn.

Bernhard u. a. 2010: Helmut Bernhard, Thomas Kreckel, Gertrud Lenz-Bernhard unter
Mitarbeit von Johannes Preuss, «Das frühkeltische Machtzentrum von Bad Dürkheim»,
in: Krausse u. Beilharz 2010, I, 319–364.

Berrocal-Rangel u. Gardes 2001: Luis Berrocal-Rangel und Philippe Gardes (Hrsg.), *Entre
Celtas e Íberos. Las poblaciones protohistóricas de las Galias e Hispania*, Madrid.

Berrocal-Rangel 2005: «The Celts of the Southwestern Iberian Peninsula», *e-Keltoi* 6, 481–496.

Berrocal-Rangel u. Moret 2010: Luis Berrocal-Rangel und Pierre Moret, «Les fortifications
de l'Hispanie celtique», in: Fichtl 2010, 335–354.

Berthelier-Ajot 1991: Nadine Berthelier-Ajot, «The Vix Settlement and the Tomb of the
Princess», in: Moscati 1991, 116–117.

Bertin u. Guillaumet 1987: Danièle Bertin und Jean-Paul Guillaumet, *Bibracte (Saône-et-
Loire): une ville gauloise sur le Mont Beuvray*, Paris (Guides archéologiques de la France 13).

Bertrand u. a. 2009: Isabelle Bertrand, Alain Duval, J. Gomez de Soto und P. Maguer (Hrsg.),
Habitats et paysages ruraux en Gaule et regards sur d'autres régions du monde celtique, Chauvigny
(ACAFEAF 31).

Bessière u. Guichard 2010: F. Bessière und V. Guichard (Hrsg.), «Chronique des recherches
sur le Mont Beuvray 2006–2008», *RAE* 59, 211–239.

Bhreathnach 1995: Edel Bhreathnach, *Tara: a select bibliography*, Dublin.

Bhreathnach 2005: Edel Bhreathnach (Hrsg.), *The kingship and landscape of Tara*, Dublin.

Bichler 2005: Peter Bichler (Hrsg.), *Hallstatt textiles. Technical analysis, scientific investigation and
experiment on Iron Age textiles*, Oxford (BAR IS 1351).

Bick 2007: Almut Bick, *Die Latènezeit im Nördlinger Ries*, Kallmünz, Opf. (Materialhefte zur
bayerischen Vorgeschichte A 91).

Bieg 2002: Gebhard Bieg, *Hochdorf V. Der Bronzekessel aus dem späthallstattzeitlichen Fürstengrab
von Eberdingen-Hochdorf (Kr. Ludwigsburg). Griechische Stabdreifüße und Bronzekessel der archaischen Zeit mit figürlichem Schmuck*, Stuttgart (FBVFBW 83).

Biel 1985: Jörg Biel, *Der Keltenfürst von Hochdorf*, Stuttgart.

Biel 1995: Jörg Biel (Hrsg.), *Fürstensitze, Höhenburgen, Talsiedlungen. Bemerkungen zum früh-keltischen Siedlungswesen in Baden-Württemberg*, Stuttgart (AIBW 28).

Biel 1996: Jörg Biel (Hrsg.), *Experiment Hochdorf: keltische Handwerkskunst wiederbelebt*, Stuttgart.

Biel 2007: Jörg Biel, «‹Fürstensitze›: Das Modell Wolfgang Kimmigs vor dem Hintergrund neuer Ausgrabungen und Forschungsergebnisse», *FBW* 29, 235–253.

Biel u. a. 2009: Jörg Biel, Jörg Heiligmann und Dirk Krausse (Hrsg.), *Landesarchäologie. Festschrift für Dieter Planck zum 65. Geburtstag*, Stuttgart (FBVFBW 100).

Biel u. Krausse 2005: Jörg Biel und Dirk Krausse (Hrsg.), *Frühkeltische Fürstensitze: älteste Städte und Herrschaftszentren nördlich der Alpen?*, Stuttgart (AIBW 51).

Billamboz 2008: André Billamboz, «Stand der Dendrochronologie der Eisenzeit nördlich der Alpen mit neuen Daten aus der Heuneburg-Vorburg», in: Krausse u. Steffen 2008, 229–248.

Biller 2010: Frank Biller, *Kultische Zentren und Matronenverehrung in der südlichen Germania inferior*, Rahden/Westf.

Binding 1993: Ulrike Binding, *Studien zu den figürlichen Fibeln der Frühlatènezeit*, Bonn (UPA 16).

Birkhan 1997: Helmut Birkhan, *Kelten. Versuch einer Gesamtdarstellung ihrer Kultur*, Wien.

Birkhan 1999: Helmut Birkhan, *Kelten. Bilder ihrer Kultur*, Wien.

Birkhan 2005: Helmut Birkhan (Hrsg.), *Bausteine zum Studium der Keltologie*, Wien.

Birkhan 2006: Helmut Birkhan, «Keltenrezeption der Gegenwart: eine Bestandsaufnahme», in: Rieckhoff 2006, 219–235.

Birkhan 2007: Helmut Birkhan (Hrsg.), *Kelten-Einfälle an der Donau. Akten des 4. Symposiums deutschsprachiger Keltologinnen und Keltologen*, Wien.

Birkhan 2009: Helmut Birkhan, *Nachantike Keltenrezeption. Projektionen keltischer Kultur*, Wien.

Birley 2005: Anthony R. Birley, *The Roman government of Britain*, Oxford.

Bittel u. a. 1981: Kurt Bittel, Wolfgang Kimmig und Siegwalt Schiek (Hrsg.), *Die Kelten in Baden-Württemberg*, Stuttgart.

Black u. a. 1999: Ronald Black, William Gillies und Roibeard Ó Maolalaigh (Hrsg.), *Celtic Connections. Proceedings of the 10th International Congress of Celtic Studies. Volume One: Language, Literature, History, Culture*, East Linton.

Blaizot 2009: Frédérique Blaizot (Hrsg.), *Pratiques et espaces funéraires dans le Centre et le Sud-Est de la Gaule durant l'Antiquité* (Gallia 66.1).

Blasco 1999: Fernanda Blasco, «Factores condicionantes de la composición de la cabaña ganadera de la II Edad del Hierro en la mitad norte de la Península Ibérica», in: Burillo Mozota 1999b, 149–160.

Blažek 2008: Václav Blažek, «Celtic ‹smith› and his colleagues», in: A. Lubotsky u. a. (Hrsg.), *Evidence and counter-evidence. Festschrift for F. Kortlandt*, Amsterdam, 35–53.

Blažek 2009: Václav Blažek, «On the position of Gaulish within Celtic from the point of view of glottochronology», *Indogermanische Forschungen* 114, 257–299.

Blom 2009: Alderik H. Blom, «Rasmus Rask's study of Celtic», *Beiträge zur Geschichte der Sprachwissenschaft* 19, 223–251.

Blom 2010: Alderik H. Blom, «The plant names in Marcellus' ‹De Medicamentis›», *ZCP* 57, 3–24.

Bockius 2007: Ronald Bockius, «Spuren griechisch-etruskischen Knowhows im keltischen Schiffbau?», in: Kelzenberg u. a. 2007, 253–267.

Bockius u. Łuczkiewicz 2004: Ronald Bockius und Piotr Łuczkiewicz, *Kelten und Germanen im 2.–1. Jh. v. Chr. Archäologische Bausteine zu einer historischen Frage*, Bonn (RGZM M 54).

Böhm 1995: Martin Böhm (Hrsg.), *Beiträge zur Eisenverhüttung auf der Schwäbischen Alb*, Stuttgart (FBVFBW 55).

Bökönyi 1991: S. Bökönyi, «Agriculture: Animal Husbandry», in: Moscati 1991, 429–435.

Boenke 2001: Nicole Boenke, «Die Nahrungsmittelversorgung, Umwelt und Holzwirtschaft des Dürrnberger Bergbaues», in: Dobiat u. a. 2001, 157–162.

Boenke 2005: Nicole Boenke, «Ernährung in der Eisenzeit – ein Blick über den Tellerrand», in: Karl u. Leskovar 2005, 241–256.

Boessneck u. a. 1971: Joachim Boessneck, Angela von den Driesch, Ute Meyer-Lemppenau, Eva Wechsler-von Ohlen, *Die Tierknochenfunde aus dem Oppidum von Manching*, Wiesbaden (AM 6).

Bofinger u. a. 2000: Jörg Bofinger, Petra Schweizer und Michael Strobel, *Das Oppidum von Bramefan. Untersuchungen zur Eisenzeit in der Provence*, Münster (TSUFA 5).

Bofinger 2006: Jörg Bofinger, «Kelten – Skythen – Griechen: Zu den dreiflügeligen Pfeilspitzen von der Heuneburg an der Oberen Donau», in: Wotzka 2006, 551–562.

Bofinger u. Goldner-Bofinger 2008: Jörg Bofinger und Anita Goldner-Bofinger, «Terrassen und Gräben – Siedlungsstrukturen und Befestigungssysteme der Heuneburg-Vorburg», in: Krausse u. Steffen 2008, 209–227.

Bofinger 2010: Jörg Bofinger (Hrsg.), *Mit Hightech auf den Spuren der Kelten*, Stuttgart (AIBW 61).

Bofinger u. Krausse 2010: Jörg Bofinger und Dirk Krausse (Hrsg.), *Aktuelle Forschungen zu den Kelten in Europa. Festkolloquium für Landeskonservator Jörg Biel am 1. August 2008 in Altheim, Kr. Biberach*, Stuttgart (AIBW 59).

Bollacher 2009: Christian Bollacher, *Die keltische Viereckschanze «Auf der Klinge» bei Riedlingen*, Stuttgart (MABW 88).

Bonenfant u. Guillaumet 1998: Pierre Bonenfant und Jean-Paul Guillaumet in Zusammenarbeit mit François Boyer, *La statuaire anthropomorphe du premier âge du fer*, Besançon (ALUFC 667).

Bonnet u. Blaizot 2007: Christine Bonnet und Frédérique Blaizot, «Traitement, modalités de dépôt et rôle des céramiques dans les structures funéraires gallo-romaines», in: Baray u. a. 2007, 207–228.

van den Boom u. Fort-Linksfeiler 1989: Helga van den Boom und Daniela Fort-Linksfeiler, *Keramische Sondergruppen der Heuneburg. Die Schüsseln und Schalen der Heuneburg*, Mainz (HS 7, RGF 47).

van den Boom u. a. 1991: Helga van den Boom, Christiane Fuchs und Rolf C. A. Rottländer, *Großgefäße und Töpfe der Heuneburg*, Mainz (HS 8, RGF 51).

van den Boom 2006: Helga van den Boom, «Häuser und Haushalte der Heuneburg», in: Teegen u. a. 2006, 353–368.

Boos 1989: A. Boos, «‹Oppidum› im caesarischen und im archäologischen Sprachgebrauch – Widersprüche und Probleme», *Acta Praehistorica et Archaeologica* 21, 53–73.

Boschung 2009: Dietrich Boschung (Hrsg.), *Grabbauten des 2. und 3. Jahrhunderts in den gallischen und germanischen Provinzen*, Wiesbaden.

Botermann 2005: Helga Botermann, *Wie aus Galliern Römer wurden. Leben im römischen Reich*, Stuttgart.

Boucher 1976: Stéphanie Boucher, *Recherches sur les bronzes figurés de Gaule pré-romaine et romaine*, Rom.

Boucher 1990: Stéphanie Boucher, «Epona», *LIMC* 5, 985–999.

Boudet 1992: Richard Boudet (Hrsg.), *Les Celtes, la Garonne et les pays aquitains: l'âge du Fer du sud-ouest de la France (du VIIIème au Ier siècle av. J.-C.)*, Agen (ACAFEAF 16).

Boudet 1995: Richard Boudet, *Rituels celtes d'Aquitaine*, Paris.

Bourgeois 1991–92: Claude Bourgeois, *Divona. 1. Divinités et ex-voto du culte gallo-romain de l'eau. 2. Monuments et sanctuaires gallo-romains de l'eau*, Paris.

Bourgeois 1999: Luc Bourgeois (Hrsg.), *Le sanctuaire rural de Bennecourt (Yvelines): du temple celtique au temple gallo-romain*, Paris.

Braccesi 2002–04: Lorenzo Braccesi (Hrsg.), *I Greci in Adriatico I–II*, Rom (Hesperia 15, 18).

Braccesi 2003: Lorenzo Braccesi, *I Greci delle periferie: dal Danubio all'Atlantico*, Roma.

Bradley 2007: Richard Bradley, *The prehistory of Britain and Ireland*, Cambridge.

Bradley u. Yates 2007: Richard Bradley und David Yates, «After ‹Celtic› fields: the social organisation of Iron Age agriculture», in Haselgrove u. Pope 2007, 94–102.

Bräuning 2009: Andrea Bräuning, «Überlegungen zu reich ausgestatteten Frauengräbern im westlichen Späthallstattkreis», in: Biel u. a. 2009, 131–142.

Brailsford 1975: J. W. Brailsford, *Early Celtic Masterpieces from Britain in the British Museum*, London.

Brand 1995: Cordula Brand, *Zur eisenzeitlichen Besiedlung des Dürrnberges bei Hallein*, Espelkamp (IA 19).

Brand 2001: Cordula Brand, «Graphitton und Glas: Studien zur keltischen Keramik- und Armringproduktion vor dem Hintergrund Dürrnberger Siedlungsfunde», in: Dobiat u. a. 2001, 107–116.

Brandt B. 2002: Bettina Brandt, *Der Schatzfund von Teisendorf. Vergleichende Studien zu spätkeltischen Büschelquinaren*, München.

Brandt J. 2001: Jochen Brandt, *Jastorf und Latène. Kultureller Austausch und seine Auswirkungen auf soziopolitische Entwicklungen in der vorrömischen Eisenzeit*, Rahden/Westf. (IA 66).

Brather 2004: Sebastian Brather, *Ethnische Interpretationen in der frühgeschichtlichen Archäologie. Geschichte, Grundlagen und Alternativen*, Berlin (RGA E 42).

Breatnach 2005: Liam Breatnach, *A companion to the Corpus Iuris Hibernici*, Dublin.

Broderick 2009: George Broderick, «The names of Britain and Ireland revisited», *Beiträge zur Namenforschung* 44, 151–172.

Broderick 2010: George Broderick, «Kelten und Nicht-Kelten in Britannien und Irland: eine demographische und sprachwissenschaftliche Untersuchung anhand u. a. ptolemäischer Orts- und Stammesnamen», in: Stüber u. a. 2010, 17–32.

Brosseder u. a. 2003: U. Brosseder, E. Sauter und St. Schwenzer, «Bemerkungen zur Heuneburg und ihrer Publikation», *Prähistorische Zeitschrift* 78, 60–98.

Brosseder 2004: Ursula Brosseder, *Studien zur Ornamentik hallstattzeitlicher Keramik zwischen Rhônetal und Karpatenbecken*, Bonn (UPA 106).

Brown 1996: Terence Brown (Hrsg.), *Celticism*, Amsterdam.

Brown 2009: Ian Brown, *Beacons in the landscape: the hillforts of England and Wales*, Oxford.

Brulet u. a. 2010: Raymond Brulet, Fabienne Vilvorder und Richard Delage in Zusammenarbeit mit Dominique Laduron, *La céramique romaine en Gaule du Nord. Dictionnaire des céramiques. La vaisselle à large diffusion*, Turnhout.

Brun J.-P. 2001: Jean-Pierre Brun (Hrsg.), *Dossier – la viticulture en Gaule*, Paris (Gallia 58).

Brun J.-P. 2005: Jean-Pierre Brun, *Archéologie du vin et de l'huile en Gaule romaine*, Paris.

Brun, J.-P. 2006: Jean-Pierre Brun, «La diffusion de technologies méditerranéennes de transformation des produits agricoles dans le monde celtique durant l'Empire romain», in: Paunier 2006, 93–108.

Brun P. u. Chaume 1997: Patrice Brun und Bruno Chaume (Hrsg.), *Vix et les éphémères principautés celtiques. Le VIᵉ et Vᵉ siècles avant J.-C. en Europe centre-occidentale*, Paris.

Brun P. 2004: Patrice Brun, «Réflexions sur la polysémie des pratiques funéraires protohistoriques en Europe», in: Baray 2004: 55–64.

Brun P. 2006: Patrice Brun, «L'origine des Celtes. Communautés linguistiques et réseaux sociaux», in: Vitali 2006, 29–44.

Brun P. u. Ruby 2008: Patrice Brun und Pascal Ruby, *L'age du Fer en France. Premières villes, premiers états celtiques*, Paris.

Brunaux u. a. 1985: Jean-Louis Brunaux, Patrice Méniel und François Poplin, *Gournay I. Les fouilles sur le sanctuaire et l'oppidum (1975–1984)*, Paris.

Brunaux u. Rapin 1988: Jean-Louis Brunaux und André Rapin, *Gournay II. Boucliers et lances. Dépôts et trophées*, Paris.

Brunaux 1991: Jean-Louis Brunaux (Hrsg.), *Les sanctuaires celtiques et leurs rapports avec le monde méditerranéen*, Paris.

Brunaux 1995: Jean-Louis Brunaux, «Die keltischen Heiligtümer Nordfrankreichs», in: Haffner 1995, 55–74.

Brunaux u. Leman-Delerive 1998: Jean-Louis Brunaux und G. Leman-Delerive (Hrsg.), *Les Rites de la mort en Gaule du Nord à l'Age du Fer*, Amiens.

Brunaux 2000: Jean-Louis Brunaux, *Les religions gauloises (V^e-Ier siècles av. J.-C.). Nouvelles approches sur les rituels celtiques de la Gaule indépendante*, Paris.

Brunaux 2003: Jean-Louis Brunaux, «Ribemont», *RGA* 24, 556–562.

Brunaux 2004: Jean-Louis Brunaux, *Guerre et religion en Gaule. Essai d'anthropologie celtique*, Paris.

Brunaux 2006a: Jean-Louis Brunaux. *Les Druides. Des philosophes chez les Barbares*, Paris.

Brunaux 2006b: Jean-Louis Brunaux, «La religion. Les données de la Gaule du Nord», in: Szabó 2006a, 205–220.

Brunaux 2009: Jean-Louis Brunaux (Hrsg.), *Les temples du sanctuaire gallo-romain de Ribemont-sur-Ancre (Somme)*, Saint-Germain-en-Laye.

Buchsenschutz u. Méniel 1994: Olivier Buchsenschutz und Patrice Méniel (Hrsg.), *Les installations agricoles de l'Age du Fer en Ile-de-France*, Paris.

Buchsenschutz u. a. 1999: Olivier Buchsenschutz, Jean-Paul Guillaumet und Ian Ralston (Hrsg.), *Les remparts de Bibracte. Recherches récentes sur la Porte du Rebout et le tracé des fortifications*, Glux-en-Glene (CB 3).

Buchsenschutz u. a. 2000: Olivier Buchsenschutz, Anne Colin, Gérard Firmin, Brigitte Fischer, Jean-Paul Guillaumet, Sophie Krausz, Marc Levéry, Philippe Marinval, Laure Orellana, Alain Pierret und Marie-Pierre Horard, *Le village celtique des Arènes à Levroux. Synthèses*, Levroux.

Büchsenschütz 2001: Olivier Büchsenschütz, «Die Entstehung von Wirtschaftszentren in Gallien», in: Dobiat u. a. 2001, 63–76.

Buchsenschutz u. Bailly 2003: Olivier Buchsenschutz und Christophe Bailly, «Recherche sur la morphologie des vases de La Tène», in: Buchsenschutz u. a. 2003, 77–90.

Buchsenschutz u. a. 2003: Olivier Buchsenschutz, A. Bulard, M.-B. Chardenoux und N. Ginoux (Hrsg.), *Décors, images et signes de l'âge du Fer européen*, Tours (RACF Supplément 24, ACAFEAF 26).

Buchsenschutz 2005: Olivier Buchsenschutz (Hrsg.), *L'Age du Fer en Ile-de-France*, Tours (RACF Supplément 26, ACAFEAF 26).

Buchsenschutz 2006: Olivier Buchsenschutz, «Le monde rural et ses productions (IIe–Ier s. av. J.-C.)», in: Haselgrove 2006, 55–65.

Buchsenschutz u. a. 2009: Olivier Buchsenschutz, M.-B. Chardenoux, K. Krausz und M. Vaginay (Hrsg.), *L'âge du Fer dans le boucle de la Loire* (RACF Supplément 39, ACAFEAF 32).

Büchsenschütz u. a. 2010: Olivier Büchsenschütz und Ian Ralston unter Mitarbeit von Benoît Pescher und Laurence Augier, «Die Stellung der Fürstenanlage von Bourges (Cher) innerhalb der regionalen Eisenzeit im Lichte der jüngsten Grabungen in Port Sec», in: Krausse u. Beilharz 2010, I, 403–414.

Burckhardt u. a. 2003: A. Burckhardt, H.-G. Bachmann, R. Dehn und W. B. Stern, «Keltische Münzen aus latènezeitlichen Siedlungen des Breisgaus. Numismatische, geochemische und archäometallurgische Untersuchungen», *FBW* 27, 281–439.

Burillo Mozota 1990: Francisco Burillo Mozota (Hrsg.), *Necrópolis celtibéricas. II Simposio sobre los Celtíberos*, Zaragoza.

Burillo Mozota 1995: Francisco Burillo Mozota (Hrsg.), *Poblamiento celtibérico. III Simposio sobre los Celtíberos*, Zaragoza.

Burillo Mozota 1998: Francisco Burillo Mozota, *Los Celtíberos. Etnias y estados*, Barcelona.

Burillo Mozota 1999a: Francisco Burillo Mozota, *Segeda (Mara-Belmonte de Gracián). La ciudad celtibérica que cambió la Historia*, Zaragoza.

Burillo Mozota 1999b: Francisco Burillo Mozota (Hrsg.), *Economia. IV Simposio sobre los Celtíberos*, Zaragoza.

Burillo Mozota 2005: Francisco Burillo Mozota, «Celtiberians: Problems and Debates», *e-Keltoi* 6, 411–480.

Burillo Mozota 2006: Francisco Burillo Mozota (Hrsg.), *Segeda y su contexto histórico: entre Caton y Nobilior (195 al 153 a. C.)*, Mara.

Burillo Mozota 2009: Francisco Burillo Mozota, «Origen y desarrollo de la ciudad en la Celtiberia», in: Mateos Cruz 2009, 175–194.

Burillo Mozota 2010: Francisco Burillo Mozota (Hrsg.), *Ritos y Mitos. VI Simposio sobre Celtíberos*, Mara.

Burkhardt A. 1998: Andreas Burkhardt, *Quantitative Methoden zur keltischen Numismatik am Beispiel der Münzfunde aus latènezeitlichen Siedlungen der Oberrheinregion*, Bern.

Burkhardt A. 2008: Andreas Burkhardt, «Keltische Münzen der Schweiz», *Helvetia archaeologica* 39, 78–174.

Burkhardt N. 2010: Nadin Burkhardt, «Die Lehmziegelmauer der Heuneburg im mediterranen Vergleich», in: Krause u. Beilharz 2010, II, 29–50.

Burmeister 2000: Stefan Burmeister, *Geschlecht, Alter und Herrschaft in der Späthallstattzeit Württembergs*, Münster.

Burmeister 2003: Stefan Burmeister, «Die Herren der Ringe: Annäherung an ein späthallstattzeitliches Statussymbol», in: U. Veit, L. Kienlin, Ch. Kümmel und S. Schmidt (Hrsg.), *Spuren und Botschaften: Interpretationen materieller Kultur*, Münster u. a., 265–296.

Burmeister u. Müller-Scheeßel 2005: Stefan Burmeister und Nils Müller-Scheeßel, «Der Methusalemkomplex. Methodologische Überlegungen zu Geschlecht, Alter und Sozialstatus am Beispiel der Hallstattzeit Süddeutschlands», in: Johannes Müller (Hrsg.), *Alter und Geschlecht in ur- und frühgeschichtlichen Gesellschaften*, Bonn 2005, 91–125.

Busch 2005: Stephan Busch, «Who are ‹We›? Towards Propagandistic Mechanism and Purpose of Caesar's Bellum Gallicum», in: K. A. E. Enenkel und I. L. Pfeijffer (Hrsg.), *The Manipulative Mode: political propaganda in antiquity; a collection of case studies*, Leiden, 143–166.

Cabboi u. a. 2007: S. Cabboi, Chr. Dunikowski, M. Leroy und P. Merluzzo, «Les systèmes de production sidérurgique chez les Celtes du Nord de la France», in: Milcent 2007b, 35–62.

Cain 2002: Hans-Ulrich Cain, «Kelten als Schänder der Heiligtümer – Feinde der Zivilisation. Zu den kulturellen Wurzeln eines antiken Barbarenklischees», in: Cain u. Rieckhoff 2002, 48–58.

Cain u. Rieckhoff 2002: Hans-Ulrich Cain und Sabine Rieckhoff (Hrsg.), *Fromm, fremd, barbarisch – Die Religion der Kelten*, Mainz.

Čambal 2008: Radoslav Čambal, *Bratislavský hradný vrch – akropola neskorolaténskeho oppida. Der Bratislavaer Burghügel – die Akropolis von spätlatènezeitlichem Oppidum*, Bratislava.

Caneppele u. Kohler-Schneider 2008: Anita Caneppele und Marianne Kohler-Schneider, «Ein Nachweis von Kulturwein aus dem Heiligtum der keltischen Siedlung bei Roseldorf», in: Lauermann u. Trebsche 2008, 85–89.

Canestrelli 2010: Gioal Canestrelli, *I celti e l'arte della guerra: dal V al I secolo a. C.*, Rimini.

Cardim Ribeiro 2010: José Cardim Ribeiro, «Algumas consideraçães sobre a inscrição em ‹Lusitano› descoberta em Arronches», *Palaeohispanica* 10, 41–62.

Carnap-Bornheim u. a. 2006: Claus von Carnap-Bornheim, Dirk Krause und Anke Wesse (Hrsg.), *Herrschaft – Tod – Bestattung. Zu den vor- und frühgeschichtlichen Prunkgräbern als archäologisch-historische Quelle*, Bonn (UPA 139).

Carnes u. a. 1996: J. Carnes u. a., «Archäologische Untersuchungen auf der Baarburg 1994 und 1995», *Tugium* 12, 71–86.

Carruthers 2003: Gerard Carruthers (Hrsg.), *English Romanticism and the Celtic World*, Cambridge.

Carter u. Hunter 2003: S. Carter und F. Hunter, «An Iron Age chariot burial from Scotland», *Antiquity* 77, 531–535.

Castro Pérez 1998: Ladislao Castro Pérez, *The sacred torcs: prehistory and archaeology of a symbol*, Edinburgh.

Caulfield 1977: Seamus Caulfield, «The beehive quern in Ireland», *JRSAI* 107, 104–139.

Caumont 2011: Olivier Caumont, *Dépôts votifs d'armes et d'équipements militaires dans le sanctuaire gaulois et gallo-romain des Flaviers à Mouzon (Ardennes)*, Montagnac.

Cauuet 1999: Béatrice Cauuet, «Keltischer Goldbergbau im Limousin (Frankreich)», *Der*

Anschnitt: Mitteilungsblatt der Vereinigung der Freunde von Kunst und Kultur im Bergbau 51, 2–3 und 58–71.

Cauuet 2004: Béatrice Cauuet, *L'or des Celtes du Limousin*, Limoges.

Cavers 2010: Graeme Cavers, *Crannogs and later prehistoric settlement in Western Scotland*, Oxford (BAR BS 510).

Cerdeño u. Juez 2002: María Luisa Cerdeño und P. Juez, *El Castro Celtibérico «El Ceremeño» (Herrería, Guadalajara)*, Teruel.

Challet 1992: Virginie Challet, *Les Celtes et l'émail*, Paris (Documents préhistoriques 3).

Champion 1996: Timothy Champion, «Three nations or one? Britain and the national use of the past», in: Díaz-Andreu u. Champion 1996, 119–145.

Champion 1997: Timothy Champion, «The power of the picture: the image of the ancient Gaul», in: Molyneaux 1997, 213–229.

Champion 2006: Timothy Champion, «The Image of the Celts in the 19th Century», in: Rieckhoff 2006, 123–142.

Champion u. Collis 1996: T. C. Champion und J. R. Collis (Hrsg.), *The Iron Age in Britain and Ireland: Recent Trends*, Sheffield.

Chardron-Picault 2010: Pascale Chardron-Picault (Hrsg.), *Aspects de l'artisanat en milieu urbain: Gaule et occident romain*, Dijon (RAE Supplément 28).

Charles-Edwards 2000: Thomas M. Charles-Edwards, *Early Christian Ireland*, Cambridge.

Charpy 1995: Jean-Jacques Charpy (Hrsg.), *L'Europe celtique du Vᵉ au IIIᵉ siècle avant J.-C. Contacts, échanges et mouvements de populations*, Sceaux (MSAC 9).

Chaume u. a. 1995: Bruno Chaume, Laurent Olivier und Walter Reinhard, «Das keltische Heiligtum von Vix», in: Haffner 1995, 43–50.

Chaume u. a. 2000: Bruno Chaume u. a., «L'enclos hallstattien de Vix ‹Les Herbues›: un lieu cultuel de type aristocratique?», in: Thierry Janin (Hrsg.), *Mailhac et le premier Âge du Fer en Europe occidentale. Hommages à Odette et Jean Taffanel*, Lattes, 311–327.

Chaume 2001: Bruno Chaume, *Vix et son territoire à l'age du fer. Fouilles du mont Lassois et environnement du site princier*, Montagnac (PE 6).

Chaume u. Reinhard 2003: B. Chaume und W. Reinhard, «Les statues de Vix: images héroisées de l'aristocratie hallstattienne», *Madrider Mitteilungen* 44, 249–268.

Chaume 2004: Bruno Chaume, «La place de la France orientale dans le réseau des échanges à longues distances du Bronze final au Hallstatt final», in: Guggisberg 2004a, 79–106.

Chaume 2007: Bruno Chaume, «Essai sur l'évolution de la structure sociale hallstattienne», in: Fernoux u. Stein 2007, 25–56.

Chaume 2009: Bruno Chaume (Hrsg.), *La céramique hallstattienne. Approches typologique et chrono-culturelle*, Dijon.

Chaume u. Mordant 2011: Bruno Chaume u. Claude Mordant (Hrsg.), *Le complexe aristocratique de Vix. Nouvelles recherches sur l'habitat et le système de fortification*, Dijon.

Chausserie-Laprée 2005: Jean Chausserie-Laprée, *Martigues, terre gauloise. Entre Celtique et Méditerranée*, Paris.

Chevallier 1983: Raymond Chevallier, *La romanisation de la Celtique du Pô*, Rom.

Chevallier 1992: Raymond Chevallier (Hrsg.), *Les eaux thermales et les cultes des eaux en Gaule et dans les provinces voisines*, Tours.

Chrzanovski 2006: Laurent Chrzanovski, *L'urbanisme des villes romaines de Transpadane (Lombardie, Piémont, Vallée d'Aoste)*, Montagnac (AHR 16).

Chytráček 1999: Miloslav Chytráček, «Elite Burials in Bohemia from the 6th–5th century B. C. and the beginnings of a new art style», in: Villes 2000, 359–377.

Chytráček u. Metlička 2004: Miloslav Chytráček und Milan Metlička, *Die Höhensiedlungen der Hallstatt- und Latènezeit in Westböhmen*, Prag (Památky archeologické Supplementum 16).

Chytráček u. Šmejda 2006: Miloslav Chytráček und L. Šmejda, «Zur Bedeutung des Vladař in der Siedlungsstruktur der Hallstatt- und La-Tène-Zeit Westböhmens», in: M. Chytráček u. a. (Hrsg.), *Archäologische Arbeitsgemeinschaft Ostbayern/West- und Südböhmen*, Rahden/Westf., 50–67.

Chytráček 2007: Miloslav Chytráček, «Die Entwicklung der keltischen Gesellschaft und Fragen zur Kontinuität bzw. Diskontinuität in der hallstatt- und latènezeitlichen Besiedlung Westböhmens», in: Prammer u. a. 2007, 283–312.

Chytráček 2008: Miloslav Chytráček, «Die Nachahmung einer rotfigurigen Trinkschale aus der frühlatènezeitlichen Flachlandsiedlung von Chržín (Mittelböhmen) und das überregionale Verkehrsnetz der Hallstatt- und Frühlatènezeit in Böhmen», *Germania* 86, 47–101.

Chytráček u. a. 2010: Miloslav Chytráček, Alžběta Danielisová, Martin Trefný und Miloslav Slabina, «Zentralisierungsprozesse und Siedlungsdynamik in Böhmen (8.–4. Jh. v. Chr.)», in: Krause u. Beilharz 2010, II, 155–173.

Ciprés 1993: P. Ciprés, *Guerra y Sociedad en la Hispania Indoeuropea*, Vitoria/Gasteiz.

Čižmář 2001: Miloš Čižmář, «Ökonomische Struktur des Oppidums Staré Hradisko», in: Dobiat u. a. 2001, 297–313.

Čižmář 2004: Miloš Čižmář, *Encyklopedie hradišt' na Moravě a ve Slezsku*, Prag.

Čižmář 2005: Miloš Čižmář, *Keltské oppidum Staré Hradisko*, 2. Aufl., Olomouc.

Čižmářová 2004: Jana Čižmářová, *Encyklopedie Keltů na Moravě a ve Slezsku*, Prag.

Čižmářová 2005: Jana Čižmářová, *Keltské pohřebiště v Brně-Maloměřicich*, Brno (Pravěk Supplementum 14).

Clackson 2007: James Clackson, *Indo-European linguistics: an introduction*, Cambridge.

Clarke 2001: Katherine Clarke, «An island nation. Re-reading Tacitus' *Agricola*», *Journal of Roman Studies* 91, 94–112.

Clémençon u. Ganne 2009: Bernard Clémençon und Pierre M. Ganne, «Toutatis chez les Arvernes: les graffiti à Totates du bourg routier antique de Beauclair (communes de Giat et Voingt, Puy-de-Dôme)», *Gallia* 66.2, 153–170.

Cliquet 1993: Dominique Cliquet (Hrsg.), *Les Celtes en Normandie. Les rites funéraires en Gaule (IIIème – Ier siècle avant J.-C.)*, Rennes (RAO Supplément 6, ACAFEAF 14).

Colbert de Beaulieu u. Fischer 1998: Jean-Baptiste Colbert de Beaulieu und Brigitte Fischer, *Les légendes monétaires*, Paris (RIG 4).

Coles 2007: John Coles, «Pre-Roman Iron Age boats and rocks in the north: reality and reflection», in: Gosden 2007, 43–53.

Colin 1998: Anne Colin, *Chronologie des oppida de la Gaule non méditerranéenne: contribution à l'étude des habitats de la fin de l'âge du Fer*, Paris.

Collet u. Flouest 1997: S. Collet und J.-L. Flouest, «Activités métallurgiques et commerce avec le monde méditerranéen au Ve siècle avant J.-C. à Bragny-sur-Saône (Saône-et-Loire)», in: Brun u. Chaume 1997, 165–172.

Collis 1995: John Collis, «George Buchanan and the Celts in Britain», in: Black u. a. 1999, 91–107.

Collis 1996: John Collis, «Hill-forts, enclosures and boundaries», in: Champion u. Collis 1996, 87–94.

Collis 2000: John Collis, «Celtic oppida», in: M. Hansen (Hrsg.), *A Comparative Study of Thirty City-State Cultures*, Kopenhagen, 229–240.

Collis 2001: John Collis (Hrsg.), *Society and settlement in Iron Age Europe*, Sheffield (ACAFEAF 18).

Collis 2003: John Collis, *The Celts: Origins, Myths, Inventions*, Stroud.

Collis 2006: John Collis, «Rethinking the Celts. The impact of historiography and archaeology», in: Rieckhoff 2006, 97–110.

Collis 2007a: John Collis, «Celts and Politics», in: Rieckhoff u. Sommer 2007, 136–144.

Collis 2007b: John Collis, «Die Entwicklung des Kelten-Konzepts in Britannien während des 18. Jahrhunderts», in: Birkhan 2007, 111–126.

Collis 2010: John Collis, «Zentralisierung und Urbanisierung in Europa nördlich der Alpen während der Eisenzeit», in: Krause u. Beilharz 2010, I, 77–91.

Colonna 2002: G. Colonna, «Celti e celtomachie nell'arte etrusca», in: Poli 2002, 163–187.

Cooney 1996: Gabriel Cooney, «Building the future on the past: archaeology and the construction of national identity in Ireland», in: Díaz-Andreu u. Champion 1996, 146–163.

Cooney u. a. 2009: G. Cooney, K. Becker, J. Coles, M. Ryan und S. Sievers (Hrsg.), *Relics of old decency: archaeological studies in later prehistory. Festschrift for Barry Raftery*, Dublin.

Cordie-Hackenberg u. a. 1992: Rosemarie Cordie-Hackenberg, Regina Geiß-Dreier, Andrei Miron, Angelika Wigg u. a., *Hundert Meisterwerke keltischer Kunst. Schmuck und Kunsthandwerk zwischen Rhein und Mosel*, Trier (Ausstellungskatalog).

Cordie-Hackenberg 1993: Rosemarie Cordie-Hackenberg, *Das eisenzeitliche Hügelgräberfeld von Bescheid, Kreis Trier-Saarburg*, Trier.

Cordie 2006: Rosemarie Cordie, «Zu den latènezeitlichen Grabgärten von Wederath/*Belginum*», in: Teegen u. a. 2006, 251–263.

Cordie 2007: Rosemarie Cordie, «Holzgefäße in keltischen Gräbern des keltisch-römischen Gräberfeldes von Wederath Belginum», in: Kelzenberg u. a. 2007, 119–128.

Coşkun 2004: Altay Coşkun, «Die tetrarchische Verfassung der Galater und die Neuordnung des Ostens durch Pompeius», in: Heftner u. Tomaschitz 2004, 687–704.

Cottam u. a. 2010: Elizabeth Cottam, Philip de Jersey, Chris Rudd und John Sills, *Ancient British Coins*, Aylsham.

Coulon 1994: Gérard Coulon, *L'enfant en Gaule romaine*, Paris.

Coulon 2006: Gérard Coulon, *Les Gallo-Romains. Vivre, travailler, croire, se distraire, 51 av. J.-C. – 486 apr. J.-C.*, Paris.

Coulon 2007: Gérard Coulon, *Les voies romaines en Gaule*, Paris.

Craven 2007: Pamela Elizabeth Craven, *The final feast: an examination of the significant Iron Age amphora burials in north-west Europe in relation to the Mediterranean symposium and feasting ritual*, Oxford (BAR IS 1605).

Creighton 2000: John Creighton, *Coins and Power in Late Iron Age Britain*, Cambridge.

Cubero 1999: Carmen Cubero, «Agricultura y recolección en el Área celtibérica a partir de datos paleocarpológicos», in: Burillo Mozota 1999b, 47–61.

Cunliffe 1987: Barry Cunliffe, *Hengistbury Head, Dorset. 1: the Prehistoric and Roman settlement 3500 BC–AD 500*, Oxford.

Cunliffe 1991a: Barry Cunliffe, «Maritime Traffic Between the Continent and Britain», in: Moscati 1991, 573–580.

Cunliffe 1991b: Barry Cunliffe, «Hillforts», in: Moscati 1991, 581–586.

Cunliffe 1991c: Barry Cunliffe, «Danebury», in: Moscati 1991, 606.

Cunliffe 1997: Barry Cunliffe, *The Ancient Celts*, Oxford.

Cunliffe 2003: Barry Cunliffe, *Danebury Hillfort*, Stroud.

Cunliffe 2005: Barry Cunliffe, *Iron Age Communities in Britain: an account of England, Scotland and Wales from the seventh century BC until the Roman conquest*, 4. Aufl., London.

Cunliffe u. Koch 2010: Barry Cunliffe und John T. Koch (Hrsg.), *Celtic from the West. Alternative Perspectives from Archaeology, Genetics, Language and Literature*, Oxford.

Curchin 2004: Leonard Curchin, *The Romanization of Central Spain. Complexity, diversity and change in a provincial hinterland*, London.

Curdy 2009: Philippe Curdy, *Rituels funéraires chez les Sédunes. Les necropolis du second âge du Fer en Valais central (IVe – Ier siècle av. J.-C.)*, Lausanne (CAR 112).

Curdy 2010: Philippe Curdy, «Les passages des Alpes centrals à l'âge du Fer: quelques réflexions», in: J.-P. Le Bihan und J.-P. Guillaumet (Hrsg.), *Routes du monde et passages obligés de la Protohistoire au haut Moyen Âge*, Quimper, 143–160.

Curley 2009: Thomas M. Curley, *Samuel Johnson, the Ossian fraud, and the Celtic revival in Great Britain and Ireland*, Cambridge.

Cuscito 2001: Giuseppe Cuscito (Hrsg.), *I Celti nell'Alto Adriatico*, Trieste.

Dämmer 1978: Heinz-Werner Dämmer, *Die bemalte Keramik der Heuneburg. Die Funde aus den Grabungen von 1950–1973*, Tübingen (HS 4).

Daire 2002: Marie-Yvane Daire, «Armorica in the Context of Atlantic and Cross-Channel Contacts During the La Tène Period», in: Lang u. Salač 2002, 160–172.

Daire 2003: Marie-Yvane Daire, *Le sel des Gaulois*, Paris.

Daire 2005: Marie-Yvane Daire, *Les stèles de l'Age du Fer dans l'Ouest de la Gaule. Réflexions sur le monde des morts et le monde des vivants*, Saint-Malo.

Dal Ri u. Tecchiati 2002: Lorenzo Dal Ri und Umberto Tecchiati, «I *Gewässerfunde* nella preistoria e protoistoria dell'area alpina centromeridionale», in: Zemmer-Plank 2002, 457–492.

Dandoy u. a. 2002: Jeremiah R. Dandoy, Page Selinsky und Mary M. Voigt, «Celtic Sacrifice. Grim deposits of butchered bones attest ritual slaughter by Galatians at Gordion», *Archaeology* 55, 44–49.

Danielisová 2005: Alsbieta Danielisová, «Die Oppida von Staré Hradisko und České Lhotice: neue Methoden und Erkenntnisse», *Alt-Thueringen* 38, 301–310.

Danielisová u. Mangel 2008: Alsbieta Danielisová und Tomáš Mangel, *České Lhotice: Keltské oppidum na úpatí Železných hor*, Nasavrky.

Dannheimer u. Gebhard 1993: H. Dannheimer und R. Gebhard (Hrsg.), *Das keltische Jahrtausend*, Mainz (Ausstellungskatalog).

Darbyshire u. a. 2000: G. Darbyshire, S. Mitchell, L. Vardar, «The Galatian Settlement in Asia Minor», *Anatolian Studies* 50, 75–97.

David J.-M. 2010: Jean-Michel David, *La romanisation de l'Italie*, Paris.

David W. 2008: Wolfgang David, «Gunst und ‹Fluch› einer vorzüglichen verkehrs- und wirtschaftsgeographischen Lage. Das keltische Oppidum von Manching und seine Erhaltung als einzigartiges Bodendenkmal», in: Benková 2008, 85–110.

David W. 2010: Wolfgang David, *Ursprung der keltischen Archäologie: Die Brücke von Latène. Ein Schauplatz grausamer Menschenopfer?*, Manching (Begleitheft zur Ausstellung im Kelten-Römer-Museum Manching).

David-de Palacio 2010: Marie-France David-de Palacio, «Le Gaulois et le Germain dans la littérature antiquisante en France et en Allemagne (1870–1918): reflets de l'identité nationale», in: Dominique Peyrache-Leborgne (Hrsg.), *Le romanesque et l'historique: marge et écriture*, Nantes, 131–154.

Davies 2002: Hugh Davies, *Roads in Roman Britain*, Stroud.

Davies 2008: John Arthur Davies, *The land of Boudica: Prehistoric and Roman Norfolk*, Oxford.

Davies 2010: John Arthur Davies (Hrsg.), *The Iron Age in Northern East Anglia: new work in the land of the Iceni*, Oxford (BAR BS 549).

Davis 2002: Daniel R. Davis (Hrsg.), *The development of Celtic linguistics, 1850–1900*, 6 Bände, London.

de Bernardo Stempel 1991: Patrizia de Bernardo Stempel, «Die Sprache altbritannischer Münzlegenden», *ZCP* 44, 36–55.

de Bernardo 1998: Patrizia de Bernardo, «Minima Celtica zwischen Sprach- und Kulturgeschichte», in: P. Anreiter, L. Bartosiewicz, E. Jerem und W. Meid (Hrsg.), *Man and the Animal World. Studies in archaeozoolgy, archaeology, anthropology, and palaeolinguistics in memoriam Sándor Bökönyi*, Budapest, 601–610.

de Bernardo Stempel 2003: Patrizia de Bernardo Stempel, «Die sprachliche Analyse keltischer Theonyme», *ZCP* 53, 41–69.

de Bernardo Stempel 2006: Patrizia de Bernardo Stempel, «Language and the historiography of Celtic-speaking peoples», in: Rieckhoff 2006, 35–56.

de Bernardo Stempel 2007: Patrizia de Bernardo Stempel, «Varietäten des Keltischen auf der Iberischen Halbinsel: Neue Evidenzen», in: Birkhan 2007, 149–162.

de Bernardo 2008: Patrizia de Bernardo, «Linguistically Celtic ethnonyms: towards a classification», in: García Alonso 2008a, 101–118.

de Bernardo Stempel 2010: Patrizia de Bernardo Stempel, «La ley del 1er Bronce de Botorrita: Uso agropecuario de una encinar sagrado», in: Burillo Mozota 2010, 123–145.

de Hoz u. a. 2005: Javier de Hoz, Eugenio R. Luján und Patrick Sims-Williams (Hrsg.), *New Approaches to Celtic Place Names in Ptolemy's Geography*, Madrid.

de Jersey 2006: Philip de Jersey (Hrsg.), *Celtic coinage. New discoveries, new discussion*, Oxford.

de Marinis 1991: Raffaele Carlo de Marinis, «The Golasecca Culture», in: Moscati 1991, 93–102.

de Marinis 2001: Raffaele Carlo de Marinis, «L'età del Ferro in Lombardia: stato attuale delle conoscenze e problemi aperti», in: *La protostoria in Lombardia*, Como, 27–96.

de Navarro 1955: J. M. de Navarro, «A Doctor's Grave of the Middle La Tène Period from Bavaria», *Proceedings of the Prehistoric Society* 21, 231–248.

Dechezleprêtre u. a. 2010: Thierry Dechezleprêtre u. a., *Sur les traces d'Apollon: Grand la gallo-romaine*, Paris.

Defente 2003: Virginie Defente, *Les Celtes en Italie du Nord*, Rom (CEFR 312).

Deforce u. a. 2009: Koen Deforce, Jan Bastiaens, Hans Van Calster und Sofie Vanhoutte, «Iron age acorns from Boezinge (Belgium): the role of acorn consumption in prehistory», *AK* 39, 381–392.

Dehn u. a. 2005: Rolf Dehn, Markus Egg und Rüdiger Lehnert, *Das hallstattzeitliche Fürsten-grab im Hügel 3 von Kappel am Rhein in Baden*, Mainz (RGZM M 63).

Deiss 2008: Bruno Deiss, «Zur Struktur und Orientierung der Grabensysteme um die Fürs-tengrabhügel am Glauberg», in: *Glauberg* 2008, 279–294.

Delamarre 2003: Xavier-Delamarre, *Dictionnaire de la langue gauloise*, 2., überarb. u. erw. Aufl., Paris.

Delamarre 2007: Xavier Delamarre, *Noms de personnes celtiques dans l'épigraphie celtique. Nomina Celtica antiqua selecta inscriptionum*, Paris.

Delaplace u. France 2011: Christine Delaplace und Jérôme France, *Histoire des Gaules (VIᵉ siècle av. J.-C. – VIᵉ siècle ap. J.-C.)*, 4., überarb. u. erw. Aufl., Paris.

Delestrée u. Tache 2002–2008: Louis-Pol Delestrée und Marcel Tache, *Nouvel atlas des mon-naies gauloises*, 3 Bände und Supplement, Saint-Germain-en-Laye.

Demetz 1999: Stefan Demetz, *Fibeln der Spätlatène- und frühen römischen Kaiserzeit in den Alpenländern*, Rahden/Westf.

Demoule 1999: Jean-Paule Demoule, *Chronologie et société dans les nécropoles celtiques de la cul-ture Aisne-Marne du VIᵉ au IIIᵉ siècle avant notre ère*, Amiens.

Demoule 2006: Jean-Paule Demoule, «Migrations et theories migratoires aux époques pré-historiques et protohistoriques», in: Vitali 2006, 17–28.

Dent 2010: John Strickland Dent, *The Iron Age in East Yorkshire: an analysis of the later prehisto-ric monuments of the Yorkshire Wolds and the culture which marked their final phase*, Oxford (BAR BS 508).

Depeyrot 2002–2008: Georges Depeyrot, *Le numéraire celtique*, 8 Bände, Wetteren (CM 27–28, 36, 41, 44–47).

Derks 1998: Ton Derks, *Gods, temples and ritual practices. The transformation of religious ideas and values in Roman Gaul*, Amsterdam.

Derks 2006: Ton Derks, «Le grand sanctuaire de Lenus Mars à Trèves et ses dédicaces privées: une réinterprétation», in: Dondin-Payre u. Raepsaet-Charlier 2006, 239–270.

Desenne u. a. 2010: Sophie Desenne, Claudine Pommepuy und Jean-Paul Demoule, *Bucy-le-Long (Aisne, France): une nécropole de la Tène ancienne (Vᵉ–IVᵉ s. avant notre ère)*, Senlis.

Deyts 1992: Simone Deyts, *Images des dieux de la Gaule*, Paris.

Deyts 1998: Simone Deyts (Hrsg.), *À la rencontre des dieux gaulois, un défi à César*, Paris (Aus-stellungskatalog).

Deyts 2001: Simone Deyts, «*Sequana*, source et fleuve (iconographie et épigraphie)», in: Bedon 2001, 421–430.

Dhennequin u. a. 2008: L. Dhennequin, J.-P. Guillaumet und M. Szabó (Hrsg.), «L'Oppidum de Bibracte (Mont Beuvray, France). Bilan de 10 années de recherches (1996–2005)», *Acta Archaeologica Academiae Scientiarum Hungaricae* 59, 1–152.

Diaz-Andreu 2007: Margarita Díaz-Andreu, *A World History of Nineteenth-Century Archaeo-logy. Nationalism, Colonialism, and the Past*, Oxford.

Díaz-Andreu u. Champion 1996: Margarita Díaz-Andreu und Timothy Champion (Hrsg.), *Nationalism and archaeology in Europe*, London.

Díaz Santana 2002: Beatriz Díaz Santana, *Los celtas en Galicia. Arqueología y política en la crea-ción de la identidad gallega*, Noria.

Dietler 1994: Michael Dietler, «‹Our Ancestors the Gauls›: Archaeology, Ethnic Nationalism and the Manipulation of Celtic Identity in Modern Europe», *American Anthropologist* 94, 584–605.

Dietler 2006: Michael Dietler, «Celticism, Celtitude and Celticity. The consumption of the past in the age of globalization», in: Rieckhoff 2006, 237–248.

Dietler 2010: Michael Dietler, *Archaeologies of colonialism: consumption, entanglement and violence in ancient Mediterranean France*, Berkeley, Calif.

Dietler u. Py 2003: Michael Dietler und Michel Py, «The Warrior of Lattes: an Iron Age statue discovered in Mediterranean France», *Antiquity* 77, 780–795.

Dietrich u. a. 2009: Eduard Dietrich, Patrice Méniel, Patrick Moinat und Claudia Nitu, «Le site helvète du Mormont (canton de Vaud, Suisse): resultats de la campagne de 2008», *Jahrbuch Archäologie Schweiz* 92, 247–251.

Dietrich-Weibel u. a. 1998: Barbara Dietrich-Weibel, Geneviève Lüscher und Thierry Kilka, *Posieux / Châtillon-sur-Glâne: Keramik / Céramiques (6.–5. Jh. v. Chr. / VIe–Ve siècles av. J.-C.)*, Fribourg.

Dihle 1994: Albrecht Dihle, *Die Griechen und die Fremden*, München.

Dobesch 1989a: Gerhard Dobesch, «Zur Einwanderung der Kelten in Oberitalien», *Tyche* 4, 45–86 (= Dobesch 2001a, 685–780).

Dobesch 1989b: Gerhard Dobesch, «Caesar als Ethnograph», *Wiener Humanistische Blätter* 31, 18–51.

Dobesch 1991: Gerhard Dobesch, «Ancient Literary Sources», in: Moscati 1991, 35–41.

Dobesch 1995: Gerhard Dobesch, *Das europäische «Barbaricum» und die Zone der Mediterrankultur. Ihre historische Wechselwirkung und das Geschichtsbild des Poseidonios*, Wien.

Dobesch 1996: Gerhard Dobesch, «Überlegungen zum Heerwesen und zur Sozialstruktur der Kelten», in: Jerem u. a. 1996, 13–71 (= Dobesch 2001a, 577–683).

Dobesch 2001a: Gerhard Dobesch, *Ausgewählte Schriften. Band 2 Kelten und Germanen*, hrsg. v. Herbert Heftner und Kurt Tomaschitz, Wien u. a.

Dobesch 2001b: Gerhard Dobesch, «Handel und Wirtschaft der Kelten in antiken Schriftquellen», in: Dobiat u. a. 2001, 1–25.

Dobesch 2004: Gerhard Dobesch, «Zentrum, Peripherie und ‹Barbaren› in der Urgeschichte und der Alten Geschichte», in: H. Friesinger und A. Stuppner (Hrsg.), *Zentrum und Peripherie – Gesellschaftliche Phänomene in der Frühgeschichte*, Wien, 11–93.

Dobesch 2007: Gerhard Dobesch, «Außenpolitische Strukturen der antiken Keltenstämme: ein Überblick», in: Birkhan 2007, 163–181.

Dobiat u. a. 2001: Claus Dobiat, Susannes Sievers und Thomas Stöllner (Hrsg.), *Dürrnberg und Manching. Wirtschaftsarchäologie im ostkeltischen Raum*, Bonn (KVF 7).

Dobrzańska 2005: Halina Dobrzańska (Hrsg.), *Celts on the margin. Studies in European cultural interaction*, Krakau.

Dörrer 2006: Olaf Dörrer, «Späthallstattzeitliche Hahnanhänger am *Caput Adriae*», in: Teegen u. a. 2006, 433–454.

Domergue u. a. 2006: Claude Domergue, Vincent Serneels, Béatrice Cauuet, Jean-Marie Pailler und Simon Orzechowski, «Mines et metallurgies en Gaule à la fin de l'âge du Fer et à l'époque romaine», in: Paunier 2006, 131–162.

Domergue 2007: Claude Domergue, «La sidérurgie extractive en Transalpine et dans la Gaule indépendante à la fin de l'âge du Fer. Essai de mise en parallèle», in: Milcent 2007b, 17–34.

Dondin-Payre u. Raepsaet-Charlier 1999: Monique Dondin-Payre und Marie-Thérèse Raepsaet-Charlier (Hrsg.), *Cités, Municipes, Colonies. Le processus de municipalisation en Gaule et en Germanie sous le Haut Empire romain*, Paris.

Dondin-Payre u. Raepsaet Charlier 2001: Monique Dondin-Payre und Marie-Thérèse Raepsaet-Charlier (Hrsg.), *Noms, identités culturelles et Romanisation sous le Haut-Empire*, Bruxelles.

Dondin-Payre u. Raepsaet-Charlier 2006: Monique Dondin-Payre und Marie-Thérèse

Raepsaet-Charlier (Hrsg.), *Sanctuaires, pratiques cultuelles et territories civiques dans l'Occident Romain*, Brüssel.

Dondin-Payre u. Heinimann 2009: M. Dondin-Payre und A. Heinimann, «Trésors et biens de temples. Réflexions à partir de cas des Gaules: Neuvy, Champoulet, Cobannus (Éduens)», *Archiv für Religionswissenschaft* 11, 2009, 89–120.

Dooley 1999: Ann Dooley und Harry Roe, *Tales of the Elders of Ireland*, translated with an introduction and notes, Oxford.

Dooley 2006: Ann Dooley, *Playing the hero: Reading the Irish saga Táin Bó Cuailnge*, Toronto.

Doyen 2008: Jean-Marc Doyen, *Économie, monnaie et société à Reims sous l'Empire romain: recherches sur la circulation monétaire en Gaule septentrionale interieure*, Reims.

Doyen 2010: Jean-Marc Doyen (Hrsg.), *Les monnaies du sanctuaire celtique et de l'agglomération romaine de Ville-sur-Lumes, Saint Laurent (dep. des Ardennes, France)*, Wetteren (CM 106).

Drda 1994: Petr Drda, «Le site de Závist et le développement du réseau des oppida en Bohême», *EC* 30, 115–125.

Drda 2001: Petr Drda, «Wirtschaftliche Strukturen am Beispiel böhmischer Oppida (Závist)», in: Dobiat u. a. 2001, 287–296.

Drda u. Rybová 1997: Petr Drda und Alena Rybová, «Keltská oppida v centru Boiohaema», *Památky archeologické* 88, 65–123.

Drda u. Rybová 2008: Petr Drda und Alena Rybová, *Akropole na hradišti Závist v 6.–4. stol. př. Kr.*, Prag (Památky archeologické Supplementum 19).

Drescher 1995: H. Drescher, «Die Verarbeitung von Buntmetall auf der Heuneburg», in: Gersbach 1995, 255–364.

Drescher 2000: H. Drescher, «Der Gießereifund unter Fürstengrabhügel 4 und die Verarbeitung von Buntmetall in der Heuneburg-Außensiedlung», in: Kurz 2000, 189–250.

Driehaus 1983: Jürgen Driehaus, «Gerätespuren und Handwerksgerät. Ein Beitrag zur Metallbearbeitung während der späten Hallstatt- und frühen Latènezeit», in: Jankuhn u. a. 1981–1983, II, 50–66.

von den Driesch 1993: A. von den Driesch, «Haustierhaltung und Jagd bei den Kelten in Süddeutschland», in: Dannheimer u. Gebhard 1993, 126–133.

Dubois 1972: Claude-Gilbert Dubois, *Celtes et Gaulois au XVIᵉ siècle. Le développement littéraire d'un mythe nationaliste*, Paris.

Dueck u. a. 2005: Daniala Dueck, Hugh Lindsay und Sarah Pothecary (Hrsg.), *Strabo's cultural geography. The making of a Kolossourgia*, Cambridge.

Dürrwächter 2009: Claudia Dürrwächter, *Time, space and innovation: an archaeological case study on the Romanization of the north-western provinces (50 BC to AD 50)*, Oxford (BAR IS 2011).

Düwel u. a. 1985: Klaus Düwel, Herbert Jankuhn, Harald Siems und Dieter Timpe (Hrsg.), *Untersuchungen zu Handel und Verkehr der vor- und frühgeschichtlichen Zeit in Mittel- und Nordeuropa. Teil I: Methodische Grundlagen und Darstellungen zum Handel in vorgeschichtlicher Zeit und in der Antike*, Göttingen.

Duignan 1976: M. V. Duignan, «The Turoe stone: its place in Insular La Tène art», in: Duval P.-M. u. Hawkes 1976, 201–218.

Dupré 2001: Nicole Dupré, «Les grands fleuves de l'Hispanie et et de Gaule dans la *Géographie* de Strabon», in: Bedon 2001, 457–471.

Duval A. 1990: Alain Duval (Hrsg.), *Les Gaulois d'Armorique. La fin de l'Age du Fer en Europe tempérée*, Rennes (RAO Supplément 3, ACAFEAF 12).

Duval A. 1994: Alain Duval (Hrsg.), *Vercingétorix et Alésia*, Paris.

Duval P.-M. u. Hawkes 1976: Paul-Marie Duval und C. F. C. Hawkes (Hrsg.), *Celtic art in ancient Europe: five protohistoric centuries*, London.

Duval P.-M. u. Pinault 1986: Paul-Marie Duval und Georges Pinault, *Les calendriers (Coligny, Villards d'Héria)*, Paris (RIG 3).

Duval P.-M. 2009: Paul-Marie Duval, *Les Celtes*, neue Aufl., Paris (L'univers des formes: Les grandes civilisations).

Ebnöther 2004: Christa Ebnöther, «Brenodor – Brenodurum im Brennpunkt: Fakten, Fragen und Perspektive. Zu den Ergebnissen der Sondierungen von 2000 im Vicus Reichenbachwald (Bern-Engehalbinsel)», *Jahrbuch Archäologie Schweiz* 87, 282–296.

Echt 1999: Rudolf Echt, *Das Fürstinnengrab von Reinheim. Studien zur Kulturgeschichte der Früh-La-Tène-Zeit*, Bonn (SBA 69).

Echt 2000: Rudolf Echt, «Dionysos et Minerve chez les Celtes: Bijoux et vaiselles de la tombe princière de Reinheim comme source de la religion celtique ancienne», *Cahiers Lorrains* 3, 253–270.

Echt 2003: Rudolf Echt (Hrsg.), *Beiträge zur Eisenzeit und zur gallo-römischen Zeit im Saar-Mosel-Raum*, Bonn (SASTUMA 9).

Echt 2004: «Äußerer Anstoß und innerer Wandel – drei Thesen zur Entstehung der Latènekunst», in: Guggisberg 2004a, 203–214.

Echt 2007: Rudolf Echt, «Geklebt, genietet, hinter Gitter: Korallen im Kunsthandwerk der Früh-La-Tène-Zeit», in: Kelzenberg u. a. 2007, 71–94.

Echt u. Thiele 1994: Rudolf Echt und Wolf-Rüdiger Thiele, *Von Wallerfangen bis Waldalgesheim: ein Beitrag zu späthallstatt- und frühlatènezeitlichen Goldschmiedearbeiten*, Bonn (SASTUMA 3).

Eckardt u. Crummy 2008: Hella Eckardt und Nina Crummy, *Styling the body in Late Iron Age and Roman Britain: a contextual approach to toilet instruments*, Montagnac 2008 (IM 36).

Egeler 2011: Matthias Egeler, *Walküren, Bodbs, Sirenen: Gedanken zur religionsgeschichtlichen Anbindung Nordwesteuropas an den mediterranen Raum*, Berlin (RGA E 71).

Egg u. Pare 1993: Markus Egg und Christopher Pare, «Keltische Wagen und ihre Vorläufer», in: Dannheimer u. Gebhard 1993, 209–218.

Egg u. Zeller 2005: Markus Egg und Kurt W. Zeller, «Zwei hallstattzeitliche Grabkammern vom Dürrnberg bei Hallein. Befunde und Funde», *AK* 35 (2005) 345–60.

Egg u. a. 2006: Markus Egg, Maya Hauschild und Martin Schönfelder, «Zum frühlatènezeitlichen Grab 994 mit figural verzierter Schwertscheide von Hallstatt (Oberösterreich)», *JRGZM* 53, 175–216.

Eggert 2003: Manfred K. H. Eggert, «Über Zimelien und Analogien: Epistemologisches zum sogenannten Südimport der späten Hallstatt- und frühen Latènekultur», in: M. Heinz, M. K. H. Eggert und U. Veit (Hrsg.), *Zwischen Erklären und Verstehen? Beiträge zu den erkenntnistheoretischen Grundlagen archäologischer Interpretation*, Münster u. a., 175–194.

Eggert 2007: Manfred K. H. Eggert, «Wirtschaft und Gesellschaft im früheisenzeitlichen Mitteleuropa: Überlegungen zum ‹Fürstenphänomen›», *FBW* 29, 255–302.

Eggert 2008: Manfred K. H. Eggert, *Prähistorische Archäologie – Konzepte und Methoden*, Stuttgart.

Eggl u. a. 2008: Christiana Eggl, P. Trebsche, I. Balzer, J. Fries-Knoblach, J. K. Koch, H. Nortmann und J. Wiethold (Hrsg.), *Ritus und Religion in der Eisenzeit*, Langenweißbach (BUFM 49).

Eggl 2009: Christiana Eggl, «Überlegungen zur demographischen Repräsentanz und Aussagekraft latènezeitlicher Bestattungsplätze», in: Bagley u. a. 2009, 323–334.

Eibner 2000–01: Alexandrine Eibner, «Die Stellung der Frau in der Hallstattkultur anhand der bildlichen Zeugnisse», *Mitteilungen der Anthropologischen Gesellschaft Wien* 130–131, 107–136.

Eibner 2001: Alexandrine Eibner, «Die Eberjagd als Ausdruck eines Heroentums? Zum Wandel des Bildinhalts in der Situlenkunst am Beginn der Latènezeit», in: B. Gediga, A. Mierzwiński und W. Piotrowski (Hrsg.), *Die Kunst der Bronzezeit und der frühen Eisenzeit in Mitteleuropa*, Breslau u. a., 231–279.

Eibner 2004: Alexandrine Eibner, «Die Bedeutung der Jagd im Leben der eisenzeitlichen Gesellschaft – dargestellt anhand der Bildüberlieferungen», in: Heftner u. Tomaschitz 2004, 621–644.

Ellmers 1969: Detlev Ellmers, «Keltischer Schiffbau», *JRGZM* 16, 73–122.

Ellmers 1989: Detlev Ellmers, «Die Archäologie der Binnenschiffahrt in Europa nördlich der Alpen», in: H. Jankuhn, W. Kimmig und E. Ebel (Hrsg.), *Untersuchungen zu Handel und Verkehr der vor- und frühgeschichtlichen Zeit in Mittel- und Nordeuropa*, Teil V, Göttingen, 291–350.

Ellmers 2010: Detlev Ellmers, «Der Krater von Vix und der Reisebericht des Pytheas von Massalia – Reisen griechischer Kaufleute über die Rhône nach Britannien im 6.–4. Jh. v. Chr.», *AK* 40, 363–381.

Eluère 1987: Christiane Eluère, *Das Gold der Kelten*, München.

Eluère u. a. 1987: Christiane Eluère, «Un chef d'œuvre de l'orfevrerie celtique: Le casque d'Agris», *Bulletin de la Société préhistorique française* 84, 8–22.

Eluère 2004: Christiane Eluère, *L'art des Celtes*, Paris.

d'Encarnação 2008: José d'Encarnação (Hrsg.), *Divindades Indígenas em análise*, Coimbra.

van Endert 1987a: Dorothea van Endert, *Das Osttor des Oppidums von Manching*, Stuttgart (AM 10).

van Endert 1987b: Dorothea van Endert, *Die Wagenbestattungen der späten Hallstattzeit und der Latènezeit im Gebiet westlich des Rheins*, Oxford (BAR IS 355).

van Endert 1991: Dorothea van Endert, *Die Bronzefunde aus dem Oppidum von Manching. Kommentierter Katalog*, Stuttgart (AM 13).

van Endert 1997: Dorothea van Endert, «Le Marienberg à Würzburg (Bavière) pendant la période du Hallstatt D2/3 et son environnement naturel et archéologique», in: Brun u. Chaume 1997, 23–26.

Eska 2003: Joseph F. Eska, «On syntax and semantics in Alise-Sainte-Reine (Côte-d'Or), again», *Celtica* 24, 101–120.

Eska 2004: Joseph F. Eska, «Continental Celtic», in: R. D. Woodard (Hrsg.), *Encyclopedia of the World's Ancient Languages*, Cambridge, 857–880.

Eska u. Mercado 2005: Joseph F. Eska und Angelo O. Mercado, «Observations on verbal art in ancient Vergiate», *Historische Sprachforschung* 118, 160–184.

Eska 2010: Joseph F. Eska, «Contact and the Celtic Languages», in: Raymond Hickey (Hrsg.), *The Handbook of Language Contact*, London, 538–549.

Eska u. Wallace 1999: Joseph F. Eska und Rex E. Wallace, «The linguistic milieu of Oderzo 7», *Historische Sprachforschung* 112, 122–136.

Eska u. Wallace 2002: Joseph F. Eska und Rex E. Wallace, «Thoughts on Vercelli *eu*», *JIES* 30, 129–44.

Esmonde Cleary 2008: A. Simon Esmonde Cleary, *Rome in the Pyrenees. Lugdunum and the Convenae from the first century B.C. to the seventh century A.D.*, London.

Ettel 2002: Peter Ettel, «Höhlen und Schachthöhlen – die Nutzung von Höhlen als Kultplätze in Mitteleuropa vom Neolithikum bis in die Latènezeit», in: Zemmer-Plank 2002, 391–410.

Euskirchen 1993: Marion Euskirchen, «Epona», *BRGK* 74, 607–850.

Evans D. E. 1957: D. Ellis Evans, *Gaulish Personal Names. A study of some Continental Celtic formations*, Oxford.

Evans D. E. 1999: D. Ellis Evans, «Linguistics and Celtic Ethnogenesis», in: Black u. a. 1999, 1–18.

Evans N. 2010: Nicholas Evans, *The Present and the Past in Medieval Irish Chronicles*, Woodbridge.

Evans T. L. 2004: Thomas L. Evans, *Quantitative identities: a statistical summary and analysis of Iron Age cemeteries in North-Eastern France, 600–130 BC*, Oxford (BAR IS 1226).

Evans u. Roberts 2009: Dewi W. Evans and Brynley F. Roberts (Hrsg.), *Edward Lhuyd, Archaeologia Britannica: texts and translations*, Aberystwyth.

Facchini 1997: G. M. Facchini, «Romanizzazione e romanità nella regione insubrica», in: F. Ricci (Hrsg.), *Archeologia della Regio Insubrica*, Como, 55–66.

Falileyev 2007: Alexander Falileyev, *Celtic Dacia. Personal names, place-names and ethnic names of Celtic origin in Dacia and Scythia Minor*, Aberystwyth.

Falileyev u. a. 2010: Alexander Falileyev, A. E. Gohil und N. Ward, *Dictionary of Continental*

Celtic Place-Names. A Celtic Companion to the Barrington Atlas of the Greek and Roman World, Aberystwyth.

Falkenstein 2004: F. Falkenstein, «Anmerkungen zur Herkunftsfrage des Gundestrupkessels», *Prähistorische Zeitschrift* 79, 57–88.

Farrell u. Penny 1975: A. W. Farrell und S. Penny, «The Broighter boat: a reassessment», *Irish Archaeological Research Forum* 2, 15–28.

Fauduet 2004: Isabelle Fauduet, «Sanctuaires ruraux et *villae* en Gaule», in: Bedon 2004, 405–427.

Fauduet 2008: Isabelle Fauduet, «Divinités honorées dans les sanctuaires des Trois Gaules: témoignages épigraphiques», in: Häussler 2008a, 95–110.

Fauduet 2010: Isabelle Fauduet, *Les temples de tradition celtique en Gaule romaine*, neue überarb. u. erw. Aufl., Paris.

Fellmann 1999: Rudolf Fellmann, «Das Zinktäfelchen vom Thormebodewald auf der Enge-halbinsel bei Bern und seine keltische Inschrift», *Archäologie im Kanton Bern* 4B, 133–175.

Fellmann 2004: Rudolf Fellmann, «Gobannus, une divinité gauloise et galloromaine pratiquement inconnue», in: Heftner u. Tomaschitz 2004, 747–755.

Ferdière 2004: Alain Ferdière, «Archéologie funéraire et société en Gaule romaine. Interpre-tation ou surinterpretation?», in: Baray 2004, 121–130.

Ferdière 2005: Alain Ferdière, *Les Gaules (Province des Gaules et Germanies, Provinces Alpi-nes). IIe siècle av. – Ve siècle ap. J.-C.*, Paris.

Ferdière 2006: Alain Ferdière, «L'époque romaine», in: Ferdière u. a. 2006, 65–140.

Ferdière u. a. 2006: Alain Ferdière, François Malrain, Véronique Matterne, Patrice Méniel, Anne Nissen Jaubert, unter Mitarbeit von Bénédicte Pradat, *Histoire de l'agriculture en Gaule*, Paris.

Ferdière 2011: Alain Ferdière, *La Gaule Lyonnaise*, Paris.

Fernández Castro 2002: María Cruz Fernández Castro, *El yacimiento y el santuario de Torrepa-redones*, Oxford (BAR IS 1030).

Fernández-Götz 2009: Manuel A. Fernández-Götz, «Ethnische Interpretationen in der Ei-senzeitarchäologie», in: *Kelten am Rhein. Akten des dreizehnten Internationalen Keltologiekon-gresses*, Mainz, I, 13–23.

Fernoux u. Stein 2007: Henri-Louis Fernoux und Christian Stein (Hrsg.), *Aristocratie antique: modèles et exemplarité sociale*, Dijon.

Ferris 2011: I. M. Ferris, «The Pity of War: Representations of Gauls and Germans in Roman Art», in: Erich S. Gruen (Hrsg.), *Cultural identity in the ancient Mediterranean*, Los Angeles, Calif.

Feugère u. Guillot 1986: Michel Feugère und Antonin Guillot, «Fouilles de Bragny, 1. Les petits objets dans le contexte du Hallstatt final», *RAE* 37, 159–221.

Feugère 1989: Michel Feugère (Hrsg.), *Le verre préromain en Europe occidentale*, Montagnac.

Feugère u. Lambert 2004: Michel Feugère und Pierre-Yves Lambert (Hrsg.), *L'écriture dans la société gallo-romaine: éléments d'une réflexion collective*, Paris (Gallia 61).

Fichtl 2002: Stephan Fichtl, «Les courants économiques dans le nord-est de la Gaule à La Tène finale et l'évolution des oppida», in: Lang u. Salač 2002, 173–186.

Fichtl 2003: Stephan Fichtl (Hrsg.), *Les oppida du Nord-Est de la Gaule à La Tène finale*, Straß-burg (Archaeologia Mosellana 5).

Fichtl 2004: Stephan Fichtl, *Les peuples gaulois: IIIe–Ier siècles av. J.-C.*, Paris.

Fichtl 2005: Stephan Fichtl, *La ville celtique (Les ‹oppida› de 150 av. J.-C. à 15 ap. J.-C.)*, 2., überarb. u. erw. Aufl., Paris.

Fichtl 2006: Stephan Fichtl, «L'émergence des *civitates* en Gaule et dans le monde celtique», in: Haselgrove 2006, 41–54.

Fichtl 2009: Stephan Fichtl, «La villa gallo-romaine, un modèle gaulois? Réflexions sur un plan canonique», in: Grunwald u. a. 2009, 439–448.

Fichtl 2010: Stephan Fichtl (Hrsg.), *Murus celticus. Architecture et fonctions des remparts de l'âge du fer*, Glux-en-Glenne (CB 19).

Field 2003: Naomi Field, *Fiskerton: an Iron Age timber causeway with Iron Age and Roman votive offerings; the 1981 excavations*, Oxford.

Filippini u. Pescher 2009: Anne Filippini u. Benoît Pescher, «Die Entdeckung einer Produktionsstätte von Fibeln in Bourges ‹Port-Sec sud› (dép. Cher)», *AK* 39, 77–93.

Fischer 1972: Franz Fischer, «Die Kelten bei Herodot», *Madrider Mitteilungen* 13, 109–125.

Fischer 1973: Franz Fischer, «ΚΕΙΜΗΛΙΑ. Bemerkungen zur kulturgeschichtlichen Interpretation des sogenannten Südimports in der späten Hallstatt- und frühen Latènekultur des westlichen Mitteleuropa», *Germania* 51, 436–459 (= Fischer 2006, 1–29).

Fischer 1983a: Franz Fischer, «Das Handwerk bei den Kelten zur Zeit der Oppida», in: Jankuhn u. a. 1981–1983, II 34–49.

Fischer 1983b: Franz Fischer, «Thrakien als Vermittler iranischer Metallkunst an die frühen Kelten», in: R. M. Boehmer und H. Hauptmann (Hrsg.), *Beiträge zur Altertumskunde Kleinasiens*, Mainz, 181–202.

Fischer 1985a: Franz Fischer, «Der Handel der Mittel- und Spät-Latène-Zeit in Mitteleuropa aufgrund archäologischer Zeugnisse», in: Düwel u. a. 1985, 285–298.

Fischer 1985b: Franz Fischer, «Caesar und die Helvetier. Neue Überlegungen zu einem alten Thema», *Bonner Jahrbücher* 185, 1–26 (= Fischer 2006, 213–245).

Fischer u. a. 1987: Franz Fischer, Peter Eichhorn, Ulrich Zwicker, Ernst Ludwig Richter, Christoph J. Raub und Christiane Eluère, «Studien zum Silberring von Trichtingen», *FBW* 12, 205–250.

Fischer 1988: Franz Fischer, «Celtes et Achéménides», in: J.-P. Mohen, A. Duval und Ch. Eluère (Hrsg.), *Les princes celtes et la Méditerranée*, Paris, 21–32.

Fischer 1992: Franz Fischer, «Gold und Geld. Gedanken zum Schatz von Erstfeld», *Helvetia archaeologica* 23, 118–138 (= Fischer 2006, 67–102).

Fischer 1993: Franz Fischer, «Vom Oxus zum Istros. Ein Beitrag zur Interpretation kultureller Beziehungen», *Istanbuler Mitteilungen* 43, 319–329 (= Fischer 2006, 103–119).

Fischer 1999: Franz Fischer, «Caesar und Ariovist. Studien zum Verständnis des Feldzugsberichts», *Bonner Jahrbücher* 1999, 31–68 (= Fischer 2006, 311–360).

Fischer 2004: Franz Fischer, «Caesars strategische Planung für Gallien», in: Heftner u. Tomaschitz 2004, 305–315.

Fischer 2006: Franz Fischer, *An Oberrhein und oberer Donau: Beiträge zur Vor- und Frühgeschichte Südwestdeutschlands*, Rahden/Westf. (OFAA 10).

Fischer u. a. 2010: E. Fischer, M. Rösch, M. Sillman, O. Ehrmann, H. Liese-Kleiber, R. Voigt, A. Stobbe, A. J. Kalis, E. Stephan, K. Schatz und A. Posluschny, «Landnutzung im Umkreis der Zentralorte Hohenasperg, Heuneburg und Ipf», in: Krausse u. Beilharz 2010, II, 195–265.

Fitzpatrick 1996: Andrew Fitzpatrick, «‹Celtic› Iron Age Europe: The Theoretical Basis», in: P. Graves-Brown, S. Jones und C. Gamble (Hrsg.), *Cultural Identity and Archaeology*, London, 238–251.

Fitzpatrick 2007: Andrew Fitzpatrick, «Druids: towards an archaeology», in: Gosden 2007, 287–318.

Fleischer 2007: Felix Fleischer, *Siedlungsarchäologie auf dem Mont Beuvray*, 3 Bände, Leipzig.

Fless 2002: Friederike Fless, «Zur Konstruktion antiker Feindbilder – Das Beispiel der ‹Großen Gallier›», in: Cain u. Rieckhoff 2002, 59–70.

Flouest 1991: Jean-Loup Flouest, «Bragny-sur-Saône (Saône-et-Loire). Metallurgy Center, Fifth Century B. C.», in: Moscati 1991, 118–119.

Flutsch 2002: Laurent Flutsch (Hrsg.), *Römische Zeit*, Basel (SPM V).

Forssman 1989: Bernhard Forssman (Hrsg.), *Erlanger Gedenkfeier für Johann Kaspar Zeuss*, Erlangen.

Forsyth 1997: Katherine Forsyth, *Language in Pictland. The case against ‹non-Indo-European Pictish›*, Utrecht.

Fortson 2010: Benjamin Fortson, *Indo-European Language and Culture. An Introduction*, 2. Aufl., Oxford.

Foster 1991: Jennifer Foster, «Gussage All Saints», in: Moscati 1991, 608.

Foulon 2000/01: E. Foulon, «Polybe et les Celtes», *Les Études classiques* 68, 319–354 und 69, 35–64.

Fournier u. Milcent 2007: L. Fournier und P.-Y. Milcent, «Actualité des recherches sur l'économie du fer protohistorique dans la Région Centre», in: Milcent 2007b, 85–106.

Fox 1946: Cyril Fox, *A find of the Early Iron Age from Llyn Cerrig Bach, Anglesey*, Cardiff.

Frakes 2009: James F. D. Frakes, *Framing public life: the portico in Roman Gaul*, Wien.

Fredengren 2007: Christina Fredengren, «Lisnacrogher in a landscape context», *JRSAI* 137, 29–41.

Freeman 1996: Philip M. Freeman, «The Earliest Greek Sources on the Celts», *EC* 32, 11–48.

Freeman 2001a: Philip Freeman, *The Galatian Language. A comprehensive survey of the language of the ancient Celts in Greco-Roman Asia Minor*, Lewiston, N. Y.

Freeman 2001b: Philip Freeman, *Ireland and the Classical World*, Austin, Texas.

Freeman 2006: Philip Freeman, *The Philosopher and the Druids. A journey among the ancient Celts*, New York.

Freeman 2007: Philip Freeman, *The Best Training-ground for Archaeologists. Francis Haverfield and the invention of Romano-British Archaeology*, Oxford.

Freeman 2010: Philip M. Freeman, «Ancient References to Tartessos», in: Cunliffe u. Koch 2010, 303–334.

Frere 1991: Sheppard Frere, *Britannia: a history of Roman Britain*, 3., stark erw. Auflage, London.

Frère 2006: Dominique Frère (Hrsg.), *De la Méditerranée vers l'atlantique. Aspects des relations entre la Méditerranée et la Gaule centrale et occidentale (VIIIᵉ–IIᵉ siècle av. J.-C.)*, Rennes.

Frey 1985: Otto-Herman Frey, «Zum Handel und Verkehr während der Frühlatènezeit in Mitteleuropa», in: Düwel u. a. 1985, 231–257.

Frey 1992: Otto-Herman Frey, «Kunst und Kunsthandwerk der Kelten», in: Cordie-Hackenberg u. a. 1992, 13–30.

Frey 1995: Otto-Herman Frey, «The Celts in Italy», in: Green 1995, 515–532.

Frey 1996a: Otto-Herman Frey, «The Celts in Italy», *Studia Celtica* 30, 59–82.

Frey 1996b: Otto-Herman Frey, «Zu den figürlichen Darstellungen aus Waldalgesheim», in: Stöllner 1996, 95–115.

Frey 1998: Otto-Herman Frey, «‹Hallstatt und Altitalien›. Zur Bedeutung des mediterranen Imports», in: Bartoloni u. a. 1998, 265–284.

Frey 2000: Otto-Herman Frey, «Keltische Großplastik», *RGA* 16, 395–407.

Frey 2002: Otto-Herman Frey, «Menschen oder Heroen? Die Statuen vom Glauberg und die frühe keltische Großplastik», in: Baitinger u. Pinsker 2002, 208–218.

Frey 2004a: Otto-Herman Frey, «Zur Kampfesweise der Kelten», in: Heftner u. Tomaschitz 2004, 645–652.

Frey 2004b: Otto-Herman Frey, «A new approach to early Celtic art», *PRIA* 104 C, 107–129.

Frey 2004c: Otto-Herman Frey, «The Celtic Concept of the Gods. Some Preliminary Remarks», in: C. Hourihane (Hrsg.), *Irish Art. Historical Studies in Honour of Peter Harbison*, Dublin, 25–46.

Frey 2004d: Otto-Herman Frey, «Der westliche Hallstattkreis und das adriatische Gebiet», in: Guggisberg 2004a, 55–63.

Frey 2006: Otto-Herman Frey, «Die Kunst der Kelten als Gegenstand der prähistorischen Forschung», in: Rieckhoff 2006, 15–31.

Frey 2007: Otto-Herman Frey, *Keltische Kunst in vorrömischer Zeit*, Marburg 2007 (Kleine Schriften aus dem Vorgeschichtlichen Seminar der Philipps-Universität Marburg 57).

Frey 2009: Otto-Herman Frey, «Massalia und die Keltiké», in: Grunwald u. a. 2009, 449–466.

Freyberger 1999: Bert Freyberger, *Südgallien im 1. Jahrhundert v. Chr. Phasen, Konsequenzen und Grenzen römischer Eroberung (125–27/22 v. Chr.)*, Wiesbaden.

Fries 1995: Janine Claudia Fries, *Vor- und frühgeschichtliche Agrartechnik auf den Britischen Inseln und dem Kontinent. Eine vergleichende Studie*, Espelkamp (IA 26).

Fries 2005: Jana Esther Fries, *Die Hallstattzeit im Nördlinger Ries*, Kallmünz/Opf. (Material-hefte zur bayerischen Vorgeschichte A 88).

Fries-Knoblach 2001: Janine Fries-Knoblach, *Gerätschaften, Verfahren und Bedeutung der eisen-zeitlichen Salzsiederei in Mittel- und Nordwesteuropa*, Leipzig (Leipziger Forschungen zur Ur- und Frühgeschichtlichen Archäologie 2).

Fries-Knoblach 2002: Janine Fries-Knoblach, *Die Kelten: 3000 Jahre europäischer Kultur und Geschichte*, Stuttgart.

Fries-Knoblach 2006: Janine Fries-Knoblach, «Von Kopf bis Fuß. Zu Vorkommen und Deutung von Fundkomplexen mit Schädel und Extremitätenenden von Haustieren», in: Teegen u. a. 2006, 33–48.

Fries-Knoblach 2009: Janine Fries-Knoblach, «Die Gründungsweise eisenzeitlicher Ge-bäude im südlichen Mitteleuropa», in: *Kelten am Rhein. Akten des dreizehnten Internationalen Keltologiekongresses*, Mainz, I, 181–197.

Fritsch 2004: Thomas Fritsch, *Der Ringwall «Hunnenring» bei Otzenhausen. Ein Führer zu den Zeugnissen aus keltischer und römischer Zeit*, Köln.

Füllgrabe 2010: Jörg Füllgrabe, «Das Fürstengrab vom Glauberg. Grabhügel – Tempel – Ob-servatorium?», in: Stüber u. a. 2010, 89–107.

Fulford 2007: Michael Fulford, «Coasting Britannia: Roman trade and traffic around the shores of Britain», in: Gosden 2007, 54–74.

Furger-Gunti 1982: Andres Furger-Gunti, «Der Goldfund von Saint-Louis bei Basel und ähnliche keltische Schatzfunde», *Zeitschrift für Schweizerische Archäologie und Kunstgeschichte* 39, 1–48.

Furger-Gunti 1991: Andres Furger-Gunti, «The Celtic War Chariot. The Experimental Re-construction in the Schweizerisches Landesmuseum», in: Moscati 1991, 356–359.

Furger u. a. 2001: Andres Furger, Cornelia Isler-Kerényi, Stefanie Jacomet, Christian Rus-senberger und Jörg Schibler, *Die Schweiz zur Zeit der Römer. Multikulturelles Kräftespiel vom 1. bis 5. Jahrhundert*, Zürich (AKS 3).

Furger 2003: Andres Furger, *Die Helvetier. Kulturgeschichte eines Keltenvolkes*, 6. Aufl., Zürich (AKS 2).

Gabaldón Martínez 2004: María del Mar Gabaldón Martínez, *Ritos de armas en la Edad del Hierro. Armamento y lugares de culto en el antiguo Mediterráneo y el mundo Celta*, Madrid.

Galsterer 1992: Hartmut Galsterer, «Des Éburons aux Agrippiniens», *Cahiers du Centre Gus-tave Glotz* 3, 107–121.

Gans 2006/07: Henning Gans, «Der Hund bei Epona: eine ‹reitende Matrone› aus der Sammlung Wilhelm Scheuermann», *TZ* 69/70, 137–165.

Garbolino Boot 2003: Giorgio Garbolino Boot, *L'Italia dei Celti*, Turin.

Garcia 2004: Dominique Garcia, *La Celtique méditerranéenne. Habitats et sociétes en Languedoc et en Provence XVIIIe–I^e siècles av. J.-C.*, Paris.

Garcia 2005: Dominique Garcia, «Urbanization and Spatial Organization in Southern France and North-Eastern Spain during the Iron Age», in: Osborne u. Cunliffe 2005, 169–186.

Garcia 2006a: Dominique Garcia, «Les Celtes de Gaule méditerranéenne. Définition et ca-ractérisation», in: Szabó 2006a, 63–76.

Garcia 2006b: «Religion et société. La Gaule méridionale», in: Goudineau 2006, 135–164.

Garcia 2010: Dominique Garcia, «Zwischen Mittelmeer und Keltikè. Urbanisierungspro-zesse in Südgallien während der Eisenzeit», in: Krausse u. Beilharz 2010, II, 51–59.

Garcia u. Verdin 2002: Dominique Garcia und Florence Verdin (Hrsg.), *Territoires celtiques. Espaces ethniques et territoires des agglomérations protohistoriques d'Europe occidentale*, Paris (ACAFEAF 24).

Garcia u. Vital 2006: Dominique Garcia und Joël Vital, «Dynamiques culturelles de l'âge du Bronze et de l'âge du Fer dans le sud-est de la Gaule», in: Vitali 2006, 63–80.

García Alonso 2003: Juan Luis García Alonso, *La Península Ibérica en la «Geografía» de Claudio Ptolomeo*, Vitoria.

García Alonso 2006: Juan Luis García Alonso, «-*Briga* Toponyms in the Iberian Peninsula», *e-Keltoi* 6, 689–714.

García Alonso 2008a: Juan Luis García Alonso (Hrsg.), *Celtic and Other Languages in Ancient Europe*, Salamanca.

García Alonso 2008b: Juan Luis García Alonso, «Ethnic names in Hispania», in: García Alonso 2008a, 83–100.

García Fernández Albalat 1990: Blanca García Fernández Albalat, *Guerra y religión en la Gallaecia y la Lusitania antiguas*, La Coruña.

García Jiménez 2006: Gustavo García Jiménez, *Entre Íberos y Celtas: Las espadas de tipo La Tène del noreste de la Península Ibérica*, Madrid.

García Moreno 2006: Luis A. García Moreno, «Celtic place- and personal names in Spain and the socio-political structure and evolution of the Celtiberians», *e-Keltoi* 6, 675–688.

García Quintela 2005: Marco V. García Quintela, «Celtic Elements in Northwestern Spain in Pre-Roman times», *e-Keltoi* 6, 497–570.

García Quintela u. Santos Estévez 2008: Marco V. García Quintela und Manuel Sántos Estévez, *Santuarios de la Galicia céltica. Arqueología del paisaje y religiones comparadas en la Edad del Hierro*, Madrid.

García Ramón 2011: José Luis García Ramón, «Galo *gutuater*», in: Luján u. García Alonso 2011, 191–199.

García Riaza 2002: Enrique García Riaza, *Celtíberos y Lusitanos frente a Roma. Diplomacia y derecho de guerra*, Vitoria.

Gardner 2005: Andrew Gardner, *An archaeology of identity. Soldiers and society in late Roman Britain*, London.

Garman 2008: Alex Gustav Garman, *The cult of the Matronae in the Roman Rhineland: an historical evaluation of the archaeological evidence*, Lewiston, NY.

Garrow u. a. 2008: Duncan Garrow, Chris Gosden und J. D. Hill (Hrsg.), *Rethinking Celtic Art*, Oxford.

Gaskill 2009: Howard Gaskill (Hrsg.), *The reception of Ossian in Europe*, London.

Gaspar 2007: Nicolas Gaspar, *Die keltischen und gallo-römischen Fibeln vom Titelberg*, Luxemburg.

Gassmann u. a. 2005: Guntram Gassmann, Andreas Hauptmann, Christian Hübner, Thomas Ruthardt und Ünsal Yalşin, *Forschungen zur keltischen Eisenerzverhüttung in Südwestdeutschland*, Stuttgart (FBVFBW 92).

Gassmann u. a. 2006: Guntram Gassmann, M. Rösch und G. Wieland, «Das Neuenbürger Erzrevier im Nordschwarzwald als Wirtschaftsraum während der Späthallstatt- und Frühlatènezeit», *Germania* 84, 273–308.

Gebhard 1989: Rupert Gebhard, *Der Glasschmuck aus dem Oppidum von Manching*, Stuttgart (AM 11).

Gebhard 1991: Rupert Gebhard, *Die Fibeln aus dem Oppidum von Manching*, Stuttgart (AM 14).

Gebhard u. Wagner 2001: Rupert Gebhard und Ursel Wagner, «Das wirtschaftliche Umfeld von Manching: Möglichkeiten von Keramik-Untersuchungen», in: Dobiat u. a. 2001, 243–252.

Gehrke 2005: Hans-Joachim Gehrke, «Heroen als Grenzgänger zwischen Griechen und Barbaren», in: E. Gruen (Hrsg.), *Cultural Borrowings and Ethnic Appropriations in Antiquity*, Stuttgart, 50–67.

Genin 2002: Martine Genin (Hrsg.), *Céramiques de la Graufesenque et autres productions d'époque romaine: nouvelles recherches. Hommages à Bettina Hoffmann*, Montagnac (AHR 7).

Gersbach 1995: Egon Gersbach, *Die Baubefunde der Perioden IVc–IVa der Heuneburg*, Mainz (HS 9, RGF 53).

Gersbach 1996: Egon Gersbach, *Baubefunde der Perioden IIIb–Ia der Heuneburg*, Mainz (HS 10, RGF 56).

Gersbach 2006: Egon Gersbach, *Die Heuneburg bei Hundersingen, Gemeinde Herbertingen. Eine Wehrsiedlung / Burg der Bronze- und frühen Urnenfelderzeit und ihre Stellung im Siedlungsgefüge an der oberen Donau*, Stuttgart (FBVFBW 96).

Gersbach 2009: Egon Gersbach, «Zu den wirtschaftlichen Grundlagen des hallstattzeitlichen ‹Fürstensitzes› auf der Heuneburg bei Herbertingen-Hundersingen, Kreis Sigmaringen», in: Bagley u. a. 2009, 191–204.

Gersbach u. Hopert 1989: Egon Gersbach und Sabine Hopert, *Ausgrabungsmethodik und Stratigraphie der Heuneburg*, Mainz (HS 6, RGF 45).

Giles 2007: Melanie Giles, «Refiguring rights in the Early Iron Age landscapes of East Yorkshire», in: Haselgrove u. Pope 2007, 103–118.

Ginoux 2009: Nathalie Ginoux, *Élites guerrières au Nord de la Seine au début du IIIe siècle av. J.-C.: la nécropole celtique du Plessis-Gassot (Val-d'Oise)*, Villeneuve d'Ascq.

Giraud 2009: Pierre Giraud (Hrsg.), *Gaulois sous les pommiers. Découvertes de l'âge du fer en Basse-Normandie, IXe–Ier siècle av. J. C.*, Cabourg.

Glansdorp 2005: Edith Glansdorp, *Das Gräberfeld «Margarethenstraße» in Dillingen-Pachten. Studien zu gallo-römischen Bestattungssitten*, Bonn (SBA 80).

Glauberg 2008: Hessisches Landesmuseum Darmstadt und Landesamt für Denkmalpflege Hessen, Archäologie und Paläontologie (Hrsg.), *Der Glauberg in keltischer Zeit. Zum neuesten Stand der Forschung*, Wiesbaden (Fundberichte aus Hessen Beiheft 6).

Gleirscher 2002: Paul Gleirscher, «Alpine Brandopferplätze», in: Zemmer-Plank 2002, 591–634.

Gleirscher u. a. 2002: Paul Gleirscher, Hans Nothdurfter und Eckehart Schubert, *Das Runger Egg: Untersuchungen an einem eisenzeitlichen Brandopferplatz bei Seis am Schlern in Südtirol*, Mainz (RGF 61).

Gleirscher 2008: Paul Gleirscher, «Menschen- und Tieropfer aus der Durezza-Schachthöhle über Warmbad Villach?», in: Lauermann u. Trebsche 2008, 143–152.

Gleser 2005: Ralf Gleser, *Studien zu sozialen Strukturen der historischen Kelten in Mitteleuropa aufgrund der Gräberanalyse. Die keltisch-römische Nekropole von Hoppstädten-Weiersbach im Kontext latènezeitlicher Fundgruppen und römischer Okkupation*, Bonn (SBA 81).

Glunz 1997: Bettina E. Glunz, *Studien zu den Fibeln aus dem Gräberfeld von Hallstatt*, Oberösterreich, Linz.

Göbel u. a. 1991: Jennifer Göbel, Axel Hartmann, Hans-Eckart Joachim und Volker Zedelius, «Der spätkeltische Goldschatz von Niederzier», *BJ* 19, 27–84.

Göbl 1992: Robert Göbl, *Münzprägung und Geldverkehr der Kelten in Österreich*, Wien.

Goffaux 2006: Bertrand Goffaux, «Formes d'organisation des cultes dans la Colonia Augusta Emerita (Lusitanie)», in: Dondin-Payre u. Raepsaet-Charlier 2006, 51–97.

Goffaux 2011: Bertrand Goffaux, «Priests, *conuentus* and Provincial Organisation in Hispania Citerior», in: Richardson u. Santangelo 2011, 445–470.

Gomez de Soto 1991: José Gomez de Soto, «The Agris Helmet», in: Moscati 1991, 292–293.

Gómez Fraile 1999: José María Gómez Fraile, «La Geografía de Estrabón y el origin de los Celtíberos», in: Arenas Esteban 1999, 55–70.

Gómez Fraile 2001: José Maria Gómez Fraile, *Los Celtas en los valles altos del Duero y del Ebro*, Alcalá.

González-Ruibal 2004: Alfredo González-Ruibal, «Artistic Expression and Material Culture in Celtic Gallaecia», *e-Keltoi* 6, 113–166.

Gorges 2010: Jean Gérard Gorges (Hrsg.), *Naissance de la Lusitanie romaine (Ier s. av. – Ier s. ap. J.-C.)*, Toulouse.

Gorget u. Guillaumet 2007: Catherine Gorget und Jean-Paul Guillaumet (Hrsg.), *Le cheval et la danseuse: à la redécouverte du trésor de Neuvy-en-Sullias*, Paris (Ausstellungskatalog).

Gorphe 2009: Jacques Gorphe, *Le Trésor de Tayac*, Saint-Germain-en-Laye.

Gorrochategui u. de Bernardo Stempel 2004: Joaquín Gorrochategui und Patrizia de Bernardo Stempel (Hrsg.), *Die Kelten und ihre Religion im Spiegel der epigraphischen Quellen*, Vitoria-Gasteiz.

Gorrochategui 2011: Joaquín Gorrochategui, «Interferencias lingüísticas en el material epigráfico hispano-celta», in: Luján u. García Alonso 2011, 201–216.

Gosden 2007: Chris Gosden (Hrsg.), *Communities and connections: essays in honour of Barry Cunliffe*, Oxford.

Gosden 2010: Chris Gosden, «Dating Celtic Art: A major radiocarbon dating programme of Iron Age and early Roman metalwork in Britain», *Archaeological Journal* 166, 79–123.

Goudineau u. Peyre 1993: Christian Goudineau und Christian Peyre, *Bibracte et le Éduens: à la découverte d'un people gaulois*, Paris.

Goudineau u. a. 1994: Christian Goudineau, Isabelle Fauduet und Gérard Coulon (Hrsg.), *Les sanctuaires de tradition indigène en Gaule romaine. Actes du Colloque d'Argentomagus (Argenton-sur-Creuse / Saint-Marcel, Indre) 8, 9 et 10 Octobre 1992*, Paris.

Goudineau 2006: Christian Goudineau (Hrsg.), *Religion et société en Gaule*, Paris.

Goudineau u. Verdier 2006: Christian Goudineau und Paul Verdier, «Religion et science», in: Goudineau 2006, 27–77.

Goudineau 2009a: Christian Goudineau (Hrsg.), *Rites funéraires à Lvgdvnvm*, Paris.

Goudineau 2009b: Christian Goudineau, *Le dossier Vercingétorix*, Arles.

Goudineau u. a. 2010: Christian Goudineau, Vincent Guichard und Gilbert Kaenel (Hrsg.), *Colloque de synthèse. Paris, Collège de France, du 3 au 7 juillet 2006*, Glux-en-Glenne (CB 12,6).

Gräslund 1987: Bo Gräslund, *The birth of prehistoric chronology: dating methods and dating systems in nineteenth-century Scandinavian archaeology*, Cambridge.

Grasselt 2009: Thomas Grasselt (Hrsg.), *Zwischen Kelten und Germanen: Nordbayern und Thüringen im Zeitalter der Varusschlacht*, München u. Weimar (Ausstellungskatalog).

Grassi 1995: Maria Teresa Grassi, *La romanizzazione degli Insubri: Celti e Romani in Transpadana attraverso la documentazione storica ed archeologica*, Mailand.

Grassi 2009: Maria Teresa Grassi, *I celti in Italia*, 3. Aufl., Mailand.

Green 1991: Stephen Green, «Metalwork from Llyn Cerrig Bach», in: Moscati 1991, 609.

Green 1995: Miranda J. Green (Hrsg.), *The Celtic World*, London.

Green 2001: Miranda J. Green, *Dying for the gods. Human sacrifice in Iron Age and Roman Europe*, Stroud.

Greene 1972: David Greene, «The chariot as described in Irish literature», in: Charles Thomas (Hrsg.), *The iron age in the Irish sea province*, Cardiff, 59–73.

Grewenig 2010: Meinrad Maria Grewenig (Hrsg.), *Die Kelten: Druiden. Fürsten. Krieger. Das Leben der Kelten in der Eisenzeit vor 2500 Jahren*, Völklingen.

Grömer 2005: Karina Grömer, «The Textiles from the prehistoric Salt-mines at Hallstatt», in: Bichler u. a. 2005, 17–40.

Grömer 2007: Karina Grömer, «Ein Beitrag zur Handwerksgeschichte: Webtechnische Innovationen am Übergang von der Bronze- zur Eisenzeit», in: Karl u. Leskovar 2007, 253–263.

Groenman-van Waateringe 2001: Willy Groenman-van Waateringe, «Haut- und Fellreste vom Dürrnberg», in: Dobiat u. a. 2001, 117–122.

Groh u. Sedlmayer 2007: Stefan Groh und H. Sedlmayer (Hrsg.), *Blut und Wein. Keltisch-römische Kultpraktiken*, Montagnac (PE 10).

Gros 2008: Pierre Gros, *La Gaule narbonnaise. De la conquête romaine au IIIe siècle apr. J.-C.*, Paris.

Gruat u. Garcia 2009: Philippe Gruat und Dominique Garcia (Hrsg.), *Stèles et statues des Celtes du Midi de la France (VIIe–IVe s. av. J.-C.)*, Rodez.

Gruel 1989: Katherine Gruel, *La monnaie chez les Gaulois*, Paris.

Gruel u. Vitali 1998: Katherine Gruel und Daniele Vitali (Hrsg.), «L'*oppidum* de Bibracte: Un bilan de onze années de recherche (1984–1995)», *Gallia* 55, 1–140.

Gruel 2003: Katherine Gruel, «Du réalisme classique à la stylisation celtique dans les monnaies», in: Buchsenschutz u. a. 2003, 121–128.

Gruel u. Popovitch 2007: Katherine Gruel und Laurent Popovitch, *Les monnaies gauloises et romaines de l'oppidum de Bibracte*, Glux-en-Glenne (CB 13).

Grünert 2002: Heinz Grünert, *Gustaf Kossinna (1858–1931): vom Germanisten zum Prähistoriker. Ein Wissenschaftler im Kaiserreich und in der Weimarer Republik*, Rahden/Westf.

Grunwald u. a. 2009: Susanne Grunwald, Julia Katharina Koch, Doreen Mölders, Ulrike Sommer und Sabine Wolfram (Hrsg.), *arteFACT. Festschrift für Sabine Rieckhoff zum 65. Geburtstag*, Bonn (UPA 172).

Guerra 2010: Amílcar Guerra, «A propósito dos conceitos de ‹lusitano› et ‹Lusitânia›», *Palaeohispanica* 10, 81–98.

Guest u. Wells 2007: Peter Guest und Nick Wells, *Iron Age and Roman coins from Wales*, Wetteren 2007 (Collection Moneta 66).

Guggisberg 1996: Martin Guggisberg, «Der Goldschatz von Saint-Louis», in: *Trésors celtes et gaulois. Le Rhin supérieur entre 800 et 50 avant J.-C.*, Colmar (Ausstellungskatalog), 229–235.

Guggisberg 1998: Martin A. Guggisberg, «‹Zoomorphe Junktur› und ‹Inversion›. Zum Einfluss des skythischen Tierstils auf die frühkeltische Kunst», *Germania* 76, 549–572.

Guggisberg 2000: Martin A. Guggisberg, *Der Goldschatz von Erstfeld. Ein keltischer Bilderzyklus zwischen Mitteleuropa und der Mittelmeerwelt*, Basel (Antiqua 32).

Guggisberg 2002: Martin A. Guggisberg, «Keltisches Gold für die Götter der Alpen? Der Schatz von Erstfeld im Spiegel des alpinen Deponierungsbrauchtums», in: Zemmer-Plank 2002, 547–563.

Guggisberg 2004a: Martin A. Guggisberg (Hrsg.), *Die Hydria von Grächwil. Zur Funktion und Rezeption mediterraner Importe in Mitteleuropa im 6. und 5. Jahrhundert v. Chr.*, Bern (Schriften des Bernischen Historischen Museums 5).

Guggisberg 2004b: Martin A. Guggisberg, «Keimelia: Altstücke in fürstlichen Gräbern diesseits und jenseits der Alpen», in: Guggisberg 2004a, 175–192.

Guggisberg 2008: Martin A. Guggisberg, «Chronologische Fixpunkte der späten Hallstatt- und frühen Latènezeit. Der Beitrag der klassischen Archäologie», in: *Glauberg* 2008, 139–158.

Guichard u. a. 2000: Vincent Guichard, Susanne Sievers und Otto H. Urban (Hrsg.), *Les processus d'urbanisation à l'âge du Fer*, Glux-en-Glenne (CB 4).

Guichard u. Perrin 2002: Vincent Guichard und Franck Perrin (Hrsg.), *L'aristocratie celte à la fin de l'âge du Fer (IIᵉ s. avant J. C. – Iᵉʳ s. après J.-C.)*, Glux-en-Glenne (CB 5).

Guillaumet u. Bertin 1994: Jean-Paul Guillaumet und Danièle Bertin, *Les fibules de Bibracte: techniques et typologie*, Dijon.

Guillaumet 1996: Jean-Paul Guillamet, *L'artisanat chez les Gaulois*, Paris.

Guillaumet u. a. 1999: J.-P. Guillaumet, M. Szabó und Z. Czajlik, «Bilan des recherches franco-hongroises à Velem-Szentvid (1988–1994)», *Savaria* 24, 383–408.

Guillaumet 2003: Jean-Paul Guillaumet, «Les personnages accroupis: essai de classement», in: Buchsenschutz u. a. 2003, 171–182.

Guillaumet u. Szabó 2005: Jean-Paul Guillaumet und Miklós Szabó (Hrsg.), *Études sur Bibracte*, Glux-en-Glenne (CB 10).

Guštin 2006: Mitja Guštin, «Zu einigen Figuralmotiven im Gebiet der Taurisker», in: Teegen u. a. 2006, 115–131.

Guštin 2009: Mitja Guštin, «Der Torques – Geflochtener Drahtschmuck der Kelten und ihrer Nachbarn», in: Grunwald u. a. 2009, 477–486.

Hablitzel u. Stifter 2007: Hans Hablitzel und David Stifter (Hrsg.), *Johann Kaspar Zeuß im kultur- und sprachwissenschaftlichen Kontext (19. bis 21. Jahrhundert): Akten der Tagung in Kronach, 21. 7. – 23. 7. 2006*, Wien (Keltische Forschungen 2).

Härtl 2005: Petra Härtl, *Zur besonderen Bedeutung und Behandlung des menschlichen Kopfes innerhalb der Latènekultur Mittel- und Westeuropas*, Bonn (UPA 122).

Häussler u. King 2007–08: Ralph Häussler und Anthony C. King (Hrsg.), *Continuity and Innovation in Religion in the Roman West*, 2 Bände, Portsmouth.

Häussler 2008a: Ralph Häussler (Hrsg.), *Romanisation et épigraphie. Études interdisciplinaires sur l'acculturation et l'identité dans l'Empire romain*, Montagnac (AHR 17).

Häussler 2008b: Ralph Häussler, «Signes de la ‹romanisation› à travers l'épigraphie: possibilités d'interprétations et problèmes méthodologiques», in: Häussler 2008a, 9–30.

Häussler 2010: Ralph Häussler, «Ahnen- und Heroenkulte in Britannien und Gallien: Machtlegitimation oder Bewältigung innerer Krisen?», in: Rüpke u. Scheid 2010, 57–92.

Häussler 2011: Ralph Häussler, «Beyond ‹polis religion› and *sacerdotes publici* in Roman Gaul», in: Richardson u. Santangelo 2011, 391–428.

Haffner u. a. 1971–2006: Alfred Haffner, Rosemarie Cordie-Hackenberg und Marlene Sophia Kaiser, *Das keltisch-römische Gräberfeld von Wederath-Belginum*, 6 Bände, Mainz.

Haffner 1976: Alfred Haffner, *Die westliche Hunsruck-Eifel-Kultur*, Berlin.

Haffner u. a. 1989: Alfred Haffner u. a., *Gräber – Spiegel des Lebens. Zum Totenbrauchtum der Kelten und Römer am Beispiel des Treverer-Gräberfeldes Wederath-Belginum*, Mainz (Ausstellungskatalog).

Haffner 1991: Alfred Haffner, «The Princely Tombs of the Celts in the Middle Rhineland», in: Moscati 1991, 155–162.

Haffner u. Miron 1991: Alfred Haffner und Andrei Miron (Hrsg.), *Studien zur Eisenzeit im Hunsrück-Nahe-Raum*, Trier.

Haffner 1992a: Alfred Haffner, «Die keltischen Fürstengräber des Mittelrheingebietes», in: Cordie-Hackenberg u. a. 1992, 31–61.

Haffner 1992b: Alfred Haffner, «Die frühlatènezeitlichen Fürstengräber von Hochscheid im Hunsrück», *TZ* 55, 25–103.

Haffner 1993: Alfred Haffner, «Die keltischen Schnabelkannen von Basse-Yutz in Lothringen», *Archaeologia Mosellana* 2, 337–360.

Haffner 1995: Alfred Haffner (Hrsg.), *Heiligtümer und Opferkulte der Kelten*, Stuttgart.

Haffner u. von Schnurbein 2000: Alfred Haffner und Siegmar von Schnurbein (Hrsg.), *Kelten, Germanen, Römer im Mittelgebirgsraum zwischen Luxemburg und Thüringen*, Bonn (KVF 5).

Haffner u. Lage 2008/09: Alfred Haffner und Maren Lage, «Die frühkeltische Fürstengrabnekropole von Bescheid, ‹Bei den Hübeln›, Kreis Trier-Saarburg», *TZ* 71/72, 27–142.

Hailer 2008: Ulf Hailer, «Aspekte der Zentralortgenese und Urbanisierung in Etrurien und im Picenum zwischen dem 9. und 5. Jh. v. Chr», in: Krausse u. Steffen 2008, 415–433.

Hailer 2010: Ulf Hailer, «Überlegungen zur Herkunft der Lehmziegelbefestigung auf der Heuneburg», in: Krausse u. Beilharz 2010, II, 11–28.

Hainzmann 2007: Manfred Hainzmann (Hrsg.), *Auf den Spuren keltischer Götterverehrung*, Wien (MPKÖAW 64).

Hajdu u. Bofinger 2011: Rose Hajdu und Jörg Bofinger, *Keltengold: Die Schätze der Fürstengräber in einzigartigen Aufnahmen*, Ostfildern.

Hald 2009: Jürgen Hald, *Die Eisenzeit im Oberen Gäu. Studien zur hallstatt- und latènezeitlichen Besiedlungsgeschichte*, Stuttgart (MABW 86).

Hale 2004: Alex G. C. Hale, *Scottish Marine Crannogs*, Oxford (BAR BS 369).

Halkon 2007: P. Halkon, «‹Valley of the first Iron Masters›. Recent research on Iron Age iron production and its significance in the Foulness Valley, East Yorkshire», in: Milcent 2007b, 151–166.

Hamilton 1996: Elizabeth Garrett Hamilton, *Technology and social change in Belgic Gaul: copper working at the Titelberg, Luxembourg, 125 B. C. – A. D. 300*, Philadelphia, Pa.

Hannestad 1993: L. Hannestad, «Greeks and Celts: the creation of a myth», in: P. Bilde u. a. (Hrsg.), *Centre and Periphery in the Hellenistic World*, Aarhus (Studies in Hellenistic Civilisation 4), 15–38.

Hansen 2003: Leif Hansen, *Die Panzerung der Kelten. Eine diachrone und interkulturelle Untersuchung eisenzeitlicher Rüstungen*, Kiel.

Hansen u. Pare 2008: Leif Hansen und Christopher Pare, «Der Glauberg in seinem mikro- und makroregionalen Kontext», in: Krausse u. Steffen 2008, 57–96.

Hansen 2010: Leif Hansen, *Hochdorf VIII. Die Goldfunde und Trachtbeigaben des späthallstattzeitlichen Fürstengrabes von Eberdingen-Hochdorf (Kr. Ludwigsburg)*, Stuttgart (FBVFBW 118).

Harding 2004: Dennis William Harding, *The Iron Age in Northern Britain: Celts and Romans, natives and invaders*, London.

Harding 2007: Dennis William Harding, *The archaeology of Celtic art*, London.

Harding 2009: Dennis William Harding, *The Iron Age round-house. Later prehistoric building in Britain and beyond*, Oxford.

von Hase 1998: F.-W. von Hase, «Einige Überlegungen zum Fernhandel und Kulturtransfer in der jüngeren Hallstattzeit. Altitalien und Mitteleuropa», in: Bartoloni u. a. 1998, 285–320.

Haselgrove 1996: Colin Haselgrove, «Iron Age coinage: recent work», in: Champion u. Collis 1996, 67–86.

Haselgrove u. Lowther 2000: Colin Haselgrove und Pamela Lowther, «Les installations agricoles de l'âge du Fer en Grande-Bretagne», in: Marion u. Blancquaert 2000, 475–496.

Haselgrove 2001: Colin Haselgrove, «Iron Age Britain and its European setting», in: Collis 2001, 37–72.

Haselgrove 2002: Colin Haselgrove, «Contacts between Britain and the Continent during the Iron Age», in: Lang u. Salač 2002, 282–297.

Haselgrove 2005: Colin Haselgrove, «A new approach to analysing the circulation of Iron Age coinage», Numismatic chronicle 165, 129–174.

Haselgrove 2006: Colin Haselgrove (Hrsg.), Celtes et Gaulois. 4: Les mutations de la fin de l'âge du Fer, Glux-en-Glenne (CB 12,4).

Haselgrove u. Moore 2007: Colin Haselgrove und Tom Moore (Hrsg.), The Later Iron Age in Britain and beyond, Oxford.

Haselgrove u. Pope 2007: Colin Haselgrove und Rachel Pope (Hrsg.), The Earlier Iron Age in Britain and the near Continent, Oxford.

Haselgrove u. Wigg-Wolf 2005: Colin Haselgrove und David Wigg-Wolf (Hrsg.), Iron Age coinage and ritual practices, Mainz (Studien zu Fundmünzen der Antike 20).

Haselgrove 2012: Colin Haselgrove, «Chariots and context: new radiocarbon dates from Wetwang and the chronology of Iron Age burials and brooches in East Yorkshire», Oxford Journal of Archaeology 31, 161–189.

Hautenauve 2005: Hélène Hautenauve, Les torques d'or du second Âge du fer en Europe: techniques, typologies et symboliques, Rennes.

van Havre 2006: Grégoire van Havre, «Religion et municipalisation en Bretagne romaine», in: Dondin-Payre u. Raepsaet-Charlier 2006, 99–118.

Hecht u. a. 2007: Yolanda Hecht, Hannele Rissanen, Norbert Spichtig und Sophie Stelzle-Hüglin, «Die Suche nach den Namenlosen: Die breite Bevölkerung der spätlatènezeitlichen Siedlung Basel-Gasfabrik», in: Trebsche u. a. 2007, 71–83.

van Heesch u. Heeren 2009: Johan van Heesch und Inge Heeren (Hrsg.), Coinage in the Iron Age. Essays in honour of Simone Scheers, London.

Heftner u. Tomaschitz 2004: Herbert Heftner und Kurt Tomaschitz (Hrsg.), Ad Fontes! Festschrift für Gerhard Dobesch zum 65. Geburtstag am 15. September 2004 dargebracht von Kollegen, Schülern und Freunden, Wien.

Heinrichs 1999: Johannes Heinrichs, «Zur Verwicklung ubischer Gruppen in den Ambiorix-Aufstand des Jahres 54 v. Chr.», Zeitschrift für Papyrologie und Epigraphik 127, 275–293.

Henderson 1989: J. Henderson, «The evidence for regional production of Iron Age glass in Britain», in: Feugère 1989, 63–72.

Henderson 2007: Jon C. Henderson, The Atlantic Iron Age. Settlement and identity in the first millennium BC, London.

Henig 2002: Martin Henig, The heirs of king Verica. Culture and politics in Roman Britain, Stroud.

Hep 1996: A. Hep, «Ausgrabungen und Archäologen auf der Baarburg. Achtzig Jahre Forschungsgeschichte», Tugium 12, 57–70.

Herity 1983–84: Michael Herity, «A survey of the royal site of Cruachain in Connacht», JRSAI 112, 121–142 und 114, 125–138.

Hermary u. a. 1999: Antoine Hermary, Antoinette Hesnard und Henri Tréziny (Hrsg.), Marseille grecque. La Cité phocéenne (600–49 av. J.-C.), Paris.

Hernández Guerra 2005: Liborio Hernández Guerra, Pueblos prerromanos y romanización de la provincia de Soria, Soria.

Hernández Guerra 2007: Liborio Hernández Guerra (Hrsg.), El mundo religioso hispano bajo el Imperio Romano: pervivencias y cambios, Valladolid.

Herrmann u. Frey 1996: Fritz-Rudolf Herrmann und Otto-Herman Frey, *Die Keltenfürsten vom Glauberg*, Wiesbaden 1996 (Archäologische Denkmäler in Hessen 128/129).

Herz 2003: Peter Herz, «Matronenkult und kultische Mahlzeiten», in: Noelke u. a. 2003, 139–148.

Hickmann 2000: Ellen Hickmann u. a. (Hrsg.), *Studien zur Musikarchäologie*, Bd. 1–2, Rahden.

Hill 1995a: J. D. Hill, «The Pre-Roman Iron Age in Britain and Ireland (ca. 800 B. C. to A. D. 100): an overview», *Journal of World Prehistory* 9, 47–98.

Hill 1995b: J. D. Hill, *Ritual and Rubbish in the Iron Age of Wessex*, Oxford (BAR BS 242).

Hill 1996: J. D. Hill, «Hill-forts and the Iron Age of Wessex», in Champion u. Collis 1996, 95–116.

Hill 2007: J. D. Hill, «The dynamics of social change in Later Iron Age eastern and south-eastern England c. 300 BC–AD 43», in: Haselgrove u. Moore 2007, 16–40.

Hingley 2008: Richard Hingley, *The recovery of Roman Britain 1586–1906: a colony so fertile*, Oxford.

Hinman 2003: Mark Hinman, *A late Iron Age farmstead and Romano-British site at Haddon, Peterborough*, Oxford (BAR BS 358).

Hitz 2007: Hans-Rudolf Hitz, «Lassen sich die Inschriften von Glozel in Frankreich unter den Altkeltischen Texten einordnen?», in: Birkhan 2007, 279–305.

Hodson 1990: Frank Roy Hodson, *Hallstatt – the Ramsauer graves: quantification and analysis*, Bonn.

Höckmann 1991: U. Höckmann, «Gallierdarstellungen in der etruskischen Grabkunst des 2. Jahrhunderts v. Chr.», *Jahrbuch des Deutschen Archäologischen Instituts* 106, (1991) 199–230.

Hölscher 2000: Tonio Hölscher (Hrsg.), *Gegenwelten zu den Kulturen Griechenlands und Roms in der Antike*, München.

Hofeneder 2005: Andreas Hofeneder, *Die Religion der Kelten in den antiken literarischen Zeugnissen. I: Von den Anfängen bis Caesar*, Wien (MPKÖAW 59).

Hofeneder 2008: Andreas Hofeneder, *Die Religion der Kelten in den antiken literarischen Zeugnissen. II: Von Cicero bis Florus*, Wien (MPKÖAW 66).

Hofeneder 2011: Andreas Hofeneder, *Die Religion der Kelten in den antiken literarischen Zeugnissen. III: Von Arrianos bis zum Ausklang der Antike*, Wien (MPKÖAW 75).

Hofmann-de Keijzer u. a. 2005: Regina Hofmann-de Keijzer, Maarten R. van Bommel und Ineke Joosten, «Dyestuff and element analysis on textiles from the prehistoric salt-mines of Hallstatt», in: Bichler u. a. 2005, 55–72.

Holliday 1994: Peter J. Holliday, «Celtomachia: the representation of battles with Gauls on Etruscan funerary urns», *Etruscan Studies: Journal of the Etruscan Foundation* 1, 23–45.

Holzer 2007: Veronika Holzer, «Roseldorf/Sandberg (Österreich) – Ein keltisches Heiligtum nach dem Modell von Gournay-sur-Aronde», in: Groh u. Sedlmayer 2007, 77–90.

Holzer 2008a: Veronika Holzer, «Ein latènezeitlicher Getreidespeicher aus der keltischen Großsiedlung am Sandberg in Roseldorf (Niederösterreich)», *Germania* 86, 135–190.

Holzer 2008b: Veronika Holzer, «Der keltische Kultbezirk in Roseldorf/Sandberg, NÖ», in: Eggl u. a. 2008, 125–134.

Holzer 2008c: Veronika Holzer, «Der keltische Kulbezirk in Roseldorf/Sandberg (Niederösterreich)», in: Lauermann u. Trebsche 2008, 33–49.

Holzer 2009: Veronika Holzer, *Roseldorf. Interdisziplinäre Forschungen zur größten keltischen Zentralsiedlung Österreichs*, Wien.

Homo-Lechner u. Vendries 1993: Catherine Homo-Lechner und Christophe Vendries, *Le carnyx et la lyre: archéologie musicale en Gaule celtique et romaine*, Besançon.

Honeck 2009: Geneviève Honeck, «Fernhandelskontakte der Hallstattzeit als Medium des Kulturtransfers», in: Karl u. Leskovar 2009, 345–360.

Honegger 2009: Matthieu Honegger (Hrsg.), *Le site de La Tène. Bilan des connaissances – état de la question*, Neuchâtel (Archéologie neuchâteloise 43).

Hornung 2008: Sabine Hornung, *Die südöstliche Hunsrück-Eifel-Kultur. Studien zur Späthallstatt- und Frühlatènezeit in der deutschen Mittelgebirgsregion*, Bonn (UPA 153).

Hornung 2009: Sabine Hornung, «Eine spätlatènezeitliche Deponierung vom ‹Hunnenring› bei Otzenhausen, Lkr. St. Wendel, Saarland – Gedanken zu einer möglichen Deutung als Bauopfer», *AK* 39, 107–121.

Hornung 2010: Sabine Hornung (Hrsg.), *Mensch und Umwelt: archäologische und naturwissenschaftliche Forschungen zum Wandel der Kulturlandschaft um den «Hunnenring» bei Otzenhausen, Gem. Nonnweiler, Lkr. St. Wendel*, Bonn (UPA 192).

Hoselitz 2007: Virginia Hoselitz, *Imagining Roman Britain. Victorian responses to a Roman past*, London.

Hübener 1972: Wolfgang Hübener, «Die hallstattzeitliche Siedlung auf dem Kapf bei Villingen im Schwarzwald», in: Spindler 1971–80, II, 53–90.

Hüssen 2001: Claus-Michael Hüssen, «Keltische und germanische Funde im Umland von Manching», in: Dobiat u. a. 2001, 193–206.

Hüssen u. a. 2004: Claus-Michael Hüssen, Walter Irlinger und Werner Zanier (Hrsg.), *Spätlatènezeit und frühe römische Kaiserzeit zwischen Alpenrand und Donau*, Bonn (KVF 8).

Hunter 2001: Fraser Hunter, «The carnyx in Iron Age Europe», *AntJ* 81, 77–108.

Hunter 2009: Fraser Hunter, «The carnyx and other trumpets on Celtic coins», in: van Heesch u. Heeren 2009, 231–248.

Hutcheson 2004: Natasha C. G. Hutcheson, *Later Iron Age Norfolk: metalwork, landscape and society*, Oxford (BAR BS 361).

Hutton 2007: Ronald Hutton, *The Druids*, London.

Hutton 2009: Ronald Hutton, *Blood and Mistletoe. The history of the druids in Britain*, New Haven, Conn.

Ireland 1992: Aideen Ireland, «The finding of the ‹Clonmacnoise› gold torcs», *PRIA* C 92, 123–146.

Irlinger 1995: Walter Irlinger, *Der Dürrnberg bei Hallein. 4: Die Siedlung auf dem Ramsaukopf*, München (MBVF 48).

Irlinger 2001: Walter Irlinger, «Bemerkungen zur Verbreitung und wirtschaftlichen Struktur der offenen latènezeitlichen Siedlungen in Südbayern», in: Dobiat u. a. 2001, 253–264.

Isaac 2007a: Graham R. Isaac, *Studies in Celtic sound changes and their chronology*, Innsbruck.

Isaac 2007b: Graham R. Isaac, *Celtic and Afro-Asiatic*, Galway.

Isaac 2010: Graham R. Isaac, «The Origins of the Celtic Languages: Language Spread from East to West», in: Cunliffe u. Koch 2010, 153–167.

Isserlin 2001: Raphael Isserlin, *Towns and power in Roman Britain*, Stroud.

Jackson 2011: Ralph Jackson, *Cosmetic sets of Late Iron Age and Roman Britain*, London.

Jacobi 1974: Gerhard Jacobi, *Werkzeug und Gerät aus dem Oppidum von Manching*, Wiesbaden (AM 5).

Jacobsthal 1969: Paul Jacobsthal, *Early Celtic Art*, korr. Nachdruck nach der 1. Aufl., 2 Bände, Oxford.

James 1999: Simon James, *The Atlantic Celts. Ancient People or Modern Invention?*, London.

James u. Millett 2001: Simon James und Martin Millett (Hrsg.), *Britons and Romans. Advancing an archaeological agenda*, York.

James 2007: Simon James, «A bloodless past: the pacification of Early Iron Age Britain», in: Haselgrove u. Pope 2007, 160–173.

Jankowsky 2009: Kurt Jankowsky, «Franz Bopp und die Geschichte der Indogermanistik als eigener Disziplin», in: A. M. Baertschi und C. G. King (Hrsg.), *Die modernen Väter der Antike: Die Entwicklung der Altertumswissenschaften an Akademie und Universität im Berlin des 19. Jahrhunderts*, Berlin, 115–144.

Jankuhn u. a. 1981–1983: Herbert Jankuhn, Walter Janssen, Ruth Schmidt-Wiegand und Heinrich Tiefenbach (Hrsg.), *Das Handwerk in vor- und frühgeschichtlicher Zeit. Teil I: Historische und rechtshistorische Beiträge und Untersuchungen zur Frühgeschichte der Gilde. Teil II: Archäologische und philologische Beiträge*, Göttingen.

Jansová 1986–1992: Libuše Jansová, *Hrazany. Das keltische Oppidum in Böhmen*, 3 Bände, Prag.

Jantz 1995: Martina Jantz, *Das Fremdenbild in der Literatur der Römischen Republik und der Augusteischen Zeit. Vorstellungen und Sichtweisen am Beispiel von Hispanien und Gallien*, Frankfurt/Main.

Jaski 2003: Bart Jaski, «‹We are of the Greeks in our origin›: New perspectives on the Irish origin legend», *CMCS* 46, 1–53.

Jerem 1996: Erzsébet Jerem, «Zur Ethnogenese der Ostkelten. Späthallstatt- und frühlatène-zeitliche Gräberfelder zwischen Traisental und Donauknie», in: Jerem u. a. 1996, 91–110.

Jerem u. a. 1996: Erzsébet Jerem u. a. (Hrsg.), *Die Kelten in den Alpen und an der Donau*, Budapest u. Wien.

Jerem u. a. 2010: Erzsébet Jerem. Martin Schönfelder und Günther Wieland (Hrsg.), *Nord-Süd, Ost-West: Kontakte während der Eisenzeit in Europa*, Budapest (Archaeolingua 17).

Jimeno Martínez 1991: Alfredo Jimeno Martínez, «Numantia», in: Moscati 1991, 406–407.

Jimeno 2004: Alfredo Jimeno, *La necrópolis celtibérica de Numancia*, Valladolid.

Joachim 1968: Hans-Eckart Joachim, *Die Hunsrück-Eifel-Kultur am Mittelrhein*, Köln.

Joachim 1989: Hans-Eckart Joachim, «Eine Rekonstruktion der keltischen ‹Säule› von Pfalzfeld», *Bonner Jahrbücher* 189, 1–14.

Joachim 1990: Hans-Eckart Joachim, *Das eisenzeitliche Hügelgräberfeld von Bassenheim, Kreis Mayen-Koblenz*, Köln.

Joachim u. a. 1995: Hans-Eckart Joachim u. a., *Waldalgesheim: das Grab einer keltischen Fürstin*, Bonn (Kataloge des Rheinischen Landesmuseums Bonn 3).

Joachim 2000: Hans-Eckart Joachim, «Die Eburonen – Historisches und Archäologisches zu einem ausgerotteten Volksstamm caesarischer Zeit», in: G. v. Büren und E. Fuchs (Hrsg.), *Jülich: Stadt – Territorium – Geschichte*, Kleve, 157–170.

João Santos 2008: M. João Santos, «The triple animal sacrifice and the religious practice of the indigenous western Hispania», in: Sartorio 2008, 253–274.

Jockenhövel 1999: Albrecht Jockenhövel (Hrsg.), *Ältereisenzeitliches Befestigungswesen zwischen Maas/Mosel und Elbe*, Münster.

Johnston u. Wailes 2007: Susan Ann Johnston und Bernard Wailes, *Dún Ailinne. Excavations at an Irish royal site, 1968–1975*, Philadelphia (University Museum monograph 129).

Jolliffe 2010: Thomas H. Jolliffe, *Archaeology of the upper Witham Valley: prehistoric visitors, Iron Age settlement and a Romano-British landscape dominated by a new villa*, Oxford (BAR BS 524).

Jones 1996: Martin Jones, «Plant exploitation», in: Champion u. Collis 1996, 29–40.

Jones 2001: Stephen D. Jones, *Deconstructing the Celts. A Skeptic's guide to the archaeology of the Auvergne*, Oxford (BAR IS 965).

Jones 2009: James Ellis Jones, *The maritime and riverine landscape of the West of Roman Britain. Water transport on the Atlantic coasts and rivers of Britannia*, Oxford (BAR BS 493).

Jope 2000: Edward Martyn Jope, *Early Celtic Art in the British Isles*, 2 Bände, Oxford.

Jordá Pardo u. a. 2009: J. F. Jordá Pardo, J. Rey Castiñeira, I. Picón Platas, E. Abad Vidal und C. Marín Suárez, «Radiocarbon and Chronology of the Iron Age Hillforts of Northwestern Iberia», in: Karl u. Leskovar 2009, 81–98.

Jordán Cólera 1998: Carlos Jordán Cólera, *Introducción al Celtibérico*, Zaragoza.

Jordán Cólera 2007: Carlos Jordán Cólera, «Celtiberian», *e-Keltoi* 6, 749–850.

Jordán Cólera 2008: Carlos Jordán Colera, «Toponomia y etnonomia en leyendas monetales celtibéricas y vasconas», in: García Alonso 2008a, 119–132.

Jospin 2002: Jean-Pascal Jospin (Hrsg.), *Les Allobroges. Gaulois et Romains du Rhône aux Alpes. De l'indépendance à la période romaine (4e siècle av. J.-C. – 2e siècle apr. J.-C.)*, Grenoble.

Joy 2009: Jody Joy, *Lindow Man*, London.

Joy 2010: Jody Joy, *Iron Age mirrors: a biographical approach*, Oxford (BAR BS 518).

Jud 2002: Peter Jud, «Latènezeitliche Brücken und Straßen der Westschweiz», in: Lang u. Salač 2002, 134–146.

Jud 2006: Peter Jud, «Küche, Kinder – Kult? Die Rolle der Frauen in den Kulten der alpinen und nordalpinen Eisenzeit: Versuch einer kritischen Bestandsaufnahme», in: Teegen u. a. 2006, 89–113.

Jud 2007: Peter Jud, «Die Menschenknochen aus den Flussheiligtümern der Westschweiz», in: Karl u. Leskovar 2007, 89–97.

Júdice Gamito 2005: Teresa Júdice Gamito, «The Celts in Portugal», e-Keltoi 6, 571–606.

Jufer u. Luginbühl 2001: Nicole Jufer und Thierry Luginbühl, Répertoire des dieux gaulois, Paris.

Jung 2006: Matthias Jung, Zur Logik archäologischer Deutung. Interpretation, Modellbildung und Theorieentwicklung am Fallbeispiel des hallstattzeitlichen «Fürstengrabes» von Eberdingen-Hochdorf, Kr. Ludwigsburg, Bonn (UPA 138).

Jung 2007a: Matthias Jung, «Kline oder Thron? Zu den Fragmenten eines griechischen Möbelpfostens aus dem späthallstattzeitlichen ‹Fürstengrab› Grafenbühl in Asperg (Kr. Ludwigsburg)», Germania 85, 95–108.

Jung 2007b: Matthias Jung, «Einige Anmerkungen zum Komplex des Südimportes in hallstattzeitlichen Prunkgräbern», in: Karl u. Leskovar 2007, 213–224.

Jung 2009: Matthias Jung, «Zur Deutung von Mischwesen in der Frühlatènekunst», in: Karl u. Leskovar 2009, 295–306.

Jung 2010: Matthias Jung, «Keltische Paläste? Eine Diskussionsbemerkung», in: Trebsche u. a. 2010, 255–274.

Junges 2010: Sarah Junges, «Der keltische Ringwall ‹Hunnenring› von Otzenhausen. Die Arbeit mit archäologischem Erbe», in: Stüber u. a. 2010, 137–152.

Kadereit 2008: Annette Kadereit, «Lumineszenzdatierung an Sedimenten des Glaubergs», in: Glauberg 2008, 227–257.

Kaenel 1992: Gilbert Kaenel (Hrsg.), L'âge du Fer dans le Jura, Lausanne (ACAFEAF 15).

Kaenel 1996: Gilbert Kaenel, «La statue en chêne d'Yverdon-les-Bains», in: Trésors celtes et gaulois. Le Rhin supérieur entre 800 et 50 avant J.-C., Colmar (Ausstellungskatalog), 237–239.

Kaenel 2005: Gilbert Kaenel, «‹Fürstensitze› und andere Siedlungszentren des 6. und 5. Jhs. v. Chr. in der Schweiz», in: Biel u. Krausse 2005, 48–56.

Kaenel 2006: Gilbert Kaenel, «Agglomérations et oppida de la fin de l'âge du Fer. Une vision synthétique», in: Haselgrove 2006, 17–39.

Kaenel u. a. 2004: Gilbert Kaenel, Philippe Curdy und Frédéric Carrard, L'oppidum du Mont Vully: un bilan des recherches, 1978–2003, Fribourg.

Kaenel u. a. 2005: G. Kaenel, St. Martin-Kilcher und D. Wild (Hrsg.), Colloquium Turicense. Siedlungen, Baustrukturen und Funde im 1. Jh. v. Chr. zwischen oberer Donau und mittlerer Rhone, Lausanne (CAR 101).

Kappel 1969: Irene Kappel, Die Graphittonkeramik von Manching, Wiesbaden (AM 2).

Karl 2003: Raimund Karl, «Iron Age chariots and medieval texts: a step too far in ‹breaking down boundaries›?», e-Keltoi 5, 1–29.

Karl 2005: Raimund Karl, «Die Keltizitäts-Debatte und die Archäologie der britischen Inseln», in: Birkhan 2005, 104–147.

Karl u. Leskovar 2005: Raimund Karl und Jutta Leskovar (Hrsg.), Interpretierte Eisenzeiten. Fallstudien, Methoden, Theorie, Linz.

Karl 2006: Raimund Karl, Altkeltische Sozialstrukturen, Budapest.

Karl 2007: Raimund Karl, «From head of kin to king of a country. The evolution of early feudal society in Wales», in: Karl u. Leskovar 2007, 153–184.

Karl u. Leskovar 2007: Raimund Karl und Jutta Leskovar (Hrsg.), Interpretierte Eisenzeiten: Fallstudien, Methoden, Theorie, Linz.

Karl u. Stifter 2007: Raimund Karl und David Stifter (Hrsg.), The Celtic World. Critical concepts in historical studies, 4 Bände, London.

Karl u. Leskovar 2009: Raimund Karl und Jutta Leskovar (Hrsg.), Interpretierte Eisenzeiten. Fallstudien, Methoden, Theorie, Linz.

Karl 2010: Raimund Karl, «The Celts from Everywhere and Nowhere: A re-evaluation of the origins of the Celts and the emergence of Celtic cultures», in: Cunliffe u. Koch 2010, 39–64.

Karwowski 2004: Maciej Karwowski, Latènezeitlicher Glasringschmuck aus Ostösterreich, Wien (MPKÖAW 55).

Karwowski 2006: Maciej Karwowski, *Thunau am Kamp – eine befestigte Höhensiedlung (Grabung 1965–1990)*, Wien (MPKÖAW 61).

Kas 2000: S. Kas, *Die späthallstatt- bis frühlatènezeitliche Siedlung bei Oberhofen, Lkr. Kehlheim, Niederbayern*, Rahden/Westf. 2000.

Kayser-Tracqui u. a. 2004: Christine Kayser-Tracqui, Isabelle Clisson, Éric Crubezy und Bertrand Ludes, «Les relations de parenté dans les necropolis. L'apport de l'ADN ancien», in: Baray 2004, 207–210.

Keay u. Terrenato 2001: Simon Keay und Nicola Terrenato (Hrsg.), *Italy and the west: comparative issues in Romanization*, Oxford.

Kellner 1986: Hans-Jörg Kellner, «Die Forschungssituation zum Münzwesen der Kelten», in: K. H. Schmidt (Hrsg.), *Geschichte und Kultur der Kelten*, Heidelberg, 216–233.

Kellner 1990: Hans-Jörg Kellner, *Die Münzfunde von Manching und die keltischen Fundmünzen aus Südbayern*, Stuttgart (AM 12).

Kelly F. 1988: Fergus Kelly, *A Guide to Early Irish Law*, Dublin.

Kelly F. 1995: Fergus Kelly, *Early Irish Farming*, Dublin.

Kelly P. 1997: Patricia Kelly, «The Earliest Words for ‹Horse› in the Celtic Languages», in: S. Davies und N. A. Jones (Hrsg.), *The Horse in Celtic Culture. Medieval Welsh Perspectives*, Cardiff, 43–63.

Kelten 2009: Kelten am Rhein. Akten des dreizehnten Internationalen Keltologiekongresses; 23. bis 27. Juli 2007 in Bonn, Teil I: Archäologie: Ethnizität und Romanisierung, Teil II: Philologie: Sprachen und Literaturen, Mainz (BJB 58).

Kelzenberg u. a. 2007: Hendrik Kelzenberg, Petra Kießling und Stephan Weber (Hrsg.), *Forschungen zur Vorgeschichte und Römerzeit im Rheinland, Hans-Eckart Joachim zum 70. Geburtstag gewidmet*, Mainz (BJB 57).

Kern 2001: Erwin Kern, «Éléments archéologiques pour un portrait mythologique du Rhin», in: Bedon 2001, 493–513.

Kiesslich u. a. 2007: Jan Kiesslich, Reinhard Schwarz, Jutta Leskovar, Stefan Moser, Kurt W. Zeller und Franz Neuhuber, «Ancient DNA: Y-chromosomal DNA Fingerprinting in Molecular Archaeology – Paternal Pedigrees and their Potential Geographical Correlates», in: Karl u. Leskovar 2007, 81–86.

Kimmig 1983a: Wolfgang Kimmig, *Die Heuneburg an der oberen Donau*, 2., völlig neu bearb. Aufl., Stuttgart (Führer zu vor- und frühgeschichtlichen Denkmälern in Baden-Württemberg 1).

Kimmig 1983b: Wolfgang Kimmig, «Zum Handwerk der späten Hallstattzeit», in: Jankuhn u. a. 1981–1983, II, 13–33.

Kimmig 1983c: Wolfgang Kimmig, «Die Goldschale von Zürich-Altstetten: Bemerkungen zu ihrer Datierung und kulturhistorischen Einordnung», in: *Homenaje al Prof. Martin Almagro Basch*, Madrid, 101–118.

Kimmig 1985: Wolfgang Kimmig, «Der Handel in der Hallstattzeit», in: Düwel u. a. 1985, 214–230.

Kimmig 1988: Wolfgang Kimmig, *Das Kleinaspergle. Studien zu einem Fürstengrabhügel der frühen Latènezeit bei Stuttgart*, Stuttgart (FBVFBW 30).

Kimmig 2000: Wolfgang Kimmig (Hrsg.), *Importe und mediterrane Einflüsse auf der Heuneburg*, Mainz (HS 11, RGF 59).

King u. Soffe 1994: Anthony King und Grahame Soffe, «Recherches récentes sur les temples romano-celtiques de Grande-Bretagne. L'exemple de Hayling Island», in: Goudineau u. a. 1994, 33–48.

Kistler 2009: Erich Kistler, *Funktionalisierte Keltenbilder. Die Indienstnahme der Kelten zur Vermittlung von Normen und Werten in der hellenistischen Welt*, Berlin.

Kleiber 2009: Wolfgang Kleiber (Hrsg.), *Tarodunum/Zarten – Brigobannis/Hüfingen: Kelten, Galloromanen und frühe Alemannen im Schwarzwald in interdisziplinärer Sicht*, Stuttgart.

Klug-Treppe 2003: Jutta Klug-Treppe, *Hallstattzeitliche Höhensiedlungen im Breisgau*, Stuttgart (FBVFBW 73).

Knipper 2004: C. Knipper, «Die Strontiumisotopenanalyse. Eine naturwissenschaftliche
  Methode zur Erfassung von Mobilität in der Ur- und Frühgeschichte», *JRGZM* 51, 589–
  685.
Knopf 2006: Thomas Knopf, *Der Heidengraben bei Grabenstetten. Archäologische Untersuchungen
  zur Besiedlungsgeschichte*, Bonn (UPA 141).
Knopf 2010: Thomas Knopf, «Amphorenimport im Oppidum Heidengraben. Chronologi-
  sche und kulturhistorische Aspekte», in: Jerem u. a. 2010, 127–138.
Koch J. K. 1998: Julia Katharina Koch, «Symbol einer neuen Zeit. Hallstattzeitliche Pferde-
  statuetten aus Metall», in: Müller-Karpe u. a. 1998, 291–311.
Koch J. K. 2005: Julia Katharina Koch, «Der gefährliche Tote aus Hochdorf? Ein besonderes
  Bestattungsritual aus der Späthallstattzeit Mitteleuropas», in: Karl u. Leskovar 2005, 87–90.
Koch J. K. 2006: Julia Katharina Koch, *Hochdorf VI. Der Wagen und das Pferdegeschirr aus
  dem späthallstattzeitlichen Fürstengrab von Eberdingen-Hochdorf (Kr. Ludwigsburg)*, Stuttgart
  (FBVFBW 89).
Koch J. K. 2009: Julia Katharina Koch, «Ein Blumenstrauß aus Hochdorf – Zur Deutung
  botanischer Makroreste aus dem Prunkgrab von Eberdingen-Hochdorf», in: Grunwald
  u. a. 2009, 487–498.
Koch J. K. 2010: Julia Katharina Koch, «Früheisenzeitliche Reitergräber zwischen Ost- und
  Westhallstattkreis», in: Jerem u. a. 2010, 139–150.
Koch J. T. 2006: John Thomas Koch (Hrsg.), *Celtic Culture: a historical encyclopedia*, Santa Bar-
  bara, Calif.
Koch J. T. 2007: John T. Koch, «Celtic Studies», in: A. Deyermond (Hrsg.), *A century of Bri-
  tish medieval studies*, Oxford, 235–261.
Koch J. T. 2009a: John T. Koch, *Tartessian. Celtic in the south-west at the dawn of history*, Aber-
  ystwyth.
Koch J. T. 2009b: John T. Koch, «On Celts calling themselves ‹Celts› and related questions»,
  Studia Celtica 43, 73–86.
Koch J. T. 2010: John T. Koch, «Paradigm Shift? Interpreting Tartessian as Celtic», in: Cun-
  liffe u. Koch 2010, 185–302.
Koch J. T. 2011: John T. Koch, *Tartessian 2: the inscription of Mesas do Castelinho; ro and the
  verbal complex. Preliminaries to historical phonology*, Aberystwyth.
Köninger 2002: Joachim Köninger, «Oggelshausen-Bruckgraben – Funde und Befunde aus
  einer eisenzeitlichen Fischfanganlage im südlichen Federseeried, Gde. Oggelshausen, Kr.
  Biberach», *Heimat- und Altertumsverein Heidenheim an der Brenz e. V. Jahrbuch* 9, 34–56.
Körber-Grohne 1985: Udelgard Körber-Grohne, «Die biologischen Reste aus dem hallstattzeitlichen Fürstengrab von Hochdorf, Gemeinde Eberdingen (Kreis Ludwigsburg)», in:
  Küster u. Körber-Grohne 1985, 85–164.
Köstner 2011: Elena Köstner, *Tod im Trevererland: interkulturelle Beziehungen zwischen Römern
  und Kelten. Eine historisch-archäologische Gräberanalyse in der civitas Treverorum zwischen 150 v.
  und 100/120 n. Chr.*, Gutenberg.
Kolníková 2003: E. Kolníková, «Fundmünzen in den latènezeitlichen Burgwällen und anderen Höhenlagen der Slowakei», *Slovenská archeológia* 51/2, 1–24.
Kortlandt 2007: Frederik Kortlandt, *Italo-Celtic origins and prehistoric development of the Irish
  language*, Amsterdam.
Kossack 1993: Georg Kossack, «Hallstatt- und Latèneornament», in: Dannheimer u. Gebhard
  1993, 138–152.
Krämer u. Schubert 1970: Werner Krämer und Franz Schubert, *Die Ausgrabungen in Manching
  1955–1961. Einführung und Fundstellenübersicht*, Wiesbaden (AM 1).
Krämer 1985: Werner Krämer, *Die Grabfunde von Manching und die latènezeitlichen Flachgräber
  in Südbayern*, Stuttgart (AM 9).
Krämer 1989: Werner Krämer, «Das eiserne Ross von Manching», *Germania* 67, 519–539.
Krämer 1996: Werner Krämer, «Figürliche Ritzzeichnungen auf Gefäßscherben glatter
  Drehscheibenkeramik der Mittel- bis Spätlatènezeit», *Germania* 74, 361–376.

Krause 2007: Rüdiger Krause, *Der Ipf: frühkeltischer Fürstensitz und Zentrum keltischer Besied-lung am Nördlinger Ries*, erw. u. verb. Aufl., Stuttgart (AIBW 47).

Krause u. a. 2008: Rüdiger Krause, Daniela Euler und Katharina Fuhrmann, «Der frühkel-tische Fürstensitz auf dem Ipf bei Bopfingen im Nördlinger Ries (Ostalbkreis, Baden-Württemberg). Neue Forschungen zur Burg und deren Siedlungsumfeld», in: Krausse u. Steffen 2008, 249–279.

Krause u. a. 2010: Rüdiger Krause, Astrid Stobbe, Daniela Euler und Katharina Fuhrmann, «Zur Genese und Entwicklung des frühkeltischen Fürstensitzes auf dem Ipf bei Bopfingen (Ostalbkreis, Baden-Württemberg) und seines Umlandes im Nördlinger Ries», in: Krausse u. Beilharz 2010, I, 169–207.

Krausse-Steinberger 1990: D. Krausse-Steinberger, «Pfeilspitzen aus einem reichen Latène-A-Grab von Hochscheid, Kr. Bernkastel-Wittlich», *AK* 20, 87–100.

Krausse 1993: Dirk Krausse, «Trinkhorn und Kline. Zur griechischen Vermittlung orienta-lischer Trinksitten an die frühen Kelten», *Germania* 71, 188–197.

Krausse 1996: Dirk Krausse, *Hochdorf III. Das Trink- und Speiseservice aus dem späthallstattzeit-lichen Fürstengrab von Eberdingen-Hochdorf (Kr. Ludwigsburg)*, Stuttgart (FBVFBW 64).

Krausse 1998: Dirk Krausse, «Infantizid. Theoriegeleitete Überlegungen zu den Eltern-Kind-Beziehungen in ur- und frühgeschichtlicher und antiker Zeit», in: Müller-Karpe u. a. 1998, 313–352.

Krausse 1999: Dirk Krausse, «Der ‹Keltenfürst› von Hochdorf: Dorfältester oder Sakralkö-nig? Anspruch und Wirklichkeit der sog. kulturanthropologischen Hallstatt-Archäolo-gie», *AK* 29, 339–358.

Krausse 2004: Dirk Krausse, «Komos und Kottabos am Hohenasperg? Überlegungen zur Funktion mediterraner Importgefäße des 6. und 5. Jahrhunderts aus Südwestdeutsch-land», in: Guggisberg 2004a, 193–202.

Krausse 2006a: Dirk Krausse, *Eisenzeitlicher Kulturwandel und Romanisierung im Mosel-Eifel-Raum: die keltisch-römische Siedlung von Wallendorf und ihr archäologisches Umfeld*, Mainz (RGF 63).

Krausse 2006b: Dirk Krausse, «Prunkgräber der nordwestalpinen Späthallstattkultur. Neue Fragestellungen und Untersuchungen zu ihrer sozialhistorischen Deutung», in: Carnap-Bornheim u. a. 2006, 61–80.

Krausse 2006c: Dirk Krausse, «The Prehistory of the Celts in South-West Germany. Centra-lisation processes and Celtic ethnogenesis in the heart of Europe», in: Vitali 2006, 131–142.

Krausse u. Steffen 2008: Dirk Krausse unter Mitarbeit von Christoph Steffen (Hrsg.), *Frühe Zentralisierungs- und Urbanisierungsprozesse. Zur Genese und Entwicklung frühkeltischer Fürsten-sitze und ihres territorialen Umlandes*, Stuttgart (FBVFBW 101).

Krausse u. Nakoinz 2009: Dirk Krausse und Oliver Nakoinz (Hrsg.), *Kulturraum und Territo-rialität. Archäologische Theorien, Methoden und Fallbeispiele*, Rahden/Westf.

Krausse u. Beilharz 2010: Dirk Krausse unter Mitarbeit von Denise Beilharz (Hrsg.), *«Fürs-tensitze» und Zentralorte der frühen Kelten*, 2 Bände, Stuttgart (FBVFBW 120/1–2).

Krebs 2006: Christopher C. Krebs, «‹Imaginary geography› in Caesar's *Bellum Gallicum*», *American Journal of Philology* 127, 111–136.

Kreckel 2008: Thomas Kreckel, «Die Heidenmauer bei Bad Dürkheim», in: Krausse u. Stef-fen 2008, 27–38.

Kreienbrink 2009: Frauke Kreienbrink, «Zur Keltenrezeption in Württemberg im 19. Jahr-hundert», in: Grunwald u. a. 2009, 151–162.

Kremer 1994: Bernhard Kremer, *Das Bild der Kelten bis in augusteische Zeit: Studien zur Instru-mentalisierung eines antiken Feindbildes bei griechischen und römischen Autoren*, Stuttgart (Histo-ria Einzelschriften 88).

Kreuz u. Schäfer 2008: Angela Kreuz und Eva Schäfer, «Archäobotanische Ergebnisse zur Bronze- und Eisenzeit in Hessen», in: Krausse u. Steffen 2008, 115–141.

Kroll 2000: Helmut Kroll, «Zum Ackerbau in Wallendorf in vorrömischer und römischer Zeit», in: Haffner u. von Schnurbein 2000, 121–128.

Kromer 1959: Karl Kromer, *Das Gräberfeld von Hallstatt*, Text- und Tafelband, Florenz.

Kromer 1987: Karl Kromer, «Zur Sozialstruktur der Salzherren von Hallstatt und ihrer Ökonomie im Salzbergwerk», *Mitteilungen der Österreichischen Arbeitsgemeinschaft Ur- und Frühgeschichte* 37, 7–16.

Kruta 1978: Venceslas Kruta, «Le casque d'Amfreville-sous-les-Monts (Eure) et quelques problèmes de l'art celtique du IVe siècle avant notre ère», *EC* 15, 405–424.

Kruta u. Manfredi 1999: Venceslas Kruta und Valerio M. Manfredi, *I Celti in Italia*, Mailand.

Kruta 2000: Venceslas Kruta, *Les Celtes. Histoire et Dictionnaire*, Paris.

Kruta 2007: Venceslas Kruta (Hrsg.), *Feux des morts, foyers des vivants. Les rites et symboles du feu dans les tombes de l'Âge du Fer et de l'époque romaine*, Villeneuve-d'Ascq (Revue du Nord: Hors série: Collection Art et archéologie 11).

Kruta u. Bertuzzi 2007: Venceslas Kruta und Dario Bertuzzi, *La cruche celte de Brno: chef-d'œuvre de l'art, miroir de l'Univers*, Dijon.

Kuckenburg 2010: Martin Kuckenburg, *Das Zeitalter der Keltenfürsten: eine europäische Hochkultur*, Stuttgart.

Kümmel u. a. 2008: Christoph Kümmel, Beat Schweizer und Ulrich Veit (Hrsg.), *Körperinszenierung – Objektsammlung – Monumentalisierung: Totenritual und Grabkult in frühen Gesellschaften. Archäologische Quellen in kulturwissenschaftlicher Perspektive*, Münster u. a.

Kümmel 2009: Christoph Kümmel, *Ur- und frühgeschichtlicher Grabraub. Archäologische Interpretation und kulturanthropologische Erklärung*, Münster u. a. (TSUFA 9).

Künzl 2001: Ernst Künzl, «Wasserfunde römischer *gladii*: Votive oder Transportverluste?», in: Bedon 2001, 547–575.

Küster 1993: Hansjörg Küster, «Umwelt und Ackerbau», in: Dannheimer u. Gebhard 1993, 122–125.

Küster u. Körber-Grohne 1985: Hansjörg Küster und Udelgard Körber-Grohne, *Hochdorf I*, Stuttgart (FBVFBW 19).

Kull 1997: B. Kull, «Tod und Apotheose. Zur Ikonographie in Grab und Kunst der jüngeren Eisenzeit an der unteren Donau und ihrer Bedeutung für die Interpretation von ‹Prunkgräbern›», *BRGK* 78, 197–466.

Kull 2000: B. Kull, «Hintergrundbilder und Jenseitskonzeptionen im nichtschrifthistorischen Raum», *Eurasia Antiqua* 6, 419–469.

Kull 2003: B. Kull (Hrsg.), *Sole und Salz schreiben Geschichte. 50 Jahre Landesarchäologie, 150 Jahre Archäologische Forschung in Bad Nauheim*, Mainz.

Kurz G. 1995: Gabriele Kurz, *Keltische Hort- und Gewässerfunde in Mitteleuropa: Deponierungen der Latènezeit*, Stuttgart.

Kurz G. 2008: Gabriele Kurz, «Ein Stadttor und Siedlungen bei der Heuneburg (Gemeinde Herbertingen-Hundersingen, Kreis Sigmaringen). Zu den Grabungen in der Vorburg von 2000 bis 2006», in: Krausse u. Steffen 2008, 185–208.

Kurz S. 1997: Siegfried Kurz, *Bestattungsbrauch in der westlichen Hallstattkultur*, Münster (TSUFA 2).

Kurz S. 2000: Siegfried Kurz, *Die Heuneburg-Außensiedlung. Befunde und Funde*, Stuttgart (FBVFBW 72).

Kurz S. 2007: Siegfried Kurz, *Untersuchungen zur Entstehung der Heuneburg in der späten Hallstattzeit*, Stuttgart (FBVFBW 105).

Kurz S. 2008a: Siegfried Kurz, «Zur Interpretation der Strukturen in der Heuneburg-Außensiedlung», in: *Glauberg* 2008, 159–170.

Kurz S. 2008b: Siegfried Kurz, «Neue Forschungen im Umfeld der Heuneburg», in: Krausse u. Steffen 2008, 163–183.

Kurz S. 2009: Siegfried Kurz, «Neue Herren auf der Burg? Ein Beitrag zur historischen Interpretation der Heuneburg am Ende der Periode IV», in: Biel u. a. 2009, 143–161.

Kurz S. 2010: Siegfried Kurz, «Zur Genese und Entwicklung der Heuneburg in der späten Hallstattzeit», in: Krausse u. Beilharz 2010, I, 239–268.

Kurz u. Schiek 2002: Siegfried Kurz und Siegwalt Schiek, *Bestattungsplätze im Umfeld der Heuneburg*, Stuttgart (FBVFBW 87).

Kurzynski 1996: Katharina von Kurzynski, «*Und ihre Hosen nennen sie bracas*»: *Textilfunde und Textiltechnologie der Hallstatt- und Latènezeit und ihr Kontext*, Espelkamp (IA 22).

Kysela 2010: Jan Kysela, «Italští Bojové a česká oppida: The Italian Boii and Bohemian oppida», *Archeologické rozhledy* 62, 150–177.

Lacroix 2003: Jacques Lacroix, *Les noms d'origine gauloise: La Gaule des combats*, Paris.

Lacroix 2005: Jacques Lacroix, *Les noms d'origine gauloise: La Gaule des activités économiques*, Paris.

Lacroix 2007: Jacques Lacroix, *Les noms d'origine gauloise: La Gaule des dieux*, Paris.

Lage 1999: Maren Lage, «Schuhbesatzfunde von Bescheid ‹Bei den Hübeln›, Kr. Trier-Saarburg. Zum Schuhwerk der Späthallstatt- und Frühlatènezeit», *TZ* 62, 37–82.

Lambert 1994: Pierre-Yves Lambert, *La langue gauloise. Description linguistique, commentaire d'inscriptions choisies*, Paris.

Lambert 1998–2000: Pierre-Yves Lambert, «La tuile gauloise de Châteaubleau (Seine-et-Marne)», *EC* 34, 57–115.

Lambert 2002: Pierre-Yves Lambert, *Textes gallo-latins sur Instrumentum*, Paris (RIG 2,2).

Lambert 2003: Pierre-Yves Lambert, «Les inscriptions gallo-grecques parues depuis les Textes gallo-grecs de Michel Lejeune (1985)», *EC* 35, 169–179.

Lambert u. Pinault 2007: Pierre-Yves Lambert und Georges-Jean Pinault (Hrsg.), *Gaulois et celtique continental*, Genf.

Lambot u. Verger 1995: Bernard Lambot und Stéphane Verger, *Une tombe à char de La Tène ancienne à Semide (Ardennes)*, Reims (MSAC 10).

Lambot u. Méniel 1998: Bernard Lambot und Patrice Méniel, «Le village gaulois d'Acy-Romance (Ardennes-France). Morts et vivants, rites et sacrifices humains chez les Rèmes», in: Müller-Karpe u. a. 1998, 361–387.

Lambot u. Méniel 2000: Bernard Lambot und Patrice Méniel, «Le centre communautaire et cultuel du village gaulois d'Acy-Romance dans son contexte régional», in: Verger 2000, 7–139.

Lambot 2006: «Religion et Habitat: Les fouilles d'Acy-Romance», in: Goudineau 2006, 177–190.

Lamoine 2009: Laurent Lamoine, *Le pouvoir local en Gaule romaine*, Clermont-Ferrand.

Lampinen 2008: Antti Lampinen, «Narratives of impiety and epiphany. Delphic Galatomachy and Roman traditions of the Gallic sack», *Studia Celtica Fennica* 5, 38–53.

Landes 1992: Christian Landes (Hrsg.), *Dieux guérisseurs en Gaule romaine*, Lattes (Ausstellungskatalog).

Landolfi 1991a: Maurizio Landolfi, «The Filottrano Cemetery», in: Moscati 1991, 286.

Landolfi 1991b: Maurizio Landolfi, «The Burial at Moscano [di] Fabriano», in: Moscati 1991, 287.

Landucci Gattinoni 1986: Franca Landucci Gattinoni, *Un culto celtico nella Gallia cisalpina: le Matronae-Iunones a sud delle Alpi*, Mailand.

Lang 1974: Amei Lang, *Die geriefte Drehscheibenkeramik der Heuneburg 1950–1970 und verwandte Gruppen*, Berlin (HS 3, RGF 34).

Lang 2002: Amei Lang, «Fernkontakte – Voraussetzungen, Interpretationen und Auswirkungen für die Eisenzeit», in: Lang u. Salač 2002, 11–19.

Lang 2006: Amei Lang, «Zur Teilung des Tieropfers an alpinen Brandopferplätzen», in: Teegen u. a. 2006, 19–31.

Lang u. Salač 2002: Amei Lang und Vladimír Salač (Hrsg.), *Fernkontakte in der Eisenzeit*, Prag.

Lange 1983: Günter Lange, *Die menschlichen Skelettreste aus dem Oppidum von Manching*, Wiesbaden (AM 7).

Lantier 1934: Raymond Lantier, «Le dieu celtique de Bouray», *Monuments et Mémoire de la Fondation Eugène Piot* 34, 35–58.

Laubenheimer u. Schmitt 2009: Fanette Laubenheimer und Anne Schmitt, *Amphores vinaires de Narbonnaise: Production et grand commerce. Création d'une base de données géochimiques des ateliers*, Lyon.

Lauermann 2008: «Das Modell des Heiligtums von Roseldorf im Museum für Urgeschichte des Landes Niederösterreich in Asparn/Zaya», in: Lauermann u. Trebsche 2008, 51–63.

Lauermann u. Trebsche 2008: Ernst Lauermann und Peter Trebsche (Hrsg.), *Heiligtümer der Druiden. Opfer und Rituale bei den Kelten*, Asparn an der Zaya 2008.

Laurelut u. a. 2005: Ch. Laurelut, W. Tegel und J. Vanmoerkeke, «Les bâtiments à supports inclinés dans l'architecture de la fin de l'âge du fer et du début de l'époque gallo-romaine en Champagne et en Lorraine», *Bulletin de la Société Archéologique Champenoise* 98/2, 3–51.

Lavagne u. Lambert 1999: H. Lavagne, un nouveau dieu de la Gaule romaine: Mars Cobannus. Avec un appendice de M. Pierre-Yves Lambert», *Comptes-rendus des séances de l'Académie des Inscriptions et Belles-Lettres*, 689–720.

Laycock 2008: Stuart Laycock, *Britannia: the failed state. Tribal conflicts and the end of Roman Britain*, Chalford.

Le Bohec 2008: Yann Le Bohec, *La province romaine de Gaule Lyonnaise*, Dijon.

Le Contel u. Verdier 1997: Jean-Michel Le Contel und Paul Verdier, *Un calendrier celtique: le calendrier gaulois de Coligny*, Paris.

Ledo Caballero 2005: Antonio Carlos Ledo Caballero, *La calzada Arse-Saguntum-Celtiberia. Estudio histórico-arqueológico*, Valencia.

LeGall 1999: Joël LeGall, *La bataille d'Alésia*, Paris.

Leibundgut 1980: Annalies Leibundgut, *Die römischen Bronzen der Schweiz. III: Westschweiz, Bern und Wallis*, Mainz 1980.

Leicht 2000: Matthias Leicht, *Die Wallanlagen des Oppidums Alkimoennis/Kelheim. Zur Bauge-schichte und Typisierung spätkeltischer Befestigungen*, Rahden/Westf.

Leicht 2001: Matthias Leicht, «Wirtschaftliche Strukturen im Spiegel der Baubefunde von Manching», in: Dobiat u. a. 2001, 183–191.

Leifeld 2007: Hubert Leifeld, *Endlatène- und älterkaiserzeitliche Fibeln aus Gräbern des Trierer Landes. Eine antiquarisch-chronologische Studie*, Bonn (UPA 146).

Lejars 1994: Thierry Lejars, *Gournay III. Les fourreaux d'épée. Le sanctuaire de Gournay-sur-Aronde et l'armement des Celtes de La Tène moyenne*, Paris.

Lejars 2006: Thierry Lejars, «Les Celtes d'Italie», in: Szabó 2006a, 77–96.

Lejeune 1985: Michel Lejeune, *Textes gallo-grecs*, Paris (RIG 1).

Lejeune 1988: Michel Lejeune, *Textes gallo-etrusques. Textes gallo-latins sur pierre*, Paris (RIG 2,1).

Lemerle 2005: Frédérique Lemerle, *La Renaissance et les antiquités de la Gaule. L'architecture gallo-romaine vue par les architectes, antiquaires et voyageurs des guerres d'Italie à la Fronde*, Turnhout.

Lenerz-de Wilde 1991: Majolie Lenerz-de Wilde, *Iberia Celtica: archäologische Zeugnisse kelti-scher Kulturen auf der Pyrenäenhalbinsel*, 2 Bände, Stuttgart.

Lenerz-de Wilde 1995: Majolie Lenerz-de Wilde, «The Celts in Spain», in: Green 1995, 533–551.

Lenerz-de Wilde 2006: Majolie Lenerz-de Wilde, «Frühlatènezeitliche Ringe mit Masken-zier», *Germania* 84, 307–368.

Lenerz-de Wilde 2008: Majolie Lenerz-de Wilde, «Guerriers celtiques dans la péninsule ibérique: les équipements militaires», in: Vitali u. Verger 2008, 349–358.

Lenz 1998: D. Lenz, «Ein Gallier unter den Gefährten des Odysseus. Zur Polyphemgruppe aus dem Pollio-Nymphaeum in Ephesos», *Istanbuler Mitteilungen* 48, 237–248.

Lepetz u. Matterne 2003: Sébastien Lepetz und Véronique Matterne (Hrsg.), *Cultivateurs, éleveurs et artisans dans les campagnes de Gaule romaine: matières premières et produits transformés*, Amiens.

Lepetz u. van Andringa 2004: Sébastien Lepetz und William van Andringa, «Caractériser les rituels alimentaires dans les nécropoles gallo-romaines. L'apport conjoint des os et des textes», in: Baray 2004, 161–170.

Lepetz u. van Andringa 2008: Sébastien Lepetz und William van Andringa (Hrsg.), *Archéologie du sacrifice animal en Gaule romaine. Rituels et pratiques alimentaires*, Montagnac.

Lescure 1995: Brigitte Lescure, «Das kelto-ligurische ‹Heiligtum› von Roquepertuse», in: Haffner 1995, 75–84.

Leveau 2002: Philippe Leveau, «Les Territoires. Un bilan des méthodes d'étude», in: Garcia u. Verdin 2002, 9–17.

Leveau u. a. 2009: Philippe Leveau, Claude Raynaud, Robert Sablayrolles und Frédéric Trémet (Hrsg.), *Les formes de l'habitat rural gallo-romain. Terminologies et typologies à l'épreuve des réalités archéologiques*, Bordeaux (Aquitania Supplément 17).

Lewuillon 1999: Serge Lewuillon, *Vercingétorix ou le mirage d'Alésia*, Brüssel.

Lippert 2004: Andreas Lippert, «Zur vorrömischen Binnenschiffahrt im Ostalpengebiet», in: Heftner u. Tomaschitz 2004, 653–662.

Lobisser u. Löcker 2001: Wolfgang Lobisser und Klaus Löcker, «Latènezeitliches Handwerk im Ramsautal am Dürrnberg bei Hallein», in: Dobiat u. a. 2001, 95–105.

Lobisser 2005: Wolfgang Lobisser, *Die eisenzeitlichen Bauhölzer der Gewerbesiedlung im Ramsautal am Dürrnberg bei Hallein*, Rahden/Westf. (DF 4).

Lobüscher 2002: Thomas Lobüscher, *Tempel- und Theaterbau in den Tres Galliae und den germanischen Provinzen. Ausgewählte Aspekte*, Rahden/Westf. (Kölner Studien zur Archäologie der römischen Provinzen).

Löhlein 2006: Wolfgang Löhlein, «Stark, schnell und mutig. Zur Deutung figürlicher Großplastik der frühen Eisenzeit», *AK* 36, 495–510.

Lonchambon u. Bonnamour 2009: Catherine Lonchambon und Louis Bonnamour in Zusammenarbeit mit Jacques Connan, Philippe Thômé und Catherine Michel, «Les bateaux du pont romain de Chalon-sur-Saône (Saône-et-Loire): des témoins de l'évolution des techniques de construction navale au Ier s. ap. J.-C.», *Gallia* 66/2, 113–152.

López Jiménez 2003: Oscar López Jiménez, *El pensamiento europeo y el concepto de Celtíbero, 1821–1939*, Oxford.

Lorenz 2004: Herbert Lorenz, *Chorologische Untersuchungen in dem spätkeltischen Oppidum bei Manching am Beispiel der Grabungsflächen der Jahre 1965–1967 und 1971*, Stuttgart (AM 16).

Lorre 2009: Christine Lorre (Hrsg.), *Golasecca. Du commerce et des hommes à l'Age du Fer (VIII–Vᵉ siècles av. J.-C.)*, Paris.

Lorrio u. a. 1999: Alberto J. Lorrio, P. Gómez Ramos, I. Montero und S. Rovira, «Mineria y metalurgia celtibérica», in: Burillo Mozota 1999b, 161–180.

Lorrio 2005: Alberto J. Lorrio, *Los celtíberos*, 2., erw. u. aktualis. Aufl., Madrid.

Lorrio u. Ruiz Zapatero 2005: Alberto J. Lorrio und Gonzalo Ruiz Zapatero, «The Celts in Iberia: An Overview», *e-Keltoi* 6, 167–254.

Lorrio 2006: Alberto J. Lorrio, «Les Celtibères», in: Szabó 2006a, 43–61.

Lorrio u. Sánchez de Prado 2009: Alberto J. Lorrio und María Dolores Sánchez de Prado, *La necrópolis celtibérica de Arcóbriga (Monreal de Ariza, Zaragoza)*, Zaragoza (Caesaraugusta 80).

Lourdeaux-Jurietti 2003: Sylvie Lourdeaux-Jurietti, «L'utilisation du corail sur le casque de la Grotte des Perrats à Agris (Charente)», in: Buchsenschutz u. a. 2003, 113–120.

del Lucchese u. Gambari 2006: Angiolo del Luchhese und Filippo Maria Gambari, «L'area alpina sud-occidentale e il mondo ligure», in: Vitali 2006, 179–196.

Ludwig 2009: Katrin Ludwig, *Der späthallstatt- und latènezeitliche Siedlungsplatz von Bretten-Bauerbach «Herrnbrunnenbuckel», Lkr. Karlsruhe*, Stuttgart (MABW 90).

Ludwig u. Noelke 2009: Renate Ludwig und Peter Noelke, «Eine neue Jupitergigantensäule aus Heidelberg», in: Biel u. a. 2009, 393–424.

Lüscher 1996: Geneviève Lüscher, «Die Amphorenimporte in Châtillon-sur-Glâne (Kt. Freiburg/Schweiz)», *Germania* 74, 337–360.

Lüscher u. Müller 2004: Geneviève Lüscher und Felix Müller, «Der Grabhügel von Grächwil und seine Funde», in: Guggisberg 2004a, 11–27.

Luján Martinez 2003: Eugenio R. Luján Martinez, «Gaulish Personal Names; an update», *EC* 35, 181–247.

Luján 2005: Eugenio R. Luján, «The Galatian place names in Ptolemy and the methodologi-
cal problems of dealing with Celtic linguistic evidence in Asia Minor», in: de Hoz u. a.
2005, 253–265.
Luján Martínez 2007: Eugenio R. Luján Martínez, «The Language(s) of the Callaeci», e-Keltoi 6,
715–748.
Luján Martínez 2008: Eugenio Luján Martínez, «Galician place-names attested epigraphi-
cally», in: García Alonso 2008a, 65–82.
Luján u. García Alonso 2011: Eugenio R. Luján und Juan Luis García Alonso (Hrsg.), A
Greek Man in the Iberian Street. Papers in Linguistics and Epigraphy in Honour of Javier de Hoz,
Innsbruck (Innsbrucker Beiträge zur Sprachwissenschaft 140).
Lund 1996: Alan A. Lund, «Caesar als Ethnograph», Der altsprachliche Unterricht 39, 12–23.
Luschey 1983: H. Luschey, «Thrakien als der Ort der Begegnung der Kelten mit der irani-
schen Metallkunst», in: R. M. Boehmer und H. Hauptmann (Hrsg.), Beiträge zur Altertums-
kunde Kleinasiens, Mainz, 313–336.
Lynn 1991: Christopher J. Lynn, «Navan Fort», in: Moscati 1991, 610–611.
Lynn 2003: Christopher J. Lynn, Navan Fort: archaeology and myth, Dublin.
Mac Cana 2011: Proinsias Mac Cana, The Cult of the Sacred Centre. Essays on Celtic Ideology,
Dublin.
McCone 1994: Kim McCone (Hrsg.), Stair na Gaeilge: in ómós do Pádraig Ó Fiannachta, May-
nooth.
McCone 1996: Kim McCone (Hrsg.), Towards a relative chronology of ancient and medieval Celtic
sound change, Maynooth.
McCone 2006: Kim McCone, «Greek Κελτός and Γαλάτης, Latin Gallus ‹Gaul›», Die Sprache
46, 94–111.
McCone 2008: Kim McCone, The Celtic Question: Modern Constructs and Ancient Realities,
Dublin.
McCormick 2007: Finbar McCormick, «The horse in early Ireland», Anthropozoologica 42,
85–104.
McCormick 2009: Finbar McCormick, «Ritual feasting in Iron Age Ireland», in: Cooney
u. a. 2009, 405–412.
Macdonald 2007a: Philip Macdonald, Llyn Cerrig Bach. A Study of the copper alloy artefacts from
the insular La Tène assemblage, Cardiff.
Macdonald 2007b: Philip Macdonald, «Perspectives on insular La Tène art», in: Haselgrove
u. Moore 2007, 329–338.
Mackreth 2011: Donald Mackreth, Brooches in late Iron Age and Roman Britain, Oxford.
MacLaughlin 2009: Róisín MacLaughlin, «Fénius Farsaid and the Alphabets», Ériu 59, 1–24.
MacManus 1991: Damian MacManus, A Guide to Ogam, Maynooth.
Maier B. 1994: Bernhard Maier, Lexikon der keltischen Religion und Kultur, Stuttgart.
Maier B. 1996: Bernhard Maier, «Of Celts and Cyclopes: Notes on Athenaeus IV 36 p. 152A
and related passages», Studia Celtica 30, 83–88.
Maier B. 2000a: Bernhard Maier, Die Kelten. Ihre Geschichte von den Anfängen bis zur Gegen-
wart, München.
Maier B. 2000b: Bernhard Maier, «Comparing Fled Bricrenn with Classical Descriptions of
Continental Celts: Parallels, Problems and Pitfalls», in: P. Ó Riain (Hrsg.), Fled Bricrenn:
Reassessments, London, 1–14.
Maier B. 2001: Bernhard Maier, Die Religion der Kelten. Götter – Mythen – Weltbild, Mün-
chen.
Maier B. 2003: Bernhard Maier, Kleines Lexikon der Namen und Wörter keltischen Ursprungs,
München.
Maier B. 2009: Bernhard Maier, Die Druiden, München.
Maier B. 2010: Bernhard Maier, «Stadt, Land, Fluss. Keltische urbane Zentren und ihr
Umland nach dem Zeugnis der antiken Autoren», in: Krausse u. Beilharz 2010, I,
93–98.

Maier B. 2012: Bernhard Maier, «Dead Men Don't Wear Plaid: Celtic Myth and Christian Creed in Mediaeval Irish Concepts of the Afterlife», in: J. F. Nagy (Hrsg.), *Writing Down the Myths*, Turnhout, 2012 (im Druck).

Maier F. 1970: Ferdinand Maier, *Die bemalte Spätlatène-Keramik von Manching*, Wiesbaden (AM 3).

Maier F. 1985: Ferdinand Maier, *Das Heidetränk-Oppidum: Topographie der befestigten keltischen Höhensiedlung der Jüngeren Eisenzeit bei Oberursel im Taunus*, Stuttgart.

Maier F 1990: Ferdinand Maier, «Das Kultbäumchen von Manching», *Germania* 68, 129–165.

Maier F. u. a. 1992: Ferdinand Maier, U. Geilenbrügge, E. Hahn, H.-J. Köhler u. S. Sievers, *Ergebnisse der Ausgrabungen 1984–1987 in Manching*, Stuttgart (AM 15).

Maier F. 1998: Ferdinand Maier, «Manching und Tarent. Zur Vergoldungstechnik des keltischen Kultbäumchens und hellenistischer Blattkränze», *Germania* 76, 177–216.

Maier F. 2000: Ferdinand Maier, «Eiche und Efeu. Zu einer Rekonstruktion des Kultbäumchens von Manching», *Germania* 79, 297–307.

Maier F. 2004: Ferdinand Maier, «Die Dreizahl in Mythos, Kult und Ornamentwelt der Kelten. Ein Versuch», *Germania* 82, 397–430.

Maier F. 2006: Ferdinand Maier, «Der Bildstein von der Brigachquelle bei St. Georgen (Schwarzwald-Baar-Kreis)», *Germania* 84, 415–430.

Mailänder u. a. 2008: Sonja Mailänder, Wolf Dieter Blümel, Joachim Eberle, «Paläoumweltbedingungen und anthropogene Landoberflächenveränderungen im Umfeld des frühkeltischen Fürstensitzes auf dem Ipf am Westrand des Nördlinger Rieses. Erste Geländebefunde und Auswertungen 2005/2006», in: Krausse u. Steffen 2008, 281–298.

Mainardis 2001: Fulvia Mainardis, «Tracce di onomastica celtica nell'epigrafia preromana e romana delle regioni nord-orientali», in: Cuscito 2001, 55–70.

Maise 1998: Christian Maise, «Archäoklimatologie: vom Einfluss nacheiszeitlicher Klimavariabilität in der Ur- und Frühgeschichte», *Jahrbuch der Schweizerischen Gesellschaft für Ur- und Frühgeschichte* 81, 197–235.

Maissen 1994: Thomas Maissen, *Von der Legende zum Modell: Das Interesse an Frankreichs Vergangenheit während der italienischen Renaissance*, Basel.

Malitz 1983: Jürgen Malitz, *Die Historien des Poseidonios*, München (Zetemata 79).

Mallory 1992: J. P. Mallory (Hrsg.), *Aspects of the Táin*, Belfast.

Mallory u. Stockman 1994: J. P. Mallory und G. Stockman (Hrsg.), *Ulidia. Proceedings of the First International Conference on the Ulster Cycle of Tales*, Belfast.

Mallory 1998: J. P. Mallory, «The Old Irish Chariot», in: J. Jasanoff u. a. (Hrsg.), *Mír Curad. Studies in Honor of Calvert Watkins*, Innsbruck, 451–464.

Malrain u. a. 2002: François Malrain, Véronique Matterne und Patrice Méniel, *Les Paysans gaulois*, Paris.

Malrain u. a. 2006: François Malrain, Véronique Matterne und Patrice Méniel, «Le Second Âge du Fer (La Tène)», in: Ferdière u. a. 2006, 11–64.

Malrain u. Poux 2011: François Malrain und Matthieu Poux (Hrsg.), *Qui étaient les Gaulois?*, Paris (Ausstellungskatalog).

Maltby 1996: Mark Maltby, «The exploitation of animals in the Iron Age: the archaeozoological evidence», in: Champion u. Collis 1996, 17–28.

Mangas Manjarrés 1994: Julio Mangas Manjarrés (Hrsg.), *Avieno: Ora Maritima, Descriptio orbis terrae, Phaenomena*, Madrid (Testimonia Hispaniae Antiqua 1).

Mangin 1994: Michel Mangin (Hrsg.), *La sidérurgie ancienne de l'Est de la France dans son contexte européen*, Paris.

Mangin u. a. 2004: Michel Mangin, Francis Dabosi, Claude Domergue und Philippe Fluzin, *Le fer*, Paris (Collection «Archéologiques»).

Manley 2002: John Manley, *AD 43: The Roman invasion of Britain; a reassessment*, Stroud.

Mansel 1996: Karin Mansel, «Zu einer Gürtelschließe aus dem Süden der Iberischen Halbinsel vom Magdalenenberg bei Villingen», in: Stöllner 1996, 153–165.

Mansfeld 1973: Günter Mansfeld, *Die Fibeln der Heuneburg 1950–1970. Ein Beitrag zur Geschichte der Späthallstattfibel*, Berlin (HS 2, RGF 33).

Maranski 2002: Didier Maranski (Hrsg.), *Les âges du Fer en Nivernais, Bourbonnais et Berry oriental. Regards européens sur les âges du Fer en France*, Glux-en-Glenne (ACAFEAF 17, CB 6).

Marco Simón 1998: Francisco Marco Simón, *Die Religion im keltischen Hispanien*, Budapest.

Marco Simón 2005: Francisco Marco Simón, «Religion and Religious Practices of the Ancient Celts of the Iberian Peninsula», *e-Keltoi* 6, 287–346.

Marinval 2004: Philippe Marinval, «Offrandes alimentaires d'origine végétale en contexte funéraire gallo-romain», in: Baray 2004, 197–206.

Marion u. Blancquaert 2000: Stéphane Marion und Gertrude Blancquaert (Hrsg.), *Les installations agricoles de l'âge du Fer en France septentrionale*, Paris.

Markey u. Mees 2003: Tom Markey und Bernard Mees, «Prestino, Patrimony and the Plinys», *ZCP* 53, 116–167.

Markey u. Mees 2004: Tom Markey und Bernard Mees, «A Celtic orphan from Castaneda», *ZCP* 54, 54–120.

Marquart 2010: Markus Marquart, *KeltenLand am Fluss. Die Kelten im Rhein-Main-Gebiet*, Rahden/Westf.

Marszal 2000: J. R. Marszal, «Ubiquitous Barbarians. Representations of the Gauls at Pergamon and Elsewhere», in: N. T. de Grummond und B. S. Ridgway (Hrsg.), *From Pergamon to Sperlonga. Sculpture and Context*, Berkeley/Los Angeles u. a., 191–234.

Martin 2011: Marco Martin, *Posidonio d'Apamea e i Celti: un viaggiatore greco in Gallia prima di Cesare*, Roma.

Martin-Kilcher 2006: Stefanie Martin-Kilcher, «Pratiques funéraires en Gaule du Ier au IIIe siècle», in: Paunier 2006, 193–217.

Masserey 2008: Catherine Masserey, *Un habitat de La Tène ancienne à Alle, Noir Bois (Jura, Suisse)*, Porrentruy (Cahiers d'archéologie jurassienne 11).

Matasović 2009: Ranko Matasović, *Etymological Dictionary of Proto-Celtic*, Leiden.

Mateos Cruz 2009: Pedro Mateos Cruz (Hrsg.), *Santuarios, «oppida» y ciudades: arquitectura sacra en el origen y desarrollo urbano del mediterráneo occidental*, Madrid (Anejos de Archivo Español de Arqueología 45).

Mathieu 2007: Franck Mathieu, *Le guerrier gaulois: du Hallstatt à a conquête romaine*, Paris.

Mattingly 2006: David J. Mattingly, *An imperial possession: Britain in the Roman Empire, 54 BC–AD 409*, London (The Penguin History of Britain 1).

Mautendorfer 2005: Helga Mautendorfer, «Genähtes aus dem prähistorischen Hallstatt», in: Bichler u. a. 2005, 41–54.

Mayrhofer 2009: Manfred Mayrhofer, *Indogermanistik: Über Darstellungen und Einführungen von den Anfängen bis in die Gegenwart*, Wien.

Mays 1992: Melinda Mays (Hrsg.), *Celtic coinage: Britain and beyond*, Oxford (BAR BS 222).

Meade 2010: Judy Meade, *The Middle and Upper Ouse Valley in the Late Iron Age and Romano-British Periods: Divergent Identities?*, Oxford (BAR BS 512).

Meduna 1991a: Jiři Meduna, «The Brno-Maloměřice Jug», in: Moscati 1991, 376–377.

Meduna 1991b: Jiři Meduna, «The Oppidum of Staré Hradisko», in: Moscati 1991, 546–547.

Meduna u. Peškař 1992: Jiři Meduna und Ivan Peškař, «Ein latènezeitlicher Fund mit Bronzebeschlägen von Brno-Maloměřice (Kr. Brno-Stadt)», *BRGK* 73, 182–267.

Mees A. 2007: Allard Mees, «Der Sternenhimmel von Magdalenenberg. Das Fürstengrab bei Villingen-Schwenningen – ein Kalenderwerk der Hallstattzeit», *JRGZM* 54, 217–264.

Mees B. 2008a: Bernard Mees, «The women of Larzac», *Keltische Forschungen* 3, 169–188.

Mees B. 2008b: Bernard Mees, «Early Celtic metre at Vergiate and Prestino», *Historische Sprachforschung* 121, 188–208.

Mees B. 2009: Bernard Mees, *Celtic Curses*, Woodbridge.

Mees B. 2011: Bernard Mees, «Words from the well at Gallo-Roman Châteaubleau», *ZCP* 58, 89–110.

Megaw 1970: J. V. S. Megaw, *Art of the European Iron Age. A study of the elusive image*, Bath.

Megaw u. Megaw 1990: Ruth Megaw und Vincent Megaw, *The Basse-Yutz find: masterpieces of Celtic art: the 1927 Discovery in the British Museum*, London.

Megaw u. Megaw 1999: Ruth Megaw und Vincent Megaw, «Celtic Connections Past and Present: Celtic Ethnicity Ancient and Modern», in: Black u. a. 1999, 19–81.

Megaw u. Megaw 2001: Ruth Megaw und J. Vincent S. Megaw, *Celtic art: from its beginnings to the Book of Kells*, überarb. u. erw. Aufl., London.

Megaw u. Megaw 2005: Ruth Megaw und Vincent Megaw, *Early Celtic art in Britain and Ireland*, 2. Aufl., Princes Risborough.

Megaw u. Megaw 2010: J. Vincent S. Megaw und M. Ruth Megaw, «East and West in Early Celtic Art. The First Stages Once More Reviewed», in: Jerem u. a. 2010, 183–205.

Meid 1992: Wolfgang Meid, *Gaulish Inscriptions. Their interpretation in the light of archaeological evidence and their value as a source of linguistic and sociological information*, Budapest.

Meid 1996: Wolfgang Meid, *Heilpflanzen und Heilsprüche. Zeugnisse gallischer Sprache bei Marcellus von Bordeaux*, Innsbruck.

Meid 2005: Wolfgang Meid, *Keltische Personennamen in Pannonien*, Budapest (Archaeolingua Series Minor 20).

Meid u. Anreiter 2005: Wolfgang Meid und Peter Anreiter, *Heilpflanzen und Heilsprüche. Zeugnisse gallischer Sprache bei Marcellus von Bordeaux*, Wien.

Meid 2007: Wolfgang Meid, «Pseudogallische Inschriften», in: Lambert u. Pinault 2007, 277–289.

Meid 2009: Wolfgang Meid, *Die Romanze von Froech und Findabair: altirischer Text, mit Einleitung, deutscher Übersetzung, ausführlichem philologisch-linguistischem Kommentar und Glossar*, Innsbruck.

Meid 2011: Wolfgang Meid, *Die Kelten*, 2. verb. Aufl., Stuttgart.

Meier-Brügger 2003: Michael Meier-Brügger, mit Beiträgen von Matthias Fritz und Manfred Mayrhofer, *Indo-European Linguistics*, Berlin.

Meissner 2010: Torsten Meissner, «Das Hieronymuszeugnis und der Tod des Gallischen», *ZCP* 57, 107–112.

Meixner 2009: Elisabeth Meixner, «Noch sind die Kelten Herren des Landes – Überlegungen zum Besiedlungsende spätkeltischer Viereckschanzen in Süddeutschland», in: Bagley u. a. 2009, 347–360.

Méniel 2001: Patrice Méniel, *Les Gaulois et les animaux. Élevage, repas et sacrifice*, Paris.

Méniel 2002: Patrice Méniel, «La chasse en Gaule, une activité aristocratique?», in: Guichard u. Perrin 2002, 223–230.

Méniel u. Lambot 2002: Patrice Méniel und Bernard Lambot (Hrsg.), *Repas des vivants et nourriture pour les morts en Gaule. Découvertes récentes de l'âge du Fer dans le massif des Ardennes et ses marges*, Reims (MSAC 16, ACAFEAF 25).

Méniel 2008: Patrice Méniel, *Manuel d'archéozoologie funéraire et sacrificielle: âge du fer*, Gollion (Schweiz).

Mennessier-Jouannet 2007: Christine Mennessier-Jouannet (Hrsg.), *L'archéologie de l'âge du Fer en Auvergne*, Lattes (ACAFEAF 27).

Mennessier-Jouannet u. a. 2007: Christine Mennessier-Jouannet, Anne-Marie Adam und Pierre-Yves Milcent (Hrsg.), *La Gaule dans son contexte européen aux IVe et IIIe siècles avant notre ère*, Lattes (ACAFEAF 27).

Metzler u. a. 1991: Jeannot Metzler, Raymond Waringo, Romain Bis und Nicole Metzler-Zens, *Clemency et les tombes de l'aristorcatie en Gaule Belgique*, Luxemburg.

Metzler 1995: Jeannot Metzler, *Das treverische Oppidum auf dem Titelberg (G.-H. Luxemburg). Zur Kontinuität zwischen der spätkeltischen und der frührömischen Zeit in Nord-Gallien*, 2 Bände, Luxemburg.

Metzler u. a. 1999: Jeannot Metzler, Nicole Metzler-Zens und Patrice Méniel, *Lamadelaine, une nécropole de l'oppidum du Titelberg*, Luxemburg.

Metzler u. Wigg-Wolf 2005: Jeannot Metzler und David Wigg-Wolf (Hrsg.), *Die Kelten und Rom. Neue numismatische Forschungen*, Mainz.

Metzler 2006a: Jeannot Metzler, «Überlegungen zu den Adelsgräbern der Spätlatènezeit in Gallien», in: Carnap-Bornheim u. a. 2006, 81–94.

Metzler 2006b: Jeannot Metzler, «Religion et politique. L'*oppidum* trévire du Titelberg», in: Goudineau 2006, 191–202.

Metzler u. a. 2006: Jeannot Metzler, Patrice Méniel und Catherine Gaeng, «*Oppida* et espaces publics», in: Haselgrove 2006, 201–224.

Metzler u. Gaeng 2009: Jeannot Metzler und Catherine Gaeng, *Goeblange-Nospelt. Une nécropole aristocratique trévire*, Luxemburg (Dossiers d'Archéologie du Musée National d'Histoire et d'Art 13).

Metzler-Zens u. Metzler 1998: Nicole Metzler-Zens und Jeannot Metzler, «Die spätkeltische Aristokratie in Gallien. Überlegungen zur Selbstdarstellung einer sozialen Gruppe», in: Müller-Karpe u. a. 1998, 417–427.

Metzner-Nebelsick 2009: Carola Metzner-Nebelsick, «Wagen- und Prunkbestattungen von Frauen der Hallstatt- und frühen Latènezeit in Europa. Ein Beitrag zur Diskussion der sozialen Stellung der Frau in der älteren Eisenzeit», in: Bagley u. a. 2009, 237–270.

Meyer 1996: M. Meyer, «Bemerkungen zu einem spätlatènezeitlichen Trinkhorn aus Mardorf, Kr. Marburg-Biedenkopf», *Germania* 74, 538–549.

Meyer u. a. 2008/09: Christian Meyer, F. Jacobi, C. Knipper, C. Roth, M. Fecher und K. W. Alt, «Anthropologische Analyse der eisenzeitlichen Bestattungen vom Glauberg: ein Beispiel für das Potential einer integrativen Bioarchäologie», *BKALH* 10, 237–244.

Meylan 2003: F. Meylan, «Organisation urbaine et structures artisanales sur l'*oppidum* de Bibracte», in: Fichtl 2003, 223–236.

Milcent 2006: Pierre-Yves Milcent, «Premier âge du Fer médio-atlantique et genèse multipolaire des cultures matérielles laténiennes», in: Vitali 2006, 81–105.

Milcent 2007a: Pierre-Yves Milcent, *Bourges-Avaricum. Un centre proto-urbain celtique du V. siècle av. J.-C. Les fouilles du quartier de Saint-Martin-des-Champs et les découvertes des établissements militaries*, Bourges.

Milcent 2007b: Pierre-Yves Milcent (Hrsg.), *L'économie du fer protohistorique: de la production à la consommation du métal*, Bordeaux (Aquitania Supplément 14,2, ACAFEAF 28).

Milcent 2010: Pierre-Yves Milcent, «Die frühstädtische Siedlung der Hallstattzeit von Bourges und ihr territoriales Umland im Spiegel der Grabzeugnisse», in: Krausse u. Beilharz 2010, I, 415–437.

Millett u. McGrail 1988: M. Millett und S. McGrail, «The archaeology of the Hasholme logboat», *Archaeological Journal* 144, 69–155.

Millett 1992: Martin Millett, *The Romanization of Britain: an essay in archaeological interpretation*, Cambridge.

Mitchell 1993: Stephen Mitchell, *Anatolia: Land, Men and Gods in Asia Minor. I. The Celts in Anatolia and the Impact of Roman Rule*, Oxford.

Modarressi-Tehrani 2007: Diana Modarressi-Tehrani, «Überlegungen zum früheisenzeitlichen Metallhandwerk im westlichen Hallstatt- und Frühlatènegebiet», in: Trebsche u. a. 2007, 99–107.

Modarressi-Tehrani 2009: Diana Modarressi-Tehrani, *Untersuchungen zum früheisenzeitlichen Metallhandwerk im westlichen Hallstatt- und Frühlatènegebiet*, Rahden/Westf.

Mölders 2007: Doreen Mölders, «Freie Lohnarbeiter oder abhängige ‹Hintersassen›? Möglichkeiten und Grenzen der sozialen Interpretation von Handwerkern während der Latènezeit», in: Trebsche u. a. 2007, 85–97.

Mölders 2010: Doreen Mölders, *Die eisernen Werkzeuge aus Bibracte. Ein Beitrag zur Erforschung des keltischen Handwerks nach den Arbeiten von Jacques-Gabriel Bulliot und Joseph Déchelette*, Glux-en-Glenne (CB 18).

Möllers u. a. 2007: Sebastian Möllers, Wolfgang Schlüter und Susanne Sievers (Hrsg.), *Keltische Einflüsse im nördlichen Mitteleuropa während der mittleren und jüngeren vorrömischen Eisenzeit*, Bonn (KVF 9).

Mötsch u a. 2008: Angela Mötsch, Alfred Haffner und Ulrich Müller (Hrsg.), «Zu den Ausgrabungen des Kieler Instituts für Ur- und Frühgeschichte am Mont Lassois 2004–2006», in: Krausse u. Steffen 2008, 9–25.

Mötsch u. Grübel 2010: Angela Mötsch und Tamara Grübel, «Ausgrabungen des Kieler Instituts für Ur- und Frühgeschichte am Mont Lassois in den Jahren 2002 bis 2006», in: Krausse u. Beilharz 2010, I, 377–402.

Mötsch 2011: Angela Mötsch, *Der späthallstattzeitliche «Fürstensitz» auf dem Mont Lassois: Ausgrabungen des Kieler Instituts für Ur- und Frühgeschichte 2002–2006*, Bonn (UPA 202).

Moitrieux 2002: Gérard Moitrieux, *Hercules in Gallia. Recherches sur la personnalité et le culte d'un dieu romain en Gaule*, Paris.

Moliner 2003: Manuel Moliner, *La nécropole de Sainte-Barbe à Marseille (IVe s. avant J.-C. – IIe s. après J.-C.)*, Aix-en-Provence.

Molyneaux 1997: Brian Ligh Molyneaux (Hrsg.), *The Cultural Life of Images. Visual Representation in Archaeology*, London.

Monard 1999: Joseph Monard, *Histoire du calendrier gaulois: le calendrier de Coligny*, Vannes.

Monard 2005: Joseph Monard, *Astronomie et onomastique calendaire celtiques: le ciel et l'année chez les Celtes*, Ploudalmézeau.

Monteil u. Tranoy 2008: Martial Monteil und Laurence Tranoy, *La France gallo-romaine*, Paris.

Moore 2006: Tom Moore, *Iron Age societies in the Severn-Cotswolds: developing narratives of social and landscape change*, Oxford (BAR BS 421).

Moosleitner 1974: Fritz Moosleitner, *Der Dürrnberg bei Hallein. 2: Katalog der Grabfunde aus der Hallstatt- und Latènezeit*, München (MBVF 17).

Moosleitner 1985: Fritz Moosleitner, *Die Schnabelkanne vom Dürrnberg. Ein Meisterwerk keltischer Handwerkskunst*, Salzburg.

Moosleitner 1991: Fritz Moosleitner, «The Dürrnberg near Hallein: A Center of Celtic Art and Culture», in: Moscati 1991, 167–173.

Morel 1995: J.-P. Morel, «Les Grecs et la Gaule», in: *Les Grecs et l'Occident* (Rom), 41–69.

Morelli 2009: Angela Morelli, *Roman Britain and classical deities: gender and sexuality in Roman art*, Oxford (BAR BS 482).

Moret 2010: Pierre Moret, «La Lusitanie d'Artémidore», *Palaeohispanica* 10, 113–131.

Moret u. Quesada Sanz 2002: Pierre Moret und Fernando Quesada Sanz (Hrsg.), *La guerra en el mundo ibérico y celtibérico (ss. VI–II a. de C.)*, Madrid.

Moretti 2006: Jean-Charles Moretti, *L'architecture funéraire monumentale. La Gaule dans l'Empire romain*, Paris.

Morgan 1983: Prys Morgan, «From a Death to a View: The Hunt for the Welsh Past in the Romantic Period», in: Eric Hobsbawm und Terence Ranger (Hrsg.), *The Invention of Tradition*, Cambridge, 43–100.

Morris 1996: Elaine Morris, «Artefact production and exchange in the British Iron Age», in: Champion u. Collis 1996, 41–66.

Morris 2007: Elaine L. Morris, «Making magic: later prehistoric and early Roman salt production in the Lincolnshire fenland», in: Haselgrove u. Moore 2007, 430–443.

Morris 2010: Francis M. Morris, *North Sea and Channel connectivity during the Late Iron Age and Roman period (175/150 BC–AD 409)*, Oxford (BAR IS 2157).

Morris u. Maltby 2010: James Morris und Mark Maltby (Hrsg.), *Integrating Social and Environmental Archaeologies: Reconsidering Deposition*, Oxford (BAR IS 2077).

Morse 2005: Michael A. Morse, *How the Celts came to Britain. Druids, ancient skulls and the birth of archaeology*, Stroud.

Moscati 1991: Sabatino Moscati (Hrsg.), *The Celts*, Mailand (Ausstellungskatalog).

Moser 2010: Stefan Moser, *Die Kelten am Dürrnberg. Eisenzeit am Nordrand der Alpen*, Hallein (Schriften aus dem Keltenmuseum Hallein 1).

Motta 1995: Filippo Motta, «La stele di Cureggio», in: J. F. Eska, R. G. Gruffydd und N. Jacobs (Hrsg.), *Hispano-Gallo-Brittonica. Essays in honour of Professor D. Ellis Evans on the occasion of his sixty-fifth birthday*, Cardiff, 126–137.

Motyková u. a. 1991: Karla Motyková, Petr Drda und Alena Rybová, «The Hillfort and Sanctuary of Závist», in: Moscati 1991, 180–181.

Motyková 2007: Karla Motyková, «Závist», *RGA* 34, 476–485.

Müller F. 1987: Felix Müller, *Die Engehalbinsel – das «älteste Bern»*, Bern.

Müller F. 1993: Felix Müller, «Kultplätze und Opferbräuche», in: Dannheimer u. Gebhard 1993, 177–188.

Müller F. 1998: Felix Müller (Hrsg.), *Münsingen-Rain, ein Markstein der keltischen Archäologie. Funde, Befunde und Methoden im Vergleich*, Bern.

Müller F. u. a. 1999: Felix Müller, Gilbert Gaenel und Geneviève Lüscher (Hrsg.), *Eisenzeit*, Basel (SPM IV).

Müller F. 2002: Felix Müller, *Götter, Gaben, Rituale. Religion in der Frühgeschichte Europas*, Mainz.

Müller F. u. Lüscher 2004: Felix Müller und Geneviève Lüscher (Hrsg.), *Die Kelten in der Schweiz*, Stuttgart.

Müller F. 2009: Felix Müller (Hrsg.), *Kunst der Kelten: 700 v. Chr. – 700 n. Chr.*, Stuttgart.

Müller F. 2012: Felix Müller, *Die Kunst der Kelten*, München.

Müller H. 2009: Holger Müller, «Keltische Frauen an der Macht. Ausnahme oder Regel?», in: Karl u. Leskovar 2009, 321–330.

Müller H.-P. 2002: Hans-Peter Müller, «Zur Darstellung von Galliern in der graeco-ägyptischen Kleinkunst», in: Cain u. Rieckhoff 2002, 82–85.

Müller-Karpe u. a. 1998: Andreas Müller-Karpe, Helga Brandt, Hauke Jöns, Dirk Krausse und Angelika Wigg (Hrsg.), *Studien zur Archäologie der Kelten, Römer und Germanen in Mittel- und Westeuropa, Alfred Haffner zum 60. Geburtstag gewidmet*, Rahden/Westf. (IA–Sh 4).

Müller-Karpe 2006: Andreas Müller-Karpe, «Zur historischen Deutung von Funden keltischer Trachtelemente in Anatolien», in: Szabó 2006, 119–123.

Müller-Scheeßel 2000: Nils Müller-Scheeßel, *Die Hallstattkultur und ihre räumliche Differenzierung. Der West- und Osthallstattkreis aus forschungsgeschichtlich-methodologischer Sicht*, Rahden/Westf. (Tübinger Texte 3).

Müller-Scheeßel 2005: Nils Müller-Scheeßel, «Orientierungslos? Ausrichtungen hallstattzeitlicher Gräber in Süddeutschland», in: Karl u. Leskovar 2005, 41–52.

Müller-Scheeßel 2006: Nils Müller-Scheeßel, «Die ‹Fürstensitze› der jüngeren Hallstattzeit: Ergänzende Bemerkungen zu einem archäologischen Konstrukt», in: Wotzka 2006, 101–108.

Müller-Scheeßel 2007: Nils Müller-Scheeßel, «Bestattungsplätze nur für die oberen Zehntausend? Berechnungen der hallstattzeitlichen Bevölkerung Süddeutschlands», in: Trebsche u. a. 2007, 1–10.

Müller-Scheeßel u. Trebsche 2007: Nils Müller-Scheeßel und Peter Trebsche, «Das Schwein und andere Haustiere in Siedlungen und Gräbern der Hallstattzeit Mitteleuropas», *Germania* 85, 61–94.

Müller-Scheeßel 2009: Nils Müller-Scheeßel, *Untersuchungen zum Wandel hallstattzeitlicher Bestattungssitten in Süd- und Südwestdeutschland*, Bonn (UPA).

Murphy u. Whitehouse 2007: Eileen M. Murphy und Nicki J. Whitehouse (Hrsg.), *Environmental Archaeology in Ireland*, Oxford.

Nachtergael 1975: Georges Nachtergael, *Les Galates en Grèce et les Sôtéria de Delphes. Recherches d'histoire et d'épigraphie hellénistiques*, Brüssel.

Nagy 1992: Patrick Nagy, «Technologische Aspekte der Goldschale von Zürich-Altstetten», *Jahrbuch der Schweizerischen Gesellschaft für Ur- und Frühgeschichte* 75, 101–116.

Nakoinz 2005: Oliver Nakoinz, *Studien zur räumlichen Abgrenzung und Strukturierung der älteren Hunsrück-Eifel-Kultur*, Bonn (UPA 118).

Nakoinz u. Steffen 2008: Oliver Nakoinz und Markus Steffen, «Siedlungshierarchien und kulturelle Räume», in: Krausse u. Steffen 2008, 381–398.

Nash 1987: Daphne Nash, *Coinage in the Celtic World*, London.

Nayling 2004: Nigel Nayling, *The Barland's farm Romano-Celtic boat*, York.

Nègre 1990: Ernest Nègre, *Toponymie générale de la France. Volume 1er Formations préceltiques, celtiques, romanes*, Genf.

Neumann-Eisele 2005: Petra Neumann Eisele (Hrsg.), *Viereckschanzen: rätselhafte Bauwerke der Kelten. Stand der Viereckschanzenforschung in Bayern und Baden-Württemberg*, Kelheim.

Newman 1997: Conor Newman, *Tara: an archaeological survey*, Dublin.

Ní Bhrolcháin 2009: Muireann Ní Bhrolcháin, *An Introduction to Early Irish Literature*, Dublin.

Nick 2006: Michael Nick, *Gabe, Opfer, Zahlungsmittel: Strukturen keltischen Münzgebrauchs im westlichen Mitteleuropa*, 2 Bände, Rahden/Westf. (Freiburger Beiträge zur Archäologie und Geschichte des ersten Jahrtausends 12).

Nickel u. a. 2008: Claudia Nickel, Martin Thoma und David Wigg-Wolf, *Martberg: Heiligtum und Oppidum der Treverer*, Koblenz.

Nickel 2008/09: Claudia Nickel, «10 Jahre neuere Grabungen am Dünsberg: Überblick und Perspektiven», *BKALH* 10, 173–188.

Nieling 2007: Jens Nieling, «Brettchengewebte Borten der späten Hallstattzeit im Prunkgrab von Hochdorf und auf den sog. Daunischen Stelen in Apulien», in: Stefan Burmeister (Hrsg*.), Zweiundvierzig. Festschrift für Michael Gebühr zum 65. Geburtstag*, Rahden/Westf. (IA–Sh 25), 159–166.

Nielsen u. a. 2005: S. Nielsen, J. Holme Andersen, J. A. Baker, C. Christensen, J. Glastrup, P. M. Grootes, M. Hüls, A. Jouttijärvi, E. Benner Larsen und H. Brinch, «The Gundestrup Cauldron: new scientific and technical investigations», *Acta archaeologica* 76, 1–58.

Nikulka 2006: Frank Nikulka, «Migration, Konvergenz oder Diffusion: Zu den sogenannten ‹Sippengrabhügeln› der Hallstatt- und Frühlatènezeit», in: Wotzka 2006, 509–525.

Nippel 1990: *Griechen, Barbaren und «Wilde». Alte Geschichte und Sozialanthropologie*, Frankfurt/Main.

Noelke u. a. 2003: Peter Noelke mit Friederike Naumann-Steckner und Beate Schneider (Hrsg.), *Romanisation und Resistenz in Plastik, Architektur und Inschriften der Provinzen des Imperium Romanum. Neue Funde und Forschungen*, Mainz.

Noelke 2005: Peter Noelke, «Iupitersäulen und -pfeiler in Niedergermanien. Neufunde aus 25 Jahren», in: H. G. Horn (Hrsg.), *Von Anfang an*, Mainz, 128–137.

Norman u. St. Joseph 2008: E. R. Norman und J. K. S. St. Joseph, *The Early Development of Irish Society: The evidence of aerial photography*, Cambridge

Nortmann 1991: Hans Nortmann, «Die eisenzeitlichen Burgwälle des Trier Landes», in: Haffner u. Miron 1991, 121–140.

Nortmann 1998: Hans Nortmann, «Zur frühen Toreutik im Rheinland», in: Müller-Karpe u. a. 1998, 494–464.

Nortmann 2006: Hans Nortmann, «Anmerkungen zum frühlatènezeitlichen Prunkgrab 2 von Schwarzenbach», in: Teegen u. a. 2006, 235–249.

Nortmann 2007: Hans Nortmann, «Überlegungen zu Gruppengröße und Sozialhierarchie in der Hunsrück-Eifel-Kultur», in: Trebsche u. a. 2007, 11–17.

Nortmann 2008/09: Hans Nortmann, «Befestigungen der Eisenzeit im Hunsrück-Nahe-Raum: Forschungsstand, Fragen und Hypothesen», *TZ* 71/72, 15–25.

Novotný 1996: B. Novotný, «Das Oppidum von Bratislava», in: Jerem u. a. 1996. 395–401.

Nünnerich-Asmus 1999: Annette Nünnerich-Asmus, *Heiligtümer und Romanisierung auf der Iberischen Halbinsel. Überlegungen zu Religion und kultureller Identität*, Mainz.

O'Connor 2007: Brendan O'Connor, «Llyn Fawr metalwork in Britain: a review», in: Haselgrove u. Pope 2007, 64–79.

Ó Cróinín 1995: Dáibhí Ó Cróinín, *Early Medieval Ireland 400–1200*, London.

Ó Cróinín 2005: Dáibhí Ó Cróinín (Hrsg.), *Prehistoric and Early Ireland*, Oxford (A New History of Ireland 1).

Oeftiger 1984: Claus Oeftiger, *Mehrfachbestattungen im Westhallstattkreis. Zum Problem der Totenfolge*, Bonn.

Ó hÓgáin 2006: Dáithí Ó hÓgáin, *The Lore of Ireland: an encyclopaedia of myth, legend and romance*, Woodbridge.

O'Kelly 2005a: M. J. O'Kelly, «Ireland before 3000 B. C.», in: Ó Cróinín 2005, 49–68.

O'Kelly 2005b: M. J. O'Kelly, «Neolithic Ireland», in: Ó Cróinín 2005, 69–97.

O'Kelly 2005c: M. J. O'Kelly, «Bronze-age Ireland», in: Ó Cróinín 2005, 98–133.

Olędzki 2000: M. Olędzki, «La Téne culture in the Upper Tisza Basin», *EAZ* 41, 507–530.

Olivares Pedreño 2002: Juan Carlos Olivares Pedreño, *Los dioses de la Hispania céltica*, Madrid.

Olivares Pedreño 2005: Juan Carlos Olivares Pedreño, «Celtic Gods of the Iberian Peninsula», *e-Keltoi* 6, 607–650.

Olivier 2003: L. Olivier, «Nouvelles recherches sur l'exploitation du sel de la Haute Seille à l'âge du Fer», *Le Pays lorrain* 84, 15–26.

Olivier 2006: L. Olivier, «Le briquetage de la Seille (Moselle): bilan d'un programme de cinq années de recherches archéologiques», *Les Cahiers lorrains* 1/2, 6–21.

Olmer 2003: Fabienne Olmer, *Le commerce du vin chez les Éduens d'après les timbres des amphores*, Glux-en-Glenne (CB 7).

Ó Lúing 2001: Seán Ó Lúing, *Celtic Studies in Europe and other essays*, Dublin.

O'Neill 2010: Pamela O'Neill (Hrsg.), *Celts in Legend and Reality. Papers from the sixth Australian Conference of Celtic Studies, University of Sydney, July 2007*, Sydney.

Orengo 2003: Lionel Orengo, *Forges et forgerons dans les habitats laténiens de la Grande Limagne d'Auvergne. Fabrication et consommation de produits manufacturés en fer en Gaule à l'Age de Fer*, Montagnac (IM 26).

Osborne 2005: Robin Osborne, «Urban Sprawl: What is Urbanization and Why does it Matter?», in: Osborne u. Cunliffe 2005, 1–16.

Osborne u. Cunliffe 2005: Robin Osborne und Barry Cunliffe (Hrsg.), *Mediterranean Urbanization 800–600 BC*, Oxford (PBA 126).

Ott u. Wamers 2008: Iris Ott und Egon Wamers (Hrsg.), *Das weiße Gold der Kelten: das Salzbergwerk von Hallstatt in den österreichischen Alpen*, Frankfurt / Main (Ausstellungskatalog).

Overbeck 1993: Bernhard Overbeck, «Die Kelten im Spiegel der römischen Münzprägung», in: Dannheimer u. Gebhard 1993, 228–230.

Pagès 2010: Gaspard Pagès, *Artisanat et économie du Fer en France méditerranéenne de l'Antiquité au debut du Moyen Age*, Montagnac.

Pape 2002: Joelle Pape, «Importierte mediterrane Keramik in der Zone nördlich und nordwestlich der Alpen während der Hallstattzeit», in: Lang u. Salač 2002, 394–427.

Papworth 2011: Martin Papworth, *The Search for the Durotriges: Dorset and the West Country in the Late Iron Age*, Stroud.

Parcero Oubiña u. Cobas Fernández 2004: César Parcero Oubiña und Isabel Cobas Fernández, «Iron Age Archaeology of the Northwest Iberian Peninsula», *e-Keltoi* 6, 1–72.

Pare 1992: C. F. Pare, *Wagons and wagon-graves of the early Iron Age in Central Europe*, Oxford.

Pare 1997: Christopher Pare, «La dimension européenne du commerce grec à la fin de la période archaïque et pendant le début de la période classique», in: Brun u. Chaume 1997, 261–287.

Parsons u. Sims-Williams 2000: David N. Parsons and Patrick Sims-Williams (Hrsg.), *Ptolemy. Towards a linguistic atlas of the earliest Celtic place-names of Europe*, Aberystwyth.

Parsons 2010: David N. Parsons, «Tracking the Course of the Savage Tongue: Place-names and linguistic diffusion in Early Britain», in: Cunliffe u. Koch 2010, 169–184.

Parzinger u. Sanz 2000: Hermann Parzinger und Rosa Sanz, *Das Castro von Soto de Bureba. Archäologische und historische Forschungen zur Bureba in vorrömischer und römischer Zeit*, Rahden/Westf.

Pauli 1975: Ludwig Pauli, *Keltischer Volksglaube. Amulette und Sonderbestattungen am Dürrnberg bei Hallein und im eisenzeitlichen Mitteleuropa*, München (MBVF 28).

Pauli 1978: Ludwig Pauli, *Der Dürrnberg bei Hallein 3: Katalog der Grabfunde aus der Hallstatt- und Latènezeit. Auswertung der Grabfunde*, München (MBVF 18).

Paunier u. Luginbühl 2004: Daniel Paunier und Thierry Luginbühl (Hrsg.), *Bibracte. Le site da la maison 1 du Parc aux Chevaux (PC 1) des origines de l'oppidum au règne de Tibère*, Glux-en-Glenne (CB 8).

Paunier 2006: Daniel Paunier (Hrsg.), *Celtes et Gaulois. 5: La romanisation et la question de l'héritage celtique*, Glux-en-Glenne (CB 12,5).

Payne u. a. 2006: Andrew Payne, Mark Corney und Barry Cunliffe, *The Wessex hillforts project: extensive survey of hillfort interiors in central southern England*, London.

Péchoux 2010: Ludivine Péchoux, *Les sanctuaires de périphérie urbaine en Gaule romaine*, Montagnac (AHR 18).

Penninger 1972: Ernst Penninger, *Der Dürrnberg bei Hallein. 1: Katalog der Grabfunde aus der Hallstatt- und Latènezeit*, München (MBVF 16).

Penz 2008: Martin Penz, «‹Heilige Haine› einer romantisch-esoterischen Heimatkunde. Pseudo-Kultstätten als Konstrukte zwischen romantischer Heimatkunde und keltomaner Esoterik», in: Lauermann u. Trebsche 2008, 21–31.

Peralta 1991: E. Peralta, «Confréries guerrières indo-européennes dans l'Espagne ancienne», *Études Indo-Européennes* 10, 71–123.

Pérez Zurita 2011: Antonio David Pérez Zurita, *La edilidad y las élites locales en la Hispania romana: la proyección de una magistratura de Roma a la administración municipal*, Córdoba.

Pernet 2010: Lionel Pernet, *Armement et auxiliaires gaulois (IIe et Ier siècles avant notre ère)*, Montagnac (PE 12).

Perrin 2002: Franck Perrin, «Pythagoras und die Druiden», in: Cain u. Rieckhoff 2003, 7–8.

Perrin 2003: Franck Perrin (Hrsg.), *La tombe à char de Verna (Isère): témoignage de l'aristocratie celtique en territoire allobroge*, Lyon.

Perrin 2006: Franck Perrin, «La hiérarchie sociale en Gaule à la fin de l'âge du Fer, entre histoire et archéologie. Un état de la question», in: Haselgrove 2006, 155–168.

Pescheck 1996: Christian Pescheck, «Gab es zur Hallstattzeit in Ostösterreich schon Kelten?», in: Jerem u. a. 1996, 73–89.

Peschel 2006: Karl Peschel, «Frühe germanische Kriegerordnung und keltische militärische Gemeinschaftsformen», in: Teegen u. a. 2006, 149–191.

Peter-Röcher 1994: Heidi Peter-Röcher, *Kannibalismus in der prähistorischen Forschung. Studien zu einer paradigmatischen Deutung und ihren Grundlagen*, Bonn (UPA 20).

Peter-Röcher 2007: Heidi Peter-Röcher, *Gewalt und Krieg im prähistorischen Europa. Beiträge zur Konfliktforschung auf der Grundlage archäologischer, anthropologischer und ethnologischer Quellen*, Bonn (UPA 143).

Petit 2005: Jean-Paul Petit, *Bliesbruck-Reinheim. Celtes et Gallo-Romains en Moselle et en Sarre*, Paris.

Peyre 2000: Christian Peyre, «Documents sur l'organisation publique de l'espace dans la cité gauloise. Le site de Villeneuve-Saint-Germain et la bilingue de Verceil», in: Verger 2000, 155–206.

Peyre u. Büchsenschütz 2008: Ch. Peyre und O. Büchsenschütz, «Tite-Live, Bourges, et les premiers processus d'urbanisation à l'âge du Fer en France septentrionale», *Germania* 86, 29–46.

Philpott 1995: Robert Philpott, *Burial practices in Roman Britain: a survey of grave treatment and furnishing, A. D. 43–410*, Oxford (BAR BS 219).

Piana Agostinetti u. Morandi 2004: Paola Piana Agostinetti und Alessandro Morandi, *Celti d'Italia. I: Archeologia, lingua e scrittura dei Celti d'Italia, II. Epigrafia e lingua dei Celti d'Italia*, Rom.

Pieta 2001: Karol Pieta, «Wirtschaftliche Strukturen der spätlatènezeitlichen Siedlungen in der Slowakei», in: Dobiat u. a. 2001, 315–323.

Pieta 2010: Karol Pieta, *Die keltische Besiedlung der Slowakei: jüngere Latènezeit*, Nitra (Archaeologica Slovaca Monographiae 12).

Piette u. Depeyrot 2008: Jacques Piette und Georges Depeyrot, *Les monnaies et les rouelles du sanctuaire de la Vielleneuve-au-Châtelot (Aube)*, Wetteren (CM 74).

Piggott 1959: Stuart Piggott, «The carnyx in early Iron Age Britain», *AntJ* 34, 19–32.

Piggott 1989: Stuart Piggott, *Ancient Britons and the Antiquarian Imagination. Ideas from the Renaissance to the Regency*, London.

Pigière 2009: Fabienne Pigière, *Évolution de l'économie alimentaire et des pratiques d'élevage de l'antiquité au haut moyen âge en Gaule du nord. Une étude régionale sur la zone limoneuse de la moyenne Belgique et du sud des Pays-Bas*, Oxford 2009 (BAR IS 2035).

Pignat 2009: Gervaise Pignat, *Le Mormont: un sanctuaire des Helvètes en terre vaudoise vers 100 av. J.-C.*, Lausanne.

Pingel 1971: Volker Pingel, *Die glatte Drehscheiben-Keramik von Manching*, Wiesbaden (AM 4).

Pingel 1992: Volker Pingel, *Die vorgeschichtlichen Goldfunde der Iberischen Halbinsel*, Berlin.

Piningre u. Ganard 1997: Jean-François Piningre und Véronique Ganard, «Le pôle princier de Salins et le Hallstatt D du Jura», in: Brun u. Chaume 1997, 125–138.

Piningre 2004: Jean-François Piningre, *Les nécropoles protohistoriques des Moidons et le site princier du camp de château à Salins (Jura): les fouilles récentes et la collection du Musée des Antiquités Nationales*, Paris.

Pirson 2002: Felix Pirson, «Vom Kämpfen und Sterben der Kelten in der antiken Kunst», in: Cain u. Rieckhoff 2002, 71–81.

Pitillas Salañer 2010: Eduardo Pitillas Salañer, *El ejército romano en el norte y noroeste de Hispania: conquista, ocupación e integración de la población indígena*, Saragossa.

Pleiner 1993: Radomir Pleiner, *The Celtic Sword*, Oxford.

Plouin u. Jud 2003: S. Plouin und P. Jud (Hrsg.), *Habitats, mobiliers et groupes régionaux à l'âge du Fer*, Dijon (RAE Supplément 20).

Poignault 2001: Rémy Poignault, «Les fleuves de la Gaule et des provinces avoisinantes chez Tacite comme éléments de la définition de l'espace», in: Bedon 2001, 431–455.

Polfer 2004: Michel Polfer, «Les pratiques funéraires de la Gaule belgique à l'époque romaine et leur interprétation. État de la question et problèmes méthodologiques», in: Baray 2004, 37–54.

Polfer 2005: Michel Polfer, *L'artisanat dans l'économie de la Gaule Belgique romaine*, Montagnac.

Polfer 2007: Michel Polfer, «L'analyse des tombes à incinération gallo-romaines en termes de statut social: d'une étude de cas (nécropole de Septfontaines, Luxembourg) aux problèmes méthodologiques plus généraux», in: Baray u. a. 2007, 191–206.

Poli 2002: Diego Poli (Hrsg.), *La battaglia del Sentino. Scontro fra nazioni e incontro in una nazione*, Rom.

Polito 1998: Eugenio Polito, *I Galati vinti. Il trionfo sui Barbari da Pergamo a Roma*, Mailand.

Pollini 2002: John Pollini, *Gallo-Roman bronzes and the process of Romanization – the Cobannus hoard*, Leiden.

Pollock 2006: K. J. Pollock, *The Evolution and Role of Burial Practice in Roman Wales*, Oxford (BAR BS 426).

Polo Cutando u. Villagordo Ros 2007: Cl. Polo Cutando und C. Villagordo Ros, «L'exploitation du fer en Sierra Menera (Teruel-Guadalajara, Espagne) aux IIIe – Ier s. a. C.», in: Milcent 2007b, 107–132.

Poppe 2008: Erich Poppe, «Zwischen Altertumskunde und Sprachwissenschaft. Zu den Ursprüngen der Keltologie im 19. Jahrhundert», *Beiträge zur Geschichte der Sprachwissenschaft* 18, 231–258.

Porzio Gernia 1981: Maria Luisa Porzio Gernia, «Gli elementi celtici del latino», in: Enrico Campanile (Hrsg.), *I Celti d'Italia*, Pisa, 97–122.

Posluschny 2002: Axel Posluschny, *Die hallstattzeitliche Besiedlung im Maindreieck. GIS-gestützte Fundstellenanalysen*, Oxford (BAR IS 1077).

Posluschny 2008: Axel Posluschny, «Sehen und gesehen werden. Sichtbarkeitsanalysen als Werkzeug archäologischer Forschungen», in: Krausse u. Steffen 2008, 367–380.

Pothecary 2005: Sarah Pothecary, «The European Provinces: Strabo as evidence», in: Dueck u. a. 2005, 161–179.

Poulter 2009: John Poulter, *Surveying Roman military landscapes across Northern Britain. The planning of Roman Dere Street, Hadrian's Wall and the Vallum, and the Antonine Wall in Scotland*, Oxford (BAR BS 492).

Poux 1999: Matthieu Poux, *Puits funéraire d'époque gauloise à Paris (Senat). Une tombe d'auxiliaire républicain dans le sous-sol de Lutèce*, Montagnac (PE 4).

Poux 2000: Matthieu Poux, «Festins sacrés, ivresse collective et cultes guerriers en Gaule celtique. Traces littéraires, perspectives archéologiques», in: Verger 2000, 305–335.

Poux u. a. 2002: M. Poux, Y. Deberge, S. Foucras u. a., «L'enclos cultuel de Corent (Puy-de-Dôme): festins et rites collectifs», *Revue archéologique du Centre de France* 41, 57–110.

Poux 2004: Matthieu Poux, *L'Age du vin. Rites de boisson, festins et libations en Gaule indépendante*, Montagnac (PE 8).

Poux 2006: Matthieu Poux, «Religion et société. Le sanctuaire arverne de Corent», in: Goudineau 2006, 117–134.

Poux u. a. 2007: Matthieu Poux in Zusammenarbeit mit Matthieu Demierre, Sylvain Foucras, Magali Garcia und Romain Guichon, «Blutige Opfer und Weinspenden in Gallien am Beispiel des spätkeltisch-römischen Heiligtums von Corent (Frankreich)», in: Groh u. Sedlmayer 2007, 11–34.

Poux 2008: Matthieu Poux (Hrsg.), *Sur les traces de César. Militaria tardo-républicains en contexte gaulois*, Glux-en-Glenne (CB 14).

Poux 2011: Matthieu Poux (Hrsg.), *Corent: Voyage au coeur d'une ville gauloise*, Paris.

Prammer u. a. 2007: J. Prammer, R. Sander und C. Tappert (Hrsg.), *Siedlungsdynamik und Gesellschaft. Beiträge des internationalen Kolloquiums zur keltischen Besiedlungsgeschichte im bayerischen Donauraum, Österreich und der Tschechischen Republik*, Straubing.

Pratt 2005: Stephanie Pratt, «The American Time Machine: Indians and the Visualization of Ancient Europe», in: S. Smiles und S. Moser (Hrsg.), *Envisaging the past: archaeology and the image*, Oxford, 51–71.

Prilaux 2000: Gilles Prilaux, *La production du sel à l'Age du Fer. Contribution à l'établissement d'une typologie à partir des exemples de l'autoroute A16*, Montagnac (PE 5).

Prosdocimi 1991: Aldo L. Prosdocimi, «Note sul celtico in Italia», *Studi Etruschi* 57, 139–177.

Prosdocimi u. Solinas 2006: Aldo Prosdocimi und Patrizia Solinas, «Celticità linguistica in Italia prima del 400. Documenti e prospettive», in: Vitali 2006, 217–234.

Prósper 2008: Blanca María Prósper, *El bronce celtibérico de Botorrita 1*, Pisa.

Prósper Pérez 2008: Blanca Prósper Pérez, «Lusitanian: a non-Celtic Indo-European Language of Western Hispania», in: García Alonso 2008a, 53–64.

Pucher 1999: Erich Pucher, *Archäozoologische Untersuchungen am Tierknochenmaterial der keltischen Gewerbesiedlung im Ramsautal auf dem Dürrnberg [Salzburg]*, Rahden/Westf. (DF 2).

Pucher 2001: Erich Pucher, «Archäozoologische Ergebnisse vom Dürrnberg», in: Dobiat u. a. 2001, 133–146.

Pudill 2005: Rainer Pudill, *The tribes and coins of Celtic Britain*, Witham.

Py 1993: Michel Py, *Les Gaulois du Midi. De la fin de l'âge de Bronze à la conquête romaine*, Paris.

Py 2009: Michel Py, *Lattara: Lattes, Hérault. Comptoir gaulois méditerranéen entre Étrusques, Grecs et Romains*, Paris.

Quesada Sanz 1994: F. Quesada Sanz, «Máchaira, kopís, falcata», in: J. de la Villa (Hrsg.), *Dona ferentes: Homenaje a Francisco Torrent*, Madrid, 75–94.

Queyrel 2005: François Queyrel, *L'autel de Pergame. Images et politique en Grèce d'Asie*, Paris.

Raftery 1981: Barry Raftery, «Iron Age burials in Ireland», in: Donnchadh Ó Corráin (Hrsg.), *Irish Antiquity*, Cork, 173–204.

Raftery 1991a: Barry Raftery, «Tara, County Meath», in: Moscati 1991, 612.

Raftery 1991b: Barry Raftery, «Dun Aengus, Insishmore, Aran, County Galway», in: Moscati 1991, 613.

Raftery 1991c: Barry Raftery, «The Island Celts», in: Moscati 1991, 555–572.

Raftery 1992: Barry Raftery, «Irische Bohlenwege», *Archäologische Mitteilungen aus Nordwestdeutschland* 15, 49–68.

Raftery 1994: Barry Raftery, *Pagan Celtic Ireland. The Enigma of the Irish Iron Age*, London.

Raftery 1998: Barry Raftery, «Kelten und Keltizismus in Irland: Die archäologischen Belege», in: Müller-Karpe u. a. 1998, 465–476.

Raftery 2005: Barry Raftery, «Iron-age Ireland», in: Ó Cróinín 2005, 134–181.

Raftery 2006: Barry Raftery, «The Insular Celts», in: Vitali 2006, 107–129.

Ralph 2007: Sarah Ralph, *Feasting and social complexity in later Iron Age East Anglia*, Oxford (BAR BS 451).

Ralston 2006: Ian Ralston, *Celtic Fortifications*, Stroud.

Ralston 2007: Ian Ralston, «Bourges in the Earlier Iron Age: an interim view», in: Gosden 2007, 217–239.

Ralston u. Ashmore 2007: Ian Ralston und Patrick Ashmore, «The character of Earlier Iron Age societies in Scotland», in: Haselgrove u. Pope 2007, 229–247.

Rambaud 1983: Michel Rambaud, «Trogue-Pompée, un Gaulois dans l'Empire», in: *La Patrie gauloise d'Agrippa au VIème siècle*, Lyon, 129–146.

Ramseyer 1997: Denis Ramseyer, «Châtillon-sur-Glâne (Fribourg, Suisse). Contextes géographique et économique à la fin du VIe siècle avant J.-C.», in: Brun u. Chaume 1997, 37–46.

Ramsl 2011: Peter C. Ramsl, *Das latènezeitliche Gräberfeld von Mannersdorf im Leithagebirge, Flur Reinthal Süd, Niederösterreich. Studien zu Phänomenen der latènezeitlichen Kulturausprägungen*, Wien.

Rankin 1987: Herbert David Rankin, *Celts and the classical world*, London.

Rapi 2009: Marta Rapi, *La seconda età del Ferro nell'area di Como e dintorni*, Como.

Rapin 2003: André Rapin, «Les analyses sémiologiques de l'image: l'iconographie du deuxième âge du Fer», in: Buchsenschutz u. a. 2007, 49–62.

Rapin 2004: André Rapin, «Pratiques funéraires et cultures du deuxième âge du Fer laténien: le problème des cartes archéologiques», in: Baray 2004, 21–36.

Rapin 2008: André Rapin, «Les Celtes et leurs voisins méridionaux: nouveaux outils d'analyses pour l'armement laténien du sud de l'Europe aux Ve s. et IVe s. av. J.-C. », in: Vitali u. Verger 2008, 237–268.

Rasshofer 1998: Gabriele Rasshofer, *Untersuchungen zu metallzeitlichen Grabstelen in Süddeutschland*, Rahden/Westf. (IA 48).

Rast-Eicher 2008: Antoinette Rast-Eicher, *Textilien, Wolle, Schafe der Eisenzeit in der Schweiz*, Basel (Antiqua 44).

Raybould u. Sims-Williams 2007a: Marilynne E. Raybould und Patrick Sims-Williams, *The geography of Celtic personal names in the Latin inscriptions of the Roman Empire*, Aberystwyth.

Raybould u. Sims-Williams 2007b: Marilynne E. Raybould und Patrick Sims-Williams, *A corpus of Latin inscriptions of the Roman Empire containing Celtic personal names*, Aberystwyth.

Raybould u. Sims-Williams 2009: Marilynne E. Raybould und Patrick Sims-Williams, *Introduction and supplement to the corpus of Latin inscriptions of the Roman Empire containing Celtic personal names*, Aberystwyth.

Reddé 1996: Michel Reddé (Hrsg.), *L'armée romaine en Gaule*, Paris.

Reddé u. v. Schnurbein 2001: Michel Reddé und Siegmar von Schnurbein, *Alésia: fouilles et recherches franco-allemandes autour du Mont Auxois*, Paris.

Reddé 2003: Michel Reddé, *Alésia: l'archéologie face à l'imaginaire*, Paris.

Reddé 2006: Michel Reddé, *Alesia: vom nationalen Mythos zur Archäologie*, Mainz.

Reddé u. a. 2006: Michel Reddé, Raymond Brulet, Rudolf Fellmann, Jan-Kees Haalebos und Siegmar von Schnurbein (Hrsg.), *L'architecture de la Gaule romaine. 1: Les fortifications militaires*, Paris.

Reddé u. v. Schnurbein 2008: Michel Reddé und Siegmar von Schnurbein (Hrsg.), *Alésia et la bataille du Teutoburg: un parallèle critique des sources*, Ostfildern (Beihefte der Francia 66).

Reddé u. a. 2011: Michel Reddé u. a. (Hrsg.), *Aspects de la romanisation dans l'Est de la Gaule*, Glux-en-Glenne (CB 21).

Reeh 2001: Karl Reeh, *Der Dünsberg und seine Umgebung: eine Bestandsaufnahme der Bodendenkmäler*, Montagnac.

Rehren 1996: Thilo Rehren, «A Roman zinc tablet from Bern, Switzerland: Reconstruction of the Manufacture», in: S. Demirci u. a. (Hrsg.), *Proceedings of the 29th International Symposium on Archaeometry*, Ankara, 35–45.

Reim 1981: Hartmann Reim, «Handwerk und Technik», in: Bittel u. a. 1981, 204–227.

Reinhard 2003: Walter Reinhard, *Studien zur Hallstatt- und Frühlatènezeit im südöstlichen Saarland*, Homburg (Blesa 4).

Reinhard 2004: Walter Reinhard, *Die keltische Fürstin von Reinheim*, Gersheim-Reinheim.

Reinhard 2010: Walter Reinhard, *Kelten, Römer und Germanen im Bliesgau*, Gersheim-Reinheim.

Reitinger 1975: Josef Reitinger, «Das goldene Miniaturschiffchen vom Dürrnberg bei Hallein», *Mitteilungen der Gesellschaft für Salzburger Landeskunde* 115, 383–414.

Rémy u. Mathieu 2009: Bernard Rémy und Nicolas Mathieu, *Les femmes en Gaule romaine (Ier siècle avant J.-C. – Ve siècle après J.-C.)*, Paris.

Renfrew u. Bahn 2008: Colin Renfrew und Paul Bahn, *Archaeology: Theories, Methods and Practice*, London.

Renhart 1996: Silvia Renhart, «Zur Anthropologie der Kelten: Die frühlatènezeitlichen Gräberfelder von Inzersdorf, Ossarn, Herzogenburg-Süd und Franzhausen (NÖ.)», in: Jerem u. a. 1996, 179–192.

Reschreiter u. a. 2009: Hans Reschreiter, Karina Grömer und Ralf Totschnig, «Reich im Grab – sparsam in der Grube. Überlegungen zum Ressourcenmanagement im ältereisenzeitlichen Salzbergwerk Hallstatt», in: Karl u. Leskovar 2009, 307–320.

Reyman 2010: Daryn Reyman, *Culture contact in southern Mediterranean France (7th to 2nd centuries BC)*, Oxford (BAS IS 2076).

Reynolds 1995: P. J. Reynolds, «Rural life and farming», in: Green 1995, 176–209.

Reynolds 2010: Paul Reynolds, *Hispania and the Roman Mediterranean, AD 100–700*, London.

Rey-Vodoz 2006: Véronique Rey-Vodoz, «Offrandes et rituels votifs dans les sanctuaires de Gaule romaine», in: Dondin-Payre u. Raepsaet-Charlier 2006, 219–238.

Richardson u. Santangelo 2011: James H. Richardson und Federico Santangelo (Hrsg.), *Priests and state in the Roman world*, Stuttgart (Potsdamer altertumswissenschaftliche Beiträge 33).

Rieckhoff 2001: Sabine Rieckhoff, «Der Untergang der Städte. Der Zusammenbruch des keltischen Wirtschafts- und Gesellschaftssystems», in: Dobiat u. a. 2001, 359–379.

Rieckhoff u. Biel 2001: Sabine Rieckhoff und Jörg Biel, *Die Kelten in Deutschland*, Stuttgart.

Rieckhoff 2006: Sabine Rieckhoff (Hrsg.), *Celtes et Gaulois. 1: Celtes et Gaulois dans l'Histoire, l'historiographie et l'idéologie moderne*, Glux-en-Glenne (CB 12,1).

Rieckhoff 2007: Sabine Rieckhoff, «Die Erfindung der Kelten», in: Leskovar u. Karl 2007, 23–37.

Rieckhoff u. Sommer 2007: Sabine Rieckhoff und Ulrike Sommer (Hrsg.), *Auf der Suche nach Identitäten: Volk – Stamm – Kultur – Ethnos*, London (BAR IS 1705).

Rieckhoff 2008: Sabine Rieckhoff (Hrsg.), *Beiträge zur Religion der Kelten: ein Kolloquium an der Universität Leipzig*, Leipzig.

Rieckhoff 2009: Sabine Rieckhoff, «‹Böhmische Dörfer› – Zur Ethnizität der Oppida-Bewohner in Böhmen», in: Bagley u. a. 2009, 361–376.

Rieckhoff 2010: Sabine Rieckhoff, «Raumqualität, Raumgestaltung und Raumwahrnehmung im 2./1. Jahrhundert v. Chr.: ein anderer Zugang zu den ersten Städten nördlich der Alpen», in: Trebsche u. a. 2010, 275–306.

Rieckhoff u. Fichtl 2011: Sabine Rieckhoff und Stephan Fichtl, *Keltenstädte aus der Luft*, Stuttgart.

Riek 1962: Gustav Riek, *Der Hohmichele. Ein Fürstengrabhügel der späten Hallstattzeit bei der Heuneburg*, Berlin (HS 1, RGF 25).

Riemer u. Riemer 2005: Ulrike Riemer und Peter Riemer (Hrsg.), *Xenophobie – Philoxenie. Vom Umgang mit Fremden in der Antike*, Stuttgart.

Riggsby 2006: Andrew Riggsby, *War in Words. Caesar in Gaul and Rome*, Austin, Texas.

Rivet u. Smith 1979: A. L. F. Rivet und Colin Smith, *The Place-Names of Roman Britain*, London.

Roberts 2002: Owain T. P. Roberts, «Accident, not intention: Llyn Cerrig Bach, Isle of Anglesey, Wales, site of an Iron Age Shipwreck», *International Journal of Nautical Archaelogy* 31, 25–38.

Roche-Bernard 1993: G. Roche-Bernard, *Costumes et textiles en Gaule romaine*, Paris.

Rockley 2008: Joan Rockley, *Antiquarians and archaeology in nineteenth-century Cork*, Oxford (BAR BS 454).

Rodwell 1980: Warwick Rodwell (Hrsg.), *Temples, churches and religion: recent research in Roman Britain; with a gazetteer of Romano-Celtic temples in continental Europe*, Oxford (BAR BS 77).

Röder 1995: Brigitte Röder, *Frühlatènekeramik aus dem Breisgau – ethnoarchäologisch und natur-wissenschaftlich analysiert*, Stuttgart (MABW 30).

Rösch 2006: «Eisenzeitliche Pflanzenreste aus dem keltischen Oppidum Heidengraben bei Grabenstetten, Kreis Reutlingen», in: Knopf 2006, 231–261.

Rösch u. a. 2008: Manfred Rösch, Elske Fischer, Helmut Müller, Marion Sillmann und Hans-Peter Stika, «Botanische Untersuchungen zur eisenzeitlichen Landnutzung im süd-lichen Mitteleuropa», in: Krausse u. Steffen 2008, 319–347.

Rogers 2011: Adam Rogers, *Late Roman towns in Britain: rethinking change and decline*, Cam-bridge.

Rolley 2003: Claude Rolley (Hrsg.), *La tombe princière de Vix*, Paris.

Rolley 2006: Claude Rolley, «Les routes de l'étain en Méditerranée et ailleurs», in: Szabó 2006a, 185–192.

Romankiewicz 2011: Tanja Romankiewicz, *The complex roundhouses of the Scottish Iron Age: an architectural analysis of complex Atlantic roundhouses (brochs and galleried duns), with reference to wheelhouses and timber roundhouses*, Oxford (BAR BS 550).

Romero u. Maillier 2006: Anne-Marie Romero und Antoine Maillier, *Bibracte. Archéologie d'une ville gauloise*, Glux-en-Glenne.

Romeuf u. Dumontet 2000: Anne-Marie Romeuf und Monique Dumontet, *Les ex-votos gallo-romains de Chamalières (Puy-de-Dôme): bois sculptés de la source des Roches*, Paris.

Ronconi 2003: Lucia Ronconi, «Celti in Strabone», *Studi Trentini di scienze storiche* 82 sez. I.1, 87–94.

Ross 2011: Catherine Rosemary Ross, *«Tribal territories» from the Humber to the Tyne: an analy-sis of artefactual and settlement patterning in the Late Iron Age and early Roman periods*, Oxford (BAR BS 540).

Rotea 2000: Mihai Rotea (Hrsg.), *Thraker und Kelten beidseits der Karpaten*, Eberdingen.

Roualet 1991a: Pierre Roualet, «Les Jogasses», in: Moscati 1991, 121.

Roualet 1991b: Pierre Roualet, «The Marnian Culture of Champagne», in: Moscati 1991, 147–154.

Roulière-Lambert 2009: Marie-Jeanne Roulière-Lambert (Hrsg.), *De l'âge du Bronze à l'âge du Fer en France et en Europe occidentale (X^e–VIIe siècle av. J.-C.). La moyenne Vallée du Rhône aux âges du Fer, actualité de la recherche*, Dijon (RAE Supplément 27, ACAFEAF 30).

Roymans 1996: Nico Roymans (Hrsg.), *From the sword to the plough: three studies on the Roma-nisation of Northern Gaul*, Amsterdam (Amsterdam Archaeological Studies 1).

Roymans 2009: Nico Roymans, «Becoming Roman in the Rhineland Frontier Zone. The Impact of Ethnic Recruitment and Returning Veterans on the Romanization of Rural Populations», in: *Kelten am Rhein. Akten des dreizehnten Internationalen Keltologiekongresses*, Mainz, I, 25–46.

Rudling 2008: David Rudling (Hrsg.), *Ritual landscapes of Roman South-East Britain*, Norfolk.

Rübekeil 2002: Ludwig Rübekeil, *Diachrone Studien zur Kontaktzone zwischen Kelten und Ger-manen*, Wien.

Rüpke u. Scheid 2009: Jörg Rüpke und John Scheid (Hrsg.), *Bestattungsrituale und Totenkult in der römischen Kaiserzeit*, Stuttgart.

Ruiz Zapatero 2006: Gonzalo Ruiz Zapatero, «The Celts in Spain, from archaeology to modern identities», in: Rieckhoff 2006, 197–218.

Ruiz Zapatero u. Fernández-Götz 2009: Gonzalo Ruiz Zapatero und Manuel A. Fernán-dez-Götz, «‹Trianguläre› und kriegerische Gesellschaften in der Eisenzeit des ‹keltischen Hispaniens›? Auf der Suche nach der Vielfalt eisenzeitlicher Sozialstrukturen», in: Karl u. Leskovar 2009, 99–112.

Rusu 1969: Mircea Rusu, «Das keltische Fürstengrab von Ciumeşti in Rumänien», *BRGK* 50, 267–300.

Ruzé 1994: A. Ruzé, *Vestiges celtiques en Roumanie. Archéologie et linguistique*, Bern.

Rybová u. Drda 1994: Alena Rybová und Petr Drda, *Hradiště by Stradonice. Rebirth of a Celtic oppidum*, Prag.

Rynne 1976: Etiene Rynne, «The La Tène and Roman finds from Lambay, Co. Dublin: a reassessment», *PRIA* 76C, 231–244.

Sailor 2008: Dylan Sailor, *Writing and Empire in Tacitus*, Cambridge.

Salač 2001: Vladimír Salač, «Kommunikationswege, Handel und das Ende der Oppidazivilisation», in: Dobiat u. a. 2001, 349–357.

Salač 2002: Vladimír Salač, «Zentralorte und Fernkontakte», in: Lang u. Salač 2002, 20–46.

Salač 2004: Vladimír Salač, «Zum Handel bei den Kelten in Mitteleuropa», in: Heftner u. Tomaschitz 2004, 663–679.

Salač 2005: Vladimír Salač, «Vom Oppidum zum Einzelgehöft und zurück – zur Geschichte und dem heutigen Stand der Latèneforschung in Böhmen und Mitteleuropa», *Alt-Thüringen* 38, 279–300.

Salač 2009: Vladimír Salač, «Zur latènezeitlichen Keramik in den Gräberfeldern der älteren Römischen Kaiserzeit in Böhmen und in Mitteleuropa», in: Bagley u. a. 2009, 377–388.

Salinas de Frias 1999: Manuel Salinas de Frias, «En torno a viejas cuestiones: Guerra, transhumancia y hospitalidad en la Hispania prerromana», in: F. Villar u. F. Beltrán (Hrsg.), *Pueblos, lenguas y escrituras en la Hispania prerromana*, Salamanca, 281–293.

Salinas de Frías 2001: Manuel Salinas de Frías, *Los Vettones. Indigenismo y romanización en el occidente de la Meseta*, Salamanca.

Salinas de Frías 2006: Manuel Salinas de Frías, *Los pueblos prerromanos de la peninsula Ibérica*, Madrid.

Salway 1991: Peter Salway, *Roman Britain*, Oxford (The Oxford History of England).

Salway 2009: Peter Salway, *The frontier people of Roman Britain*, Cambridge.

Sánchez León 1996: Juan Carlos Sánchez León, *Les sources de l'histoire des Bagaudes. Traduction et commentaire*, Paris (ALUFC 603).

Sánchez Moreno 2001: Eduardo Sánchez Moreno, «Cross-cultural links in ancient Iberia: socio-economic anatomy of hospitality», *Oxford Journal of Archaeology* 20, 391–414.

Sanders 2009: Karin Sanders, *Bodies in the bog and the archaeological imagination*, Chicago.

Sankot 1993: Pavel Sankot, «L'équipement personnel et sa signification sociale illustrés par l'exemple des necropolis celtiques de Bohême», in: Cliquet 1993, 311–328.

Sankot 2001: Pavel Sankot, «Zur Problematik des Kunsthandwerkes und der Werkstattbeziehungen in Böhmen während der Früh- und Mittellatènezeit», in: Dobiat u. a. 2001, 331–348.

Sankot 2002: Pavel Sankot, «Eisenzeitliches Kunsthandwerk als Spiegel von Fernkontakten», in: Lang u. Salač 2002, 83–101.

Sankot 2006: Pavel Sankot, «Le passage du Hallstatt final à La Tène ancienne en Bohême», in: Vitali 2006, 143–156.

Sankot 2009: Pavel Sankot, «Zum Fundstoff vom Berg Rubín (Nordwestböhmen) und der Bedeutung des Fundorts in der Hallstatt- und Frühlatènezeit», *Archeologické Rozhledy* 61, 31–62.

Sanza 2009: Flavio Sanza, *L'assedio di Alesia. Giulio Cesare alla conquista delle Gallie*, Torino.

Sartori 2008: Antonio Sartori (Hrsg.), *Dedicanti e «cultores» nelle religioni celtiche. Actas do VIII Workshop F.E.R.C.AN., Gargnano del Garda, (9–12 maggio 2007)*, Mailand (Quaderni Acme 104).

Sassatelli 2008: G. Sassatelli, «Celti ed Etruschi nell'Etruria Padana e nell'Italia settentrionale», in: Vitali u. Verger 2008, 323–348.

Sastre 2008: I. Sastre, «Community, identity and conflict: Iron Age warfare in the Iberian Northwest», *Current Anthropology* 49, 1021–1051.

Sayers 1991: William Sayers, «Textual notes on descriptions of the Old Irish chariot and team», *Studia Celtica Japonica* 4, 15–35.

Schaaff 1988: Ulrich Schaaff, «Keltische Helme», in: *Antike Helme. Sammlung Lipperheide und andere Bestände des Antikenmuseums Berlin*, Mainz, 293–317.

Schäfer 2001: Andreas Schäfer, «Manching – Kelheim – Berching-Pollanten. Eisen als Wirtschaftsfaktor», in: Dobiat u a. 2001, 219–241.

Schäfer 2010: Andreas Schäfer, *Die Kleinfunde der jüngerlatènezeitlichen Siedlung von Berching-Pollanten, Lkr. Neumarkt i. d. Oberpfalz*, Rahden/Westf.

Schätze 1998: *Schätze aus der Keltenzeit in Ungarn*, Eberdingen.

Schaller 2006: Helmut Wilhelm Schaller, «Johann Kaspar Zeuß (1806–1856) und seine Bedeutung als Historiker und Sprachwissenschaftler», *Archiv für Geschichte von Oberfranken* 86, 297–320.

Schatz 2009: Kristine Schatz, «Die Tierknochenfunde aus der frühlatènezeitlichen Siedlung Eberdingen-Hochdorf ‹Reps›. Archäozoologische Untersuchungen zur Wirtschaftsweise, Ernährung und Landnutzung der frühen Kelten im mittleren Neckarraum», in: Schatz u. Stika 2009, 17–123.

Schatz u. Stephan 2008: Kristine Schatz und Elisabeth Stephan, «Archäozoologie frühkeltischer Faunenfunde», in: Krausse u. Steffen 2008, 349–366.

Schatz u. Stika 2009: Kristine Schatz und Hans-Peter Stika, *Hochdorf VII. Archäobiologische Untersuchungen zur frühen Eisenzeit im mittleren Neckarraum*, Stuttgart (FBVFBW 107).

Schefold 1977: Karl Schefold, «Paul Jacobsthal (1880–1957), Archäologe», in: I. Schnack (Hrsg.), *Marburger Gelehrte in der ersten Hälfte des 20. Jahrhunderts*, Marburg, 228–239.

Schefzik 2001: M. Schefzik, *Die bronze- und eisenzeitliche Besiedlungsgeschichte der Münchner Ebene. Eine Untersuchung zu Gebäude- und Siedlungsformen im süddeutschen Raum*, Rahden/Westf. (IA 68).

Scheid 2000: John Scheid, «Les ‹inhumés› d'Acy-Romance vus de Rome. Réflexions sur la comparaison», in: Verger 2000, 141–150.

Scheid 2006: John Scheid, «Paysage religieux et romanisation. Quelques réflexions en guise de conclusion», in: Dondin-Payre u. Raepsaet-Charlier 2006, 439–448.

Schendzielorz 2006: Sebastian Schendzielorz, *Feulen. Ein spätlatènezeitlich-frührömisches Gräberfeld in Luxemburg*, Luxemburg (Dossiers d'Archéologie du Musée National d'Histoire et d'Art 11).

Schermer 1951: Heinz Schermer, «Eine gläserne Hundefigur der Spätlatènezeit aus Wallertheim/Rheinhessen», *Germania* 29, 250–253.

Schickler 2001: Hilmar Schickler, *Heilige Ordnungen. Zu keltischen Funden im Württembergischen Landesmuseum*, Stuttgart.

Schindler 2004: Martin Peter Schindler, «Von Süd nach Nord: Transalpiner Handel und Siedlungen im Alpenraum», in: Guggisberg 2004a, 71–78.

Schlott 1999: Christoph Schlott, *Zum Ende des spätlatènezeitlichen Oppidum auf dem Dünsberg (Gem. Biebertal-Fellingshausen, Kreis Gießen Hessen)*, Montagnac.

Schmid-Sikimić 2002: Biljana Schmid-Sikimić, «Hochgebirge – ein Hindernis, das die Kommunikation fördert. Zur Frage der Pass- und Handelswege über die Alpen im 6. und 5. Jh. vor Chr.», in: Lang u. Salač 2002, 110–133.

Schmidt K. H. 1957: Karl Horst Schmidt, «Die Komposition in gallischen Personennamen», *ZCP* 26, 33–301.

Schmidt K. H. 1983a: Karl Horst Schmidt, «Handwerk und Handwerker in altkeltischen Sprachdenkmälern», in: *Das Handwerk in vor- und frühgeschichtlicher Zeit*, Göttingen, II, 751–763.

Schmidt K. H. 1983b: Karl Horst Schmidt, «Keltisch-lateinische Sprachkontakte im römischen Gallien der Kaiserzeit», in: H. Temporini und W. Haase (Hrsg.), *Aufstieg und Niedergang der römischen Welt*, Band 29.2, Berlin, 988–1018.

Schmidt K. H. 1986: Karl Horst Schmidt, «Keltisch-germanische Isoglossen und ihre sprachgeschichtlichen Implikationen», in: Heinrich Beck (Hrsg.), *Germanenprobleme in heutiger Sicht*, Berlin, 231–247.

Schmidt K. H. 1994: Karl Horst Schmidt, ««Galatische Sprachreste»», in: Elmar Schwertheim (Hrsg.), *Forschungen in Galatien*, Bonn, 15–28.

Schmidt K. H. 1995: Karl Horst Schmidt, «Keltische Namen», in: E. Eichler u. a. (Hrsg.), *Namenforschung. Ein internationales Handbuch zur Onomastik*, Berlin, 762–774.

Schmidt K. H. 1996: Karl Horst Schmidt, *Celtic: A Western Indo-European Language*, Innsbruck.

Schmidt K. H. 2001: Karl Horst Schmidt, «Remnants of the Galatian Language», in: Ailbhe Ó Corráin (Hrsg.), *Proceedings of the Fifth Symposium of Societas Celtologica Nordica*, Uppsala, 13–28.

Schmitt 1997/98: Christian Schmitt, «Keltisches im heutigen Französisch», *ZCP* 49/50, 814–829.

Schnapp 1996: Alain Schnapp, «French archaeology: between national identity and cultural identity», in: Díaz-Andreu u. Champion 1996, 48–67.

Schönfelder 1999: Martin Schönfelder, «Knöpfe an Schuhen der Frühlatènezeit», *AK* 29, 537–552.

Schönfelder u. a. 2002: Martin Schönfelder, Dietrich Ankner und Olaf Jöris, *Das spätkeltische Wagengrab von Boé (Dép. Lot-et-Garonne). Studien zu Wagen und Wagengräbern der jüngeren Latènezeit*, Mainz (RGZM M 54).

Schönfelder 2003: Martin Schönfelder, «Das frühlatènezeitliche Grab eines Reiters und Wagenfahrers aus Châlons-en-Champagne, Dép. Marne», *JRGZM* 50, 231–278.

Schönfelder 2007a: Martin Schönfelder, «Zurück aus Griechenland – Spuren keltischer Söldner in Mitteleuropa», *Germania* 85, 307–328.

Schönfelder 2007b: Martin Schönfelder, «Élite ou aristocrates? Les celtes vus par les sources archéologiques», in: Fernoux u. Stein 2007, 11–24.

Schönfelder 2010: Martin Schönfelder (Hrsg.), *Kelten! Kelten? Keltische Spuren in Italien*, Mainz.

Schörner 2005: Günther Schörner (Hrsg.), *Romanisierung – Romanisation. Theoretische Modelle und praktische Fallbeispiele*, Oxford (BAR IS 1427).

Scholz u. a. 1999: M. Scholz, J. Hald, P. Dicke, S. Hengst und C. M. Puch, «Das frühlatènezeitliche Gräberfeld von Gäufelden-Nebringen. Neue Erkenntnisse zur inneren Gliederung unter Anwendung archäobiologischer Analyseverfahren», *AK* 29, 223–234.

Schreiber 2008: St. Schreiber, «Das keltische Oppidum zwischen ‹Protostadt› und ‹Stadt›? Zum Stadtbegriff in der Späten Eisenzeit am Beispiel Manchings», *EAZ* 49, 25–56.

Schreyer 2005: St. Schreyer, «Das spätkeltische Doppel-Oppidum von Altenburg (D) – Rheinau ZH», in: G. Kaenel u. a. (Hrsg.), *Colloquium Turicense. Siedlungen, Baustrukturen und Funde im 1. Jh. v. Chr. zwischen oberer Donau und mittlerer Rhone*, Lausanne, 137–154.

Schrijver 1998–2000: Peter Schrijver, «The Châteaubleau tile as a link between Latin and French and between Gaulish and Brittonic», *EC* 34, 135–142.

Schubert 1994: F. Schubert, «Zur Maß- und Entwurfslehre keltischer Holzbauten im Oppidum von Manching. Untersuchungen zu Grundrisstypen, Bauten und Baustrukturen», *Germania* 72, 133–192.

Schürr 2006: Diether Schürr, «Zur Doppelinschrift von Voltino», *Studi Etruschi* 72, 335–346.

Schulze-Forster 2007: Jens Schulze-Forster, «Die Burgen der Mittelgebirgszone. Eisenzeitliche Fluchtburgen, befestigte Siedlungen, Zentralorte oder Kultplätze?», in: S. Möllers und B. Zehm (Hrsg.), *Rätsel Schnippenburg. Sagenhafte Funde aus der Keltenzeit*, Bonn, 109–144.

Schulze-Forster 2008/09: Jens Schulze-Forster, «Kelten, Germanen, Ubier, Chatten? Zur ethnischen und historischen Deutung spätlatènezeitlicher Fundgruppen in Hessen», *Berichte der Kommission für Archäologische Landesforschung in Hessen* 10, 17–25.

Schussmann 2008: Markus Schussmann, *Die Latènezeit im südlichen Mittelfranken*, Bonn (UPA 161).

Schussmann 2010: Markus Schussmann, «Siedlungshierarchien und Zentralisierungsprozesse in der Südlichen Frankenalb zwischen dem 9. und 4. Jh. v. Chr.», in: Krausse u. Beilharz 2010, I, 129–167.

Schwab 2000: Roland Schwab, «Überlegungen zur Eisenversorgung des Oppidums von Manching basierend auf metallkundlichen Untersuchungen an Waffen und Geräten», *Berliner Beiträge zur Archäometrie* 17, 5–44.

Schwarz 2005: Klaus Schwarz, *Die Ausgrabungen in der Viereckschanze 2 von Holzhausen: Grabungsberichte*, Rahden/Westf.

Schweighöfer 2011: Bea Schweighöfer, *Keltisches Neuheidentum im deutschsprachigen Raum*, Rahden/Westf.

Schweitzer 1997: J. Schweitzer, «L'oppidum du Britzgyberg et le faciès hallstattien dans le Horst de Mulhouse», in: Brun u. Chaume 1997, 57–66.

Schweizer 2006: Beat Schweizer, «Fürstengrab und Fürstensitz: Zur Frühgeschichte zweier Begriffe der Westhallstatt-Archäologie», in: Wotzka 2006, 81–100.

Schweizer 2008: Beat Schweizer, «Archäologie und historischer Vergleich. Fürstengräber und Urbanisation im frühen und mittleren 1. Jt. v. Chr.», in: Krausse u. Steffen 2008, 399–414.

Schwertheim 1994: Elmar Schwertheim (Hrsg.), *Forschungen in Galatien*, Bonn (Asia Minor Studies 12).

Schwitalla 2005: Guntram Michael Schwitalla, *Die keltische Saline von Bad Nauheim, Wetteraukreis, Hessen. Vortrag am 8. Juni 2005 im Neanderthal Museum*, Mettmann.

Seidel 2005: Mathias Seidel, «Keltische Glasarmringe zwischen Thüringen und dem Niederrhein», *Germania* 83, 1–44.

Senn Bischofberger 2005: Marianne Senn Bischofberger, *Das Schmiedehandwerk im nordalpinen Raum von der Eisenzeit bis ins frühe Mittelalter*, Rahden/Westf. (IA–NT 5).

Serneels 2007: V. Serneels, «L'économie du fer protohistorique (VIIIe – Ier s. a. C. De la production à la consommation du métal», in: Milcent 2007b, 425–434.

Sharples 1991a: Niall Sharples, «Maiden Castle, Dorset, Britain», in: Moscati 1991, 607.

Sharples 1991b: Niall Sharples, *Book of Maiden Castle*, London.

Sharples 2007: Niall Sharples, «Building communities and creating identities in the first millennium BC», in: Haselgrove u. Pope 2007, 174–184.

Sharples u. a. 2008: Niall M. Sharples, Oliver Davis und Kate Waddington (Hrsg.), *Changing perspectives on the first millennium BC: proceedings of the Iron Age Research Student Seminar 2006*, Oxford.

Sharples 2010: Niall M. Sharples, *Social relations in later prehistory. Wessex in the first millennium BC*, Oxford.

Shchukin 1995: M. Shchukin, «The Celts in Eastern Europe», *Oxford Journal of Archaeology* 14, 201–227.

Sheehan 2010: David Sheehan, «The ancient Celts: classical perceptions and modern definitions», in: O'Neill 2010, 79–98.

Shefton 2004: Brian B. Shefton, «The Grächwil Hydria: the Object and its Milieu beyond Grächwil», in: Guggisberg 2004a, 29–45.

Siegfried 1997: A. Siegfried, «Le site du Üetliberg, Uto-Kulm, près de Zurich», in: Brun u. Chaume 1997, 27–36.

Sievers 1982: Susanne Sievers, *Die mitteleuropäischen Hallstattdolche*, München.

Sievers 1984: Susanne Sievers, *Die Kleinfunde der Heuneburg*, Mainz (HS 5, RGF 42).

Sievers u. a. 1991: Susanne Sievers, Radomír Pleiner, Natalie Venclová und Udo Geilenbrügge, «Handicrafts», in: Moscati 1991, 436–450.

Sievers 2001: Susanne Sievers, «Manching als Wirtschaftsraum», in: Dobiat u. a. 2001, 163–182.

Sievers 2006: Susanne Sievers, «Der Fernhandel am Ende der Latènezeit», in: Haselgrove 2006, 67–81.

Sievers 2007: Susannes Sievers, *Manching. Die Keltenstadt*, 2., aktualis. Aufl., Stuttgart.

Sievers 2010a: Susanne Sievers, *Die Waffen aus dem Oppidum von Manching*, Wiesbaden (AM 17).

Sievers 2010b: Susanne Sievers, «Zur Architektur der keltischen Oppida: zwischen Tradition und Innovation», in: Trebsche u. a. 2010, 307–324.

Sievers u. a. 2010: Susanne Sievers, Matthias Leicht und Bernward Ziegaus, *Ergebnisse der Ausgrabungen in Manching-Altenfeld 1996–1999*, Wiesbaden (AM 18).

Sim u. Ridge 2002: David Sim und Isabel Ridge, *Iron for the eagles. The iron industry of Roman Britain*, Stroud.

Sims-Williams 1998a: Patrick Sims-Williams, «Genetics, linguistics, and prehistory: thinking big and thinking straight», *Antiquity* 72, 505–527.

Sims-Williams 1998b: Patrick Sims-Williams, «Celtomania and Celtoscepticism», *CMCS* 36, 1–35.

Sims-Williams 2006: Patrick Sims-Williams, *Ancient Celtic place-names in Europe and Asia Minor*, Oxford.

Sims-Williams 2007: Patrick Sims-Williams, *Studies on Celtic languages before the year 1000*, Aberystwyth.

Sims-Williams 2008: Patrick Sims-Williams, «Comparing the Distribution of Celtic Personal Names with that of Celtic Place-names», in: García Alonso 2008a, 29–52.

Sims-Williams 2011: Patrick Sims-Williams, «Celto-Etruscan Speculations», in: Luján u. García Alonso 2011, 275–284.

Sîrbu u. Vaida 2007: Valeriu Sîrbu und Lucia Vaida, *Thracians and Celts*, Cluj.

Sklenář 1983: Karel Sklenář, *Archaeology in Central Europe: the First 500 Years*, Leicester.

Smiles 1994: Sam Smiles, *The Image of Antiquity. Ancient Britain and the Romantic Imagination*, New Haven u. London.

Smith 2006: Kate Smith, *Guides, guards and gifts to the gods. Domesticated dogs in the art and archaeology of Iron Age and Roman Britain*, Oxford (BAR BS 422).

Solinas 1994: P. Solinas, «Il celtico in Italia», *Studi Etruschi* 60, 311–408.

Sommer 2007: Ulrike Sommer, «Archäologische Kulturen als imaginäre Gemeinschaften», in: Rieckhoff u. Sommer 2007, 59–78.

Sopeña Genzor 1995: Gabriel Sopeña Genzor, *Ética y ritual: aproximación al estudio de la religiosidad de los pueblos celtibéricos*, Zaragoza.

Sopeña 2005: Gabriel Sopeña, «Celtiberian Ideologies and Religion», *e-Keltoi* 6, 347–410.

Soudská 1994: Eva Soudská, *Die Anfänge der keltischen Zivilisation in Böhmen. Das Gräberfeld Manětín-Hrádek*, Prag.

Spagnolo Garzoli 2009: Giuseppina Spagnolo Garzoli (Hrsg.), *I celti di Dormelletto*, Verbania.

Spehr 2002: Reinhard Spehr, «Kulturelle und personelle Fernbeziehungen im sächsischen Latène», in: Lang u. Salač 2002, 194–229.

Spickermann u. Wiegels 2005: Wolfgang Spickermann und Rainer Wiegels, *Keltische Götter im Römischen Reich*, Möhnesee (OFAA 9).

Spindler 1971–80: Konrad Spindler, *Magdalenenberg: der hallstattzeitliche Fürstengrabhügel bei Villingen im Schwarzwald*, 6 Bände, Villingen.

Spindler 1996: Konrad Spindler, *Die frühen Kelten*, Stuttgart.

Spindler 1999: Konrad Spindler, *Der Magdalenenberg bei Villingen: ein Fürstengrabhügel des 7. vorchristlichen Jahrhunderts*, 2., neubearb. Aufl., Stuttgart.

Stadler 2010: Juliane Stadler, *Nahrung für die Toten? Speisebeigaben in hallstattzeitlichen Gräbern und ihre kulturhistorische Deutung*, Bonn (UPA 186).

Stähelin 1907: Felix Stähelin, *Geschichte der kleinasiatischen Galater bis zur Errichtung der römischen Provinz Asia*, Leipzig.

Stahl 2006: Christa Stahl, *Mitteleuropäische Bernsteinfunde von der Frühbronze- bis zur Frühlatènezeit. Ihre Verbreitung, Formgebung, Zeitstellung und Herkunft*, Dettelbach (Würzburger Studien zur Sprache und Kultur 9).

Stary 1994: Peter F. Stary, *Zur eisenzeitlichen Bewaffnung und Kampfesweise auf der iberischen Halbinsel*, Berlin (Madrider Forschungen 18).

Stary 1997: Peter F. Stary, *Anthropoide Stelen im früheisenzeitlichen Grabkult*, Marburg.

Staubitz 2007: Hans-Jürgen Staubitz, *Die Mühlsteine des spätkeltischen Heidetränk-Oppidums im Taunus*, Marburg.

Stead 1986: Ian Mathieson Stead, *Lindow Man. The body in the bog*, London.

Stead 1991a: Ian Mathieson Stead, «Somme-Bionne», in: Moscati 1991, 174–175.

Stead 1991b: Ian Mathieson Stead, «The Arras Culture», in: Moscati 1991, 587–590.

Stead 1991c: Ian Mathieson Stead, «The Belgae in Britain: The Aylesford Culture», in: Moscati 1991, 591–595.

Stead 1995: Ian Mathieson Stead, «Die Schatzfunde von Snettisham», in: Haffner 1995, 100–110.

Stead 2006: Ian Mathieson Stead, *British Iron Age swords and scabbards*, London.

Stead u. a. 2006: Ian M. Stead, J.-L. Flouest und Valery Rigby (Hrsg.), *Iron Age and Roman Burials in Champagne*, Oxford 2006.

Steffen 2007: Markus Steffen, «Sichtfeldanalysen im Umfeld der Heuneburg bei Herbertingen-Hundersingen, Lkr. Sigmaringen», *AK* 37, 353–364.

Stegmaier 2009: Gerd Stegmaier, «Bemerkungen zu Lage und Bedeutung des spätkeltischen Oppidums Heidengraben», in: *Kelten am Rhein. Akten des dreizehnten Internationalen Keltologiekongresses*, Mainz, I, 161–170.

Stegmaier u. Wahr 2009: Gerd Stegmaier und J. Wahr, «Zu den geoökologischen Rahmenbedingungen für die prähistorische Besiedlung des Heidengrabens und der Vorderen Alb», *FBW* 30, 125–134.

Steiner 2010: Hubert Steiner (Hrsg.), *Alpine Brandopferplätze: archäologische und naturwissenschaftliche Untersuchungen*, Trento (Forschungen zur Denkmalpflege in Südtirol 5).

Stephan u. Schatz 2008: E. Stephan und K. Schatz, «Archäozoologie frühkeltischer Faunenfunde. Studien zur Wirtschaftsgeschichte im Umfeld frühkeltischer Fürstensitze», in: Krausse u. Steffen 2008, 349–366.

Steuer 2001: Heiko Steuer unter Mitarbeit von Dietrich Hakelberg (Hrsg.), *Eine hervorragend nationale Wissenschaft: deutsche Prähistoriker zwischen 1900 und 1995*, Berlin (RGA E 29).

Stifter 2009a: David Stifter, «Notes on Châteaubleau (L-93)», *Keltische Forschungen* 4, 229–244.

Stifter 2009b: David Stifter, «Vernacular Celtic Writing Traditions in the east-Alpine Region in the Iron-Age Period?», in: Karl u. Leskovar 2009, 361–372.

Stifter 2010: David Stifter, «Lepontische Studien: *Lexicon Leponticum* und die Funktion von *san* im Lepontischen», in: Stüber u. a. 2010, 361–376.

Stifter 2011: David Stifter, «The textual arrangement of Alise-Sainte-Reine [L-13]», *ZCP* 58, 167–183.

Stika 1995: Hans-Peter Stika, «Ackerbau und pflanzliche Nahrungsmittel der Keltenzeit in Südwestdeutschland», in: Biel 1995, 80–87.

Stika 2009: Hans-Peter Stika, «Landwirtschaft der späten Hallstatt- und frühen Latènezeit im mittleren Neckarland. Ergebnisse von pflanzlichen Großrestuntersuchungen», in: Schatz u. Stika 2009, 125–339.

Stika 2011: Hans-Peter Stika, «Early Iron Age and Late Mediaeval malt finds from Germany: attempts at reconstruction of early Celtic brewing and the taste of Celtic beer», *Archaeological and anthropological sciences* 3, 41–48.

Stobbe 2008: A. Stobbe, «Die Wetterau und der Glauberg – Veränderungen der Wirtschaftsmethoden von der späten Bronzezeit zur Frühlatènezeit», in: Krausse u. Steffen 2008, 97–114.

Stöckli 1979: Werner Ernst Stöckli, *Die Grob- und Importkeramik von Manching*, Wiesbaden (AM 8).

Stöckli 2000: Werner Ernst Stöckli, «Die Besiedlungsgeschichte der Baarburg (Gemeinde Baar, Kanton Zug) unter Berücksichtigung der Resultate der Prospektion mit einem Metallsuchgerät im Jahre 1997», *Jahrbuch der Schweizerischen Gesellschaft für Ur- und Frühgeschichte* 83, 7–24.

Stöllner 1996: Thomas Stöllner (Hrsg.), *Europa celtica. Untersuchungen zur Hallstatt- und Latènekultur*, Espelkamp.

Stöllner u. a. 1999: Thomas Stöllner, mit Beiträgen von Claus Dobiat, Gustav Langer, Andreas Schäfer und Johann-Franz Schatteiner, *Der prähistorische Salzbergbau am Dürrnberg bei Hallein I. Forschungsgeschichte – Forschungsstand – Forschungsanliegen*, Rahden/Westf. (DF 1).

Stöllner 2001: Thomas Stöllner, «Der Dürrnberg, sein Salzwesen und das Inn-Salzach-Gebiet als Wirtschaftsraum», in: Dobiat u. a. 2001, 77–94.

Stöllner 2002a: Thomas Stöllner, *Der prähistorische Salzbergbau am Dürrnberg bei Hallein II. Die Funde und Befunde der Bergwerksausgrabungen zwischen 1990 und 2000*, Rahden/Westf. (DF 3).

Stöllner 2002b: Thomas Stöllner, «Salz als Fernhandelsgut in Mitteleuropa während der Hallstatt- und Latènezeit», in: Lang u. Salač 2002, 47–71.

Stöllner 2002c: Thomas Stöllner, «Verloren, versteckt, geopfert? Einzeldeponate der Eisenzeit in alpinen Extremlagen und ihre bronzezeitlichen Wurzeln», in: Zemmer-Plank 2002, 567–590.

Stöllner 2003: Thomas Stöllner u. a., ‹The Economy of Dürrnberg-Bei-Hallein: An Iron Age Salt-mining Centre in the Austrian Alps», *AntJ* 83, 123–194.

Stöllner 2004: Thomas Stöllner, «‹Verborgene Güter› – Rohstoffe und Spezereien als Fernhandelsgut in der Späthallstatt- und Frühlatènezeit», in: Guggisberg 2004a, 137–158.

Stöllner 2005: Thomas Stöllner, «More than old rags – Textiles from the Iron Age Salt-mine at the Dürrnberg», in: Bichler u. a. 2005, 161–174.

Stöllner 2006: Thomas Stöllner, «Montanproduktion und Siedlungsstrukturen der Eisenzeit: Ausblick auf den Stand der Forschung», in: *Montan- und Industriegeschichte. Festschrift für Rainer Slotta zum 60. Geburtstag*, Paderborn 2006, 105–127.

Stöllner 2007: Thomas Stöllner, «Handwerk im Grab – Handwerker? Überlegungen zur Aussagekraft der Gerätebeigabe in eisenzeitlichen Gräbern», in: Karl u. Leskovar 2007, 227–250.

Stork 2008: Ingo Stork, *Die spätkeltische Siedlung von Breisach-Hochstetten*, Stuttgart (FBV-FBW 102).

Striewe 1996: Karin Striewe, *Studien zur Nauheimer Fibel und ähnlichen Formen der Spätlatènezeit*, Espelkamp (IA 29).

Strobel 1996: Karl Strobel, *Die Galater. Geschichte und Eigenart der keltischen Staatenbildung auf dem Boden des hellenistischen Kleinasien*, Bd. 1, Berlin.

Strobel 2002: Karl Strobel, «Die Staatenbildung bei den kleinasiatischen Galatern. Politisch-historische und kulturelle Prozesse im hellenistischen Zentralanatolien», in: H. Blum u. a. (Hrsg.), *Brückenland Anatolien? Ursachen, Extensität und Modi des Kulturaustausches zwischen Anatolien und seinen Nachbarn*, Tübingen, 231–293.

Strobel 2004: Karl Strobel (Hrsg.), *Forschungen zur Monetarisierung und ökonomischen Funktionalisierung von Geld in den nordwestlichen Provinzen des Imperium Romanum*, Trier.

Strobel 2007: Karl Strobel, «Galatien, die Galater und die Poleis der Galater: Historische Identität und ethnische Tradition», in: Birkhan 2007, 529–548.

Strobel 2009: Karl Strobel, «The Galatians in the Roman Empire. Historical tradition and ethnic identity in Hellenistic and Roman Asia Minor», in: Ton Derks und Nico Roymans (Hrsg.), *Ethnic constructs in antiquity: the role of power and tradition*, Amsterdam, 117–144.

Strootman 2005: Rolf Strootman, «Kings against Celts. Deliverance from Barbarians as a Theme in Hellenistic Royal Propaganda», in: K. A. E. Enenkel und I L. Pfeijffer (Hrsg.), *The Manipulative Mode: political propaganda in antiquity; a collection of case studies*, Leiden, 118–134.

Stüber 2005: Karin Stüber, *Schmied und Frau. Studien zur gallischen Epigraphik und Onomastik*, Budapest.

Stüber 2006: Karin Stüber, «Frauennamen auf keltiberischen Inschriften. Eine Bestandsaufnahme», *Beiträge zur Namenforschung* 41, 115–139.

Stüber 2007a: Karin Stüber, «Der Beitrag der Namenkunde zur Erforschung von Lexikon und Grammatik des Gallischen», in: Birkhan 2007, 549–557.

Stüber 2007b: Karin Stüber, «Gallische Personennamen bei Zeuß und heute», *Keltische Forschungen* 2, 141–154.

Stüber 2010: Karin Stüber, «Notizen zu gallisch βρατου», *Journal of Diachronic Linguistics and Linguistic Reconstruction* 7, 69–81.

Stüber u. a. 2010: Karin Stüber, Thomas Zehnder und Dieter Bachmann (Hrsg.), *Akten des 5. Deutschsprachigen Keltologensymposiums, Zürich, 7.–10. September 2009*, Wien.

Sulimani 2011: Iris Sulimani, *Diodorus' mythistory and the pagan mission: historiography and culture-heroes in the first pentad of the Bibliotheke*, Leiden (Mnemosyne Supplementum 331).

Swidrak u. Schmidl 2001: Irene Swidrak und Alexandra Schmidl, «Pflanzengroßreste aus der latènezeitlichen Gewerbesiedlung im Ramsautal am Dürrnberg», in: Dobiat u. a. 2001, 147–155.

Swift 1997: Catherine Swift, *Ogam stones and the earliest Irish Christians*, Maynooth.

Szabó 1991: Miklós Szabó, «Mercenary Activity», in: Moscati 1991, 333–337.

Szabó 2006a: Miklós Szabó (Hrsg.), *Celtes et Gaulois 3. Les civilisés et les barbares du Ve au IIe siècles avant J.-C.*, Glux-en-Glenne (CB 12,3).

Szabó 2006b: Miklós Szabó, «Les Celtes de l'Est», in: Szabó 2006a, 97–117.

Szabó u. a. 2007: M. Szabó, L. Timár und D. Szabó, «La basilique de Bibracte – un témoignage précoce de l'architecture romaine en Gaule centrale», *AK* 37, 389–408.

Tapavički-Ilic 2004: Milica Tapavički-Ilic, *Die Romanisierung der Skordisker*, Rahden/Westf. (IA 84).

Tappert 2006: Claudia Tappert, *Die Gefäßkeramik der latènezeitlichen Siedlung Straubing-Bajuwarenstraße*, Kallmünz, Opf. (Materialhefte zur bayerischen Vorgeschichte A 89).

Tarpin 2002: Michel Tarpin, «Les pagi gallo-romains: héritiers des communautés celtiques?», in: Garcia u. Verdin 2002, 199–204.

Tarpin 2006: Michel Tarpin, «‹Territoires celtiques›, civitates gallo-romaines: quelle continuité?», in: Paunier 2006, 29–50.

Tarpini 2006: Roberto Tarpini, «La cerchia hallstattiana orientale dall'Adriatico ai Carpazi», in: Vitali 2006, 157–178.

Teegen u. a. 2006: Wolf-Rüdiger Teegen, Rosemarie Cordie, Olaf Dörrer, Sabine Rieckhoff und Heiko Steuer (Hrsg.), *Studien zur Lebenswelt der Eisenzeit: Festschrift für Rosemarie Müller*, Berlin (RGA E 53).

Teigelake 1998: Ulrike Teigelake, «Untersuchungen zum ‹keltischen› Schiffbau. Kritische Betrachtungen der Definition einer Schiffbautradition», *Skyllis. Zeitschrift für Unterwasserarchäologie* 1, 6–19.

Tejral 1995: Jaroslav Tejral (Hrsg.), *Kelten, Germanen, Römer im Mittteldonaugebiet: vom Ausklang der Latène-Zivilisation bis zum 2. Jahrhundert*, Brno.

Theuws 2009: Frans Theuws, «Grave goods, ethnicity, and the rhetoric of burial rites in Late Antique Northern Gaul», in: Ton Derks und Nico Roymans (Hrsg.), *Ethnic constructs in antiquity: the role of power and tradition*, Amsterdam, 283–320.

Thollard 2006: Patrick Thollard, «Le regard des ‹civilisés›», in: Szabó 2006a, 15–27.

Thollard 2009: Patrick Thollard, *La Gaule selon Strabon: du texte à l'archéologie. Géographie, livre IV, traduction et études*, Paris.

Thoma 2006: Martin Thoma, *Der gallorömische Tempelbezirk auf dem Martberg bei Pommern an der Mosel, Kreis Cochem-Zell*, Koblenz (Archäologie an Mittelrhein und Mosel 18).

Thoma 2007a: Martin Thoma, «Wohn- Speicher- und Kultbauten: zur spätkeltischen Siedlung auf dem Martberg bei Pommern an der Mosel (Kr. Cochem-Zell)», in: Kelzenberg u. a. 2007, 213–224.

Thoma 2007b: Martin Thoma, «Geomagnetische Untersuchungen auf dem Martberg bei Pommern a. d. Mosel, Rheinland-Pfalz, Kr. Cochem-Zell», in: *Geophysik und Ausgrabung* 6, 263–277.

Tiefengraber 2009: Georg Tiefengraber (Hrsg.), *Keltske študije II. Studies in Celtic archaeology. Papers in honour of Mitja Guštin*, Montagnac (PE 11).

Tierney 1959/60: James J. Tierney, «The Celtic Ethnography of Poseidonios», *PRIA* 60 C, 189–275.

Timpe 1981: Dieter Timpe, «Das keltische Handwerk im Lichte der antiken Literatur», in: Jankuhn u. a. 1981–1983, I 36–62.

Timpe 1985a: Dieter Timpe, «Griechischer Handel nach dem nördlichen Barbaricum (nach historischen Quellen)», in: Düwel u. a. 1985, 181–213.

Timpe 1985b: Dieter Timpe, «Der keltische Handel nach historischen Quellen», in: Düwel u. a. 1985, 258–284.

Timpe 1997: Dieter Timpe, «Hausen und Häuser der Nordbarbaren in den Augen der mediterranen Kulturwelt», in: H. Beck und H. Steuer (Hrsg.), *Haus und Hof in ur- und frühge-schichtlicher Zeit*, Göttingen, 255–276 (= Timpe 2006, 400–428).

Timpe 2006: Dieter Timpe, *Römisch-germanische Begegnung in der späten Republik und frühen Kaiserzeit: Voraussetzungen, Konfrontationen, Wirkungen. Gesammelte Studien*, München.

Todd 2004: Malcolm Todd (Hrsg.), *A companion to Roman Britain*, Maldon/Mass.

Tomaschitz 2002: Kurt Tomaschitz, *Die Wanderungen der Kelten in der antiken literarischen Überlieferung*, Wien (MPKÖAW 47).

Tomlin 2008: Roger S. O. Tomlin, «Carta picta perscripta: Lire les tablettes d'exécration romaines en Grande-Bretagne», in: Häussler 2008a, 335–350.

Toorians 2008: Lauran Toorians, «Endlicher's Glossary: an attempt to write its history», in: García Alonso 2008a, 153–184.

Trachsel 2004: Martin Trachsel, *Untersuchungen zur relativen und absoluten Chronologie der Hall-stattzeit*, Bonn 2004 (UPA 104).

Trachsel 2005: Martin Trachsel, «Kriegergräber? Schwertbeigabe und Praktiken ritueller Bannung in Gräbern der frühen Eisenzeit», in: Karl u. Leskovar 2005, 53–82.

Trachsel 2008: Martin Trachsel, *Ur- und Frühgeschichte: Quellen, Methoden, Ziele*, Stuttgart.

Trebsche 2003: *Keramik mit Feinkammstrich aus keltischen Siedlungen im Großraum Linz. Unter-suchungen zu Werkstätten, Funktion, Verbreitung und Datierung*, Linz (Linzer archäologische Forschungen 35).

Trebsche u. a. 2007a: P. Trebsche, M. Pollak und H. Gruber, *Eisenzeitliche Hügelgräber im Attergau*, Wien.

Trebsche u. a. 2007b: Peter Trebsche, Ines Balzer, Christiana Eggl, Julia K. Koch, Hans Nortmann und Julian Wiethold (Hrsg.), *Die unteren Zehntausend – auf der Suche nach den Unterschichten der Eisenzeit*, Langenweißbach (BUFM 47).

Trebsche 2008: Peter Trebsche, «Rituale beim Hausbau während der Spätbronze- und Eisenzeit – Zur Aussagekraft und Interpretation von Deponierungen in Pfostenlöchern», in: Eggl u. a. 2008, 67–78.

Trebsche u. a. 2009: Peter Trebsche, Ines Balzer, Christiana Eggl, Janine Fries-Knoblach, Julia K. Koch, Hans Nortmann und Julian Wiethold (Hrsg.), *Architektur: Interpretation und Rekonstruktion*, Langenweißbach (BUFM 55).

Trebsche u. a. 2010: P. Trebsche, N. Müller-Scheeßel und S. Reinhold (Hrsg.), *Der gebaute Raum. Bausteine einer Architektursoziologie vormoderner Gesellschaften*, Münster.

Trefný 2002: Martin Trefný, «Bronzefunde aus der Býší skála-Höhle und ihre Beziehungen zum Südostalpenraum und Italien», in: Lang u. Salač 2002, 360–378.

Trigger 1989: Bruce G. Trigger, *A History of Archaeological Thought*, Cambridge.

Tristram 1990: Hildegard L. C. Tristram, «Einleitung: 150 Jahre deutsche Keltologie», in: Dies. (Hrsg.), *Deutsche, Kelten und Iren. Festschrift for Professor Gearóid Mac Eoin*, Hamburg, 11–53.

Tristram 1993: Hildegard L. C. Tristram (Hrsg.), *Studien zur Táin Bó Cuailnge*, Tübingen.

Tristram 1996: Hildegard L. C. Tristram, «Celtic in Linguistic Taxonomy in the 19th cen-tury», in: Brown 1996, 35–60.

Tristram 2005: Hildegard L. C. Tristram, «Kelten und Druiden im Spiegel des Selbstver-ständnisses der Antike», in: Riemer u. Riemer 2005, 205–224.

Tuffreau-Libre 2007: Marie Tuffreau-Libre (Hrsg.), *La céramique gallo-romaine: entre Loire et Creuse*, Tours (RACF Supplément 31).

Turcan 2004: Robert Turcan, *Études d'archéologie sépulcrale. Sarcophages romains et gallo-romains*, Paris.

Turner u. Scaife 1995: R. Turner und R. G. Scaife (Hrsg.), *Bog bodies: new discoveries and new perspectives*, London.

Turner 1999: Rick Turner, «Dating the Lindow Moss and other British bog bodies and the problems of assigning their cultural contexts», in: M. Schou Jørgensen u. a. (Hrsg.), *Bog bodies, sacred sites and wetland archaeology*, Exeter, 227–234.

Uelsberg 2007: Gabriele Uelsberg (Hrsg.), *Krieg und Frieden: Kelten, Römer, Germanen*, Darm-stadt.

Uenze 2002: Hans Peter Uenze, «Opfer in Mooren, Seen, Quellen und Flüssen im Alpenraum», in: Zemmer-Plank 2002, 441–456.

Uenze 2009: Hans Peter Uenze, «Der kleinste Stier Bayerns», in: Bagley u. a. 2009, 211–220.

Uerpmann 2006a: Margarethe Uerpmann und Hans-Peter Uerpmann, «Hallstattzeitliche Berufsfischer am Federsee?», in: Wotzka 2006, 541–549.

Uerpmann 2006b: Margarethe Uerpmann und Hans-Peter Uerpmann, «Tierknochenfunde aus dem Oppidum Heidengraben bei Grabenstetten (Lkr. Reutlingen)», in: Knopf 2006, 263–290.

Uhlich 1999: Jürgen Uhlich, «Zur sprachlichen Einordnung des Lepontischen», in: Stefan Zimmer u. a. (Hrsg.), *Akten des Zweiten Deutschen Keltologen-Symposiums* (Tübingen), 277–304.

Uhlich 2007: Jürgen Uhlich, «More on the linguistic classification of Lepontic», in: Lambert u. Pinault 2007, 373–411.

Untermann 1975: Jürgen Untermann (Hrsg.), *Die Münzlegenden*, Wiesbaden (MLH 1).

Untermann 1997: Jürgen Untermann (Hrsg.), *Die tartessischen, keltiberischen und lusitanischen Inschriften*, Wiesbaden (MLH 4).

Urban O. H. 1994–1995: Otto Heinrich Urban, *Keltische Höhensiedlungen an der mittleren Donau: vom Linzer Becken bis zur Porta Hungarica. I: Der Freinberg, II: Der Braunsberg*, Linz.

Urban R. 1982: Ralf Urban, «‹Gallisches Bewusstsein› und ‹Romkritik› bei Pompeius Trogus», *ANRW* II 30.2, 1424–1443.

Urban R. 1991: Ralf Urban, «Die Kelten in Italien und Gallien bei Polybios», in: Jakob Seibert (Hrsg.), *Hellenistische Studien. Gedenkschrift für Hermann Bengtson*, München, 135–157.

Urban R. 1999: Ralf Urban, *Gallia rebellis. Erhebungen in Gallien im Spiegel antiker Zeugnisse*, Stuttgart (Historia Einzelschriften 129).

Urban R. 2007: Ralf Urban, «Frühe Präsenz von Kelten in Oberitalien und die antike literarische Überlieferung», in: Birkhan 2007, 609–618.

Vagalinski 2010: Ljudmil F. Vagalinski (Hrsg.), *In search of Celtic Tylis in Thrace (III C BC). Proceedings of the interdisciplinary colloquium arranged by the National Archaeological Institute and Museum at Sofia and the Welsh Department, Aberystwyth University*, Sofia.

Vaginay 2007: Michel Vaginay (Hrsg.), *Les ages du Fer dans le Sud-Ouest de la France*, Bordeaux (Aquitania Supplément 14,1, ACAFEAF 28).

Vanderhoeven 1996: Alain Vanderhoeven, «The earliest urbanisation in Northern Gaul. Some implications of recent research in Tongres», in: Roymans 1996, 189–260.

Vatan 2004: Anne Vatan, *Histoire de l'archéologie celtique en Champagne. Des origines à nos jours*, Reims (MSAC 17).

Vaxelaire 2003: L. Vaxelaire, «L'oppidum de Besançon: fouilles récentes (1999–2002)», in: Fichtl 2003, 187–198.

Veit 2000: Ulrich Veit, «König und Hohepriester? Zur These einer sakralen Gründung der Herrschaft in der Hallstattzeit», *AK* 30, 549–568.

Venclová 1990: Natalie Venclová, *Prehistoric glass in Bohemia*, Prag.

Venclová 1998: Natalie Venclová, *Mšecké Žehrovice in Bohemia. Archaeological background to a Celtic hero 3rd–2nd cent. B. C.*, Sceaux.

Venclová 2001: Natalie Venclová, «Theoretische Modelle zur Produktion und Wirtschaft der Latènezeit», in: Dobiat u. a. 2001, 33–48.

Venclová 2002a: Natalie Venclová, «External contacts: visible and invisible», in: Lang u. Salač 2002, 72–82.

Venclová 2002b: Natalie Venclová, «The Venerable Bede, druidic tonsure and archaeology», *Antiquity* 76, 458–471.

Venclová u. a. 2009: Natalie Venclová, Václav Hulínský, Jaroslav Frána und Marek Fikrle, «Němčice a zpracování skla v laténské Evropě», *Archeologické Rozhledy* 61, 383–426.

Veres 2009: János Veres, «The depiction of a carnyx-player from the Carpathian Basin – a study of two Celtic bronze statuettes from Eastern Hungary», *AK* 39, 231–249.

Verger 2000: Stéphane Verger (Hrsg.), *Rites et espaces en pays celte et méditerranéen. Étude comparée à partir du sanctuaire d'Acy-Romance (Ardennes, France)*, Rom.

Verger 2006: Stéphane Verger, «Des Hyperboréens aux Celtes. L'extrême-Nord occidental des Grecs à l'épreuve des contacts avec les cultures de l'Europe tempérée», in: Vitali 2006, 45–61.

Villar 1997/98: Francisco Villar, «The Celtiberian language», *ZCP* 49/50, 898–949.

Villar u. a. 2001: Francisco Villar u. a., *El IV bronce de Botorrita (Contrebia Belaisca): arqueología y lingüística*, Salamanca.

Villar u. Prósper 2005: Francisco Villar und Blanca María Prósper, *Vascos, Celtas e Indoeuropeos: genes y lenguas*, Salamanca.

Villes 2000: Alain Villes (Hrsg.), *Fastes des Celtes entre Champagne et Bourgogne aux VIIᵉ–IIIᵉ siècles avant notre ère*, Reims (MSAC 15, ACAFEAF 19).

Vitali 1991a: Daniele Vitali, «The Celts in Italy», in: Moscati 1991, 220–235.

Vitali 1991b: Daniele Vitali, «The Settlement and Cemetery at Monte Bibele», in: Moscati 1991, 288–289.

Vitali 1992: Daniele Vitali (Hrsg.), *Tombe e necropoli galliche di Bologna e territorio*, Bologna.

Vitali 2000: Daniele Vitali, «Luoghi di culto e culti dei Celti d'Italia», in: Verger 2000, 207–221.

Vitali 2003: Daniele Vitali (Hrsg.), *L'immagine tra mondo celtico e mondo etrusco-italico*, Bologna.

Vitali 2006: Daniele Vitali (Hrsg.), *Celtes et Gaulois. 2: La Préhistoire des Celtes*, Glux-en-Glenne (CB 12,2).

Vitali 2008: Daniele Vitali (Hrsg.), *I celti e il mondo greco*, Bologna.

Vitali u. Verger 2008: Daniele Vitali und Stéphane Verger (Hrsg.), *Tra mondo celtico e mondo italico: la necropoli di Monte Bibele*, Bologna.

Vivet 2007: J.-B. Vivet, «La production du fer protohistorique en haute Bretagne d'après les résultats des prospections, des fouilles d'ateliers et des analyses archéometriques», in: Milcent 2007b, 63–84.

Voillat Sauer 1992: A.-J. Voillat Sauer, «Entre exotisme et héroïsme: les Celtes de Posidonios», *Études de Lettres* 2, 103–122.

Vollkommer 1994: Rainer Vollkommer, «Vater Rhein und seine römischen Darstellungen», *BJ* 194, 1–42.

Vosteen 1999: Markus Uwe Vosteen, *Urgeschichtliche Wagen in Mitteleuropa. Eine archäologische und religionswissenschaftliche Untersuchung neolithischer bis hallstattzeitlicher Befunde*, Rahden/Westf.

Vuaillat 1992: Dominique Vuaillat (Hrsg.), *Le Berry et le Limousin à l'âge du fer. Artisanat du bois et des matières organiques*, Guéret (ACAFEAF 13).

Wacher 1995: John S. Wacher, *The Towns of Roman Britain*, 2., vollst. überarb. Aufl., London.

Waddell 2005: John Waddell, *Foundation Myths. The beginnings of Irish archaeology*, Bray, Wicklow.

Waddell 2010: John Waddell, *The prehistoric archaeology of Ireland*, 3., überarb. Aufl., Dublin.

Wagner 2001: Heiko Wagner, «Die latènezeitliche Siedlung Zarten (*Tarodunum*) und die Besiedlung des Zartener Beckens», *Germania* 79, 1–20.

Wagner 2006: Heiko Wagner, *Glasschmuck der Mittel- und Spätlatènezeit am Oberrhein und den angrenzenden Gebieten*, Remshalden (Ausgrabungen und Forschungen 1).

Wagner 2009: Heiko Wagner, «*Tarodunum* und das *Zartener Becken* in der keltischen Zeit (Latènezeit) und in der Römerzeit», in: Kleiber 2009, 21–53.

Wailes 1982: Bernard Wailes, «The Irish Royal Sites in History and Archaeology», *CMCS* 3, 1–29.

Wailes 1991: Bernard Wailes, «Dún Ailinne», in: Moscati 1991, 614–615.

Wainwright 1979: Geoffrey John Wainwright, *Gussage All Saints: an Iron Age settlement in Dorset*, London.

Wait 1985: Gerald A. Wait, *Ritual and Religion in Iron Age Britain*, Oxford (BAR BS 149).

Waldhauser 1987: J. Waldhauser, «Keltische Gräberfelder in Böhmen», *BRGK* 68, 24–179.

Waldhauser 2001: Jiří Waldhauser, «Wirtschaftliche Strukturen in offenen Siedlungen und Verkehrswege der Latènezeit in Böhmen», in: Dobiat u. a. 2001, 273–286.

Waldhauser 2003: Jiří Waldhauser, «Das Silber der Kelten in Böhmen», in: T. Stöllner u. a. (Hrsg.), *Man and Mining. Studies in honour of Gerd Weisgerber on occasion of his 65th birthday*, Bochum, 503–512.

Walter 2000: Hélène Walter (Hrsg.), *La sculpture d'epoque romaine dans le nord, dans l'est des Gaules et dans les régions avoisinantes. Acquis et problématiques actuelles*, Paris (ALUFC 694).

Warneke 1999: Thilo F. Warneke, *Hallstatt- und frühlatènezeitlicher Anhängerschmuck. Studien zu Metallanhängern des 8.-5. Jahrhunderts v. Chr. zwischen Main und Po*, Rahden/Westf. (IA 50).

Waterman 1997: D. M. Waterman, *Excavations at Navan Fort, 1961–71*, Belfast (Northern Ireland archaeological monographs 3).

Watson 2007: Alasdair Watson, *Religious Acculturation and Assimilation in Belgic Gaul and Aquitania from the Roman Conquest until the End of the Second Century CE*, Oxford (BAR IS 1624).

Watts 2011: Dorothy Watts, *Religion in late Roman Britain: forces of change*, London.

Webster 1996: J. Webster, «Ethnographic barbarity: colonial discourse and Celtic warrior societies», in: J. Webster und N. Cooper (Hrsg.), *Roman Imperialism: Post-Colonial Perspectives*, Leicester, 111–123.

Wegner 1997: Hans-Helmut Wegner, *Der Martberg bei Pommern an der Mosel: eine befestigte Höhensiedlung der Kelten im Gebiet der Treverer*, Koblenz (Archäologie an Mittelrhein und Mosel 12).

Weisgerber 1975: Gerd Weisgerber, *Das Pilgerheiligtum des Apollo und der Sirona von Hochscheid im Hunsrück*, Bonn.

Weiss 1997: Rainer-Maria Weiss, *Prähistorische Brandopferplätze in Bayern*, Espelkamp (IA 35).

Welch u. Powell 1998: Kathryn Welch und Anton Powell (Hrsg.), *Julius Caesar as Artful Reporter: The War Commentaries as Political Instruments*, London.

Welles 1970: B. Welles, «Gallic Mercenaries in the Chremonidean War», *Klio* 52, 477–490.

Wells 2001: Peter S. Wells, *Beyond Celts, Germans, and Scythians: Archaeology and Identity in Iron Age Europe*, London.

Wells 2006: Peter S. Wells, «Objects, meanings and ritual in the emergence of the oppida», in: Haselgrove 2006, 139–153.

Wells 2007: Peter S. Wells, *Die Barbaren sprechen. Kelten, Germanen und das römische Europa*, Stuttgart.

Wendling 2010: Holger Wendling, «Landbesitz und Erbfolge – Ein ethnographisches Modell zur Sozialstruktur und Raumgliederung der mitteleuropäischen Latènezeit», in: Trebsche u. a. 2010, 325–354.

Wernicke 1991: Ingolf Wernicke, *Die Kelten in Italien. Die Einwanderung und die frühen Handelsbeziehungen zu den Etruskern*, Stuttgart (Palingenesia 33).

Whimster 1981: Rowan Whimster, *Burial practices in Iron Age Britain: a discussion and gazetteer of the evidence c. 700 B. C. – A. D. 43*, Oxford (BAR BS 90).

White 2007: Roger White, *Britannia Prima: Britain's last Roman province*, Stroud.

van Wickevoort Crommelin 1993: Bernard van Wickevoort Crommelin, *Die Universalgeschichte des Pompeius Trogus*, Hagen.

Wiegert 2002: Mathias Wiegert, *Der «Hunnenring» von Otzenhausen, Lkr. St. Wendel. Die Siedlungsfunde und Bebauungsstrukturen einer spätlatènezeitlichen Befestigung im Saarland*, Rahden (IA 65).

Wieland 1996: Günther Wieland, *Die Spätlatènezeit in Württemberg. Forschungen zur jüngeren Latènekultur zwischen Schwarzwald und Nördlinger Ries*, Stuttgart (FBVFBW 63).

Wieland 1999: Günther Wieland (Hrsg.), *Keltische Viereckschanzen. Einem Rätsel auf der Spur*, Stuttgart.

Wieland u. Dettner 1999: Günther Wieland und Konrad Dettner, *Die keltischen Viereckschanzen von Fellbach-Schmiden (Rems-Murr-Kreis) und Ehningen (Kreis Böblingen)*, Stuttgart (FBV-FBW 80).

Wieland 2000: Günther Wieland, «Keltische Fluss-Schiffahrt in Südwestdeutschland», in: Ralph Röber (Hrsg.), *Einbaum, Lastensegler, Dampfschiff: frühe Schiffahrt in Südwestdeutschland*, Stuttgart, 77–92.

Wieland 2001: Günther Wieland, «Wirtschaftliche Strukturen in den ländlichen Spätlatène-siedlungen Südwestdeutschlands», in: Dobiat u. a. 2001, 265–271.

Wieland 2002: Günther Wieland, «Spätkeltische Viereckschanzen – aktuelle Forschungspro-bleme», in: Zemmer-Plank 2002, 863–894.

Wieland 2009: Günther Wieland, «Vorgeschichtliche Höhensiedlungen am Rand des Nord-schwarzwaldes. Überlegungen zur eisenzeitlichen Besiedlung eines besonderen Natur-raumes», in: Biel u. a. 2009, 193–206.

Wierschowski 2001: Lothar Wierschowski, *Fremde in Gallien – «Gallier» in der Fremde. Die epigraphisch bezeugte Mobilität in, von und nach Gallien vom 1. bis 3. Jahrhundert n. Chr. (Texte, Übersetzungen, Kommentare)*, Stuttgart.

Wiethold 2000: Julian Wiethold, «Kontinuität und Wandel in der landwirtschaftlichen Produktion und Nahrungsmittelversorgung zwischen Spätlatènezeit und gallo-römischer Epoche. Archäobotanische Analysen in der römischen Großvillenanlage von Borg, Kr. Merzig-Wadern», in: Haffner u. von Schnurbein 2000, 147–151.

Wiethold u. Treffort 2002: Julian Wiethold u. Jean-Michel Treffort, «Archäobotanische Funde als Hinweis auf Handels- und Kulturkontakte zum Mittelmeergebiet in der Hall-stattzeit? Das Beispiel des Fundplatzes von ‹Roche-Noire›, Montagnieu (Ain) Frankreich», in: Lang u. Salač 2002, 379–394.

Wigg-Wolf 2009: David Wigg-Wolf, ‹The coin finds from the Donnersberg, Rheinland-Pfalz, Germany», in; van Heesch u. Heeren 2009, 399–420.

Williams 2001: J. H. C. Williams, *Beyond the Rubicon. Romans and Gauls in Republican Italy*, Oxford.

Williams 2009: Carolyn D. Williams, *Boudica and her stories: narrative transformations of a war-rior queen*, Newark, Del.

Willmy 2006: Andreas Willmy, «Einige Überlegungen zur Ansprache eisenzeitlichen Werk-zeugs», in: Wotzka 2006, 653–664.

Wilmott 2008: Tony Wilmott, *The Roman amphitheatre in Britain*, Stroud.

Winkler 2006: Eva Maria Winkler, *Kelten heute. Das Keltenbild in der Moderne von der Wissen-schaft bis zur Esoterik*, Wien.

Wischenbarth u. a. 2001: Peter Wischenbarth, Richard Ambs und Guntram Gassmann, *Kel-tische Stahl- und Eisenproduktion im Rothtal (Bayerisch-Schwaben)*, Neu-Ulm.

Wodtko 2000: Dagmar S. Wodtko, *Wörterbuch der keltiberischen Inschriften*, Wiesbaden (MLH 5,1).

Wodtko 2010: Dagmar S. Wodtko, «The Problem of Lusitanian», in: Cunliffe u. Koch 2010, 335–368.

Wöhrl 2009: Matthias Wöhrl, «‹Kelten› und ‹Germanen› in der archäologischen Fachlitera-tur – Ein wissenschaftsgeschichtlicher Beitrag zu Begrifflichkeit, ethnischer Deutung und Schwerpunktbildung in der Eisenzeitforschung des 20. Jahrhunderts», in: Grunwald u. a. 2009, 365–378.

Wolf 1997: H. J. Wolf, «Die gallische Eiche», *ZCP* 49/50, 1013–1032.

Wolfson 2008: Stan Wolfson, *Tacitus, Thule and Caledonia. The achievements of Agricola's navy in their true perspective*, Oxford (BAR BS 459).

Woodman 2008: Anthony J. Woodman (Hrsg.), *The Cambridge companion to Tacitus*, Cambridge.

Woolf 2000: Greg Woolf, *Becoming Roman. The origins of provincial civilization in Gaul*, Cam-bridge.

Woolf 2003: Greg Woolf, «Local cult in imperial context: the *Matronae* revisited», in: Noelke u. a. 2003, 131–138.

Woolf 2010: Greg Woolf, *Tales of the barbarians: ethnography and empire in the Roman West*, Chichester (Blackwell Bristol lectures on Greece, Rome and the classical tradition).

Woolliscroft u. Hoffmann 2006: David J. Woolliscroft und Birgitta Hoffmann, *Rome's First Frontier: the Flavian Occupation of Northern Scotland*, Stroud.

Wotzka 2006: Hans-Peter Wotzka (Hrsg.), *Grundlegungen. Beiträge zur europäischen und afrika-nischen Archäologie für Manfred K. H. Eggert*, Tübingen.

Wyss 1989: René Wyss, «Handel und Verkehr über die Alpenpässe», in: H. Jankuhn, W. Kimmig und E. Ebel (Hrsg.), *Untersuchungen zu Handel und Verkehr der vor- und frühgeschichtlichen Zeit in Mittel- und Nordeuropa*, Teil V, Göttingen, 155–172.

Yalcin u. a. 1995: Ünsal Yalcin, Andreas Hauptmann und Martin Kempa, «Archäometallurgische Untersuchungen zur frühen Eisengewinnung auf der Schwäbischen Alb», in: Benoit u. a. 1995, 169–182.

Yardley 2003: John Yardley, *Justin and Pompeius Trogus. A study of the language of Justin's Epitome of Trogus*, Toronto.

Yeates 2006: Stephen James Yeates, *Religion, community and territory. Defining religion in the Severn Valley and adjacent hills from the Iron Age to the early mediaeval period*, Oxford (BAR BS 411).

Zachar 1991: Lev Zachar, «The Oppidum of Bratislava», in: Moscati 1991, 548–549.

Zamora Moreno 2007: Dolors Zamora Moreno, *L'oppidum de Burriac – centre del poder polític de la Laietània ibèrica*, Mataró (Laietania 17).

Zanier 1999: Werner Zanier, *Der spätlatène- und römerzeitliche Brandopferplatz im Forggensee (Gde. Schwangau)*, München (MBVF 52).

Zanier 2006: Werner Zanier, *Das Alpenrheintal in den Jahrzehnten um Christi Geburt. Forschungsstand zu den historischen und archäologischen Quellen der Spätlatène- und Frühen Römischen Kaiserzeit zwischen Bodensee und Bündner Pässen (Vorarlberg, Liechtenstein, Sankt Gallen, Graubünden)*, München (MBVF 59).

Zavaroni 2007: Adolfo Zavaroni, *On the structure and terminology of the Gaulish calendar*, Oxford (BAR IS 1609).

Zavaroni 2008: Adolfo Zavaroni, «La bilingue gallo-romana di Voltino e CIL V 4883», *Ollodagos* 22, 15–38.

Zeeb-Lanz 2008: Andrea Zeeb-Lanz, *Der Donnersberg: eine bedeutende spätkeltische Stadtanlage*, Speyer (Archäologische Denkmäler in der Pfalz 2).

Zecchini 2009: Giuseppe Zecchini, *Le guerre galliche di Roma*, Rom.

Zeidler 2003: J. Zeidler, «A Celtic script in the Eastern La Tène Culture?», *Études celtiques* 35, 69–132.

Zeitler 1995: John P. Zeitler, «Metallverarbeitung in hallstatt- und frühlatènezeitlichen Siedlungen Nordostbayerns», in: Benoit u. a. 1995, 159–168.

Zemmer-Plank 2002: Liselotte Zemmer-Plank (Hrsg.), *Kult der Vorzeit in den Alpen. Opfergaben, Opferplätze, Opferbrauchtum*, Bozen.

Zepezauer 1993: Maria Anna Zepezauer, *Glasperlen der vorrömischen Eisenzeit. III: Mittel- und spätlatènezeitliche Perlen*, Marburg.

Ziegler 1994: Sabine Ziegler, *Die Sprache der altirischen Ogam-Inschriften*, Göttingen.

Zimmer 2009a: Stefan Zimmer (Hrsg.), *Die Kelten – Mythos und Wirklichkeit*, Stuttgart.

Zimmer 2009b: Stefan Zimmer, «Die keltischen Sprachen», in: Zimmer 2009a, 83–121.

Zimmermann 1995: A. Zimmermann, «Plündernde Gallier in der etruskisch-italischen Kunst», *Thetis* 2, 83–102.

Zipper u. Dupéré 2010: Katinka Zipper und Bénoit Dupéré, «Der figürliche Fries der tönernen Urne aus Châtres (dép. Aube) – Zeugnis religiöser und astronomischer Vorstellungen der Kelten im 3. Jahrhundert v. Chr.?», *AK* 40, 77–94.

REGISTER

Es gibt nur ein einziges Register – ohne Trennung zwischen Sachen, Namen und Quellenstellen. Bei Caesar, Diodor und Strabo, deren Aussagen über die Kelten besonders häufig zur Sprache kommen, ist unter dem Namen des betreffenden Autors jeweils (eingerückt) vermerkt, welche Stellen aus ihren Werken auf welcher Seite zitiert oder besprochen werden. Nur kurz oder beiläufig erwähnte antike Namen wie z. B. «Galateia», «Herakles» und «Nikomedes von Bithynien» sind dann aufgenommen, wenn sie mit der Geschichte und Kultur der Kelten im Zusammenhang stehen. Weitere antike Namen und Begriffe wie z. B. «Panaitios», «Orontes» oder «Diadochen», die zwar im Text vorkommen, aber mit der Geschichte der Kelten nur wenig zu tun haben, sind nicht aufgenommen. Wenn ein Name oder Begriff sehr oft genannt wird, sind all jene Seiten, auf denen man keine wesentlichen neuen Informationen findet, nicht aufgenommen. Stichwörter, die bereits im Inhaltsverzeichnis enthalten sind, wurden ebenso wie die nur in den Bibliographien am Anfang der einzelnen Abschnitte sowie in den Fußnoten genannten Namen moderner Autoren grundsätzlich nicht aufgenommen.

NACHWEIS DER KARTEN UND
WISSENSCHAFTLICHEN BILDZITATE

Sämtliche Zeichnungen wurden von *Friederike Maier* gefertigt – mit folgenden Ausnahmen:
S. 80: DANNHEIMER U. GEBHARD 1993, S. 103.
S. 107: RIECKHOFF U. BIEL 2001, S. 112.
S. 149: CORDIE-HACKENBERG U. A. 1992, S. 114.
S. 154: METZLER U. A. 1991, S. 160 (Zeichnung *Foni Le Brun*).
S. 159: HAFFNER 1995, S. 61, NR. 54 (Zeichnung *Wolfgang Lieske*, Kiel).
S. 164: HAFFNER 1995, S. 15, NR. 5 (Zeichnung *Wolfgang Lieske*, Kiel).
S. 284: FURGER U. A., 2001, S. 205 (Zeichnung *Augusta Raurica*, Augst).

Alle Karten wurden von *Peter Palm* nach folgenden Vorlagen gezeichnet:
S. 4: DANNHEIMER u. GEBHARD 1993, S. 4.
S. 18: COLLIS 2003, S. 15.
S. 29: COLLIS 2003, S. 208.
S. 40: CUNLIFFE 1997, S. 292.
S. 42: CUNLIFFE 1997, S. 304.
S. 44: CUNLIFFE 1997, S. 305.
S. 48: COLLIS 2003, S. 119.
S. 63: CUNLIFFE 1997, S. 307.
S. 65: STÖLLNER u. a. 1965, S. 10.
S. 70: MÖTSCH u. a. 2008, S. 10.
S. 79: FICHTL 2005, S. 49 und S. 57.
S. 81: FICHTL 2005, S. 87.
S. 83: FICHTL 2005, S. 206.
S. 89: FICHTL 2005, S. 117.
S. 99: DANNHEIMER u. GEBHARD 1993, S. 154.
S. 112: CUNLIFFE 1997, S. 308.
S. 131: CUNLIFFE 1997, S. 298.
S. 136: CUNLIFFE 1997, S. 300.
S. 137: CUNLIFFE 1997, S. 299.
S. 146: DANNHEIMER u. GEBHARD 1993, S. 209.
S. 150: DANNHEIMER u. GEBHARD 1993, S. 213.
S. 162: CUNLIFFE 1997, S. 311.
S. 184: DEFENTE 2003, S. 7.
S. 185: DEFENTE 2003, S. 63.
S. 191: DEFENTE 2003, S. 70.
S. 194: PIANA AGOSTINETTI u. MORANDI 2004, I, S. 135.
S. 200: COLLIS 2003, S. 122.
S. 205: CUNLIFFE 1997, S. 142.
S. 211: BERROCAL RANGEL u. GARDES 2001, S. 83.
S. 212: COLLIS 2003, S. 177.
S. 216: CUNLIFFE 2005, S. 87.
S. 219: CUNLIFFE 2005, S. 348.
S. 224: CUNLIFFE 2005, S. 530.

S. 235: RAFTERY 1994, S. 8.
S. 242: RAFTERY 1994, S. 143.
S. 243: RAFTERY 1994, S. 138.
S. 248: RAFTERY 1994, S. 79.
S. 256: CUNLIFFE 1997, S. 83.
S. 270 und 271: ECKHARD MEYER-ZWIFFELHOFFER, *Imperium Romanum. Geschichte der römischen Provinzen* (München: C. H. Beck, 2009), S. 36 und 37.
S. 275: CUNLIFFE 1997, S. 253.
S. 280: JEAN-JACQUES HATT, *Kelten und Galloromanen* (Genf: Nagel, 1970), S. 321.

Abbildungen aus: PAUL-MARIE DUVAL, *Die Kelten* (Universum der Kunst), (München: C. H. Beck, 1978):
S. 46: S. 106 Nr. 95, Bukarest, Muzeul de Istorie a R. S. Romania.
S. 55: S. 161 Nr. 167, Trier, Rheinisches Landesmuseum.
S. 57: S. 246 Nr. 258, Saarbrücken, Landesmuseum für Vor- und Frühgeschichte.
S. 99: S. 51 Nr. 29, Karlsruhe, Badisches Landesmuseum.
S. 102: S. 42 Nr. 19, Saarbrücken, Landesmuseum für Vor- und Frühgeschichte.
S. 104: S. 84 Nr. 70 und 71, Bonn Rheinisches Landesmuseum.
S. 111: S. 73 Nr. 61, London, Britisches Museum.
S. 113: S. 196 Nr. 204, Mainz, Mittelrheinisches Landesmuseum.
S. 114: S. 91 Nr. 80, Saint-Germain-en-Laye, Musée des Antiquités nationales.
S. 124: S. 58/59 Nr. 40 und 41, Karlsruhe, Badisches Landesmuseum.
S. 125: S. 30 Nr. 15. Stuttgart. Württembergisches Landesmuseum.
S. 126 oben: S. 135 Nr. 134, Aix-en-Provence, Musée Granet.
S. 126 unten und S. 127: S. 113 Nr. 102 und S. 15 Nr. 6, Saint-Rémy-de-Provence, Archäologische Sammlung; Marseille, Musée archéologique.
S. 129: S. 193 Nr. 200, Saint-Germaine-en-Laye, Musée des Antiquités nationales.
S. 135: S. 172 Nr. 177, Paris, Bibliothèque Nationale, Cabinet des Médailles.
S. 166: S. 189 S. 195, Saint-Germaine-en-Laye, Musée des Antiquités nationales.
S. 189: S. 82 Nr. 68, Berlin, Staatliche Museen.
S. 190: S. 181 Nr. 186, Brescia, Museo civico romano.
S. 223: S. 215 Nr. 223, London, Britisches Museum.
S. 225: S. 24 Nr. 11, Bedford, Bedford Museum.
S. 229: S. 209 Nr. 217, Edinburgh, National Museum of Antiquities of Scotland.
S. 245: S. 33 Nr. 16, Dublin, National Museum of Ireland.
S. 246: S. 138 Nr. 137, Turoe (Irland).
S. 283: S. 192 Nr. 199, Clermont-Ferrand, Musée Bargoin.